ENGLISH-RUSSIAN
DICTIONARY
OF CIVIL
AVIATION

АНГЛО-РУССКИЙ
СЛОВАРЬ
ПО ГРАЖДАНСКОЙ
АВИАЦИИ

V. P. MARASSANOV

ENGLISH-RUSSIAN DICTIONARY OF CIVIL AVIATION

Second edition

Approx. 24 000 terms

В. П. МАРАСАНОВ

АНГЛО-РУССКИЙ СЛОВАРЬ ПО ГРАЖДАНСКОЙ АВИАЦИИ

Издание второе, исправленное и дополненное.

Около 24 000 терминов

ББК 39.5
М 25

Специальные научные редакторы:
А.И.Ивлюшов, Г.Г.Матвеев, Ю.Г.Перфилов,
Ю.Ф.Романенко, С.М.Угаркин, В.Кравцов.

Марасанов В.П.

М 25 Англо-русский словарь по гражданской авиации. - М.: Скорпион-Россия. 1996. - 560 с.

ISBN 5-89244-001-X

Словарь содержит около 24 тыс. терминов по следующим разделам гражданской авиации: структура и деятельность гражданской авиации, проектирование, испытания, производство и эксплуатация воздушных судов, наземное и аварийно-спасательное оборудование гражданских аэропортов.
В конце словаря дан указатель русских терминов.
Словарь предназначен для переводчиков, инженерно-технических работников, пилотов, бортпроводников, студентов, аспирантов, преподавателей авиационных институтов.

© Издательство "Скорпион-Россия", 1996

PREFACE

Since the begining of 1990s, the world air travel market has grown significantly in parallel with prevailing economic conditions. As the world economy gathers momentum, it will drive air travel growth for the next decade.

It might be well presumed that economic growth will continue to explain air travel demand. World air travel growth will continue to exceed economic growth throughout the forthcoming period because of continued world economic development, urbanization, increased education of the work force, and growing preference for travel - related leisure activities.

One of the useful trends for the world air travel market to exceed economic growth is co-operation between western and eastern countries in the field of aviation. At present there are some good examples of the co-operations, which were so difficult to imagine a few years ago: Boeing and Iliushin's design bureaus, Airbus Industries and Aeroflot, etc. So far however those co-operations require a good knowledge of aviation terminology in two languages: English and Russian with the help of a certain dictionary.

In the world during the last five decades practically only one English - Russian dictionary of civil aviation was issued (1989, author-V.Marassanov), and only 12 thousand copies were available.

Meeting the requirements of many aviation specialists in Russia and the other countries, the author of the dictionary mentioned above has reissued it. Several thousand of new terms and about 70 technical illustrations were introduced into the new issue. As well the aviation codes and radioexchange terminology were renewed and was proved Russian - English guide of terms.

The author expresses his true gratitude to the Boeing Commercial Airplane Group for the up-dated civil aviation technical materials and terminology granted him to introduce them into the dictionary.

The author hopes that the dictionary will be of great help to aviation specialists, engineers, technicians, pilots, designers, students, interpreters and other readers dealing with aviation. Any suggestions, comments and inquiries for delivering will be appreciated and should be addressed to:

       143000, Russia, Moscowskaya obl.,
         Odintsovo - 3, a/a 19.
            V.Marassanov
              1996

ПРЕДИСЛОВИЕ

С начала девяностых годов рынок воздушных перевозок в мире значительно вырос как следствие опережающего спроса растущей экономики. Так как мировая экономика в настоящее время находится на подъеме, то в предстоящей декаде это должно привести к дальнейшему росту воздушных перевозок.

Очевидно, что экономический подъем будет определять и требования на воздушные перевозки. Рост воздушных перевозок будет продолжать следовать в предстоящий период за экономическим ростом, который будет характеризоваться дальнейшим развитием мировой экономики, урбанизацией, растущим уровнем подготовки специалистов и увеличением спроса на туризм.

Одним из наиболее благоприятных направлений развития воздушных перевозок в мире является сотрудничество между Западом и Востоком в области авиации. В настоящее время уже есть хорошие примеры этого вида сотрудничества, о которых можно было лишь мечтать всего несколько лет назад: Боинг и ОКБ им. Ильюшина, Эйрбас Индастри и Аэрофлот и др. Однако, все еще эти виды сотрудничества требуют хорошего знания авиационной терминологии на двух языках: английском и русском при помощи соответствующего словаря.

В мире в течение последних пятидесяти лет был издан практически только один Англо-русский словарь по гражданской авиации (1989 год, автор - В.Марасанов) и тираж его составил всего 12 тысяч экземпляров.

Принимая во внимание запросы многих авиационных специалистов в России и других странах, автор указанного выше словаря выполнил его переиздание. Несколько тысяч новых терминов и около 70 технических иллюстраций были введены в новое издание. Также, авиационные коды и терминология радиообмена были обновлены и был уточнен русско-английский указатель терминов.

Автор выражает искреннюю благодарность компании Боинг за предоставленные автору новые технические материалы по гражданской авиации, включая терминологию, которые были использованы при переиздании словаря.

Автор надеется, что словарь будет полезен авиационным специалистам, инженерам, техникам, пилотам, конструкторам, студентам, переводчикам и другим специалистам, занимающимся вопросами авиации. Все предложения, замечания и запросы на приобретение будут приняты с благодарностью и должны быть направлены по адресу:

143000, Россия, Московская обл.,
г. Одинцово - 3, а/я 19

В.Марасанов
1996год.

О ПОЛЬЗОВАНИИ СЛОВАРЁМ

В словаре принята алфавитно-гнездовая система. Ведущие английские термины расположены в алфавитном порядке. Составные термины, состоящие из определяемых слов и определений, следует искать по определяемому (ведущему) слову. Например, термин **cargo aircraft** следует искать в гнезде **aircraft**.

Ведущий термин в гнезде заменяется тильдой (~). Устойчивые терминологические сочетания даются в подбор к ведущему термину и отделяются знаком ромба (◊). Например: **aircraft** ◊ ~ **on flight** воздушное судно в полёте.

В русском эквиваленте различные части речи с одинаковым семантическим содержанием разделены параллельками (‖). Например, **backtrack** обратный курс ‖ лететь обратным курсом.

Если ведущий термин по своим значениям не относится к тематике словаря, то он даётся без перевода, и после него ставится двоеточие.

Пояснения к русским эквивалентам набраны курсивом и заключены в круглые скобки. Например: **load-bearing ability** несущая способность (*напр. аэродромного покрытия*).

Факультативная часть как английского термина, так и русского эквивалента заключена в круглые скобки. Например: **state(-owned) airline** государственная авиакомпания. Термин следует читать: **state airline, state-owned airline**; **right abeam** на (правом) траверзе. Эквивалент следует читать: на траверзе, на правом траверзе.

Синонимичные варианты ведущих английских терминов, следующих в алфавитном порядке непосредственно друг за другом, а также синонимичные варианты русских эквивалентов даны в квадратных скобках ([ ]). Например: **cabin [cockpit] altimeter** кабинный высотомер. Термин следует читать: **cabin altimeter, cockpit altimeter**; **directional actuator** механизм продольного [путевого] управления. Эквивалент следует читать: механизм продольного управления, механизм путевого управления.

В приложениях по радиообмену между экипажем и наземными службами синонимичные варианты английской части также даны в квадратных скобках ([ ]). Например: Я потерял ориентировку **I am lost [am lost]**. В таких случаях, при радиообмене, можно употребить один из предлагаемых вариантов.

В переводах принята следующая система разделительных знаков: синонимы отделены запятой, более далёкие по значению эквиваленты — точкой с запятой, разные значения — цифрами.

СПИСОК ПОМЕТ И СОКРАЩЕНИЙ

амер. американский термин
англ. английский термин
МНПО международная неправительственная организация
см. смотри
см. тж смотри также
pl множественное число

АНГЛИЙСКИЙ АЛФАВИТ

Aa	Gg	Nn	Uu
Bb	Hh	Oo	Vv
Cc	Ii	Pp	Ww
Dd	Jj	Qq	Xx
Ee	Kk	Rr	Yy
Ff	Ll	Ss	Zz
	Mm	Tt	

A

abaft 1. в хвостовой части (*воздушного судна*) **2.** сзади, позади (*напр. траверза*)
abandon 1. покидать *воздушное судно в полёте*) **2.** исключать (*напр. из перечня ограничений в полёте*)
abandonment 1. покидание (*воздушного судна в полёте*) **2.** исключение (*напр. из перечня ограничений в полёте*)
abatement 1. уменьшение (*напр. уровня шума*) **2.** снижение (*напр. стоимости воздушной перевозки*); скидка (*напр. с тарифа*) **3.** аннулирование (*напр. договора между авиакомпаниями*)
  ground run-up noise ~ снижение шума при опробовании двигателей на земле
abeam на пересекающихся курсах; на траверзе ◊ **left** ~ на левом траверзе; **right** ~ на (правом) траверзе; ~ **the left pilot position** на левом траверзе; ~ **the right pilot position** на (правом) траверзе
ability ◊ ~ **to conduct** способность управлять (*напр. воздушным судном*); ~ **to perform** готовность [способность] выполнять (*напр. команду диспетчера*)
  climbing ~ скороподъёмность
  course keeping ~ устойчивость на курсе
  load-bearing ~ несущая способность (*напр. аэродромного покрытия*)
  load-carrying ~ грузовместимость
  manoeuvering ~ манёвренность, лёгкость управления
  range ~ дальность полёта

ability
  speed ~ скоростная характеристика
  takeoff ~ взлётная характеристика
  weight-lift(ing) ~ грузоподъёмность
aboard на борту ◊ **to install** ~ устанавливать [монтировать] на борту; **to take** ~ брать на борт
abolition 1. отмена, аннулирование (*напр. договора на воздушную перевозку*) **2.** упразднение (*напр. таможенных формальностей*)
abreast 1. в ряд, на одной линии (*напр. о количестве кресел в кабине*) **2.** на траверзе
absorber 1. амортизатор **2.** гаситель
  oil ~ масляный амортизатор
  shock ~ **1.** амортизатор (*шасси*) **2.** гаситель ударных нагрузок
  vibration ~ гаситель вибрации
absorption 1. абсорбция, поглощение **2.** распределение (*напр. доходов между авиакомпаниями*)
  atmospheric ~ атмосферное поглощение
  geometric ~ геометрическое поглощение (*связанное с контуром местности*)
  noise ~ поглощение шума
  prorate ~ пропорциональное распределение доходов
accelerate ускорять(ся), развивать скорость; разгонять(ся) (*до заданной скорости*)
acceleration 1. ускорение; разгон (*до заданной скорости*) **2.** перегрузка (*в полёте*) **3.**

9

ACC

приёмистость (*двигателя*) ◊
effected by ~ 1. под влиянием ускорения 2. вызванный перегрузкой (*напр. о разрушении конструкции*); **to produce** ~ 1. создавать ускорение 2. создавать перегрузку

acceleration
    advanced ~ встречная приёмистость (*увеличение режима работы двигателя с этапа сброса газа*)
    angular ~ угловое ускорение
    climb ~ 1. ускорение при наборе высоты 2. перегрузка при наборе высоты
    full ~ полная приёмистость
    gravity ~ ускорение силы тяжести
    lateral ~ поперечное ускорение
    linear ~ линейное ускорение
    partial ~ частичная приёмистость
    steady ~ 1. постоянное ускорение 2. постоянная перегрузка 3. устойчивая приёмистость
    takeoff ~ 1. ускорение при взлёте 2. перегрузка при взлёте
    transonic ~ околозвуковое ускорение
    uniform ~ 1. равномерное ускорение 2. равномерная перегрузка
    vibration ~ 1. вибрационное ускорение 2. вибрационная перегрузка

accelerometer акселерометр

access 1. доступ, подход 2. смотровой лючок ◊ **to gain** ~ обеспечивать доступ; **to have full** ~ иметь полный доступ (*напр. к месту аварии*); **to provide** ~ обеспечивать доступ
    actuator ~ лючок (для) подхода к приводу
    direct ~ прямой доступ
    emergency exit ~ доступ к аварийному выходу

ACC

access
    time-ordered ~ доступ, регламентированный по времени
    unhampered ~ беспрепятственный [свободный] доступ

accessibility удобство подхода (*напр. к агрегату*)

accident (авиационное) происшествие ◊ **prior to an** ~ до происшествия; **relating to an** ~ относящийся к происшествию; ~ **to an aircraft** происшествие с воздушным судном; **to bear on the** ~ иметь отношение к происшествию; **to lead to an** ~ приводить к происшествию; **to meet with an** ~ терпеть аварию; **to prevent an** ~ предотвращать происшествие
    airport-related ~ происшествие в районе аэропорта
    aviation ~ авиационное происшествие
    domestic ~ происшествие на территории государства регистрации воздушного судна
    fatal flight ~ авиационное происшествие со смертельным исходом, авиационная катастрофа
    flight ~ авиационное происшествие
    international ~ происшествие на территории другого государства
    landing ~ происшествие при посадке
    operational ~ происшествие вследствие нарушения норм эксплуатации
    takeoff ~ происшествие при взлёте

accident-free безаварийный

accountability считываемость, приспособленность к считыванию параметров
    cross-wind ~ считываемость составляющей бокового ветра

accretion:
    ice ~ обледенение, нарастание льда

ACC

accumulator аккумулятор
  brake ~ тормозной аккумулятор
  fuel ~ топливный аккумулятор
  hydraulic ~ гидравлический аккумулятор, гидроаккумулятор
accuracy точность
  angular ~ 1. угловая точность (*наведения*) 2. точность по углу (*захода на посадку*) 3. точность определения угловых координат (*техническая характеристика радиолокационной станции*)
  attainable ~ достижимая точность
  azimuth ~ азимутальная точность
  bearing ~ точность пеленгования
  course alignment ~ точность установки курса
  distance ~ точность замера дальности
  elevation ~ 1. точность измерения превышения (*аэродрома или порога ВПП*) 2. точность установки угла места (*антенны радиолокатора*) 3. точность залегания диаграммы направленности РЛС в вертикальной плоскости
  height-keeping ~ точность выдерживания высоты
  linear ~ линейная точность
  navigational ~ навигационная точность
  overall ~ суммарная погрешность
  path tracking ~ точность слежения за траекторией полёта; точность сопровождения при полёте по заданному курсу
  pinpoint ~ точность ориентировки (*в полёте*) по точечному ориентиру (*на земле*)
  position ~ точность определения местоположения
  reading ~ точность считывания показаний (*прибора*); точность отсчёта
  time-keeping ~ точность выдерживания времени (*полёта по маршруту*)

ACT

acknowledgement 1. подтверждение (*напр. сообщения*) 2. обратный (радио)сигнал
  ~ **of receipt** подтверждение приёма
acme 1. высшая точка (*напр. траектории полёта*) 2. критический момент (*в аварийной ситуации*)
acquisition 1. обнаружение (*объекта*) 2. приём (*напр. команды диспетчера*) 3. выделение (*сигнала по радиосвязи*)
  clock ~ обнаружение сигнала синхронизации по времени (*полёта*)
  command ~ приём командных сообщений
action ◊ ~s **by contracting state** согласованные действия государств (*напр. при расследовании авиационных происшествий*); **to come into** ~ 1. вступать в действие (*о договоре*) 2. срабатывать (*о механизме*)
  braking ~ 1. торможение 2. срабатывание тормозов
  flight evasive ~ манёвр уклонения (*от препятствия*)
  pilot delayed ~s несвоевременные действия пилота (*вследствие замедленной реакции*)
  preflight ~ предполётная подготовка
  preventive ~s предупредительные меры (*напр. по исключению отказов авиатехники*)
  ram ~ скоростной напор
  uneven braking ~ неравномерное срабатывание тормозов (*левой и правой стоек шасси*)
  wet braking ~ торможение на мокрой ВПП
activity:
  geomagnetic ~ геомагнитная активность
  solar ~ солнечная активность
  tariff coordinating ~ деятель-

ACT

ность (*ИАТА*) по координации тарифов
activity
  thunderstorm ~ грозовая активность (*в зоне полётов*)
actuate 1. приводить в действие (*механизм*) **2.** срабатывать (*напр. о реле*)
actuation 1. приведение в действие (*механизма*) **2.** срабатывание (*напр. реле*)
  accidental ~ самопроизвольное срабатывание
  premature ~ преждевременное срабатывание
  relay ~ срабатывание реле
actuator 1. привод; цилиндр привода, силовой цилиндр **2.** механизм управления; исполнительный механизм **3.** рулевая машинка, рульмашинка
  bleed ~ привод механизма отбора воздуха
  control ~ исполнительный механизм (системы) управления
  directional ~ механизм продольного [путевого] управления
  directional trim(ming) ~ загрузочный механизм продольного [путевого] управления
  electric ~ электромеханизм; электропривод
  feel trim ~ загрузочный механизм (системы) управления триммером (*при необратимой схеме*)
  flap ~ механизм выпуска — уборки закрылков
  fore-aft ~ механизм продольно-поперечного управления (*вертолётом*)
  hydraulic ~ гидропривод
  lateral-longitudinal trim(ming) ~ загрузочный механизм продольно-поперечного управления
  load feel ~ автомат загрузки
  pitch trim ~ механизм триммерного эффекта по тангажу
  reverse bucket ~ механизм

ADD

(системы) управления створками реверса (*тяги*)
actuator
  rudder limit stop ~ механизм ограничения отклонения руля направления
  spoiler ~ механизм (системы) управления интерцептором
  starter ~ привод стартёра
  thrust reverser ~ привод механизма реверса тяги
  trim tab ~ механизм (системы) управления триммером
acuity:
  aural [hearing] ~ острота слуха (*пилота*)
adapter 1. переходник; переходная втулка **2.** вкладыш **3.** наконечник
  carburet(t)or ~ переходной патрубок карбюратора
  engine ~ проставка двигателя (*кольцо стыковки корпуса двигателя и воздухозаборника*)
  fueling ~ переходник для заправки топливом
  jacking ~ переходник под головку гидроподъёмника
  nozzle box ~ патрубок газосборника
additive:
  anticorrosion ~ антикоррозионная присадка
  antiicing ~ противообледенительная присадка
  antiknock ~ антидетонационная присадка
  antistatic ~ антистатическая присадка, антистатик
address адрес ‖ адресовать
  announced ~ объявленный адрес
  destination ~ адрес назначения (*рейса*)
  entry switching center ~ адрес входного центра коммутации
  ground interrogation ~ адрес запроса, передаваемого наземной станцией
  transmitting center ~ адрес передающего центра

ADD

addressing:
  message ~ адресование [адресация] сообщения
adherence сцепление (*напр. колёс с поверхностью ВПП*)
ad hoc специальный (*напр. о Комитете по авиационным вопросам*); установленный для определённой цели (*напр. о комиссии по расследованию авиационного происшествия*)
adjacent смежный, соседний, примыкающий (*о районе полётов*)
adjuster регулятор
  acceleration time ~ дроссельный пакет регулирования времени приёмистости (*двигателя*)
  cable tension ~ регулятор натяжения троса
  time ~ дроссельный пакет, дроссель
  wear ~ регулятор зазора (*между тормозными дисками колеса*)
adjustment 1. регулировка, регулирование 2. настройка; юстировка 3. корректировка, введение поправок
  bench ~ стендовая регулировка
  compass ~ списание девиации компаса
  engine ~ регулировка двигателя
  factory ~ заводская регулировка
  idle speed ~ регулировка оборотов малого газа
  mixture ~ регулирование качества смеси (*топлива*)
  pedals ~ регулировка педалей (*по росту лётчика*)
  speed governor ~ настройка регулятора оборотов (*двигателя*)
  windage ~ введение поправки на снос (*воздушного судна*) ветром
Administration:
  Civil Aeronautics ~ Аэронавигационное управление гражданской авиации (*США*)

ADV

Administration
  Federal Aviation ~ Федеральное управление гражданской авиации (*США*)
administration:
  civil aviation ~ полномочный орган гражданской авиации
admission подача, подвод (*напр. топлива*)
admittance 1. подача, подвод (*напр. топлива*) 2. разрешение (*напр. таможенных или иммиграционных властей*)
  duty-free ~ разрешение на беспошлинный ввоз
adult пассажир по полному тарифу (*старше 12-ти лет*)
advance:
  ignition ~ опережение зажигания
  injection ~ опережение впрыска (*топлива*)
  phase ~ опережение по фазе
advice ◊ to follow the controller's ~ выполнять указание диспетчера
  prepaid ticket ~ уведомление о предварительной оплате билета
adviser:
  aviation ~ советник по авиационным вопросам (*ИКАО*)
  civil aviation ~ советник по вопросам гражданской авиации
advisory:
  avoidance manoeuvre ~ консультативное сообщение о порядке выполнения манёвра уклонения (*от препятствия*)
  limit ~ консультативное сообщение об ограничениях (*в зоне полётов*)
  maintain ~ консультативное сообщение о порядке выдерживания заданных параметров (*полёта*)
  negative ~ запрещающее консультативное сообщение
  positive ~ разрешающее консультативное сообщение
  resolution ~ консультативное сообщение по устра-

ADV

нению конфликтной ситуации

advisory
   traffic ~ консультативное сообщение о воздушной обстановке
   traffic ~ against primary radar targets консультативное сообщение о воздушной обстановке, регистрируемой на первичной РЛС

aerial 1. *англ.* антенна (*см. тж* **antenna**) **2.** авиационный; воздушный
   directional ~ направленная антенна
   dummy ~ дублирующая антенна
   forward looking ~ антенна переднего обзора

aerobatics фигуры высшего пилотажа

aerobridge телескопический трап (*из аэровокзала в воздушное судно*)

aerodrome аэродром ◊ ~ **in question** указанный [заданный] (*планом полёта*) аэродром; **to arrive over the** ~ прибывать в зону аэродрома; **to circle the** ~ **1.** летать по кругу над аэродромом **2.** облётывать аэродром (*при тренировке*); **to get into the** ~ приземляться на аэродроме; **to identify the ~ from the air** опознавать аэродром с воздуха; **to operate from the** ~ выполнять полёты с аэродрома

   ~ **of call** аэродром выхода (*экипажа*) на радиосвязь
   ~ **of departure** аэродром вылета
   ~ **of intended landing** аэродром предполагаемой посадки
   ~ **of origin** аэродром приписки
   abandoned ~ недействующий [закрытый для полётов] аэродром
   all-weather ~ всепогодный аэродром (*предназначенный*

AER

для выполнения всепогодных полётов)

aerodrome
   alternate ~ запасный аэродром (*предусмотренный планом полёта*)
   arrival ~ аэродром прилёта, аэродром прибытия
   auxiliary ~ дополнительный аэродром (*предусмотренный планом полёта*)
   base ~ аэродром постоянного базирования
   categorized ~ категорированный аэродром (*в соответствии с нормами ИКАО*)
   civil ~ гражданский аэродром
   coastal ~ береговой аэродром
   concrete-surfaced ~ аэродром с бетонным покрытием
   controlled ~ аэродром с командно-диспетчерской службой
   debarkation ~ аэродром выгрузки
   depot ~ базовый аэродром (*предназначенный для выполнения тяжёлых форм регламентного обслуживания воздушных судов*)
   destination ~ аэродром назначения, аэродром намеченной посадки
   domestic ~ аэродром местных воздушных линий
   embarkation ~ аэродром погрузки
   emergency ~ аэродром вынужденной посадки
   en-route ~ (промежуточный) аэродром на трассе полёта
   factory ~ заводской аэродром
   familiar ~ облётанный (*данным экипажем*) аэродром
   final ~ конечный аэродром
   fog-plagued ~ аэродром, имеющий частые туманы
   given ~ указанный [заданный] (*планом полёта*) аэродром

aerodrome
  grass ~ аэродром с травяным покрытием
  hard surface ~ аэродром с твёрдым покрытием (*напр. бетонными плитами*)
  helicopter ~ вертодром (*аэродром для вертолётов*)
  high-level ~ (высоко)горный аэродром
  home ~ аэродром приписки
  intermediate ~ промежуточный аэродром, аэродром промежуточной посадки
  jet ~ аэродром для реактивных воздушных судов
  joint civil and military ~ аэродром совместного базирования гражданских и военных воздушных судов
  key ~ узловой аэродром (*маршрута*)
  land ~ сухопутный [наземный] аэродром
  landing ~ аэродром посадки
  local ~ аэродром местного значения
  logistics ~ аэродром материально-технического обеспечения (*данного региона*)
  main ~ главный аэродром (*данного региона*)
  master ~ главный аэродром (*маршрута полёта*)
  military ~ военный аэродром
  municipal commercial ~ муниципальный [городской] аэродром для коммерческой авиации
  nonradar ~ аэродром без радиолокационных средств
  operating ~ действующий [открытый для полётов] аэродром
  operational ~ оперативный аэродром
  participating ~ задействованный (*планом полёта*) аэродром
  permanent ~ стационарный [постоянный] аэродром
  principal ~ основной аэродром (*по объёму воздушных перевозок*)
aerodrome
  provisional ~ временный аэродром
  receiving ~ аэродром прилёта, аэродром прибытия
  refuelling ~ аэродром, обеспечивающий заправку топливом
  regular ~ регулярный аэродром (*для выполнения полётов по расписанию*)
  reserve ~ резервный [запасный] аэродром
  rigid pavement ~ аэродром с жёстким покрытием (*напр. железными решётками*)
  satellite ~ вспомогательный аэродром (*для базового аэродрома*)
  supplementary ~ дополнительный аэродром
  takeoff ~ аэродром вылета
  temporary ~ временный аэродром
  terminal ~ конечный аэродром
  test ~ испытательный аэродром
  training ~ учебный аэродром
  uncontrolled ~ аэродром без командно-диспетчерской службы
  unfamiliar ~ необлётанный (*данным экипажем*) аэродром
  unimproved ~ несертифицированный аэродром
  unpaved ~ грунтовой аэродром
  X-type ~ аэродром с перекрещивающимися ВПП
aeroduct прямоточный (воздушно-реактивный) двигатель
aerodynamics 1. аэродинамика 2. аэродинамические характеристики
  fundamental ~ основы аэродинамики
  low-speed ~ аэродинамика малых скоростей

AER

aerodyne летательный аппарат тяжелее воздуха
aeroelasticity аэроупругость
 wing ~ аэроупругость крыла
Aeroflot (Soviet airlines) Аэрофлот (*государственная авиакомпания СССР*)
aerofoil аэродинамический профиль; аэродинамическая поверхность
aeromechanic авиационный механик
aeromedicine авиационная медицина
aeronautical авиационный; аэронавигационный
aeronautics 1. авиация 2. воздухоплавание, аэронавтика
 civil ~ гражданская авиация
aeronavigation аэронавигация; самолётовождение
aeroplane *см.* **airplane**
aeroshow авиационный салон, авиасалон; авиационная выставка
aerospace воздушно-космическое пространство
aerostatics воздухоплавание (*на летательных аппаратах легче воздуха*)
aerotow воздушный буксир
affirmative 1. утвердительный 2. «да», «разрешаю» (*ответ по связи*) ◇ **in the** ~ утвердительно (*при ответе по связи*)
aft в хвостовой части (*воздушного судна*)
afterburner форсажная камера
 mixed flow ~ форсажная камера со смешением потоков
afterburning дожигание (*топлива*); форсаж за счёт дожигания (*топлива*)
afterglow послесвечение, остаточное свечение (*на экране локатора*); вторичное свечение
age:
 aircraft ~ срок службы воздушного судна
ageing:

AGE

 aircraft ~ 1. износ воздушного судна 2. старение конструкции воздушного судна
Agency:
 Central ~ **of Air Service** Главное агентство воздушных сообщений
 Environmental Protection ~ Агентство охраны окружающей среды (*США*)
 Prorate ~ **(IATA)** Агентство по пропорциональным тарифам, Агентство по пророрейтам (*ИАТА*)
agency 1. агентство; представительство 2. предприятие; служба 3. отдел
 air ~ авиационное агентство; представительство авиакомпании
 aircraft operating ~ лётно-эксплуатационное предприятие
 apron handling ~ отдел перронного обслуживания (*пассажиров*)
 aviacompany town ~ городское агентство авиакомпании
 operating ~ эксплуатационная служба
 overhaul ~ ремонтное предприятие
agent 1. вещество; присадка (*к топливу или маслу*); реактив; компонент 2. агент; представитель (*авиакомпании*)
 antifreezing ~ противообледенительный компонент; противообледенительная присадка
 authorized ~ уполномоченный агент; официальный представитель
 cargo ~ агент по грузовым перевозкам
 carrier's ~ представитель перевозчика
 extinguishing ~ огнегасящий состав
 general sales ~ генеральный агент по продаже (*перевозок*)
 handling ~ агент по оформлению (*пассажиров*)

AGE AID A

agent
 IATA approved ~ агентство-член ИАТА
 travel ~ агент по оформлению туристических перевозок, агент по продаже «туров»
agreement соглашение; договор
 ◊ **to extend the** ~ продлевать срок действия соглашения; **to terminate the** ~ прекращать действие соглашения; **to withdraw from the** ~ выходить из соглашения
 air ~ авиационное соглашение
 air navigation ~ аэронавигационное соглашение (*о порядке выполнения полётов*)
 air transport ~ соглашение о воздушном сообщении
 bilateral ~ двустороннее соглашение
 blocked space ~ соглашение о резервировании [о блокировании] места (*на воздушном судне*)
 direct transit ~ соглашение по прямому транзиту
 fares and rates ~ соглашение по пассажирским и грузовым тарифам
 intercharged aircraft ~ соглашение об обмене воздушными судами на условиях взаимной оплаты
 interline ~ соглашение о совместной эксплуатации авиалинии
 joint support ~ соглашение о совместном финансировании (*воздушных перевозок*)
 lease ~ договор об аренде (*воздушных судов*)
 limited ~ ограниченное (*по числу авиакомпаний*) соглашение
 merger ~ соглашение о слиянии (*авиакомпаний*)
 pool(ing) ~ соглашение о взаимной коммерческой деятельности, пульное соглашение

agreement
 regional ~ региональное соглашение
 subarea ~ зональное соглашение
 supplementary ~ дополнительное соглашение
 tariff ~ соглашение по (авиационным) тарифам
aids ◊ ~ **to air navigation** аэронавигационные средства; ~ **to approach** средства (обеспечения) захода на посадку; **to hold over the** ~ выполнять полёт в зоне ожидания, оборудованной (аэронавигационными) средствами
 aerodrome approach ~ аэродромные средства (обеспечения) захода на посадку, аэродромные посадочные средства
 aerodrome visual ~ аэродромные визуальные средства
 electronic navigation ~ электронные навигационные средства
 en-route navigation ~ маршрутные навигационные средства
 flying ~ средства обеспечения полёта
 ground ~ наземные средства
 ground based ~ средства наземного базирования
 ground-referenced ~ наземные (аэронавигационные) средства, синхронизированные по времени (*пролёта воздушных судов*)
 identification ~ средства опознавания
 landing ~ посадочные средства
 navigation ~ навигационные средства
 navigation visual ~ визуальные навигационные средства
 nonvisual ~ средства обеспечения полётов по приборам
 parking ~ средства парковки (*воздушного судна*)
 pilot-interpreted ~ средства

17

AID

обеспечения пилота информацией
aids
  radio ~ радиосредства
  radio approach ~ радиосредства (обеспечения) захода на посадку, посадочные радиосредства
  radio-navigation ~ радионавигационные средства
  satellite-referenced ~ спутниковые (аэронавигационные) средства
  self-contained ~ автономные (аэронавигационные) средства
  short-distance ~ средства ближней навигации
  taxiing guidance ~ средства управления рулением (*воздушных судов на аэродроме*)
  terminal navigation ~ навигационные средства конечного пункта (*полёта*)
  track-defining ~ средства определения траектории (*полёта*)
  training ~ учебно-тренировочное оборудование
  visual ~ to approach визуальные средства (обеспечения) захода на посадку
  visual ground ~ наземные визуальные средства
ailavator элевон
aileron элерон
  aerodynamically-balanced ~ элерон с аэродинамической компенсацией
  balanced ~ элерон с компенсацией (*напр. весовой*)
  continuous ~ неразрезной элерон (*состоящий из одной секции*)
  differential ~ элерон с дифференциальным отклонением
  dropped ~ элерон с зависанием
  horn-balanced ~ элерон с роговой компенсацией
  inboard ~ внутренний элерон
  inner ~ корневой элерон

AIR

aileron
  internally-balanced ~ элерон с внутренней компенсацией
  manual ~ элерон с жёстким управлением от штурвала
  mass-balanced ~ элерон с весовой компенсацией
  outboard ~ внешний элерон
  outer ~ концевой элерон
  powered ~ элерон с приводом от гидроусилителя
  sealed-type ~ элерон с внутренней компенсацией (*с помощью диафрагмы*)
  slotted ~ щелевой элерон
  split ~ разрезной элерон (*состоящий из нескольких секций*)
  spoiler ~ интерцептор
air 1. воздух ‖ воздушный 2. воздушное пространство; атмосфера 3. воздушный поток; воздушная пробка (*в системе*) 4. авиационный; (само)лётный ◊ **to bleed** ~ стравливать воздушную пробку (*напр. из гидросистемы*); **to bleed off** ~ перепускать воздух (*из компрессора*); **to bring to rest** ~ затормаживать воздушный поток; **to determine** ~ **in a system** устанавливать наличие воздушной пробки в (топливной) системе; **to discharge** ~ **overboard** отводить воздух в атмосферу; **to release** ~ стравливать давление воздуха; **to tap** ~ **from the compressor** отбирать воздух от компрессора; **to vent** ~ дренажировать, сообщать с атмосферой
  ambient ~ окружающий воздух
  ascending ~ восходящий поток воздуха
  boundary-layer ~ воздух в пограничном слое
  breather ~ воздух (линии) суфлирования
  coid ~ холодный фронт воздуха
  compressor-bleed ~ воздух, отбираемый от компрессора

AIR

(*напр. для наддува гермокабины*)

air
  dead ~ невозмущённый [застойный] воздух (*в потоке*); застойная воздушная зона
  free ~ 1. атмосферный воздух 2. воздушное пространство, свободное для полётов 3. свободный поток воздуха
  ground ~ приземный воздух
  light ~ 1. разрежённый воздух 2. слабый ветер
  main ~ воздух, проходящий через первый контур (*двухконтурного двигателя*)
  mixing ~ смесительный воздух (*поступающий за зоной горения*)
  normal ~ стандартная атмосфера
  open ~ наружный воздух
  ram ~ 1. заторможённый поток воздуха 2. скоростной напор воздуха
  rarefied ~ разрежённый воздух
  rough ~ 1. воздух в турбулентном состоянии 2. возмущённая атмосфера
  stable ~ устойчивый воздушный поток
  standard ~ стандартная атмосфера
  still ~ нулевой ветер, штиль, безветрие
  undisturbed ~ невозмущённая атмосфера
  upper ~ верхнее воздушное пространство; верхние слои атмосферы
airborne 1. установленный на воздушном судне; бортовой 2. находящийся в воздухе; воздушный 3. перевозимый по воздуху 4. авиационный ◊ **to be** ~ **at** взлетать в; **to become** ~ отрываться от земли, взлетать (*о воздушном судне*)
airbrake аэродинамический тормоз
airbridge интенсивное регулярное воздушное сообщение (*между установленными пунктами*)
airbus аэробус
aircall вызов (*воздушного судна*) на связь
aircargo авиационный груз
air-conditioner 1. кондиционер 2. система кондиционирования (*воздушного судна*)
  ground ~ наземный кондиционер
air-conditioning кондиционирование воздуха
aircraft воздушное судно, ВС; борт, летательный аппарат; самолёт; вертолёт ◊ ~ **in distress** воздушное судно, терпящее бедствие; **inherent in the** ~ свойственный воздушному судну; ~ **in missing** воздушное судно, пропавшее без вести; ~ **in service** эксплуатируемое воздушное судно; ~ **is considered to be missing** воздушное судно считается пропавшим без вести; ~ **on flight** воздушное судно в полёте; ~ **on register** воздушное судно, занесённое в реестр (*авиакомпании*); ~ **requiring assistance** воздушное судно, нуждающееся в помощи; **the** ~ **under command** управляемое (*диспетчерской службой*) воздушное судно; **the** ~ **under control** управляемое (*экипажем*) воздушное судно; **to abandon an** ~ покидать воздушное судно (*в полёте*); **to accommodate an** ~ размещать воздушное судно (*на аэродроме*); **to align the** ~ устанавливать воздушное судно (*по указанному курсу*); **to align the** ~ **with the center line** устанавливать воздушное судно по оси; **to align the** ~ **with the runway** устанавливать воздушное судно по оси ВПП; **to alter an** ~ дорабатывать конструкцию воздушного судна;

AIR

aircraft

to balance the ~ балансировать воздушное судно; to board an ~ подниматься на борт воздушного судна; to bring the ~ back возвращать воздушное судно (*на установленный курс*); to bring the ~ in вводить воздушное судно (*в крен*); to bring the ~ out выводить воздушное судно (*из крена*); to charter an ~ фрахтовать воздушное судно; to clean the ~ убирать механизацию крыла воздушного судна; to clear the ~ давать (диспетчерское) разрешение воздушному судну (*на запрос экипажа*); to consider an ~ serviceable допускать воздушное судно к дальнейшей эксплуатации; to control the ~ управлять воздушным судном; to convert an ~ переоборудовать воздушное судно (*в другой вариант*); to cover an ~ with зачехлять воздушное судно; to decelerate the ~ to... снижать скорость воздушного судна до..., to ease the ~ on выравнивать воздушное судно; to effect on an ~ влиять на состояние воздушного судна; to enable the ~ to давать воздушному судну право (*напр. на пролёт территории*); to endanger the ~ создавать опасность для воздушного судна; to enter the ~ заносить воздушное судно в реестр (*авиакомпании*); to equip an ~ with оборудовать воздушное судно; to fill an ~ with размещать в воздушном судне (*груз, пассажиров*); to fit an ~ with оборудовать воздушное судно; to fly the ~ пилотировать воздушное судно, управлять воздушным судном; to follow up the ~ сопровождать воздушное судно; обеспечивать

AIR

aircraft

контроль полёта воздушного судна; to head the ~ into wind направлять воздушное судно против ветра; to hold the ~ on the heading выдерживать воздушное судно на заданном курсе; to house an ~ размещать воздушное судно (*напр. на долговременную стоянку*); to identify the ~ опознавать воздушное судно; to install in the ~ устанавливать на борту воздушного судна (*внутри фюзеляжа*); to install on the ~ монтировать [устанавливать] на воздушном судне (*напр. на крыле);* to jack an ~ вывешивать воздушное судно на подъёмниках; to join an ~ совершать посадку на борт воздушного судна; to keep clear of the ~ держаться на безопасном расстоянии от воздушного судна (*в процессе его движения*); to keep the ~ on выдерживать воздушное судно (*на глиссаде*); to land the ~ приземлять [сажать] воздушное судно; to lead in the ~ заруливать воздушное судно на место стоянки; to lead out the ~ выруливать воздушное судно с места стоянки; to lease an ~ арендовать воздушное судно; to level the ~ out выравнивать воздушное судно (*на заданной высоте*); устанавливать воздушное судно в горизонтальное положение; to lift an ~ on вывешивать воздушное судно (*на подъёмниках*); to line up the ~ выруливать воздушное судно на исполнительный старт; to maintain the ~ at readiness to держать воздушное судно готовым (*к полётам*); to make the ~ airborne отрывать воздушное судно от земли; to moor the ~ швартовать воздуш-

AIR

aircraft
ное судно; **to operate an** ~ эксплуатировать воздушное судно; **to park an** ~ парковать воздушное судно; **to place the** ~ устанавливать воздушное судно (*напр. на оси ВПП*); **to plot the** ~ засекать воздушное судно (*на экране локатора*); **to properly identify the** ~ точно опознавать воздушное судно; **to pull the** ~ **out of 1.** брать штурвал на себя **2.** выводить воздушное судно из пикирования; **to pull up the** ~ подрывать [резко увеличивать] подъёмную силу воздушного судна; **to push the** ~ **back** буксировать воздушное судно хвостом вперёд; **to push the** ~ **down** снижать высоту полёта воздушного судна; **push the** ~ **over** переводить воздушное судно в горизонтальный полёт; **to put the** ~ **into production** запускать воздушное судно в производство; **to put the** ~ **on the course** выводить воздушное судно на заданный курс; **to reequip an** ~ заменять оборудование воздушного судна; **to register the** ~ регистрировать воздушное судно; **to release the** ~ прекращать (диспетчерский) контроль (*за полётом*) воздушного судна, разрешать воздушному судну выйти из зоны контроля; **to remove the** ~ удалять воздушное судно (*с места происшествия*); **to restore an** ~ восстанавливать [ремонтировать] воздушное судно; **to return an** ~ **to flyable status** приводить воздушное судно в состояние лётной годности (*путём технических доработок*); **to return the** ~ **to service** допускать воздушное судно к дальнейшей эксплуатации (*напр. после ремонта*); **to roll in the** ~ вво-

AIR   A

aircraft
дить воздушное судно в крен; **to roll on the** ~ выполнять этап пробега воздушного судна (*после посадки*); **to roll out the** ~ **1.** выводить воздушное судно из крена **2.** выкатывать воздушное судно (*напр. из ангара*); **to rotate the** ~ отрывать [поднимать] переднюю опору шасси воздушного судна (*при взлёте*); **to separate the** ~ эшелонировать воздушное судно; **to space the** ~ определять зону полёта воздушного судна; **to steer the** ~ управлять воздушным судном (*при рулении*); **to substitute the** ~ заменять воздушное судно (*на другое*); **to trim the** ~ балансировать [триммировать] воздушное судно; **to unstall the** ~ выводить воздушное судно из сваливания на крыло; **to unstick the** ~ отрывать воздушное судно от земли; **to vend an** ~ поставлять воздушное судно (*в эксплуатационное предприятие*); **to warn the** ~ предупреждать воздушное судно (*об опасности*); **to work on the** ~ выполнять работу на воздушном судне
abandoned ~ воздушное судно, исключённое из реестра (*авиакомпании*)
active ~ эксплуатируемое воздушное судно
aerodynamically balanced ~ аэродинамически сбалансированное воздушное судно
airborne ~ воздушное судно, находящееся в воздухе
all-cargo ~ грузовое воздушное судно
all-metal ~ цельнометаллическое воздушное судно
all-purpose ~ многоцелевое воздушное судно
all-weather ~ всепогодное воздушное судно

AIR

aircraft
all-wing ~ воздушное судно схемы «летающее крыло»
ambulance ~ санитарное воздушное судно
amphibian ~ самолёт-амфибия
approaching ~ воздушное судно, выполняющее заход на посадку
arriving ~ прибывающее (*из рейса*) воздушное судно
authorized ~ воздушное судно, имеющее разрешение на полёт
balanced ~ сбалансированное воздушное судно
baseline ~ базовая модель воздушного судна
basic ~ основной вариант воздушного судна
business ~ служебное воздушное судно
canard ~ воздушное судно схемы «утка»
cargo ~ грузовое воздушное судно
chartered ~ зафрахтованное воздушное судно
civil ~ воздушное судно гражданской авиации
clean ~ воздушное судно с убранной механизацией крыла
cleared ~ воздушное судно, получившее (диспетчерское) разрешение
combination ~ воздушное судно для смешанных перевозок, грузопассажирское воздушное судно
commuter-size ~ воздушное судно местных воздушных линий
conventional takeoff and landing ~ воздушное судно обычной схемы взлёта и посадки
convertible ~ грузопассажирское воздушное судно (*приспособленное для переоборудования в любой вариант*)

AIR

aircraft
damaged ~ повреждённое воздушное судно
delta-wing ~ воздушное судно с треугольным крылом
departing ~ вылетающее воздушное судно
derived ~ модифицированное воздушное судно
disabled ~ воздушное судно, выведенное из строя
double-decker ~ двухпалубное воздушное судно
eastbound ~ воздушное судно, летящее курсом на восток
entire ~ укомплектованное (*бортовым имуществом*) воздушное судно
environmentally attuned ~ воздушное судно, удовлетворяющее требованиям сохранения окружающей среды
executive ~ административное воздушное судно
experimental ~ опытный вариант воздушного судна
feeder ~ воздушное судно вспомогательной авиалинии
first-generation ~ воздушное судно первого поколения
fixed-wing ~ воздушное судно с неподвижным крылом
folding wing ~ воздушное судно со складывающимся крылом
following ~ воздушное судно, идущее следом (*по курсу*)
forest patrol ~ воздушное судно ·для патрулирования лесных массивов
freight ~ грузовое воздушное судно
full-scale ~ полномасштабная модель воздушного судна
general-purpose ~ воздушное судно общего назначения
handy ~ легкоуправляемое воздушное судно
heavier-than-air ~ летательный аппарат тяжелее воздуха
heavy ~ транспортное воздушное судно

AIR

aircraft
  high-altitude ~ воздушное судно для полётов на большой высоте
  high-capacity ~ воздушное судно большой вместимости
  high-speed ~ (высоко)скоростное воздушное судно
  high-wing ~ воздушное судно с верхним расположением крыла
  holding ~ воздушное судно в зоне ожидания
  hospital ~ санитарное воздушное судно
  hypersonic ~ гиперзвуковое воздушное судно
  improperly loaded ~ воздушное судно, загруженное не по установленной схеме
  inbound ~ прибывающее (*в аэропорт*) воздушное судно
  in-coming ~ воздушное судно на подходе (*к аэродрому*)
  in-flight ~ воздушное судно в полёте
  in-service ~ эксплуатируемое воздушное судно
  interchanged ~ воздушное судно по обмену (*между авиакомпаниями*)
  intruding ~ воздушное судно, создающее опасность столкновения (*в полёте*)
  inward ~ прибывающее (*в аэропорт*) воздушное судно
  irrepairable ~ неремонтопригодное воздушное судно
  jet ~ реактивное воздушное судно
  laden ~ загруженное воздушное судно
  land(-based) ~ сухопутное воздушное судно
  leased ~ арендованное воздушное судно
  licensed ~ лицензированное воздушное судно
  lift-fuselage ~ воздушное судно с несущим фюзеляжем (*создающим подъёмную силу*)
  light ~ воздушное судно небольшой массы

AIR A

aircraft
  lighter-than-air ~ летательный аппарат легче воздуха
  long-bodied ~ длиннофюзеляжный самолёт
  long-distance [long-haul, long-range] ~ воздушное судно большой дальности полётов, магистральное воздушное судно
  low annoyance ~ малошумное воздушное судно
  low-wing ~ воздушное судно с низким расположением крыла
  mail-carrying ~ почтовое воздушное судно
  making way ~ воздушное судно в полёте
  manned ~ пилотируемое воздушное судно
  mid-wing ~ воздушное судно со средним расположением крыла
  missing ~ пропавшее воздушное судно
  modified ~ модифицированное воздушное судно
  multicrew ~ воздушное судно с экипажем из нескольких человек
  multiengined ~ воздушное судно с двумя и более двигателями
  multipurpose ~ многоцелевое воздушное судно
  narrow-body ~ воздушное судно с узким фюзеляжем
  nonnoise certificated ~ воздушное судно, не сертифицированное по шуму
  oncoming ~ воздушное судно, находящееся на встречном курсе
  one-engined ~ воздушное судно с одним двигателем
  originating ~ вылетающее (*в рейс*) воздушное судно
  outbound ~ вылетающее (*из аэропорта*) воздушное судно
  outdated ~ устаревшая модель воздушного судна
  out-of-balance ~ несбалансированное воздушное судно

AIR

aircraft
outward ~ вылетающее (*из аэропорта*) воздушное судно
overweight ~ перегруженное воздушное судно
owner-operated ~ воздушное судно, находящееся в эксплуатации владельца
parked ~ воздушное судно на стоянке, паркованное воздушное судно
passenger ~ пассажирское воздушное судно
patrol ~ патрульное воздушное судно
piston-engined ~ воздушное судно с поршневым двигателем
practice ~ тренировочное воздушное судно
preceding ~ воздушное судно, идущее впереди (*по курсу*)
preproduction ~ опытный вариант воздушного судна
pressurized ~ герметизированное воздушное судно
production ~ серийный вариант воздушного судна
profitable ~ коммерческое воздушное судно
prop(eller)-driven ~ винтовое воздушное судно
prototype ~ опытный вариант воздушного судна
quiet ~ малошумное воздушное судно
receiver ~ воздушное судно, дозаправляемое в полёте
reduced takeoff and landing ~ воздушное судно укороченного взлёта и посадки
regular-body ~ воздушное судно с фюзеляжем типовой схемы
rescue ~ поисково-спасательное воздушное судно
research ~ исследовательское воздушное судно
rotary-wing ~ воздушное судно с несущим винтом, винтокрыл
school ~ учебное воздушное судно

AIR

aircraft
sea ~ гидровариант воздушного судна
search and rescue ~ поисково-спасательное воздушное судно
short-range ~ воздушное судно для местных авиалиний
short takeoff and landing ~ воздушное судно короткого взлёта и посадки
single-engined ~ воздушное судно с одним двигателем
single-pilot ~ воздушное судно с одним пилотом
single-seater ~ одноместное воздушное судно
sports ~ спортивное воздушное судно
standby ~ резервное воздушное судно
state ~ воздушное судно государственной принадлежности
stayed afloat ~ воздушное судно, оставшееся на плаву (*после вынужденной посадки на воду*)
stretched ~ воздушное судно с удлинённым фюзеляжем
subsonic ~ дозвуковое воздушное судно
substantially damaged ~ существенно повреждённое воздушное судно
supersonic ~ сверхзвуковое воздушное судно
tailless ~ воздушное судно схемы «летающее крыло»
taxiing ~ рулящее воздушное судно
terminating ~ воздушное судно, прибывающее в конечный аэропорт
test ~ испытываемое воздушное судно
today's ~ воздушное судно, отвечающее современным требованиям
topped-up ~ снаряжённое воздушное судно
training ~ учебно-тренировочное воздушное судно

AIR

aircraft
  transonic ~ околозвуковое воздушное судно
  transport ~ транспортное воздушное судно
  trimmed ~ отбалансированное (*в полёте*) воздушное судно
  turbine-engined ~ воздушное судно с газотурбинными двигателями
  turbojet ~ воздушное судно с турбореактивными двигателями
  turboprop ~ воздушное судно с турбовинтовыми двигателями
  twin-engined ~ воздушное судно с двумя двигателями
  twin-fuselage ~ двухфюзеляжное воздушное судно
  under command ~ управляемое (*диспетчером*) воздушное судно
  under way ~ воздушное судно, готовое к полёту
  unladen ~ разгруженное воздушное судно
  unlawfully seized ~ незаконно захваченное воздушное судно
  unpressurized ~ негерметизированное воздушное судно
  vertical takeoff and landing ~ воздушное судно вертикального взлёта и посадки
  wide-body ~ широкофюзеляжное воздушное судно
aircraft-kilometer(s) самолёто-километр(аж)
  performed ~ выполненный самолёто-километраж, общий налёт воздушного судна в километрах
airdrome *см.* aerodrome
airferry перегонка, перебазирование; некоммерческий перелёт
airfield 1. лётное поле (*аэродрома*) 2. посадочная площадка 3. (грунтовой) аэродром
  aeroclub ~ лётное поле аэроклуба
  auxiliary ~ вспомогательная посадочная площадка
airfield
  dispersal ~ запасная посадочная площадка
  flying-school ~ аэродром лётного училища
  grass ~ посадочная площадка с травяным покрытием
  high ~ высокогорная посадочная площадка
  natural ~ посадочная площадка с естественным покрытием
  private ~ частная посадочная площадка
  reserve ~ резервная посадочная площадка
  short ~ укороченное лётное поле
  surfaced ~ посадочная площадка с искусственным покрытием
  temporary ~ временная посадочная площадка
  turf ~ посадочная площадка с травяным покрытием
  unpaved ~ 1. грунтовая посадочная площадка 2. грунтовой аэродром
  unprepared ~ неподготовленная (*для полётов*) посадочная площадка
airflow 1. воздушный поток 2. обтекание (*тела*) воздушным потоком 3. расход воздуха
  engine ~ расход воздуха через двигатель
  steady ~ about the wing установившееся обтекание крыла воздушным потоком
  ventilation ~ вентиляционный поток воздуха
airfoil *см.* aerofoil
airframe корпус, каркас (*воздушного судна*); планер (*самолёта*)
  clean ~ обтекаемый планер
  high-efficiency ~ (аэродинамический) эффективный планер
airlift (массовые) воздушные перевозки

AIR

airline 1. авиационное коммерческое предприятие, авиакомпания 2. воздушная линия, авиалиния 3. воздушная трасса, авиатрасса 4. магистраль подвода воздуха, воздухопровод ◊ **to operate on ~** выполнять полёты [эксплуатироваться] на авиалинии
all-cargo ~ грузовая авиалиния, авиалиния грузовых перевозок
commuter ~ авиакомпания пригородных перевозок
domestic ~ 1. авиакомпания внутренних перевозок 2. местная авиалиния
feeder ~ 1. вспомогательная авиакомпания (*для обслуживания больших аэропортов*) 2. вспомогательная авиалиния
IATA ~ авиакомпания-член ИАТА
intercontinental ~ межконтинентальная авиалиния
internal ~ внутренняя авиалиния
international ~ 1. авиакомпания международных перевозок 2. международная авиалиния
local ~ местная авиалиния
long-haul ~ авиакомпания дальних перевозок
scheduled ~ авиакомпания регулярных перевозок
short-haul ~ авиакомпания ближних перевозок
state(-owned) ~ государственная авиакомпания
trunk ~ магистральная авиалиния
airliner воздушный лайнер, авиалайнер
airmail авиационная почта, авиапочта
airman член лётного экипажа
airmiss 1. потеря воздушной цели (*на экране локатора*) 2. *pl* потери (*воздушных судов*) в авиакатастрофах
airplane самолёт

AIR

airport аэропорт
~ of departure аэропорт вылета
~ of destination аэропорт назначения
~ of entry аэропорт прилёта
commercial ~ аэропорт коммерческих перевозок
customs ~ аэропорт, имеющий таможенную службу
customs-free ~ открытый аэропорт (*без таможенного досмотра*)
freight ~ грузовой аэропорт
general-aviation ~ аэропорт авиации общего назначения
high-density ~ аэропорт высокой плотности воздушного движения
intermediate ~ промежуточный аэропорт, аэропорт промежуточной посадки
local ~ местный аэропорт, аэропорт местных воздушных линий
terminal ~ конечный аэропорт
transit ~ транзитный аэропорт
airproof герметичный; воздухонепроницаемый
air-report сообщение [донесение] с борта (*воздушного судна*)
airscoop воздухозаборник
airscrew воздушный винт
airship дирижабль; летательный аппарат; воздушный корабль
rigid ~ дирижабль жёсткой конструкции
semirigid ~ дирижабль полужёсткой конструкции
airsickness воздушная болезнь
airspace воздушное пространство ◊ **to define the ~** определять [обозначать] границы воздушного пространства; **to leave the ~** покидать данное воздушное пространство
advisory ~ консультативное воздушное пространство

AIR

(*имеющее средства обеспечения информацией*)
airspace
  controlled ~ контролируемое воздушное пространство, воздушное пространство с диспетчерским обслуживанием
  designated ~ обозначенное [установленное] воздушное пространство
  instrument restricted ~ воздушное пространство, предназначенное для полётов по приборам
  instrument / visual controlled ~ контролируемое воздушное пространство для полётов по приборам и визуальных полётов
  lower ~ нижнее воздушное пространство
  reserved ~ зарезервированное воздушное пространство
  restricted ~ ограниченное (*для полётов*) воздушное пространство
  specified ~ зарегистрированное воздушное пространство
  uncontrolled ~ неконтролируемое воздушное пространство, воздушное пространство без диспетчерского обслуживания
  upper ~ верхнее воздушное пространство
  visual exempted ~ воздушное пространство с запретом визуальных полётов
airspeed воздушная скорость
  actual ~ фактическая воздушная скорость
  basic ~ приборная воздушная скорость (*с учётом инструментальной погрешности*)
  calibrated ~ *амер.* индикаторная воздушная скорость (*приборная скорость, исправленная с учётом аэродинамической поправки и инструментальной погрешности прибора*)

AIR A

airspeed
  corrected ~ исправленная воздушная скорость
  design ~ расчётная воздушная скорость
  equivalent ~ эквивалентная [индикаторная] воздушная скорость (*приведённая к стандартным условиям полёта*)
  indicated ~ приборная воздушная скорость (*замеренная по фактическому скоростному напору*)
  rectified ~ *англ.* индикаторная воздушная скорость (*приборная скорость, исправленная с учётом аэродинамической поправки и инструментальной погрешности прибора*)
  relative ~ относительная воздушная скорость
  rough ~ скорость в условиях турбулентности
  true ~ истинная воздушная скорость (*относительно невозмущённой воздушной массы*)
airstairs трап (*встроенный в фюзеляж воздушного судна*)
  entrance ~ входной трап
airstart запуск (*двигателя*) в воздухе
airstream воздушный поток
airswinging списание девиации в полёте
airtight герметичный; воздухонепроницаемый
air-to-air «воздух — воздух» (*вид радиосвязи*)
air-to-ground «воздух — Земля» (*вид радиосвязи*)
airway 1. воздушная трасса, авиатрасса **2.** воздушная линия, авиалиния ◊ **to cross the** ~ пересекать авиатрассу; **to enter the** ~ выходить на авиатрассу
  branch ~ вспомогательная авиалиния
  bypass ~ обходная авиатрасса
  high-level ~ авиатрасса

27

AIR

верхнего воздушного пространства
airway
  low-level ~ авиатрасса нижнего воздушного пространства
airworthiness лётная годность ◊ **to affect** ~ влиять на лётную годность; **to continue** ~ поддерживать [продлевать] лётную годность; **to involve matters of** ~ затрагивать вопросы лётной годности; **to reflect on** ~ подвергать сомнению соответствие характеристик (*воздушного судна*) нормам лётной годности
  international ~ международные нормы лётной годности
airworthy 1. годный к полётам 2. пригодный к лётной эксплуатации ◊ **to certify as** ~ сертифицировать как годный к полётам; **to render** ~ доводить до уровня годности к полётам
aisle проход между креслами (*в пассажирской кабине*)
alarm 1. сигнал тревоги 2. устройство [механизм] сигнализации; сигнализация 3. объявлять тревогу
  circuit ~ сигнал о неисправности цепи
  collision warning ~ сигнал оповещения об опасности столкновения (*воздушного судна с препятствием*), сигнал опасного сближения
  false ~ сигнал ложной тревоги
  flag ~ бленкерная сигнализация (*навигационного прибора*)
  hijack ~ противоугонная сигнализация
  light ~ световая аварийная сигнализация
  priority ~ сигнал срочности (*напр. передачи информации*)
alcohol:
  industrial ~ технический спирт

ALL

alee в подветренную сторону (*о полёте*)
alert состояние [режим] готовности ◊ **in** ~ в режиме готовности; **to** ~ **to** приводить в состояние готовности
  radio ~ радиосигнал готовности
alertness:
  pilot ~ повышенное внимание пилота; повышенная бдительность пилота
  piloting ~ бдительность при пилотировании
algorithm:
  error checking ~ алгоритм контроля ошибок
  routing ~ алгоритм прокладки курса
alias условное название (*напр. района полётов*)
alight производить посадку, приземляться
alighting посадка ‖ посадочный
align 1. выравнивать (*положение воздушного судна*) 2. выводить на курс, ставить по курсу (*полёта*); совмещать направления 3. спрямлять (*линию полёта*) 4. настраивать (*напр. радиоаппаратуру*)
alignment 1. выравнивание (*положения воздушного судна*) 2. вывод на курс (*полёта*); совмещение направлений 3. спрямление (*линии полёта*) 4. настройка (*напр. радиоаппаратуры*)
  axes ~ совмещение осей
  course ~ 1. выравнивание курса 2. вывод на курс
  runway ~ выравнивание (*воздушного судна*) при входе в створ ВПП
all-flying полностью управляемый (*напр. о стабилизаторе*)
allocation:
  ~ **of duties** распределение обязанностей (*между членами экипажа*)
  ~ **of frequencies** распределение частот (*для радиосвязи*)
  cost ~ распределение расхо-

ALL

дов (*между авиакомпаниями*)
allocation
  cost ~ to routes распределение расходов по маршрутам
  interrogation address ~ распределение адресов запроса (*для наземных запросчиков*)
  memory ~ распределение памяти (*автоматизированной системы управления*)
allotment:
  ~ of frequencies выделение частот (*для радиосвязи*)
allowance 1. допуск 2. упреждение 3. скидка; *pl* льготы 4. разрешение 5. норма
  degradation ~ допуск на снижение (*напр. параметров двигателя*)
  dominant obstacle ~ допуск на максимальную высоту препятствия
  free baggage ~ норма бесплатного провоза багажа
  machining ~ допуск на механическую обработку (*детали*)
all-power всережимный (*по мощности*)
all-rating всережимный (*по относительным показателям*)
all-speed всережимный (*по оборотам двигателя*)
all-weather всепогодный (*об условиях полёта*)
aloft в воздухе; в полёте ◊ **to go ~** подниматься в воздух; взлетать
alternate 1. переменный (*о ветре*) 2. запасный (*об аэродроме*) 3. возвратно-поступательный (*о движении механического тела*)
altigraph высотомер-самописец, барограф
altimeter высотомер
  barometric ~ барометрический высотомер
  cabin [cockpit] ~ кабинный высотомер, указатель высоты в кабине (*по барометрическому давлению*)
  contacting ~ высотомер с

ALT

сигнализатором (*о достижении заданной высоты*)
altimeter
  encoding ~ высотомер с кодирующим устройством
  foot-graduated ~ футомер (*высотомер, градуированный в футах*)
  low-range radio ~ радиовысотомер малых высот (*для точного измерения высоты на взлёте и посадке*)
  pressure ~ барометрический высотомер
  radar ~ радиолокационный высотомер
  radio ~ радиовысотомер
  sensitive ~ высокочувствительный высотомер
  squawk ~ высотомер, показания которого выведены в ответчик
altitude (абсолютная) высота (*полёта*) ◊ **~ above (the) sea level** высота над уровнем моря; **at appropriate ~** на установленной (*напр. планом полёта*) высоте; **to express the ~** чётко указывать [называть] высоту (*напр. при заходе на посадку*); **to fly at the ~** летать на заданной высоте; **to gain the ~** набирать заданную высоту; **to increase an ~** увеличивать высоту; **to keep the ~** выдерживать заданную высоту; **to leave the ~** уходить с заданной высоты; **to lose the ~** терять высоту; **to maintain the ~** выдерживать заданную высоту; **to misjudge an ~** неправильно оценивать высоту; **to reach the ~** занимать заданную высоту; **to report reaching the ~** докладывать о занятии заданной высоты; **with decrease in the ~** со снижением высоты; **with increase in the ~** с набором высоты
  absolute ~ истинная высота
  aerodrome ~ высота аэродрома

ALT

altitude
  altimetric ~ приборная высота
  barometric ~ барометрическая высота
  cabin pressure ~ высота в кабине (*в соответствии с барометрическим давлением*)
  calibrated ~ уточнённая высота
  corrected ~ откорректированная высота
  cruising ~ крейсерская высота, высота (*полёта*) на крейсерском режиме
  decision ~ высота принятия решения
  design ~ расчётная [планируемая] высота
  engine critical ~ высотность двигателя (*максимальная высота полёта, до которой сохраняются тяговые характеристики*)
  en-route ~ высота (*полёта*) по маршруту
  equivalent ~ эквивалентная высота
  final approach ~ высота разворота на посадочную прямую
  final intercept ~ конечная высота захвата (*глиссадного луча*)
  flare-out ~ высота выравнивания (*перед посадкой*)
  flight ~ высота полёта
  fuel efficient ~ высота оптимального расхода топлива
  holding ~ высота (*полёта*) в зоне ожидания
  indicated ~ приборная высота
  initial approach ~ высота начального этапа захода на посадку
  minimum ~ минимальная (абсолютная) высота
  minimum authorized ~ минимальная разрешённая высота
  minimum descent ~ минимальная высота снижения
  minimum en-route ~ мини-

AMO

мальная высота (*полёта*) по маршруту
altitude
  minimum safe ~ минимальная безопасная высота
  obstacle clearance ~ высота пролёта препятствий
  operating ~ рабочая высота
  preselected ~ предварительно выбранная высота
  pressure ~ высота по давлению (*окружающего воздуха*)
  rated ~ расчётная высота
  reference ~ высота отсчёта (*показаний приборов*)
  restarting ~ (максимальная) высота повторного запуска двигателя
  safe(ty) ~ безопасная высота
  selected approach ~ выбранная высота захода на посадку
  specified ~ высота, установленная заданием на полёт
  traffic pattern ~ высота установленного маршрута движения
  transition ~ высота перехода (*на контроль по высотомеру, установленному на давление аэродрома посадки*)
  true ~ истинная высота
altocumulus высококучевые облака
altostratus высокослоистые облака
ambient 1. обтекающий (*о воздушном потоке*) 2. окружающий (*о воздухе*)
amend 1. вносить поправку (*напр. в план полёта*) 2. *pl* возмещение убытков (*пассажиру*)
amount:
  ~ **of controls** 1. степень использования [расход] рулей 2. величина отклонения рулей
  ~ **of feedback** степень обратной связи (*системы управления рулями*)
  ~ **of precipitation** количество осадков

AMP

amount
  cloud ~ степень облачности
amplifier усилитель
  autopilot ~ усилитель автопилота (*для выдачи сигнала на рулевую машинку*)
  platform stabilization ~ усилитель стабилизации (гиро-) платформы
  push-pull ~ двухтактный усилитель
  slaving ~ усилитель сигналов коррекции (*компаса*)
  temperature control ~ усилитель терморегулятора
analyser анализатор
  digital ~ цифровой анализатор
  frequency ~ частотный анализатор
  time-integrating ~ анализатор с интегрированием по времени
anatomy:
  investigation ~ анализ результатов расследования (*напр. авиационного происшествия*)
angle ◊ ~ in azimuth азимутальный угол; to reach the stalling ~ выходить на критический угол (*атаки*); to read the drift ~ отсчитывать угол сноса; to select the track ~ задавать путевой угол; to set at the desired ~ устанавливать на требуемый угол
  ~ of allowance угол упреждения (*напр. сноса ветром*)
  ~ of approach 1. угол захода на посадку 2. угол сближения
  ~ of approach light угол луча огня приближения
  ~ of ascent угол набора высоты
  ~ of attack *амер.* угол атаки
  ~ of climb угол набора высоты
  ~ of coverage угол действия, угол захвата (*напр. навигационного огня*)
  ~ of crab угол сноса
  ~ of descent угол снижения

ANG

angle
  ~ of deviation 1. угол отклонения (*от курса*) 2. угол девиации
  ~ of dip угол [величина] магнитного склонения, магнитное склонение
  ~ of dive угол пикирования
  ~ of downwash угол скоса потока вниз
  ~ of elevation 1. угол места 2. угол превышения, угол возвышения
  ~ of exit угол схода (*с трассы полёта*)
  ~ of glide угол планирования
  ~ of incidence 1. *англ.* угол атаки 2. *амер.* угол установки (*крыла*)
  ~ of indraft угол входа воздушной массы (*напр. в двигатель*)
  ~ of lag угол отставания (*по фазе*)
  ~ of landing посадочный угол
  ~ of pitch 1. угол тангажа 2. угол установки (*лопасти*)
  ~ of roll угол крена
  ~ of sight угол прицеливания
  ~ of slope угол наклона глиссады
  ~ of stall угол сваливания
  ~ of turn угол разворота
  ~ of upwash угол скоса потока вверх
  ~ of visibility угол обзора
  ~ of yaw угол рыскания; угол курса
advance ~ угол опережения зажигания
aircraft impact ~ угол удара воздушного судна (*в авиационном происшествии*)
airflow ~ угол отклонения потока
anhedral ~ отрицательное «V» (*крыла*)
approach noise ~ угол распространения шума при заходе на посадку
attitude ~ угол пространст-

A

ANG

венного положения (*воздушного судна*)
angle
azimuth ~ азимутальный угол
bank ~ угол крена
bank synchro error ~ угол рассогласования по крену
beam spread ~ угол раствора луча (*системы посадки*)
best climb ~ оптимальный угол набора высоты
beyond stall ~ закритический угол (*атаки*)
blade ~ угол установки лопасти *или* лопатки
burble ~ угол срыва потока (*на крыле*)
cockpit cutoff ~ предельный угол обзора из кабины экипажа
collision ~ угол столкновения (*воздушных судов*)
constant climb ~ угол (наклона траектории) установившегося режима набора высоты
contour ~ контурный угольник
control surface ~ угол отклонения руля; угол отклонения поверхности управления
convergence ~ 1. угол схождения (*курсов*) 2. угол сужения (*сопла*)
correction ~ угол сноса; угол поправки (*курса*)
course ~ путевой угол (*угол между направлением, принятым за начало отсчёта, и линией пути полёта*)
cutin ~ угол отсечки (*глиссадного луча*)
datum ~ базовый [исходный] угол
deflection ~ 1. угол отклонения (*потока*) 2. угол расхода (*рулей*)
desired track ~ заданный путевой угол
dihedral ~ «V» (*крыла*), угол между двумя аэродинамическими поверхностями
drift ~ угол сноса

ANG

angle
dwell ~ абрис (*магнето*)
error ~ угол рассогласования
first constant climb ~ угол (наклона траектории) начального участка установившегося режима набора высоты
flapping ~ угол взмаха (*лопасти несущего винта*)
flaps ~ угол отклонения закрылков
flaps asymmetric ~ угол асимметричности (при выпуске) закрылков
flaps disagreement ~ угол несинхронности (при выпуске) закрылков, угол «ножниц» закрылков
flight path ~ угол наклона траектории полёта
glide slope ~ угол наклона глиссады
gliding ~ угол планирования
gravity drop ~ угол падения под действием силы тяжести
Greenwich hour ~ гринвичский часовой угол
guidance ~ угол наведения
heading ~ курсовой угол (*угол между продольной осью воздушного судна и ортодромическим направлением от него на радиостанцию*)
heeling ~ угол крена
hour ~ часовой угол
initial track ~ исходный путевой угол
inlet ~ **of attack** угол атаки заборного устройства
intake ~ **of attack** угол атаки воздухозаборника
intercept glide path ~ угол захвата глиссады
lateral ~ боковой угол (*визирования*)
list ~ угол крена
look-up ~ угол обзора
magnetic track ~ магнитный путевой угол
meridian convergence ~ угол сходимости меридианов
microphone orientation ~

ANG

angle
угол ориентации микрофона
navigation light dihedral ~ угол видимости аэронавигационного огня
nozzle ~ угол установки сопла
off-boresight ~ угол отсутствия видимости
path ~ путевой угол
prestalling ~ докритический угол (*атаки*)
reference approach ~ исходный угол (глиссады) захода на посадку
rigging ~ угол заклинения, угол установки (*при сборке*)
rotor coning ~ конусность несущего винта (*вертолёта*)
setting ~ угол заклинения, угол установки (*при сборке*)
shock wave ~ угол (наклона) скачка уплотнения
sideslip ~ угол бокового скольжения
squint ~ угол отклонения (*от заданного направления*)
stalling ~ критический угол (*атаки*)
start ~ начальный [исходный] угол
static ground ~ стояночный угол (*наклона оси самолёта*)
steering ~ угол разворота (*колеса передней опоры шасси*)
stop ~ предельный угол разворота (*воздушного судна на земле*)
sweep ~ угол стреловидности (*крыла*)
sweepback ~ угол прямой стреловидности (*крыла*)
sweepforward ~ угол обратной стреловидности (*крыла*)
takeoff ~ взлётный угол
takeoff noise ~ угол распространения шума при взлёте
toe-in ~ угол схождения (*огней ВПП*)
track ~ путевой угол
turn lead ~ угол упреждения при развороте
viewing ~ угол обзора

ANT

angle
wheel steering ~ угол разворота колеса
wind ~ угол (направления) ветра
wing setting ~ угол заклинения [угол установки] крыла
wing sweep ~ угол стреловидности крыла
zero-lift ~ угол (атаки) нулевой подъёмной силы
announcement:
flight ~ объявление (*по аэровокзалу*) о рейсах
annoyance:
aircraft noise ~ раздражающее воздействие шума от воздушного судна
annulus кольцевой канал
sealing air ~ кольцевой канал подвода воздуха к лабиринтному уплотнению (*двигателя*)
annunciation (световая) сигнализация
fault ~ (световая) сигнализация отказов
annunciator (световое) табло; (световой) сигнализатор
altitude alert ~ табло сигнализации опасной высоты
caution ~ табло предупредительной сигнализации
mode ~ табло режимов работы (*двигателя*)
vibration caution ~ табло сигнализации опасной вибрации (*двигателя*)
warning ~ аварийное табло
anoxia кислородное голодание
answerback обратный сигнал (*напр. на запрос экипажа*)
antenna антенна
airborne ~ бортовая антенна
all-around looking ~ антенна кругового обзора
approach azimuth ~ азимутальная антенна захода на посадку
approach elevation ~ угломестная антенна захода на посадку
back azimuth ~ антенна обратного азимута

ANT

antenna
- **back-to-back** ~s антенны противоположного направления
- **broad sector** ~ антенна широкой зоны действия
- **clearance** ~ клиренсная антенна
- **communication** ~ связная антенна
- **crossed-loop** ~ антенна, состоящая из скрещённых рамок
- **dipole** ~ дипольная [двухполюсная] антенна
- **directional** ~ направленная антенна
- **elevation** ~ угломестная антенна
- **end-fire** ~ антенна с концевым излучателем
- **fixed sector** ~ неподвижная секторная антенна
- **flush-mounted** ~ ‹утопленная› антенна
- **frame** ~ рамочная антенна
- **glide slope** ~ глиссадная антенна, антенна глиссадного приёмника
- **guyed** ~ антенна, укреплённая растяжками
- **highly directional** ~ остронаправленная антенна
- **horn** ~ рупорная антенна
- **localizer** ~ антенна курсового (радио)маяка
- **loop** ~ рамочная антенна, рамка
- **marker** ~ антенна маркерного приёмника
- **matched** ~ согласованная антенна
- **mismatched** ~ несогласованная антенна
- **monopole** ~ однополюсная антенна
- **narrow-beam** ~ остронаправленная антенна
- **omnidirectional** ~ всенаправленная антенна
- **radar** ~ радиолокационная антенна
- **receiving** ~ приёмная антенна

APP

antenna
- **rod** ~ штыревая антенна
- **sector** ~ секторная антенна
- **sense** ~ ненаправленная антенна
- **slot** ~ щелевая антенна
- **split** ~ секционная антенна
- **spot-beam** ~ узколучевая антенна
- **trailing** ~ выпускная антенна (*из корпуса фюзеляжа*)
- **transmitting** ~ передающая антенна
- **wide aperture** ~ антенна с широким раскрывом
- **wire** ~ проволочная антенна

anticyclone антициклон
- **cold** ~ холодный антициклон
- **continental** ~ континентальный антициклон
- **permanent** ~ постоянный антициклон
- **semipermanent** ~ сезонный антициклон
- **subtropical** ~ субтропический антициклон

antifreeze антифриз, противообледенительная жидкость

antiicer противообледенитель, противообледенительное устройство (*постоянного действия*)

antiicing защита от обледенения

antimeridian противоположный меридиан
- ~ **of Greenwich** меридиан, противоположный Гринвичскому

aperture раскрыв, раствор (*антенны*)

apex 1. верхняя точка, вершина 2. полюс
- **parachute** ~ полюс парашюта (*верхняя точка купола*)

apparatus аппарат; прибор
- **radio direction finding** ~ радиопеленгатор
- **vestibular** ~ вестибулярный аппарат

apparent 1. истинный; видимый (*напр. о горизонте*) 2. кажущийся (*напр. о сносе воздушного судна в полёте*)

application ◊ ~ **for certifica-**

tion заявка на сертификацию (*воздушного судна*); **to govern the** ~ регулировать применение (*напр. тарифов*)
application
  ~ **of tariffs** применение тарифов
  asymmetric wheel brake ~ асимметричное применение колёсных тормозов
  brake ~ применение тормозов
  civil aviation ~ применение гражданской авиации (*напр. в сельском хозяйстве*)
  regional ~ региональное применение (*напр. тарифов*)
appreciation:
  instrument ~ инструментальная оценка (*техники пилотирования*)
approach 1. заход на посадку 2. подход (*к зоне аэродрома*) 3. приближение (*напр. к критическим условиям полёта*) 4. сближение (*напр. воздушных судов в полёте*) ◊ **to complete** ~ завершать заход на посадку; **to discontinue** ~ прерывать заход на посадку; **to execute** ~ выполнять заход на посадку; **to land** ~ заход на посадку; **to miss** ~ уходить на второй круг; **to serve** ~ обеспечивать заход на посадку; ~ **with flaps down** заход на посадку с выпущенными закрылками
  abbreviated visual ~ визуальный заход на посадку по упрощённой схеме
  advisory ~ заход на посадку по командам наземных станций
  aerodrome ~ подход к зоне аэродрома
  automatic ~ автоматический заход на посадку
  back course ~ заход на посадку с обратным курсом
  beam ~ заход на посадку по маяку
  blind ~ заход на посадку

«под шторками» (*при тренировке*)
approach
  center line ~ заход на посадку по осевой линии
  circling ~ заход на посадку по кругу
  contact ~ визуальный заход на посадку
  continuous descent ~ заход на посадку с непрерывным снижением
  coupled ~ заход на посадку с использованием бортовых и наземных средств
  crosswind ~ заход на посадку при боковом ветре
  curved ~ заход на посадку по криволинейной [по ломаной] траектории
  decelerating ~ заход на посадку с уменьшением скорости
  discontinued ~ прерванный заход на посадку
  final ~ конечный этап захода на посадку
  flat ~ заход на посадку по пологой траектории
  front course ~ заход на посадку по прямому курсу
  gliding ~ заход на посадку в режиме планирования
  ground controlled ~ заход на посадку под контролем наземных средств
  head-on ~ сближение (*воздушных судов*) на встречных курсах
  initial ~ начальный этап захода на посадку
  instrument landing ~ заход на посадку по приборам, инструментальный заход на посадку
  intermediate ~ промежуточный этап захода на посадку
  left-hand ~ заход на посадку с левым разворотом
  localizer ~ заход на посадку по курсовому (радио)маяку
  long ~ заход на посадку по полной схеме

APP

approach
  low-visibility ~ заход на посадку в условиях ограниченной видимости
  missed ~ уход на второй круг
  ninety-degree ~ заход на посадку с углом разворота 90°
  no-aids used ~ заход на посадку без использования навигационных средств
  nonprecision ~ заход на посадку без использования средств точного захода
  nonstraight-in ~ заход на посадку не с прямой (*не с курса полёта*)
  normal ~ заход на посадку по обычной схеме
  offset ~ заход на посадку под углом (*к осевой линии ВПП*)
  one-eighty ~ заход на посадку с обратным курсом; заход на посадку с двумя разворотами на 90°
  practice low ~ тренировочный заход на посадку (*до высоты ухода на второй круг*)
  precision ~ точный заход на посадку
  radar ~ заход на посадку по радиолокатору
  rectangular traffic pattern ~ заход на посадку по «коробочке»
  right-hand ~ заход на посадку с правым разворотом
  segmented/curved ~ заход на посадку по сегментно-криволинейной траектории
  short ~ заход на посадку по укороченной схеме
  simple ~ заход на посадку по упрощённой схеме
  standard ~ стандартный заход на посадку
  steady ~ заход на посадку на установившемся режиме
  steep ~ заход на посадку по крутой траектории
  step-down ~ ступенчатый заход на посадку, заход на посадку по ступенчатой глиссаде

approach
  straight-in ~ заход на посадку с прямой (*с курса полёта*)
  straight-in ILS-type ~ заход на посадку с прямой по приборам
  straight missed ~ уход на второй круг при заходе на посадку с прямой
  surveillance radar ~ заход на посадку по обзорному радиолокатору
  symmetric thrust ~ заход на посадку при симметричной тяге (*двигателей*)
  teardrop ~ заход на посадку с отворотом на расчётный угол
  timed ~ заход на посадку, нормированный по времени
  upwind ~ заход на посадку против ветра
  visual ~ визуальный заход на посадку

apron 1. перрон **2.** (бетонированная) приангарная площадка **3.** козырёк; фартук
  hangar ~ приангарная площадка
  holding ~ площадка для ожидания (*воздушного судна при выруливании*)
  load ~ грузовой перрон
  paved ~ перрон с искусственным покрытием

aquaplaning:
  wheel ~ глиссирование [скольжение, юз] колеса (*при торможении*)

arc:
  ~ **of a path** дуга траектории (*полёта*)
  ~ **of equal bearings** дуга равных азимутов

area 1. область; зона; район **2.** площадь; площадь поверхности ◊ **to leave a parking** ~ выруливать с места стоянки
  ~ **of coverage 1.** зона дейст-

ARE

вия (*напр. радиосредств*)
2. зона максимальной дальности полётов
area
~ **of coverage of the forecasts** район обеспечения прогнозами
~ **of occurrence** район происшествия
~ **of responsibility** зона ответственности (*за диспетчерское обслуживание воздушного движения*)
acceleration ~ участок разгона
active thunderstorm ~ район активной грозовой деятельности
advisory ~ консультативная зона (*воздушного пространства*)
aerodrome approach ~ зона подхода к аэродрому
aerodrome graded ~ спланированный участок аэродрома
aerodrome movement ~ рабочая площадь аэродрома (*включает ВПП, РД и перрон*)
air ~ воздушное пространство
aircraft movement ~ зона движения воздушных судов (*на аэродроме*)
air intake hazard ~ опасная зона перед воздухозаборником (*двигателя*)
airport construction ~ зона застройки аэропорта
airport prohibited ~ запретная зона аэропорта
airport service ~ служебная зона аэропорта
air-route ~ район воздушных трасс
airspace restricted ~ зона воздушного пространства с особым режимом полёта
air traffic control ~ зона управления воздушным движением, зона УВД
alert ~ зона повышенного внимания (*при выполнении полётов*)

ARE

area
alighting ~ 1. место посадки (*на ВПП*) 2. зона приземления
approach ~ зона захода на посадку
baggage break-down ~ зона обработки прибывающего багажа
baggage-claim ~ место востребования багажа
baggage delivery ~ место выдачи багажа
bearing ~ (аэродинамическая) несущая поверхность
boarding ~ место загрузки (*воздушного судна*)
break-in ~ место вырубания (*обшивки фюзеляжа после аварии*)
build-in ~ зона застройки (*в районе аэропорта*)
caution flight ~ зона полётов с особым режимом
circling approach ~ зона захода на посадку по кругу
climb-out ~ зона начального этапа набора высоты
cone effect ~ зона конусного эффекта (*в радиосвязи*)
congested ~ зона интенсивного воздушного движения
danger ~ опасная зона
dead ~ мёртвая зона (*действия радиолокатора*)
deceleration ~ зона торможения (*воздушного судна в полёте*)
departure ~ зона вылета
design wing ~ расчётная площадь крыла
direct transit ~ зона прямого транзита (*пассажиров*)
drag ~ площадь (лобового) сопротивления (*аэродинамической поверхности*)
end safety ~ концевая зона безопасности (*ВПП*)
en-route ~ зона маршрута
entry ~ зона подхода
Eurocontrol ~ зона Евроконтроля
extended end safety ~ про-

ARE

длённая концевая зона безопасности (*ВПП*)
area
fog-prone ~ район скопления тумана
gases shear ~ зона среза реактивной струи (*двигателя*)
grass landing ~ посадочная площадка с травяным покрытием
gross wing ~ площадь крыла, включая подфюзеляжную часть
hard-core ~ зона высокой интенсивности (*воздушного движения*)
holding ~ зона ожидания (*перед заходом на посадку*)
interference-free ~ зона (*радиосвязи*), свободная от помех
land(ing) ~ 1. место посадки; посадочная площадка 2. зона приземления
lifting surface ~ (аэродинамическая) несущая поверхность
liftoff ~ зона отрыва (*воздушного судна при взлёте*)
loading ~ место загрузки (*воздушного судна*)
low air ~ нижнее воздушное пространство
low control ~ нижний диспетчерский район
maintenance ~ зона технического обслуживания
make-up ~ место комплектования (*багажа, почты, груза*)
manoeuvering ~ площадь маневрирования (*часть аэродрома для взлётов, посадок и передвижения, исключая перрон*)
noncritical ~ неопасная (*для полётов*) зона
nozzle exit ~ выходное сечение сопла
obstructed landing ~ зона приземления, имеющая препятствия
oceanic control ~ океанический диспетчерский район

ARE

area
open-water ~ надводный район (*полётов*)
operational ~ зона полётов
overrun ~ зона выкатывания (*за пределы ВПП*)
overrun safety ~ зона безопасности при выкатывании (*за пределы ВПП*)
overwing walkway ~ место на крыле для выполнения технического обслуживания
parking ~ место стоянки, МС (*воздушных судов*)
passenger assembly ~ место сбора пассажиров (*перед посадкой в воздушное судно*)
polar ~ полярный район (*полётов*)
poleward ~ приполярный район (*полётов*)
prepared landing ~ подготовленная посадочная площадка
prohibited ~ запретная (*для полётов*) зона
propeller disk ~ площадь, ометаемая воздушным винтом
radar control ~ зона действия радиолокатора
radar service ~ зона радиолокационного обслуживания
recovery ~ район обнаружения (*воздушного судна*)
reserved ~ запасная зона (*напр. для полётов*)
restricted ~ зона ограничения (*полётов*)
restricted use ~ зона ограниченной эксплуатации
routing ~ район маршрутирования (*полётов*)
run-up ~ площадка для опробования (*двигателей*)
runway end safety ~ концевая зона безопасности ВПП
search and rescue ~ район поиска и спасания
sensitive ~ зона чувствительности (*приёмника, антенны*)
service ~ зона (*техниче-

ARE

ского или диспетчерского) обслуживания
area
  signal ~ сигнальная площадка
  speed control ~ зона выдерживания (заданной) скорости (*полёта*)
  supporting ~ несущая поверхность (*крыла*)
  tailpipe ~ место расположения выхлопных труб
  takeoff ~ зона взлёта
  takeoff flight path ~ зона набора высоты при взлёте
  temporary restricted ~ зона временного ограничения (*полётов*)
  terminal ~ зона (узлового) аэродрома
  terminal control ~ узловой диспетчерский район
  ticket check ~ место проверки билетов
  training ~ зона тренировочных полётов
  transit ~ транзитная зона
  transit passenger ~ зона для транзитных пассажиров
  turnaround ~ зона разворота на обратный курс
  undershoot ~ зона перед порогом ВПП
  unobstructed landing ~ зона приземления, не имеющая препятствий
  upper advisory ~ верхняя консультативная зона (*воздушного пространства*)
  upper air ~ верхнее воздушное пространство
  upper control ~ верхний диспетчерский район
  upper level control ~ верхний район управления эшелонированием
  warning ~ зона предварительного оповещения (*экипажей*)
  wing ~ площадь крыла
arm 1. ручка, рукоятка; рычаг; качалка **2.** кронштейн **3.**

ARR A

взводить (*механизм*); подготавливать (*систему*) к включению
arm
  aileron toggle ~ кронштейн подвески элерона
  cross ~ траверса (*опоры шасси*)
  drive ~ рычаг привода
  feedback ~ рычаг обратной связи
  float ~ рычаг поплавка (*топливного клапана*)
  swashplate ~ рычаг управления автоматом перекоса
armrest подлокотник (*кресла*)
arrangement 1. устройство; приспособление **2.** классификация **3.** соглашение, договорённость **4.** монтаж **5.** согласование **6.** размещение; компоновка **7.** *pl* меры ◊ ~ **for airworthiness** соглашение по вопросам лётной годности
  advance ~s предварительные меры (*по обеспечению безопасности полётов*)
  airlines leasing ~ соглашение между авиакомпаниями об аренде (*воздушных судов*)
  antennas ~ согласование антенн
  cabin interior ~ внутренняя компоновка кабины
  direct transit ~ соглашение о прямом транзите
  follower ~ следящее устройство
  functional ~ функциональное согласование (*систем*)
  interchanging ~ соглашение об обмене (*напр. воздушными судами*)
  locking ~ стопорное приспособление; контрящее устройство
  parking ~ размещение (*воздушных судов*) на стоянке, паркование, парковка
  seating ~ размещение пассажирских кресел
  traffic flow ~ согласование объёмов воздушных перевозок

ARR

array:
   antenna ~ система направленных антенн
   microphone ~ система направленных микрофонов
arrester 1. стопорное приспособление; тормозная установка 2. разрядник (*напр. на крыле*)
   runway ~ тормозная установка на ВПП
arrival 1. прилёт, прибытие 2. *pl* прибывающие пассажиры
   standard instrument ~ стандартная схема посадки по приборам
arrive прилетать, прибывать
arrow стрелка (*прибора*)
   course ~ стрелка заданного путевого угла
Article ◊ **to be compulsory under** ~ обязательно (к выполнению) в соответствии со статьёй (*напр. Конвенции ИКАО*)
article:
   dutiable ~s предметы (*багажа*), облагаемые пошлиной
   restricted ~s предметы (*багажа*), запрещённые для перевозки
ascend набирать высоту, подниматься
ascending процесс набора высоты
ascent 1. набор высоты, подъём 2. крутизна (*траектории*)
aspect:
   clearance ~s виды (таможенного) досмотра
assemble 1. монтировать; собирать, производить сборку 2. компоновать
Assembly:
   European Air Carriers ~ Ассамблея европейских авиаперевозчиков
assembly 1. агрегат; установка; устройство 2. пакет; блок 3. монтаж; сборка 4. компоновка 5. скопление; партия ◊ **ready for** ~ готовый к сборке

ASS

assembly
   abutment sleeve ~ регулируемая распорная втулка (*колеса шасси*)
   accessory drive ~ 1. коробка приводов агрегатов 2. блок привода агрегатов
   brake rotor and stator ~ пакет тормозных дисков (*колеса шасси*)
   cascade-vane ~ блок решётки лопаток (*реверсивного устройства*)
   centrifugal flyweight ~ центробежный датчик регулятора оборотов (*воздушного винта*)
   combustion ~ блок камеры сгорания
   cowl flap actuating ~ блок управления створками капота (*двигателя*)
   cylinder ~ блок цилиндров
   emergency extension ~ механизм аварийного выпуска (*шасси*)
   follow-up ~ блок согласования (*компасов*)
   fuel-control ~ командно-топливный агрегат
   fuselage ~ сборка [стыковка] частей фюзеляжа
   fusible plug ~ плавкий термоуказатель (*перегрева тормозного колеса*)
   gear ~ 1. редуктор 2. узел гироскопа
   guide vane ~ блок входного направляющего аппарата (*двигателя*)
   housing ~ корпус (*агрегата*)
   limit switch ~ блок концевых выключателей
   mixture control ~ высотный корректор (*двигателя*)
   oil cooler actuating ~ механизм управления маслорадиатором
   ram air ~ заборник воздуха (*для наддува топливных баков от скоростного напора*)

ASS

assembly
  reduction gear ~ блок редуктора
  retraction/extension ~ механизм уборки — выпуска (*шасси*)
  rotor clutch ~ муфта сцепления двигателя с несущим винтом (*вертолёта*)
  shutters ~ блок заслонок
  sleeve ~ распорная втулка
  step-by-step ~ поэтапная сборка
  tailwheel ~ узел хвостового колеса
  throttle valve ~ узел дозирующей иглы (*командно-топливного агрегата*)
assess ◊ to ~ as fit to считать годным (*напр. к полётам*); to ~ the damage определять стоимость повреждения
assessment:
  ~ of costs установление размеров расходов (*авиакомпании*)
  current ~ долевой взнос (*напр. государства-члена ИКАО*)
  distance ~ визуальная оценка расстояния (*в полёте*)
  obstacle ~ оценка (высоты) препятствия
  pilot medical ~ медицинское заключение о состоянии здоровья пилота
assets:
  airline capital ~ основные фонды авиакомпании
  airline current ~ оборотные фонды авиакомпании
assignment:
  ~ of duties распределение обязанностей (*напр. между членами экипажа*)
  altitude ~ распределение высот (*полётов*)
  channel ~ выделение канала (*для связи*)
  frequencies ~ присвоение частот (*наземным радиостанциям*)

ATM

Association:
  ~ of European Airlines Ассоциация европейских авиакомпаний
  ~ of South Pacific Airlines Ассоциация авиакомпаний южной части Тихого океана
  African Airlines ~ Ассоциация африканских авиакомпаний
  Air Charter Carriers ~ Ассоциация чартерных авиаперевозчиков
  Air Line Pilot's ~ Ассоциация пилотов гражданской авиации
  Air Transport ~ Ассоциация воздушного транспорта (*США*)
  International Air Carrier ~ Международная ассоциация авиаперевозчиков
  International Air Transport ~ Международная ассоциация воздушного транспорта, ИАТА
  National Air Carrier ~ Ассоциация воздушных перевозчиков (*США*)
assumption приём (*радиосигналов*)
  ~ of control message приём (*экипажем*) диспетчерского указания
assurance:
  aircraft separation ~ обеспечение эшелонирования полётов воздушных судов
  flight ~ гарантия полёта
assy:
  cone ~ кок (*винта*) в сборе
  rest ~ узел упора, подпятник
astrocompass астрокомпас
astrodome астрокупол (*фюзеляжа*)
astrofix определение местоположения (*воздушного судна*) по звёздам
athodyd прямоточный воздушно-реактивный двигатель
atmosphere атмосфера
  dense ~ плотная атмосфера

ATM

atmosphere
   dry ~ сухая атмосфера
   ICAO standard ~ стандартная атмосфера ИКАО
   International standard ~ международная стандартная атмосфера, МСА
   lower ~ нижние слои атмосферы
   rarefied ~ разрежённая атмосфера
   standard ~ стандартная атмосфера
   tenuous ~ разрежённая атмосфера
   terrestrial ~ земная атмосфера
   upper ~ верхние слои атмосферы
atmospherics атмосферные (радио) помехи
atomization:
   fuel ~ распыливание [распыл] топлива
atomizer форсунка; распылитель
   fuel ~ топливная форсунка
attach 1. отбортовывать; крепить; заделывать 2. стыковать
attachment 1. отбортовка; (за-) крепление; заделка 2. стыковка 3. приспособление
   cable ~ заделка троса
   dovetail blade ~ замок типа «ласточкин хвост» лопатки (двигателя)
   engine mounting ~ узел крепления двигателя
   fir-tree blade ~ замок ёлочного типа лопатки (двигателя)
   groove-type blade ~ замок пазового типа лопатки (двигателя)
   guide vane ~ замок крепления направляющей лопатки
   lifting ~ подъёмное [такелажное] приспособление
   pig-type blade ~ замок штифтового типа лопатки (двигателя)
   splice ~ стыковая гребёнка

AUT

attachment
   tie-down ~ приспособление для крепления груза (к полу кабины)
   wing-to-fuselage ~ узел крепления крыла к фюзеляжу
attendant:
   cabin ~ бортпроводник
attention ◊ **diverted** ~ **from operation** внимание, отвлечённое от управления (воздушным судном)
attenuation ослабление; затухание
   atmospheric ~ ослабление (видимости) в атмосфере; затухание (звука) в атмосфере
   ground ~ затухание (звука) у поверхности земли
   noise ~ затухание шума
   shock-wave ~ затухание ударной волны
   sound ~ затухание звука
attenuator 1. редуктор давления 2. глушитель [отражатель] шума 3. аттенюатор (антенны)
attitude пространственное положение (напр. воздушного судна)
   flare ~ положение при выравнивании (перед посадкой)
   high nose-up ~ положение с высоко поднятой носовой частью фюзеляжа (на участке выравнивания)
   level ~ горизонтальное положение
   pitch ~ положение по тангажу
augmentation форсирование, форсаж
   power ~ форсирование мощности
   thrust ~ форсирование тяги
augmentor форсажная камера
   thrust ~ форсажная камера для увеличения тяги
Authority:
   British Airport ~ Управле-

AUT

ние Британских аэропортов
Civil Aviation ~ Управление гражданской авиации (*Великобритания*)
authority ◊ ~ **to act as a pilot** допуск к работе в качестве пилота
   aerodrome ~ администрация аэродрома
   airworthiness ~ орган контроля лётной годности
   aviation ~ авиационная администрация
   aviation security ~ орган обеспечения безопасности на воздушном транспорте
   certificating ~ сертифицирующий орган
   customs ~ таможенный орган, орган таможенного контроля
   investigating ~ инспекция по расследованию (*авиационных происшествий*)
   issuing ~ орган, выдающий удостоверение (*напр. лётной годности*)
   licensing ~ орган, выдающий свидетельство (*напр. на воздушное судно*)
   meteorological ~ метеорологическая служба
   public ~ полномочный государственный орган
   regulatory ~ регламентирующий орган
autoacceleration самопроизвольное ускорение
autoapproach автоматический заход на посадку
autofeather автоматически флюгировать
autofeathering автоматическое флюгирование
   drag-actuated ~ автоматическое флюгирование по отрицательной тяге
   overspeed-actuated ~ автоматическое флюгирование по предельным оборотам
   positive torque drop ~ автоматическое флюгирование

AVA

при падении крутящего момента
autoflare автоматическое выравнивание (*воздушного судна перед посадкой*)
autoignition 1. самовоспламенение 2. автоматическое зажигание
autoland автоматическая посадка
autopilot ~ посадка при помощи автопилота
autonavigator автоштурман
autopilot автопилот ◊ "~ **out!**" «отключить автопилот!» (*команда в полёте*); **to center the** ~ центрировать автопилот; **to disengage the** ~ выключать автопилот; **to engage the** ~ включать автопилот; **to fly under the** ~ пилотировать при помощи автопилота; **to overpower [to override]** **the** ~ пересиливать [отключать] автопилот; **to switch to the** ~ переходить на управление с помощью автопилота
   integrated ~ комплексный автопилот
   nonintegrated ~ автономный автопилот
autorotate авторотировать
autorotation авторотация, самопроизвольное вращение, самовращение
autostabilizer 1. автомат устойчивости 2. автоматически управляемый стабилизатор
   pitch ~ автомат устойчивости по тангажу
autothrottle автомат тяги
auxiliaries вспомогательные агрегаты
availability:
   fuel ~ запас топлива
   local ~ пригодность для полёта на местных воздушных линиях
   operational ~ состояние эксплуатационной готовности

43

AVE

averaging:
  flight data ~ осреднение полётных данных (*напр. скорости и высоты*)
aviate управлять самолётом, пилотировать
aviation авиация
  civil ~ гражданская авиация
  commercial ~ коммерческая авиация
  general ~ авиация общего назначения
  international civil ~ международная гражданская авиация
  international general ~ международная авиация общего назначения
  transport ~ транспортная авиация
avionics 1. (радио)электронное оборудование 2. авиационная электроника
  airborne ~ бортовое (радио-)электронное оборудование
avoidance:
  ~ **of collisions** предотвращение столкновений (*воздушных судов*)
  ~ **of hazardous conditions** предупреждение опасных условий (*полёта*)
axe:
  emergency ~ аварийный топор (*для вырубания обшивки фюзеляжа*)
axial осевой
axis (геометрическая) ось
  ~ **of bank** продольная ось
  ~ **of precession** ось прецессии (*гироскопа*)
  ~ **of roll** продольная ось
  ~ **of rotation** ось вращения
  ~ **of yaw** 1. вертикальная ось 2. ось рыскания
  aircraft ~ ось (симметрии) воздушного судна
  gimbal ~ ось (вращения) рамки (*гироскопа*)
  hinge ~ ось шарнира
  lift ~ ось подъёмной силы

BAC

axis
  pitch ~ 1. поперечная ось 2. ось тангажа
  spin ~ ось вращения
  thrust ~ линия тяги
  wing-fold ~ ось складывания крыла (*переменной стреловидности*)
azimuth азимут ‖ азимутальный ◊ **in** ~ по азимуту, в горизонтальной плоскости
  approach ~ азимут захода на посадку
  back ~ обратный азимут
  front ~ передний азимут
  magnetic ~ магнитный азимут
  missed approach ~ азимут ухода на второй круг
  reference ~ исходный азимут
  stable platform ~ азимутальный угол гироплатформы

B

back 1. спинка (*лопасти*); корыто (*лопатки*) 2. сброс, отвод (*напр. рабочей жидкости*) ‖ сбрасывать, отводить 3. двигаться в обратном направлении 4. обратный (*напр. о ходе поршня*) ◊ **to** ~ **off** ослаблять затяжку (*напр. болта*); **to** ~ **up** 1. дублировать; резервировать (*напр. канал радиосвязи*) 2. давать задний ход
  fuel bypass ~ сброс топлива (*на вход в насос*)
backfire 1. обратный выхлоп 2. хлопок *или* вспышка (*в карбюраторе*)
backflow обратный поток, противоток
background фон
  acoustic ~ акустический фон
backhaul обратный рейс

BAC   BAL   B

backing 1. вращение против часовой стрелки, левое вращение **2.** задний ход
backlash 1. люфт; зазор **2.** скольжение винта **3.** мёртвый ход
◊ **to take up the** ~ устранять [выбирать] люфт
backpressure противодавление
backrest спинка (*кресла*)
backswept прямой стреловидности (*о крыле*)
backtrack 1. лететь обратным курсом **2.** рулить в обратном направлении
backup дублирование; резервирование (*напр. канала радиосвязи*)
backward в обратном направлении (*о полёте*)
backwash спутная струя (*за воздушным винтом*)
baffle 1. дефлектор; отражатель ‖ отражать **2.** глушитель ‖ глушить **3.** турбулизатор потока
   engine ~ дефлектор двигателя
   slot ~ щелевой глушитель
bag 1. багаж **2.** баллон; пакет (*для пассажира*)
   diplomatic ~ дипломатический багаж
   lifting ~ пневматический подъёмник (*воздушного судна*)
   sickness ~ гигиенический пакет
baggage 1. багаж **2.** (ручная) кладь ◊ **to deliver the** ~ доставлять багаж; **to handle the** ~ обслуживать багаж; **to park in the** ~ сдавать в багаж
   accompanied ~ сопровождаемый багаж
   bulky ~ громоздкий багаж
   cabin ~ ручная кладь
   carry-on ~ переносной багаж
   checked(-in) ~ зарегистрированный багаж
   diplomatic ~ дипломатический багаж

baggage
   excess ~ багаж сверх установленной нормы провоза
   fragile ~ хрупкий багаж
   free ~ размер багажа для бесплатного провоза
   hand ~ ручная кладь
   left ~ невостребованный багаж
   mishandled ~ ошибочно отправленный багаж
   missed ~ утерянный багаж
   registered ~ зарегистрированный багаж
   unaccompanied ~ несопровождаемый багаж
   unchecked ~ незарегистрированный багаж
   unclaimed ~ невостребованный багаж
"bail" покидать воздушное судно; прыгать с парашютом; катапультироваться ◊ **to** ~ **out** прыгать с парашютом
"bailer" парашютист
balance 1. равновесие ‖ уравновешивать **2.** центровка; балансировка; компенсация ‖ центрировать; балансировать; компенсировать **3.** весы ‖ взвешивать **4.** компенсатор
   aerodynamic ~ **1.** аэродинамическая балансировка **2.** аэродинамические весы
   dynamic ~ динамическое равновесие
   horn ~ роговая (аэродинамическая) компенсация
   mass ~ весовая балансировка
   plane ~ центровка самолёта; балансировка самолёта
   propeller ~ балансировка воздушного винта
   sealed internal ~ внутренняя (аэродинамическая) компенсация (*за счёт разности давлений на гибкую диафрагму*)
   static ~ **1.** статическое равновесие **2.** статическая балансировка

BAL

balance
  weight ~ весовая центровка (*воздушного судна*)
  wind-tunnel ~ весы аэродинамической трубы
balancer балансир
  rotor ~ балансир несущего винта (*вертолёта*)
ball ◊ **to keep the** ~ **centered** держать шарик (указателя скольжения) в центре
  bank indicator ~ шарик указателя крена
  slip indicator ~ шарик указателя скольжения
balloon 1. аэростат; воздушный шар 2. взмывать (*о воздушном судне*)
  captive ~ привязной аэростат
  constant-level ~ шар-зонд
  free ~ неуправляемый аэростат
  pilot ~ 1. пилотируемый аэростат 2. шар-пилот
  sounding ~ акустический шар-зонд
  weather ~ метеозонд
ballooning 1. полёт на аэростате *или* воздушном шаре 2. взмывание (*воздушного судна*)
band 1. полоса частот 2. диапазон 3. лента; полоса
  aeronautical radio ~ диапазон авиационных радиочастот
  assigned frequency ~ присвоенная полоса частот
  aviation ~ диапазон авиационных частот
  base ~ основной диапазон (*частот*)
  compressor bleed ~ лента перепуска воздуха из компрессора
  exclusive ~ особый диапазон (*частот*)
  fare ~ тарифная зона (*в пределах которой не изменяются тарифные ставки*)
  frequency ~ полоса частот
  guard ~ защитная полоса (*на аэродроме*)

BAR

band
  HF aeronautical ~ ВЧ-диапазон авиационных частот
  pass ~ полоса пропускания (*частот*)
  radio ~ диапазон радиочастот
  throttling ~ диапазон дросселирования (*топлива*)
  VHF aeronautical ~ ОВЧ-диапазон авиационных частот
bandwidth ширина полосы частот
  effective acceptance ~ ширина полосы эффективного приёма (*радиосигналов*)
  nominal ~ номинальная ширина полосы частот
  occupied ~ занимаемая ширина полосы частот
bang:
  sonic ~ звуковой удар
bank 1. разворот; вираж ‖ вводить в вираж; выполнять вираж 2. крен ‖ кренить 3. гряда (*облаков*) ◊ ~ **with ailerons** разворот с помощью элеронов
  cloud ~ гряда облаков
  snow ~s снежные заносы
banking 1. введение в вираж; выполнение виража 2. кренение; крен
bar 1. линия [ряд] поперечных световых огней (*для маркировки движения воздушных судов на аэродроме*) 2. световой горизонт (*системы огней ВIII*) 3. тяга; стержень; стрелка; штанга 4. бар (*единица измерения давления*)
  alignment ~ линия установки (*воздушного судна*)
  clearance ~ ряд сигнальных огней
  command ~ директорная [командная] стрелка (*прибора*)
  course deviation ~ планка (положения) курса (*на шкале*)

BAR BAT B

bar
   datum leveling ~ нивелировочная линейка
   decision ~ линия принятия решения (*о продолжении разбега при взлёте*)
   door operating ~ тяга управления створкой (*шасси*)
   downwind wing ~ ближний (*к порогу ВПП*) фланговый горизонт
   glide slope deviation ~ планка (положения) глиссады (*на шкале*)
   horizon ~ планка (искусственного) горизонта (*пилотажно-командного прибора*)
   middle wing ~ средний фланговый горизонт
   pitch command ~ командная стрелка тангажа
   spray ~ штанга опрыскивателя (*на вертолёте*)
   spreader ~ траверса (*для подъёма двигателя*)
   steering ~ линия огней пути руления
   stop ~ линия «стоп», «стоп»-огни
   switch ~ штанга выключателей (*на щитке в кабине экипажа*)
   tommy ~ вороток
   tow ~ (буксировочное) водило
   turn ~ указатель разворота
   upwind wing ~ дальний (*от порога ВПП*) фланговый горизонт
   wing ~ фланговый горизонт
barrel 1. гильза; стакан **2.** (прямоточная) камера сгорания
   cylinder ~ гильза цилиндра
barrette ряд близкорасположенных световых огней (*с воздуха сливающихся в сплошную линию*)
   centerline ~ осевые огни (*ВПП*)
   lights ~ линия сигнальных огней
   touchdown zone ~ линия световых огней зоны приземления
barrier 1. барьер (*напр. звуковой*) **2.** преграда; препятствие
   crash [overrun] ~ аварийное тормозное устройство (*в конце ВПП*)
   sound ~ звуковой барьер
   thermal ~ тепловой барьер
base ◊ **to break out a cloud** ~ пробивать облачность
   air ~ (наземная) база для обслуживания полётов
   aircraft maintenance ~ авиационная техническая база, АТБ
   cloud ~ нижняя кромка облаков
   compass ~ площадка для списания девиации компаса
   engine test ~ испытательная станция (авиационных) двигателей
   home ~ **1.** основное место базирования (*воздушных судов*) **2.** база приписки (*воздушных судов*)
   line maintenance ~ база оперативного технического обслуживания
   repair ~ (авиа)ремонтное предприятие, (авиа)ремонтная база
   towing ~ бассейн для гидродинамических испытаний (*аэродинамических моделей*)
   variable cloud ~ нижняя кромка облаков переменной высоты
   wheel ~ база колёс (*шасси*)
basis:
   fare ~ основной [базисный] тариф
   space available ~ продажа билетов по принципу наличия свободных мест
bat сигнальный флажок
batch 1. партия; группа **2.** серия
   aircrafts ~ серия воздушных судов
   preproduction ~ предсерий-

BAT

ная [установочная] партия (*воздушных судов*)

battery (аккумуляторная) батарея; гальванический элемент ◊ **to conserve a** ~ экономить заряд батареи; **to drain a** ~ [**to run a** ~ **down**] разряжать батарею
  aircraft storage ~ бортовая аккумуляторная батарея
  floated storage ~ буферная аккумуляторная батарея
  ground storage ~ аэродромная [наземная] аккумуляторная батарея
  nonspillable storage ~ непроливающаяся аккумуляторная батарея
  storage ~ аккумуляторная батарея, аккумулятор
  wet storage ~ электролитическая аккумуляторная батарея

baud единица скорости телеграфной передачи, бод

bay 1. ниша (*напр. шасси*); отсек (*напр. фюзеляжа*) **2.** участок расширения (*напр. ВПП*)
  airstairs ~ ниша для трапа
  engine ~ двигательный отсек, отсек двигателя
  fuselage ~ отсек фюзеляжа
  holding ~ площадка ожидания (*для воздушных судов*)
  parking ~ площадка для стоянки
  runway turning ~ участок разворота на ВПП
  undercarriage ~ ниша шасси

beacon 1. (свето)маяк; сигнальный световой огонь ‖ освещать сигнальными огнями **2.** (радио)маяк; приводная (радио)станция ◊ **to hold over the** ~ выполнять полёт в режиме ожидания над маяком
  aerodrome ~ аэродромный маяк
  aerodrome hazard ~ аэро-

BEA

ромный заградительный (свето)маяк

beacon
  aerodrome locating ~ аэродромный приводной (радио-)маяк
  aeronautical ~ аэронавигационный маяк
  aircraft emergency locator ~ бортовой аварийный приводной (радио)маяк
  aircraft safety ~ проблесковый бортовой маяк предупреждения столкновений
  airway ~ трассовый маяк
  anticollision flash ~ проблесковый (свето)маяк для предупреждения столкновения (*воздушных судов*)
  approach ~ посадочный (радио)маяк
  approach light ~ посадочный светомаяк
  boundary ~ пограничный (свето)маяк
  code ~ маяк кодовых сигналов
  course ~ курсовой (радио-)маяк
  danger ~ предупредительный (свето)маяк
  directional radio ~ направленный радиомаяк
  emergency location ~ аварийный приводной (радио-)маяк
  en-route ~ трассовый маяк
  equisignal radio ~ равносигнальный радиомаяк
  fan marker ~ веерный маркерный (радио)маяк
  flash(ing) ~ проблесковый (свето)маяк
  glide slope ~ глиссадный маяк
  ground ~ наземный маяк
  homing ~ приводной (радио) маяк
  hazard ~ заградительный (свето)маяк
  homing ~ приводной (радио) маяк

beacon
  identification ~ опознавательный маяк
  inner ~ ближний (приводной) (радио)маяк
  inner marker ~ ближний (радио)маркер
  intermediate ~ средний [промежуточный] (радио)маяк
  landing ~ посадочный маяк
  landmark ~ ориентировочный (*на местности*) (свето-)маяк
  light ~ световой маяк, светомаяк
  locating ~ приводной (радио)маяк
  loop ~ (радио)маяк с рамочной антенной
  marker ~ маркерный (радио)маяк, (радио)маркер
  middle marker ~ средний [промежуточный] (радио-)маркер
  navigational ~ навигационный (радио)маяк
  nondirectional [**omnidirectional**] **radio** ~ ненаправленный [всенаправленный] радиомаяк
  oscillating ~ проблесковый (свето)маяк
  outer marker ~ внешний (радио)маркер
  radar ~ радиолокационный маяк
  radar approach ~ посадочный радиолокационный маяк
  radar homing ~ приводной радиолокационный маяк
  radar interrogator ~ радиолокационный маяк-запросчик
  radar transponder ~ радиолокационный маяк-ответчик
  radio ~ радиомаяк
  radio homing ~ приводной радиомаяк
  radio range ~ направленный (курсовой) радиомаяк
  responder ~ (радио)маяк-ответчик
  revolving ~ поворотный маяк

beacon
  rotating ~ вращающийся маяк
  runway boundary ~ пограничный (свето)маяк ВПП
  transponder ~ (радио)маяк-ответчик
  visual ~ визуальный (свето-)маяк
  Z-marker ~ конусный (радио)маркер (*с вертикальной конусообразной диаграммой направленности*)
beading 1. процесс отбортовки (*напр. обшивки фюзеляжа*) 2. ребро жёсткости
beam 1. луч (*курсового маяка*) 2. наведение по лучу ‖ наводить по лучу 3. траверз 4. балка; траверса; лонжерон 5. стрела (*грузоподъёмного механизма*) ◊ **on the** ~ в зоне действия луча; **to approach the** ~ приближаться [подходить] к лучу; **to capture the** ~ захватывать луч; **to fly the** ~ лететь по лучу; **to follow the** ~ выдерживать направление по лучу; **to intercept the** ~ выходить на ось луча
  antenna ~ лепесток диаграммы направленности антенны
  approach ~ луч захода на посадку
  azimuth ~ азимутальный луч
  back ~ отражённый [обратный] луч
  bogie ~ балка тележки (*шасси*); тележка (*шасси*)
  cantilever ~ консольная балка
  continuous wing ~ неразрезной лонжерон крыла
  controlling ~ управляющий луч
  directed ~ направленный луч
  engine lifting ~ траверса для подъёма двигателя
  engine mount ~ балка крепления двигателя

BEA

beam
fan ~ луч веерного типа
glide slope ~ глиссадный луч, луч глиссады
guidance ~ луч наведения на цель
landing ~ посадочный луч
lifting ~ грузоподъёмная стрела
localizer ~ луч курсового (радио)маяка
localizer back ~ отражённый [обратный] луч курсового (радио)маяка
localizer front ~ прямой луч курсового (радио)маяка
localizer pencil ~ остронаправленный луч курсового (радио)маяка
main landing gear ~ балка основной опоры шасси
marker ~ луч маркера
narrow ~ остронаправленный луч
on-course ~ курсовой луч
radar ~ луч радиолокатора, радиолокационный луч
radio ~ радиолуч
scanning ~ луч развёртки, сканирующий луч
supporting ~ опорная балка
tracking ~ луч слежения (*за целью*)
walking ~ качалка (*системы управления воздушным судном*)

bearer 1. опора **2.** стойка
bearing 1. пеленг; азимут **2.** опора; несущая [опорная] поверхность **3.** подшипник ◊ **to pressurize the** ~ уплотнять опору подачей давления (*напр. воздуха*); **to read out a** ~ отсчитывать пеленг; **to take the** ~ брать заданный пеленг
air ~ воздушная опора
aircraft ~ пеленг воздушного судна (*угол между северным направлением меридиана, проходящего через радиостанцию, и ортодромическим направлением на воздушное судно*)
bearing
antenna ~ антенный пеленг
back ~ обратный пеленг; обратный курс
beacon ~ пеленг маяка
check ~ контрольный пеленг
compass ~ компасный пеленг
constant ~ постоянный пеленг (*линия равных азимутов*)
corrected ~ исправленный пеленг
course ~ курсовой пеленг
cross ~ перекрёстный пеленг
enclosed ~ подшипник закрытого типа (*напр. опоры ротора двигателя*)
front ~ передняя опора (*двигателя*)
great-circle ~ ортодромический пеленг
grid radio ~ условный пеленг радиостанции
gyro ~ пеленг по гироприбору, гиропеленг
loop ~ радиопеленг (*с помощью рамочной антенны*)
magnetic ~ магнитный пеленг, магнитный курс
magnetic radio ~ магнитный пеленг радиостанции
maintenance-free air ~ износостойкий воздушный подшипник
observed ~ отмеченный пеленг
outboard ~ обратный пеленг; обратный курс
preset ~ заданный [установленный] пеленг
radio ~ пеленг радиостанции, радиопеленг; курсовой угол радиостанции
radio directional ~ курс на радиостанцию
rear ~ задняя опора (*двигателя*)
reciprocal ~ обратный пеленг; обратный курс

bearing
  relative ~ относительный пеленг; курсовой угол (*радиостанции*)
  reverse ~ обратный пеленг; обратный курс
  rhumb-line ~ локсодромический пеленг
  runway true ~ истинный курс ВПП
  station ~ пеленг (радио-)станции, (радио)пеленг; курсовой угол (радио)станции
  target ~ пеленг цели
  true ~ истинный пеленг
  true radio ~ истинный пеленг радиостанции
  visual ~ визуальный пеленг
  wind relative ~ пеленг с учётом направления ветра
beat 1. пульсация 2. биение; колебание
become ◊ **to** ~ **lost** сбиваться с курса (*о воздушном судне*)
behavior 1. режим (работы) 2. характеристика; характеристики; свойства 3. характер изменения (*параметров*)
  aerodynamic ~ 1. аэродинамические характеристики 2. изменение аэродинамических характеристик
  aircraft ~ поведение воздушного судна (*в полёте*)
  thermal ~ тепловой режим
bellcrank:
  engine ~ качалка системы управления двигателем
bellows сильфон; гофрированный чехол
  expansion ~ компенсационный сильфон
  pressure seal ~ гофрированный чехол гермовыводa
belly нижняя часть фюзеляжа
belt 1. привязной ремень (*пассажира*) 2. приводной ремень (*механизма*) 3. зона; пояс ‖ зонировать, опоясывать ◊ **to fasten seat** ~**s** пристёгивать привязные ремни
  baggage convey ~ устройство раздачи багажа
  calm ~ штилевая зона
  cyclone ~ зона циклонов
  life ~ спасательный пояс
  restraining ~ ограничительный ремень
  safety ~ предохранительный пояс; страховочный ремень
  seat ~**s** привязные ремни
  storm ~ зона штормовой активности
  time ~ часовой пояс
bench 1. стенд; установка 2. уровень; высота
  climatic test ~ термобарокамера, ТБК (*для снятия высотноклиматических характеристик двигателя*)
  delivery ~ устройство раздачи (*напр. багажа*)
  engine test ~ стенд для испытания двигателей
benchmark точка (начала) отсчёта (*напр. траектории полёта*)
bend 1. отклонение; изменение ‖ отклонять(ся); изменять(ся) 2. изгиб ‖ изгибать(ся) ◊ **to** ~ **over...** отгибать [заворачивать] на... (*напр. об обшивке фюзеляжа*)
  beam ~ отклонение луча
  course ~ изменение курса
  glide slope beam ~ искривление глиссадного луча
bent вмятина (*напр. капота*)
bezel 1. посадочное место; гнездо 2. подвижная шкала
  zero adjusting ~ подвижная шкала для установки ‹нуля›
bias 1. уклон; наклон 2. отклонение; смещение
bidirectional имеющий два направления (*напр. о полёте*)
bill:
  ~ **of entry** таможенная декларация
  ~ **of lading** грузовая накладная, коносамент
  air ~ полётный лист
  air freight ~ грузовая авиа-

накладная, грузовой авиаконосамент
bill
  delivery ~ накладная на доставку (*груза*)
binder 1. раствор для заливки швов (*плит ВПП*) **2.** связующий элемент **3.** арматурный хомут
binding 1. бандаж; обвязка; переплёт **2.** бандажирование
  wire ~ проволочный бандаж
biplane биплан
bipolar двухполюсный, биполярный
blade 1. лопатка (*турбины, компрессора*) **2.** лопасть (*воздушного винта*) ◊ **to keep clear of rotor** ~**s** остерегаться лопастей несущего винта (*вертолёта*); **to move [to set] the** ~**s to higher / lower pitch** затяжелять / облегчать воздушный винт, устанавливать лопасти на больший / меньший угол
  airfoil-section ~ профилированная лопатка
  antitorque rotor ~ лопасть рулевого винта (*вертолёта*)
  articulated ~ лопасть с шарнирной подвеской
  detachable ~ съёмная лопатка
  dovetailed ~ лопатка, закреплённая замком типа «ласточкин хвост»
  file ~ полотно напильника
  fir-tree rooted ~ лопатка, закреплённая замком ёлочного типа
  hollow ~ **1.** пустотелая лопатка **2.** пустотелая лопасть
  longest ~ лопатка 1-й ступени (*компрессора*)
  main rotor ~ лопасть несущего винта (*вертолёта*)
  moving ~ поворотная лопатка
  outlet straightener ~ лопатка спрямляющего аппарата (*компрессора*)

blade
  pinned ~ лопатка, закреплённая штифтовым замком
  propeller ~ лопасть воздушного винта
  rotor ~ **1.** лопатка ротора (*двигателя*); рабочая лопатка **2.** лопатка несущего винта (*вертолёта*)
  stator ~ **1.** лопатка статора (*двигателя*) **2.** *pl* направляющий аппарат статора (*двигателя*)
  straightener ~ **1.** лопатка спрямляющего аппарата (*компрессора*) **2.** *pl* спрямляющий аппарат (*последней ступени компрессора*)
  tail rotor ~ лопатка рулевого винта (*вертолёта*)
  turbine rotor ~ рабочая лопатка турбины
  variable ~ регулируемая поворотная лопатка (*направляющего аппарата*)
blank 1. заглушка **2.** «белое пятно» (*на карте полётов*) **3.** гасящий импульс
  air intake ~ заглушка воздухозаборника
blanket 1. слой сплошной облачности; пелена густого тумана **2.** оболочка, покрытие ‖ покрывать **3.** глушить (*радиосигналы*)
  foam ~ пенное покрытие (*очага пожара*)
blanketing затенение (*нарушение аэродинамического обтекания поверхности*)
  ~ **of controls** затенение рулей
  tail ~ затенение хвостового оперения
blast 1. порыв (*ветра*); струя, поток (*воздуха*) **2.** взрыв; ударная волна
  air ~ воздушная ударная волна
  engine ~ (реактивная) струя двигателя
bleed 1. отбор, слив; дренаж ‖ отбирать, сливать; дрениро-

BLE

вать 2. обрез (*аэронавигационной*) карты
bleed
  air ~ отбор воздуха (*от компрессора*)
  continuous air ~ постоянный [непрерывный] отбор воздуха
bleeding удаление воздушной пробки
bleedoff:
  speed ~ гашение скорости (*перед выравниванием*)
blending постановка зализа (*напр. в месте стыка крыла с фюзеляжем*)
blind 1. шторка; жалюзи 2. диафрагма 3. затемнять (*видимость*)
  instrument flying ~ шторка слепого полёта (*для тренировки пилотов*)
blip отметка, изображение (*на экране локатора*)
  aircraft position ~ отметка местоположения воздушного судна
  radar ~ радиолокационная отметка
blirt 1. порыв ветра с дождём 2. неустойчивая погода (*в районе полётов*)
blizzard снежная буря; метель
block 1. блок; шкив 2. (упорная) колодка (*под колесо*) || устанавливать (упорную) колодку 3. механизм торможения 4. фрахтовать (*воздушное судно*) 5. создавать помехи
  brake ~ тормозная колодка
  breech ~ 1. механизм фиксации 2. затвор; затворный механизм
  clamp ~ зажимная колодка
  cylinder ~ блок цилиндров
  oil pump ~ маслоагрегат (*двигателя*)
  shock-absorbing skid ~ амортизирующая опора
  tail skid ~ хвостовая опора; хвостовой гребень (*фюзеляжа*)

BOA   B

block
  terminal ~ 1. клеммная колодка 2. стояночная колодка (*под колёса воздушного судна*)
blocking фрахтование (*воздушного судна*)
bloomer расплывание (*на экране локатора*)
blow 1. порыв ветра 2. дуть, задувать (*о ветре*)
blowdown 1. продувка (*двигателя*); холодный запуск (*двигателя*) 2. сброс (*конденсата*)
blower вентилятор
blowing 1. сдув (*газового потока*) 2. утечка (*газа*)
  boundary layer ~ сдув пограничного слоя (*напр. с крыла*)
blowoff стравливание давления воздуха (*напр. из баков при заправке топливом*)
blowout 1. срыв пламени (*в камере сгорания*) 2. разрыв (*пневматика колеса*)
blunder грубая ошибка, просчёт || делать грубую ошибку, просчитываться
  in-flight ~ грубая ошибка в процессе полёта
blurred нерезкий, расплывчатый (*о видимости объектов в полёте*)
Board комитет
  Air Transportation ~ Комитет по воздушным перевозкам (*США*)
  Civil Aeronautics ~ Комитет гражданской авиации (*США*)
  Creative Fares ~ (IATA) Комитет по поощрительным тарифам (*ИАТА*)
  International Frequency Registration ~ Международный комитет регистрации частот
  Joint Specific Commodity Rates ~ (IATA) Совместный комитет по специальным грузовым тарифам (*ИАТА*)
  Safety Investigation ~ Ко-

BOA

митет по безопасности полётов
Board
Specific Commodity Rates ~ **(IATA)** Комитет по специальным грузовым тарифам, Комитет по корейтам (*ИАТА*)
board 1. борт (*воздушного судна*) ‖ подниматься на борт ‖ бортовой **2.** планшет; доска; пульт **3.** организация; управление ◊ **on (the)** ~ на борту
arrival ~ доска информации о прилёте (*в аэропорт*)
chart ~ планшет; картодержатель
control ~ пульт управления
customs ~ таможенное управление
dash ~ щиток; приборная доска
departure ~ доска информации о вылете (*из аэропорта*)
display ~ информационное табло
flight information ~ доска информации о рейсах
flight progress ~ планшет хода полёта
instrument ~ приборная доска
lee ~ подветренный борт (*воздушного судна*)
marker ~ маркерный [указательный] щит
master control ~ центральный пульт управления
panel ~ щиток; приборная доска
printed ~ печатная плата
radio control ~ пульт управления по радио(связи)
boarding посадка (*пассажиров*) на борт (*воздушного судна*)
denied ~ отказ (*пассажиру*) в перевозке
boat:
crash ~ спасательная лодка (*на борту воздушного судна*)
flying ~ летающая лодка, гидровариант воздушного судна

BOO

boat
rescue ~ спасательная лодка (*на борту воздушного судна*)
boatplane летающая лодка, гидровариант воздушного судна
bob 1. поплавок (*шасси*) **2.** балансир; маятник
Body:
Frequency Coordinating ~ Комитет по координации (радио)частот
body:
~ **of compass card** диск картушки компаса
aft ~ хвостовая часть, хвостовой отсек (*фюзеляжа*)
celestial ~ небесное светило; небесное тело
central ~ осевая часть (*двигателя*)
heavenly ~ небесное светило; небесное тело
ice ~ нарост льда
inner ~ внутренний корпус (*двигателя*)
main ~ корпус фюзеляжа
streamlined ~ (аэродинамически) обтекаемое тело
bogie 1. тележка (*шасси*) **2.** каретка (*закрылка*) ◊ **to rotate the** ~ запрокидывать тележку
four-wheeled ~ четырёхколёсная тележка
landing gear ~ тележка шасси
bolting (за)крепление [фиксация] болтами
service ~ (за)крепление [фиксация] технологическими болтами
bond 1. соединение ‖ соединять **2.** таможенная закладная **3.** оставлять товары на таможне до уплаты пошлины
book ◊ **to** ~ **a seat** бронировать место (*на рейс*)
aeronautical reference ~ аэронавигационный каталог
flight ~ лётная книжка (*пилота*)
log ~ формуляр (*напр. воздушного судна*)

BOO BOU B

book
  pilot's log ~ лётная книжка пилота
booking бронирование (*места на рейс*) ◊ **through** ~ сквозное бронирование (*по маршруту полёта*); **to cancel** ~ отменять [аннулировать] бронирование; **to dublicate** ~ выполнять повторное бронирование, дублировать бронирование; **to make** ~ выполнять бронирование, бронировать
boom 1. штанга; стрела 2. лонжерон; балка 3. (звуковой) удар
  airspeed ~ приёмник воздушного давления
  focused ~ сфокусированный [сосредоточенный] удар
  muffled ~ приглушённый удар
  normal ~ обычный удар
  Pitot tube ~ приёмник воздушного давления
  sonic ~ звуковой удар
  spray ~ штанга с распыляющими насадками (*для внесения удобрения с воздуха*)
  tail ~ хвостовая балка (*вертолёта*)
boomset штанговая авиагарнитура
boost 1. форсировать (*двигатель*) 2. повышать давление или напряжение
booster 1. (гидро)усилитель 2. привод; сервомеханизм 3. ускоритель 4. нагнетатель
  control ~ (гидро)усилитель системы управления
  hydraulic ~ гидроусилитель
  irreversible ~ необратимый (гидро)усилитель
  jet tip ~ концевой реактивный насадок (*лопасти несущего винта*)
  reversible ~ обратимый (гидро)усилитель
boosting 1. форсирование (*двигателя*) 2. повышение давления; наддув

boot чехол
  protective ~ защитный чехол
  sealing ~ чехол герметизации
bore 1. отверстие; канал || сверлить отверстие *или* канал 2. калибр
  turbine ~ канал в ступице турбины (*для охлаждения*)
boss:
  airscrew ~ втулка воздушного винта
bottle:
  oxygen ~ кислородный баллон
bottleneck узкая зона (*для пролёта*)
bottom 1. дно, днище; низ, нижняя часть 2. основание; подошва
  block ~ закрытое днище (*фюзеляжа*)
  recessed ~ утопленное (*в корпусе*) днище
  vaulted ~ вогнутое днище (*фюзеляжа*)
bouncing:
  aircraft ~ «козление» воздушного судна (*при посадке*)
bound 1. граница; ограничение; предел || ограничивать; устанавливать предел 2. прямой ход (*амортизатора*) ◊ ~ **for** [**to**] направляющийся [следующий] в ... (*о воздушном судне*)
  flow separation ~s границы срыва потока
boundary граница
  ~ **of the area** граница зоны (*полёта*)
  aerodrome ~ граница аэродрома
  airfield ~ граница лётного поля; граница посадочной площадки
  air traffic control ~ граница зоны управления воздушным движением
  coverage ~ граница зоны действия (*напр. локатора*)

BOU

boundary
  primary area ~ граница основной зоны (*полёта*)
  secondary area ~ граница дополнительной зоны (*полёта*)
  wake ~ граница спутной струи
bow-heavy с передней центровкой (*о воздушном судне*)
bow-loader грузовое воздушное судно с откидной носовой частью фюзеляжа
box 1. коробка (*напр. приводов*) 2. редуктор 3. бокс 4. ящик; тара 5. букса; вкладыш
  aircraft accessory gear ~ коробка приводов самолётных агрегатов
  black ~ регистратор параметров полёта, «чёрный ящик»
  cam ~ кулачковый механизм
  engine accessory gear ~ коробка приводов агрегатов двигателя
  feed ~ коробка передач
  gear ~ 1. коробка приводов 2. редуктор
  intermediate gear ~ промежуточный редуктор
  interphone control ~ абонентский аппарат переговорного устройства
  junction ~ распределительная [коммутационная] коробка
  main gear ~ главный редуктор
  main junction ~ центральное распределительное устройство
  quick release ~ замок быстрого отстёгивания (*парашюта*)
  relay ~ коробка реле
  rotor gear ~ редуктор трансмиссии привода винтов (*вертолёта*)
  separation ~ сортовик (*для деталей*)
  spar ~ кессон (*крыла*)

BRA

box
  switch ~ блок выключателей
  test ~ бокс для испытания (*напр. двигателей*)
  torque [torsion] ~ кессон (*крыла*)
brace 1. растяжка; расчалка; скоба 2. подкос; раскос 3. связывать; скреплять
  side ~ боковой подкос (*опоры шасси*)
  sway ~ тросовый захват (*наружной подвески вертолёта*)
bracing 1. растяжка; расчалка 2. (за)крепление (*процесс*)
bracket 1. кронштейн; консоль; скоба 2. устанавливать в проушины кронштейна 3. выполнять пробный заход на посадку
  aileron hinge ~ кронштейн навески элерона
  brush holder ~ траверса щёткодержателя
  hinge ~ кронштейн навески (*напр. руля*)
  pulley ~ кронштейн ролика (*тросовой проводки*)
"bracketing" выход в равносигнальную зону (*луча локатора*)
brake тормоз ‖ тормозить ‖ тормозной ◊ **to apply the** ~ применять тормоз; **to block the** ~ ставить на тормоз; **to engage** ~**s** нажимать на тормоза, тормозить; **to hold the** ~ удерживать тормоз; **to release** ~**s** отпускать тормоза, растормаживать
  aerodynamic [air] ~ аэродинамический [воздушный] тормоз
  disc ~ дисковый тормоз
  expander tube ~ камерный тормоз (*колеса*)
  friction ~ фрикционый тормоз
  hand ~ ручной тормоз
  main rotor ~ тормоз несущего винта
  parking ~ стояночный тормоз

BRA

brake
  plate ~ колодочный тормоз
  propeller ~ тормоз воздушного винта
  rotor ~ тормоз ротора
  segment disc ~ секторно-дисковый тормоз
  shoe ~ колодочный тормоз
  solenoid ~ электромагнитный тормоз
  speed ~ аэродинамический [воздушный] тормоз
  wheel ~ колёсный тормоз
brake-way тормозной путь, пробег [длина пробега] при торможении
braking торможение
  aerodynamic ~ аэродинамическое торможение
  drag parachute ~ торможение парашютом
  emergency ~ аварийное торможение
  hard ~ резкое торможение
  partial ~ подтормаживание (*колёс*)
  reverse-pitch ~ торможение реверсированием шага (*винта*)
  (reverse-)thrust ~ торможение реверсом тяги
Branch отдел; отделение; филиал
  Administrative Services ~ Административно-хозяйственный отдел (*ИКАО*)
  Economics and Statistics ~ Экономико-статистический отдел (*ИКАО*)
  Facilitation and Joint Financing ~ Отдел упрощения формальностей и совместного финансирования (*ИКАО*)
  Field Operations ~ Отдел осуществления проектов на местах (*ИКАО*)
  Field Services ~ Отдел обслуживания проектов на местах (*ИКАО*)
  Finance ~ Финансовый отдел (*ИКАО*)
  Flight ~ Лётный отдел (*ИКАО*)

BRE

  Ground ~ Отдел наземных служб (*ИКАО*)
  Language ~ Отдел переводов (*ИКАО*)
  Personnel ~ Отдел кадров (*ИКАО*)
break 1. разъём (*напр. фюзеляжа*) 2. трещина (*напр. обшивки фюзеляжа*) 3. преодолевать (*звуковой барьер*) 4. пробивать (*облачность*) 5. переходить с приёма на передачу (*радиосигналов*) 6. размыкать (*электроцепь*)
  maintenance ~ эксплуатационный разъём
  mileage ~ пункт поворота маршрута (*на карте*)
  production ~ технологический разъём
breakaway 1. отрыв, срыв (*напр. пограничного слоя*) 2. отворот (*напр. от линии курса*)
  aircraft ~ страгивание воздушного судна (*с места*)
breakdown 1. поломка; авария; неисправность; выход из строя 2. списание (*пилота*) по состоянию здоровья 3. пробой (*напр. изоляции*) 4. разбивка веса (*по длине фюзеляжа*)
  aircraft ~ весовая классификация воздушного судна (*распределение общего веса на составляющие: конструкция, топливо, снаряжение и т. д.*)
  airflow ~ срыв воздушного потока
  mass ~ разбивка [расшифровка] массы (*при обеспечении центровки воздушного судна*)
breaker выключатель
  circuit ~ автомат защиты сети, АЗС
break-in вырубание
  skin ~ вырубание обшивки (*фюзеляжа*)
breaking 1. преодолевание (*звукового барьера*) 2. пробива-

ние (*облачности*) 3. переход с приёма на передачу (*радиосигналов*) 4. размыкание (*электроцепи*)
breakline линия разъёма (*напр. фюзеляжа*)
 production ~ линия технологического разъёма
breather 1. суфлёр; сапун 2. всасывающая труба (*двигателя*)
 centrifugal ~ центробежный суфлёр
breathing суфлирование (*напр. бака с атмосферой*)
bridge трап
 air ~ телескопический трап (*для пассажиров*)
 boarding ~ трап для посадки, пассажирский трап
 conference ~ линия циркулярной связи
 loading ~ загрузочный трап
 passenger ~ трап для посадки, пассажирский трап
brief 1. инструкция ‖ инструктировать 2. сводка
briefing (предполётный) инструктаж, брифинг ◊ to provide ~ проводить инструктаж
 aeronautical departure ~ аэронавигационный предполётный инструктаж
 flight ~ предполётный инструктаж
 flight weather ~ предполётный инструктаж по метеообстановке
 meteorological ~ метеорологический инструктаж, метеоинструктаж
 pilots' ~ (оперативный) инструктаж лётного состава
 preflight ~ предполётный инструктаж
 route ~ инструктаж по условиям полёта по маршруту
broadcast:
 traffic information ~ передача (*в эфир*) информации о воздушном движении
brush ◊ to seat the ~ притирать щётку (*напр. генератора*)
brush
 carbon ~ угольная щётка (*генератора*)
bucket 1. лопатка (*турбины*) 2. створка (*реверса*) ◊ to close [to deploy] the ~s закрывать створки; to open [to stow] the ~s открывать створки
 rotating ~s отклоняющиеся створки
 thrust reverser ~ ковш [створка] реверса тяги
buckling 1. продольный изгиб; коробление; выпучивание; «хлопун» (*обшивки*) 2. потеря устойчивости (*конструкции*)
 wing ~ 1. продольный изгиб крыла; коробление крыла 2. потеря устойчивости крыла
buffeting бафтинг, тряска
 airframe ~ бафтинг планера
bug 1. схема полётов (*в зоне аэродрома*) 2. технический дефект 3. специалист по радиооборудованию 4. подвижный индекс (*прибора*)
 heading ~ схема курсов (*подхода к зоне аэродрома*)
build ◊ to ~ in устанавливать, монтировать; встраивать; to ~ up 1. нагнетать (*напр. давление*) 2. набирать обороты 3. монтировать; подвешивать
building:
 service ~ служебное помещение (*на аэродроме*)
 terminal ~ аэровокзал, здание аэровокзала
bulk ◊ in ~ 1. навалом (*напр. о погрузке багажа в воздушное судно*) 2. оптом (*напр. о закупке билетов на полёты*); to diminish in ~ сокращаться в объёме (*о воздушных перевозках*)
bulkhead шпангоут; перегородка
 engine ~ перегородка двигателя

BUL BUR B

bulkhead
  fireproof ~ противопожарная перегородка
  pressure ~ гермошпангоут; герметическая перегородка
  spinner ~ диск кока (*воздушного винта*)
bulletin 1. сводка 2. бюллетень
  ◊ **to perform the service** ~ выполнять доработку (*конструкции*) по бюллетеню
  alert service ~ аварийный бюллетень на доработку
  daily ~ ежедневная сводка (*напр. погоды*)
  meteorological ~ 1. метеосводка 2. метеорологический бюллетень
  preflight information ~ предполётный информационный бюллетень
  regional OPMET ~ бюллетень региональной оперативной метеорологической информации
  service ~ эксплуатационный бюллетень
bump 1. возмущение (*атмосферы*) 2. воздушная яма
  in-flight ~ воздушная яма на пути полёта
bumper амортизатор
  tail ~ хвостовая опора, хвостовая пята (*вертолёта*)
bumpiness болтанка (*при полёте в турбулентной атмосфере*)
bumping отказ в перевозке (*пассажиров или груза*)
bumpy турбулентный (*о потоке*)
bung 1. пробка; втулка; крышка 2. закрывать отверстие
  screw ~ резьбовая пробка
bungee амортизатор; пружинное устройство
  artificial feel ~ пружинный автомат загрузки (*устройство органов управления*); автомат усилий
buoyancy 1. подъёмная сила (*напр. воздушного шара*) 2. плавучесть, способность держаться на воде

reserve ~ запас плавучести (*при аварийной посадке на воду*)
burble срыв потока
Bureau:
  ~ **of Administration and Services** Административно-хозяйственное управление (*ИКАО*)
  Air Navigation ~ Аэронавигационное управление (*ИКАО*)
  Air Transport ~ Авиатранспортное управление (*ИКАО*)
  Legal ~ Юридическое управление (*ИКАО*)
  Technical Assistance ~ Управление технической помощи (*ИКАО*)
bureau:
  weather ~ метеобюро; бюро прогнозов погоды
burn ◊ **to** ~ **away** затухать (*о пламени в камере сгорания*); **to** ~ **out** 1. останавливать, прекращать работу (*о двигателе*) 2. прожигать (*камеру сгорания*); сжигать (*двигатель*); **to** ~ **up** 1. поджигать (*топливо*) 2. запускать (*двигатель*)
burner 1. камера сгорания 2. форсунка
  pilot ~ пусковая форсунка
  simplex ~ одноканальная (топливная) форсунка
burn-in 1. тренировка свечей 2. работа под напряжением (*перед выходом на расчётные режимы нагрузки*)
burning 1. горение; дожигание 2. работа (*двигателя*)
  duct ~ дожигание (*топлива*) во втором контуре
  fan ~ дожигание (*топлива*) во внешнем контуре
burnout 1. прогар; перегорание 2. прекращение работы (*двигателя*)
  combustion chamber ~ прогар камеры сгорания
bursting разрыв; взрыв (*ёмкости*) ‖ разрывной; взрывоопасный

59

BUS

bus 1. (электро)шина **2.** (широкофюзеляжный) пассажирский самолёт, аэробус ◊ **to de-energize the ~** обесточивать (электро)шину; **to energize the ~** подавать электропитание на шину; **to power the ~** включать (электро)шину
  AC ~ шина переменного тока
  battery ~ аккумуляторная шина
  DC ~ шина постоянного тока
  de-energized ~ обесточенная шина
  distribution ~ распределительная (электро)шина
  emergency ~ шина аварийного электропитания, аварийная (электро)шина
  energized ~ (электро)шина под напряжением
  essential-services ~ (электро)шина питания основных потребителей
  generator ~ генераторная (электро)шина
  left ~ (электро)шина левого борта
  load distribution ~ шина распределения (электро)нагрузки
  main distribution ~ основная [магистральная] (электро-)шина
  monitored ~ контрольная (электро)шина
  nonessential ~ (электро)шина питания вспомогательных потребителей
  rectifier ~ (электро)шина выпрямителя
  secondary ~ вспомогательная (электро)шина
  standby ~ резервная (электро)шина
  tie ~ соединительная шина
busbar основная [силовая] (электро)шина
bushing втулка
  distance ~ распорная втулка (*колеса шасси*)

CAB

bushing
  threaded ~ резьбовая футорка
bussing:
  flaps ~ (механическая) синхронизация закрылков
butt:
  blade ~ 1. комель лопасти (*воздушного винта*) **2.** хвостовик лопатки (*компрессора*)
butting стыковка; соединение
  wing ~ стыковка крыла
butt-joint соединение встык (*напр. обшивки фюзеляжа*)
button:
  antiretraction push ~ кнопка блокировки уборки шасси (*при стоянке на земле*)
  cut-out ~ кнопка отключения (*напр. автопилота*)
  engine starter ~ кнопка запуска двигателя
  fast slave ~ кнопка быстрого согласования (*гироагрегата*)
  flight restart ~ кнопка запуска двигателя в воздухе
buying:
  bulk ~ оптовая [массовая] закупка (*билетов на рейсы*)
buzztone тон зуммера (*электрического прерывателя*)
by-crew резервный экипаж
bypass 1. перепуск, обводная линия ‖ перепускать, обводить **2.** шунт ‖ шунтировать

C

cab, cabin 1. кабина (экипажа) **2.** (пассажирский) салон
  aft ~ задний салон
  airtight ~ герметичная [герметизированная] кабина
  crew ~ кабина экипажа
  forward ~ передний салон
  passenger ~ пассажирский салон
  pressurized ~ герметичная [герметизированная] кабина
  tower ~ кабина (диспетчерской) вышки

CAB CAL C

cable 1. трос; канат **2.** кабель ◊ **to adjust the ~** регулировать трос (*по длине или натяжению*); **to slacken the ~** ослаблять натяжение троса
arresting ~ тормозной трос
blade stop ~ стопорный трос лопастей (*вертолёта*)
control ~ трос управления
flaps interconnection ~ трос синхронизации закрылков
follow-up ~ трос обратной связи; трос следящей системы
grounding ~ трос заземления (*напр. шланга топливозаправщика*)
mooring ~ швартовочный трос (*воздушного судна*)
rip ~ приводной трос
static discharge ~ статический разрядник, токосъёмник (*на стойке шасси*)
steering feedback ~ трос обратной связи разворота (*колёс при рулении*)
tie-down ~ 1. крепёжный канат **2.** швартовочный трос (*для грузов*)
tow ~ буксировочный трос
cage 1. сепаратор (*подшипника*) **2.** арретировать (*гироскоп*)
cageable арретируемый (*о гироскопе*)
calculation:
  area density ~ расчёт удельной нагрузки на поверхность (*напр. ВПП*)
  balance ~ расчёт центровки (*воздушного судна*)
  fare ~ расчёт тарифа
  time-of-flight ~ расчёт времени полёта
  weight ~ расчёт загрузки (*воздушного судна*)
calculator:
  course/distance ~ вычислитель курса и дальности
calibrate 1. тарировать **2.** калибровать **3.** градуировать **4.** уточнять показания (*прибора*) **5.** списывать девиацию (*компаса*)

calibration 1. тарировка **2.** калибровка **3.** градуировка **4.** уточнение показаний (*прибора*) **5.** списание девиации (*компаса*)
acoustic ~ акустическая калибровка
air-speed indicator ~ тарировка указателя воздушной скорости
airworthiness ~ проверка (состояния) лётной годности
compass ~ списание девиации компаса
flight ~ облёт (*наземных радиосредств*)
Mach number ~ тарировка по числу М
power ~ тарировка мощности
range ~ тарировка по дальности (*полёта*)
sound pressure sensitivity ~ калибровка чувствительности по звуковому давлению
static ~ статическая калибровка
time ~ тарировка по времени (*полёта*)
calibrator 1. тарировочное устройство **2.** калибратор
call вызов (*на связь*); запрос ‖ вызывать; запрашивать ◊ **~ by radiotelegraphy** радиотелеграфный вызов; **~ by radiotelephony** радиотелефонный вызов; **to ~ back** повторно вызывать
all stations ~ вызов всех станций (*для циркулярного оповещения или экстренной информации*)
cabin attendant ~ вызов бортпроводника
conference ~ групповой вызов (*воздушных судов и наземных станций*)
digital selective ~ избирательный вызов цифровым кодом
distress ~ 1. аварийный вызов **2.** сигнал бедствия

61

CAL

call
  fire ~ сигнал пожарной тревоги
  general ~ общий вызов (*воздушных судов*)
  incoming ~ входящий вызов
  initial ~ первоначальный вызов
  multiple ~ многократный вызов
  outgoing ~ исходящий вызов
  selective ~ избирательный вызов
callback повторный вызов (*на связь*)
call-in вызов на связь (*наземной станции с экипажем*)
calliper 1. кронциркуль 2. калибр
  inside ~ нутромер
  oddleg ~ полунутромер (*для замера радиуса*)
  outside ~ кронциркуль (*для наружных размеров*)
callsign позывной (*о сигнале радиосвязи*)
callup вызов на связь (*экипажа с наземной станцией*)
calm отсутствие ветра; штиль
  aerodrome ~ отсутствие ветра в районе аэродрома
camber кривизна; выпуклость; изогнутость ◊ **to increase a ~ of the profile** увеличивать кривизну профиля (*напр. путём выпуска закрылков*)
  ~ of a profile кривизна профиля
  aerofoil ~ кривизна аэродинамического профиля
  centerline ~ относительная кривизна (*крыла*)
camshaft кулачковый вал (*поршневого двигателя*)
can жаровая труба
  combustion chamber ~ жаровая труба камеры сгорания
cancel 1. отменять (*напр. рейс*) 2. устранять; подавлять (*напр. шумы*) 3. стирать (*напр. информацию*)

CAP

cancellation 1. отмена (*напр. рейса*) 2. устранение; подавление (*напр. шума*) 3. стирание (*напр. информации*)
cancelled изъятый из эксплуатации (*о воздушном судне*)
cancelling:
  noise ~ подавление шумов
canopy 1. фонарь (*кабины экипажа*) 2. купол (*парашюта*)
  cockpit [flight compartment] ~ фонарь кабины экипажа
  hinged ~ откидной фонарь
  jettisonable ~ сбрасываемый фонарь
  sliding ~ сдвижной фонарь
cap 1. колпачок; заглушка 2. пробка 3. капсюль 4. уплотнение 5. пояс; полка
  angle ~ пояс (*лонжерона*) с уголком
  blade metal ~ предохранительная металлическая окантовка на передней кромке лопасти (*воздушного винта*)
  blasting ~ капсюль-детонатор
  frame ~ полка шпангоута
  I- ~ пояс (*лонжерона*) двутаврового сечения
  line connection ~ заглушка соединительной магистрали
  overwing filler ~ крышка заливной горловины на крыле
  rib ~ полка нервюры
  sealing ~ манжетное уплотнение
  spar ~ пояс лонжерона
  T- ~ пояс (*лонжерона*) таврового сечения
  tank ~ крышка (*заливной горловины*) топливного бака
  threaded-type ~ резьбовая крышка
  wing spar ~ пояс лонжерона крыла
capability 1. способность 2. характеристика 3. мощность; производительность
  all-weather landing ~ способность выполнять посадку в сложных метеоусловиях
  area navigation ~ техниче-

CAP

ские характеристики зональной навигации
capability
  cross-wind ~ управляемость при боковом ветре
  directional control ~ продольная управляемость
  landing ~ управляемость при посадке
  manoeuvring ~ манёвренность
  "see and avoid" ~ способность «видеть и избегать» (*препятствия в полёте*)
capacity 1. ёмкость, вместимость 2. грузоподъёмность 3. объём 4. мощность; производительность 5. пропускная способность ◊ **in official** ~ при исполнении служебных обязанностей; **to offer the** ~ предлагать объём загрузки (*на рейс*)
  aerodrome handling ~ пропускная способность аэродрома (*по числу обслуживаемых рейсов*)
  aircraft ~ вместимость воздушного судна
  airport ~ пропускная способность аэропорта (*по числу пассажиров*)
  airspace ~ пропускная способность воздушного пространства (*по числу воздушных судов*)
  bearing ~ несущая способность (*аэродинамической поверхности*)
  cargo ~ грузовместимость
  carrying ~ грузоподъёмность
  climbing ~ скороподъёмность
  fuel ~ запас топлива
  landing ~ пропускная способность (*аэродрома*) по числу посадок
  lift ~ объём воздушных перевозок
  lifting ~ 1. аэродинамическая грузоподъёмность 2. несущая способность (*крыла*)

CAR

capacity
  load bearing ~ несущая способность (*поверхности ВПП*)
  load-carrying ~ грузоподъёмность
  passenger ~ пассажировместимость (*воздушного судна*)
  payload ~ коммерческая загрузка
  piloting ~ лётная квалификация
  runway ~ пропускная способность ВПП (*по числу полётов*)
  seating ~ пассажировместимость (*воздушного судна*)
  surplus ~ резервная вместимость
  tank ~ ёмкость [вместимость] топливных баков
  thermal ~ теплоёмкость
  traffic handling ~ объём воздушных перевозок
  wheel-braking ~ эффективность торможения колёс
  wing bearing ~ несущая способность крыла
capscrew стяжной болт (*коленвала*)
capsule коробка; ячейка
  air-speed ~ мембранная коробка скоростного напора
  aneroid ~ анероидная коробка
  annunciator ~ ячейка светового табло
  pressure ~ мембранная коробка
capture 1. захват (*напр. сигнала*) 2. выход (*на заданную траекторию*)
  glide slope ~ захват глиссадного луча, вход в глиссаду
  localizer beam ~ захват луча курсового (радио)маяка
  overshoot ~ **of the glide slope** поздний захват глиссадного луча
  undershoot ~ **of the glide slope** ранний захват глиссадного луча
car:
  "follow-me" ~ автомобиль

CAR

сопровождения (*воздушных судов при рулении по аэродрому*)
carburetion смесеобразование в карбюраторе (*двигателя*)
carburet(t)or карбюратор (*двигателя*)
card 1. таблица 2. карта 3. шкала
  air-speed calibration ~ таблица поправок воздушной скорости
  air travel ~ маршрутный лист воздушного путешествия
  altimeter scale error ~ таблица инструментальных поправок высотомера
  azimuth ~ шкала азимута
  compass ~ шкала текущего курса (*на навигационном приборе*)
  compass correction ~ таблица списания девиации компаса; таблица поправок (к показаниям) компаса
  compass rhumb ~ картушка компаса
  deviation ~ девиационная таблица (*компаса*)
  disembarkation ~ карточка (*сведений о пассажире*) при прилёте
  embarkation ~ карточка (*сведений о пассажире*) при вылете
  fits and clearances ~ карта допусков и посадок
  inspection work ~ технологическая карта осмотра (*воздушного судна*)
  medical ~ медицинская карточка (*напр. пилота*)
  registration ~ регистрационная карточка (*пассажира*)
  scheduled maintenance task ~ карта выполнения регламентных работ, технологическая карта
care ◊ "**handle with** ~" «обращаться осторожно» (*надпись на грузе*)

CAR

care
  ~ **of passengers** обслуживание пассажиров
  in-flight extreme ~ особые меры в полёте
  special ~ повышенное внимание (*при выполнении полёта*)
cargo груз ‖ грузовой ◊ ~ **in transit** транзитный груз; **to containerize the** ~ упаковывать груз в контейнер; **to discharge the** ~ снимать груз с борта
  air ~ груз для воздушной перевозки
  bulk ~ навалочный [бестарный] груз
  improperly secured ~ ненадёжно закреплённый груз
  outward ~ экспортный груз
  transshipment ~ транзитный груз
carpet:
  boom ~ зона распространения (звукового) удара
  fog ~ зона [полоса] тумана
  noise ~ зона распространения шума
carriage 1. перевозка; транспортировка 2. платформа 3. шасси 4. рама; несущее устройство 5. каретка (*закрылка*) ◊ **good for** ~ пригодный для перевозки; **to permit for** ~ разрешать перевозку
  ~ **of passengers** (воздушная) перевозка пассажиров
  air ~ воздушная перевозка
  flap ~ каретка закрылка
  intermodal air ~ смешанная воздушная перевозка
carrier 1. (авиа)перевозчик; (авиа)компания 2. несущая (частота)
  air ~ воздушный перевозчик, авиаперевозчик
  air charter ~ чартерный авиаперевозчик
  certificated air ~ зарегистрированный авиаперевозчик

CAR

carrier
  commercial air ~ коммерческий авиаперевозчик
  commuter air ~ авиаперевозчик на короткие расстояния
  contract ~ (авиа)перевозчик на договорных условиях
  first-level ~ основной (авиа-)перевозчик (*по объёму перевозок*)
  flag ~ главный (авиа)перевозчик
  freight ~ грузовой (авиа-)перевозчик
  IATA ~ (авиа)перевозчик-член ИАТА
  local ~ местный (авиа)перевозчик
  nonscheduled ~ нерегулярный (авиа)перевозчик
  responder ~ несущая (частота) ответчика
  scheduled ~ регулярный (авиа)перевозчик
  second-level ~ второстепенный (авиа)перевозчик (*по объёму перевозок*)
  supplemental ~ вспомогательный (авиа)перевозчик
  trunk ~ (авиа)перевозчик на магистральной авиалинии
cart тележка ‖ подвозить на тележке
  air bottle ~ тележка с баллонами сжатого воздуха (*для запуска двигателей*)
  baggage ~ багажная тележка
  battery ~ аккумуляторная тележка
  cable ~ кабельная тележка
  electric power ~ (аэродромная) электротележка, (аэродромная) электрокара
  hydrant ~ раздаточная тележка (*для заправки воздушного судна*)
cartridge 1. (пиро)патрон 2. фильтрующий элемент
cascade 1. ступень (*турбины или компрессора*) 2. набор [решётка] профилей (*лопаток*)

CAT

cascade
  airfoil-vaned ~ решётка профилей лопаток
  fan ~ створка-решётка вентилятора (*двигателя*)
  thrust reverser ~ решётка реверса тяги
case:
  abnormal ~ особая ситуация (*в полёте*)
  dehydrating ~ патрон-осушитель
  dehydrator ~ корпус осушителя
  figure ~ цифровой регистр
  letter ~ буквенный регистр
  sealed ~ герметичный корпус
casing корпус, кожух; картер
  bypass duct ~ кожух второго контура (*газотурбинного двигателя*)
  combustion chamber ~ кожух камеры сгорания
  front ~ лобовой картер (*газотурбинного двигателя*)
  inner ~ внутренний кожух (*камеры сгорания*)
  intermediate ~ разделительный корпус (*компрессора*)
  rear ~ картер задней опоры (*газотурбинного двигателя*)
castor (само)ориентирующееся колесо (*шасси*)
castoring (само)ориентирование колеса (*шасси*) ◊ **when** ~ в режиме самоориентирования
catalogue:
  aeronautical chart ~ каталог аэронавигационных карт
  illustrated parts ~ иллюстрированный каталог узлов и деталей
catapult катапульта ‖ катапультировать(ся)
catch защёлка; фиксатор
  lever trip, ~ проходная защёлка положения сектора (*газа двигателя*)
category ◊ **to downgrade a** ~ **to** снижать категорию (*напр. аэродрома*)

CAT

category
  aerodrome ~ категория аэродрома
  aircraft ~ вид воздушного судна (*напр. самолёт, вертолёт*)
  aircraft weight ~ весовая категория воздушного судна
  facility performance ICAO ~ категория ИКАО по обеспечению полётов
  ICAO ~ I категория I метеоминимума ИКАО (*высота нижней границы облаков не менее 60 м, дальность видимости на ВПП не менее 800 м*)
  ICAO ~ II категория II метеоминимума ИКАО (*высота нижней границы облаков не менее 30 м, дальность видимости на ВПП не менее 400 м*)
  ICAO ~ III категория III метеоминимума ИКАО (*при нулевой видимости и при дальности видимости на ВПП: III_A — не менее 200 м, III_B — не менее 50 м, III_C — при нулевой видимости*)
  runway ~ категория ВПП
  subgrade ~ категория грунтового основания (*аэродрома*)
  wake turbulence ~ категория турбулентности следа (*за воздушным судном*)

catering:
  airport ~ аэропортовая служба бортпитания

cause ◊ **to determinate the** ~ устанавливать причину (*напр. авиационного происшествия*); **to eliminate the** ~ **of** устранять причину (*напр. отказа системы*)
  ~ **of aircraft trouble** причина неисправности воздушного судна
  occurence ~ причина происшествия
  trouble ~ причина дефекта или отказа

caution 1. предупреждение (*напр. об опасности в полёте*) ‖ предупреждать 2. осторожность, осмотрительность

CEN

cavity:
  wheel well ~ выемка для ниши колеса

ceiling 1. потолок, максимальная высота (*полёта*) 2. высота нижней границы (*облаков*) ◊ **to break a minimum** ~ выходить из облачности; пробивать облачность
  absolute ~ абсолютный [теоретически максимальный] потолок
  all-power-units ~ максимальный потолок (*полёта*) при всех работающих двигателях
  approach ~ высота траектории начала захода на посадку
  cloud ~ высота нижней границы облаков
  design ~ расчётный потолок
  hovering ~ потолок (*полёта вертолёта*) в режиме висения
  low ~ низкая облачность
  minimum ~ высота нижней границы облаков
  operating [service] ~ рабочий [практический] потолок
  vertical visibility ~ потолок вертикальной видимости

ceilometer измеритель высоты облачности, ИВО

cell 1. баллон (*аэростата*) 2. секция, отсек (*крыла*) 3. (электро)элемент 4. кессон (*крыла*)
  battery ~ (электро)элемент батареи
  dry ~ сухой (электро)элемент
  fuel ~ топливный отсек
  thunderstorm ~ грозовой очаг

center:
  ~ **of air pressure** центр аэродинамического давления
  ~ **of depression** центр низкого давления

CEN

center
~ **of force** центр [точка] приложения силы
~ **of gravity** центр тяжести
~ **of lift** центр подъёмной силы
~ **of mass** центр масс
~ **of pressure** центр давления
aerodynamic ~ аэродинамический фокус (*крыла*)
air communication ~ центр обеспечения воздушной связью
aircrew training ~ центр лётной подготовки
air traffic control ~ диспетчерский центр управления воздушным движением
airway traffic control ~ диспетчерский центр управления движением на авиатрассе
area control ~ районный диспетчерский центр (*управления воздушным движением*)
area forecast ~ центр зональных прогнозов
bottom dead ~ нижняя мёртвая точка (*хода поршня*), НМТ
collecting ~ центр сбора информации (*о состоянии полётов*)
control ~ диспетчерский центр (*управления воздушным движением*)
elastic ~ центр жёсткости; центр упругости
flight information ~ центр полётной информации
flight-test ~ лётно-испытательная станция, ЛИС
flow control ~ диспетчерский центр управления потоком воздушного движения (*напр. через Атлантику*)
flying training ~ центр лётной подготовки
forecast ~ центр прогнозов (*погоды*)

CEN

center
message ~ центр обработки донесений (*о состоянии полётов*)
meteorological ~ метеорологический центр, метеоцентр
oceanic area control ~ океанический районный диспетчерский центр
pressure ~ центр (барометрического) давления
radar information ~ центр передачи радиолокационной информации
radar processing ~ центр обработки радиолокационной информации
regional control ~ региональный диспетчерский центр (*управления воздушным движением*)
rescue coordination ~ координационный центр по спасанию (*воздушных судов*)
search and rescue ~ центр поиска и спасания (*воздушных судов*)
service ~ панель [пульт] обслуживания (*напр. бытового оборудования в кабине*)
top dead ~ верхняя мёртвая точка (*хода поршня двигателя*), ВМТ
upper area control ~ диспетчерский центр управления верхним районом (*полётов*)
upper information ~ центр (полётной) информации для верхнего района (*полётов*)
weather message switching ~ коммутационный центр метеорологических донесений
World area forecast ~ Всемирный центр зональных прогнозов
centering:
autopilot ~ центрирование автопилота
centerline осевая линия
route ~ осевая линия маршрута (*полёта*)

CEN

centerline
  runway ~ осевая линия ВПП
center-of-gravity 1. центр тяжести **2.** центровка (*воздушного судна*) ◊ **to displace the** ~ изменять центровку; **to shift the** ~ смещать центровку
  aircraft ~ центровка воздушного судна
  extreme aft ~ предельная задняя центровка
  extreme forward ~ предельная передняя центровка
  lateral ~ поперечная центровка
  longitudinal ~ продольная центровка
centerwing центроплан
certificate сертификат; свидетельство; удостоверение ◊ **to issue the** ~ выдавать сертификат; **to render the** ~ передавать сертификат (*напр. другому государству*)
  ~ **of revaccination** сертификат ревакцинации (*пассажира*), свидетельство о повторной прививке
  ~ **of safety for flight** свидетельство о допуске к полётам
  ~ **of vaccination** сертификат вакцинации (*пассажира*), свидетельство о прививке
  acceptance ~ свидетельство о приёмке (*воздушного судна*)
  aircraft ~ сертификат воздушного судна
  aircraft noise ~ сертификат воздушного судна по шуму
  airline ~ удостоверение [разрешение] на право полётов по авиалинии
  airworthiness ~ сертификат лётной годности
  approval ~ свидетельство о приёмке (*воздушного судна*)
  crew member ~ свидетельство члена экипажа
  flight ~ лётное свидетельство

CHA

certificate
  instrument ~ удостоверение (*пилота*) на право полёта по приборам
  medical fitness ~ медицинское свидетельство (*о годности к полётам*)
  production ~ лицензия на производство (*напр. воздушных судов*)
  registration ~ удостоверение о регистрации (*воздушного судна*)
  tax clearance ~ удостоверение об освобождении от уплаты пошлины
  test ~ свидетельство о проведённых испытаниях
certification ◊ **to request** ~ **for** запрашивать разрешение на сертификацию (*напр. воздушного судна*)
  noise ~ сертификация по шуму
  take-off noise ~ сертификация по шуму на взлётном режиме
  type ~ сертификация типа (*воздушного судна*)
cessation 1. прекращение (*полётов*) **2.** перерыв (*напр. в диспетчерском обслуживании полётов*)
chain:
  explosive ~ взрывная цепь
  Loran ~ система [сеть] (радио)станций типа «Лоран»
chamber камера; полость
  air-mixing ~ воздушная смесительная камера (*двигателя*)
  altitude ~ барокамера
  anechoic ~ камера глушения
  annular combustion ~ кольцевая камера сгорания
  balance ~ **1.** разгрузочная полость (*в газотурбинном двигателе*) **2.** компенсационная камера (*магнитного компаса*)
  cannular combustion ~ трубчато-кольцевая камера сгорания

CHA

chamber
 can-type combustion ~ камера сгорания трубчатого типа
 combustion ~ камера сгорания
 decompression ~ барокамера
 environmental ~ термобарокамера
 expansion ~ горловина камеры сгорания
 low-pressure ~ камера разрежения
 mixing ~ смесительная камера (*двигателя*)
 pressure ~ барокамера
 reverse-flow combustion ~ противоточная камера сгорания
 stagnation ~ камера заторможённого потока (*приёмника воздушного давления*)
 straight-flow combustion ~ прямоточная камера сгорания
 thermal vacuum ~ термобарокамера
 tubular combustion ~ трубчатая камера сгорания

chamfer фаска || снимать фаску

change 1. изменение 2. замена ◊ ~ **to a flight plan** уточнение плана полёта
 course ~ изменение курса
 crew ~ замена [смена] экипажа
 en-route ~ of level изменение эшелона на маршруте полёта
 inadvertent ~ непредвиденное изменение (*маршрута*)
 intended ~ преднамеренное изменение (*маршрута*)
 pitch ~ изменение шага (*воздушного винта*)
 pro rata ~ пропорциональное изменение (*напр. тарифов*)
 takeoff profile ~ изменение траектории взлёта
 waypoint ~ изменение промежуточного пункта маршрута

CHA

changeover переход (*на другой режим работы*)
 frequency ~ переход на другую частоту

channel 1. канал (*связи*) 2. взлётная полоса (*гидроаэродрома*)
 aircraft-to-satellite ~ канал спутниковой связи воздушных судов
 air-ground communication ~ канал связи «воздух — земля»
 azimuth ~ азимутальный канал
 common calling ~ общий канал вызова (*на связь*)
 common carrier ~ канал с общей несущей (*частотой*)
 common receiving ~ общий канал приёма
 course ~ курсовой канал, канал курса (*автопилота*)
 data ~ канал передачи данных
 direct access radar ~ канал прямой радиолокационной связи
 distance measurement ~ дальномерный канал (*доплеровской системы*)
 downlink satellite radio ~ канал спутниковой радиосвязи «воздух — земля»
 elevation ~ угломестный канал (*навигационного оборудования*)
 emergency radio ~ запасной [аварийный] канал радиосвязи
 HF ~ ВЧ-канал, канал высокой частоты
 hot-standby ~ резервный канал постоянной готовности
 microwave ~ микроволновый канал
 omnibus ~ общий канал (*связи*)
 on-course ~ канал связи на маршруте
 operating ~ рабочий канал
 pitch ~ канал тангажа (*автопилота*)

CHA

channel
  radio ~ канал радиосвязи, радиоканал
  radio frequency ~ радиочастотный канал
  recording ~ канал записи (*информации*)
  roll ~ канал крена (*автопилота*)
  taxi ~ рулёжная дорожка (*гидроаэродрома*)
  telecommunication ~ канал электросвязи
  voice ~ речевой канал
  wind ~ аэродинамическая труба
  yaw ~ курсовой канал, канал курса (*автопилота*)
channeling 1. выделение каналов 2. уплотнение каналов
channelizing разделение каналов (*напр. импульсное, частотное, временное*)
characteristic ◊ **to effect on flight** ~ s влиять на лётные характеристики; **to establish the** ~s устанавливать характеристики; **to take** ~s снимать характеристики
  acceleration ~ 1. характеристика приёмистости (*двигателя*) 2. *pl* перегрузочные характеристики
  aerodynamic ~ аэродинамическая характеристика
  aeroelastic ~ аэроупругая характеристика
  aircraft performance ~s лётно-технические характеристики
  air flow ~ характеристика расхода воздуха
  basic ~s основные характеристики
  combustion ~ характеристика (процесса) горения
  control ~ характеристика управляемости (*воздушного судна*)
  decay ~ характеристика затухания (*звука*)
  design ~ расчётная характеристика

CHA

characteristic
  directional stability ~ характеристика путевой устойчивости
  drainage ~s дренажные характеристики
  elevation ~ характер профиля местности
  excessive sound absorption ~ повышенная способность поглощать звук
  fail-safe ~ характеристика безопасного разрушения
  flight ~s лётные характеристики
  flow ~ характеристика расхода (*напр. топлива*)
  generalized noise ~s обобщённые характеристики по шуму
  handling ~ характеристика управляемости (*воздушного судна*)
  hazardous ~s виды опасности (*напр. в полёте*)
  landing ~ s посадочные характеристики
  lateral ~ характеристика поперечной устойчивости
  manifold pressure ~ характеристика по наддуву
  noise ~ s характеристики по шуму
  noise source ~ характеристика источника шума
  no-load ~ характеристика холостого хода
  onset ~s характеристики нарастания (*напр. звука*)
  operating [operational] ~ рабочая [эксплуатационная] характеристика
  pressure response ~ характеристика чувствительности (*микрофона*) к звуковому давлению
  propulsion performance ~s тяговые характеристики
  runway friction ~ характеристика сцепления поверхности ВПП
  sound emission ~ характеристика излучения звука

characteristic
  specified ~s установленные характеристики
  spectral ~ характеристика спектра (*звука*)
  spin-recovery ~s противоштопорные характеристики
  stability ~ характеристика устойчивости
  stall(ing) ~ характеристика сваливания (*на крыло*); срывная характеристика
  surge ~ помпажная характеристика (*двигателя*)
  take-off and landing ~s взлётно-посадочные характеристики
  throttle ~ дроссельная характеристика (*двигателя*)
  thrust ~ тяговая характеристика
  track-defining ~s характеристики наведения по линии пути (*полёта*)
  trim ~ балансировочная характеристика
  turn ~s характеристики (*управляемости*) на разворотах
  vibration ~ вибрационная характеристика
charge 1. сбор 2. налог; пошлина 3. штраф 4. заправка (*напр. топливом*) ∥ заправлять 5. *pl* расходы, издержки ◊ **for service** сбор за обслуживание; **to collect** ~ взимать сбор (*напр. за перевозку*); **to impose** ~ облагать пошлиной; **to set out** ~ объявлять размер сбора
  air navigation ~ аэронавигационный сбор, сбор за аэронавигационное обслуживание
  airport ~ аэропортовый сбор
  baggage ~ сбор (*с пассажира*) за перевозку багажа
  cancellation ~ сбор за аннулирование (*брони на рейс*)
  cargo storage ~ сбор за хранение груза
  container ~ сбор за контейнерную перевозку
  conveyance ~ сбор за (авиа)перевозку
  customs ~ таможенный сбор
  demurrage ~ сбор за простой (*воздушного судна*)
  en-route facility ~ сбор за аэронавигационное обслуживание на трассе полёта
  excess baggage ~ сбор за багаж сверх нормы бесплатного провоза
  excess valuation ~ дополнительный сбор за объявленную ценность (*зарегистрированного багажа*)
  freight ~ сбор за перевозку груза
  freshening ~ подзаряд (*аккумуляторов*)
  fuel throughput ~ сбор за заправку топливом
  ground handling ~ сбор за наземное обслуживание
  hangar ~ сбор за пользование ангаром
  landing ~ сбор за посадку
  lighting ~ сбор за освещение (*напр. ВПП*)
  noise ~ штраф за превышение установленного уровня шума
  no-show ~ сбор (*с пассажира*) за неявку к вылету
  parking ~ сбор за стоянку (*воздушного судна*)
  prepaid ~ предварительный сбор (*за перевозку*)
  runway user ~ сбор за пользование ВПП
  service ~ сбор за обслуживание
  valuation ~ сбор за услуги по оценке (*груза, багажа*)
  volume freight ~ (дополнительный) сбор за объём груза
chart 1. схема; карта ∥ прокладывать (*курс*) на карте 2. диаграмма; график ∥ составлять график 3. таблица

CHA

chart
aerodrome ~ схема аэродрома
aerodrome approach ~ карта подходов к аэродрому
aerodrome obstruction ~ карта аэродромных препятствий
aeronautical ~ аэронавигационная карта
aeronautical approach ~ аэронавигационная карта воздушных подходов
aeronautical route ~ аэронавигационная маршрутная карта
aircraft loading ~ схема загрузки воздушного судна
air navigation ~ аэронавигационная карта
air route ~ маршрутная карта
air traffic service ~ схема обслуживания воздушного движения
approach ~ схема захода на посадку
area ~ карта района (*полётов*)
avigation ~ аэронавигационная карта
balance ~ график центровки (*воздушного судна*)
circular ~ круговая диаграмма
composite prognostic ~ общая карта прогнозов
comprehensive ~ подробная карта (*полётов*)
constant-level ~ карта постоянных эшелонов
constant pressure ~ (метеорологическая) карта постоянного давления (*воздуха*)
danger areas ~ карта опасных (*для полётов*) зон
en-route ~ маршрутная карта
facility ~ схема размещения наземных средств и оборудования

CHA

chart
facsimile area forecast ~ факсимильная карта зональных прогнозов
fixed time prognostic ~ карта прогнозов на заданное время
flight ~ карта полётов
forecast ~ карта прогнозов, прогностическая карта
high level significant weather ~ карта особых явлений погоды в верхних слоях атмосферы
instrument approach ~ схема захода на посадку по приборам, схема инструментального захода на посадку
landing ~ схема посадки
loading ~ схема загрузки
low altitude en-route ~ маршрутная карта полётов на малых высотах
low altitude flight planning ~ (аэронавигационная) карта планирования полётов на малых высотах
magnetic ~ карта магнитных склонений
maximum wind ~ карта максимальных ветров
meteorological ~ метеорологическая карта, метеокарта
model ~ типовая карта
parking ~ схема стоянок
plotting ~ карта для прокладывания курса
precision approach terrain ~ карта местности зоны точного захода на посадку
preflight planning ~ карта предполётного планирования
prognostic ~ карта прогнозов, прогностическая карта
prognostic surface ~ карта прогнозов приземных ветров
prognostic upper air ~ карта прогнозов состояния верхних слоёв атмосферы
radar ~ радиолокационная карта
radio facility ~ схема

CHA

chart
размещения радиосредств
radio navigation ~ радионавигационная карта
rigging ~ схема размещения снаряжения (*воздушного судна*)
route ~ маршрутная карта
significant weather ~ карта особых явлений погоды
standard instrument departure ~ установленная схема вылета по приборам
streamline карта (воздушных) потоков
strip ~ ленточная карта (*маршрута*)
supplementary ~ дополнительная карта
synoptic ~ синоптическая карта, карта погоды
taxi ~ схема руления
terminal area ~ схема зоны (конечного) аэродрома
troubleshooting ~ схема обнаружения и устранения (основных) неисправностей
upper-air ~ карта верхних слоёв атмосферы
variation ~ карта магнитных склонений
vertical wind shear ~ карта вертикальных сдвигов ветра
visual approach ~ схема визуального захода на посадку
weather ~ синоптическая карта, карта погоды
wind ~ роза ветров
world aeronautical ~ аэронавигационная карта мира
charter 1. чартер, чартерный рейс; чартерная перевозка 2. фрахтование (*воздушного судна*) || фрахтовать 3. чартер (*договор*)
advance booking ~ чартерный рейс с предварительным бронированием мест
affinity group ~ чартерный рейс для специализированной группы
blocked-off ~ блок-чартер-

CHA   C

ный рейс (*для большой группы пассажиров*)
charter
closed group ~ чартерный рейс для перевозки определённой группы
inclusive tour ~ чартерный рейс типа «инклюзив тур» (*полное обслуживание туристической поездки с предварительной оплатой всех услуг*)
mixed ~ смешанный чартер (*перевозка на разных договорных условиях по оплате*)
nonaffinity group ~ чартерный рейс для неспециализированной группы
off-line ~ чартерный рейс при отсутствии регулярных полётов
off-route ~ внемаршрутный чартерный рейс
one-stop ~ чартерный рейс с промежуточной посадкой
on-line ~ чартерный рейс при наличии регулярных полётов
on-route ~ чартерный рейс по установленному маршруту
open-jaw ~ чартерный рейс по незамкнутому маршруту
own-use ~ фрахтование (*воздушного судна*) для личных целей
part ~ частичный чартер (*перевозка с бронью блока мест на регулярном рейсе*)
plane-load ~ чартерный рейс с полной загрузкой (*воздушного судна*)
programmed ~ чартерный рейс по объявленной (*турфирмой*) программе
pro rata ~ чартерный рейс с пропорциональным распределением доходов (*между авиакомпаниями*)
provisional ~ предварительно объявленный чартерный рейс

CHA

charter
 single-entity ~ чартерный рейс по заказу отдельной организации
 special event ~ чартерный рейс в связи с особыми обстоятельствами
 split ~ составной [комбинированный] чартер (*перевозка с участием более одного перевозчика*)
 student ~ чартерный рейс для перевозки студентов
 study group ~ чартерный рейс для перевозки учащихся
 travel group ~ чартерный рейс для перевозки туристической группы
 whole-plane ~ чартерный рейс с полной загрузкой (*воздушного судна*)
 wholesale ~ оптовый чартерный рейс
charterer 1. заявитель чартерного рейса 2. фрахтователь, фрахтовщик
charterworthiness лётная годность (*воздушного судна*) для чартерных перевозок
chassis шасси (*радиоаппаратуры*)
check 1. регистрация (*напр. багажа*) ‖ регистрировать 2. проверка ‖ проверять 3. форма (технического) обслуживания 4. квитанция; документ о проверке ◊ **to ~ in** регистрировать(ся) (*напр. на рейс*); **to ~ out** выписываться (*напр. при выезде из гостиницы*)
 baggage ~ багажная квитанция
 cockpit ~ (предполётная) проверка (*приборов*) в кабине экипажа
 competency ~ проверка уровня (лётной) квалификации
 concourse ~ регистрация (*пассажиров*) в зале ожидания
 end-to-end ~ полная проверка
 flight ~ проверка в полёте, лётная проверка

CHE

check
 flyby ~ проверка (*радиосредств*) в процессе облёта
 ground ~ наземная проверка
 line maintenance ~ оперативная форма технического обслуживания
 maintenance ~ 1. регламентные работы 2. форма технического обслуживания
 maintenance "A" ~ техническое обслуживание (*воздушного судна*) по форме «А»
 mandatory ~ обязательная проверка
 operational ~ эксплуатационная проверка
 periodic maintenance ~ периодическая форма технического обслуживания
 preflight ~ предполётная проверка
 proficiency ~ проверка уровня профессиональной подготовки
 radio ~ проверка радиосвязи
 rigging ~ нивелировка (*проверка взаимного положения неподвижных поверхностей воздушного судна*)
 serviceability ~ проверка исправности, проверка работоспособности
 sound pressure sensitivity ~ проверка чувствительности к звуковому давлению
 spot ~ выборочная проверка (*напр. багажа*)
 time ~ проверка [сверка] времени
 walk-round ~ предполётный осмотр (*воздушного судна*)
check-in 1. регистрация, оформление (*пассажиров*) 2. стойка регистрации
 central ~ основная стойка регистрации
 gate ~ стойка регистрации у выхода на перрон
checklist 1. ведомость технического контроля 2. дефектная

ведомость 3. контрольный перечень
checklist
   pretakeoff ~ контрольный перечень проверок перед взлётом
checkpoint:
   aerodrome ~ контрольная площадка на аэродроме (*для проверки радионавигационных средств*)
   altimeter ~ площадка (*на аэродроме*) для проверки высотомеров
cheek щека (*напр. замка шасси*)
chief:
   crew ~ командир (лётного) экипажа
child ребёнок в возрасте от 2-х до 12-ти лет (*в качестве пассажира*)
chock стояночная колодка (*под колёса воздушного судна*) ◊ "~s away!" ‹убрать колодки!› (*команда экипажа*);
   to take ~s **from** убирать стояночные колодки
   inserted ~s установленные стояночные колодки
   removed ~s убранные стояночные колодки
choice:
   ~ **of field** выбор посадочной площадки (*при вынужденной посадке*)
chord хорда (*аэродинамического профиля*) ◊ **to streamwise** ~ обтекать хорду по потоку
   aerodynamic ~ аэродинамическая хорда
   aerofoil section ~ хорда профиля несущей поверхности
   aileron ~ хорда элерона
   blade ~ хорда лопасти
   centerwing ~ хорда центроплана
   control-surface ~ хорда руля, хорда управляющей поверхности
   geometric ~ геометрическая хорда
   mean ~ средняя хорда

chord
   mean aerodynamic ~ средняя аэродинамическая хорда, САХ
   mean geometric ~ среднегеометрическая хорда
   root ~ корневая хорда
   section ~ хорда сечения (*аэродинамического профиля*)
   tip ~ концевая хорда
   wing ~ хорда крыла
chordwise вдоль хорды, по хорде (*напр. о потоке*)
chute:
   aircraft escape ~ аварийный бортовой трап-лоток
   inflatable evacuation ~ надувной спасательный жёлоб
circle 1. круг [замкнутая траектория] полёта ‖ летать по кругу **2.** шкала, лимб (*прибора*)
   aerodrome ~ круг полёта над аэродромом
   azimuth ~ шкала азимутов
   bearing ~ азимутальный круг (*на аэродроме*)
   compass ~ компасная шкала, компасный лимб
   distance ~ дальномерный лимб
   great ~ ортодромия, дуга большого круга (*является кратчайшим расстоянием между двумя точками на поверхности Земли*)
   left-hand ~ левый круг полёта
   primary great ~ **1.** главная ортодромия **2.** условный экватор
   right-hand ~ правый круг полёта
circle-to-land заход на посадку после полёта по кругу
circling полёт по круговому маршруту, полёт по кругу
   aerodrome ~ полёт по кругу над аэродромом
   visual ~ визуальный полёт по кругу
circuit 1. контур; цепь; схема

CIR

2. круг [замкнутая траектория] полёта ◊ **to carry out a ~ of the aerodrome** выполнять полёта над аэродромом; **to close the ~** замыкать (электро)цепь; **to complete the ~** закольцовывать (электро)цепь; **to connect in ~** включать [подключать] в (электро)цепь; **to enter the traffic ~** входить в круг (воздушного) движения; **to open the ~** размыкать (электро)цепь; **to protect the ~** защищать (электро-)цепь

circuit
aerodrome ~ круг полёта над аэродромом
aerodrome taxi ~ схема руления по аэродрому
aerodrome traffic ~ аэродромный круг полётов
aeronautical fixed ~ цепь фиксированной авиационной (электро)связи
alert ~ цепь оповещения
armed ~ включённая (электро)цепь
backup ~ резервная (электро)цепь
broken ~ разорванная (электро)цепь
built-in test ~ цепь встроенного контроля
closed ~ замкнутая (электро)цепь
control ~ (электро)цепь управления
coupling ~ (электро)цепь связи
destruct ~ (электро)цепь взрыва (*напр. самолётного ответчика*)
direct speech ~ цепь прямой речевой (радио)связи
electrical ~ электроцепь
erection ~ (электро)цепь коррекции (*гироскопа*)
exciting ~ (электро)цепь поля возбуждения
failure detection ~ (электро)цепь обнаружения отказа

CIR

circuit
feed ~ (электро)цепь питания
feedback ~ цепь обратной связи
field ~ (электро)цепь поля возбуждения
firing ~ (электро)цепь воспламенения (*топлива*)
fixed ~ установленная схема полёта по кругу
ground ~ цепь заземления; цепь соединения на массу
ignition ~ (электро)цепь зажигания
input ~ входная (электро-) цепь
integrated ~ интегральная схема
interlocking ~ (электро)цепь блокировки
left(-turn) ~ левый круг полёта
load ~ (электро)цепь нагрузки
locking-out ~ (электро)цепь блокировки
loop ~ кольцевая (электро-) цепь
main trunk ~ главная магистральная цепь связи
monitoring ~ (электро)цепь контроля
multichannel ~ многоканальная (электро)цепь
opened ~ 1. незамкнутая (электро)цепь **2.** незамкнутый круг полёта
output ~ выходная (электро)цепь
parallel ~ параллельная (электро)цепь
power supply ~ цепь подачи (электро)питания
printed ~ печатная схема
protective ~ (электро)цепь защиты сети
radio link ~ цепь радиосвязи
right(-turn) ~ правый круг полёта
satellite ~ цепь спутниковой связи

CIR

circuit
  search ~ схема поиска
  self-test ~ (электро)цепь самоконтроля
  series ~ последовательная (электро)цепь
  short(ed) ~ короткозамкнутая (электро)цепь
  standby ~ резервная (электро)цепь
  starting ~ (электро)цепь запуска (*двигателя*)
  switching ~ коммутационная (электро)цепь
  traffic ~ схема полётов по кругу
  warning ~ цепь сигнализации
circuit-circling полёт по кругу, полёт по круговому маршруту
  aerodrome ~ полёт по кругу над аэродромом
circular:
  aeronautical information ~ циркуляр аэронавигационной информации
circularize, circulate 1. летать по кругу (*о воздушном судне*) **2.** циркулировать (*о газе*) **3.** распространять (*информацию*)
circulation:
  air ~ циркуляция [обмен] воздуха (*в кабине воздушного судна*)
circumstance:
  flight emergency ~ чрезвычайное обстоятельство в полёте
  force major ~s чрезвычайные обстоятельства, состояние «форс-мажор»
  occurrence ~s обстоятельства возникновения (авиационного) происшествия
  particular ~s особые обстоятельства (*при выполнении полёта*)
  unforeseen ~s непредвиденные обстоятельства
cirrocumulus перисто-кучевые облака

CLA

cirrostratus перисто-слоистые облака
cirrus перистые облака
city:
  gateway ~ город стыковки внутренних и международных рейсов
  terminal ~ аэровокзальный комплекс
city-pair пункты вылета и прилёта (*в купоне авиабилета*)
claim 1. претензия; требование ‖ заявлять претензию; предъявлять требование **2.** рекламация, иск ‖ заявлять рекламацию; взыскивать ◊ **to submit a** ~ предъявлять требование
clamp 1. хомут **2.** зажим **3.** проушина
  crankshaft ~ проушина коленвала
  hook-up ~ крепёжный хомут (*электропроводки*)
  hose ~ хомут
  piston ring ~ зажим для установки поршневых колец
  quick-release ~ быстросъёмный хомут
  screw ~ струбцина (*для фиксации рулей на стоянке*)
clamp-on задержка вызова (*на связь*)
clamshell створка (*реверса тяги*)
clarification:
  instruction ~ уточнение инструкции *или* указания
class класс (*напр. компоновки пассажирской кабины*)
  ~ **of fit** класс посадки (*деталей*)
  business ~ бизнес-класс, деловой класс
  club ~ групповой класс
  coach [economy] ~ туристический класс
  executive ~ административный класс
  first ~ первый класс
  hazard ~ класс опасности (*выполнения полёта*)
  tourist ~ туристический класс

CLA

classification:
 aircraft ~ классификация воздушных судов
clause:
 air tariff ~ статья (соглашения) об авиационных тарифах
 flexibility ~ оговорка об отступлении от правила (*напр. при оформлении перевозки*)
 standard bilateral tariff ~ согласованная статья двустороннего соглашения о тарифах
clean с убранной механизацией (*о крыле*)
cleaner:
 runway ~ очистительная машина для ВПП
cleanness:
 aerodynamic ~ аэродинамическое совершенство
clear 1. давать разрешение (*напр. на взлёт*) 2. пролетать беспрепятственно (*зону*) 3. ставить на «нуль» (*о шкале прибора*) ◊ all ~ разрешено (*о вылете, полёте*); **to fail to** ~ сталкиваться с препятствием; **to come** ~ **of the ground** отрывать(ся) от земли; **to** ~ **for the left- / right-hand turn** давать разрешение на левый /правый разворот
clearance 1. (диспетчерское) разрешение 2. очистка от таможенных пошлин 3. оформление (*напр. воздушной перевозки*) 4. запас высоты, клиренс 5. допуск на зазор (*напр. в сочленениях*) 6. пролёт (*напр. препятствий*) ◊ ~ **for straight-in approach** разрешение на заход на посадку с прямой; ~ **for takeoff** разрешение на взлёт; ~ **over the threshold** безопасная высота пролёта порога (*ВПП*); **pending** ~ в ожидании разрешения (*напр. на взлёт*); **to deliver the** ~ передавать разрешение; **to ensure the** ~

CLE

обеспечивать запас высоты (*пролёта препятствия*); **to ensure safe** ~ обеспечивать безопасное расстояние (*напр. между воздушными судами на аэродроме*); ~ **to enter** разрешение на вход (*в зону*); **to expedite the** ~ ускорять оформление (*воздушной перевозки*); **to facilitate rapid** ~ **of** обеспечивать быстрое освобождение (*ВПП*); **to get** ~ получать разрешение; **to misjudge** ~ неправильно оценивать запас высоты (*над препятствием*); **to obtain a** ~ получать разрешение; **to preserve the** ~ сохранять запас высоты; **to request** ~ запрашивать разрешение (*напр. на взлёт*)

clearance
 ~ **of goods** таможенное разрешение на провоз [очистка от таможенных пошлин] личных вещей (*пассажира*)
 ~ **of obstacles** безопасная высота пролёта препятствий
 ~ **of the aircraft** разрешение воздушному судну (*напр. на взлёт*)
 aerodrome control tower ~ разрешение аэродромного диспетчерского пункта
 air traffic control ~ разрешение службы управления воздушным движением
 amended ~ уточнённое разрешение
 approach ~ разрешение на заход на посадку
 baggage ~ (таможенное) разрешение на провоз багажа
 border flight ~ разрешение на пролёт границы
 customs ~ таможенный досмотр
 customs formalities ~ освобождение от таможенных формальностей
 departure ~ разрешение на вылет

CLE

clearance
   descent ~ разрешение на снижение
   en-route ~ (диспетчерское) разрешение в процессе полёта по маршруту
   entry ~ разрешение на вход (*в зону*)
   export ~ оформление экспортируемых грузов, экспортное разрешение
   flight ~ разрешение на полёт
   flight plan ~ разрешение на выполнение плана полёта
   further ~ последующее разрешение (*диспетчерской службы*)
   health ~ санитарное разрешение
   holding ~ разрешение на полёт в зоне ожидания
   inbound ~ разрешение на прилёт
   initial descent ~ разрешение на начало снижения
   instrument ~ разрешение на полёт по приборам
   landing ~ разрешение на посадку
   minimum obstacle ~ минимальная высота пролёта препятствий
   minimum wheel ~ минимально допускаемое удаление колеса (*напр. от края рулёжной дорожки*)
   misjudged ~ ошибочно выбранный запас высоты
   obstacle ~ высота пролёта препятствий
   obstruction ~ допускаемое расстояние до препятствия
   operational ~ разрешение на полёт
   outbound ~ разрешение на вылет
   rotor-to-tail boom ~ расстояние между лопастью несущего винта и хвостовой балкой (*вертолёта*)

CLE

clearance
   safe ~ безопасное расстояние (*напр. между воздушными судами*)
   safe obstruction ~ безопасное расстояние до препятствия
   safe terrain ~ безопасная высота (пролёта) местности
   safety ~ 1. безопасное расстояние 2. допустимый зазор (*напр. в сочленениях*)
   snow ~ расчистка снега
   span ~ размах крыла
   start-up ~ разрешение на запуск (*двигателей*)
   takeoff ~ разрешение на взлёт
   taxi ~ разрешение на руление
   taxiway minimum ~ минимально допустимое расстояние от ВПП до рулёжной дорожки
   taxiways ~ минимально допустимое расстояние между рулёжными дорожками
   terrain ~ допустимая высота (пролёта) местности
   threshold wheel ~ допустимый запас высоты от колёс до порога ВПП (*при заходе на посадку*)
   vertical ~ запас высоты
   wing tip ~ запас высоты законцовки крыла (*над поверхностью земли*)
clearing обеспечение беспрепятственного пролёта; устранение препятствий полёту
   obstacle ~ проведение работ (*в зоне аэродрома*) по снижению высоты препятствий для полётов
clearway полоса, свободная от препятствий (*для начального этапа набора высоты при взлёте*)
clearzone свободная (*для полётов*) зона
clerk:
   boarding ~ дежурный по посадке (*пассажиров*)

CLI

click:
  relay ~ щелчок при срабатывании реле
climb набор высоты, подъём ‖ набирать высоту, подниматься ◊ **in** ~ с набором высоты, в режиме набора высоты, при наборе высоты; **in order to** ~ с целью набора высоты; ~ **in turns** набор высоты по спирали; **to** ~ **away** уходить (*из зоны*) с набором высоты; ~ **to ceiling** набор высоты до потолка (*полёта*); ~ **to cruise** набор крейсерской высоты; **to** ~ **down** кратковременно снижаться, выполнять кратковременное снижение (*относительно траектории общего набора высоты*); **to entry into** ~ переходить в режим набора высоты; **to establish** ~ устанавливать режим набора высоты; **to expedite** ~ **untill**... ускорять набор высоты до...; **to extend** ~ **to**... продолжать набор высоты до...; **to make a** ~ выполнять набор высоты; **to** ~ **out** уходить (*из зоны*) с набором высоты
  acceleration ~ набор высоты с ускорением
  all-engine-operating ~ набор высоты при всех работающих двигателях
  constant ~ установившийся режим набора высоты
  cruise ~ набор высоты в крейсерском режиме
  discontinued approach ~ набор высоты после прерванного захода на посадку
  en-route ~ набор высоты на маршруте
  first constant ~ начальный этап установившегося набора высоты
  flap-up ~ набор высоты с убранными закрылками
  initial ~ начальный этап набора высоты

CLO

climb
  multistep ~ многоступенчатый набор высоты
  nonsteady ~ неустановившийся режим набора высоты
  normal initial ~ начальный этап стандартного набора высоты
  one-step ~ одноступенчатый набор высоты
  proper ~ набор высоты по установленной схеме
  steep ~ набор высоты по крутой траектории
  step ~ ступенчатый набор высоты
  takeoff ~ набор высоты при взлёте
  vertical ~ вертикальный набор высоты (*вертолёта*)
climbaway, climbout уход (*из зоны*) с набором высоты
clip:
  blade safety ~ предохранительный зажим [предохранительная скоба] лопасти (*воздушного винта*)
  toggle ~ натяжной замок
clock:
  aircraft ~ бортовой синхронизатор
  aviation ~ авиационные часы
  deviation ~ девиационный круг (*с разметкой для списания девиации*)
clockwise по часовой стрелке (*о направлении полёта*)
clogging:
  filter ~ засорение [забивание, закупорка] фильтра
close:
  inlet ~ конец впуска (*смеси в цилиндр*), начало закрытия клапанов впуска
closed-loop 1. круговой маршрут **2.** замкнутый контур (*электроцепи*)
closing ◊ ~ **a flight plan** закрытие плана полёта; ~ **on** сближение (*напр. воздушных судов*)

CLO

closure сближение (*напр. воздушных судов*)
cloud 1. облако 2. *pl* облачность ◊ **below** ~ ниже (кромки) облака; **to break through** ~s пробивать облачность; **to enter** ~s входить в облачность
  anvil ~ облако, напоминающее по виду наковальню
  ascending ~s восходящие облака
  broken ~ разорванное облако
  cirrus thread ~s нитевидные перистые облака
  dense upper ~ плотный верхний слой облака
  descending ~s нисходящие облака
  false cirrus ~s ложные перистые облака
  fractus ~ разорванное облако
  funnel ~ воронкообразное облако
  heap ~s кучевые облака
  high ~s облака верхнего яруса
  lenticular ~s чечевицеобразные [линзообразные] облака
  lifting ~s восходящие облака
  low ~s облака нижнего яруса
  middle ~s облака среднего яруса
  nil ~s нулевая облачность
  orographic ~ орографическое облако
  ragged ~ разорванное облако
  rotor ~s вихревые облака
  scattered ~s рассеянные облака
  thunderstorm ~s грозовые облака
  variable ~s облака переменной высоты
  wave ~s стоячие облака
clutch:
  freewheel ~ муфта свободного хода (*трансмиссии вертолёта*), МСХ

COD

clutch
  overriding ~ предохранительная муфта
clutter 1. помехи 2. засветка (*на экране локатора*)
  air ~ помехи от авиационных средств связи
  radar ~ засветка на экране локатора
coaching 1. инструктаж 2. тренировка
coast 1. полёт по инерции ‖ лететь по инерции 2. вращаться по инерции (*о гироскопе*)
coating 1. слой 2. грунт 3. обшивка; облицовка 4. грунтование 5. облицовывание ◊ **to apply** ~ наносить слой (*напр. краски*)
  preservative ~ слой консервации, консервирующий слой
  protective ~ защитный слой
co-channel совмещённый канал (*связи*)
cock:
  drain ~ сливной кран (*напр. топлива из бака*)
cockpit кабина экипажа
  dual ~ кабина с двойным управлением
code 1. код; шифр ‖ кодировать; шифровать 2. *pl* кодекс; нормы 3. *pl* характеристики ◊ **to submit in** ~ представлять в закодированном виде (*напр. информацию об авиационном происшествии*)
  address ~ адресный код, код адресования
  aerodrome reference ~ кодовое обозначение аэродрома
  aeronautical ~ аэронавигационный код
  aeronautical meteorological ~ авиационный метеорологический код
  air ~ воздушный кодекс
  airworthiness ~s нормы лётной годности
  altitude ~ код высоты
  assigned address ~ присвоенный адресный код
  binary ~ двоичный код

COD

code
  check ~ контрольный код
  decimal ~ десятичный код
  dot-and-dash ~ азбука [код] Морзе
  elapsed time ~ код истекшего времени (*полёта*)
  figure ~ цифровой код
  ground-air visual signal ~ код визуального сигнала «земля — воздух»
  identification [identity] ~ код опознавания
  individual identification ~ код индивидуального опознавания
  manufacturer's ~ шифр изготовителя
  meteorological ~ метеорологический код
  Morse ~ азбука [код] Морзе
  organization ~ код организации
  performance ~s лётно-технические характеристики
  radio station ~ код радиостанции
  reply ~ ответный код (*бортового ответчика*)
  self-evident ~ легкораспознаваемый код
  signal ~ сигнальный ход
  synchronization (Barker) ~ код синхронизации (Баркера)
  unique address ~ индивидуальный адресный код
  vendor ~ код [шифр] поставщика
  weather ~ синоптический код, код погоды
coder кодирующее устройство, кодер
coding 1. кодирование 2. маркировка
  aircraft tool ~ маркировка бортового инструмента
  time reference ~ кодирование по опорному времени
coefficient коэффициент
  ~ **of heat transfer** коэффициент теплопередачи

COL

coefficient
  aerodynamic ~ аэродинамический коэффициент
  atmospheric absorption ~ коэффициент поглощения (*звука*) в атмосфере
  braking ~ коэффициент торможения
  drag ~ коэффициент лобового сопротивления
  friction ~ 1. коэффициент сцепления (*колёс с поверхностью ВПП*) 2. коэффициент трения
  ground reflection ~ коэффициент отражения (*звука*) от земли
  lift ~ коэффициент подъёмной силы (*крыла*)
  measured friction ~ замеренный коэффициент сцепления (*колёс с поверхностью ВПП*)
  noise absorption ~ коэффициент поглощения шума
  pulsation ~ коэффициент пульсации
  scatter ~ коэффициент рассеивания
  sound absorption ~ коэффициент поглощения звука
  sound attenuation ~ коэффициент затухания звука
  sound insulation ~ коэффициент звукоизоляции
coherence 1. согласованность в действиях (*о членах экипажа*) 2. когерентность (*напр. сигналов*)
collaboration:
  international ~ **in airworthiness** международное сотрудничество по вопросам лётной годности
collar:
  shock strut ~ хомут амортстойки
  steering ~ поворотный хомут (*амортстойки*)
collector:
  air ~ воздушный коллектор
collision столкновение (*напр. воздушных судов*) ◊ **to avert** ~ предотвращать столкнове-

COL

ние; **to avoid** ~ избегать столкновения
collision
  aerial ~ столкновение в воздухе
  approach lights ~ столкновение с огнями приближения
  birds ~ столкновение с птицами
  head-on ~ столкновение (*воздушных судов*) на встречных курсах
  mid-air ~ столкновение в воздухе
  near ~ опасное сближение (*воздушных судов в полёте*)
  unavoidable ~ неизбежное столкновение
collocation:
  navaids ~ размещение аэронавигационных средств
color:
  warning light ~ цвет аварийной сигнализации
column 1. штурвальная колонка, штурвал **2.** колонка; стойка ◊ **to pull the control** ~ **back** брать штурвал на себя (*на кабрирование*); **to push the control** ~ отдавать штурвал от себя (*на пикирование*) **control** ~ штурвальная колонка, штурвал
combi транспортный конвентируемый самолёт
combiner:
  optical ~ оптический индикатор (*на лобовом стекле кабины экипажа*)
combustion горение; сгорание; сжигание; воспламенение
  accelerated ~ ускоренное сгорание
  complete ~ полное сгорание
  incomplete ~ неполное сгорание
  rapid ~ быстрое сгорание
  slow ~ медленное сгорание
  spontaneous ~ самовозгорание; самовоспламенение
combustor камера сгорания (*см. тж* **combustion chamber**)

COM

commander:
  aircraft ~ командир воздушного судна
commerce:
  air ~ авиационная коммерческая деятельность
Commission ◊ **Economic** ~ **for Europe** Европейская экономическая комиссия (*ООН*); ~ **for Aeronautical Meteorology** Комиссия по авиационной метеорологии; ~ **for Basic Systems** Комиссия по основным (аэронавигационным) системам; **International** ~ **for Air Navigation** Международная комиссия по аэронавигации; ~ **on Illumination** Международная комиссия по освещению
African Civil Aviation ~ Африканская комиссия гражданской авиации
Air Navigation ~ Аэронавигационная комиссия (*ИКАО*)
Breaches ~ Комиссия по нарушениям тарифов (*ИАТА*)
Latin American Civil Aviation ~ Латиноамериканская комиссия гражданской авиации
commission:
  agency ~ комиссионное вознаграждение агентства (*авиакомпании*)
Committee ◊ ~ **on Aircraft Noise** Комитет по авиационному шуму; ~ **on Aviation Environmental Protection** Комитет по охране окружающей среды от воздействия авиации; ~ **on Joint Support** Комитет совместного финансирования (*авиационных проектов*); ~ **on Unlawful Interference** Комитет (*ИКАО*) по незаконному вмешательству (*в воздушное движение*)
Air Navigation ~ Аэронавигационный комитет (*ИКАО*)
Air Traffic Control Advisory ~ Консультативный комитет

COM

по управлению воздушным движением (*США*)
Committee
Air Transport ~ Комитет по воздушным перевозкам (*ИКАО*)
Aviation Review ~ Комитет по рассмотрению авиационных вопросов
Cost ~ Комитет по расходам (*ИАТА*)
Facilitation Advisory ~ Консультативный комитет по упрощению формальностей (*ИАТА*)
Sonic Boom ~ Комитет (*ИКАО*) по исследованиям звуковых ударов (*от воздушных судов*)
Standing ~ **on Performance** Постоянный комитет (*ИКАО*) по лётно-техническим характеристикам
committee:
airport scheduling ~ аэропортовый комитет по разработке и утверждению расписания (*полётов*)
communication 1. связь; система связи **2.** сообщение ◊ **to carry out** ~ поддерживать связь; **to establish** ~ устанавливать связь; выходить на связь; **to maintain** ~ поддерживать связь
aerodrome control ~ аэродромная командная (диспетчерская) связь
air ~ воздушное сообщение
air distress ~ аварийная связь с воздушным судном
air-ground ~ (двусторонняя) связь «воздух — земля»
air-initiated ~ связь по запросу с борта
airline operational ~ оперативная [прямая] связь авиакомпаний
air-to-ground ~ (односторонняя) связь «воздух — земля»
control ~ связь для управления полётами
digital ~ цифровая связь

COM

communication
distress ~ аварийная связь
double channel ~ двухканальная связь
en-route ~ связь на маршруте
flight regularity ~ связь по обеспечению регулярности полётов
interarea ~ межзональная связь
one-way ~ симплексная [односторонняя] связь
pulsed radio ~ импульсная радиосвязь
radio ~ радиосвязь
radiotelephony ~ радиотелефонная связь
request / reply ~ связь типа «запрос — ответ»
simplex ~ симплексная [односторонняя] связь
single channel ~ одноканальная связь
two-way ~ дуплексная [одновременная двусторонняя] связь
wire ~ проводная связь
wireless ~ беспроводная связь, радиосвязь
communicator:
air ~ оператор [диспетчер] авиационной связи
commuter 1. пассажир, пользующийся вспомогательным авиатранспортом **2.** аэродромный; расположенный в районе аэродрома
company:
aircraft ~ фирма по производству воздушных судов; авиационная фирма
compartment 1. отсек; отделение **2.** кабина; салон
avionics ~ отсек электронного оборудования
baggage ~ багажный отсек
baggage/cargo ~ багажно-грузовой отсек
cargo ~ грузовой отсек
crew ~ кабина экипажа
domestic ~ бытовой отсек
engine ~ отсек двигателя

compartment
　equipment ~ отсек оборудования
　first-class ~ салон первого класса
　flight ~ кабина экипажа
　front ~ передний салон
　landing gear ~ ниша шасси
　main ~ основной салон
　passenger ~ пассажирский салон
　pressurized ~ герметический отсек, гермоотсек
　service ~ технический отсек
　systems ~ отсек размещения (бортовых) систем
　wing box ~ отсек кессона крыла

compass компас ‖ компасный ◊ **to adjust the** ~ устранять девиацию компаса; **to calibrate the** ~ списывать [определять, записывать] девиацию компаса; **to compensate the** ~ устранять девиацию компаса; **to hold the heading on the** ~ выдерживать курс (*полёта*) по компасу; **to rectify the** ~ устранять девиацию компаса; **to swing the** ~ списывать девиацию компаса (*путём разворота воздушного судна*)
　aperiodic-type ~ апериодический компас (*картушка которого возвращается в положение равновесия без колебаний*)
　celestial ~ астрономический компас
　course-setting ~ штурманский навигационный компас
　distant-reading ~ дистанционный компас
　fluxgate [induction] ~ индукционный компас
　magnetic ~ магнитный компас
　radio ~ радиокомпас
　remote-indicating ~ дистанционный компас
　repeating ~ дублирующий компас
　sighting ~ компас-пеленгатор

compatibility совместимость
　hardware ~ совместимость аппаратуры (*по характеристикам*)
　software ~ совместимость программного обеспечения (*по заданным параметрам*)

compensation компенсация; коррекция
　airspeed ~ поправка на воздушную скорость
　compass ~ устранение девиации компаса
　denied boarding ~ компенсация (*пассажиру*) за отказ в перевозке
　error ~ устранение девиации (*компаса*)
　out-of-pocket ~ возмещение мелких расходов (*пассажиру*)

compensator компенсатор; корректор
　compass ~ компенсатор девиации компаса
　gyro ~ коррекционный механизм гироскопа
　telescopic ~ телескопический компенсатор

competency ◊ **to maintain** ~ сохранять (лётную) квалификацию
　maintenance ~ уровень технического обслуживания (*напр. воздушных судов*)

complaint ◊ **to make a** ~ **against the company** подавать жалобу на (авиа)компанию
　passenger ~ претензия [жалоба] пассажира (*напр. на условия воздушной перевозки*)

complex:
　aerodrome ~ аэродромный комплекс

compliance ◊ **to prove** ~ **with** подтверждать соответствие (*напр. лётно-технических характеристик*); **to show** ~ **with** удостоверять соответствие

COM

(*напр. нормам лётной годности*); ~ **with airworthiness standards** соответствие нормам лётной годности
component 1. элемент (*конструкции*); *pl* агрегаты; детали **2.** присадка (*напр. к топливу*) **3.** составляющая (*напр. скорости*)
 aircraft ~ элемент конструкции воздушного судна
 antiknock ~ антидетонационная присадка
 cross-wind ~ поперечная [боковая] составляющая ветра
 horizontal ~ горизонтальная составляющая (*напр. скорости*)
 lift ~ составляющая подъёмной силы
 major ~s основные агрегаты, основные детали (*воздушного судна*)
 tail wind ~ составляющая попутного ветра
 thrust ~ составляющая силы тяги
 velocity ~ составляющая скорости
 vertical ~ вертикальная составляющая (*напр. скорости*)
 vital ~ силовой узел (*в конструкции воздушного судна*)
 wind ~ составляющая ветра
composition:
 ~ **of a crew** состав экипажа
 igniting ~ воспламенительная смесь
compound:
 foam ~ пенообразующий состав (*в системе пожаротушения*)
 sealing ~ герметик
compression:
 ram ~ сжатие (*воздуха*) за счёт скоростного напора
 shock strut ~ усадка [обжатие] амортизатора (*опоры шасси*)

COM

compressor компрессор
 axial-flow ~ осевой компрессор
 birotating ~ биротативный компрессор (*многоступенчатый компрессор с противоположным вращением соседних рабочих лопаточных венцов*)
 centrifugal(-flow) ~ центробежный компрессор
 compound ~ комбинированный компрессор
 dual ~ двухкаскадный компрессор
 high-pressure ~ компрессор высокого давления, КВД
 low-pressure ~ компрессор низкого давления, КНД
 mixed-flow ~ осецентробежный компрессор
 multistage ~ многоступенчатый компрессор
 radial-flow ~ центробежный компрессор
 ram ~ прямоточный компрессор
 split ~ двухкаскадный компрессор
 two-rotor ~ двухроторный компрессор
 two-shaft ~ двухвальный компрессор
 two-spool ~ двухкаскадный компрессор
 two-stage ~ двухступенчатый компрессор
computation:
 center-of-gravity ~ расчёт центровки (*воздушного судна*)
computer:
 airborne guidance ~ бортовой вычислитель управления полётом
 air data ~ вычислитель воздушных сигналов
 air navigation ~ аэронавигационный вычислитель
 air-speed ~ вычислитель воздушной скорости
 angle ~ вычислитель угловых величин (*отклонения от курса*)

computer
  approach ~ вычислитель параметров захода на посадку
  auto go-around ~ вычислитель параметров автоматического ухода на второй круг
  automatic dead reckoning ~ автомат счисления пути
  azimuth ~ азимутальный вычислитель
  bearing distance ~ навигационный вычислитель
  course-line ~ вычислитель курса
  Doppler ~ доплеровский вычислитель (*скорости*)
  Doppler navigation ~ навигационный доплеровский вычислитель
  drift ~ вычислитель (угла) сноса
  flight ~ бортовой вычислитель
  flight director ~ бортовой вычислитель директорного управления
  flight-path ~ вычислитель параметров траектории полёта
  go-around ~ вычислитель параметров ухода на второй круг
  host ~ основной (бортовой) вычислитель
  lateral ~ вычислитель боковых отклонений (*от курса*)
  navigation ~ навигационный вычислитель
  overshoot ~ вычислитель параметров ухода на второй круг
  range ~ вычислитель дальности
concentrator накопитель (*пассажиров, багажа или груза*)
concept:
  ~ **of separation** эшелонирование
  single level overflight measurement ~ измерение (*шума*) при горизонтальном пролёте

concession:
  customs ~ таможенная привилегия
conclusion заключение ◊ **to draw the** ~ подготавливать заключение (*напр. об авиационном происшествии*)
  accredited medical ~ официальное медицинское заключение
  interim ~ промежуточное заключение
  substantiating ~ подтверждающее заключение
concourse зал ожидания (*в аэропорту*)
condition 1. условие 2. состояние 3. *pl* режим; обстановка ◊ **in all meteorological** ~**s** в [при] любых метеорологических условиях; **in flying** ~ готовый к полёту; ~**s beyond the experience** условия (*полёта*), по сложности превосходящие квалификацию пилота; ~**s on the route** условия (*полёта*) по заданному маршруту; **to act as** ~**s dictate** действовать согласно (создавшимся) условиям; **to establish the flight** ~**s** устанавливать режим полёта; **to fulfil the** ~**s** выполнять условия (*напр. договора*); **to meet the** ~**s** выполнять требования (*напр. эксплуатации*); **to observe the** ~**s** соблюдать условия (*договора*); **to operate under the** ~**s** эксплуатировать в заданных условиях; **to penetrate** ~**s** входить в условия (*напр. неблагоприятные для полёта*); **under fair** ~**s** при благоприятных условиях (*полёта*)
  ~ **of carriage** условия перевозки
  accident ~**s** аварийные условия
  actual flight ~**s** реальные условия полёта
  adverse weather ~**s** неблагоприятные погодные условия

CON

condition
aerodrome ~s аэродромная обстановка
airflow ~s условия обтекания (*напр. фюзеляжа*) воздушным потоком
airworthy ~ состояние лётной годности
anomalous wind ~s нерасчётный ветровой режим
anticipated operating ~s ожидаемые условия эксплуатации
armed ~ состояние готовности
atmospheric ~s атмосферные условия
boundary ~s граничные условия (*по характеристикам воздушного судна*)
certification reference ~s исходные условия сертификации
contract ~s условия контракта
crew physical ~ физическое состояние экипажа
datum ~s исходные условия
declared ~s заявленные условия
design ~s расчётные условия
ditching ~s условия посадки на воду
emergency ~s аварийные условия
environmental ~s окружающая обстановка
expected ~s ожидаемые условия
favorable ~s благоприятные условия
field ~s 1. реальные условия эксплуатации 2. аэродромная обстановка
flight ~s полётные условия
flight loading ~s условия нагружения (*напр. фюзеляжа*) в полёте
free-stream ~s условия свободного потока (*газа*)
full-load ~s режим работы с полной нагрузкой (*напр. крыла*)

CON

condition
full power ~s максимальный режим (*работы двигателя*)
general ~s **of carriage** основные условия перевозки
given ~s **of flight** заданные условия полёта
ground ~s наземные условия
hazardous flight ~s опасные условия полёта
hazardous weather ~s опасные погодные условия
idle ~s режим холостого хода
in-flight ~s условия в полёте
instrument meteorological ~s приборные метеорологические условия, ПМУ, метеоусловия полёта по приборам
landing ~s условия посадки
loading ~s 1. условия нагружения (*конструкции*) 2. схема загрузки (*воздушного судна*)
local meteorological ~s местные метеоусловия
low visibility ~s условия ограниченной видимости
lowest weather ~s наиболее неблагоприятные погодные условия
meteorological reference ~s исходные метеоусловия
night-time ~s ночные условия, условия (*полётов*) в тёмное время суток
noise certification reference ~s исходные условия сертификации по шуму
noise certification test ~s условия сертификационных испытаний по шуму
off-design ~s нерасчётные условия
off-field ~s условия (*полёта*) вне зоны аэродрома
on-speed ~s режим равновесных оборотов; условия обеспечения заданных оборотов (*двигателя*)
operating ~s 1. эксплуатационный режим; рабочее сос-

CON

тояние 2. условия эксплуатации
condition
  out-of-trim ~ несбалансированное состояние (*напр. стабилизатора*)
  overflight ~s условия пролёта (*местности*)
  poor visibility ~s условия плохой видимости
  predetermined ~s заданные условия
  reference ~s расчётные [исходные] условия
  reference friction ~s расчётные условия торможения (*на ВПП*)
  service ~s условия эксплуатации
  simulated ~s условия (*полёта*), моделируемые на тренажёре
  special ~s особые условия
  stability ~ состояние устойчивости
  steady ~s установившиеся условия (*полёта*)
  storage ~s условия хранения (*напр. груза*)
  takeoff ~s условия взлёта
  unfavorable ~s неблагоприятные условия
  visibility ~s условия видимости
  visibility reduced ~s условия ухудшения видимости
  visual meteorological ~s визуальные метеорологические условия, ВМУ
  weather ~s погодные условия; метеорологические условия, метеоусловия
  wing icing ~s условия обледенения крыла
  zero-wind ~ полное отсутствие ветра
conditioning:
  air ~ кондиционирование воздуха
conduit 1. изоляционная трубка, изоляционный шланг 2. трубопровод

CON   C

conduit
  flexible ~ гибкий изоляционный шланг
  shielding ~ экранированная трубка
cone конус; пучок
  ~ **of rays** пучок лучей; лучевой конус
  acoustically treated nose ~ акустически обработанный носовой обтекатель
  ambiguity ~ зона [конус] неустойчивой радиосвязи
  characteristic rays ~ типичный [характерный] лучевой конус
  chock ~ конус ударной волны
  exhaust ~ стекатель газов; конус (реактивного) сопла
  nose ~ носовой кок, носовой обтекатель (*фюзеляжа*)
  silence ~ мёртвая зона (*радиосвязи*)
  tail ~ хвостовой кок, хвостовой обтекатель (*фюзеляжа*)
  truncated ~ усечённый конус (*ветроуказателя на аэродроме*)
  wind ~ ветроуказатель
Conference:
  African Air Tariff ~ Африканская конференция по авиационным тарифам
  Air Navigation ~ Аэронавигационная конференция (*ИКАО*)
  Cargo Agency ~ Конференция агентств по грузовым перевозкам (*ИАТА*)
  Cargo Service ~ Конференция по грузовым перевозкам (*ИАТА*)
  Composite ~ Объединённая конференция (*ИАТА*)
  Composite Cargo Tariff Coordinating ~ Объединённая конференция по координации грузовых тарифов (*ИАТА*)
  Composite Cargo Traffic ~ Объединённая конференция

CON

по грузовым перевозкам (*ИАТА*)
Conference
  Composite Passenger ~ Объединённая конференция по пассажирским перевозкам (*ИАТА*)
  Composite Passenger Tariff Co-ordinating ~ Объединённая конференция по координации пассажирских тарифов (*ИАТА*)
  Currency ~ Конференция по валютным вопросам (*ИАТА*)
  European Civil Aviation ~ Европейская конференция по вопросам гражданской авиации
  General ~ **of Weights and Measures** Генеральная конференция по мерам и весам
  Passenger Agency ~ Конференция агентств по пассажирским перевозкам (*ИАТА*)
  Passenger Services ~ Конференция по вопросам обслуживания пассажиров (*ИАТА*)
  Tariff Co-ordinating ~ Конференция по координации тарифов (*ИАТА*)
configuration 1. конфигурация (*напр. воздушного судна*) 2. форма; вид
  acoustic lining ~ конфигурация с акустической облицовкой
  baseline aircraft ~ конфигурация базовой модели воздушного судна
  boundary layer ~ форма пограничного слоя
  cruise ~ крейсерская конфигурация
  dirty ~ (посадочная) конфигурация с выпущенными шасси и механизацией (*крыла*)
  duct-burning ~ вид (газового потока) при дожигании (*топлива*) во втором контуре

CON

configuration
  en-route ~ конфигурация (*воздушного судна*) при полёте на маршруте
  flap structural ~ конфигурация конструкции закрылка
  high-bypass ~ конфигурация при высокой степени двухконтурности (*двигателя*)
  high drag ~ конфигурация при высоком (лобовом) сопротивлении
  high lift ~ конфигурация при высокой подъёмной силе
  in-clean ~ (посадочная) конфигурация с убранной механизацией (*крыла*)
  initial ~ конфигурация для начального этапа (*напр. захода на посадку*)
  landing ~ конфигурация при посадке, посадочная конфигурация
  nozzle ~ конфигурация [форма] сопла
  out-clean ~ (посадочная) конфигурация с выпущенной механизацией (*крыла*)
  parking ~ конфигурация при стоянке
  speed-flap-power ~ конфигурация при заданных скорости, положении закрылков и режиме работы двигателей
  takeoff ~ конфигурация при взлёте, взлётная конфигурация
confirmation подтверждение
  landing clearance ~ подтверждение разрешения на посадку
  takeoff clearance ~ подтверждение разрешения на взлёт
congestion 1. перегрузка 2. насыщенность
  ~ **of information** насыщенность информации
  channel ~ перегрузка каналов (*связи*)
connection 1. штуцер 2. контакт 3. сцепление; соединение; связь 4. стыковка (*рейсов*)

CON

◊ **to make a** ~ обеспечивать стыковку
connection
  air charging ~ штуцер зарядки воздухом
  cap ~ глухой штуцер
  defuelling ~ штуцер откачки топлива
  direct point-to-point ~ прямая связь между пунктами (*полёта*)
  end-to-end ~ 1. стыковка рейсов на полный маршрут 2. сквозное соединение (*деталей*)
  external ~ бортовое (электрическое) соединение
  fill ~ заправочный штуцер
  filling check ~ штуцер контроля заправки
  fuel ~ штуцер топливной системы
  ground pressurization ~ штуцер наддува (кабины) на земле
  ground testing ~ штуцер для проверки (*системы*) на земле
  missed ~ несостоявшаяся стыковка (*рейсов*)
  orifice ~ штуцер с жиклёром
  Pitot pressure ~ штуцер полного давления (*скоростного напора*)
  plug ~ разъёмное соединение
  pressure-filling ~ штуцер заправки под давлением
  pressure refuel ~ штуцер централизованной заправки
  static pressure ~ штуцер статического давления
  swivel ~ поворотный штуцер
  through ~ гермоввод
  vent line ~ штуцер суфлирования; штуцер дренажа
connector 1. разъём; соединитель; соединительная муфта 2. клемма; зажим
  drain ~ (бортовой) разъём для слива
  external power ~ разъём аэродромного (электро)питания

CON

connector
  mating ~ ответная часть соединителя
  plug ~ (электро)соединитель
  pressure seal ~ герметический разъём, герморазъём
consent:
  mutual ~ взаимное согласие (*напр. между авиакомпаниями*)
considering ◊ ~ **the obstacles** учёт препятствий (*в зоне аэродрома*)
consignee грузополучатель
consigner грузоотправитель
consignment 1. грузовая накладная; коносамент 2. грузовая (единичная) отправка, партия груза
  unclaimed ~ невостребованная партия груза
  urgent ~ срочная партия груза
consignor грузоотправитель
console 1. пульт; панель; приборная доска 2. консоль; кронштейн
  control ~ пульт управления
  instrumentation ~ приборная доска
  pilot's ~ приборная доска пилота
consolidator:
  freight ~ экспедитор по отправке грузов
conspicuity чёткость (*видимости*)
constant:
  normalizing time ~ нормирующая постоянная времени
constrains ограничения
  atmospheric ~ атмосферные ограничения
  weather ~ погодные ограничения
construction 1. конструкция 2. построение, разработка
  all-metal ~ цельнометаллическая конструкция (*воздушного судна*)
  engine module ~ модульная [блочная] конструкция двигателя

CON

construction
  fare ~ построение тарифов
  welded ~ сварная конструкция (*воздушного судна*)
consultant:
  trainers ~ консультант по тренажёрам
  training ~ консультант по вопросам обучения
consumer потребитель (*напр. энергии*)
consumption расход (*топлива*) ◊ **to minimize fuel** ~ доводить расход топлива до минимума
  aircraft fuel ~ расход топлива воздушным судном
  cruise ~ расход на крейсерском режиме
  hourly ~ часовой расход
  specific fuel ~ удельный расход топлива
  thrust specific fuel ~ удельный расход топлива на кг тяги в час
contact контакт ‖ контактировать ◊ **to be in** ~ **with** иметь (радио)связь с ...; **to break a** ~ 1. нарушать контакт (*в электроцепи*) 2. отрывать (*колёса шасси*) от земли; **to hold** ~**s closed** удерживать (электро)контакты в замкнутом положении; **to open** ~**s** размыкать контакты
  flight visual ~ визуальный контакт в полёте
  ground ~ (визуальный) контакт с объектами на земле
  radar ~ радиолокационный контакт; захват [обнаружение] цели радиолокатором
  radio ~ радиоконтакт; радиосвязь
container 1. контейнер; тара 2. гондола
  aircraft ~ контейнер для перевозки грузов и багажа на воздушном судне
  approved ~ стандартный контейнер
  freight ~ грузовой контейнер

CON

container
  intermodal ~ контейнер для смешанной перевозки (*грузов и багажа*)
  ventral ~ подфюзеляжная гондола
containerize упаковывать (*груз*) в контейнер
continuity of guidance непрерывность наведения (*воздушного судна в заданную точку полёта*)
contour 1. контур 2. профиль
  ~ **of perceived noise** контур воспринимаемого шума
  airport noise ~ контур уровня шума в районе аэропорта
  coordination ~ контур согласования (*работы радиосредств*)
  equal noise ~ контур равного уровня шума
  fuselage ~ контур фюзеляжа
  interference range ~ контур зоны помех
  noise dose ~ контур уровня шума
  noise exposure ~ контур воздействия шума
  total pressure ~ контур суммарного давления
contract контракт ‖ заключать контракт
  air carriage ~ контракт на воздушную перевозку
  airport handling ~ контракт на обслуживание в аэропорту
  bulk ~ контракт на перевозку разносортных грузов
contrail конденсационный [инверсионный] след
contra-rotating противоположного вращения (*о соосных винтах*)
contribution:
  assessed ~ установленный взнос (*авиакомпании*)
control 1. управление (*напр. воздушным судном*) ‖ управлять 2. *pl* органы управле-

ния **3.** диспетчерское управление (*воздушным судном*); диспетчерское обслуживание (*воздушного движения*) **4.** контроль; проверка ‖ контролировать; проверять ◊ **fail to maintain** ~ не обеспечивать диспетчерское обслуживание; **fail to relinquish** ~ своевременно не передать управление (*другому члену экипажа*); ~ **in transition** управление на переходном режиме (*работы двигателя*); **to assume the** ~ брать управление на себя; **to changeover to manual** ~ переходить на ручное управление; **to get out of** ~ терять управление; **to go out of** ~ становиться неуправляемым; **to handle the flight** ~s оперировать органами управления полётом; **to loss the** ~ терять управление; **to maintain** ~ обеспечивать диспетчерское обслуживание; **to manipulate [to operate] the flight** ~s оперировать органами управления полётом; **to relinquish** ~ передавать управление (*другому члену экипажа*); **to respond to** ~s реагировать на отклонение рулей, «слушаться» рулей; **to take over the** ~ брать управление на себя; **to terminate the** ~ прекращать диспетчерское обслуживание; **to transfer the** ~ передавать диспетчерское управление другому пункту

control
~ **of an investigation** контроль за ходом расследования (*напр. авиационного происшествия*)
aerodrome ~ **1.** управление (*полётами*) в зоне аэродрома **2.** аэродромный диспетчерский пункт, АДП
aerodynamic ~ управление с помощью аэродинамической поверхности
aerodynamic roll ~ управление креном с помощью аэродинамической поверхности
aeronautical information ~ аэронавигационное диспетчерское обслуживание
air ~ диспетчерское обслуживание воздушного пространства
aircraft sanitary ~ санитарный контроль воздушных судов
air intake spike ~ управление конусом воздухозаборника
air mixture ~ регулирование топливовоздушной смеси (*двигателя*)
air traffic ~ **1.** управление воздушным движением, УВД **2.** диспетчерская служба воздушного движения
airways ~ управление воздушным движением на трассе полёта
angle-of-attack ~ установка (требуемого) угла атаки
angular position ~ управление по угловому отклонению
antiskid ~ механизм управления антиюзовой автоматикой
approach ~ **1.** управление (*полётами*) в зоне захода на посадку **2.** диспетчерский пункт подхода (*к зоне аэродрома*)
area ~ управление (*полётами*) в зоне
area flight ~ районный диспетчерский пункт управления полётами
assisted ~ управление (*напр. рулями*) с помощью гидроусилителей
attitude flight ~ управление пространственным положением (*воздушного судна*) в полёте
automatic ~ автоматическое управление

CON

control
automatic boost ~ автоматическое регулирование надува (*гермокабины*)
automatic exhaust temperature ~ автоматический регулятор температуры выходящих газов
automatic flight ~ автоматическое управление полётом
automatic gain ~ автоматическая регулировка усиления, АРУ
automatic level ~ автоматическое управление уровнем (*записи*)
automatic path ~ автоматический контроль траектории (*полёта*)
automatic volume ~ автоматическое регулирование громкости
autopilot ~ управление (*полётом*) с помощью автопилота
bank ~ управление креном
boundary layer ~ управление пограничным слоем
bypass ~ управление перепуском топлива (*на вход в насос*)
cable ~ тросовое управление
clearance ~ таможенный досмотр
collective pitch ~ управление общим шагом (*несущего винта*)
constant altitude ~ выдерживание постоянной высоты
customs ~ таможенный досмотр
cyclic pitch ~ управление циклическим шагом (*несущего винта*)
data flow ~ управление потоком информации; управление потоком данных
differential ~ дифференциальное управление
differential aileron ~ дифференциальное управление элеронами

CON

control
digital engine ~ цифровой электронный регулятор режимов работы двигателя
direct ~ непосредственный контроль (*напр. воздушных перевозок*)
directional ~ путевое управление, управление по курсу
director ~ директорное управление
distance ~ дистанционное управление
drift angle ~ управление углом сноса
dual ~ спаренное [двойное] управление (*воздушным судном*)
easy-to-operate ~ «лёгкое» управление (*воздушным судном*)
electric propeller pitch ~ электрическое управление шагом воздушного винта
elevator ~ управление рулём высоты
emergency ~ аварийное [запасное] управление
environment ~ охрана окружающей среды
flight ~ 1. диспетчерское управление полётами 2. *pl* органы управления полётом
flight compartment ~s органы управления в кабине экипажа
flow ~ 1. управление потоком (*воздушного движения*) 2. регулирование расхода (*напр. топлива*)
foot ~ ножное управление
fuel flow ~ регулирование расхода топлива
fuel injection ~ регулирование непосредственного впрыска топлива
ground (movement) ~ управление наземным движением
hand ~ ручное [штурвальное] управление
health ~ медицинский контроль

control
  hydraulic ~ гидравлическое управление
  hydraulic propeller pitch ~ гидравлическое управление шагом воздушного винта
  immigration ~ иммиграционный контроль (*пассажиров*)
  independent ~ автономное управление
  irreversible ~ необратимое управление
  laminar flow ~ управление ламинарным потоком
  landing ~ управление посадкой
  land use ~ контроль за использованием территории (*в районе аэропорта*)
  lateral ~ поперечное управление
  level ~ управление эшелонированием
  longitudinal ~ продольное управление, управление по тангажу
  manual ~ ручное [штурвальное] управление
  mid air collision ~ предупреждение столкновений в воздухе
  mixture ~ 1. высотный корректор 2. регулятор качества [состава] смеси
  noise ~ контроль уровня шума
  nonreversible ~ необратимое управление
  operating ~s органы управления
  operational ~ диспетчерское управление полётами
  overspeed limiting ~ узел ограничения заброса оборотов (*двигателя*)
  passport ~ 1. паспортный контроль (*пассажиров*) 2. стойка паспортного контроля
  pedal ~ ножное управление
  pitch ~ 1. продольное управление, управление по тангажу 2. управление шагом (*воздушного винта*)
control
  power augmentation ~ управление форсажем (*двигателя*)
  power-boost ~ обратимое управление с помощью гидроусилителей
  powered ~ управление с помощью гидроусилителей
  power-operated ~ необратимое управление с помощью гидроусилителей
  propeller pitch ~ управление шагом воздушного винта
  push-button ~ кнопочное управление
  radar ~ 1. радиолокационный контроль, наведение по радиолокатору 2. центр радиолокационного управления
  radar approach ~ центр радиолокационного управления заходом на посадку
  radio remote ~ радиодистанционное управление
  remote ~ 1. дистанционное управление 2. дистанционный контроль
  reversible ~ обратимое управление
  rigid ~ жёсткое управление (*рулями*)
  roll ~ управление по крену
  rudder ~ управление рулём направления
  stiff ~ тугое управление (*рулями*)
  surface movement ~ управление наземным движением (*на аэродроме*)
  surge ~ противопомпажный механизм
  temperature ~ терморегулятор
  terminal radar ~ конечный пункт радиолокационного контроля
  throttle ~ 1. управление га-

зом (*двигателя*) 2. сектор газа
control
 tie bus ~ управление переключением (электро)шин
 traffic ~ 1. управление воздушным движением, УВД 2. диспетчерская служба воздушного движения
 trim tab ~ 1. управление триммером 2. штурвальчик управления триммером
 unassisted [unpowered] ~ управление (*напр. рулями*) без применения гидроусилителей
 yaw ~ управление по углу рыскания; управление по курсу
controllability управляемость (*воздушного судна*)
 ground-borne ~ управляемость при разбеге *или* пробеге
controller 1. диспетчер; оператор 2. управляющее устройство; автоматический регулятор 3. пульт управления
 accepting ~ диспетчер, принимающий управление (*воздушным судном*)
 aerodrome ~ диспетчер аэродрома
 air traffic ~ диспетчер службы управления воздушным движением, авиадиспетчер
 altitude ~ 1. задатчик высоты (*полёта*) 2. высотный корректор
 approach ~ диспетчер захода на посадку
 apron ~ диспетчер перрона
 autopilot ~ пульт управления автопилотом
 final ~ диспетчер посадки
 ground movement ~ диспетчер наземного движения
 load ~ диспетчер по загрузке
 radar ~ диспетчер радиолокационного контроля
 rated ~ аттестованный диспетчер

 runway ~ диспетчер старта
 stack ~ диспетчер подхода (*контролирует эшелонирование в зоне ожидания и очерёдность захода на посадку*)
 surveillance ~ диспетчер обзорного радиолокатора
 track ~ путевой корректор (*астрокомпаса*)
 weight and balance ~ диспетчер по загрузке и центровке (*воздушного судна*)
convention ◊ ~ **on international civil aviation** конвенция по вопросам деятельности международной гражданской авиации
 air traffic ~ конвенция по управлению воздушным движением
converge 1. сходиться (*о маршрутах полёта*) 2. приближаться к пределу (*о высоте*)
converter преобразователь
 code ~ преобразователь кода (*авиационной радиосвязи*)
 frequency ~ преобразователь частоты
conveyance 1. транспортное средство 2. перевозка; доставка
 air ~ воздушная перевозка
conveyer, conveyor (грузовой) транспортёр; (багажный) конвейер
 belt ~ ленточный конвейер
cooler радиатор
 air ~ воздушный радиатор
 air-oil ~ воздушно-масляный радиатор
 annular ~ кольцевой радиатор
 core ~ сотовый радиатор
 fuel-(cooled) oil ~ топливно-масляный радиатор, ТМР
 oil ~ маслорадиатор
 oil-fuel ~ масляно-топливный радиатор
cooling охлаждение
 air ~ воздушное охлаждение, обдув

COO

cooling
blast ~ охлаждение продувкой (*воздуха*)
combustion chamber ~ охлаждение камеры сгорания
counterflow ~ охлаждение противотоком
engine ~ охлаждение двигателя
engine generator ~ обдув генератора двигателя
expansion ~ охлаждение расширением объёма (*газа*)
external ~ наружное охлаждение
fan-assisted ~ вентиляторное охлаждение
film ~ плёночное охлаждение
flame tube ~ охлаждение жаровой трубы
forced air ~ принудительное воздушное охлаждение, принудительный обдув
ram air ~ охлаждение набегающим потоком воздуха
regenerative ~ регенеративное охлаждение
surface ~ поверхностное охлаждение
thermal boundary ~ подслойное охлаждение
thermosyphon ~ термосифонное охлаждение
transpiration ~ охлаждение методом «отпотевания» (*при подаче жидкости через пористую поверхность*)
water ~ водяное охлаждение
cooperation:
aircrew ~ взаимодействие членов экипажа (*в полёте*)
interairlines ~ сотрудничество между авиакомпаниями
coordination ◊ **to facilitate** ~ упрощать [облегчать] координацию действий (*в полёте*)
flight ~ уточнение задания на полёт
copilot второй пилот
copy:
navigation hard ~ распечатка сведений о полёте

COR

cord:
rip ~ вытяжной трос (*парашюта*)
safety ~ предохранительная стропа
core:
cable rubber ~ резиновый сердечник для уплотнения троса
engine ~ внутренний контур двигателя
V-shaped ~ V-образное сечение
correction 1. коррекция; введение поправки **2.** поправка ◊ ~ **for bias** поправка на смещение; **to introduce a** ~ вводить поправку; **to make drift** ~ вносить поправку на снос (*в полёте*)
acoustic ~ акустическая коррекция
altitude ~ поправка на высоту, высотная поправка
amplitude-frequency distortion ~ коррекция амплитудно-частотных искажений
approach angle ~ коррекция угла захода на посадку
approach mass ~ поправка на массу (*воздушного судна*) при заходе на посадку
automatic error ~ автоматическая коррекция ошибок
azimuth ~ азимутальная поправка
background ~ коррекция (шумового) фона
blade-slap ~ поправка на изменение угла атаки лопасти
compass ~ коррекция (показаний) компаса; списание девиации компаса
crosswind ~ поправка на снос ветром, поправка на угол сноса ветром
drift ~ поправка на снос, поправка на угол сноса
duration ~ поправка на продолжительность (*полёта*)
error ~ **1.** устранение [ис-

COR

правление] ошибки 2. списание (радио)девиации
correction
   frequency distortion ~ коррекция частотных искажений
   heading ~ курсовая коррекция
   linear distortion ~ коррекция линейных искажений
   mass ~ поправка на массу
   noise thrust ~ уменьшение шума за счёт изменения тяги (*двигателей*)
   nonlinear distortion ~ коррекция нелинейных искажений
   performance ~ уточнение лётно-технических характеристик
   phase ~ фазовая коррекция
   phase distortion ~ коррекция фазовых искажений
   takeoff mass ~ поправка на взлётную массу
   temperature ~ поправка на температуру
   wind ~ поправка на ветер (*при расчёте времени полёта*)
corrector корректор, корректирующее устройство
   altimetric ~ высотный корректор
correlation:
   ~ **of levels to** приведение эшелонов в соответствие (*маршрутам полётов*)
   reply-to-track ~ коррекция траектории по полученной (*экипажем*) информации
corridor:
   air ~ воздушный коридор
   climb ~ (воздушный) коридор для набора высоты
cost 1. цена, стоимость 2. *pl* расходы, издержки ◊ "~ **and freight**" (**c. & f.**) «стоимость и фрахт», каф (*условия при перевозке грузов*); "~, **insurance, freight**" (**c. i. f.**) «стоимость, страхование, фрахт», сиф (*усло-

COU

вия *при перевозке грузов*);
   ~ **per seat-mile** стоимость одной пассажиро-мили
cost
   actual ~s фактические расходы
   aircraft first ~ себестоимость производства воздушного судна
   aircraft rental ~s расходы на аренду воздушного судна
   capital ~s капитальные затраты
   development ~s расходы на модернизацию (*авиатехники*)
   direct maintenance ~s прямые расходы на техническое обслуживание
   direct operating ~s прямые эксплуатационные расходы
   maintenance ~s расходы на техническое обслуживание
   manufacturing ~s расходы на изготовление (*напр. воздушного судна*)
   minimum installation ~s минимальные расходы на установку [на монтаж] (*напр. агрегата на воздушном судне*)
   operating ~s эксплуатационные расходы
   pre-operating ~s расходы при подготовке к полётам
   seat-mile ~ стоимость одной пассажиро-мили
   unit operating ~ стоимость контейнерных перевозок
cot:
   flight baby ~ детская люлька (*на борту воздушного судна*)
Council:
   Aeronautical Satellite ~ Совет по авиационным спутникам
   Airport Associations Co-ordinating ~ Координационный совет ассоциаций аэропортов
   Arab Civil Aviation ~ Со-

COU

вет гражданской авиации арабских государств
Council
Customs Cooperation ~ Совет таможенного сотрудничества (*ИКАО*)
International Co-ordinating ~ **of Aerospace Industries Associations** Международный координационный совет ассоциаций авиакосмической промышленности
International ~ **of Aircraft Owner and Pilot Associations** Международный совет ассоциаций владельцев воздушных судов и пилотов
counter 1. счётчик 2. стойка
airline ~ стойка авиакомпании (*в аэровокзале*)
check-in ~ стойка регистрации пассажиров
distance flown ~ счётчик дальности полёта; счётчик пройденного пути
elapsed time ~ счётчик наработки (*агрегата*)
fuel consumed ~ счётчик (суммарного) расхода топлива
fuel remaining ~ счётчик остатка топлива
handling ~ стойка оформления багажа
revolution ~ счётчик числа оборотов
starting ~ счётчик количества запусков (*двигателей*)
counteract уравновешивать (*напр. обороты*); парировать (*напр. крен*)
counterclockwise против часовой стрелки (*о направлении полёта*)
counterforce противодействующая сила
counterpressure противодавление
counterweight центровочный [балансировочный] груз; контргруз; противовес
blade ~ 1. противовес лопасти (*воздушного винта*) 2.

COU

балансировочный груз гасителя вибрации (*воздушного винта*)
country:
~ **of arrival** страна прилёта
~ **of origin** страна вылета
coupler 1. муфта 2. соединитель; соединительный патрубок 3. блок (электро)связи 4. преобразователь сигналов
compensating ~ муфта-компенсатор
radio-autopilot ~ блок связи автопилота с радиостанцией
coupling 1. связь 2. соединение
back ~ обратная связь
drive shaft ~ муфта вала трансмиссии (*вертолёта*)
filling ~ заправочный штуцер
flexible ~ 1. эластичная муфта (*напр. вала трансмиссии вертолёта*) 2. гибкое соединение
frangible ~ срезная соединительная муфта
hose ~ дюритовое соединение
pressure fueling ~ штуцер (централизованной) заправки топливом под давлением
pressure refuel ~ штуцер дозаправки топливом под давлением
quick-disconnect ~ быстроразъёмное соединение
rotor shaft ~ соединение вала несущего винта (*вертолёта*)
swivel ~ поворотное соединение (*трубопроводов*)
coupon купон (*пассажирского билета*) ◊ ~ **not valid before/after** купон не действителен до/после; **to issue a** ~ заполнять купон
agency's ~ купон агентства (*авиакомпании*)
audit ~ контрольный купон
flight ~ полётный купон
passenger ~ пассажирский купон

COU

coupon
  reportable flight ~ отчётный полётный купон
course 1. курс; маршрут; трасса 2. заданный путевой угол 3. курс (*обучения*) 4. пласт, слой; подушка ◊ to alter the ~ for ... [to change the ~ for ...] изменять курс на...; to chart a ~ прокладывать на карте маршрут; to climb on the ~ набирать высоту при полёте по курсу; to deviate from the ~ отклоняться от курса; to get on the ~ выходить на заданный курс, ложиться на курс; to maintain the ~ выдерживать заданный курс; to make the ~ change изменять курс; to plot a ~ прокладывать маршрут (*на карте*); to put on the ~ выходить на заданный курс; to roll on the ~ выводить на заданный курс; to select the ~ выбирать курс; to set the ~ устанавливать курс; to wander off the ~ сбиваться с курса
  ~ of training курс подготовки, курс обучения
  aircraft ~ курс воздушного судна
  approach ~ курс [направление] захода на посадку
  approved training ~ курс подготовки по утверждённой программе
  arbitrary flight ~ произвольный курс полёта
  back ~ обратный курс
  beacon ~ курс по (радио-) маяку
  bent ~ искривлённый маршрут (*полёта*)
  collision ~s пересекающиеся курсы
  compass ~ компасный курс
  correspondence ~ заочный курс (*обучения*)
  desired ~ запрашиваемый курс

COV

course
  dogleg ~ ломаный маршрут (*полёта*)
  final ~ посадочный курс
  flight ~ курс полёта
  great-circle ~ ортодромический курс, курс по ортодромии
  grid ~ условный курс
  head-on ~ встречный курс
  holding ~ курс (*полёта*) в зоне ожидания
  inbound ~ 1. входной курс (*в зону*) 2. курс на приводную радиостанцию
  instrument approach ~ курс захода на посадку по приборам
  localizer ~ курс по радиомаяку
  magnetic ~ магнитный курс
  opposite ~ встречный курс
  outbound ~ 1. выходной курс (*из зоны*) 2. курс от приводной радиостанции
  prescribed ~ заданный (*планом полёта*) курс
  preselected ~ предварительно выбранный курс
  reciprocal ~ (эквивалентно-) обратный курс
  refresher ~s курсы повышения квалификации
  rhumb-line ~ курс (*полёта*) по локсодромии
  runway base ~ основание [подушка] ВПП
  runway drainage ~ дренажный слой ВПП
  runway wearing ~ слой износа поверхностного покрытия ВПП
  scheduled ~ заданный (*планом полёта*) курс
  selected ~ выбранный курс
  true ~ истинный курс
cover 1. обшивка (*напр. фюзеляжа*) 2. чехол 3. крышка; щиток; створка
  blanking ~ заглушка
  fan cascade ~ створка решётки (реверса тяги) вентилятора

COV

cover
  hatch ~ крышка люка
  safety level ~ предохранительный щиток уровня (*электролита аккумулятора*)

coverage 1. зона действия (*напр. радиосредств*) 2. район возможного обзора (*пилотом*) 3. зона покрытия (*напр. антикоррозийным составом*)
  ~ of the chart картографируемый район
  azimuth ~ зона обзора по азимуту
  beam ~ зона действия луча (*радиомаяка*)
  early warning ~ зона дальнего (радиолокационного) обнаружения
  effective ~ эффективная зона действия
  radar ~ зона действия радиолокатора

covering обшивка
  load-carrying ~ несущая обшивка
  wing ~ обшивка крыла

cowl(ing) 1. капот (*двигателя*) 2. обтекатель; зализ
  annular ~ кольцевой обтекатель
  cockpit ~ обтекатель кабины (*экипажа*)
  engine ~ капот двигателя
  protective ~ кожух герметизации
  ring ~ кольцевой капот

crab 1. снос (*воздушного судна*) ‖ лететь со сносом 2. уход (с линии курса) ‖ уходить (с линии курса) 3. рыскание (по курсу) ‖ рыскать (по курсу) ◇ to ~ into wind парировать снос

crack трещина ‖ давать трещину ◇ to clean up the ~ зачищать трещину; to inspect for ~s проверять на наличие трещин; to remove the ~ выбирать трещину; to smooth out the ~ удалять трещину; to ~ up терпеть аварию

CRE

crack
  fatigue ~ усталостная трещина
  hairline ~ микротрещина; волосовина
  surface ~ поверхностная трещина
  tiny ~ микротрещина; волосовина

cracking образование трещин; растрескивание

cradle ложемент; опора; опорная рама
  wing ~ ложемент под крыло

craft *см.* aircraft
  survival ~ спасательное воздушное судно

crankcase картер (*поршневого авиационного двигателя*)

crankcheek щека коленвала

cranking:
  engine ~ раскрутка (ротора) двигателя (*стартёром при запуске*)

crankshaft коленчатый вал (*двигателя*)

crash 1. авария ‖ терпеть аварию 2. повреждение; разрушение ‖ повреждать(ся); разрушать(ся)
  air ~ авиационное происшествие
  fatal ~ катастрофа

crashworthiness стойкость (*конструкции*) к ударным нагрузкам

crate упаковочный ящик (*для багажа*)

craze микротрещина; волосовина

creeping увод (*штурвала*)

crew 1. экипаж 2. бригада; группа
  alert ~ дежурный экипаж
  cabin ~ обслуживающий экипаж; бортпроводники
  fail-safe ~ экипаж, имеющий безаварийный налёт
  ferry ~ экипаж для перегонки (*воздушного судна*)
  flight ~ лётный экипаж
  ground ~ бригада наземного обслуживания

CRE

crew
  maintenance ~ бригада технического обслуживания
  operating ~ рабочий экипаж
  ramp ~ бригада аэродромного обслуживания; перронная бригада
  relief ~ 1. сменный экипаж 2. сменная бригада (*технического обслуживания*)
  supernumerary flight ~ дополнительный лётный экипаж (*для замены основного в полёте*)
  takeoff ~ (аэродромная) группа управления взлётами
  wrecking ~ аварийная команда

criteria:
  hearing damage ~ критерий риска потери слуха (*пилотом*)
  obstruction clearing ~ критерий безопасного пролёта препятствий
  obstruction marking ~ критерий маркировки препятствий

crossbar световой горизонт (*системы посадочных огней*)

crosscheck 1. перекрёстная проверка (*напр. показаний авиагоризонтов левого и правого пилотов*) 2. *pl* вторичные навигационные радиосредства

crossfeed 1. кольцевание (*напр. топливных баков*) 2. перекрёстное (электро)питание

crossflow поперечный поток

crossing ◊ **to avoid** ~ избегать пересечения (*маршрутов*)
  partial ~ частичное пересечение (*маршрутов*)
  state border ~ пролёт государственной границы

crossmember крестовина; траверса

crossover пролёт контрольной точки (*маршрута*)

crosspiece крестовина; траверса

crosswind боковой ветер (*относительно курса полёта*)

CUR

cruise крейсерский полёт, полёт на крейсерском режиме ‖ летать на крейсерском режиме
  level ~ горизонтальный полёт на крейсерском режиме

cue:
  flight visual ~ визуальный ориентир в полёте
  ground ~ наземный ориентир

cuff обтекатель (*напр. воздушного винта*); зализ (*напр. обшивки*)

culture:
  aerodrome ~ искусственные сооружения в районе аэродрома

cumuliform кучеобразный (*об облаках*)

cumulonimbus кучево-дождевые облака

cumulus кучевые облака

cup:
  seal ~ уплотнительная манжета

curfew запрет полётов (*в определённые часы суток*)
  noise ~ запрет полётов из-за превышения допустимого уровня шума

currency:
  rating ~ действие квалификационной отметки (*напр. у пилота*)

current 1. (электрический) ток 2. поток; течение ◊ **to amplify** ~ усиливать ток; **to carry electrical** ~ проводить электрический ток
  air ~ воздушный поток; воздушное течение
  alternating ~ переменный ток
  charge ~ зарядный ток
  descending ~ нисходящий поток
  direct ~ постоянный ток
  discharge ~ разрядный ток
  downward ~ нисходящий поток
  drop-out ~ минимальный ток отключения

CUR

current
  electric ~ электрический ток
  holding ~ ток удержания (*реле*)
  load ~ ток нагрузки
  operating ~ рабочий ток
  pickup ~ пиковый ток
  reverse ~ обратный ток
  rising ~ восходящий поток
  starting ~ пусковой ток
  two-phase ~ двухфазный ток
  upward ~ восходящий поток

curriculum курс обучения; учебная программа
  planned ~ запланированный курс обучения
  training ~ курс тренировок

cursor стрелка, указатель (*прибора*)

curvature 1. кривизна, изгиб 2. линия отклонения (*от курса*)
  course ~ линия отклонения от курса
  flight path ~ кривизна траектории полёта
  wing ~ кривизна крыла

curve 1. кривая 2. характеристика 3. график
  ~ of equal bearings линия равных азимутов (*из любой точки которой пеленг радиостанции остаётся постоянным*)
  altitude ~ кривая изменения высоты полёта
  climb ~ траектория набора высоты
  entry ~ кривая входа (*в заданную зону*)
  envelope ~ огибающая кривая
  frequency weighting ~ кривая частоты нагрузки
  noise level attenuation ~ кривая снижения уровня шума
  payload-range ~ кривая зависимости коммерческой загрузки от дальности полёта
  polar ~ 1. кривая в полярной системе координат 2. поляра

curve
  quadrantal error calibration ~ график списания четвертной девиации (*радиокомпаса*)
  thrust ~ дроссельная характеристика (*двигателя*)
  thrust versus speed ~ скоростная характеристика (*двигателя*)
  turnoff ~ линия поворота при сходе с ВПП (*на рулёжную дорожку*)

cushion:
  air ~ воздушная подушка
  ground ~ воздушная подушка у земли
  seat ~ подушка кресла

customer:
  aircraft ~ заказчик воздушного судна

customs таможенная служба; таможенный контроль

customs-free беспошлинный (*о грузе*)

cut ◊ to ~ back дросселировать (*подачу топлива*); to ~ down 1. снижать (*режим работы двигателя*) 2. сокращать расходы (*на воздушные перевозки*); to ~ in 1. включать (*напр. электроцепь*) 2. запускать (*напр. двигатель*); to ~ off 1. отключать (*напр. электроцепь*) 2. останавливать (*напр. двигатель*) 3. отсекать (*световой луч*) 4. прерывать (*радиосвязь*); to ~ out 1. срезать (*подачу топлива*) 2. отключать (*напр. электроцепь*) 3. вырезать (*напр. обшивку*); to ~ short выбирать кратчайший путь (*полёта*); сокращать маршрут (*воздушной перевозки*)

cutback дросселирование (*подачи топлива*)
  noise abatement thrust ~ уменьшение тяги с целью снижения шума

CUT

cutdown 1. снижение (*режима работы двигателя*) 2. сокращение расходов (*на воздушные перевозки*)
cutin 1. включение (*напр. электроцепи*) 2. запуск (*напр. двигателя*)
cutoff 1. отключение (*напр. электроцепи*) 2. останов (*напр. двигателя*) 3. отсечка (*светового луча*) 4. нарушение, прерывание (*радиосвязи*)
  emergency ~ аварийный останов
  idle ~ останов при работе на малом газе
  slope ~ отсечка глиссадного луча
cutout 1. срезка (*подачи топлива*) 2. отключение (*напр. электроцепи*) 3. вырез (*напр. в обшивке*) 4. предохранитель
  aileron ~ вырез (*в крыле*) для установки элерона
cutter:
  snow ~ снегоуборочная машина
cycle 1. цикл; циклический процесс 2. такт (*хода поршня*) 3. период (*колебания*) 4. скважность, периодичность (*сигналов*) 5. совершать цикл ◊ **at the end of** ~ 1. в конце цикла 2. в конце такта; **at the start of** ~ 1. в начале цикла 2. в начале такта
  anti-skid ~ период срабатывания антиюзовой автоматики
  assembly ~ сборочный цикл
  engine ~ (рабочий) цикл двигателя
  erection ~ цикл коррекции (*гироскопа*)
  flight-test ~ период облёта; период испытания в полёте
  four-stroke ~ четырёхтактный цикл (*поршневого двигателя*)
  landing gear ~ цикл уборки — выпуска шасси

CYL

cycle
  load ~ цикл нагружения
  operating ~ 1. рабочий цикл 2. рабочий ход (*поршня*)
  pulses duty ~ скважность [периодичность] импульсов
  start ~ периодичность запусков (*двигателя*)
  starting ~ цикл запуска (*двигателя*)
  test ~ испытательный [проверочный] цикл
cylinder 1. цилиндр 2. барабан 3. баллон
  actuating ~ цилиндр привода (*механизма*); (гидро)цилиндр уборки — выпуска шасси
  aileron-actuating ~ (гидро-)цилиндр управления элероном
  airstairs ~ цилиндр управления трапом
  bogie rotation ~ цилиндр запрокидывания тележки (*шасси*)
  bogie swivel unlock ~ цилиндр расстопорения шарнира тележки (*шасси*)
  bogie trim ~ цилиндр-демпфер [стабилизирующий цилиндр] тележки (*шасси*)
  brake ~ тормозной цилиндр
  centering ~ центрирующий цилиндр опоры шасси (*для ориентировки тележки по полёту при расжатии стойки*)
  door latch ~ цилиндр замка створки (*шасси*)
  door uplatch ~ цилиндр створки (*шасси*)
  downlock ~ цилиндр (управления защёлкой) замка выпущенного положения (*шасси*)
  engine ~ цилиндр (поршневого) двигателя
  folding strut actuating ~ силовой цилиндр складывающегося подкоса (*шасси*)
  hydraulic power ~ гидравлический силовой цилиндр

cylinder
  inner ~ плунжер (*амортизатора шасси*)
  load feel ~ загрузочный цилиндр (*системы имитации усилий на рулях*)
  nosewheel steering ~ цилиндр разворота переднего колеса (*шасси*)
  pneumatic power ~ пневматический силовой цилиндр
  power ~ силовой цилиндр; цилиндр привода
  retraction ~ цилиндр уборки (*шасси*)
  shimmy damper ~ рулёжно-демпфирующий цилиндр (*переднего колеса шасси*)
  shock strut ~ цилиндр амортизационной опоры (*шасси*)
  sliding ~ шток (*амортизатора шасси*)
  steering ~ (гидро)цилиндр управления поворотом (*колёс*)
  strut retraction ~ цилиндр подъёма опоры (*шасси*)
  thrust reverser ~ цилиндр реверса тяги
  two-way ~ (гидро)цилиндр двустороннего действия
  unloading ~ разгрузочный цилиндр
  uplock ~ цилиндр открытия замка убранного положения (*шасси*)
  walkaround oxygen ~ переносной кислородный баллон
  wheel ~ гидроцилиндр подъёма колеса

D

dado 1. фальшборт (*кабины*) **2.** обшивать панелью
damage повреждение; разрушение ◊ **to claim** ~ требовать возмещения убытков (*напр. за повреждение багажа*)
  aircraft substantial ~ значительное повреждение воздушного судна
damage
  consequential ~ естественное повреждение (*напр. багажа при погрузке*)
  extreme impact ~ полное разрушение при ударе
  foreign object ~ повреждение (*напр. двигателя*) посторонним предметом
  known aircraft ~ установленное повреждение воздушного судна
  liquidated ~ возмещённые убытки (*напр. за повреждение багажа*)
  proven ~ доказанный ущерб (*нанесённый пассажиру при перевозке*)
  suspected aircraft ~ предполагаемое повреждение воздушного судна
damper 1. демпфер, демпфирующее устройство **2.** амортизатор **3.** гаситель (колебаний)
  air ~ пневматический [воздушный] амортизатор
  blade ~ демпфер лопасти
  bogie ~ **1.** цилиндр-демпфер тележки (*шасси*) **2.** стабилизирующий амортизатор тележки (*шасси*)
  friction ~ фрикционный демпфер (*вертикального шарнира крепления несущей лопасти*)
  roll ~ демпфер крена
  rotor support ~ демпфер опоры ротора
  shimmy ~ демпфер шимми
  steering ~ распределительно-демпфирующий механизм
  vibration ~ гаситель колебаний
  yaw ~ демпфер рыскания
damping 1. демпфирование **2.** гашение (колебаний)
  aerodynamic ~ аэродинамическое демпфирование
  oscillation ~ гашение колебаний
  pitch ~ демпфирование тан-

DAM

гажа, продольное демпфирование

damping
   yaw ~ демпфирование рыскания

danger ◊ "~ if wet" «опасно при соприкосновении с водой» (*надпись на грузе*); **to eliminate** ~ устранять опасность; **to incur** ~ подвергаться опасности; **to warn of** ~ предупреждать об опасности

   ~ **of collisions** опасность столкновения (*воздушных судов*)

dashboard приборная доска (*кабины экипажа*)

dashpot 1. гаситель гидроудара 2. дроссель

data 1. данные; сведения; информация 2. характеристики; параметры 3. координаты ◊ ~ **on the performance** характеристики (*воздушного судна*)
   acoustic ~ акустические данные
   advisory ~ консультативная информация (*экипажу*)
   aeronautical ~ аэронавигационные данные
   air ~ 1. данные о результатах испытания в воздухе 2. аэродинамические данные 3. воздушные сигналы
   aircraft test ~ данные о результатах испытаний воздушного судна
   air-derived ~ данные (*о полёте*), полученные с борта
   airway climatic ~ метеосводка по трассе полёта
   angular ~ угловые координаты
   balance ~ центровочные данные
   basic ~ исходные данные
   basic technical ~ основные технические параметры
   citing ~ информативные данные, информация
   design ~ расчётные данные
   flight ~ (по)лётные данные

DAT

data
   flight environment ~ данные об условиях полёта
   grid-point ~ данные в узлах координатной сетки (*на полётной карте*)
   ground-derived ~ данные (*о полёте*), полученные от наземных служб
   identification ~ данные для опознавания
   loading ~ загрузочные данные
   magnetic variation ~ данные о магнитном склонении
   main ~ основные (технические) данные
   measured noise ~ данные измеренного шума
   meteorological ~ метеорологические данные, метеоданные; метеосводка
   observation ~ данные наблюдений
   operating [**operational**] ~ эксплуатационные данные
   radar ~ радиолокационная информация
   raw ~ необработанные данные
   reference ~ справочные данные
   shipping ~ отгрузочные данные
   test ~ результаты испытания; экспериментальные данные
   weight ~ весовые данные
   weight and balance ~ весовые и центровочные данные

date:
   aircraft recovery ~ дата обнаружения пропавшего воздушного судна
   protection ~ гарантийный срок

datum:
   reference ~ опорная точка (*напр. траектории захода на посадку*)
   specific pressure ~ установленная величина давления
   zero reference ~ начало от-

DAY   DEC   **D**

счёта (*напр. графика полёта*)
day:
    apparent ~ светлое время суток
dazzle 1. ослепление ‖ ослеплять **2.** защитная окраска ‖ применять защитную окраску
    disconcerting ~ препятствующее (управлению полётом) ослепление (*пилота*)
    pilot ~ ослепление пилота
deadline:
    flight plan submission ~ срок представления плана на полёт
deadload масса конструкции (*воздушного судна*)
deadlock мёртвая точка (*подвижной механической системы*)
dead-reckon производить счисление пути (*полёта*)
deaerator воздухоотделитель (*маслосистемы*)
    centrifugal ~ центробежный воздухоотделитель, центрифуга
debarkation 1. выгрузка (*груза*) **2.** высадка (*пассажиров*)
debriefing:
    postflight ~ разбор полёта
decalage угол заклинения [угол установки] крыльев биплана
decay затухание; ослабление; падение
    thrust ~ падение тяги (*двигателя*)
deceleration 1. уменьшение скорости, замедление; торможение **2.** отрицательное ускорение ◊ ~ **due to drag** уменьшение скорости (*полёта*) за счёт лобового сопротивления
    chop ~ сброс газа, резкое уменьшение оборотов (*двигателя*)
    flow ~ торможение потока
    transonic ~ околозвуковое торможение
decelerometer деселерометр
    brake ~ тормозной деселе-

рометр (*для замера сцепления колёс с поверхностью ВПП*)
decision ◊ ~ **to land** решение выполнить посадку
    improper in-flight ~ неправильно принятое в полёте решение
    pilot operational ~ оперативное решение, принятое пилотом
deck 1. пол (*кабины*); палуба (*фюзеляжа*) **2.** панель; доска **3.** площадка
    aircraft ~ пол кабины воздушного судна
    flight ~ **1.** панель контроля хода полёта **2.** кабина экипажа **3.** ВПП на палубе корабля
    heliport ~ вертолётная площадка (*напр. на корабле*)
    observation ~ смотровая площадка (*напр. в аэровокзале*)
declaration:
    crew baggage ~ декларация экипажа на провоз багажа
    currencies ~ валютная декларация
    customs ~ таможенная декларация
    freight ~ грузовая декларация
    general ~ генеральная декларация (*основной документ на конкретную воздушную перевозку*)
    health ~ санитарная декларация
    inward ~ декларация, заполняемая при прилёте (*пассажира*)
    operator's ~ декларация перевозчика
    outward ~ декларация, заполняемая при вылете (*пассажира*)
declination:
    celestial ~ астрономическое склонение
    magnetic ~ магнитное склонение
decode расшифровывать

DEC

decoder дешифратор (*кодовых сигналов*); декодирующее устройство, декодер
decompression разгерметизация; потеря давления
   aircraft ~ разгерметизация воздушного судна
decor:
   cabin interior ~ внутренняя отделка кабины
decrab парирование сноса (*воздушного судна*) ‖ парировать снос
   automatic ~ автоматическое парирование сноса
defect ◊ **to disclose a** ~ обнаруживать дефект; **to remedy the** ~ устранять [исправлять] дефект
deficiency:
   air ~ недостаток воздуха (*для обеспечения стабильной работы двигателя*)
   flight training ~ недостаток лётной подготовки
deflagration 1. мгновенное сгорание; быстрое горение 2. вспышка; воспламенение
deflect 1. смещать; перемещать; отклонять (*напр. руль*) 2. изменять направление 3. отражать (*напр. поток воздуха*)
deflection 1. смещение; перемещение; отклонение (*напр. руля*) 2. изменение направления 3. отражение (*напр. потока воздуха*) 4. стрела прогиба (*консоли крыла*) 5. расход (*рулей*)
   aileron ~ расход элеронов
   angular ~ угловое отклонение
   control surface ~ (угловое) отклонение поверхности управления
   full-scale pointer ~ полное отклонение стрелки
   gravity ~ отклонение (*от линии полёта*), вызванное действием силы тяжести
   tire ~ обжатие шины колеса (*при стоянке*)
   wind ~ снос ветром

DEL

deflector 1. отражатель, дефлектор 2. направляющий аппарат
   flame ~ отражатель пламени (*в камере сгорания*)
   flap ~ дефлектор закрылка
   jet ~ отражатель реактивной струи (*на площадке обслуживания воздушных судов*)
defogging предотвращение запотевания (*стёкол кабины*)
deformation:
   aircraft structural ~ деформация конструкции воздушного судна
   detrimental ~ опасная деформация (*снижающая прочность конструкции*)
defueling откачка [(принудительный) слив] топлива
   suction ~ слив топлива отсосом
degree ◊ ~ **Celsius** градус по шкале Цельсия; ~**s from North** градусы относительно северного направления; ~**s magnetic** градусы относительно магнитного меридиана; ~**s true** градусы относительно истинного меридиана
   ~ **of accuracy** степень точности
   ~ **of freedom** степень свободы (*гироскопа*)
   ~ **of skill** уровень квалификации
   ~ **of stability** степень устойчивости
   true ~ истинный градус
deice устранять обледенение
deicer противообледенитель, противообледенительное устройство (*переменного действия*)
   hot-air ~ противообледенитель, использующий нагретый воздух
deicing борьба с обледенением
delay задержка (*рейса*) ◊ ~ **en-route** задержка на маршруте; **in the case of** ~ в случае задержки; **to avoid a**

DEL   DEP   D

~ избегать задержки; to determine the ~ устанавливать время задержки; to justify a ~ commercially задерживать рейс с коммерчески оправданными целями; to obviate any ~ устранять любую задержку

delay
  terminal ~ задержка в базовом аэропорту

delete стирать (*напр. записи бортового регистратора*)

deleted изъятый (*напр. из технической документации*)

delicate 1. малоинерционный (*напр. о гироскопе*) 2. чувствительный (*о приборе*)

delineating:
  lights ~ ограничение (*ВПП*) световыми огнями

delivery 1. поставка; доставка 2. подача (*напр. топлива*) 3. снабжение (*напр. электроэнергией*)
  aerial cargo ~ доставка грузов по воздуху
  aircraft ~ поставка воздушных судов
  bulk ~ массовая поставка; поставка большими партиями
  c. & f. ~ поставка каф (*стоимость и фрахт*)
  c. i. f. ~ поставка сиф (*стоимость, страхование, фрахт*)
  f. o. b. ~ поставка фоб (*франко-борт*)

demurrage 1. простой (*воздушного судна*) 2. демерредж (*плата за простой*) 3. штрафная неустойка (*за хранение груза сверх срока*)

denial:
  ~ of carriage отказ в перевозке

denoting ◊ ~ the obstacle обозначение препятствия (*на аэродроме*)

density плотность
  air ~ плотность воздуха
  aircraft seating ~ плотность размещения кресел на воздушном судне

density
  air traffic ~ плотность воздушного движения
  cargo ~ плотность размещения груза
  gas ~ плотность газа
  liquid ~ плотность жидкости
  magnetic flux ~ плотность магнитного потока
  mass ~ плотность массы
  route traffic ~ плотность (воздушного) движения на маршруте
  sea level atmospheric ~ плотность воздуха на уровне моря

dent вмятина; след; выбоина ‖ оставлять след; делать выбоину ◊ ~ in surface вмятина на обшивке; to smooth out [to straighten] the ~ выправлять вмятину

depart 1. вылетать, отправляться в рейс 2. отклоняться (*от заданных параметров или условий*)

Department:
  ~ of Transportation Министерство транспорта (*США*)
  Compliance ~ Отдел по соблюдению тарифов (*ИАТА*)
  General ~ of International Air Services of Aeroflot Центральное управление международных воздушных сообщений гражданской авиации, ЦУМВС ГА
  International Relations ~ of the Ministry of Civil Aviation Управление внешних сношений Министерства гражданской авиации

department:
  airport fire ~ пожарная команда аэропорта
  civil aviation ~ управление гражданской авиации
  inspection ~ отдел (технического) контроля
  traffic ~ отдел перевозок

109

DEP

department
　transport ~ транспортное управление
departure 1. вылет, отправление в рейс **2.** отклонение (*от заданных параметров или условий*) ◊ ~ **from specifications** отклонение от технических условий; ~ **from the standards** отклонение от установленных стандартов
　delayed ~ задержанный вылет
　flight ~ отправление рейса
　standard instrument ~ стандартная схема вылета по приборам
deplane производить высадку (*из воздушного судна*)
depletion:
　fuel ~ полная выработка топлива (*из баков*)
deploy перекладывать (*механизм реверса тяги*)
deployment:
　frequency ~ распределение частот (*радиосвязи*)
　parachute ~ выпуск тормозного парашюта
depot 1. база **2.** склад, хранилище
　aircraft ~ авиационная база
　aircraft maintenance ~ авиационная техническая база
　aircraft repair ~ база ремонта воздушных судов
　fuel ~ топливный склад
　fuel storage ~ топливохранилище
　spare parts ~ склад запасных частей
　supply ~ база снабжения
depreciation 1. амортизация; изнашивание **2.** скидка на порчу товаров (*при перевозке*)
depreservation расконсервация (*напр. двигателя*)
depreserve расконсервировать (*напр. двигатель*)
depressant:
　freezing-point ~ антифриз,

DES

антифризная присадка (*к авиационному топливу*)
depression 1. наклонение (*видимого горизонта*) **2.** угол склонения **3.** уменьшение; снижение **4.** циклон; зона низкого давления
　atmospheric ~ зона низкого атмосферного давления
　vortex ~ вихревое разрежение
depressurization разгерметизация (*напр. фюзеляжа*)
depressurize разгерметизировать (*напр. фюзеляж*)
depth толщина (*напр. слоя облачности*)
　aileron ~ хорда элерона
derivation:
　~ **of operating data** расчёт эксплуатационных параметров
derive 1. ответвлять; шунтировать **2.** отводить (*напр. гидросмесь*)
derrick подъёмная стрела (*для навески двигателя на воздушное судно*)
descend 1. спускать(ся); снижать(ся) **2.** склонять(ся) к горизонту ◊ **to** ~ **through clouds** пробивать облачность
descending снижение (*воздушного судна*) ‖ снижающийся
descent 1. спуск; снижение **2.** склонение к горизонту ◊ **in** ~ со снижением, в режиме снижения (*о полёте*); **to arrest** ~ прекращать снижение; **to commence** ~ начинать снижение; **to establish** ~ устанавливать режим снижения; **to slow (down)** ~ замедлять снижение
　autorotative ~ снижение в режиме авторотации
　braked ~ снижение в режиме (аэродинамического) торможения
　cruise ~ снижение на крейсерском режиме
　emergency ~ аварийное [экстренное] снижение

DES

descent
gliding ~ снижение в режиме планирования
initial ~ первоначальный этап снижения
parachute ~ спуск с парашютом
planned ~ запланированное снижение
power-on ~ снижение с работающим двигателем
shallow ~ пологое снижение, снижение по пологой траектории (*с относительно низкой вертикальной скоростью*)
spiral ~ снижение по спирали
steep ~ крутое снижение, снижение по крутой траектории (*с относительно высокой вертикальной скоростью*)
uncontrolled ~ неуправляемое снижение

description:
route ~ описание маршрута полёта

design 1. конструкция 2. проект 3. схема
aerodynamic ~ аэродинамическая схема (*воздушного судна*)
aircraft ~ конструкция воздушного судна
approved ~ утверждённый проект
basic ~ основная [базовая] конструкция
modular engine ~ модульная конструкция двигателя

designator указатель; индекс
airway ~ указатель воздушной трассы
coded ~ код, кодированный индекс (*напр. авиакомпании*)
route ~ обозначение [код] маршрута
station ~ индекс (радио-)станции

designer:
aircraft ~ авиаконструктор

DET

desk 1. стойка (*напр. регистрации пассажиров*) 2. пульт (*управления*) 3. табло
check-in ~ стойка регистрации пассажиров
control ~ пульт управления
currency exchange ~ стойка для обмена валюты
information ~ пункт [табло] информации (*напр. о рейсах*)
observation ~ смотровая площадка (*на аэродроме*)

destination пункт [место] назначения; конечная остановка (*маршрута*)
alternate ~ запасный аэродром посадки
coupon ~ пункт назначения, указанный в купоне авиабилета
final ~ конечный пункт назначения
intended ~ планируемый пункт назначения
ticketed ~ пункт назначения, указанный в авиабилете

detach 1. передавать (*напр. воздушное судно другой авиакомпании*) 2. отсоединять, снимать, отстыковывать

detaching 1. передача (*напр. воздушного судна другой авиакомпании*) 2. отсоединение, съём, отстыковка

detection:
radar storm ~ радиолокационное обнаружение грозового фронта

detector 1. датчик; чувствительный элемент 2. сигнализатор; детектор
angle-of-attack ~ датчик углов атаки
chip [chips-in-oil] ~ стружкосигнализатор
compass ~ чувствительный элемент компаса
course ~ 1. датчик курса 2. (радио)компас
explosives ~ детектор наличия взрывчатых веществ
fire ~ 1. сигнализатор по-

DET

жара 2. термоизвещатель, термосигнализатор

detector
  flux gate ~ индукционный датчик (*компаса*)
  ice ~ сигнализатор обледенения
  magnetic chip ~ магнитный стружкосигнализатор
  overheat ~ 1. сигнализатор перегрева 2. термоизвещатель, термосигнализатор
  overheat-chip ~ термостружкосигнализатор
  radio ~ радиолокатор
  skid ~ датчик автомата торможения; датчик юза
  stall ~ датчик срыва потока (*на крыле*)
  vibration ~ вибродатчик

deteriorate 1. повреждать(ся) (*напр. о конструкции воздушного судна*) 2. ухудшаться (*напр. об условиях полёта*)

deterioration 1. повреждение (*напр. конструкции воздушного судна*) 2. ухудшение (*напр. условий полёта*) ◊ ~
  in performance ухудшение характеристик
  flight ~ (резкое) ухудшение (*напр. метеоусловий*) в полёте
  weather ~ ухудшение метеоусловий

determination:
  ~ **of cause** установление причины (*напр. отказа*)
  fix precise ~ уточнение координат (*воздушного судна*)
  signal ~ опознавание сигнала

detonation:
  fuel ~ детонация топлива

detune нарушать настройку (*прибора*)

detuner:
  engine ~ глушитель двигателя

development ◊ **to arrest the** ~ **of the stall** препятствовать сваливанию (*на крыло*)

DEV

development
  ~ **of the stall** процесс сваливания (*на крыло*)
  engine ~ доводка двигателя
  fleet ~ перспектива развития парка воздушных судов
  parachute ~ наполнение купола парашюта

deviate 1. отклоняться от курса (*полёта*) 2. уклоняться (*от препятствия в полёте*)

deviation 1. отклонение от курса (*полёта*) 2. уклонение (*от препятствия в полёте*) 3. девиация ◊ ~ **from the course [from the heading]** отклонение от заданного курса; ~ **from the level flight** отклонение от линии горизонтального полёта; **to decrease the** ~ уменьшать величину отклонения от курса
  absolute ~ абсолютное отклонение
  angular ~ 1. угловое отклонение 2. угловое смещение (*напр. оси гироскопа*)
  azimuth ~ азимутальное [боковое] отклонение
  bearing ~ изменение пеленга
  cardinal headings ~ девиация на основных курсах
  compass ~ девиация (авиа-)компаса
  course ~ курсовая девиация
  frequency ~ изменение [колебание] частоты
  heeling ~ креновая девиация (*отклонение показаний авиакомпаса при крене воздушного судна*)
  inadvertent ~ случайное отклонение
  lateral ~ боковое отклонение
  magnetic ~ магнитная девиация
  octantal ~ восьмерная девиация (*имеющая разное значение через каждые 45°*)
  overall ~ суммарное отклонение

DEV

deviation
  phase ~ фазовый сдвиг
  polar ~ полукруговая девиация (*имеющая разное значение на противоположных курсах*)
  quadrantal ~ четвертная девиация (*имеющая разное значение через каждые 90°*)
  radio ~ радиодевиация
  range ~ отклонение по дальности (*полёта*)
  residual ~ остаточная девиация
  response ~ ответное отклонение (*на изменение положения рулей*)
  semicircular ~ полукруговая девиация (*имеющая разное значение на противоположных курсах*)
  true ~ 1. истинное отклонение 2. фактическая девиация
device 1. прибор; устройство 2. механизм 3. оборудование
  aircraft anticollision ~ прибор предупреждения столкновений воздушных судов
  antiicing ~ противообледенительное устройство, противообледенитель (*постоянного действия*)
  antiretraction ~ устройство предотвращения уборки (*шасси*)
  antiskid ~ противоюзовое устройство
  antitopple ~ устройство, предотвращающее выбивание гироскопа
  arresting ~ (наземное) тормозное устройство
  audio warning ~ звуковая аварийная сигнализация
  automatic course ~ автомат курса
  automatic signalling ~ автоматическое сигнальное устройство
  braking ~ 1. тормозное устройство 2. стопорный механизм

DEV   D

device
  braking test ~ устройство для проверки торможения (*на ВПП*)
  cabin tightness testing ~ прибор для проверки кабины на герметичность
  caging ~ арретир (*гироскопа*)
  cargo-handling ~ погрузочно-разгрузочное устройство
  cargo-loading ~ погрузочное устройство
  cargo tie-down ~ оборудование для крепления [для швартовки] груза
  cargo-weighting ~ грузовые весы
  cartridge actuated ~ пиропатрон, пиромеханизм
  centering ~ центрирующее устройство
  centering cam ~ кулачковое центрирующее устройство (*колёс передней опоры шасси*)
  chart-matching ~ блок совмещения радиолокационного изображения с картой
  circuit protection ~ устройство защиты (электро)цепи
  closure ~ запорное устройство
  continuous measuring ~ устройство для непрерывного замера (*напр. коэффициента сцепления на ВПП*)
  deicing ~ противообледенительное устройство, противообледенитель (*переменного действия*)
  dispersion ~ устройство для распыления (*напр. удобрений с воздуха*)
  display ~ дисплей
  dust protection ~ пылезащитное устройство, ПЗУ
  electronic ~ электронное оборудование
  electronic storage ~ электронное запоминающее устройство
  engine lifting ~ приспособ-

DEV

ление для подъёма двигателя

device
exchange ~ устройство обмена (*информацией*)
explosives detecting ~ устройство для обнаружения взрывчатых веществ (*при проверке пассажиров*)
fastening ~ запирающее устройство (*напр. на привязном ремне*)
filling ~ механизм заправки (*напр. топливом*)
floatation ~ плавсредство
friction test ~ устройство для замера сцепления (*на поверхности ВПП*)
gaging ~ манометр
hand-held ~ ручной привод
high-lift wing ~s высокоэффективная механизация крыла
hoisting ~ подъёмник (*воздушного судна*)
homing ~ следящее устройство
igniting ~ воспламеняющее устройство
insertion ~ (механическое) устройство ввода (*информации*)
intrusion detection ~ устройство сигнализации о вторжении (*в запретную зону аэропорта*)
lift ~s механизация крыла
lift dump ~ устройство для уменьшения подъёмной силы крыла
loading ~ загрузочное устройство
load transfer ~ устройство для перемещения груза
locking ~ 1. механизм стопорения 2. контровка
lockout ~ блокирующее устройство
measuring ~ измерительный прибор
metering ~ дозирующее устройство

DEV

device
mooring ~ швартовка, швартовочное приспособление
noise abatement ~ устройство для снижения уровня шума
noise suppression ~ глушитель шума
recording ~ регистратор
safety ~ предохранитель
safety relief ~ предохранительно-разгрузочное устройство
self-centering ~ устройство разворота (*колёс передней стойки шасси*) в нейтральное положение
self-recording ~ самописец
sensing ~ чувствительный элемент
signalling ~ сигнальное устройство
stabilizer servicing ~ приспособление для обслуживания стабилизатора
stall warning ~ датчик предупреждения больших углов атаки
switching ~ коммутационное устройство
system leakage ~ прибор для проверки систем на герметичность
termination ~ устройство для причаливания (*напр. аэростата*)
through ~ переходник, переходное устройство
thrust producting ~ устройство для создания тяги
timber-carrying suspending ~ устройство для транспортировки древесины на внешней подвеске (*вертолёта*)
tire inflation ~ приспособление для зарядки авиашин
tow ~ буксировочное устройство
tripping ~ отключающее (электрическое) устройство
underfrequency protection ~ защитное устройство от по-

DEV

вышения частоты (*электросети*)
device
  unit load ~ средство пакетирования грузов
  visual warning ~ средство визуального аварийного оповещения
  warning ~ 1. устройство предупреждения (*об опасности*) 2. сигнализатор аварийного состояния
  water depth measuring ~ устройство для измерения слоя воды (*на ВПП*)
  weapon detecting ~ устройство для обнаружения оружия (*при проверке пассажиров*)
  weighting ~ устройство для взвешивания (*напр. багажа*)
  wheel installation ~ приспособление для установки колеса
  wing ~s механизация крыла
  wing extendable ~s выдвижная механизация крыла
devils:
  dust ~ пыльные вихри; пыльные бури
deviometer указатель отклонения от курса (*полёта*), девиометр
diagram диаграмма; график; схема
  aircraft balance ~ центровочный график воздушного судна
  aircraft loading ~ схема загрузки воздушного судна
  antenna directivity ~ диаграмма направленности антенны
  arrangement ~ схема расположения (*агрегатов*)
  emergency evacuation ~ схема аварийной эвакуации (*воздушного судна*)
  installation ~ схема установки (*агрегатов*)
  production breakdown ~ схема (основных) технологических разъёмов

DIL

  diagram
  scatter ~ диаграмма рассеивания (*напр. облачности*)
  sequence-of-operation ~ схема последовательности работы (*агрегатов*)
  valve timing ~ диаграмма газораспределения (*двигателя*)
  wiring ~ монтажная (электро)схема; фидерная схема
dial шкала
  horizon ~ шкала пилотажно-командного прибора
  instrument ~ шкала прибора
  latitude ~ шкала широт (*астрокомпаса*)
  luminous ~ люминесцентная [светящаяся] шкала
differential:
  class ~ разница в тарифах по классам (*обслуживания пассажиров*)
  pressure ~ перепад давления
diffuser диффузор
  air intake ~ диффузор воздухозаборника
  multiple-shock ~ многоскачковый диффузор
  oblique-shock ~ диффузор с косым скачком уплотнения
  shock-strut ~ диффузор амортизационной опоры шасси
  vaned ~ лопаточный диффузор
  vaneless ~ безлопаточный диффузор
dihedral «V» (*крыла*), угол между двумя аэродинамическими поверхностями
  downward ~ отрицательное (поперечное) «V»
  lateral ~ поперечное «V»
  upward ~ положительное (поперечное) «V»
dilute 1. разжижать (*напр. масло*); растворять; разбавлять 2. разрежать (*газ*)
diluter:
  air ~ автомат подсоса воз-

DIM

духа (*в кислородной системе воздушного судна*)
dimension:
  overall ~s габаритные размеры
dimming уменьшение [ослабление] силы света (*напр. навигационных огней*)
dip 1. наклонение видимого горизонта 2. резкое падение высоты (*полёта*) 3. (магнитное) склонение
  magnetic ~ магнитное склонение
direction направление, курс ◊
  ~ **for landing** направление [курс] посадки
  ~ **of approach** направление захода на посадку
  ~ **of rotation** направление вращения (*напр. воздушных винтов*)
  ~ **of turn** направление разворота
  airflow ~ направление воздушного потока
  azimuth ~ азимутальное направление
  beam ~ направление (глиссадного) луча
  down-slope ~ направление (*ВПП*) в сторону уклона
  flight (path) ~ направление (траектории) полёта
  fore-aft ~ направление вдоль оси (*воздушного судна*)
  level slope ~ нулевой уклон (*ВПП*)
  lift ~ направление (действия) подъёмной силы
  magnetic ~ магнитный курс
  runway ~ направление расположения ВПП
  up-slope ~ направление (*ВПП*) в сторону подъёма
  wind ~ направление ветра
directivity:
  flyover ~ направленность (*напр. шума*) при пролёте (*воздушного судна*)
  noise ~ направленность шума

DIS

director 1. командный прибор 2. направляющее устройство
  attitude ~ директорный [командный] авиагоризонт
  flight ~ пилотажный командный прибор
  para visual ~ визуальный командный прибор
directory:
  aerodrome ~ справочник по аэродромам
  airport ~ справочник по аэропортам
  routing ~ справочник [сборник] (утверждённых) маршрутов
disagreement:
  flaps ~ несинхронность отклонения закрылков
disc:
  brake ~ тормозной диск
  compressor ~ диск компрессора
  compressor rotor ~ диск ротора компрессора
  friction ~ фрикционный диск
  sealing ~ сальник
discard списывать, снимать (*с эксплуатации*)
discarding списание, снятие (*с эксплуатации*)
discharge 1. выгрузка, разгрузка ‖ выгружать, разгружать 2. отвод; выхлоп; сброс; выпуск ‖ отводить; сбрасывать; выпускать 3. утечка (*напр. гидросмеси*) 4. разряд
  alternate fire extinguisher ~ вторая очередь срабатывания огнетушителей
  battery ~ разряд аккумулятора
  cloud-to-cloud ~ (грозовой) разряд между облаками
  cloud-to-ground ~ (грозовой) разряд между облаками и землёй
  exhaust gases ~ отвод выходящих газов
  fuel ~ слив топлива
  lighting ~ разряд молнии

discharge
    main fire extinguisher ~ первая очередь срабатывания огнетушителей
    static ~ статический разряд (*корпуса воздушного судна*)
discharger разрядник
    wing static ~ статический разрядник крыла
discharging 1. выгрузка, разгрузка **2.** разрядка (*напр. аккумулятора*)
discount скидка (*напр. с тарифа*) ‖ делать скидку
    group ~ скидка для группы (*пассажиров*), групповая скидка
discounting предоставление скидки (*напр. с тарифа*)
discrepancy:
    flight ~ несоответствие плану полёта
disengage отключать; расцеплять, отсоединять
disengagement отключение; расцепление, отсоединение
    elevator servo ~ отключение привода руля высоты
    starter ~ отключение стартёра (*двигателя*)
dish параболическая антенна, антенна с параболическим отражателем
    radar ~ параболическая радиолокационная антенна
disorientation потеря ориентации (*напр. в полёте*)
    spatial ~ потеря пространственной ориентации
dispatch 1. отправка, отправление (*груза, почты*) ‖ отправлять **2.** обеспечивать диспетчерское обслуживание (*полётов*)
dispatcher диспетчер
    flight ~ диспетчер воздушного движения
dispatching диспетчерское управление (*воздушным судном*); диспетчерское обслуживание (*воздушного движения*)

dispenser 1. раздаточное устройство **2.** заправочная колонка
    fuel ~ топливозаправщик
dispensing:
    baggage ~ выдача багажа
dispersal:
    fog ~ рассеивание тумана (*в районе ВПП*)
displacement 1. смещение **2.** отклонение
    across-track ~ отклонение от линии пути (*полёта*)
    angular ~ угловое смещение
    bank ~ отклонение по крену (*гироскопа*)
    center-of-gravity ~ смещение центровки
    course ~ отклонение от курса, смещение по курсу
    vertical ~ вертикальное отклонение
display 1. дисплей; экран **2.** индикатор ◊ **to disregard indicator** ~ не учитывать показания прибора; **to regard indicator** ~ учитывать показания прибора
    across track ~ индикатор отклонения от линии пути (*полёта*)
    air ~ экран изображения воздушной обстановки
    air situation ~ дисплей индикации воздушной обстановки
    alphanumeric ~ буквенно-цифровой индикатор
    attitude ~ индикатор пространственного положения (*воздушного судна*)
    cockpit ~ устройство отображения информации в кабине экипажа
    course ~ индикатор курса
    data processing ~ индикатор результатов обработки данных
    density altitude ~ индикатор барометрической высоты
    digital ~ цифровое табло

DIS

display
  flight information ~ табло информации о рейсах
  flight progress ~ индикатор хода полёта
  head-up ~ индикатор (проецирования показаний приборов) на лобовом стекле
  instrument ~ приборная доска
  moving-map ~ индикатор движущейся карты
  navigation ~ индикатор навигационных данных
  radar ~ радиолокационный индикатор

disposal 1. списание, изъятие из эксплуатации 2. размещение, расположение, компоновка
  cabin ~ компоновка кабины
  equipment final ~ списание оборудования

dissemination:
  prompt ~ срочное распространение (*напр. информации*)
  seed ~ разбрасывание семян (*с воздуха*)

dissipation 1. отвод 2. утечка; потеря 3. рассеивание
  fog ~ рассеивание тумана (*в районе ВПП*)
  heat ~ отвод тепла
  noise ~ рассеивание шума

distance расстояние; дистанция ◊ **to assess the** ~ оценивать расстояние (*напр. до препятствия*); **to misjudge the** ~ неправильно оценивать расстояние
  accelerated-stop ~ дистанция прерванного взлёта
  accelerated-stop ~ **available** располагаемая дистанция прерванного взлёта
  air-to-ground ~ расстояние от воздушного судна до объекта на земле
  angular ~ угловое расстояние, расстояние по углу (*между двумя воздушными судами*)

DIS

distance
  approach flight track ~ дистанция [длина пути] при заходе на посадку
  approach measurement ~ расстояние до точки измерения (*шума*) при заходе на посадку
  average city-pair ~ среднее расстояние (*полёта*) между городами
  clearance ~ разделительная дистанция (*между воздушными судами*)
  continued takeoff ~ дистанция продолженного взлёта (*при отказе одного из двигателей*)
  corrected takeoff ~ уточнённая взлётная дистанция
  cross track ~ расстояние бокового отклонения от курса
  declared ~ объявленная (располагаемая) дистанция (*для конкретной ВПП*)
  degeneration ~ дистанция затухания (*звукового сигнала*)
  flareout ~ дистанция выравнивания (*при посадке*)
  flight ~ дистанция полёта
  gliding ~ дистанция планирования (*при посадке*)
  great-circle ~ расстояние (*полёта*) по ортодромии
  gross takeoff ~ полная взлётная дистанция (*от исполнительного старта до достижения безопасной высоты полёта*)
  hold-off ~ дистанция выдерживания (*при посадке*)
  in-flight safe ~ безопасная дистанция (*между воздушными судами*) в полёте
  landing ~ посадочная дистанция (*от момента пролёта высоты 15 м или порога ВПП до полной остановки на ВПП*)
  landing ~ **available** располагаемая посадочная дистанция

DIS

distance
  landing ~ with reverse thrust посадочная дистанция при включённом реверсе
  lateral noise measurement ~ боковое расстояние до точки измерения шума (*в районе ВПП*)
  line-of-sight ~ дальность видимости по прямой, дистанция визирования
  measured ~ измеренное расстояние
  misjudged flight ~ неправильно оценённое расстояние (*до объекта*) в полёте
  overall ~ общая дистанция (*полёта*)
  reference minimum ~ рекомендованная минимальная дистанция (*между воздушными судами в полёте*)
  runway usable ~ рабочая часть ВПП
  safe takeoff ~ безопасная взлётная дистанция
  sight ~ дальность видимости
  sound propagation ~ длина пути распространения звука
  stopping ~ тормозная дистанция, тормозной путь
  takeoff ~ взлётная дистанция (*от места старта до набора высоты в 10 м*)
  takeoff acceleration ~ дистанция разгона при взлёте
  takeoff available ~ располагаемая взлётная дистанция
  taxiing ~ дистанция руления
  taxiway separation ~ расстояние между рулёжными дорожками
  track ~ путевая дистанция (*между воздушными судами по линии курса*)
  turn lead ~ дистанция линейного упреждения разворота
  unstick ~ длина разбега (*до отрыва от ВПП при взлёте*)

DIS

distance-to-go:
  flight ~ дальность полёта до пункта назначения
distortion:
  air ~ возмущение воздушного потока
  localizer beam ~ искажение луча курсового (радио)маяка
  sound ~ искажение звука
  structural ~ деформация конструкции
distrail спутная струя (*остаточные явления в атмосфере после пролёта воздушного судна*)
distress бедствие ◊ **in ~** в состоянии бедствия; **to suffer ~** терпеть бедствие (*о воздушном судне*)
distribution:
  aerodrome wind ~ роза ветров аэродрома
  aerodynamic ~ аэродинамическое возмущение
  aircraft load(ing) ~ распределение загрузки воздушного судна (*для соблюдения центровки*)
  air-load ~ распределение аэродинамической нагрузки
  chordwise ~ распределение (*нагрузки*) по хорде
  cloud ~ распространение облачности; расположение границы облаков
  frequency ~ распределение частот
  fuel ~ распределение (подачи) топлива
  height-keeping error ~ разброс ошибок выдерживания высоты
  lift ~ распределение подъёмной силы (*по размаху крыла*)
  load ~ 1. распределение нагрузки 2. размещение грузов
  mass ~ распределение массы (*воздушного судна*)
  peaky directional ~ остро-

DIS

направленное распределение (*частот*)
distribution
   regional traffic ~ распределение региональных (авиа-) перевозок
   spanwise ~ распределение (*напр. давления*) по размаху крыла
   stress ~ распределение напряжений (*в конструкции*)
   weight ~ распределение массы (*воздушного судна*)
distributor:
   fuel ~ распределитель (подачи) топлива
disturbance:
   atmospheric ~ атмосферное возмущение
   flow ~ возмущение потока
   noise ~ шумовые помехи
   pressure ~ помехи от давления
ditching:
   aircraft ~ вынужденная посадка воздушного судна на воду
dive пикирование ‖ пикировать ◊ **to pull out from** ~ выводить из пикирования
   shallow ~ пологое пикирование
   spinning ~ крутое пикирование, штопор
   spiral ~ пикирование по спирали
diverge ◊ ~ **from** отклоняться от (*курса полёта*)
divergence:
   lateral ~ боковое отклонение (*от курса полёта*)
   wing ~ дивергенция крыла
diversion:
   flight ~ (принудительное) изменение маршрута полёта; (принудительное) отклонение от курса полёта
diversity:
   antenna ~ разнос антенн
   frequency ~ разброс частоты
divert отклонять (*поток*); отводить (*напр. воздух*)

DOC

division 1. служба 2. цех; отдел
   accident investigation ~ специализированный отдел по расследованию авиационных происшествий
   aeromedical safety ~ медицинская служба обеспечения полётов
   aircraft maintenance ~ цех технического обслуживания воздушных судов
   airworthiness ~ служба безопасности полётов
   meteorology ~ метеослужба
   operations ~ служба перевозок
   scale ~ деление шкалы (*прибора*)
   telecommunications ~ служба электросвязи
docking установка (*воздушного судна*) на место стоянки, оборудованное телескопическим трапом
document:
   aircraft ~s бортовая [судовая] документация
   entry ~s въездные документы (*пассажира*)
   exit ~s выездные документы (*пассажира*)
   passenger identity ~s документы, удостоверяющие личность пассажира
   shipping ~s загрузочные документы
   traffic ~s перевозочные документы
   weight-balance ~ центровочный график
documentation:
   aeronautical ~ аэронавигационная документация
   flight ~ полётная документация
   inbound ~ документация на прилёт
   outbound ~ документация на вылет
documenting:
   flight ~ подготовка полётной документации

DOL

dolly 1. монтажная тележка 2. погрузочная тележка (*для контейнеров*)
container ~ контейнерная тележка
engine ~ тележка для транспортировки двигателей
pallet ~ тележка для грузовых поддонов
removal-installation ~ монтажно-транспортировочная тележка

dome 1. обтекатель 2. ниша 3. купол; колпак
blade ~ обтекатель комлевой части лопасти (*воздушного винта*)
landing gear well ~ ниша отсека шасси
nose ~ носовой обтекатель (*фюзеляжа*)
pressure ~ гермоднище (*фюзеляжа*)
propeller ~ обтекатель втулки воздушного винта
radar ~ обтекатель радиолокатора
tail ~ хвостовой обтекатель (*фюзеляжа*)

door 1. люк; крышка люка 2. дверь 3. створка; заслонка ◊ **to open the** ~ **inward / upward / outward** открывать люк внутрь / вверх / наружу; **to swing the** ~ **open** открывать [откидывать] створку (*напр. грузового люка*)
access ~ лючок для доступа (*при техобслуживании*)
antisurge ~ противопомпажная створка (*двигателя*)
baggage compartment ~ люк багажного отсека
blow-in ~ заслонка перепуска (*воздуха*)
bulk cargo ~ люк для бесконтейнерной загрузки
cargo ~ 1. грузовой люк 2. створка грузового люка
cargo container ~ люк для контейнерной загрузки

DOW D

door
entrance ~ входная дверь (*фюзеляжа*)
fan cascade ~ створки решётки (*реверса тяги*) вентилятора
inspection ~ смотровой лючок
landing gear ~ створка шасси
maintenance access ~ эксплуатационный лючок
movable ~ сдвижная створка (*реверса тяги*)
nose landing gear ~ створка передней опоры шасси
nozzle ~ створка реактивного сопла
pressure ~ гермостворка (*грузовой кабины*)
servicing ~ эксплуатационный лючок
structural access ~ технологический люк
thrust reverser ~ створка механизма реверса тяги
undercarriage ~ створка шасси
wheel well ~ створка ниши колёс шасси
wing slot ~ створка (аэродинамической) щели крыла

dope 1. эмалит; аэролак 2. присадка (*к рабочей жидкости*) 3. заправлять (*топливом*) 4. наносить антикоррозионное покрытие

dot (радиолокационная) отметка цели

downdraught (аэродинамическая) сила, направленная вниз

downgrading 1. снижение (*уровня обслуживания или стоимости перевозки*) 2. понижение (*квалификационной отметки или класса пилота*)

downlatch защёлка замка выпущенного положения (*шасси*)

downlink канал связи «воздух — земля»

121

downlock замок выпущенного положения (*шасси*) ‖ ставить (*шасси*) на замок выпущенного положения
downtime простой, время простоя (*воздушного судна*)
downwash скос потока вниз (*при обтекании профиля*)
downwind по ветру; в направлении ветра (*о полёте*)
drag 1. (лобовое) сопротивление 2. отрицательная тяга 3. торможение ◊ **to brake by propeller** ~ тормозить отрицательной тягой винта; **to reduce** ~ уменьшать лобовое сопротивление
  aerodynamic ~ аэродинамическое сопротивление
  aerofoil ~ лобовое сопротивление аэродинамической поверхности
  air ~ сопротивление воздуха
  aircraft skidding ~ сопротивление скольжению воздушного судна
  apparent ~ кажущееся сопротивление
  blade ~ лобовое сопротивление лопатки *или* лопасти
  body ~ лобовое сопротивление корпуса
  boundary-layer ~ сопротивление при образовании пограничного слоя
  induced ~ индуктивное (аэродинамическое) сопротивление
  profile ~ профильное сопротивление
  propeller ~ отрицательная тяга воздушного винта
  shock-wave ~ волновое сопротивление
  surface-friction ~ сопротивление поверхностного трения
  takeoff spray ~ сопротивление (*движению самолёта*) от завихрения влаги с мокрой ВПП в процессе взлёта
  towing ~ сопротивление при буксировке

drag
  trim ~ сопротивление при балансировке
  vortex ~ вихревое сопротивление
  wave ~ волновое сопротивление
  wing ~ лобовое сопротивление крыла
  zero-lift ~ лобовое сопротивление (*крыла*) при нулевой подъёмной силе
drain 1. дренировать; сливать 2. продувать ◊ **to** ~ **overboard** сливать за борт (*напр. топливо*)
drainage 1. дренаж; слив 2. продувка
  aerodrome ~ дренаж аэродрома
  cylinders ~ продувка цилиндров
  fuel tank ~ дренаж топливного бака
  fuel tank water ~ слив конденсата из топливных баков
draining слив (*самотёком*)
  fuel ~ слив топлива
  gravity ~ слив самотёком
draught принудительный (воздушный) поток
  cooling ~ охлаждающий поток
drawing 1. чертёж; эскиз 2. подготовка документации *или* заключения (*напр. об аварии*)
  assembly ~ сборочный чертёж
  engineering ~ технический чертёж
  outline ~ габаритный чертёж
  workshop ~ рабочий чертёж
drift 1. дрейф; смещение; боковое отклонение; снос (*воздушного судна*) ‖ подвергаться сносу 2. уход (*гироскопа*) ◊ **to cancel the** ~ парировать [компенсировать] снос; **to** ~ **down** производить снижение (*на крейсерском режиме*); **to kick off the** ~ пари-

DRI   DRO   D

ровать [компенсировать] снос;
to ~ off the course 1. сносить с курса (*при посадке*)
2. уходить с курса (*в полёте*); отклоняться от курса (*полёта*); to ~ up набирать высоту (*на крейсерском режиме*)

drift
  altimeter ~ запаздывание (анероидной системы) высотомера
  apparent ~ of the gyro кажущийся уход гироскопа
  cloud ~ движение облаков
  compass card ~ уход картушки компаса
  Doppler ~ доплеровский сдвиг (*частоты*)
  frequency ~ уход [сдвиг] частоты
  gyro ~ уход гироскопа
  lateral ~ боковой снос
  platform ~ in azimuth уход (гиро)платформы по курсу
  pointer ~ уход стрелки (*прибора*)
  port ~ снос влево
  radar ~ снос, определённый по радиолокатору
  side ~ боковой снос
  starboard ~ снос вправо
  total ~ суммарный уход (*гироскопа*)
  wind ~ снос под воздействием бокового ветра

drill 1. тренировка (*напр. пилота*) ‖ тренировать 2. опробование (*системы*) ‖ опробовать
  altitude chamber ~ тренировка (*лётного состава*) в барокамере
  cockpit ~ опробование систем управления (*полётом*) в кабине экипажа
  takeoff ~ опробование (*напр. двигателя*) перед взлётом

drive 1. привод 2. механизм включения 3. передача 4. управлять; приводить в движение
  accessory ~ привод агрегатов (*двигателя*)
  constant speed ~ привод (*агрегата*) постоянных оборотов

drive
  electromechanical ~ электромеханический привод
  friction ~ фрикционный привод
  gear ~ редукторный привод
  hand ~ ручной привод
  hydraulic ~ гидравлический привод, гидропривод
  transmission ~ трансмиссия; трансмиссионный привод
  valve mechanical ~ механизм включения крана
  worm gear ~ червячный привод

drivetrain 1. трансмиссия 2. приводная (редукторная) передача

drizzle:
  freezing ~ переохлаждённый мелкий дождь
  heavy ~ сильная изморось
  recent ~ свежая изморось

droop зависание, свес ‖ зависать, свисать
  aileron ~ зависание элеронов (*при стоянке воздушного судна*)
  blade ~ свес лопасти (*несущего винта*)

drop:
  across filter pressure ~ падение давления на фильтре
  excessive pressure ~ падение избыточного давления (*в гермокабине*)
  free ~ свободное падение
  pressure ~ 1. падение давления 2. перепад давления
  speed ~ 1. падение оборотов (*напр. двигателя*) 2. уменьшение скорости (*полёта*)
  temperature ~ падение температуры
  voltage ~ падение напряжения
  wing ~ 1. завал на крыло 2. провисание крыла

dropping:
  cargo ~ сбрасывание груза (*с воздушного судна*)

DRO

dropping
  wing ~ 1. завал на крыло 2. провисание крыла
drum барабан
  brake ~ тормозной барабан
  reusable ~ (тормозной) барабан многоразового применения
drylease:
  aircraft ~ аренда воздушного судна без экипажа
duck резко отклоняться (*о воздушном судне в полёте*)
duct 1. канал; туннель; патрубок 2. тракт; контур (*двигателя*) 3. (прямоточный) двигатель
  air flow ~ воздушный тракт
  air inlet ~ входное устройство (*для обдува, напр. генератора*)
  air intake ~ 1. канал воздухозаборника 2. входной тракт (*двигателя*)
  bifurcated air ~ раздвоенный воздушный тракт
  bypass ~ второй [внешний] контур (*двухконтурного двигателя*)
  compressor air flow ~ проточный тракт компрессора
  exhaust ~ выходной тракт (*двигателя*)
  fan ~ канал вентилятора
  fan discharge ~ выходной канал вентилятора
  gas-air flow ~ газовоздушный тракт
  inlet ~ входной канал (*напр. системы обдува деталей*)
  long air-intake ~ удлинённый канал воздухозаборника
  main ~ первый [внутренний] контур (*двухконтурного двигателя*)
  nozzle box ~ патрубок газосборника
  secondary ~ второй [внешний] контур (*двухконтурного двигателя*)
  self-propelling ~ прямоточный двигатель
  twin annules ~ разделительный кольцевой канал

DUR

duct
  ventral ~ подфюзеляжный (воздухо)заборник
ducted туннельный (*напр. о радиаторе*)
ducting система трубопроводов (*кабины воздушного судна*)
dump аварийно сливать (*напр. топливо*) ◊ **to** ~ **overboard** аварийно сливать за борт
dumper 1. гаситель (*напр. колебаний*) 2. глушитель (*напр. шума*)
  lift ~ гаситель подъёмной силы
dumping аварийный слив
  fuel ~ аварийный слив топлива
duplex 1. дуплексная (радио-)связь 2. двусторонний (*о связи*)
  double channel ~ двухканальная дуплексная (радио-)связь
durability 1. долговечность 2. выносливость 3. срок службы; ресурс
duration:
  ~ **of noise effect** продолжительность воздействия шума (*после пролёта воздушного судна*)
  aggregate noise ~ продолжительность суммарного шума
  authorized ~ продолжительность разрешённого пребывания (*напр. воздушного судна на заданном эшелоне*)
  average ~ средняя продолжительность (*напр. полёта*)
  carriage ~ продолжительность перевозки
  flight ~ продолжительность полёта
  full-thrust ~ продолжительность работы двигателя на взлётном режиме
  nonrefuelling ~ продолжительность полёта без дозаправки топливом
  unit noise ~ продолжитель-

DUS

ность единичного звукового сигнала
dusting:
  aerial ~ опыление с воздуха (*напр. при выполнении сельскохозяйственных работ*)
  crop ~ опыление посевов
duststorm пыльная буря
duty 1. обязанность **2.** пошлина; налог **3.** рабочий цикл; режим (*работы*) **4.** производительность; мощность ◊ **to carry out** ~ выполнять обязанности; **to charge with** ~ возлагать обязанности; ~ **to make payment** платёжное обязательство; **to perform** ~ выполнять обязанности
  assigned ~ закреплённые обязанности (*членов экипажа*)
  crew emergency ~ обязанности экипажа в аварийной обстановке
  crew regular ~ прямые обязанности экипажа
  customs ~ таможенная пошлина
  flight crew ~ обязанности членов экипажа
  import ~ пошлина за ввоз, импортная пошлина
  intermittent ~ повторно-кратковременный режим (*работы*)
  periodic ~ периодический режим
  prescribed flight ~ установленные обязанности (*членов экипажа*) в полёте
  specific ~ удельная производительность
duty-free беспошлинный, не подлежащий обложению (таможенной) пошлиной (*напр. о багаже*)
dwell-time время задержки (*срабатывания механизма*)

E

earphone головной телефон, наушники; гарнитура

EFF

earthing:
  aircraft ~ заземление воздушного судна
ease:
  handling ~ лёгкость управления (*воздушным судном*)
echo:
  back ~ отражённый сигнал
  radar ~ отражённый радиолокационный сигнал
  radar sea ~ радиолокационное отражение от поверхности моря
  radar terrain ~ радиолокационное отражение от поверхности суши
eddy вихрь; завихрение, вихревое движение; турбулентность
  air ~ завихрение воздуха
  boss ~ завихрение вокруг кока (*напр. воздушного винта*)
edge:
  aerodynamic leading ~ аэродинамическая передняя кромка (*крыла*)
  blade leading ~ передняя кромка лопасти (*воздушного винта*)
  labyrinth sealing knife ~ гребень лабиринтного уплотнения (*опоры ротора*)
  leading ~ **1.** передняя кромка **2.** ребро атаки
  rear ~ задняя кромка (*крыла*)
  rotating seal knife ~ гребень лабиринтного уплотнения (*опоры ротора*)
  runway ~ боковая кромка ВПП
  runway leading ~ передняя кромка ВПП
  taxiway ~ бровка рулёжной дорожки
  wing leading ~ носок крыла, передняя кромка крыла
edging 1. облицовка **2.** окантовка
effect ◊ **in ground** ~ в зоне влияния земли; с учётом влияния земли; **out of ground**

EFF

~ вне зоны влияния земли
effect
  adverse ~ неблагоприятное влияние (*напр. на полёт*)
  air cushion ~ эффект воздушной подушки
  blanketing ~ аэродинамическое затенение (*рулей*)
  boundary-layer ~ влияние пограничного слоя
  compressibility ~ эффект сжимаемости (*газа*)
  constant thrust ~ эффект (применения) постоянной тяги
  crosswind ~ влияние (*на полёт*) бокового ветра
  distortion ~ эффект искажения
  Doppler ~ эффект Доплера
  edge ~ 1. граничный эффект 2. влияние кромки (*на обтекание профиля*)
  fluid snubbing ~ эффект гидравлического торможения
  forward speed ~ эффект скорости поступательного движения
  gravity ~ влияние силы тяжести (*напр. воздушного судна на траекторию полёта*)
  ground ~ влияние близости (поверхности) земли (*на полёт*), эффект влияния земли
  ground reflection ~ влияние отражения (потока воздуха) от поверхности земли
  heat shield ~ эффект теплового экрана
  interaction ~ эффект взаимодействия (*рулей*)
  irritating ~ раздражающее воздействие (*шума*)
  linear ~ эффект сплошной линии (*при расположении сигнальных огней ВПП*)
  ram ~ эффект скоростного напора
  slipstream ~ влияние (*на полёт*) спутной струи от воздушного винта
  slot ~ щелевой эффект (*крыла*)

ELB

effect
  sonic boom ~ воздействие звукового удара
  spread ~ эффект разброса (*показаний прибора*)
  wake ~ влияние (*на полёт*) спутной струи (*от воздушного судна*)
  weather ~ атмосферное влияние (*на условия полёта*)
  wind ~ ветровая нагрузка
effectiveness эффективность
  aileron rolling ~ эффективность элеронов при выполнении крена
  braking ~ эффективность торможения
  control surface ~ эффективность рулей
efficiency эффективность
  aerodynamic ~ аэродинамическое качество (*отношение подъёмной силы к величине лобового сопротивления*)
  fuel ~ топливная эффективность
  mechanical ~ механическая отдача (*напр. системы привода закрылков*)
  respiratory ~ кислородная достаточность (*для дыхания пилота*)
efflux 1. реактивная газовая струя 2. истечение газов
  exhaust gas ~ струя выходящих газов (*двигателя*)
  reverse thrust ~ струя выходящих газов при реверсе (*двигателя*)
effort ◊ **to transmit** ~ передавать усилие (*на руль*)
ejector 1. эжектор; отражатель 2. катапульта
  exhaust nozzle ~ эжектор выходного реактивного сопла
  power reversal ~ отражатель (*газовой струи*) в механизме реверса тяги
elbow 1. угольник 2. колено (*рычага*)
  control column ~ колено колонки штурвала

ELB

elbow
 spark plug ~ угольник свечи зажигания
electricity ◊ **to discharge static** ~ отводить [снимать] статическое электричество
 static ~ статическое электричество (*на корпусе воздушного судна*)
electrification:
 aircraft ~ осветительное оборудование воздушного судна
electrode электрод (*свечи зажигания*)
 core ~ центральный электрод
 shell ~ боковой электрод
element:
 acceleration ~ этап разгона (*в полёте*)
 climb ~ этап набора высоты
 filtering ~ фильтроэлемент, фильтрующий пакет
 primary ~ of structure основной [силовой] элемент конструкции
elevation 1. превышение, высота (*над уровнем моря*) **2.** угол превышения; угол места; угол подъёма **3.** профиль (*местности*)
 ~ of the strip превышение лётной полосы
 aerodrome ~ превышение [высота] аэродрома
 angular ~ угловое превышение
 beam ~ угол подъёма луча (*глиссадного огня*)
 runway ~ превышение ВПП
 spot ~ высотная отметка
 threshold ~ превышение порога ВПП
 touchdown zone ~ превышение зоны приземления
elevator руль высоты
elevon элевон (*сочетает функции элерона и руля высоты*)
embark 1. улетать, отправляться (*в рейс*) **2.** производить посадку **3.** производить погрузку
embarkation 1. отправление (*в

END   E

рейс*) **2.** посадка (*пассажиров*) **3.** погрузка
embed входить (*напр. в слой облаков*)
embody:
 aircraft ~ проводить доработку воздушного судна
emergency 1. аварийная обстановка, аварийная ситуация; критические условия **2.** запасный; вспомогательный (*об аэродроме*) ◊ **in** ~ в аварийной обстановке
 aerodrome ~ аварийная обстановка на аэродроме
 aircraft ~ аварийная ситуация с воздушным судном
 in-flight ~ аварийная ситуация в полёте
emission:
 engine ~ эмиссия [выброс газов] от двигателей
 sound ~ распространение звука
 spurious ~ «паразитное» излучение
empennage хвостовое оперение
 cantilever ~ свободнонесущее хвостовое оперение
emplane производить посадку в самолёт
employee:
 airline ~ служащий авиакомпании
 airport ~ служащий аэропорта
employment:
 aircraft ~ эксплуатация воздушного судна
emptying слив (*напр. топлива*); выпуск (*напр. газа*)
encoder устройство кодирования, кодирующее устройство
 altitude ~ устройство кодирования информации о высоте (*полёта*)
encoding кодирование
end ◊ **to bend the cotterpin** ~**s** загибать усики шплинта; **to tuck cotterpin** ~**s** обжимать усики шплинта
 ~ **of runway** начало ВПП

END

(*со стороны захода на посадку*)
end
   approach ~ конец этапа захода на посадку
   articulated rod big ~ кривошипная головка прицепного шатуна
   articulated rod small ~ поршневая головка прицепного шатуна
   cotterpin ~ усик шплинта
   gage GO ~ проходной конец калибра
   gage NOT GO ~ непроходной конец калибра
   master rod big ~ кривошипная головка главного шатуна
   master rod small ~ поршневая головка главного шатуна
   rear ~ хвостовая часть (*аэродинамической поверхности*)
   receiving ~ принимающая станция
   splined shaft ~ шлицевый хвостовик вала
   transmitting ~ передающая станция
endorsement передаточная надпись (*в билете*); подтверждающая запись (*в документе*)
   class ~ отметка (*в билете*) об изменении класса (*обслуживания пассажира*)
   licence ~ удостоверяющая запись в (лётном) свидетельстве
endurance 1. продолжительность (*напр. полёта*) 2. срок службы 3. выносливость, прочность
   flight ~ 1. продолжительность полёта 2. срок службы в лётных часах 3. выносливость [прочность] в лётной эксплуатации
   fuel ~ продолжительность (полёта) по запасу топлива; время полной выработки топлива
   hovering ~ продолжительность (полёта) в режиме висения
endurance:
   operational ~ (эксплуатационный) срок службы
energy ◊ **to absorb the shock** ~ поглощать энергию удара; амортизировать при ударе; **to store** ~ аккумулировать энергию; **to take the** ~ **from** отбирать энергию от (*напр. генератора*)
   boundary layer ~ энергия пограничного слоя
   flow ~ энергия потока
   flywheel ~ энергия маховика
   kinetic ~ кинетическая энергия
   mechanical ~ механическая энергия
   shock wave ~ энергия скачка уплотнения
   sound ~ звуковая энергия
   thermal ~ тепловая энергия
enforcement:
   fares and rates ~ введение в действие пассажирских и грузовых тарифов
engage включать(ся) (*о муфте сцепления*); зацеплять(ся) (*о шестернях*)
engagement включение (*муфты сцепления*); зацепление (*шестерён*)
engine двигатель; мотор ◊ ~ **off** выключенный двигатель; ~ **on** работающий двигатель; ~ **out** отказавший двигатель; **to adjust the** ~ регулировать двигатель до заданных параметров; **to blow down an** ~ 1. выполнять холодный запуск двигателя 2. продувать двигатель (*напр. от остатков керосина*); **to close down [to cut off] an** ~ останавливать [выключать] двигатель; **to decelerate an** ~ убирать обороты двигателя; **to fire an** ~ запускать двигатель; **to install an** ~ устанавливать двигатель (*на воз-*

ENG

душном судне); **to light an** ~ запускать двигатель; **to open up an** ~ давать двигателю полный газ; **to restart the** ~ **in flight** запускать двигатель в полёте; **to run in an** ~ обкатывать двигатель; **to run up an** ~ опробовать двигатель; **to shut down an** ~ останавливать [выключать] двигатель; **to slow down an** ~ снижать режим работы двигателя; **to start an** ~ запускать двигателя; **to unreverse an** ~ выводить двигатель из режима реверса; **to warm up an** ~ прогревать двигатель; **with an** ~ **suddenly failed** при внезапном отказе двигателя

engine
 air-cooled ~ авиационный двигатель воздушного охлаждения
 altitude ~ высотный двигатель
 axial-flow gas turbine ~ газотурбинный двигатель с осевым компрессором
 boost ~ форсажный двигатель
 bypass ~ двухконтурный двигатель
 center ~ средний двигатель (*относительно оси самолёта*)
 combustion ~ двигатель внутреннего сгорания
 dead ~ отказавший двигатель
 definitive ~ окончательный вариант двигателя
 derated ~ двигатель с пониженной тягой
 double-flow ~ двухконтурный турбореактивный двигатель
 double-row radial ~ (поршневой) двигатель типа «двухрядная звезда»
 dual-flow turbojet ~ двухконтурный турбореактивный двигатель
 duct burning bypass ~ двух-

ENG   E

контурный турбореактивный двигатель с дожиганием топлива во втором контуре

engine
 ducted-fan ~ двухконтурный турбовентиляторный двигатель
 fan-type ~ турбовентиляторный двигатель
 free-turbine ~ двигатель со свободной турбиной
 gas turbine ~ газотурбинный двигатель, ГТД
 high bypass ratio ~ двигатель с высокой степенью двухконтурности
 high compression ratio ~ двигатель с высокой степенью сжатия
 idling ~ двигатель на режиме малого газа, двигатель на холостом ходу
 in-board ~ двигатель, установленный в фюзеляже
 internal combustion ~ двигатель внутреннего сгорания
 in-wing mounted ~ двигатель, расположенный в крыле
 jet ~ реактивный двигатель
 left-hand ~ двигатель с левым вращением ротора
 lift jet ~ подъёмный реактивный двигатель (*для вертикального взлёта*)
 longer-lived [long-life] ~ двигатель с большим ресурсом
 low bypass ratio ~ двигатель с низкой степенью двухконтурности
 modular ~ модульный двигатель
 nacelle-mounted ~ двигатель, установленный в мотогондоле
 on-wing mounted ~ двигатель, установленный на крыле
 outboard ~ двигатель, установленный вне фюзеляжа
 piston ~ поршневой двигатель
 podded ~ двигатель, уста-

ENG

новленный в отдельной гондоле
engine
    port-outer ~ левый крайний двигатель
    port-side ~ левый внешний двигатель
    pylon-mounted ~ двигатель, установленный на пилоне
    quiet ~ малошумный двигатель
    radial ~ звездообразный двигатель
    ramjet ~ прямоточный воздушно-реактивный двигатель, ПВРД
    reciprocating ~ поршневой двигатель
    right-hand ~ двигатель с правым вращением ротора
    rough ~ разрегулированный двигатель
    self-aspirating ~ двигатель без наддува
    side ~ боковой двигатель
    single-rotor ~ однокаскадный двигатель
    single-shaft turbine ~ одновальный газотурбинный двигатель
    starboard ~ правый внешний двигатель
    starting ~ пусковой [стартёрный] двигатель
    subsonic ~ дозвуковой двигатель
    three-flow turbojet ~ трёхконтурный турбореактивный двигатель
    three-rotor turbofan ~ трёхвальный турбовентиляторный двигатель
    turbine ~ газотурбинный двигатель, ГТД
    turbofan ~ турбовентиляторный двигатель
    turbojet ~ турбореактивный двигатель, ТРД
    turboprop ~ турбовинтовой двигатель, ТВД
    turboshaft ~ турбовальный двигатель

ENR

engine
    two-rotor ~ двухроторный двигатель
    two-shaft turbine ~ двухвальный газотурбинный двигатель
    two-spool ~ двухкаскадный двигатель
    underwing ~ подкрыльевой двигатель
    uprated ~ форсированный двигатель
    warmed-up ~ прогретый двигатель
    water-cooled ~ двигатель водяного охлаждения
    winding ~ лебёдка
    wing ~ крыльевой двигатель (*установленный на крыле или в крыле*)
engineer:
    aeronautical ~ авиационный инженер
    aircraft maintenance ~ инженер по техническому обслуживанию воздушных судов
    electronics ~ инженер по электронному оборудованию
    flight ~ бортинженер
    navaids ~ инженер по навигационным средствам
    radio ~ инженер по радиоэлектронному оборудованию
    training flight ~ бортинженер-инструктор
engineering:
    aerodrome ~ 1. проектирование и строительство аэродромов 2. аэродромная техника
    aeronautical ~ 1. авиационное проектирование и строительство 2. авиационная техника 3. авиационное машиностроение
    safety-first ~ техника безопасности
engine-mounted установленный на двигателе (*об агрегате*)
enrichment обогащение (*топливной смеси*)
en-route на маршруте; на трассе; в полёте (*о воздушном судне*)

ENS

ensign опознавательный знак (*воздушного судна*)
enterprise:
　air transport ~ авиатранспортное предприятие
entitlement право; разрешение, допуск (*на полёты*) ◊ **to confer** ~ **to** давать право (*на полёты*)
entity:
　air ~ 1. авиационная организация; авиакомпания 2. авиационное предприятие
entry 1. вход (*в зону*) 2. отметка, запись (*напр. в формуляре*) 3. заборник (*напр. воздуха*) ◊ ~ **into the aerodrome zone** вход в зону аэродрома
　log book ~ запись в формуляре
envelope 1. диапазон, границы 2. баллон 3. диаграмма
　atmospheric ~ атмосферная оболочка
　beam ~ 1. огибающая луча 2. диаграмма направленности луча
　flight ~ диапазон режимов полёта
　flight path ~ диапазон изменения [отклонения] траектории полёта
　inflight restart ~ граница высот повторного запуска (*двигателей*) в полёте
　pulse ~ огибающая импульса
　radar ~ диаграмма направленности радиолокатора, зона облучения радиолокатора
　summary signal ~ огибающая суммарного сигнала
environment среда; условия; обстановка
　accident ~ аварийная обстановка
　acoustic airport ~ уровень шумового фона в районе аэропорта
　acoustical ~ акустическая среда
　aerodrome ~ условия (*полётов*) в районе аэродрома

EQU

　air traffic ~ условия выполнения воздушных перевозок
　crew ~ условия работы экипажа
　en-route ~ условия (*полёта*) на маршруте
　flight deck ~ компоновка кабины экипажа
　flight deck aural ~ уровень шумового фона в кабине экипажа
　high density traffic ~ условия (*полётов*) при высокой плотности воздушного движения
　in-service ~ условия эксплуатации
　noise ~ шумовая обстановка
　nonradar ~ условия (*полёта*) без радиолокационного контроля
　oceanic ~ условия (*полётов*) над океаном
　radar ~ условия (*полёта*) с использованием радиолокационного контроля
　runway ~ условия (*полётов*) в районе ВПП
　severe ~ сложные условия (*полётов*)
　test ~ условия проведения испытаний
environmental-free неподверженный влиянию окружающей среды
environs:
　aerodrome ~ приаэродромная территория, окрестности аэродрома
equalizer 1. компенсатор; уравнитель 2. синхронизатор
　fuel ~ автомат выравнивания расхода топлива из баков левого и правого полукрыльев (*во избежание самопроизвольного крена*)
　pressure ~ компенсатор давления
equaplaning скольжение по воде, глиссирование
　reverted rubber ~ глиссирование из-за перегрева резины (*колёс*)

EQU

equator:
  celestial ~ небесный экватор
  terrestrial ~ земной экватор
equipment 1. оборудование; аппаратура 2. арматура 3. техника
  acoustical ~ акустическая аппаратура
  aeronautical ~ 1. авиационное оборудование 2. авиационная техника
  aeroplane ~ самолётное оборудование
  airborne ~ бортовое оборудование; бортовая аппаратура
  airborne identification ~ бортовая аппаратура опознавания
  airborne search ~ бортовое поисковое оборудование
  airborne weather ~ бортовое метеорологическое оборудование
  air-conditioning ~ оборудование системы кондиционирования
  aircraft ~ бортовое оборудование; бортовая аппаратура
  aircraft communication ~ бортовое связное оборудование
  aircraft fixed ~ бортовое стационарное оборудование
  aircraft navigation ~ бортовое навигационное оборудование
  aircraft parking ~ оборудование места стоянки воздушного судна
  aircraft portable ~ переносное бортовое оборудование
  aircraft recorder ~ бортовая контрольно-записывающая аппаратура
  aircraft servicing ~ оборудование для обслуживания воздушного судна
  angle measurement ~ угломерное оборудование
  area navigation ~ бортовое оборудование зональной навигации

EQU

equipment
  autoflare ~ автомат выравнивания (*воздушного судна*)
  automated ~ автоматизированное оборудование
  automatic data transfer ~ оборудование автоматической передачи данных
  automatic direction-finding ~ автоматическое радиопеленгационное оборудование, оборудование АРК
  automatic flight control ~ оборудование автоматического управления полётом
  automatic stabilization ~ оборудование автоматической стабилизации (*воздушного судна в полёте*)
  avionics ~ радиоэлектронное оборудование
  blind flight ~ оборудование для полётов по приборам
  built-in test ~ оборудование встроенного контроля
  carburet(t)or heat ~ устройство подогрева карбюратора
  cargo-handling ~ оборудование для обслуживания грузов
  cargo-loading ~ оборудование для загрузки
  catering ~ буфетно-кухонное оборудование
  ceiling measurement ~ оборудование для измерения высоты облачности
  change-over ~ оборудование коммутации
  cockpit ~ оборудование кабины экипажа
  collision warning ~ оборудование предупреждения столкновений (*воздушных судов*)
  distance measuring ~ дальномерное оборудование, ДМЕ
  ditching ~ оборудование для аварийного приводнения
  domestic ~ бытовое оборудование
  dusting ~ опыливатель (*посевов*)

EQU

equipment
electrical ~ электрооборудование
emergence escape ~ аварийно-спасательное оборудование
emergency ~ аварийное оборудование
environmental control system ~ оборудование системы контроля окружающей среды
fire fighting ~ противопожарное оборудование
first-aid ~ средства первой помощи (*на борту*)
fixed ~ несъёмное [стационарное] оборудование
flight crew ~ снаряжение лётного экипажа
flight pick-up ~ приспособление (*напр. на вертолёте*) для захвата объектов в процессе полёта
fueling ~ топливозаправочное оборудование
glide-path ~ оборудование глиссадной системы
glider launch ~ оборудование для запуска планёра
glider tow ~ оборудование для буксировки планёра
ground ~ наземное оборудование
ground service ~ наземное оборудование для (технического) обслуживания
guidance ~ оборудование наведения
hand safety ~ ручное аварийно-спасательное оборудование
inertial navigational ~ навигационное оборудование инерциального типа
intercommunication ~ самолётное [бортовое] переговорное устройство, СПУ
life-saving ~ аварийно-спасательное оборудование
lifting and transporting ~ подъёмно-транспортное оборудование
loading ~ оборудование для загрузки

EQU   E

equipment
loose ~ некомплектное оборудование
measuring ~ измерительная аппаратура
metering ~ оборудование дозировки (*топлива*)
night-flying ~ оборудование для полётов в тёмное время суток
oxygen dispensing ~ кислородное оборудование
passenger-handling ~ оборудование для обслуживания пассажиров (*в аэропорту*)
radio ~ радиооборудование
radio communication ~ радиотехнические средства связи
recording ~ записывающая аппаратура
recovery ~ спасательное оборудование
reliable ~ оборудование повышенной надёжности
remote control ~ оборудование дистанционного управления
reproducing ~ воспроизводящая аппаратура
rescue ~ спасательное оборудование
rigging ~ нивелировочное оборудование
safety ~ аварийно-спасательное оборудование
security ~ противоугонное оборудование
sensing ~ высокочувствительная (измерительная) аппаратура
sign towing ~ оборудование для демонстрационных полётов
snow clearing ~ снегоочистительное оборудование (*аэродрома*)
snow removal ~ снегоочистительное оборудование (*обшивки воздушного судна*)
spray ~ распылитель (*удобрений*)
standby ~ резервное оборудование

EQU

equipment
  survival (radio) ~ аварийно-спасательное (радио)оборудование
  suspended ~ подвесное оборудование
  test ~ испытательное оборудование
  transmit/receive ~ приёмо-передающая аппаратура
  turbulence detection ~ (бортовое) оборудование для обнаружения турбулентности (*воздушного потока*)
  waste ~ санитарное оборудование
equisignal равносигнальный (*о связи*)
erase стирать (*магнитную запись*)
erasure стирание (*магнитной записи*)
erection:
  ~ **of the gyro** восстановление гироскопа
  bank ~ восстановление (гироскопа) по крену
  pitch ~ восстановление (гироскопа) по тангажу
error ошибка; погрешность ◇ **to compensate the** ~ 1. списывать [устранять] девиацию (*компаса*) 2. компенсировать погрешность (*прибора*); **to determine amount of the** ~ 1. определять величину (радио)девиации 2. устанавливать величину погрешности; **to eliminate** ~ устранять погрешность (*прибора*)
  accidental ~ случайная ошибка
  across-track ~ боковое отклонение от курса
  airborne equipment ~ погрешность бортового оборудования
  alignment ~ 1. ошибка в настройке *или* юстировке (*аппаратуры*) 2. ошибка при построении маршрутов
  along-track ~ линейное отклонение от курса

ERR

error
  altimeter ~ погрешность высотомера
  angular ~ угловая погрешность
  azimuth ~ азимутальная погрешность
  backlash ~ 1. погрешность (*показаний приборов*) из-за люфтов 2. ошибка (*при пилотировании*) из-за люфтов (*в системе управления*)
  bias ~ систематическая ошибка
  component ~ частичная погрешность
  detected ~ обнаруженная ошибка
  displacement ~ боковое отклонение (*от курса*)
  elevation ~ погрешность отсчёта по углу места
  following ~ 1. ошибка слежения (*за полётом*) 2. ошибка выдерживания (*курса*)
  glide path angular ~ угловая погрешность выдерживания глиссады
  gross ~ суммарная погрешность (*прибора*)
  guidance signal ~ погрешность сигнала наведения
  height-keeping ~ погрешность выдерживания высоты полёта
  indicated displacement ~ приборная погрешность отклонения (*от курса*)
  instrument ~ инструментальная погрешность
  lateral ~ боковое отклонение (*от курса*)
  mean course ~ погрешность залегания средней линии курса
  mean glide path ~ погрешность залегания средней линии глиссады
  mean-square ~ среднеквадратичная погрешность
  navigation ~ навигационная ошибка
  observation ~ ошибка при визуальном определении ме-

стоположения (*воздушного судна*)
error
pilot's ~ ошибка пилота
quadrantal ~ ошибка четвертной (радио)девиации
radial displacement ~ радиальное отклонение (*от курса*)
range ~ ошибка по дальности (*дистанции*)
reading ~ погрешность считывания *или* отсчёта (*показаний прибора*)
slaving ~ погрешность при согласовании (*компасов*)
steady-state ~ статическая ошибка
systematic ~ систематическая погрешность (*прибора*)
track angle ~ ошибка выдерживания путевого угла; боковое отклонение от курса
zero setting ~ ошибка установки нуля (*на индикаторе*)
error-free безошибочный (*напр. о технике пилотирования*)
escape 1. люк для выхода (*из кабины*) 2. покидание (*воздушного судна*) || покидать 3. утечка, течь 4. избегать опасности (*в полёте*) 5. спасательный (*напр. жилет*)
escort:
customs ~ таможенное сопровождение (*груза*)
establish 1. основывать, создавать (*напр. авиационную техническую базу*) 2. устанавливать (*напр. схему полёта*)
estimating:
arrival ~ расчёт времени прилёта
departure ~ расчёт времени вылета
fuel range ~ расчёт запаса топлива (*на полёт*)
evacuate 1. откачивать (*напр. газ*) 2. эвакуировать (*напр. пассажиров*), покидать (*воздушное судно*)
evacuation эвакуация (*напр. пассажиров*), покидание (*воздушного судна*) ◊ ~ in

crash landing покидание (*воздушного судна*) после аварийной посадки; ~ **in ditching** покидание (*воздушного судна*) при (аварийной) посадке на воду; **to allow** ~ обеспечивать эвакуацию; **to assist in** ~ оказывать помощь при эвакуации
evacuation
emergency ~ аварийная эвакуация
passenger ~ эвакуация пассажиров
safe ~ безопасное покидание (*воздушного судна*)
evaluation:
fatigue ~ оценка усталостной прочности
flight ~ оценка профессиональных качеств пилота
noise ~ оценка уровня шума
obstacles ~ оценка (высоты) препятствий (*в полёте*)
performance ~ оценка лётных характеристик (*воздушного судна*)
evenness:
runway surface ~ гладкость поверхности ВПП
evolution:
aircraft ~ эволюция воздушного судна
examination:
detailed ~ тщательный [детальный] осмотр
flight ~ экзамен по лётной подготовке
medical ~ медицинский осмотр
examiner:
medical ~ член медицинской комиссии
exceeding ◊ ~ **the stalling angle** выход на закритический угол атаки
exchanger (тепло)обменник
air-to-air heat ~ воздуховоздушный радиатор
fuel-oil heat ~ топливомасляный радиатор
heat ~ радиатор; теплообменник

EXC

excite 1. излучать (*радиоволны*) 2. возбуждать (*ток*)
execution:
  safe ~ безопасное выполнение (*полёта*)
exemption освобождение (*напр. от уплаты таможенных сборов*) ◊ **to grant ~** предоставлять право беспошлинного ввоза
exercise:
  aerodrome emergency ~ отработка действий на случай аварийной обстановки в аэропорту
exhaust истечение; выхлоп (*газов*)
  jet ~ реактивное истечение (*газов*)
exhaustion 1. полная выработка (*напр. топлива*) 2. полное падение давления (*в системе*)
exhibition:
  aircraft maintenance engineering ~ (международная) выставка технического оборудования для обслуживания воздушных судов
exit:
  emergency ~ аварийный выход (*в фюзеляже*)
  exhaust nozzle ~ срез [выход] реактивного сопла
  overwing emergency ~ люк аварийного выхода на крыло
  taxiway ~ выводная рулёжная дорожка
expectancy:
  life ~ предполагаемый срок службы (*напр. воздушного судна*)
expenses расходы ◊ **~ per traffic unit** расходы на единицу (воздушной) перевозки; **to cut down ~** сокращать расходы
  aircraft operating ~ эксплуатационные расходы на воздушное судно
  indirect ~ накладные расходы
  layover ~ расходы, связанные с посадкой для стыковки рейсов

EXP

expenses
  operational ~ расходы на оперативное (техническое) обслуживание
experience ◊ **beyond flight ~** без достаточного опыта выполнения полётов
  aeronautical ~ опыт работы в авиации
  flight ~ налёт (*пилота*)
  flying ~ опыт лётной работы
  on-type flight ~ общий налёт (*пилота*) на определённом типе воздушного судна
  total flight ~ общий налёт (*пилота*)
expert:
  air traffic services ~ эксперт по обслуживанию воздушного движения
  airworthiness ~ эксперт по лётной годности
  flight operations ~ эксперт по производству полётов
  maintenance ~ эксперт по техническому обслуживанию
  medical ~ медицинский эксперт
  pilot training ~ эксперт по обучению пилотов
  procedures document ~ эксперт по вопросам ведения документации
  quality control ~ эксперт по контролю за качеством
  radar ~ эксперт по радиолокаторам
expertise:
  technical ~ техническая экспертиза
explosion 1. взрыв 2. вспышка 3. внутреннее горение
explosives взрывчатые вещества
exporter грузоотправитель, экспортёр
exposure 1. демонстрация (*напр. авиационной техники*) 2. местоположение (*воздушного судна*) 3. метеосводка 4. воздействие (*внешних факторов*); облучение

EXP

express срочная отправка (*багажа, груза*) ‖ срочно отправлять
expulsion 1. выхлоп (*газов*) 2. продувка (*двигателя*) 3. удаление; уход
  shock ~ «выбивание» скачка уплотнения
extension 1. расширение; удлинение 2. удлинитель; надставка 3. выпуск (*напр. механизации крыла*) 4. продление (*срока действия*)
  ~ **of ticket validity** продление срока годности билета
  airstairs ~ выпуск бортового трапа
  emergency landing gear ~ аварийный выпуск шасси
  glide slope ~ растягивание глиссады
  incremental ~ ступенчатый выпуск (*механизации крыла*)
  runway ~ удлинение ВПП
  shaft end ~ хвостовик вала
  symmetric flap ~ симметричный выпуск закрылков
  wind-assisted ~ выпуск шасси с помощью скоростного напора
  wing dogtooth ~ наплыв крыла (*по передней кромке*)
extent ◊ **to determine the** ~ **of damage** определять степень повреждения (*воздушного судна*)
  ~ **of damage** степень повреждения
  geographical ~ географическая протяжённость (*маршрута полёта*)
extinguisher:
  fire ~ огнетушитель
  hand fire ~ ручной огнетушитель
extractor съёмник; извлекающее устройство
  bearing ~ съёмник подшипников
  cotter pin ~ шплинтодёр
extremity 1. концевая часть, конец 2. *pl* чрезвычайные меры
  runway ~ концевая часть ВПП

FAC   F

extricate эвакуировать (*пассажиров с места происшествия*)
extrication эвакуация (*пассажиров с места происшествия*)
eye:
  hoisting ~ такелажное ушко
  turnbuckle ~ ушко тандера
eye-bolt рым-болт; ушковый болт

F

facilitation 1. упрощение формальностей (*при оформлении пассажиров*) 2. уменьшение ограничений (*в воздушных перевозках*)
  air transport ~ уменьшение ограничений в воздушных перевозках
  entry ~ упрощение формальностей при въезде (*в страну*)
facilities средства; оборудование
  aircraft manufacturing ~ авиационное производственное предприятие (*включает здания, сооружения, оборудование*)
  aircraft standby ~ резервное оборудование воздушного судна
  air/ground ~ оборудование связи «воздух — земля»
  air navigation ~ аэронавигационные средства
  airport storage ~ складское оборудование аэропорта
  airways ~ оборудование воздушных трасс
  altitude test ~ барокамера
  anechoic test ~ безэховая испытательная установка
  approach ~ оборудование для обеспечения захода на посадку
  baggage check-in ~ оборудование стойки регистрации багажа
  basic radio ~ основные радиосредства

FAC

facilities
clearance ~ оборудование таможенного досмотра
communication ~ средства связи; связное оборудование
conference ~ оборудование циркулярной связи
en-route navigation ~ маршрутные навигационные средства
ground handling ~ наземные средства обслуживания
guidance ~ средства наведения (*воздушных судов*); оборудование управления (*полётом*)
landing area ~ (светотехническое) оборудование зоны посадки
lighting ~ светотехническое оборудование
maintenance ~ оборудование для технического обслуживания
navigational ~ навигационные средства
operating ~ эксплуатационные средства
primary radio ~ первичные радиосредства
processing ~ средства оформления (*пассажиров или перевозочной документации*)
radar ~ радиолокационное оборудование
radio ~ радиосредства; радиооборудование
radio navigation ~ радионавигационные средства
ramp ~ оборудование места стоянки
repair ~ ремонтное оборудование
rescue ~ спасательные средства
route air navigation ~ маршрутные аэронавигационные средства
secondary radio ~ вторичные радиосредства
tactical air navigation ~ тактические аэронавигационные средства
terminal navigation ~ аэродромное навигационное оборудование

facilities
test ~ оборудование для испытания
unechoic wind tunnel ~ оборудование безэховой аэродинамической трубы
factor 1. коэффициент 2. фактор 3. уровень
~ **of safety** уровень безопасности
adjustment ~ поправочный коэффициент
aerodrome usability [**aerodrome utilization**] ~ коэффициент использования аэродрома
aircraft acceleration ~ коэффициент (допустимой) перегрузки воздушного судна
aircraft load ~ коэффициент (коммерческой) загрузки воздушного судна
aircraft reserve ~ запас прочности [коэффициент запаса прочности] воздушного судна
aircraft safety ~ уровень безопасности полётов воздушного судна
aircraft usability ~ коэффициент использования воздушного судна (*по времени полётов*)
amplification ~ коэффициент усиления (*электроцепи*)
break-even load ~ коэффициент доходной [безубыточной] (коммерческой) загрузки
cargo load ~ коэффициент (коммерческой) загрузки
conversion ~ коэффициент пересчёта [перевода] (*напр. единиц измерения*)
crest ~ коэффициент пика (*нагрузки*)
currency adjustment ~ коэффициент валютного регулирования (*при построении тарифов*)
design ~ расчётный коэффициент

FAC

factor
deviation ~ уровень девиации
deviation scale ~ масштабный коэффициент девиации
Doppler shift ~ коэффициент доплеровского смещения
duration correction ~ поправка на продолжительность (*воздействия шума*)
friction ~ коэффициент трения
length ~ коэффициент запаса длины (*напр. ВПП*)
load ~ 1. коэффициент (коммерческой) загрузки 2. степень перегрузки (*воздушного судна*)
operating correction ~ эксплуатационный поправочный коэффициент (*учитывает условия работы авиатехники*)
output ~ коэффициент полезного действия, кпд
passenger load ~ коэффициент занятости пассажирских кресел
revenue load ~ коэффициент полезной (коммерческой) загрузки
runway usability ~ коэффициент использования ВПП (*с учётом времени ограничения полётов по боковой составляющей ветра*)
safe load ~ запас прочности
shielding ~ коэффициент экранирования
tariff level ~ тарифный коэффициент
useful load ~ коэффициент полезной нагрузки (*на крыло*)
weight load ~ коэффициент (коммерческой) загрузки
factory:
aircraft ~ авиационный завод
fail-safe 1. надёжный, безотказный (*о механизме*) 2. безопасный (*о полёте*)
fail-soft низкой надёжности (*о

FAI

конструкции *воздушного судна*)
failure 1. выход из строя; отказ 2. разрушение; поломка ◊ ~ **due to...** отказ вследствие ...; **due to a mechanical** ~ вследствие отказа механизма; ~ **following resonance** разрушение (*воздушного судна*) вследствие резонанса; **to define the** ~ определять причины отказа; **to prevent a** ~ предупреждать отказ; **under any kind of engine** ~ при любом отказе двигателя
aircraft electrical ~ отказ электросистемы воздушного судна
airframe ~ разрушение планера
bending ~ разрушение при изгибе
bus power ~ отказ бортовой электрошины
cockpit ~ отказ вследствие ошибки экипажа
coincidental ~ одновременный отказ (*нескольких систем*)
consequential ~s чередующиеся отказы
disastrous fatigue ~ усталостное разрушение
engine ~ отказ двигателя
fatigue ~ усталостное разрушение
flutter ~ разрушение вследствие флаттера
foreseeable ~ прогнозируемый отказ
hazardous ~ опасный отказ
overstress ~ разрушение вследствие повышенных нагрузок
passive ~ отказ, не приводящий к последствиям
premature ~ преждевременный отказ
radio (communication) ~ нарушение радиосвязи
rotor ~ отказ несущего винта (*вертолёта*)
simulated engine ~ имитиро-

FAI

ванный отказ двигателя (*в полёте*)
failure
  single ~ единичный [одиночный] отказ
  structural ~ поломка [разрушение] конструкции
  sudden ~ внезапный отказ (*напр. в полёте*)
failure-free безотказность (*напр. двигателя*) ‖ безотказный
fair придавать обтекаемую форму (*напр. о двигателе*) ‖ обтекаемый
fairing 1. зализ, обтекатель 2. стекатель (*газов*) 3. уменьшение лобового сопротивления
  exhaust ~ стекатель выходящих газов
  fuselage spine ~ гаргрот (*обтекатель, закрывающий коммуникации вне контура фюзеляжа*)
  inlet ~ обтекатель опоры (*двигателя*)
  intake ~ обтекатель передней опоры (*двигателя*)
  landing gear ~ гондола шасси
  rear-end ~ обтекатель хвостовой части (*напр. фюзеляжа*)
  strut ~ щиток подкоса (*опоры шасси*)
  turbine exhaust ~ стекатель газов, выходящих за турбиной
  undercarriage ~ гондола шасси
fairlead 1. (аэродинамически) обтекаемый вывод (*за обшивку фюзеляжа*) 2. направляющее (механическое) устройство
  control cable pulley ~ направляющая тросовой проводки
  roller ~ роликовая направляющая (*тяги управления*)
fall 1. снижение ‖ снижаться 2. проваливание (*напр. в воздушную яму*) ‖ проваливаться 3. падение ‖ падать ◊ **to ~ over** скользить (*на крыло*)

FAR

fall
  free ~ свободное падение
  tip-over ~ падение (*воздушного судна*) в перевёрнутом положении
falloff 1. резкое снижение 2. падение давления (*в системе*)
fan 1. вентилятор 2. воздушный винт
  cooling ~ вентилятор системы охлаждения
  demisting ~ вентилятор обдува стёкол (*кабины экипажа*)
  duct ~ вентилятор в кольцевом обтекателе
  engine ~ вентилятор двигателя
  lift ~ вентилятор для создания подъёмной силы
  silent ~ малошумный вентилятор
  single-stage ~ одноступенчатый вентилятор
fanjet турбовентиляторный двигатель
  high-bypass ~ турбовентиляторный двигатель с высокой степенью двухконтурности
  low-consumption ~ турбовентиляторный двигатель с низким расходом (*топлива*)
fare (пассажирский) тариф, стоимость перевозки (пассажира) ◊ ~ **for carriage** тариф за перевозку (пассажира); **to disclose the** ~**s** опубликовывать тарифы
  add-on ~ пропорциональный дополнительный тариф
  adopted ~ принятый тариф
  adult ~ полный тариф (*на возраст свыше 12 лет*)
  advance booking ~ тариф при предварительном бронировании
  advance purchase ~ тариф при предварительном приобретении билета
  affinity group ~ тариф для специализированной группы
  agreed ~ согласованный тариф

FAR

fare
air ~ тариф на воздушную перевозку пассажира
applicable ~ действующий тариф
approved ~ утверждённый тариф
arbitrary ~ разовый тариф
average ~ per passenger-mile средняя тарифная ставка на пассажиро-милю
basic ~ базисный тариф
basing ~ условный тариф
business class ~ тариф бизнес-класса
cabotage ~ тариф для полётов внутри одной страны
charter class ~ чартерный тариф
child ~ детский тариф (*на возраст от 2 до 12 лет*)
circle trip ~ тариф кругового маршрута
coach ~ тариф туристического класса (*в пределах США*)
combination ~ комбинированный тариф
combination through ~ комбинированный сквозной тариф
combined ~ составной тариф
concession ~ льготный тариф, тариф со скидкой
constructed ~ расчётный тариф
contract bulk inclusive tour ~ тариф перевозки типа «инклюзив тур» по контракту
creative ~ льготный целевой тариф
day round trip ~ тариф на полёт с возвратом (*в место вылета*) в течение суток
deep discount ~ сверхльготный тариф
direct (route) ~ тариф прямого маршрута
discount(ed) ~ льготный тариф, тариф со скидкой
domestic ~ внутренний тариф (*в пределах одной страны*)

FAR

fare
economy (class) ~ нижний предел тарифа туристического класса
emigrant ~ тариф для эмигрантов
excursion ~ экскурсионный тариф
extra ~ дополнительный тариф
family ~ семейный тариф
first-class ~ тариф первого класса
flat ~ единый тариф
group ~ групповой тариф
higher intermediate ~ верхний предел тарифа промежуточного класса
inaugural ~ первоначальный тариф (*при открытии авиалинии*)
incentive ~ поощрительный тариф
inclusive (tour) ~ тариф за полное обслуживание (*включая перевозку, гостиницу, экскурсии*), тариф типа «инклюзив тур»
infant ~ тариф для младенцев (*на возраст до 2 лет*)
innovative ~ вновь введённый тариф
instant purchase ~ тариф при приобретении билета непосредственно перед вылетом
interline ~ совместный тариф между авиакомпаниями
intermediate class ~ тариф промежуточного класса
internal ~ внутренний тариф (*в пределах одной страны*)
joint ~ объединённый [суммированный] тариф
local currency ~ тариф в местной валюте
local (selling) ~ местный тариф
low ~ льготный тариф, тариф со скидкой
matching ~ приемлемый тариф
migrant ~ тариф для переселенцев

FAR

fare
  night ~ тариф на полёт в тёмное время суток, «ночной» тариф
  normal ~ тариф без скидок
  normal applicable ~ обычно действующий тариф
  normal economy ~ обычный тариф экономического класса
  off-peak ~ тариф вне сезона «пик»
  off-season ~ внесезонный тариф
  one-way ~ односторонний тариф (*в одном направлении*)
  on-season ~ сезонный тариф
  open-jaw ~ тариф по незамкнутому круговому маршруту
  open-market ~ тариф при свободной продаже (*билетов*)
  package type ~ предварительный тариф (*при комплектовании группы*)
  passenger ~ пассажирский тариф
  peak ~ тариф сезона «пик»
  point-to-point ~ (сквозной) тариф между двумя пунктами
  promotional ~ поощрительный тариф
  proportional ~ пропорциональный тариф
  prorated ~ пропорционально распределённый тариф
  public ~ объявленный тариф
  published ~ опубликованный тариф
  reduced ~ сниженный тариф
  refugee ~ тариф для беженцев
  regular ~ тариф при регулярной воздушной перевозке
  return ~ тариф «туда-обратно»
  round trip ~ тариф на полёт по замкнутому кругу
  seaman's ~ тариф для моряков

FAT

fare
  sectorial ~ тариф для отдельного участка полёта
  ship's crew ~ тариф для членов экипажей морских судов
  shoulder ~ сезонный тариф
  shoulder season ~ межсезонный тариф
  single ~ тариф для полёта в одном направлении
  special ~ специальный тариф (*по виду перевозки*)
  specified ~ специально установленный тариф (*на данный период времени*)
  spouse ~ тариф для супружеской пары
  standby ~ тариф для перевозки с неподтверждённым бронированием
  student ~ студенческий тариф
  through ~ сквозной тариф (*на воздушную перевозку большой протяжённости*)
  tour-basing ~ экскурсионный тариф
  tourist ~ тариф туристического класса
  tour operator's package ~ тариф перевозки туристических групп, укомплектованных эксплуатантом
  trip ~ тариф на (воздушное) путешествие
  two-in-one ~ тариф для пары пассажиров (*напр. членов семьи*)
  two-way ~ единый тариф на полёт в двух направлениях
  unpublished ~ неопубликованный тариф
  worker ~ тариф для (сезонных) рабочих
  youth ~ молодёжный тариф
fare-setting введение (пассажирских) тарифов
farm:
  fuel ~ топливохранилище, топливный склад
fatigue:
  airframe ~ усталость силового набора фюзеляжа

FAT

fatigue
  cumulative ~ общее утомление (*пилота*)
  pilot's ~ утомление пилота
  transient ~ кратковременное утомление (*пилота*)
fault 1. отказ; неисправность 2. ошибка 3. повреждение 4. дефект 5. авария ◊ to correct ~s устранять неисправности; to detect ~s выявлять неисправности
  design ~ конструктивный отказ
feather флюгерное положение, флюгер (*воздушного винта*) ‖ ставить во флюгерное положение ◊ to go to~ входить во флюгерное положение
feathering установка во флюгерное положение, флюгирование (*воздушного винта*)
  automatic ~ автоматическое флюгирование
  manual ~ принудительное флюгирование
  negative torque ~ флюгирование по отрицательному крутящему моменту
  partial ~ частичное флюгирование
  propeller ~ флюгирование воздушного винта
feature:
  installation ~s стендовые характеристики
  main ~s основные (конструктивные) особенности
  safe ~s характеристики уровня безопасности (*полётов*)
  salient ~s выступающие участки рельефа местности
  selective identification ~ 1. опознавательный кодовый сигнал 2. устройство опознавания
  self-test ~ устройство самоконтроля
  special ~ индивидуальная (конструктивная) особенность

FEE   F

Federation:
  International Astronautical ~ Международная федерация астронавтики
  International ~ of Air Line Pilots' Associations Международная федерация ассоциаций линейных пилотов
  International ~ of Air Traffic Controllers' Associations Международная федерация ассоциаций авиадиспетчеров
fee ◊ ~ for each exceeding ton сбор за каждую дополнительную тонну (*груза*); ~ per landing сбор за посадку; to impose ~ взимать налог; облагать пошлиной
  cancellation ~ сбор за аннулирование брони (*на рейс*)
  handling ~ сбор за обслуживание
  no-show ~ сбор за неявку (*пассажира*) к вылету; сбор за неиспользование подтверждённого бронирования
  parking ~ сбор за стоянку (*на аэродроме*)
feed подвод, подача (*напр. топлива*) ‖ подводить, подавать ◊ to ~ out выводить (*напр. ленту из телетайпного аппарата*)
  gravity ~ подвод (жидкости) самотёком
feedback обратная связь
  direct ~ безредукторная [жёсткая] обратная связь
  flexible ~ гибкая обратная связь
  negative ~ отрицательная обратная связь (*нейтрализует отклонение руля от равновесия*)
  positive ~ положительная обратная связь (*способствует переходу руля в другое равновесное состояние*)
feeder 1. загрузочное устройство; подающий механизм 2. местная [вспомогательная] авиалиния
  air ~ патрубок подвода воздуха

FEE

feederjet реактивное воздушное судно для обслуживания местных авиалиний
feederliner воздушное судно для обслуживания местных авиалиний
feedout вывод (*напр. ленты из телетайпного аппарата*)
feel:
   artificial ~ усилие на органах управления (*воздушным судном*) от автомата загрузки
fence (аэродинамический) гребень; (аэродинамическая) решётка
   blast ~ газоотбойный щит, газоотбойная решётка (*на стоянке опробования двигателей*)
   boundary-layer ~ гребень для ограничения пограничного слоя
   flow ~ перегородка [гребень] ограничения потока
   wing ~ аэродинамический гребень на крыле
fencing:
   aerodrome ~ ограждение аэродрома
ferrule 1. наконечник; штуцер 2. втулка; муфта; патрубок
   cross-fire tube ~ патрубок переброса пламени (*в камере сгорания*)
   flexible conduct ~ наконечник [футорка] гибкого шланга
   fuel nozzle ~ втулка для установки форсунки (*двигателя*)
   igniter plug ~ втулка для установки свечи зажигания
ferry перегонка, перебазирование (*воздушного судна*) ‖ перегонять, перебазировать
fidelity точность [чёткость] воспроизведения (*сигнала радиосвязи*), отсутствие искажений
field 1. (посадочная) площадка 2. оперативная точка базирования (*воздушных судов*) 3. поле

FIL

field
   acoustic ~ акустическое поле
   auxiliary landing ~ запасная посадочная площадка
   dipole-type noise ~ звуковое поле дипольного источника
   earth's magnetic ~ магнитное поле Земли
   flow ~ поле [спектр] обтекания (*аэродинамической поверхности*)
   inlet flow ~ поле обтекания заборника (*воздуха*)
   landing ~ посадочная площадка
   noise ~ область воздействия шума
   pilot's ~ **of view** поле зрения пилота
   radiation ~ поле излучения (*напр. антенны*)
   secondary sound ~ отражённое звуковое поле
   sound ~ звуковое поле
fighting:
   fire ~ 1. борьба с пожаром 2. противопожарная защита
   rescue ~ (аварийно-)спасательные работы
figures-case цифровой регистр (*телетайпной связи*)
file:
   aircraft's ~ набор бортовой документации
filing 1. регистрация 2. представление данных *или* сведений (*по запросам*)
   ~ **of statistical data** представление статистических данных (*для регистрации*)
   flight plan ~ регистрация плана полёта
filler 1. заправочная [заливная] горловина; заправочный штуцер 2. наполнитель; заполнитель
   overwing ~ заливная горловина на крыле
   system preservation ~ штуцер консервации (топливной) системы
   tank ~ заливная горловина бака

fillet 1. зализ, обтекатель **2.** галтель **3.** кромка
  airframe ~ зализ [обтекатель] планера
  side ~ бортовой зализ (*крыла с фюзеляжем*)
  wing ~ зализ [обтекатель] крыла
  wing tail ~ хвостовой зализ [хвостовой обтекатель] крыла
  wing-to-fuselage ~ (бортовой) зализ крыла с фюзеляжем
filling:
  fuel ~ заправка топливом
film:
  aerial roll ~ аэрофотоплёнка
  electroconductive ~ токопроводящая плёнка (*для обогрева стёкол*)
filter фильтр ‖ фильтровать
  air ~ воздушный фильтр
  band ~ фильтр частотной полосы
  bandpass ~ полосовой фильтр
  chip-defect ~ фильтр-сигнализатор наличия стружки (*в масле*)
  clogged ~ засорённый [забитый] фильтр
  coarse ~ фильтр грубой [первичной] очистки
  depolluting ~ фильтр с автоматической очисткой
  fine ~ фильтр тонкой [вторичной] очистки
  frequency ~ частотный фильтр
  fuel ~ топливный фильтр
  gauze ~ сетчатый фильтр
  gravity ~ (фильтр-)отстойник
  high-pass ~ высокочастотный фильтр, фильтр высоких [верхних] частот
  high pressure ~ фильтр высокого давления
  light ~ светофильтр
  low-pass ~ низкочастотный фильтр, фильтр низких [нижних] частот
  low pressure ~ фильтр низкого давления
  noise ~ фильтр радиопомех
  octave band ~ октавный полосовой фильтр
  oil ~ масляный фильтр
  pressure ~ фильтр нагнетающей магистрали
  primary ~ фильтр грубой [первичной] очистки
  screen ~ сетчатый фильтр
  secondary ~ фильтр тонкой [вторичной] очистки
  self-cleaning ~ фильтр с автоматической очисткой (*фильтрующей сетки*)
  slot-type ~ щелевой фильтр
fin 1. хвостовое оперение **2.** киль **3.** ребро **4.** создавать устойчивость (*в полёте*)
  cooling ~ охлаждающее ребро, ребро охлаждения
  cylinder ~ охлаждающее ребро цилиндра (*двигателя*)
  dorsal ~ форкиль, надфюзеляжный гребень
  rudder ~ **1.** вертикальное хвостовое оперение **2.** киль
  stabilizing ~ **1.** горизонтальное хвостовое оперение **2.** стабилизатор
  ventral ~ подфюзеляжный киль, подфюзеляжный гребень
  vertical ~ **1.** вертикальное хвостовое оперение **2.** киль
final ◊ **on** ~ на (посадочной) прямой, на посадочном курсе; **to roll into [to turn]** ~ выходить на посадочную прямую, выходить на посадочный курс
  approach ~ конечная прямая [конечный этап] захода на посадку
  long ~ удлинённый конечный этап захода на посадку
finder (радио)пеленгатор
  accurate position ~ (радио-)пеленгатор точного местоположения (*воздушного судна*)
  automatic direction ~ автоматический (радио) пеленга-

FIN

тор; автоматический радиокомпас, АРК
finder
direction ~ (радио)пеленгатор; (радио)компас
position ~ (радио)пеленгатор местоположения (*воздушного судна*)
radar direction ~ радиолокационный пеленгатор
radar height ~ радиолокационный высотомер
radar range ~ радиолокационный дальномер
radio direction ~ радиопеленгатор; радиокомпас, РК
range ~ дальномер
very high frequency direction ~ высокочастотный (радио-)пеленгатор, (радио)пеленгатор ОВЧ
finding (радио)пеленгация; определение местоположения; ориентация, ориентировка
position ~ пеленгация
radio direction [radio position] ~ радиопеленгация
fineness:
aerodynamic ~ аэродинамическое качество
finger 1. галерея (*для прохода пассажиров на посадку*) **2.** бегунок (*системы зажигания двигателя*)
loading ~ галерея для подачи грузов (*в воздушное судно*)
terminal ~ аэровокзальная посадочная галерея
fire ◊ **to catch** ~ воспламенять(ся); **to detect** ~ обнаруживать пожар; **to extinguish** ~ гасить пожар; **to isolate** ~ локализировать пожар; **to prevent** ~ предотвращать возникновение пожара
engine internal ~ пожар внутри двигателя
wheel-well ~ пожар в отсеке шасси
fire-fighting 1. борьба с пожаром **2.** противопожарная защита
fireproof термостойкий (*о материале*)

FIX

firewall противопожарная перегородка
fitness ◊ **to decrease in medical** ~ ограничивать (допуск к полётам) по состоянию здоровья
flight ~ (при)годность к полётам (*лётного состава*)
medical ~ **1.** (при)годность (*к полётам*) по состоянию здоровья **2.** заключение о (при)годности (*к полётам*) по состоянию здоровья
fitting 1. фитинг; арматура **2.** монтаж; подвеска; сборка **3.** подгонка (*детали*)
attach(ment) ~ стыковочный фитинг
blade attach(ment) ~ гребёнка [вилка] крепления лопасти (*несущего винта вертолёта*)
cargo tie-down ~ узел крепления [узел швартовки] груза (*к полу кабины*)
elevator hinge ~ навеска руля высоты
engine attach(ment) ~ узел подвески двигателя
engine roll-in ~ узел закатки двигателя (*для установки в фюзеляже*)
hinge ~ шарнирная подвеска
hoist ~ такелажный узел
light ~ светильник
mooring ~ узел швартовки (*на стойке шасси*)
plumbing ~ соединительная арматура (*трубопроводов*)
rod end ~ наконечник тяги
unit ~ арматура крепления
wing attachment ~ (силовой) узел крепления крыла
fix 1. местоположение, местонахождение; пеленг; координаты ‖ определять местоположение **2.** контрольная точка; контрольный ориентир **3.** засечка, засветка (*напр. на экране локатора*) **4.** фиксация; крепление ‖ фиксировать; крепить
aircraft ~ местоположение воздушного судна (*относи-*

FIX FLA

тельно *земли*); координаты воздушного судна

fix
  airway ~ пункт трассы полёта; контрольная точка воздушной трассы
  approach ~ контрольная точка захода на посадку
  astronomical ~ астрономическая точка (*ориентировки в полёте*)
  celestial ~ астрономические координаты
  en-route ~ контрольная точка на маршруте
  en-route radio ~ 1. радиопеленг на маршруте 2. контрольная радиоточка на маршруте
  entry ~ контрольная точка входа (*в заданное воздушное пространство*)
  exit ~ контрольная точка выхода (*из заданного воздушного пространства*)
  final approach ~ контрольная точка конечного этапа захода на посадку
  ground position ~ местоположение (*воздушного судна*) относительно поверхности земли
  holding ~ контрольный ориентир (*на земле*) схемы ожидания
  initial approach ~ контрольная точка начального этапа захода на посадку
  intermediate approach ~ контрольная точка промежуточного этапа захода на посадку
  metering ~ контрольная точка (*маршрута*) для определения местоположения (*воздушного судна перед входом в зону аэродрома*)
  radar ~ засечка [засветка] объекта на экране локатора
  takeoff ~ установленная точка отрыва при взлёте
fixing определение местоположения
  one-station ~ определение местоположения по пеленгу одной станции
fixing
  position ~ определение местоположения
  radio ~ определение местоположения с помощью радиосредств
  range-bearing ~ определение местоположения по пройденному пути и курсу
  visual ~ визуальное определение местоположения
  visual ground ~ определение местоположения по наземным ориентирам
fixture:
  aircraft ~ стапель для сборки воздушного судна
  light ~ арматура установки (сигнальных) огней
flag:
  alarm ~ бленкер, сигнальный флажок (*на приборе*)
  failure ~ бленкер сигнализации отказа
  glide slope ~ бленкер отказа глиссадной системы
  gyro ~ бленкер отказа авиагоризонта
  heading warning ~ бленкер отказа курсовой системы
  localizer ~ бленкер отказа курсового (радио)маяка
  obstacle ~ флаг для обозначения препятствия (*в зоне аэродрома*)
  tracking ~ флажок на рейке (*для проверки соконусности лопастей несущего винта*)
flame:
  ignition ~ запальное пламя
  jet ~ выхлопной факел (*реактивного двигателя*)
flameholder стабилизатор пламени
flameout срыв пламени (*в камере сгорания*)
  lean ~ срыв пламени при обеднённой смеси
  rich ~ срыв пламени при обогащённой смеси
flame-resistant негорючий (*о материале*)

FLA

flammability воспламеняемость
flammable (легко)воспламеняющийся; огнеопасный
flange 1. фланец; полка **2.** реборда (*колеса*) **3.** выступ; гребень
  attachment ~ крепёжный фланец
  braking plate ~ тормозной фланец
  connecting [coupling] ~ соединительный фланец
  detachable ~ съёмная реборда
  engine air bleed ~ фланец отбора воздуха от двигателя
  hub ~ фланец втулки (*воздушного винта*)
  integral ~ несъёмная реборда
  sliding ~ подвижный фланец
  spar ~ полка лонжерона
flap 1. закрылок **2.** щиток; створка; заслонка ◊ **fail to use** ~s не выполнять требуемый выпуск закрылков; **to place the** ~s **in** устанавливать закрылки (*в заданное положение*); **to set the** ~s **at** устанавливать закрылки (*на заданный угол*); "~s **down**" «выпустить закрылки» (*команда в полёте*); "~s **up**" «убрать закрылки» (*команда в полёте*)
  air ~ воздушная заслонка
  asymmetrical ~s несимметрично выпущенные закрылки
  augmented internal blown ~ закрылок с дополнительным внутренним обдувом
  blown ~ закрылок со сдувом пограничного слоя
  brake ~ тормозной щиток
  cooling ~ створка системы охлаждения
  cowl ~ створка капота (*двигателя*)
  differentially operated ~ дифференциально управляемый закрылок
  dive ~ тормозной щиток
  double-slotted ~ двухщелевой закрылок

FLA

flap
  engine cowl ~ створка капота двигателя
  extended ~ выпущенный закрылок
  extension ~ выдвижной закрылок
  external blown ~ закрылок с внешним обдувом
  full-span ~ закрылок по всему размаху (*крыла*)
  inboard ~ внутренний [корневой] закрылок
  jet ~ струйный закрылок
  landing ~ посадочный щиток
  leading edge ~ отклоняемый носок (*крыла*); предкрылок
  multiple ~ составной закрылок
  outboard ~ внешний [концевой] закрылок
  plain ~ **1.** (посадочный) щиток **2.** плоский [простой] закрылок **3.** бесщелевой закрылок
  recovery ~ щиток вывода из пикирования
  retracted ~ убранный закрылок
  single-slotted ~ однощелевой закрылок
  slot(ted) ~ щелевой закрылок
  split ~ разрезной закрылок (*состоящий из двух и более секций*)
  suction ~ закрылок с отсосом пограничного слоя
  tripple-slotted ~ трёхщелевой закрылок
  wing ~ **1.** закрылок **2.** щиток крыла
flapless с убранными закрылками (*о механизации крыла*)
flapping 1. биение **2.** маховое движение
  blade ~ биение лопасти
flare 1. выравнивание (*перед посадкой*) **2.** (сигнальная) ракета ◊ **to entry into the** ~ входить в этап выравнивания; **to** ~ **out** выравнивать (*воздушное судно перед посадкой*)

FLA

flare
  colored ~ сигнальная цветная ракета
  landing ~ 1. выравнивание перед приземлением 2. посадочная ракета
  parachute ~ парашютная (осветительная) ракета
flareout:
  improper landing ~ ошибка при выравнивании перед приземлением
flash 1. засветка, засечка (*на экране локатора*) 2. проблеск, вспышка ‖ вспыхивать
  aircraft ~ засветка [засечка] воздушного судна (*на экране локатора*)
  high-intensity ~ вспышка (света) высокой интенсивности (*в импульсном маяке*)
  green ~es: "cleared to taxi" зелёный мигающий свет: «рулéние разрешаю» (*сигнал для воздушных судов на земле*)
  green ~es: "return for landing" зелёный мигающий свет: «вернитесь для посадки» (*сигнал для воздушных судов в полёте*)
  red ~es: "aerodrome unsafe, do not land" красный мигающий свет: «аэродром не пригоден, посадка не разрешается» (*сигнал для воздушных судов в полёте*)
  red ~es: "taxi clear of landing area in use" красный мигающий свет: «рулите в обход используемой для посадки зоны» (*сигнал для воздушных судов на земле*)
  white ~es: "land at this aerodrome and proceed to apron" белый мигающий свет: «выполняйте посадку на этом аэродроме и следуйте к перрону» (*сигнал для воздушных судов в полёте*)
  white ~es: "return to the starting point on the aerodrome" белый мигающий

FLI

свет: «вернитесь к месту старта на аэродроме» (*сигнал для воздушных судов на земле*)
flashing проблесковый (*об огне*); мигающий (*о маяке*)
flashpoint температура вспышки (*топлива*)
fleet парк (*воздушных судов*) ◊ to keep tab on the ~ вести учёт (технического состояния) парка
  air ~ воздушный флот
  aircraft ~ парк воздушных судов
  airline ~ парк (*воздушных судов*) авиакомпании
  mixed ~ смешанный парк (*воздушных судов разных типов*)
flettner флетнер; серворуль; сервотриммер
flier участник полёта
flight 1. полёт ‖ полётный 2. режим полёта 3. рейс ‖ рейсовый ◊ ~ checked проверено в полёте; in ~ в процессе полёта, в полёте; ~ inbound the station полёт в направлении на (радио)станцию; ~ on heading полёт по курсу; ~ outbound the station полёт в направлении от (радио)станции; ~ over the high seas полёт над открытым морем; through on the same ~ (следовать) транзитом тем же рейсом; to abort the ~ прерывать полёт; to be experienced in ~ иметь место [происходить] в полёте; to cancel the ~ отменять полёт; to carry out the ~ выполнять полёт; to close the ~ заканчивать регистрацию (*пассажиров*) на рейс; to commence the ~ начинать полёт; to complete the ~ завершать полёт; to continue the ~ продолжать полёт; to decelerate in the ~ гасить скорость в полёте; to govern the ~ управлять ходом полёта; to jeopardize the ~ подвергать полёт опасности; to monitor the ~ сле-

дить за полётом; контролировать полёт; **to replan the** ~ изменять маршрут полёта; изменять план полёта; **to resume the** ~ возобновлять полёт; **to terminate the** ~ завершать полёт; ~ **under the rules** полёт по установленным правилам; **while in** ~ в процессе полёта, в полёте, ~ **with rated power** полёт на номинальном расчётном режиме

flight
accelerated ~ 1. полёт с ускорением 2. неустановившийся (по скорости) полёт
acceptance ~ приёмо-сдаточный полёт
accident-free ~ безаварийный полёт
acrobatic ~ фигурный полёт
advertizing ~ рекламный полёт
aerial survey ~ полёт для выполнения наблюдений с воздуха
aerial work ~ полёт для выполнения (спец)работ
aerobatic ~ высший пилотаж
aerotow ~ полёт на буксире
all-freight ~ чисто грузовой рейс
all-weather ~ всепогодный полёт
altitude ~ высотный полёт
around-the-world ~ кругосветный полёт, кругосветный перелёт
asymmetric ~ полёт с несимметричной тягой двигателей
autocontrolled ~ полёт на автопилоте
automatic ~ автоматический полёт
autorotational ~ полёт на режиме авторотации (*о вертолёте*)
back-to-back ~ полёт в обоих направлениях (*с полной загрузкой*)
bad-weather ~ полёт в сложных метеоусловиях
banked ~ полёт с креном

flight
blind ~ полёт по приборам, «слепой» полёт
blocked-off ~ блок-чартерный рейс, блок-чартер (*воздушное судно зафрахтовано полностью*)
border-crossing ~ полёт с пересечением границ (*государств*)
box-pattern ~ полёт по «коробочке»
bumpy-air ~ полёт в условиях болтанки
business ~ деловой полёт
calibration ~ калибровочный [тарировочный] облёт (*средств связи*)
cancelled ~ аннулированный [отменённый] рейс
cargo ~ грузовой рейс
certification test ~ сертификационный испытательный полёт
charter ~ чартерный рейс, чартер
chased ~ полёт с сопровождающим (воздушным судном)
checkout ~ контрольный полёт
civil ~ рейс гражданского воздушного судна
climbing ~ полёт с набором высоты
closed-circuit ~ полёт по замкнутому кругу
coasting ~ полёт по инерции
coast-to-coast ~ *амер.* полёт в пределах континента
commercial ~ коммерческий рейс
compulsory IFR ~ полёт по приборам, обязательный для данной зоны
computer-directed ~ автоматический полёт
connecting ~ стыковочный рейс
contact ~ визуальный полёт, полёт с визуальной ориентировкой
continuous ~ беспосадочный

полёт, беспосадочный перелёт
flight
  contour ~ бреющий полёт
  controlled ~ контролируемый (диспетчерской службой) полёт
  conventional ~ 1. полёт (вертолёта) «по-самолётному» (*с разбегом перед набором высоты*) 2. полёт с обычным взлётом и посадкой
  crabbing ~ полёт с парированием сноса
  crop control ~ полёт для контроля состояния посевов
  cross-country ~ перелёт через территорию страны
  cross-wind ~ полёт с боковым ветром
  cruising ~ крейсерский полёт, полёт на крейсерском режиме
  day ~ дневной полёт, полёт в светлое время суток
  decelerating ~ полёт с уменьшением скорости
  delayed ~ задержанный рейс
  delivery ~ перегоночный полёт (*от завода до эксплуатационного предприятия*)
  demonstration ~ демонстрационный полёт
  descending ~ полёт со снижением
  desired path ~ полёт по заданной траектории
  desired track ~ полёт по заданному маршруту
  direct ~ прямой рейс (*без промежуточных посадок*)
  directed reference ~ полёт по сигналам [по командам] с земли
  distance ~ полёт на дальность
  diverted ~ полёт с отклонением (*от основного маршрута*)
  domestic ~ внутренний рейс, рейс внутри одной страны
  downward ~ полёт со снижением
  drift ~ полёт со сносом

flight
  dual ~ полёт с инструктором
  eastbound ~ полёт в восточном направлении
  emergency ~ экстренный рейс (*в аварийной ситуации*)
  empty ~ порожний рейс
  endurance ~ полёт на продолжительность (*напр. при проведении фотосъёмок*)
  engine-off ~ полёт с выключенным двигателем
  engine-on ~ полёт с работающим двигателем
  en-route ~ полёт по маршруту
  entire ~ полёт по полному маршруту
  experimental ~ экспериментальный [опытный] полёт
  extra ~ дополнительный рейс
  extra section ~ полёт по дополнительному маршруту
  factory test ~ заводской испытательный полёт
  familiarization ~ ознакомительный полёт
  ferry ~ перегоночный полёт (*на другое место базирования*)
  first-class ~ рейс с обслуживанием по первому классу
  flapless ~ полёт с убранными закрылками
  formation ~ (групповой) полёт в строю
  free ~ свободный полёт
  full-scale ~ имитация полёта в натуральных условиях
  full-throttle ~ полёт (при работе двигателей) на полном газе
  gliding ~ планирующий полёт
  grid ~ полёт по условным меридианам
  head-down ~ полёт по приборам, «слепой» полёт
  head-up ~ полёт по индикации на (лобовом) стекле
  head-wind ~ полёт со встречным ветром

FLI

flight
  high-altitude ~ высотный полёт
  high-speed ~ скоростной полёт
  holding ~ полёт в зоне ожидания (*последующего разрешения на посадку*)
  horizontal ~ горизонтальный полёт
  hover(ing) ~ полёт в режиме висения (*о вертолёте*)
  hypersonic ~ гиперзвуковой полёт, полёт на гиперзвуковой скорости
  idle ~ полёт (при работе двигателей) на малом газе
  inaugural ~ полёт, открывающий воздушное сообщение
  inclusive (tour) ~ туристический рейс типа «инклюзив тур» (*полное обслуживание туристической поездки с предварительной оплатой всех услуг*)
  incontrollable ~ неуправляемый полёт
  instructional check ~ учебный проверочный полёт
  instructional dual ~ учебный полёт с инструктором
  instructional solo ~ учебный самостоятельный полёт
  instrument (rules) ~ полёт по приборам, «слепой» полёт
  intended ~ планируемый полёт
  international ~ международный рейс
  introductory ~ вывозной полёт (*для оформления допуска экипажа*)
  inward ~ вход в зону аэродрома
  level ~ 1. горизонтальный полёт 2. полёт на заданном эшелоне
  local ~ 1. аэродромный полёт, полёт в зоне аэродрома 2. полёт по местной авиалинии
  long-distance ~ магистральный полёт

FLI

flight
  low(-altitude) ~ полёт на малых высотах
  low-level ~ бреющий полёт
  low-speed ~ полёт на малой скорости
  low-visibility ~ полёт в условиях плохой видимости
  maiden ~ первый полёт (*опытного образца воздушного судна*)
  man-directed [manned] ~ управляемый полёт
  meteorological reconnaissance ~ полёт для разведки метеорологической обстановки
  mid-course ~ полёт на среднем участке маршрута
  multistage ~ многоэтапный полёт
  night ~ ночной полёт, полёт в тёмное время суток
  noiseless ~ малошумный полёт
  nonrevenue ~ некоммерческий рейс; рейс без таможенного досмотра
  nonscheduled ~ 1. полёт вне расписания 2. нерегулярный рейс
  nonstop ~ беспосадочный полёт
  nontraffic ~ служебный рейс
  nonvisual ~ полёт в условиях отсутствия видимости
  off-airway ~ полёт вне установленного маршрута
  one-stop ~ полёт с промежуточной остановкой
  one-way ~ полёт в одном направлении
  orientation ~ полёт для ознакомления с местностью
  out-and-return ~ полёт «туда-обратно»
  out-of-trim ~ несбалансированный полёт
  outward ~ уход из зоны аэродрома
  overland ~ трансконтинентальный полёт
  oversold ~ перебронирован-

ный рейс (*на который билеты проданы сверх лимита*)
flight
overwater ~ полёт над водным пространством
overweather ~ полёт над облаками
performance ~ полёт для проверки лётных характеристик
pleasure ~ прогулочный полёт
point-to-point ~ полёт по размеченному маршруту
positioning ~ полёт с целью перебазирования
powered ~ полёт с работающими двигателями
power-off ~ полёт с выключенными двигателями
power-on ~ полёт с работающими двигателями
practice ~ тренировочный полёт (*для повышения практических навыков*)
prearranged ~ запланированный полёт
private ~ полёт частного воздушного судна
production test ~ заводской испытательный полёт
profit-making ~ прибыльный рейс
radio navigation ~ полёт с помощью радионавигационных средств
rearward ~ полёт хвостом вперёд (*о вертолёте*)
reference ~ полёт по наземным ориентирам *или* по командам наземных станций
refuelling ~ полёт с дозаправкой топлива в воздухе
regular ~ 1. полёт по расписанию 2. регулярный рейс
relief ~ рейс для оказания помощи (*при стихийных бедствиях*)
return ~ 1. обратный рейс 2. полёт «туда-обратно»
revenue earning ~ коммерческий рейс; рейс с таможенным досмотром

flight
rhumb-line ~ полёт по локсодромии
round-trip ~ полёт по круговому [по замкнутому] маршруту
routine ~ ежедневный рейс
sailing ~ парящий полёт
scheduled ~ 1. полёт по расписанию 2. регулярный рейс
sector ~ полёт в установленном секторе
shakedown ~ испытательный полёт (*с целью выявления и устранения недостатков*)
short-haul ~ полёт на короткое расстояние
shuttle ~s челночные полёты
sightseeing ~ прогулочный полёт, полёт с целью осмотра достопримечательностей
simulated ~ имитируемый полёт, полёт на тренажёре
simulated instrument ~ имитируемый полёт по приборам
single-engined ~ полёт на одном двигателе
single-heading ~ полёт с постоянным курсом
soaring ~ парящий полёт
solo ~ самостоятельный полёт
special event ~ полёт в связи с особыми обстоятельствами
stabilized ~ установившийся полёт
stall ~ полёт на критическом угле атаки
standoff ~ полёт в установленной зоне
stationary ~ установившийся полёт (*напр. на эшелоне*)
steady ~ установившийся (по параметрам) полёт
still-air ~ полёт в невозмущённой атмосфере
straight ~ прямолинейный полёт, полёт по прямой
subsonic ~ дозвуковой полёт, полёт на дозвуковой скорости
supersonic ~ сверхзвуковой полёт, полёт на сверхзвуковой скорости

FLI

flight
supervised ~ полёт под наблюдением (*другого пилота*)
tailwind ~ полёт с попутным ветром
taxi-class ~ рейс аэротакси
test ~ испытательный полёт
through ~ сквозной полёт
training ~ тренировочный полёт
training dual ~ тренировочный полёт с инструктором
training solo ~ тренировочный самостоятельный полёт
transfer ~ рейс с пересадкой (*пассажиров*), трансферный рейс
transient ~ неустановившийся (кратковременный) полёт
transit ~ транзитный рейс
trial ~ испытательный полёт
turbulent ~ полёт в условиях болтанки
turnround ~ полёт «туда-обратно»
unaccelerated ~ установившийся (по скорости) полёт
uncontrolled ~ неконтролируемый (диспетчерской службой) полёт
unscheduled ~ 1. полёт вне расписания 2. нерегулярный рейс
unsteady ~ неустановившийся (по параметрам) полёт
upward ~ полёт с набором высоты
vectored ~ управляемый (с земли) полёт
visual contact ~ полёт с визуальной ориентировкой
visual navigation ~ полёт по наземным ориентирам
visual (rules) ~ визуальный полёт
VOR course ~ полёт по маякам «ВОР»
wings-level ~ полёт без крена

"**flip**" полёт на короткое расстояние
flipboard табло кратковременной информации (*о рейсах*)

FLO

float поплавок (*гидросамолёта*)
outrigger ~ опорный поплавок
retractable ~ убирающийся поплавок

floodlight 1. (мощный) направленный свет ‖ освещать (мощным) направленным светом 2. прожекторное освещение 3. прожектор заливающего света
apron ~ прожекторное освещение перрона
landing ~ посадочный прожектор заливающего света
runway ~ посадочный прожектор (для освещения) ВПП

floor:
crew cabin ~ пол кабины экипажа
noise ~ уровень шума

flow 1. расход (*напр. воздуха*) 2. поток (*напр. пассажиров*) ◊ ~ about wing обтекание крыла
~ of air traffic поток воздушного движения
air ~ 1. воздушный поток 2. расход воздуха
airport traffic ~ поток воздушных перевозок через аэропорт
approach ~ набегающий [встречный] поток (*воздуха*)
bypass ~ поток [течение] во втором контуре (*двигателя*)
choked ~ задросселированный поток
cross ~ поперечный поток
disturbed ~ возмущённый поток
exhaust ~ поток выходящих газов
fuel ~ расход топлива
gas ~ расход газа
gravity ~ подача (*топлива или масла*) самотёком
heat ~ тепловой поток
inlet ~ поток во входном устройстве
inverse ~ обратное течение, обратный поток

FLO FLY

flow
  laminar ~ ламинарный [упорядоченный] поток
  liquid ~ расход жидкости
  mass ~ расход массы
  mass air ~ массовый расход воздуха
  one-dimensional ~ одномерное течение (*газа*)
  passenger ~ поток пассажиров
  ram-air ~ скоростной напор
  shock-free ~ поток (*газа*) без скачков уплотнения
  steady ~ установившийся поток
  subsonic ~ дозвуковой поток
  traffic ~ 1. воздушное движение 2. поток (*пассажиров*)
  turbulent ~ турбулентный поток
  undisturbed ~ невозмущённый поток
  unsteady ~ неустановившийся поток
flowmeter указатель расхода (*топлива*), расходомер
  rate ~ указатель мгновенного расхода
  total ~ указатель суммарного расхода
flutter флаттер
  asymmetrical ~ асимметричный флаттер
  stalling ~ срывной флаттер
  symmetrical ~ симметричный флаттер
fly летать, выполнять полёт; пилотировать ◊ **to** ~ **above the weather** летать над верхней кромкой облаков; **to** ~ **a gear down** летать с выпущенным шасси; **to** ~ **a gear up** летать с убранным шасси; **to** ~ **around** облётывать, проверять в полёте (*о воздушном судне*); **to** ~ **a simulator** летать на тренажёре; **to** ~ **at a low level** летать в режиме бреющего полёта; **to** ~**at night** летать в тёмное время суток; **to** ~ **automatically** пилотировать с помощью автоматического управления; **to** ~ **back** возвращаться в пункт вылета; **to** ~ **by an aircraft** летать на воздушном судне; **to** ~ **by day** летать в светлое время суток; **to** ~ **by instruments** летать по приборам; **to** ~**by wire** управлять рулями (*воздушного судна*) с помощью электроприводов; **to** ~ **crosswind** летать при боковом ветре; **to** ~ **downwind** летать по ветру; **to** ~ **en-route** летать по маршруту; **to** ~ **"hand off"** летать с брошенным штурвалом (*при работе автопилота*); **to** ~ **in** доставлять по воздуху; **to** ~ **in formation** летать в строю; **to** ~ **into the sun** летать против солнца; **to** ~ **into the wind** летать против ветра; **to** ~ **level** летать на эшелоне; **to** ~ **manually** пилотировать с помощью штурвального управления; **to** ~ **northbound** летать в северном направлении; **to** ~ **off** вылетать (*из зоны*); **to** ~ **on the autopilot** летать на автопилоте; **to** ~ **on the course** летать по курсу (*установленному для маршрута*); **to** ~ **on the heading** летать по (*магнитному*) курсу; **to** ~ **on instruments** летать по приборам; **to** ~ **out** вылетать (*из зоны*); **to** ~ **over** пролетать над (*пунктом маршрута*); **to** ~ **round** летать по кругу; **to** ~ **solo** летать самостоятельно (*после обучения*); **to** ~ **straight** летать по прямой; **to** ~ **the aircraft** управлять самолётом, пилотировать самолёт; **to** ~ **the circle** летать по кругу; **to** ~ **the glide-slope beam** летать по глиссадному лучу (*при заходе на посадку*); **to** ~ **the great circle** летать по ортодромии; **to** ~ **the rhumb line** летать по локсодромии; **to** ~ **through** следовать транзитом; **to** ~ **under conditions**

155

FLY

выполнять полёт в определённых условиях; to ~ under screen летать «под шторкой», летать по приборам в процессе тренировок; to ~ up wind летать против ветра
flyable готовый [пригодный] к выполнению полётов
flyback 1. обратный рейс 2. обратный ход (*луча*)
flyby облёт (*препятствия*) ‖ облётывать
fly-by-wire дистанционное управление рулями (*воздушного судна*) с помощью электроприводов
flyer участник полёта
flying выполнение полётов; полёт(ы); облёт(ы) ‖ лётный, летающий ◇ ~ around obstacle облёт препятствия; to inapt for ~ быть непригодным к полётам
 accident-free ~ безаварийное выполнение полётов
 aircraft ~ полёты воздушных судов
 airways ~ полёты по (установленным) воздушным трассам
 all-weather ~ всепогодные полёты
 authorized low ~ разрешённые полёты на малой высоте
 back beam ~ полёты по обратному лучу (*маяка*)
 business ~ деловые полёты
 circuit ~ полёты по кругу
 contour ~ бреющие полёты
 executive ~ административные полёты
 fix-to-fix ~ полёты по контрольным точкам (*маршрута*)
 front beam ~ полёты по прямому лучу (*маяка*)
 glider ~ полёты планёра (*напр. в зоне аэродрома*)
 great-circle ~ полёты по ортодромии (*по большому кругу*)
 instruction ~ учебные полёты
 level ~ 1. выполнение гори-

FOO

зонтального полёта 2. полёты на (заданном) эшелоне
flying
 local ~ местные полёты, полёты по местной авиалинии
 low ~ полёты на малых высотах
 night-time ~ ночные полёты, полёты в тёмное время суток
 nose-down ~ полёт со снижением
 nose-up ~ полёт с набором высоты
 pleasure ~ прогулочные полёты
 pressure ~ полёты по изобаре
 radio ~ выполнение полётов с помощью радиосредств
 radio-beam ~ полёты по радиолучу (*маяка*)
 radio-range ~ полёты с использованием радиомаяков
 sail ~ парящие полёты
 terrain ~ полёты по наземным естественным ориентирам
 test ~ испытательные полёты
flyout вылет (*из заданной зоны*)
flyover пролёт (*территории*)
flyweight центробежный грузик
 blade ~ центробежный грузик лопасти (*несущего винта*)
 overspeed valve ~ грузик центробежного клапана (*привода постоянных оборотов двигателя*)
flywheel маховик
fog туман
 freezing ~ переохлаждённый туман
 shallow ~ низкий [стелющийся] туман
following:
 flight ~ слежение за полётом, сопровождение полёта
 path ~ выдерживание (заданной) траектории
foot:
 blade ~ 1. комель лопасти 2. замок лопатки

footprint:
noise ~ шумовой след; контур шума
tire ~ отпечаток [след, кроки] от пневматика (*колеса*)
footrest подножка (*сиденья пилота*)
force 1. сила; усилие ‖ прикладывать усилие **2.** форсировать ◊ **to apply** ~ прикладывать усилие; **to create** ~ создавать усилие; **to overcome the spring** ~ преодолевать усилие пружины; **to produce** ~ вызывать усилие
acceleration ~ сила ускорения
aerodynamic ~ аэродинамическая сила
ascensional ~ подъёмная сила
attraction ~ сила притяжения
braking ~ тормозное усилие
centrifugal ~ центробежная сила
centripetal ~ центростремительная сила
component ~ составляющая сила
control ~ усилие в системе управления
control wheel ~ усилие на штурвале
crosswind ~ сила бокового ветра
damping ~ демпфирующая сила
deviation ~ источник девиации
drag ~ сила лобового сопротивления
electromotive ~ электродвижущая сила, эдс
gravity ~ гравитационная сила
lateral ~ боковая [поперечная] сила
lever actuating ~ усилие перекладки рычага (*управления*)
lift ~ подъёмная сила
out-of-balance ~ неуравновешенная сила

force
pedal ~ усилие на педали
pilot-applied ~ усилие пилота на органах управления
pressure ~ сила давления
reactive ~ реактивная сила
resultant ~ равнодействующая сила
separation ~ усилие расстыковки
skin-friction ~ сила трения обшивки (*о воздух*)
stick ~ усилие на ручке управления
towing ~ тяговое усилие (*при буксировке*)
fore-aft продольно-поперечный (*об управлении воздушным судном*)
forebody носовая часть (*воздушного судна*)
forecast прогноз (*напр. погоды*) ◊ **to cancel the** ~ аннулировать [отменять] сообщённый прогноз; **to disseminate the** ~ распространять прогноз; **to issue a** ~ выпускать информацию о прогнозе; **to obtain the** ~ получать прогноз; **to prepare a** ~ подготавливать прогноз
accurate ~ точный прогноз
aerodrome ~ прогноз по аэродрому
air route ~ прогноз по маршруту (*полёта*)
airway ~ прогноз на авиатрассе
amended ~ уточнённый прогноз
area ~ зональный прогноз
aviation digital ~ авиационный цифровой [авиационный закодированный] прогноз
flight (weather) ~ прогноз (погоды) на полёт
general aviation ~ прогноз (*воздушных перевозок*) для авиации общего назначения
height ~ прогноз (*погоды*) по высоте
landing ~ прогноз на момент посадки

FOR

forecast
  long-range ~ долгосрочный прогноз
  meteorological ~ метеорологический прогноз
  noise exposure ~ предполагаемое воздействие шума
  pictorial ~ прогноз в графическом изображении
  provisional flight ~ ориентировочный прогноз на полёт
  regional ~ прогноз по региону
  routine ~ регулярный прогноз
  self-contained ~ автономный прогноз
  short-range ~ краткосрочный прогноз
  significant weather ~ прогноз особых явлений погоды
  tabular ~ табличный прогноз (*напр. по высотам*)
  takeoff ~ прогноз на момент взлёта
  terminal ~ прогноз для конечного аэропорта
  trend-type ~ ожидаемый прогноз
  upper-air ~ прогноз для верхнего воздушного пространства
  weather ~ прогноз погоды
forecaster:
  meteorological ~ синоптик; метеоролог
forecasting прогнозирование
  aviation ~ авиационное прогнозирование
  long-range ~ долгосрочное прогнозирование
  radar weather ~ радиолокационное прогнозирование погоды
fork:
  turnbuckle ~ вилка тандера (*тросового соединения*)
  wheel ~ вилка колеса (*шасси*)
form:
  cloud ~ форма облаков
  declaration ~ бланк таможенной декларации
  flight plan ~ бланк плана полёта

FRA

form
  flight preparation ~ анкета предполётной подготовки
formalities ◊ **to complete departure** ~ выполнять предполётные формальности
  clearance ~ таможенные формальности
  departure ~ предполётные формальности
formation ◊ **to eliminate the ice** ~ устранять обледенение; **to fly in** ~ выполнять групповой полёт
  cloud ~ образование облака (*в зоне полёта*)
  ice ~ обледенение
forwarder:
  air freight ~ 1. агентство по отправке грузов воздушным транспортом 2. отправитель авиагруза; авиагрузовой экспедитор
forwarding 1. отправка (*напр. грузов*) 2. пересылка (*напр. уведомления об авиационном происшествии*)
forwardslip(ping) скольжение в направлении полёта (*при планировании*)
fractocumulus разорванно-кучевые облака
frame 1. рама 2. каркас; ферма; корпус 3. шпангоут 4. планер (*самолёта*) ◊ **to mount on the** ~ монтировать [устанавливать] на шпангоуте; **within the** ~ **of** в пределах (*напр. видимости*)
  attachment ~ стыковой шпангоут
  bogie ~ рама тележки (*шасси*)
  canopy ~ каркас фонаря
  follow-up ~ следящая рамка (*авиагоризонта*)
  fuselage ~ каркас [силовой набор] фюзеляжа
  gimbal ~ рамка гироскопа
  main ~ главный шпангоут
  middle ~ мидель-шпангоут
  nacelle strong ~ силовой шпангоут гондолы (*двигателя*)

FRA

frame
 ring ~ кольцевой шпангоут
 secondary ~ вспомогательный шпангоут
 strong ~ силовой шпангоут
 typical ~ типовой шпангоут
 wing main ~ каркас крыла
framework каркас, силовой набор (*напр. фюзеляжа*)
free ◊ "~ on board" (f. o. b.) франко-борт, фоб (*условия при перевозке грузов*)
freedom:
 ~ of action свобода действий (*в воздушном пространстве*)
 ~ of the air степень «свободы воздуха» (*уровень ограничений на воздушную перевозку*)
 first ~ of the air первая степень «свободы воздуха» (*право пролёта территории без посадки*)
 second ~ of the air вторая степень «свободы воздуха» (*право технической посадки с целью заправки и обслуживания*)
freight 1. груз ‖ грузить **2.** стоимость перевозки ◊ **to uplift the** ~ принимать груз на борт
 air ~ авиационный груз
 aircraft ~ груз, перевозимый воздушным судном
 dangerous ~ опасный (*для воздушной перевозки*) груз
 perishable ~ скоропортящийся груз; легкоразрушаемый груз
freight-all-kinds разносортные грузы
freighter:
 air ~ грузовое воздушное судно
frequency частота ‖ частотный ◊ **to change the** ~ изменять частоту; **to convert the** ~ преобразовывать частоту; **to guard the** ~ прослушивать частоту (*радиосвязи*); **to monitor the** ~ контролировать заданную частоту; **to select the** ~ выбирать частоту;

FRE   F

 to transmit on ~ **of...** вести передачу [связь] на частоте...
frequency
 ~ of operations частота полётов
 airport tower ~ частота командно-диспетчерского пункта аэропорта
 alternate ~ запасная частота
 audio ~ звуковая частота
 bass ~ низкая частота (*звука*)
 blade passing ~ **1.** частота вращения лопастей (*винта*) **2.** частота следования лопаток (*ротора*)
 calling ~ частота вызова на связь
 distress ~ частота (передачи) сигнала бедствия
 emergency ~ (121,5 MHz) аварийная частота (радио-) связи (*121,5 МГц*)
 en-route ~ частота (радиосвязи) на маршруте полёта
 extremely high ~ (30 000 to 300 000 MHz) крайне высокая частота радиосвязи (*от 30 000 до 300 000 МГц*)
 forced oscillation ~ частота вынужденных колебаний
 geometric mean ~ среднегеометрическая частота
 high ~ (3 000 to 30 000 kHz) высокая частота радиосвязи (*от 3 000 до 30 000 кГц*)
 international distress ~ международная частота (передачи) сигнала бедствия
 interrogation ~ частота запроса
 listening ~ частота прослушивания
 natural ~ собственная частота
 octave-band center ~ средняя частота октавной полосы
 overall ~ общая частота
 receiving ~ частота приёма
 reference ~ опорная частота
 resonant ~ резонансная частота
 scan ~ частота развёртки
 scheduled maintenance ~ пе-

159

FRE

риодичность проведения регламентных работ
frequency
  secondary ~ запасная частота
  side ~ боковая частота
  standby ~ резервная частота
  vibration ~ частота колебаний, частота вибраций
  watch ~ дежурная частота
  working ~ рабочая частота
friction ◊ **to determine the** ~ определять величину сцепления (*колёс с поверхностью ВПП*)
  bearing ~ трение в опорах (*ротора*)
  laminar ~ ламинарное трение (*воздушного потока*)
  runway surface ~ сцепление колёс с поверхностью ВПП
  skin ~ (аэродинамическое) сопротивление обшивки
  turbulent ~ турбулентное трение (*воздушного потока*)
friend/foe «свой — чужой» (*код опознавания воздушных судов*)
front:
  atmospheric ~ атмосферный фронт
  cold ~ холодный (атмосферный) фронт
  pressure ~ фронт (атмосферного) давления
  shock wave ~ фронт скачка уплотнения
  thundery ~ грозовой фронт
  warm ~ тёплый (атмосферный) фронт
fuel топливо ‖ заправлять топливом ◊ **in computing the** ~ при расчёте (потребного) количества топлива; **to atomize** ~ распыливать топливо; **to boost** ~ подкачивать топливо; **to bypass** ~ **back** сбрасывать топливо на вход (*в насос*); **to conserve** ~ экономить топливо; **to dump** ~ сливать топливо; **to feed** ~ подводить топливо; **to ignite** ~ зажигать [воспламенять] топливо; **to introduce** ~ подавать топливо; **to jettison** ~

FUE

аварийно сливать топливо; **to operate on** ~ работать на топливе; **to run out** ~ полностью вырабатывать топливо; **to shut off** ~ перекрывать подачу топлива; **to transfer** ~ перекачивать топливо; **to** ~ **up** заправлять топливом; **to use** ~ расходовать топливо
fuel
  aviation ~ авиационное топливо
  aviation mixed ~ авиационная топливная смесь
  aviation turbine ~ авиационное топливо для турбореактивных двигателей
  block ~ запас топлива на рейс (*от запуска до остановки двигателей*)
  bubble-free ~ топливо без воздушных пузырьков
  climb ~ топливо, расходуемое на набор высоты
  controlling ~ командное топливо (*для привода агрегатов управления*)
  drainable ~ сливаемое топливо
  emulsified ~ эмульсированное (авиационное) топливо
  fossil ~ органическое топливо
  high-energy ~ высококалорийное топливо
  high-grade ~ высококачественное топливо
  high-octane ~ высокооктановое топливо
  improper ~ некондиционное топливо
  intentionally damped ~ преднамеренно слитое топливо
  jet ~ топливо для реактивных двигателей, реактивное топливо
  main ~ основной запас топлива (*на полёт*)
  on-board ~ запас топлива на борту
  run-up ~ топливо на опробование (*двигателей*)
  starting ~ пусковое топливо

FUE

fuel
  takeoff ~ количество топлива, требуемое для взлёта
  taxi ~ топливо, расходуемое при рулении
  trapped ~ несливаемый остаток топлива
  unusable ~ невырабатываемый остаток топлива
  usable ~ расходуемое топливо
  wide-cut ~ топливо широкой фракции
fueler топливозаправщик
fueling заправка топливом
  overwing ~ заправка топливом сверху крыла
  pressure ~ заправка топливом под давлением, заправка топливом снизу
  single-point ~ централизованная заправка топливом
fulcrum 1. ось (*вращения*); центр (*напр. шарнира*) **2.** точка опоры **3.** траверса
  aileron ~ ось вращения элерона
  landing gear ~ траверса стойки шасси
function:
  piloting ~s функции пилота
fund:
  Trust ~s Программа целевых фондов (*технической помощи ИКАО*)
fundamentals:
  flight control ~ руководство по управлению полётами
funnel:
  approach ~ 1. полоса воздушных подходов 2. конус воздушных подходов
fuselage фюзеляж
  double-bubble ~ фюзеляж с сечением из двух окружностей
  monocoque ~ фюзеляж типа монокок, балочно-обшивочный фюзеляж
  pressurized ~ герметизированный фюзеляж
  semimonocoque ~ фюзеляж типа полумонокок, балочно-стрингерный фюзеляж

GAI

fuselage
  stressed skin-type ~ фюзеляж с работающей обшивкой
  truss ~ фюзеляж ферменной конструкции
  unpressurized ~ негерметизированный фюзеляж

G

gage 1. контрольно-измерительный прибор **2.** датчик **3.** манометр **4.** калибр; эталон ‖ калибровать; эталонировать
  feeler ~ набор щупов; щупомер
  float fuel ~ поплавковый топливомер
  fuel level ~ топливомер
  fuel pressure ~ манометр давления топлива
  fuel quantity ~ датчик топливомера
  gap(-type) limit ~ калибр-скоба
  inductive pressure ~ индуктивный манометр
  level ~ указатель уровня (*напр. масла в баке*)
  oil temperature ~ термометр масла (*двигателя*)
  plug(-type) limit ~ калибр-пробка
  pressure ~ манометр
  radius ~ радиусомер, радиусный калибр
  remote-reading pressure ~ дистанционный (потенциометрический) манометр
  screw thread ~ резьбомер, резьбовой калибр
  sight ~ 1. трубка уровня (*жидкости в баке*) 2. мерное стекло
  strain ~ 1. тензодатчик 2. тензометр
  three-pointer engine ~ трёхстрелочный указатель (параметров) двигателя (*давление топлива и масла, температура масла*)
gain ◊ ~ in altitude превышение по высоте

GAI

gain
  altitude ~ непроизвольное увеличение высоты полёта (*за счёт порыва воздушной массы*)
  antenna ~ усиление антенны
gaiter:
  control column ~ чехол штурвальной колонки (*между полом кабины и нижней частью колонки*)
gale 1. штормовой ветер; буря **2.** вспышка; взрыв
galley:
  aircraft ~ бортовая кухня воздушного судна
gallon галлон (*англ.* 4,546 л, *амер.* 3,785 л)
gangway конвейер (*для груза или багажа*); движущаяся дорожка (*для пассажиров*)
gap:
  cloud ~ просвет [окно] в облачности (*для пролёта воздушного судна*)
  rotor-stator ~ зазор между ротором и статором
  spark-plug ~ зазор между электродами
gas:
  exhaust ~ **1.** выходящий газ (*реактивных двигателей*) **2.** выхлопной газ (*поршневых двигателей*)
  inert ~ инертный [нейтральный] газ
gasket прокладка
  engine ~ прокладка в системе двигателя
  flowed-in ~ уплотняющая прокладка
  heat-resisting ~ теплостойкая прокладка
  protection ~ защитная прокладка
gasoline бензин ◊ ~ 80/87 Octane бензин с октановым числом 80/87
  aviation ~ авиационный бензин
  high-octane ~ высокооктановый бензин
  leaded ~ этилированный (авиационный) бензин

GEA

gasoline
  unleaded ~ неэтилированный (авиационный) бензин
gate 1. выход на посадку (*из аэровокзала*) **2.** район входа (*в заданную зону полёта*) **3.** управляющий импульс (*радиолокационной системы*)
  air ~ воздушные ворота
  flap exhaust ~ створка закрылка для реактивной струи (*от двигателя*)
  flux ~ индукционный датчик (*компаса*)
  loading ~ выход на посадку, «посадочные ворота» (*для пассажиров*)
gateway 1. место стыковки (*внутренних и международных*) перевозок **2.** район входа (*в заданную зону полёта*) **3.** *pl амер.* аэропорты США, обслуживающие полёты через Атлантику
  metal-detection ~ пункт контроля (*пассажиров*) на наличие металлических предметов
gathering сбор (*информации*); накопление (*данных*)
  ~ **of information** сбор информации
gauze 1. сетка (*для фильтрования жидкости*) **2.** защитная сетка **3.** лёгкая дымка
  filter ~ фильтрующая сетка
  twill-woven ~ сетка саржевого плетения (*топливного фильтра*)
gear 1. шасси (*см. тж* **undercarriage**) **2.** шестерня; зубчатое колесо **3.** зубчатая передача; передаточный механизм; редуктор ◊ **fail to extend landing** ~ ошибочно не выпускать шасси; **fail to retract landing** ~ ошибочно не убрать шасси; **landing** ~ **is down and locked** шасси выпущено и установлено на замки выпущенного положения; **to extend the landing** ~ выпускать шасси; **to load the** ~ **1.** загружать редуктор **2.** вво-

дить шестерню в зацепление; **to lock the landing ~ (down, up)** ставить шасси на замки (выпущенного *или* убранного положения); **to lower the landing ~** выпускать шасси; **to mesh ~s** вводить шестерни в зацепление; **to raise the landing ~** убирать шасси; **to release the landing ~** снимать шасси с замков убранного положения; **to retract the landing ~** убирать шасси; **to run out the landing ~** выпускать шасси; **to test ~s for smooth** проверять шестерни на плавность зацепления; **to unlatch the landing ~** снимать шасси с замков

gear
aft landing ~ задняя опора шасси
airscrew reduction ~ редуктор воздушного винта
airscrew reversing ~ механизм реверсирования воздушного винта
alighting ~ шасси
amphibious landing ~ колёсно-поплавковое шасси
annular ~ шестерня внутреннего зацепления
arresting landing ~ тормозной механизм (*для воздушных судов на коротких ВПП*)
bell ~ колокольная шестерня (*планетарного редуктора*)
bevel ~ коническая шестерня
bicycle landing ~ велосипедное шасси
blade stop ~ фиксатор шага лопасти (*воздушного винта*)
body landing ~ фюзеляжное шасси
bogie-type landing ~ тележечное шасси
brake ~ тормозное устройство
cantilever landing ~ консольное [бесподкосное] шасси
castor landing ~ шасси с ориентирующимися колёсами

gear
collapsed landing ~ повреждённое шасси
control ~ ведущая шестерня
crown ~ коронная шестерня
differential ~ дифференциальный механизм
differential planetary ~ дифференциально-планетарный механизм
driven ~ ведомая шестерня
driving ~ ведущая шестерня
dual-tandem ~ многоопорное шасси
dummy landing ~ макетное [ложное] шасси
emergency landing ~ аварийное шасси
fixed landing ~ неубирающееся шасси
float-type [flotation] landing ~ поплавковое шасси
forward retracting landing ~ шасси, убирающееся вперёд
four-wheel bogie landing ~ многоопорное тележечное шасси
free-fall landing ~ шасси, выпускающееся под действием собственной массы
friction ~ фрикционная передача
helical ~ косозубая шестерня; шестерня с винтовыми зубьями
herringbone ~ шевронная шестерня
hull equipped landing ~ поплавковое шасси
idler ~ паразитная шестерня
inadvertently retracted landing ~ ошибочно убранное шасси
intermediate ~ промежуточная шестерня
inward retracting landing ~ шасси, убирающееся в фюзеляж
landing ~ 1. шасси 2. опора шасси

GEA GEN

gear
  levered landing ~ рычажное шасси
  main landing ~ основная [главная] опора шасси
  nonretractable landing ~ неубирающееся шасси
  nose landing ~ передняя опора шасси
  planetary ~ сателлитная шестерня, сателлит
  planetary reduction ~ планетарный редуктор
  pontoon equipped landing ~ поплавковое шасси
  prematurely retracted landing ~ преждевременно убранное шасси
  propeller ~ редуктор воздушного винта
  propeller planetary ~ планетарный редуктор воздушного винта
  quadricycle landing ~ четырёхопорное шасси
  ratchet ~ храповик
  rearward retracting landing ~ шасси, убирающееся назад
  reduction ~ редуктор; понижающая передача
  retractable landing ~ убирающееся шасси
  retractable tail ~ убирающаяся хвостовая опора шасси
  reversing ~ механизм реверсирования
  rim ~ шестерня-венец
  rotor intermediate ~ промежуточный редуктор несущего винта
  runway arresting ~ тормозное устройство на ВПП
  semilevered landing ~ полурычажное шасси
  single-skid landing ~ однополозковое шасси
  single-wheel ~ одноколёсное шасси
  skid-equipped landing ~ полозковое шасси
  ski-equipped landing ~ лыжное шасси

gear
  spray ~ распылитель (*удобрений*)
  spur ~ прямозубая шестерня; цилиндрическая шестерня
  stationary ~ неподвижная шестерня
  stationary ring ~ 1. редуктор с неподвижным венцом 2. ступень перебора редуктора
  steerable landing ~ управляемое шасси
  supplementary landing ~ вспомогательное шасси
  tailwheel landing ~ шасси с хвостовой опорой
  tappet ~ кулачковый механизм
  tricycle (equipped) landing ~ трёхопорное шасси, шасси с передней опорой
  two-stage ~ двухступенчатый редуктор
  wheel(ed) landing ~ колёсное шасси
  wide-track landing ~ ширококолейное шасси
  wind-assisted landing ~ шасси с использованием скоростного напора (*для установки на замки выпущенного положения*)
  wing landing ~ (под)крыльевая опора шасси
  worm ~ червяк, червячный редуктор
gearbox 1. редуктор; коробка передач 2. коробка приводов (*двигателя*)
  angular ~ угловой редуктор
  antitorque ~ редуктор рулевого винта (*вертолёта*)
  central ~ центральный редуктор
  propeller ~ редуктор воздушного винта
gearing зацепление шестерён
generation:
  address ~ формирование адреса (*связи*)
  aircraft ~ поколение воздушных судов

generation
   forecast ~ формирование прогнозов
   heat ~ выделение тепла
   noise ~ 1. возникновение шума 2. создание помех (*для связи*)
generator 1. генератор; источник энергии 2. возбудитель (*напр. воздушного вихря*) ◊ **to load the** ~ нагружать генератор; **to wind the** ~ наматывать обмотку генератора
   brushless ~ бесщёточный генератор
   engine-driven ~ (авиационный) генератор с приводом от двигателя
   gas ~ турбокомпрессор
   integrated drive ~ генератор со встроенным приводом
   reversed polarity ~ генератор переменной полярности
   shunt wound ~ генератор с шунтовой обмоткой
   tachometer ~ датчик тахометра
   vortex ~ турбулизатор, возбудитель вихря (*на крыле*)
geometry:
   aircraft ~ контуры воздушного судна
get ◊ **to** ~ **down** снижаться, идти на посадку; **to** ~ **off** отрываться от земли, взлетать
gill жалюзи; механические жабры
   cooling ~ жалюзи системы охлаждения (*двигателя*)
gimbal 1. рамка (*гироскопа*) 2. кардан
   azimuth ~ рамка курса
   gyro ~ рамка гироскопа
   inner ~ внутренняя рамка
   outer ~ наружная рамка
   pitch ~ рамка тангажа
   roll ~ рамка крена
   swash-plate ~ кардан автомата перекоса (*вертолёта*)
gland 1. сальник; уплотнение 2. (гидро)шарнир ◊ **to couple with a** ~ соединять (гидро-)шарниром
gland
   swivel ~ гидрошарнир
glareshield козырёк; шторка; противобликовый экран
   cabin ~ козырёк приборной доски кабины
glass:
   antireflection ~ противобликовое стекло
glide 1. планирование, планирующий спуск ‖ планировать 2. скольжение ‖ скользить ◊ **to break** ~ уходить с глиссады (*при заходе на посадку*); уходить с этапа планирования
   aircraft spiral ~ планирование воздушного судна по спирали
   approach ~ планирование при заходе на посадку
glidepath 1. траектория планирования 2. глиссада
glider планёр (*летательный аппарат*)
   land ~ сухопутный планёр
   powered ~ мотопланёр (*планёр с силовой установкой*)
   sea ~ гидропланёр
glideslope 1. глиссада 2. наклон [склонение] глиссады
go-around уход на второй круг ◊ **fail to initiate** ~ не использовать возможность ухода на второй круг; **on** ~ на втором круге; **to execute** ~ выполнять уход на второй круг; **to initiate** ~ начинать уход на второй круг; **to make decision to** ~ принимать решение об уходе на второй круг
goggles:
   flying ~ лётные защитные очки
goods ◊ ~ **to declare** товары, подлежащие предъявлению (*таможенной службе*)
   dangerous ~ опасные (*для перевозки*) грузы
go-show авиапассажир без пред-

GOV

варительного бронирования места
governor 1. регулятор 2. ограничитель
  bleed ~ регулятор отбора воздуха
  centrifugal ~ центробежный регулятор
  constant-speed ~ регулятор постоянных оборотов
  engine limit ~ регулятор предельных оборотов двигателя
  fuel ~ регулятор расхода топлива
  maximum speed ~ регулятор максимальных оборотов
  propeller ~ регулятор оборотов воздушного винта
  rotor speed ~ ограничитель оборотов ротора
  speed ~ регулятор оборотов
  speed drive ~ регулятор привода (постоянных) оборотов
  throttle ~ дроссельный регулятор
grade:
  ~ **of service** категория обслуживания
  ~ **of the pilot licence** класс пилотского свидетельства
  fuel ~ сорт топлива
  oil ~ сорт масла
gradient:
  humidity ~ градиент влажности
  runway ~ уклон ВПП
grading:
  ~ **of runway** нивелирование ВПП
graph:
  gyro ~ таблица поправок отклонений гироскопа
graticule картографическая сетка
  level ~ сетка нивелира
gravity 1. сила тяжести 2. притяжение; гравитация
grease смазочный материал; консистентная [густая] смазка ‖ смазывать ◊ **to clean away** ~ удалять смазку
  corrosion-preventive ~ анти-

GRO

коррозионная [консервирующая] смазка
grease
  graphite ~ графитовая смазка
Greenwich Гринвич, гринвичский меридиан
grid (координатная) сетка; шкала (*на графике*)
  correction ~ сетка поправок
  navigation ~ навигационная сетка
  runway slope ~ шкала уклона ВПП
  sight ~ сетка визира
grill:
  air ~ решётка для забора воздуха
grip рукоятка (*ручки управления*)
  control wheel ~ рукоятка штурвала
  rotorcraft hydraulic ~ гидравлический захват внешней подвески вертолёта
  throttle control twist ~ ручка коррекции газа (*вертолёта*)
grivation условное магнитное склонение
groove:
  dovetail ~ паз типа «ласточкин хвост»
  indexing ~ индикаторная риска
  piston-ring ~ паз [канавка] для поршневого кольца
groundborne находящийся на земле (*о воздушном судне*)
grounding заземление (*воздушного судна*)
Group:
  Aviation Security Study ~ Исследовательская группа по безопасности полётов
  Basic Operational Requirements ~ Рабочая группа по разработке основных эксплуатационных требований
  European Air Navigation Planning ~ Европейская группа аэронавигационного планирования
  European Air Traffic Fore-

GRO

casting ~ Европейская группа прогнозирования воздушного движения
Group
  Meteorological Advisory ~ Консультативная группа по метеообеспечению
  Regional Planning ~ Группа регионального планирования (*ИКАО*)
group:
  air base ~ бригада наземного обслуживания
  delivery ~ бригада для перегонки воздушных судов
  fuel nozzles ~ блок топливных форсунок
  tour ~ группа (*пассажиров*), выполняющая полёт по туру
  traffic forecasting ~ группа прогнозирования воздушного движения
grow:
  traffic volume ~ рост объёма (воздушных) перевозок
guard:
  safe ~ предохранительная скоба
  switch ~ предохранительный колпачок выключателя
  switch lever ~ предохранительная скоба рычага выключателя
  wheel mud ~ защитный щиток (*от попадания предметов из-под колеса*)
guidance 1. наведение 2. управление (*полётом*); навигация
  all-inertial ~ инерциальная система управления (*полётом*)
  angle ~ наведение по углу
  approach azimuth ~ наведение по азимуту при заходе на посадку
  approach slope ~ наведение по глиссаде при заходе на посадку
  azimuth ~ наведение по азимуту, азимутальное наведение
  back beam track ~ наведение по отражённому лучу

GUI   **G**

guidance
  beam follow [beam track] ~ наведение по лучу
  clearance ~ наведение по клиренсу, клиренс-наведение
  directional ~ путевое наведение
  glide-slope ~ наведение по глиссаде
  inertia ~ инерциальная система управления (*полётом*)
  radar ~ радиолокационное наведение
  radio ~ радионаведение
  roll ~ управление по крену
  roll-out ~ управление при выводе на курс
  surface movement ~ управление наземным движением (*на аэродроме*)
  tracking ~ вывод (*воздушного судна*) на линию пути
  visual ~ визуальное управление (*полётом*)
  visual docking ~ визуальное управление стыковкой (*телескопического трапа с бортом воздушного судна*)
guide ◊ ~ to facilitation руководство по упрощению формальностей
  aircraft maintenance ~ руководство по технической эксплуатации воздушного судна
  air traffic ~ наставление по управлению воздушным движением
  exhaust valve stem ~ направляющая выпускного клапана
  hypsometric tint ~ гипсометрическая цветная шкала высот
  route ~ маршрутный справочник
  visual ~ визуальный указатель (*объекта*)
guideline линия руления (*по аэродрому*)
  parking bay ~ линия руления на место стоянки

GUS

gust:
  air ~ (резкий) порыв воздушной массы
  air-down ~ нисходящий порыв воздушной массы
  air-up ~ восходящий порыв воздушной массы
  alternate ~ переменный порыв
  down(ward) ~ нисходящий порыв
  head-on ~ встречный порыв
  rising ~ восходящий порыв
  sharp ~ резкий порыв
  surface wind ~ порыв ветра у поверхности земли
gustiness неустойчивость, порывистость (*воздушной массы*)
guy растяжка, расчалка (*напр. антенны*) ‖ укреплять растяжками, расчаливать
gyro *см.* gyroscope
gyrocompass гирокомпас
gyropilot автопилот
gyroplane автожир
  amphibian ~ автожир-амфибия
  land ~ сухопутный автожир
  sea ~ гидроавтожир
gyroscope 1. гироскоп **2.** гирокомпас; гиродатчик **3.** авиагоризонт ◊ **to cage the ~** арретировать гироскоп; **to reset the ~** восстанавливать гироскоп; **to slave the ~** согласовывать гироскоп; **to uncage the ~** разарретировать гироскоп
  air bearing ~ гироскоп с воздушной опорой осей
  air-driven ~ пневматический гироскоп
  attitude ~ гировертикаль
  azimuth ~ курсовой гироскоп
  cageable vertical ~ арретируемая гировертикаль
  directional ~ курсовой гироскоп
  flight ~ гирополукомпас
  floated-type ~ гироскоп плавающего типа
  free ~ свободный гироскоп,

HAN

гироскоп с тремя степенями свободы
gyroscope
  free-floating ~ гироскоп свободно плавающего типа
  master ~ командный [штурманский] гироскоп
  master vertical ~ центральная гировертикаль, ЦГВ
  rate ~ прецессионный гироскоп, гироскоп с двумя степенями свободы
  triple ~ свободный гироскоп, гироскоп с тремя степенями свободы
  vacuum-driven ~ вакуумный гироскоп
  vertical ~ гировертикаль
  yaw ~ курсовой гироскоп
gyrostabilizer гиростабилизатор
gyrounit гироагрегат

H

hail град
  soft ~ снежная крупа
halfdoor створка (*ниши шасси*)
hall:
  booking ~ зал бронирования
  passenger customs ~ зал таможенного досмотра
hand:
  elapsed time ~ стрелка полётного времени
handiness управляемость (*воздушного судна*)
handle 1. ручка управления (*воздушным судном*) **2.** рукоятка; вороток **3.** управлять (*воздушным судном*), пилотировать **4.** оформлять; обрабатывать; обслуживать
  door jettison ~ рукоятка аварийного сброса люка
  lock ~ рукоятка замка
handling 1. управление (*воздушным судном*), пилотирование **2.** оформление; обработка; обслуживание
  aircargo ~ обработка авиационного груза (*для загрузки в воздушное судно*)

HAN

handling
  aircraft ~ 1. управление воздушным судном, пилотирование воздушного судна 2. обслуживание воздушного судна
  baggage ~ оформление и обработка багажа
  cargo ~ оформление и обработка грузов
  ground ~ наземное обслуживание
  manual ~ обработка (грузов) вручную
  messages ~ обработка сообщений
  safe ~ of an aircraft безопасное управление воздушным судном
handoff передача (напр. управления воздушным судном)
handover:
  radar ~ радиолокационное управление
handwheel штурвальчик
hangar ангар
hang-glider дельтоплан
hardstand место стоянки [МС] с твёрдым покрытием
hardware:
  aircraft ~ приборное оборудование воздушного судна
harness 1. (предохранительный) ремень 2. жгут; бандаж
  electric wiring ~ электрожгут; электроколлектор
  ignition wiring ~ коллектор зажигания (поршневого двигателя)
  parachute ~ подвесная система парашюта
  safety ~s (привязные) ремни безопасности (членов экипажа)
hatch люк; лючок
  access ~ эксплуатационный [смотровой] лючок
  ditching ~ люк для покидания (воздушного судна) при посадке на воду, верхний аварийный люк
  emergency escape ~ люк для аварийного покидания (воздушного судна)

HAZ

hatch
  emergency exit ~ запасной люк для выхода
  filler ~ люк под заправочную горловину
  fuel quantity transmitter ~ люк для крепления датчика топливомера
haul 1. рейс; перевозка ‖ перевозить 2. пройденное расстояние, протяжённость пути
hazard 1. опасность; опасная ситуация 2. препятствие ◊ ~ due to... опасность из-за [вследствие]...; to constitute a ~ создавать опасность; to create a collision ~ создавать опасность столкновения; to eliminate the ~ устранять опасную ситуацию; to introduce ~ ставить под угрозу (напр. безопасность полёта); to minimize ~ сводить к минимуму опасность; to present the minimum ~ представлять минимальную опасность; to reduce the ~ уменьшать опасность
  airport ~ препятствие в районе аэропорта
  approach area ~ препятствие в зоне захода на посадку
  bird strike ~ опасность столкновения с птицами (в полёте)
  blast ~ опасность взрыва
  collision ~ опасность столкновения
  fire ~ пожарная опасность
  flight safety ~ угроза безопасности полётов
  hidden flight ~ неожиданное препятствие в полёте
  icing ~ опасность обледенения
  potential ~ to the safe потенциальная угроза безопасности (полётов)
  runway hidden ~ скрытое препятствие в районе ВПП
haze 1. мгла, дымка 2. скрывать препятствия (в зоне полётов)
  dust ~ пыльная мгла

HEA

head 1. головка 2. фронтовое устройство (*камеры сгорания*) 3. кок 4. приёмник 5. держать курс; вести; направлять
  airspeed ~ приёмник воздушного давления, ПВД
  flame tube ~ фронтовое устройство камеры сгорания
  main rotor ~ втулка несущего винта
  Pitot ~ трубка Пито, приёмник полного давления
  pressure ~ приёмник давления
  rotor ~ втулка винта (*вертолёта*)
  snap rivet ~ высадная головка заклёпки
  socket ~ головка (*ключа*)
  static ~ приёмник статического давления
  suction ~ высота хода поршня на такте всасывания
  tube snout ~ головка (*жаровой*) трубы
heading 1. курс (*полёта*) 2. направление (*напр. положения корпуса воздушного судна*) 3. пеленг (*радиостанции*) ◊ **by altering the** ~ путём изменения курса; **to adjust the** ~ корректировать курс; **to alter the** ~ менять курс; **to deviate from the** ~ отклоняться от заданного курса; **to drift off the** ~ (непроизвольно) уходить с заданного курса; **to fly the** ~ выполнять полёт по курсу; **to hold on the** ~ выдерживать (*воздушное судно*) на заданном курсе; **to maintain the** ~ выдерживать заданный курс; **to report the** ~ сообщать курс; **to roll left/right on the** ~ выходить на курс с левым/правым разворотом; **to roll out on the** ~ выходить на заданный курс; **to select the** ~ задавать курс; **to set the** ~ устанавливать курс; **to smooth on the** ~ плавно

HEA

выводить (*воздушное судно*) на заданный курс
heading
  actual ~ фактический курс
  aircraft ~ курс (полёта) воздушного судна
  approach ~ курс захода на посадку
  cardinal ~ основной курс
  compass ~ 1. компасный курс 2. пеленг
  corrected ~ исправленный курс
  desired ~ заданный курс
  grid ~ условный курс
  landing ~ посадочный курс
  magnetic ~ 1. магнитный курс 2. магнитное направление
  radar ~ 1. радиолокационный курс 2. радиопеленг
  reciprocal ~ обратный курс
  runway ~ направление ВПП
  selected ~ выбранный курс
  takeoff ~ взлётный курс
  true ~ 1. истинный курс 2. истинное направление
headlight фара
  landing ~ посадочная фара
head-on встречный курс (*полёта*)
headset 1. гарнитура (*для пилота*) 2. шлемофон
headwind встречный ветер
heater обогреватель; радиатор; калорифер
  air ~ обогреватель воздуха
  aircraft ~ аэродромный обогреватель воздушного судна
  air intake ~ обогреватель воздухозаборника
  electric ~ электронагреватель
  fuel ~ подогреватель топлива
  gasoline combustion ~ бензообогреватель, БО
heating обогрев; нагрев
  aerodynamic ~ аэродинамический нагрев
  air intake duct ~ обогрев канала воздухозаборника
  boundary layer ~ нагрев пограничного слоя

HEA HEL

heating
  cabin ~ обогрев кабины
  electrical ~ электрообогрев
heaviness:
  bow ~ передняя центровка; тенденция к пикированию
  tail ~ задняя центровка; тенденция к кабрированию
  wing ~ тенденция к сваливанию на крыло, «валёжка» на крыло
heavy-duty тяжёлого типа (*о транспортном средстве*); сверхмощный (*напр. о буксировщике*)
hedge-hopping бреющий полёт, полёт на предельно малой высоте
heel:
  aircraft ~ крен воздушного судна
height (относительная) высота ◊ ~ **above reference zero** высота относительно начала координат (*схемы полёта*); ~ **at start of retraction** высота начала уборки (*напр. механизации крыла*); **eye ~ over the threshold** (минимальный) уровень положения глаз (*пилота*) над порогом ВПП; **to adjust for** ~ регулировать по высоте (*сиденье пилота*); **to assess a** ~ (визуально) оценивать высоту; **to get the** ~ набирать заданную высоту; **to hover at the** ~ **of**... зависать на высоте... (*о вертолёте*)
  actual ~ истинная [фактическая] (относительная) высота
  approach ~ высота при заходе на посадку
  barometric ~ барометрическая (относительная) высота
  break-off ~ высота перехода к визуальному полёту, высота пробивания облачности
  cloud ~ высота облачности
  cloud base ~ высота нижней границы [кромки] облаков
  critical ~ минимальная высота (*снижения*)

height
  cutback ~ высота уменьшения тяги (*двигателя*)
  decision ~ (относительная) высота принятия решения (*об уходе на второй круг*)
  eye-to-aerial ~ уровень положения глаз (*пилота*) над антенной
  eye-to-wheel ~ уровень положения глаз (*пилота*) над колёсами шасси
  helicopter approach ~ высота полёта вертолёта при заходе на посадку
  helicopter overflight ~ высота пролёта вертолёта (*над препятствием*)
  mean ~ средняя высота (*полёта*)
  minimum circling procedure ~ минимальная высота полёта по кругу
  minimum descent ~ минимальная высота снижения
  minimum safe ~ минимальная безопасная высота (*полёта*)
  net ~ расчётная высота
  obstacle clearance ~ высота пролёта препятствий
  radio ~ высота по радиовысотомеру
  reference approach ~ исходная высота полёта при заходе на посадку
  reference datum ~ (относительная) высота опорной точки (*траектории захода на посадку по приборам*)
  safe ~ безопасная высота
  specified ~ заданная (относительная) высота
  threshold crossing ~ высота пролёта порога ВПП
  transition ~ (относительная) высота перехода (*на контроль по высотомеру, установленному на давление аэродрома*)
helicopter вертолёт ◊ **to pull up the** ~ резко увеличивать подъёмную силу вертолёта, «подрывать» вертолёт

HEL

helicopter
  agricultural-version ~ сельскохозяйственный вариант вертолёта
  amphibian ~ вертолёт-амфибия
  casualty ~ санитарный вертолёт
  coaxial-rotor ~ вертолёт соосной схемы
  flying crane ~ вертолёт большой грузоподъёмности с внешней подвеской, «летающий кран»
  hovering ~ вертолёт в режиме висения
  land ~ сухопутный вертолёт
  multi-engine ~ многодвигательный вертолёт
  sea ~ гидровертолёт
  side-by-side rotor ~ вертолёт поперечной схемы
  single-engine ~ однодвигательный вертолёт
  single main rotor ~ вертолёт с одним несущим винтом
  tandem-rotor ~ вертолёт продольной схемы
helipad вертолётная площадка
heliport 1. вертодром 2. вертолётная площадка
  off-shore ~ морской вертодром (*напр. на плавучей площадке*)
  on-shore ~ сухопутный вертодром (*для обслуживания работ в открытом море*)
  roof-top ~ вертолётная площадка на крыше здания
helmet шлем; шлемофон
  crash ~ защитный шлем
  pressure ~ гермошлем, герметический шлем
high антициклон, область повышенного давления (*на маршруте полёта*)
highway магистральная воздушная линия
high-wing с высокорасположенным крылом (*о воздушном судне*)
hijacking угон воздушного судна; воздушное пиратство

HOL

hinge:
  bogie swivel ~ шарнир балки тележки шасси
  castoring ~ шарнир разворота колеса шасси
  drag ~ вертикальный шарнир (*лопасти несущего винта*)
  feathering ~ осевой шарнир (*лопасти несущего винта*)
  flapping ~ горизонтальный шарнир (*лопасти несущего винта*)
  piano-wire ~ шомпольное соединение
history:
  flight ~ отчёт о полёте (*точное указание деталей полёта на всех его этапах*)
  sound level ~ карта замера уровня звука (*в районе аэродрома*)
  time ~ карта замера (*параметров*) при определённых часах наработки (*напр. двигателя*)
hoist:
  aircraft ~ самолётный подъёмник
hold ◊ ~ **en-route** ожидание (*напр. разрешения на изменение маршрута*) в процессе полёта; **to** ~ **off** выдерживать (*воздушное судно*) перед касанием колёс при посадке
  altitude ~ выдерживание высоты (*полёта*)
  attitude ~ стабилизация пространственного положения (*воздушного судна*)
  autopilot altitude ~ выдерживание высоты полёта автопилотом
  baggage ~ багажный отсек
  cargo [freight] ~ грузовой отсек
  ground ~ ожидание сигнала к взлёту
  heading ~ выдерживание курса
  localizer ~ выдерживание курса (*полёта*) по курсовому радиомаяку

HOL HOR H

hold
 luggage ~ багажный отсек
 preselected altitude ~ выдерживание заданной высоты полёта
holder:
 aircraft certificate ~ владелец сертификата на воздушное судно
 brush ~ щёткодержатель (*электрической машины*)
 flame ~ стабилизатор пламени
holding 1. полёт в зоне ожидания **2.** выдерживание заданных режимов (*работы*) **3.** ожидание команды (*диспетчера*)
 speed ~ выдерживание (*заданной*) скорости
holding-off выдерживание (*воздушного судна*) перед касанием колёс при посадке
holdup 1. зависание оборотов (*двигателя*) **2.** остановка, задержка (*в движении*)
 engine speed ~ зависание оборотов двигателя
hole 1. окно (*в облачности*) **2.** (воздушная) яма **3.** отверстие; окно
 access ~ смотровое окно
 air bleed ~ окно отбора воздуха
 check ~ контрольное отверстие
 drain ~ сливное [дренажное] отверстие
 flame tube air ~ окно подвода воздуха к жаровой трубе
 inspection ~ смотровое окно
 lightening ~ отверстие [вырез] (*напр. в нервюре*) для облегчения веса
 oil level ~ контрольное окно уровня масла
 puncture ~ пробоина (*напр. в обшивке фюзеляжа*)
 spark plug ~ свечное отверстие (*двигателя*)
 threaded ~ резьбовое отверстие

hole
 through ~ сквозное отверстие (*напр. в оси колеса*)
 unused ~ резервное [запасное] отверстие (*напр. для забора воздуха*)
 ventilation ~ вентиляционное окно
home 1. место базирования (*воздушного судна*) **2.** возвращаться на базу **3.** лететь на приводную радиостанцию **4.** наводить (*по лучу*) **5.** указывать направление
homer (радио)пеленгаторная станция
homing 1. привод (*на радиостанцию*) **2.** наведение (*по лучу*)
 beam ~ наведение по лучу
 directional ~ полёт на ориентир
 radar ~ радиолокационное (само)наведение
 radio ~ радиопеленгация
 semiautomatic ~ полуавтоматическое наведение
hood 1. капот **2.** фонарь (*кабины*)
hop 1. короткий полёт, перелёт на небольшое расстояние **2.** транзитный участок трассы полёта
 passenger ~ перевозка пассажиров на короткое расстояние
hopper 1. бункер (*разбрасывателя удобрений*) **2.** заправочный фильтр **3.** приёмная воронка
horizon ◊ in relation to ~ относительно горизонта (*о положении воздушного судна*)
 apparent ~ видимый горизонт
 artificial ~ искусственный горизонт
 gyro(scopic) ~ авиагоризонт
 in-flight apparent ~ горизонт, видимый в полёте
 natural ~ истинный горизонт
 radio ~ радиогоризонт
 remote-reading gyro ~ дистанционный авиагоризонт

HOR

horizon
   standby gyro ~ резервный авиагоризонт
   true ~ истинный горизонт
   visible ~ видимый горизонт
horn 1. роговой компенсатор (*элерона или руля*) **2.** рычаг (*вала, руля*) **3.** звуковая сирена
   control wheel ~ рог штурвала
   waveguide ~ рог волновода
horse:
   wing ~ крыльевой ложемент (*для хранения крыла после отстыковки*)
horsepower мощность
   indicated ~ индикаторная [замеренная] мощность
   shaft ~ мощность на валу (*двигателя*)
   thrust ~ тяговая мощность
hose 1. шланг; рукав **2.** дюрит
   air release ~ шланг для стравливания воздуха
   charging ~ бортовой зарядный шланг
   defueling ~ шланг для слива топлива
   discharge ~ раздаточный шланг
   fueling ~ топливный заправочный шланг
   fuel outlet ~ шланг отвода топлива
   inlet ~ приёмный шланг
   oil ~ маслопроводный шланг
   overflow ~ шланг слива (*топлива*) при перезаправке
   refuel ~ топливный заправочный шланг
   waste ~ шланг слива
   water fill ~ шланг заправки водой
hour:
   airborne ~ лётный час; *pl* часы налёта
   aircraft ~ самолёто-час
   block ~s полётное время
   block-to-block ~s время в рейсе (*от начала движения на взлёт до остановки на ВПП*)

HUB

hour
   darkness ~ тёмное время суток (*для полётов*)
   endurance ~s наработка в часах
   flight ~ лётный час; *pl* часы налёта
   operational ~s часы налёта
   ramp-to-ramp ~s время в рейсе (*от начала выруливания с перрона до остановки на перроне после прилёта*)
   running ~s наработка в часах
housing корпус; кожух; оболочка
   combustion chamber ~ кожух камеры сгорания
   front bearing ~ корпус передней опоры (*ротора двигателя*)
   gyro ~ корпус гироскопа
   shaft ~ кожух вала (*двигателя*)
   valve ~ клапанная коробка
hover 1. висеть, зависать, парить (*о вертолёте*) **2.** делать круги над объектом (*о воздушном судне*)
hovercraft судно на воздушной подушке
hovering висение, зависание (*вертолёта*) ◊ **~ in the ground effect** висение в зоне влияния земли
   reconversion ~ переход на режим висения
   spot ~ точное зависание над заданной точкой
hoverway площадка для взлёта вертолёта «по-самолётному»
hub:
   airscrew ~ втулка воздушного винта
   air traffic ~ узловой район воздушного движения
   anti-torque rotor ~ втулка рулевого [хвостового] винта
   feathering ~ втулка с устройством для флюгирования
   gear ~ 1. ступица редуктора **2.** ступень перебора **3.** стакан шестерни

HUB

hub
   main rotor ~ втулка несущего винта
   propeller ~ втулка воздушного винта
   regional telecommunication ~ региональный узел связи
   rotor ~ втулка несущего винта
   split wheel ~ разъёмный барабан колеса
   turbine disc ~ ступица диска турбины
   wheel ~ барабан колеса
hull 1. фюзеляж 2. поплавок (*гидросамолёта*) 3. воздушное судно 4. корпус; каркас
   airship ~ корпус дирижабля
   bare ~ воздушное судно без экипажа
hum характерный шум (*напр. при работе двигателя*) ‖ издавать характерный шум
hunting рыскание по курсу
hurricane ураган
hydrant:
   fueling ~ (аэродромный) топливозаправочный гидрант
hydroplane гидросамолёт

I

ice лёд ‖ покрываться льдом, обледеневать ◊ **to** ~ **up** покрываться льдом, обледеневать
icing обледенение ◊ **to qualify** ~ определять степень обледенения
   aircraft ~ обледенение воздушного судна
   moderate ~ умеренное обледенение
   severe ~ сильное обледенение
ident индекс опознавания
   squawk ~ индекс опознавания в коде ответчика
identification 1. опознавание ‖ опознавательный 2. индекс, код 3. разметка; обозначение ◊ ~ **friend/foe** опознавание «свой — чужой» (*о воздушном судне*); **to secure** ~ гарантировать опознавание (*воздушного судна*)
identification
   ~ **of signals** опознавание сигналов
   aerial ~ опознавание (*воздушного судна*) в полёте
   aerodrome ~ опознавание аэродрома
   aircraft ~ 1. опознавание воздушного судна 2. опознавательный код воздушного судна
   aircraft stand ~ обозначение места остановки воздушного судна
   beam ~ радиолокационное опознавание
   flight occurrence ~ условное обозначение события в полёте
   flight report ~ условное обозначение в сообщении о ходе полёта
   radar ~ радиолокационное опознавание
   radar blip ~ опознавание радиолокационной отметки
   radio ~ радиоопознавание
   squawk ~ опознавание кода ответчика
   visual ~ визуальное опознавание
identifier:
   route ~ указатель маршрута
idle 1. режим малого газа; холостой ход ‖ работать на режиме малого газа; работать на холостом ходу 2. неэксплуатируемый, снятый с эксплуатации ◊ **at** ~ на малом газе; на холостом ходу; **to run** ~ работать на малом газе; работать на холостом ходу
   approach ~ режим малого газа при заходе на посадку
   deadband ~ режим малого газа в заданных пределах
   flight ~ режим полётного малого газа

IDL

idle
  ground ~ режим земного малого газа
idling режим малого газа; холостой ход
igloo защитный купол, защитный колпак
ignite воспламенять (*топливо*); зажигать, поджигать
igniter воспламенитель (*топлива*); запальное устройство
ignition 1. воспламенение; зажигание; вспышка 2. «Зажигание!» (*команда при запуске двигателя*)
illumination:
  dial ~ подсвет шкалы (*прибора*)
immigration иммиграционный контроль (*пассажиров*)
immunity:
  noise ~ 1. защищённость от шума 2. помехоустойчивость (*при радиосвязи*)
impact ◊ **attitude at** ~ пространственное положение (*воздушного судна*) в момент удара; **on** ~ при прямом ходе, при сжатии (*опоры шасси*)
  acoustic ~ звуковой удар
  aircraft ~ столкновение воздушного судна (*напр. с препятствием*)
impedance 1. полное (электрическое) сопротивление 2. защита, сопротивление (*от волнового возмущения в среде*)
  acoustic ~ акустическая защита, акустическое сопротивление
  specific acoustic ~ удельное акустическое сопротивление
impeller 1. рабочее колесо 2. крыльчатка
  engine ~ 1. рабочее колесо (осевого компрессора) двигателя 2. крыльчатка (центробежного компрессора) двигателя
impingement:
  aircrafts ~ столкновение воздушных судов (*напр. при рулении по земле*)

IND

inbalance разбалансировка; нарушение центровки
  aircraft lateral ~ нарушение поперечной центровки воздушного судна
inboard бортовой, внутрифюзеляжный (*об оборудовании*)
inbound 1. прибывающий; прилетающий 2. направленный на радиостанцию
incidence 1. угол атаки (*крыла*) 2. угол установки (*напр. лопасти*)
  airscrew blade ~ угол установки лопасти воздушного винта
  negative ~ отрицательный угол атаки
  propeller ~ угол установки лопасти воздушного винта
incident 1. непредвиденный отказ техники 2. предпосылка к (авиационному) происшествию; инцидент (*в полёте*)
inclination:
  magnetic ~ магнитное склонение
income:
  operating ~ доход от эксплуатации (*напр. авиалинии*)
incontrollable плохо управляемый; неуправляемый (*о воздушном судне*)
increase:
  annual ~ годовой прирост (*напр. доходов авиакомпании*)
  net ~ **in altitude** фактическое увеличение высоты
  speed ~ увеличение скорости
  temperature ~ прирост температуры
indentations вмятины; отпечатки (*напр. на обшивке фюзеляжа*)
  ball ~ следы (*на обойме подшипника*) от шариков
indication 1. показание, отсчёт (*прибора*) 2. индикация, обозначение 3. сигнализация
  ~ **of a request** обозначение запроса (*в радиообмене*)
  air target ~ индикация воздушных целей

indication
  caution ~ предупредительная сигнализация
  on-slope ~ отсчёт показаний при полёте на глиссаде
  position ~ определение (место)положения (*воздушного судна*)
  radar lock-on ~ сигнализация захвата цели радиолокатором
  warning ~ аварийная сигнализация
indicator 1. прибор 2. указатель; индикатор ◊ **to calibrate the** ~ тарировать прибор; **to disregard the** ~ пренебрегать показаниями прибора; **to neglect the** ~ не учитывать показания прибора
  acceleration ~ указатель перегрузок
  airborne moving target ~ бортовой индикатор движущихся целей
  airborne proximity warning ~ бортовой сигнализатор опасного сближения
  aircraft position ~ указатель (место)положения воздушного судна
  aircraft surface movement ~ (радиолокационный) индикатор наземного движения воздушных судов
  air-flow ~ указатель расхода воздуха
  air-mileage ~ счётчик пройденного километража в полёте
  air position ~ указатель местоположения (*воздушного судна*) в полёте
  airspeed ~ указатель воздушной скорости
  altimeter setting ~ указатель [индикатор] установки (барометрического) высотомера
  altitude ~ указатель (абсолютной) высоты
  altitude-limit ~ указатель предельной высоты

indicator
  altitude-rate ~ вариометр
  angle-of-attack ~ указатель угла атаки
  approach angle ~ указатель угла захода на посадку
  approach slope ~ индикатор (контроля) глиссады захода на посадку
  attitude ~ указатель пространственного положения (*воздушного судна*)
  attitude director ~ командный авиагоризонт
  ball-bank ~ шариковый указатель крена
  ball-slip ~ шариковый указатель скольжения
  bank ~ указатель крена
  bank-and-pitch ~ указатель крена и тангажа
  bank-and-turn ~ указатель крена и поворота
  bearing ~ указатель азимута
  bearing/heading ~ указатель штурмана, указатель курсовых углов
  boost pressure ~ указатель давления наддува
  bursting disc ~ сигнальное очко разрядки (*огнетушителя*)
  cabin altitude ~ указатель высоты в кабине
  cabin overpressure ~ указатель перенаддува кабины
  cabin pressure ~ указатель перепада давления в кабине
  calibrated airspeed ~ указатель индикаторной воздушной скорости
  climb-and-descent rate [climb-and-dive] ~ вариометр
  collective pitch ~ указатель общего шага (*несущего винта вертолёта*)
  combination airspeed ~ комбинированный указатель скорости, КУС
  compass repeater ~ компасный повторитель курса
  consumption ~ указатель расхода (*топлива*)

indicator
  control position ~ указатель положения рулей
  course ~ указатель курса
  course/bearing ~ указатель курса и азимута
  course deviation ~ указатель отклонения от курса
  course direction ~ указатель курса
  course/drift ~ указатель курса и сноса
  course/heading ~ указатель штурмана, указатель курсовых углов
  cross-pointer ~ указатель с перекрещивающимися стрелками
  dead-reckoning ~ указатель автомата счисления пути
  deviation ~ указатель отклонения (*напр. от глиссады*)
  dial ~ циферблатный индикатор
  dial test ~ индикатор с круговой шкалой, индикатор часового типа
  differential pressure ~ указатель высоты перепада давления (*в кабине*)
  digital ~ цифровой индикатор
  direction ~ указатель курса
  directional gyro ~ указатель гирополукомпаса
  discharge ~ сигнализатор разрядки
  distance ~ указатель дальности
  distance flown ~ указатель пройденного пути
  distance-to-go ~ указатель оставшегося пути
  drift angle ~ указатель угла сноса
  drift/speed ~ указатель сноса и скорости
  elapsed time ~ указатель времени наработки (*напр. двигателя*)
  engine tachometer ~ указатель оборотов двигателя
  engine vibration ~ указатель вибрации двигателя

indicator
  exhaust gas temperature ~ указатель температуры выходящих газов
  flap position ~ указатель положения закрылков, УПЗ
  flight ~ авиагоризонт
  flight director ~ указатель пилотажного командного прибора, пилотажный командный прибор
  flight director course ~ указатель планового навигационного прибора, плановый навигационный прибор, ПНП
  flowmeter ~ указатель расходомера топлива
  fuel flow ~ указатель мгновенного расхода топлива
  fuel mixture ~ указатель качества топливной смеси
  fuel pressure ~ указатель давления топлива
  fuel quantity ~ указатель количества топлива, указатель топливомера
  fuel remaining ~ указатель остатка топлива (*в баках*)
  glide-path ~ указатель глиссады
  ground position ~ автоштурман; указатель (место)положения (*воздушного судна*)
  ground speed ~ указатель путевой скорости
  ground wind ~ наземный указатель направления ветра
  heading ~ указатель курса
  height ~ указатель (относительной) высоты
  horizontal situation ~ 1. указатель планового навигационного прибора, плановый навигационный прибор, ПНП 2. авиагоризонт
  ice-warning ~ сигнализатор опасности обледенения
  icing ~ сигнализатор (фактического) обледенения
  icing rate ~ указатель интенсивности обледенения

IND

indicator
landing direction ~ указатель направления посадки
landing gear position ~ указатель положения (опор) шасси
lever position ~ указатель положения рычага управления
location ~ указатель (место)положения (*воздушного судна*)
low quantity ~ указатель остатка [запаса] (*топлива*)
Mach number ~ указатель числа М
magnetic compass ~ магнитный компас
mechanical position ~ механический указатель положения (*шасси*)
message type ~ указатель типа сообщения
M-number ~ указатель числа М
mode ~ указатель режима работы
moving target ~ индикатор движущихся целей
off-course ~ указатель ухода с курса
off-track ~ указатель отклонения от маршрута
oil temperature ~ указатель температуры масла
omnibearing ~ указатель всенаправленного радиомаяка
originator ~ индекс отправителя
outside air temperature ~ указатель температуры наружного воздуха
overheat ~ термосвидетель (*перегрева колеса*)
oxygen flow ~ указатель расхода кислорода
pictorial deviation ~ панорамный указатель отклонения от курса
pictorial navigation ~ панорамный аэронавигационный указатель

IND I

indicator
pitch angle ~ указатель угла тангажа
plan position ~ индикатор кругового обзора, ИКО
position ~ 1. указатель (место)положения (*воздушного судна*) 2. указатель положения (*органов управления*)
power ~ указатель мощности (*двигателя*)
power-lost ~ сигнализатор отказа (электро)питания
precision approach path ~ указатель траектории точного захода на посадку
priority message ~ индекс первоочерёдности сообщения
proximity warning ~ сигнализатор опасных сближений
radar ~ радиолокационный указатель; экран радиолокатора
radar target ~ радиолокационный указатель (положения) цели
radio magnetic ~ радиомагнитный указатель (*курсовых углов*)
range ~ указатель дальности
rate-of-climb ~ вариометр, указатель скорости набора высоты
rate-of-roll ~ указатель скорости крена
rate-of-turn ~ указатель скорости разворота
rate-of-yaw ~ указатель скорости рыскания (*по курсу*)
remote-reading ~ дистанционный указатель
rising runway ~ указатель скорости снижения на ВПП
routing ~ указатель утверждённых маршрутов полёта
runway alignment ~ указатель входа в створ ВПП
shock strut compression ~ указатель обжатия амортизатора (*опоры шасси*)
sideslip ~ указатель бокового скольжения

179

IND

indicator
  silica-gel ~ силикагелевый индикатор (*влажности*)
  slave ~ указатель-повторитель
  slip ~ указатель скольжения
  stabilizer position ~ указатель положения стабилизатора
  stopping position ~ указатель места остановки
  storm ~ грозоотметчик
  surface position ~ указатель положения рулей
  tachometer ~ тахометр
  tank level ~ указатель уровня (*топлива*) в баке
  target lock-on ~ индикатор захвата цели
  terrain clearance ~ указатель (относительной) высоты пролёта местности
  throttle position ~ указатель положения рычага топлива, УПРТ
  thrust-reverse ~ указатель реверса тяги
  time-to-go ~ указатель оставшегося времени (*полёта*)
  top-center ~ указатель положения верхней мёртвой точки (*хода поршня*)
  total fuel ~ указатель суммарного запаса топлива
  touchdown ~ указатель точки приземления (*на ВПП*)
  transmission test ~ сигнализатор работоспособности трансмиссии (*вертолёта*)
  trim ~ 1. индикатор триммирования 2. «нуль»-индикатор, индикатор усилий (*на рулевых машинках автопилота*)
  trim tab ~ указатель отклонения триммера
  true-range ~ индикатор истинной дальности
  turn ~ гирополукомпас, указатель поворота
  turn-and-bank ~ указатель поворота и крена
  turn-and-slip ~ указатель поворота и скольжения

INF

indicator
  two-pointer ~ двухстрелочный указатель
  unsafe ~ индикатор аварийного состояния
  up ~ указатель убранного положения шасси
  vertical-situation ~ индикатор обстановки в вертикальной плоскости (*в районе аэродрома*)
  vertical speed ~ вариометр, указатель скорости набора высоты
  visual ~ визуальный указатель, визуальный индикатор
  visual approach slope ~ визуальный индикатор глиссады
  visual downlock ~ визуальный указатель выпуска шасси
  wear ~ сигнализатор износа
  weather radar ~ радиолокационный грозоотметчик
  wind direction ~ указатель направления ветра
  wind speed ~ указатель скорости ветра
indraft всасывание; приток (*воздуха*)
industry:
  air(craft) ~ авиационная промышленность
inflammable 1. огнеопасный; легковоспламеняющийся 2. горючий
inflate 1. заряжать 2. наполнять 3. обеспечивать наддув (*кабины*)
inflation 1. зарядка 2. наполнение 3. наддув (*кабины*)
in-flight полётный (*напр. о массе*)
inflow 1. приток (*напр. газа*) 2. впуск; подсасывание (*воздуха*)
influx:
  passengers ~ приток пассажиров
information ◊ ~ on faults информация об отказах; to analyse ~ анализировать [обрабатывать] информацию; to

complete ~ recovered завершать обработку восстановленной (полётной) информации; to convey the ~ передавать информацию; to erase flight ~ стирать запись полётной информации; to follow-up ~ отслеживать информацию; to obtain ~ получать информацию; to store ~ записывать [накапливать] информацию; to track ~ следить за информацией, прослеживать информацию
information
   advisory ~ рекомендательная [консультативная] информация
   aeronautical ~ аэронавигационная информация
   airway ~ информация по воздушной трассе
   approach ~ информация о заходе на посадку
   automatic terminal ~ автоматическая информация (для воздушных судов) в районе аэродрома
   barometric ~ информация о барометрическом давлении (в районе полётов)
   braking action ~ информация об эффективности торможения (на ВПП)
   cultural ~ сведения об искусственных сооружениях (в районе аэродрома)
   flight ~ полётная информация
   flight personnel ~ информация о лётном составе
   flight precise ~ точная полётная информация
   flight progress ~ информация о ходе полёта
   flight significant ~ основная полётная информация
   guidance ~ информация для наведения (воздушного судна)
   isogonic ~ информация о магнитном склонении
   level ~ сведения об эшелоне

information
   mandatory ~ обязательная информация (для передачи экипажу)
   meteorological ~ метеосводка
   ON-OFF ~ информация кодом «да — нет»
   operational meteorological ~ оперативная метеосводка
   performance ~ информация о лётно-технических характеристиках
   position ~ информация о (место)положении (воздушного судна)
   preflight ~ предполётная информация
   prelaunch ~ информация (экипажу) перед запуском (двигателей)
   rate ~ информация о скорости
   stopping position ~ информация о местах остановки (при движении по аэродрому)
   supplementary ~ дополнительная информация (не передаваемая при сообщении плана полёта)
   terrain profile ~ информация о профиле местности
   traffic advisory ~ консультативная информация о воздушном движении
   unofficial flight ~ неофициальная информация о полёте (напр. от морской станции)
ingestion:
   birds ~ засасывание птиц (в воздушный тракт авиационного двигателя)
injection:
   antidetonant ~ впрыск [инжекция] антидетонационной жидкости (в топливо)
injury:
   accident serious ~ телесное повреждение (пассажира) в результате авиационного происшествия
   passenger fatal ~ телесное

INL

повреждение пассажира со смертельным исходом
inlet входное устройство (*для забора газа или воздуха с небольшим расходом*); патрубок для забора, заборник (*воздуха*)
  air ~ бортовой приёмник статического давления
  conventional ~ стандартное входное устройство
  generator air ~ воздухозаборник обдува генератора
  internal-compression ~ входное устройство с использованием сжатия воздуха на входе (*от скоростного напора*)
  scoop ~ совковый патрубок для забора (*воздуха*)
  tank ~ горловина бака
  vent air ~ воздухозаборник дренажа
input 1. передаваемая мощность 2. ввод (*данных*)
  automatic ~ автоматический ввод (*данных*)
  flight data ~ ввод данных о полёте
  shorted ~ прямой ввод (*данных*)
  transmission power ~ мощность, поступающая на вал трансмиссии
inquiry:
  accident ~ 1. сбор материалов для расследования авиационного происшествия 2. запрос об авиационном происшествии
inrush пусковое усилие (*при запуске двигателя*)
insert:
  wheel fusible ~ плавкий термоуказатель перегрева колеса
inspection 1. осмотр, проверка состояния (*напр. авиатехники*) 2. наблюдение (*с воздуха*) 3. контроль (*качества*); дефектация (*деталей*) 4. расследование (*происшествия*) 5. досмотр (*пассажиров пе-

INS

ред вылетом*) ◊ **to perform** ~ 1. производить осмотр 2. выполнять дефектацию
inspection
  acceptance ~ приёмосдаточный осмотр
  aerial ~ наблюдение с воздуха, барражирование
  aircraft production ~ контроль качества изготовления воздушных судов
  daily ~ (послеполётный) осмотр в конце рабочего дня
  haphazard ~ внерегламентная проверка
  lineup ~ проверка на исполнительном старте
  maintenance ~ технический осмотр
  one-step ~ совмещённый досмотр (*пассажиров при паспортном и таможенном контроле*)
  postflight ~ послеполётный осмотр
  preflight ~ предполётный осмотр
  scheduling ~ регламентный осмотр (*авиатехники*)
  visual ~ визуальный осмотр
inspector:
  airworthiness ~ инспектор по лётной годности
  customs ~ таможенный инспектор
  flight ~ пилот-инспектор
  operations ~ инспектор по производству полётов
instability неустойчивость
  aerodynamic ~ аэродинамическая неустойчивость
  center-of-pressure ~ неустойчивость центра давления (*напр. воздушной массы*)
  directional ~ путевая неустойчивость
  dynamic ~ динамическая неустойчивость
  inherent ~ собственная неустойчивость (*напр. стрингера*)
  lateral ~ поперечная [боковая] неустойчивость
  longitudinal ~ продольная неустойчивость

INS

instability
  pitch ~ неустойчивость по тангажу
  roll ~ неустойчивость по крену
  static ~ статическая неустойчивость
  yaw ~ путевая неустойчивость
install ◊ to ~ in the aircraft устанавливать на борту воздушного судна
installation 1. установка (*комплект оборудования*) 2. монтаж, установка, сборка
  airborne radio ~ бортовая радиоустановка
  aircraft servicing ~ стационарная установка для обслуживания воздушного судна
  board ~ бортовая установка; бортовая аппаратура
  engine ~ установка двигателя
  factory ~ заводская сборка
  radar ~ радиолокационная установка
  seat ~ установка кресел
instruction 1. обучение, подготовка 2. условие, требование 3. инструктаж 4. указание; инструкция; команда ◊ to adhere ~ строго соблюдать инструкцию, строго придерживаться инструкции; to await further ~s ожидать дальнейших указаний (*в процессе выполнения полёта*); to convey ~s передавать указания (*на борт воздушного судна*); to receive flight ~ 1. получать задание на полёт 2. проходить лётную подготовку; to request ~s запрашивать условия (*выполнения полёта*)
  aircraft loading ~ инструкция по загрузке воздушного судна
  aircraft operating ~ инструкция по эксплуатации воздушного судна
  aircraft storage ~ инструк-

INS **I**

ция по консервации и хранению воздушного судна
instruction
  air-traffic control ~s указания по управлению воздушным движением
  flight ~ 1. лётная подготовка, лётное обучение 2. полётный инструктаж
  holding ~ указание по порядку ожидания (*в зоне*)
  inflight emergency ~ инструктаж при аварийной обстановке в полёте
  inflight operational ~s указания (*экипажу*) по условиям эксплуатации в полёте
  landing ~ информация по условиям посадки
  maintenance ~ инструкция по техническому обслуживанию
  misinterpreted flight ~s команды, неправильно понятые экипажем
  operation ~ инструкция по производству полётов
  taxi(ing) ~ указание по выполнению руления
  traffic control ~s правила управления воздушным движением
instructor:
  aerodrome engineering ~ советник по проектированию и строительству аэродромов
  flight ~ пилот-инструктор
  flight operations ~ инструктор по производству полётов
  navaids ~ инструктор по (аэро)навигационным средствам
instrument прибор ◊ to observe the ~s следить за показаниями приборов; to pilot by reference to ~s пилотировать по приборам; to read the ~s считывать показания приборов
  airborne ~ бортовой прибор
  airspeed ~ указатель воздушной скорости
  aviation ~ пилотажно-навигационный прибор

183

instrument
  board ~ бортовой прибор
  flight-navigation ~ пилотажно-навигационный прибор
  gyroscopic ~ гироскопический прибор
  meteorological ~ метеорологический прибор
  pressure ~ анероидно-мембранный прибор
  sampling ~ пробоотборник
  test ~ контрольный прибор
  warning ~ сигнализирующее устройство
insulation изоляция; изоляционный материал
  acoustic ~ звукоизоляция
  cockpit-wall ~ изоляция кабины пилотов
  heat ~ 1. теплоизоляция 2. термочехол
  noise ~ звукоизоляция
insulator:
  shock ~ амортизатор
insurance:
  aerial ~ авиационное страхование
  aircraft ~ страхование воздушного судна
  aircraft passenger ~ страхование авиапассажиров
  air transport ~ страхование авиаперевозок
  aviation ~ авиационное страхование
intake заборное устройство (*для забора воздуха с большим расходом*), воздухозаборник; входной канал
  air ~ воздухозаборник
  annular air ~ кольцевой воздухозаборник
  belly ~ воздухозаборник в нижней части фюзеляжа
  bifurcated air ~ воздухозаборник, раздвоенный на выходе (*для двух двигателей*)
  bow ~ носовой воздухозаборник
  controllable ~ регулируемый воздухозаборник
  controlled-starting ~ воздухозаборник с пусковым регулированием (*во время запуска двигателя*)
  external-compression ~ воздухозаборник внешнего сжатия потока
  fixed-geometry air ~ нерегулируемый воздухозаборник
  fixed-lip air ~ воздухозаборник с фиксированной передней кромкой
  flushed ~ утопленный заподлицо воздухозаборник
  mixed-compression ~ воздухозаборник смешанного сжатия потока
  multiple shock air ~ многоскачковый воздухозаборник
  nose air ~ носовой воздухозаборник
  subsonic ~ дозвуковой воздухозаборник
  supersonic ~ сверхзвуковой воздухозаборник
  two-dimensional air ~ двухмерный воздухозаборник
  two-shock air ~ двухскачковый воздухозаборник
  variable-geometry ~ регулируемый воздухозаборник
  variable lip air ~ воздухозаборник с регулируемой передней кромкой
intensity 1. интенсивность; сила 2. энергия
  air-traffic ~ интенсивность воздушного движения
  flying ~ интенсивность полётов
  light ~ интенсивность (аэронавигационного) огня
  shock-wave ~ энергия ударной волны
  turbulence ~ интенсивность турбулентности
interaction:
  air flow ~ взаимодействие воздушных потоков
intercept 1. перехват (*цели*) ‖ перехватывать 2. точка пересечения (*курсов*) 3. преграда; заграждение ‖ преграждать; заграждать

INT

intercept
noy ~ противошумовое заграждение
interception:
~ **of civil aircraft** перехват гражданского воздушного судна
glide slope ~ захват глиссадного луча
interceptor интерцептор; прерыватель потока
interchange:
aircraft ~ (взаимный) обмен воздушными судами (*между авиакомпаниями*)
intercom самолётное переговорное устройство, СПУ
intercommunication обеспечение переговорной связи
interconnection 1. синхронизация; (механическая) взаимная связь. **2.** кольцевание систем
flaps ~ (механическая) синхронизация закрылков (*с помощью вала или тросов*)
intercooler промежуточный радиатор
interference помехи ◊ ~ **with reception** помехи при (радио)приёме
adjacent channel ~ помехи от смежного канала
aviation-to-aviation type of ~ помехи от авиационных объектов
body-wing ~ взаимовлияние крыла и фюзеляжа
co-channel ~ межканальные помехи
front-end overload ~ помехи, вызванные перегрузкой входного устройства
intermodulation ~ помехи из-за взаимной [из-за перекрёстной] модуляции
magnetic ~ магнитные помехи
permissible ~ допустимые помехи
pulse ~ импульсные помехи
radio ~ радиопомехи
random ~ случайные помехи

INT I

interference
tunnel wall ~ влияние стенок аэродинамической трубы (*на воздушный поток в двигателе*)
unlawful ~ незаконное вмешательство (*в деятельность гражданской авиации*)
interline общая авиалиния (*для нескольких авиакомпаний*)
interlining 1. стыковка авиалиний **2.** сотрудничество авиакомпаний
interphone самолётное переговорное устройство, СПУ
interpretation:
~ **of the signal** расшифровка сигнала
~ **of weather chart** чтение метеорологической карты
interrogation запрос (*по системе опознавания воздушных судов*) ◊ **to respond to** ~ отвечать на запрос (*воздушного судна*)
air-to-air ~ запрос типа «борт — борт»
all call ~ запрос общего вызова
ground-to-air ~ запрос типа «земля — воздух»
over-~ перезапрос
pulse-coded ~ импульсно-кодовый запрос
interrogator запросчик (*системы опознавания воздушных судов*)
intersection пересечение
~ **of air routes** пересечение воздушных трасс
runway ~ пересечение ВПП
taxiway ~ пересечение рулёжных дорожек
interval:
landing-time ~ временной интервал между посадками
in-the-clear открытым текстом (*телеграфное сообщение о ходе полёта*)
intraline авиалиния одного перевозчика
introduction ◊ ~ **into service** ввод в эксплуатацию (*воздушного судна*)

185

introduction
  ~ of the corrections ввод поправок (*в показания приборов*)
intruder 1. воздушное судно-нарушитель (*установленных правил полётов*) 2. воздушное судно на встречном курсе
intrusion:
  air ~ нарушение воздушного пространства
inversion:
  ground ~ приземная инверсия
  mountain ~ инверсия над горами
investigation:
  accident ~ расследование (авиационного) происшествия
  incident ~ расследование предпосылки к (авиационному) происшествию
  safety ~ анализ безопасности полётов
investigator-in-charge уполномоченный по расследованию (*напр. авиационного происшествия*)
irregularity:
  harmful ~ опасная неровность (*напр. ВПП*)
isogonal изогона (*линия с одинаковым магнитным склонением*)
isogriv изогрива (*линия с одинаковым угловым несоответствием северного направления на карте и магнитным меридианом*)
item:
  minimum equipment ["no-go"] ~ перечень (минимально) необходимого исправного оборудования для полёта (*для данного типа воздушного судна*)
  operational ~ перечень эксплуатационного снаряжения
itinerary 1. маршрут ‖ маршрутный 2. пункты следования по маршруту, указанные в билете

J

jack 1. подъёмник, домкрат ‖ поднимать домкратом 2. штекерный разъём 3. силовой цилиндр, цилиндр привода ◊ ~ here ◄гнездо подъёмника► (*надпись на корпусе воздушного судна в месте установки гидроподъёмника*)
  air-brake ~ цилиндр управления воздушными тормозами
  aircraft hydraulic ~ гидроподъёмник для воздушного судна
  change ~ домкрат для замены (*колёс шасси*)
  hydraulic ~ гидроподъёмник
  screw ~ винтовой подъёмник
  stabilizer control ~ механизм перестановки стабилизатора, МПС
  stick pusher ~ цилиндр толкателя ручки управления (*вертолётом*)
  telescopic ~ телескопический домкрат
  tripod hydraulic ~ треножный гидроподъёмник
  wheel ~ домкрат для замены колеса
  wing ~ подъёмник крыла
  wing screw ~ винтовой подъёмник крыла
jacket 1. кожух 2. оболочка
  engine ~ кожух двигателя
  life ~ спасательный жилет
  water cooling ~ рубашка водяного охлаждения (*цилиндра двигателя*)
jacking подъём (*воздушного судна*) на гидроподъёмниках
jamming 1. заедание, заклинивание, защемление (*деталей*) 2. создание радиопомех, глушение
  emergency exit ~ заклинивание аварийного выхода (*из воздушного судна*)
jamproof помехоустойчивый (*о радиосвязи*)
jato стартовый ускоритель

JAW

jaw 1. замкнутый круг (*полётов*) 2. щека (*замка шасси*) 3. храповик
   crankshaft ~ храповик коленвала (*двигателя*)
   lock ~ щека замка (*шасси*)
jet 1. реактивное воздушное судно 2. реактивная струя 3. форсунка; жиклёр
   atomizing ~ распылитель (*топлива*)
   blowaway ~ струйная защита (*двигателя от засасывания предметов*)
   chocked ~ задросселированная реактивная струя
   commercial ~ коммерческое реактивное воздушное судно
   exhaust ~ выходящая струя (*газов*)
   fire extinguishing ~ 1. противопожарная форсунка 2. противопожарный насадок
   fuel ~ топливный жиклёр
   jumbo ~ широкофюзеляжное реактивное воздушное судно
   oil ~ масляная форсунка
   prop ~ турбовинтовое реактивное воздушное судно
   wide-bodied ~ широкофюзеляжное реактивное воздушное судно
jetlag временна́я разница пунктов полёта
jetliner *см.* jet 1.
   all-purpose ~ многоцелевое реактивное воздушное судно
   economical-to-operate ~ реактивное воздушное судно с низким расходом топлива
   go anywhere ~ универсальное реактивное воздушное судно (*для полётов на любых маршрутах*)
jetstream струйное течение
jettison 1. сброс, сбрасывание (*напр. груза в полёте*) 2. аварийно сливать (*напр. о топливе*)
jettisoning аварийный слив (*напр. топлива*)

KEE

jetty:
   terminal ~ закрытый балкон аэровокзала (*для выхода пассажиров из широкофюзеляжных самолётов*)
jig:
   aircraft assembly ~ сборочный стапель воздушного судна
joint:
   wing ~ разъём крыла
   wing outer panels ~ стык консолей крыла (*с центропланом*)
   wing-to-fuselage соединение [стык] крыла с фюзеляжем
jolt толчок (*при раскрытии парашюта*)
journal 1. ступица 2. цапфа 3. шейка (*вала*)
   crankshaft ~ шейка коленвала
   gear ~ ступица шестерни
   main ~ коренная шейка
journey 1. полёт ‖ совершать полёт 2. рейс ‖ следовать рейсом ◊ **to break the** ~ прерывать полёт; **to resume the** ~ возобновлять полёт
   entire ~ полёт с посадкой по всем пунктам (*установленного маршрута*)
   rough ~ сложный перелёт
joystick ручка управления (*напр. вертолётом*)
judgement:
   pilot ~ оценка пилотом ситуации в полёте
jumping:
   parachute ~ прыжки с парашютом
junction 1. место примыкания (*рулёжной дорожки к ВПП*) 2. соединение (*деталей*) 3. спай (*проводов*)
   cold ~ холодный спай

K

keeping 1. отслеживание, отсчёт (*напр. времени наработки воздушного судна*) 2. выдерживание (*напр. курса полёта*)

KEE

keeping
  time ~ отсчёт времени
  track ~ выдерживание курса
key 1. (телеграфный) ключ ‖ работать (телеграфным) ключом **2.** шифр; код ‖ шифровать; кодировать
kick 1. резкое отклонение (*руля*) **2.** удар; толчок
  back ~ обратный удар (*при запуске поршневого двигателя*)
kinking:
  cables ~ перекручивание [скручивание] тросов; образование петель в тросах
kit набор [комплект] инструментов, приборов *или* деталей
  aircraft recovery ~ комплект оборудования для удаления воздушного судна (*напр. с ВПП*)
  aircraft repair ~ техническая аптечка воздушного судна
  air rescue ~ комплект аварийно-спасательного оборудования
  en-route repair ~ бортовая техническая аптечка
  first-aid ~ аптечка первой помощи
  flight service ~ бортовой набор инструмента
  hush ~ оборудование для снижения шума
  maintenance ~ техническая аптечка
  repair ~ ремонтный групповой комплект, РГК
  survival ~ аварийно-спасательная аптечка
kite-balloon аэростат-воздушный змей
knob 1. ручка; рукоятка; сектор (*газа*) **2.** кремальера **3.** кнопка
  caging ~ арретирующая кнопка
  course select ~ кремальера задатчика путевого угла
  drift ~ кремальера сноса
  heading select ~ кремальера задатчика курса

LAD

knob
  mixture control ~ ручка управления высотным корректором
  parking brake ~ ручка стояночного тормоза
  pitch trim control ~ кремальера тангажа
  roll control ~ ручка управления креном
  scale setting ~ кремальера установки шкалы (*прибора*)
  throttle control ~ сектор управления газом (*двигателя*)
  turn control ~ ручка управления разворотом
knock:
  airscrew ~ биение воздушного винта
  fuel ~ детонация топлива
knot узел (*морской мили в час*)
kytoon привязной аэростат

L

label бирка; ярлык; этикетка; наклейка; марка ‖ метить биркой; наклеивать этикетку; маркировать
  baggage ~ багажная бирка
  cargo ~ грузовая бирка
  hazard ~ знак предупреждения об опасности
  identification ~ опознавательная бирка (*на багаже*)
laboratory:
  airborne ~ **1.** бортовая лаборатория **2.** (бортовая) контрольно-записывающая аппаратура, КЗА
  flying ~ летающая лаборатория
  test ~ испытательная лаборатория; испытательная станция
ladder лестница; (складная) стремянка
  aircraft ~ (складная) бортовая лестница
  folding ~ складывающаяся стремянка
  safety-step ~ стремянка с гофрированными ступеньками

LAD   LAN

ladder
   service ~ универсальная стремянка
   tail access ~ доковая стремянка (*для обслуживания хвостового оперения*)
lade 1. загружать (*воздушное судно*) 2. нагружать (*элементы конструкции*)
lading:
   aircraft ~ загрузка воздушного судна
lag:
   aerodynamic ~ аэродинамическое запаздывание
   altimeter ~ запаздывание показаний высотомера
   autopilot ~ запаздывание автопилота
   control ~ запаздывание системы управления (*напр. рулями*)
   guidance ~ запаздывание системы наведения
   phase ~ отставание по фазе
   time ~ отставание по времени
laissez-passer:
   airport ~ пропуск (*без ограничений*) на вход в аэропорт
laminarity ламинарность
   flow ~ ламинарность (воздушного) потока
laminations:
   armature iron ~ пакет якоря (*напр. генератора*)
lamp 1. светильник 2. прожектор 3. фонарь 4. освещать
   explosionproof ~ взрывобезопасный светильник
   signalling ~ сигнальный прожектор (*на командно-диспетчерском пункте аэродрома*)
land 1. совершать посадку; приземляться 2. сухопутный; наземный ◊ cleared to ~ посадка разрешена; to ~ downwind совершать посадку в направлении ветра; to ~ into wind совершать посадку против ветра; to ~ on water совершать посадку на воду; to ~ safety безопасно совершать посадку; to ~ vertically совершать посадку вертикально (*о вертолёте*)
landing посадка; приземление ◊ ~ after last light посадка после захода солнца, посадка после окончания светлого времени суток; ~ beside fix посадка вне намеченной точки (*на ВПП*); ~ off the aerodrome посадка вне аэродрома; to achieve a smooth ~ достигать плавной посадки; to be forced ~ быть вынужденным совершить посадку; to carry out a ~ выполнять посадку; to clear ~ разрешать выполнение посадки; to commit ~ принимать решение идти на посадку; to prepare for ~ приготавливаться к посадке; whilst ~ при посадке, в процессе посадки
   accuracy ~ точная посадка
   aircraft ~ посадка воздушного судна
   approach ~ заход на посадку
   asymmetric thrust ~ посадка с асимметричной тягой (*напр. при отказе одного из двигателей*)
   autoflare ~ посадка с автоматическим выравниванием
   automatic ~ автоматическая посадка
   autorotation ~ посадка на авторотации (*несущего винта вертолёта*)
   bad weather ~ посадка в сложных метеоусловиях
   balked ~ уход на второй круг; прерванная посадка
   belly ~ посадка с убранным шасси, посадка «на брюхо»
   blind ~ посадка по приборам, «слепая» посадка
   bounced ~ резкое вертикальное перемещение при посадке, «козление» при посадке
   bumpy [bungled] ~ грубая посадка

LAN

landing
category I ~ посадка по первой категории (*ИКАО*)
compulsory ~ принудительная посадка
contact ~ посадка с визуальной ориентировкой (*по наземным ориентирам*)
correct ~ точная посадка
crash ~ аварийная посадка
cross-wind ~ посадка при боковом ветре
day ~ посадка в светлое время суток
dead-engine ~ посадка с отказавшим двигателем
dead-stick ~ посадка с неработающим воздушным винтом
deck ~ посадка на палубу (*корабля*)
distress ~ аварийная посадка
downwind ~ посадка по ветру
emergency ~ аварийная посадка
engine-out ~ посадка с отказавшим двигателем
flapless ~ посадка с убранными закрылками
forced ~ вынужденная посадка
full-circle ~ посадка с выполнением полного круга захода
full-stop ~ посадка с полной остановкой (*на ВПП*)
gear-down ~ посадка с выпущенным шасси
gear-up ~ посадка с убранным шасси
glide ~ посадка с этапа планирования
ground-controlled ~ посадка по командам с земли
hard ~ грубая посадка
helicopter-type ~ посадка ‹по-вертолётному› (*с зависанием над точкой приземления*)
idle-power посадка на режиме малого газа
instrument ~ посадка по

LAN

приборам, ‹слепая› посадка
landing
instrument approach ~ заход на посадку по приборам
intended ~ ожидаемая [предполагаемая] посадка
intermediate ~ посадка на маршруте полёта, промежуточная посадка
lateral drift ~ посадка с боковым сносом
level ~ посадка на две точки (*шасси*)
low visibility ~ посадка при ограниченной видимости
night ~ посадка в тёмное время суток
off-field ~ посадка вне лётного поля
overshooting ~ посадка с выкатыванием (*за пределы ВПП*)
overweight ~ посадка с превышением допустимой посадочной массы
pancake ~ посадка с парашютированием (*воздушного судна*)
partial flap ~ посадка с частично выпущенными закрылками
power-off autorotative ~ посадка (*вертолёта*) в режиме авторотации с выключенным двигателем
power-on ~ посадка с работающим двигателем
precision ~ точная посадка
priority ~ внеочередная посадка (*напр. при аварийной ситуации*)
rebound ~ посадка с повторным ударом после касания ВПП
reverse-thrust ~ посадка с использованием реверса тяги
rough ~ грубая посадка
running ~ 1. посадка (*вертолёта*) ‹по-самолётному› (*с пробегом после касания*) 2. посадка (*самолёта*) с пробегом
safe ~ безопасная посадка

LAN — LAT — L

landing
  short ~ посадка с коротким пробегом
  smooth ~ плавная посадка
  spot ~ посадка на точность приземления
  stall ~ посадка на критическом угле атаки
  straight-in ~ посадка с прямой, посадка с курса полёта
  tail-down ~ посадка «на хвост»
  talk-down ~ посадка по командам с земли
  test ~ испытательная посадка
  three-point ~ посадка на три точки (*шасси*)
  touch-and-go ~ посадка с немедленным взлётом после касания
  trend-type ~ посадка с упреждением сноса (*ветром*)
  two-point ~ посадка на две точки (*шасси*)
  upwind ~ посадка против ветра
  vertical ~ вертикальная посадка
  visual ~ визуальная посадка
  visually judged ~ визуальная посадка по наземным ориентирам
  water ~ посадка на воду
  wheels-down ~ посадка с выпущенным шасси
  wheels-up ~ посадка с убранным шасси
  zero-zero ~ посадка при нулевой видимости
landline наземная линия связи
landmark наземный ориентир
  aerodrome ~ наземный аэродромный ориентир
  definite ~ чёткий [ясный] наземный ориентир
  prominent ~ хорошо заметный наземный ориентир
landplane сухопутный самолёт
lane трасса; маршрут; линия (*пути*)
  air ~ воздушная трасса
  flight ~ маршрут полёта
  taxiing ~ линия руления
language:
  abbreviated plain ~ открытый [незашифрованный] текст с сокращениями (*для радиосвязи с воздушным судном*)
  plain ~ открытый [незашифрованный] текст (*в аэронавигационной связи*)
  working ~ **of ICAO** рабочий язык ИКАО
lantern световое устройство; световая камера
  color perception ~ световое устройство для определения цветоощущения (*пилота*)
lanyard вытяжной фал (*парашюта*)
lash швартовать, крепить (*груз в кабине*)
lashing швартовка (*груза в кабине*)
  aircraft cargo ~ швартовка груза на воздушном судне
latch:
  antiretraction ~ предохранительная струбцина, предохранительная скоба (*от случайной уборки шасси*)
  downlock ~ защёлка замка выпущенного положения (*шасси*)
  landing gear door ~ замок створки шасси
  mechanical flight release ~ механизм (аварийного) открытия защёлки (*замка шасси*) в полёте
  overcenter ~ замок (складывающегося) подкоса (*шасси*)
  safety ~ предохранительная защёлка
  uplock ~ защёлка замка убранного положения (*шасси*)
lateral 1. горизонтальный (*напр. о полёте*) 2. боковой (*напр. о ветре*)
latitude широта
  aircraft fix ~ широта местонахождения воздушного судна
  astronomical ~ астрономическая широта

LAT

latitude
  geographic ~ географическая широта
  geomagnetic ~ геомагнитная широта
  grid ~ условная широта
  high ~s высокие широты
  horse ~s широты штилевого пояса
  initial position ~ широта места вылета
  low ~s низкие широты
  magnetic ~ магнитная широта
  spherical ~ ортодромическая широта
launching запуск (*напр. планёра*)
law ◊ **to violate the** ~ нарушать установленный порядок (*напр. пролёта территории*)
  air ~ 1. воздушное право; воздушное законодательство 2. воздушный кодекс
  free-fall ~ закон свободного падения
  wing-pressure ~ закон распределения давления по крылу
lay ◊ **to** ~ **down** составлять (*напр. план полёта*); **to** ~ **off** откладывать (*отрезки маршрута на карте полёта*); **to** ~ **over** прерывать (*напр. полёт*); **to** ~ **the route** прокладывать маршрут; **to** ~ **up** временно снимать с эксплуатации
layer ◊ ~ **between levels** слой атмосферы между эшелонами
  boundary ~ пограничный слой
  cloud ~ слой [ярус] облачности
  fabric ~ слой корда, кордовый слой (*покрышки*)
  insulating ~ изолирующий слой
  laminar ~ ламинарный слой
  protective ~ защитный слой
  specified upper-air ~ высотное воздушное пространст-

LEA

во, верхние слои атмосферы
layer
  tire cord ~ слой корда покрышки
  top ~ верхняя кромка облаков
  turbulent ~ турбулентный слой
layout 1. план; схема **2.** компоновка; монтаж **3.** маркировка
  ~ **of aerodrome markings** маркировка аэродрома
  ~ **of controls** расположение органов управления
  aerodrome ~ схема аэродрома
  aircraft ~ компоновка воздушного судна
  cabin ~ компоновка кабины
  cockpit panel ~ компоновка приборной доски в кабине экипажа
  high-density seating ~ экономичная компоновка (*пассажирской кабины*)
  mixed-class ~ смешанная компоновка (*пассажирской кабины*)
  tourist-class ~ туристическая компоновка (*пассажирской кабины*)
layover задержка вылета с целью стыковки (*с другим рейсом*)
lead:
  aerial ~ ввод антенны, антенный ввод
  aircraft ~ электропроводка воздушного судна
  antenna ~ ввод антенны, антенный ввод
  turn ~ упреждение разворота
lead-in заруливание (*на стоянку*)
lead-out выруливание (*со стоянки*)
leaflet:
  aircraft ~ рекламный проспект воздушного судна
leakage ◊ **free from** ~ герметичный, не имеющий утечки;

LEA

to check for ~ проверять на наличие течи; to stop the ~ устранять течь
leakage
   internal ~ внутренняя утечка
leakproof герметичный, не имеющий утечки
leaky имеющий течь, имеющий утечку
lease:
   aircraft ~ аренда воздушного судна
   aircraft dry ~ аренда воздушного судна без экипажа
   aircraft wet ~ аренда воздушного судна вместе с экипажем
   operating ~ текущая аренда
   short-term ~ краткосрочная аренда
lee(ward) подветренная сторона
leeway снос (*воздушного судна в полёте*)
leg 1. участок маршрута 2. опора (*шасси*) 3. равносигнальная зона (*радиомаяка*) ◇ "on the base ~" «выполнил третий разворот» (*доклад экипажа диспетчеру*); "on the cross-wind ~" «выполнил первый разворот» (*доклад экипажа диспетчеру*); "on the down-wind ~" «выполнил второй разворот» (*доклад экипажа диспетчеру*); on the eastbound ~ на участке маршрута в восточном направлении; "on the final ~" «выполнил четвёртый разворот» (*доклад экипажа диспетчеру*); "on the left base ~" «подхожу к четвёртому с левым разворотом» (*доклад экипажа диспетчеру*); "on the upwind ~" «вхожу в круг» (*доклад экипажа диспетчеру*); to extend the ~s выпускать шасси; to lock the ~s устанавливать шасси на замки выпущенного положения; to lower the ~s выпускать шасси

LEN

leg
   air ~ участок маршрута полёта
   approach (pattern) ~ участок захода на посадку
   back ~ участок маршрута с обратным курсом
   base ~ участок маршрута между третьим и четвёртым разворотами
   cross-wind ~ участок маршрута между первым и вторым разворотами
   current ~ текущий участок маршрута
   down ~ участок маршрута со снижением
   down-wind ~ участок маршрута между вторым и третьим разворотами
   final ~ посадочная [конечная] прямая
   journey ~ участок рейса
   navigation ~ навигационная сигнальная зона
   oleo ~ опора (*шасси*) с масляным амортизатором
   radio range ~ равносигнальная зона радиомаяка
   undercarriage ~ опора шасси
   upward ~ участок маршрута с набором высоты
   upwind ~ участок захода на посадку до первого разворота, участок захода в круг
legend:
   en-route chart ~ условные обозначения маршрутных карт
legislation:
   air ~ авиационное законодательство
length:
   available runway ~ располагаемая длина ВПП
   balanced field ~ сбалансированная (*по размерам ВПП*) длина лётного поля
   basic runway ~ базовая длина ВПП
   chord airfoil ~ длина хорды профиля (*напр. крыла*)
   field ~ 1. длина (посадоч-

ной) площадки 2. длина лётного поля
length
  noise path ~ длина траектории распространения шума
  passenger trip ~ суммарное время путешествия пассажира
  runway ~ длина ВПП
  runway visual ~ дальность видимости на ВПП
  water run ~ длина разбега по воде (*для взлёта*)
  wave ~ длина волны
lessee:
  ~ **of an aircraft** арендатор воздушного судна
letdown снижение (*воздушного судна*)
level 1. горизонтальный полёт ‖ летать горизонтально 2. нивелир ‖ нивелировать 3. эшелон (*полёта*); высота; уровень 4. выравнивать (*положение воздушного судна*) ◊ **above ground** ~ над уровнем земной поверхности; **above (mean) sea** ~ над (средним) уровнем моря; **at the ground** ~ на уровне земли; **to be on the** ~ **on the hour** занимать эшелон «по нулям» (*в конце текущего часа*); **to** ~ **down** снижаться до заданного эшелона; **to keep** ~ 1. выдерживать [сохранять] горизонтальное положение 2. выдерживать эшелон; **to maintain the flight** ~ выдерживать заданный эшелон полёта; **to** ~ **off** выравнивать (*положение воздушного судна*); **to reach the flight** ~ занимать заданный эшелон полёта; **to reduce noise** ~ уменьшать уровень шума; **to remain** ~ 1. оставаться в горизонтальном положении 2. оставаться на эшелоне; **to report reaching the flight** ~ докладывать о занятии заданного эшелона полёта; **to** ~ **up** подниматься до заданного эшелона; набирать заданную высоту
level
  ~ **of airworthiness** уровень лётной годности
  ~ **of safety** уровень безопасности (*полётов*)
  ~ **of speech interference** уровень помех речевой связи
  acoustic reference ~ исходный акустический уровень
  actual sideline noise ~ боковой фактический уровень шума
  aerodrome ~ высота аэродрома (*над уровнем моря*)
  aircraft cost ~ себестоимость (изготовления) воздушного судна
  ambient noise ~ уровень окружающего шума
  approach noise ~ уровень шума при заходе на посадку
  arrival flight ~ эшелон входа (*в зону аэродрома*)
  background ~ уровень фона (*шума*), фоновый уровень
  battery electrolyte ~ уровень электролита в аккумуляторе
  certificated noise ~ сертифицированный уровень шума
  cloud ~ высота облачности
  community noise ~ уровень шума в населённом пункте
  continuous perceived noise ~ уровень непрерывно воспринимаемого (*пилотом*) шума
  cruising ~ крейсерская высота
  day-night sound ~ среднесуточный уровень шума
  departure flight ~ эшелон выхода (*из зоны аэродрома*)
  design noise ~ расчётный уровень шума
  fare ~ уровень тарифов
  flight ~ эшелон полёта
  flyover noise ~ уровень пролётного шума (*над заданной точкой маршрута*)
  freezing ~ высота нулевой изотермы

LEV

level
 ground ~ уровень земной поверхности
 holding flight ~ высота полёта в зоне ожидания
 illumination ~ уровень освещённости
 international standard atmosphere ~ уровень международной стандартной атмосферы
 lower flight ~ нижний эшелон полёта
 maximum permissible noise ~ максимально допустимый уровень шума
 mean sea ~ средний уровень моря (*для аэронавигационной оценки высоты полёта*)
 minimum ~ минимальный эшелон (*полёта*)
 minimum cruising ~ минимальная крейсерская высота полёта
 noise ~ уровень шума
 noise pressure ~ уровень звукового давления
 odd flight ~ свободный [незанятый] эшелон полёта
 output ~ выходной уровень (*сигнала*)
 overall sound pressure ~ суммарный уровень звукового давления
 peak perceived noise ~ пиковый уровень воспринимаемого (*пилотом*) шума
 permissible noise ~ допустимый уровень шума
 pilot ability ~ уровень квалификации пилота
 pilot experience ~ уровень лётной подготовки
 preset flight ~ заданный эшелон полёта
 recording ~ уровень записи (*напр. магнитофона*)
 reference fare ~ исходный уровень тарифа
 runway ~ уровень ВПП
 safe ~ безопасный уровень (*полёта*)
 sea ~ уровень моря

LEV L

level
 skill ~ уровень квалификации (*пилота*)
 sound exposure ~ уровень звукового воздействия
 sound pressure ~ уровень звукового давления
 staggered flight ~ смещённый эшелон полёта
 standard foreign fare ~ стандартный уровень зарубежных тарифов
 standard industry fare ~ стандартный отраслевой уровень тарифов
 standard noise ~ нормативный уровень шума
 takeoff surface ~ высота плоскости ограничения препятствий в зоне взлёта
 target ~ of safety заданный уровень безопасности полётов
 threshold ~ уровень превышения порога ВПП
 transition (flight) ~ эшелон перехода (*нижний эшелон в районе аэродрома, с которого экипаж пилотирует по давлению аэродрома*)
 upper flight ~ верхний эшелон полёта
 usable flight ~ рабочий эшелон полёта

levelling-off выравнивание (*воздушного судна*) в линию горизонта

lever рычаг; рукоятка; сектор (*газа*) ◊ **to retain the** ~ фиксировать сектор (*газа*); **to set the throttle** ~ устанавливать сектор газа (*на определённый угол*)
 carburet(t)or throttle ~ рычаг дроссельной заслонки карбюратора
 collective pitch control ~ ручка «шаг — газ» (*управления общим шагом несущего винта и газом двигателя*)
 control ~ ручка управления
 double-arm ~ двуплечий рычаг; двуплечая качалка
 engine throttle control ~ ры-

LEV

чаг раздельного управления газом двигателя
lever
fuel shutoff valve ~ рычаг стоп-крана подачи топлива, рычаг останова (*двигателя*)
input ~ качалка командного штока (*гидроусилителя управления рулями*)
interlock ~ рычаг блокировки (*реверса тяги*)
mixture control ~ рычаг высотного корректора
pitch control ~ ручка шага (*несущего винта вертолёта*)
reverse thrust ~ рычаг управления реверсом тяги
rocker ~ одноплечая качалка
steering ~ ручка управления разворотом (*воздушного судна на земле*)
swash plate ~ рычаг автомата перекоса
throttle ~ сектор газа
throttle lock ~ рычаг стопорения сектора газа
thrust reverser ~ рычаг управления реверсом тяги
two-arm ~ двуплечий рычаг; двуплечая качалка
wheel suspension ~ траверса подвески колеса (*основной опоры шасси*)
license 1. свидетельство; допуск; разрешение 2. лицензия (*напр. на производство воздушного судна*) ◊ **to construct under** ~ строить по лицензии; **to endorse the** ~ делать отметку [запись] в свидетельстве; **to issue a** ~ выдавать свидетельство; **to renew the** ~ возобновлять действие свидетельства *или* лицензии
air transport pilot ~ свидетельство пилота транспортной авиации
commercial ~ лицензия на коммерческие перевозки
commercial pilot ~ свидетельство пилота коммерческой авиации
domestic ~ свидетельство,

LIF

выданное местными органами
license
expiry-type ~ свидетельство с ограниченным сроком действия
export ~ разрешение на вывоз
import ~ разрешение на ввоз
nonexpiry-type ~ свидетельство без ограничения срока действия
pilot's ~ пилотское свидетельство, лётное свидетельство пилота
private pilot ~ свидетельство пилота-любителя
professional pilot ~ свидетельство профессионального пилота
route ~ разрешение на эксплуатацию воздушной линии
senior commercial pilot ~ свидетельство старшего пилота коммерческой авиации
valid ~ действующее свидетельство
licensing:
personnel ~ порядок выдачи свидетельств личному составу (*напр. на допуск к полётам*)
pilot ~ порядок выдачи лётного свидетельства
lid слой атмосферы с температурной инверсией
life 1. срок службы; ресурс 2. продолжительность работы; наработка (*в часах*) ◊ **throughout the service** ~ на протяжении всего срока службы; **to extend [to prolong] service** ~ продлевать срок службы; **to serve out the service** ~ вырабатывать срок службы (*до списания*); ~ **until discarded** срок службы до списания
aircraft fatigue ~ усталостный ресурс воздушного судна
aircraft safe ~ безопасный срок службы воздушного судна

LIF

life
  average service ~ средний срок службы
  design ~ расчётный срок службы
  fatigue ~ усталостный ресурс
  flying ~ срок службы в часах налёта
  operating ~ продолжительность эксплуатации
  overhaul ~ срок службы до капитального ремонта
  service ~ амортизационный срок службы
  shelf ~ срок годности при хранении на складе
  specified ~ назначенный ресурс
  storage ~ срок хранения
  useful ~ эксплуатационный срок службы
  working ~ 1. долговечность 2. работоспособность
lifeboat (надувная) спасательная лодка
liferaft (надувной) спасательный плот
lifetime срок службы; ресурс
lift 1. подъёмная сила 2. воздушная перевозка 3. объём перевозки за один рейс 4. подъёмное устройство (*напр. крыла*) ◊ **at zero** ~ при нулевой подъёмной силе; **to create** ~ создавать подъёмную силу; **to** ~ **off** отрываться от земли (*при взлёте*); **to produce** ~ создавать подъёмную силу
  actual ~ фактическая подъёмная сила
  aerodynamic ~ аэродинамическая подъёмная сила
  aerostatic ~ аэростатическая подъёмная сила
  air freight ~ перевозка грузов по воздуху
  available ~ располагаемая подъёмная сила
  negative ~ отрицательная подъёмная сила
  required ~ потребная подъёмная сила

LIG

lift
  rotor ~ подъёмная сила несущего винта
  wing ~ подъёмная сила крыла
  zero ~ нулевая подъёмная сила
liftoff 1. взлёт (*вертолёта*) 2. отрыв от земли (*при взлёте*)
  premature ~ преждевременный отрыв от земли (*при разбеге самолёта по ВПП*)
light (аэронавигационный) огонь ◊ ~**s on request** огни по требованию (*экипажа при посадке или рулении*); **to focus the** ~ фокусировать фару; фокусировать световой сигнал
  aerodrome approach ~**s** аэродромные огни приближения
  aeronautical ~ аэронавигационный огонь
  aeronautical ground ~ наземный аэронавигационный огонь
  aircraft ~**s** бортовые аэронавигационные огни, БАНО
  airway ~**s** (аэронавигационные) огни на трассе полёта
  altitude alert ~ световой сигнализатор [световое табло] опасной высоты
  angle-of-approach ~ глиссадный огонь
  anticollision ~ (аэронавигационный) огонь для предотвращения столкновений
  antiskid failure ~ табло сигнализации отказа автомата торможения
  approach ~**s** огни приближения
  approach threshold ~**s** входные огни ВПП
  apron ~**s** перронные огни
  arming ~ световой сигнал готовности (*напр. ВПП для приёма воздушного судна*)
  artificial ~**s** искусственное освещение
  autopilot controller ~ лампа подсвета пульта управления автопилотом

LIG

light
bar ~ 1. линейный огонь (*три или более световых источника, сливающихся в линию на расстоянии*) 2. *pl* огни горизонта
bidirectional stop bar ~s огни линии «стоп» двустороннего действия
blade tip ~ (контурный) огонь конца лопасти
boundary ~ пограничный (световой) огонь (*аэродрома*)
boundary obstruction ~ пограничный заградительный огонь (*для обозначения препятствий*)
cabin emergency ~ аварийное табло в кабине экипажа
capacitor discharge ~ импульсный огонь с конденсаторным разрядом
centerline ~s осевые огни (*ВПП*)
channel ~s огни взлётной полосы гидроаэродрома
circling guidance ~s 1. вращающиеся огни наведения 2. огни управления полётом по кругу (*при заходе на посадку*)
clearance bar ~ линейный огонь линии предупреждения (*перед пересечением рулёжных дорожек*)
code ~ кодовый сигнальный огонь
comparison warning ~ табло сигнализации отказа системы сравнения (*навигационных приборов*)
contact ~s огни маркировки зоны касания
course ~s трассовые огни
crossbar ~s огни светового горизонта
deepened ~s утопленные [углублённые] огни
dome ~ плафон
downwind ~s ближние огни (*глиссадной системы*)
elevated ~ огонь наземного типа (*на аэродроме*)

LIG

light
emergency ~ лампа аварийной сигнализации
emergency exit ~ освещение аварийного выхода (*воздушного судна*)
end ~s концевые огни (*ВПП*)
extended centerline ~s огни продолжения осевой линии (*ВПП*)
exterior ~s внешние (бортовые) огни
failure warning ~ табло сигнализации отказа
feathering arming ~ лампа готовности системы (автоматического) флюгирования (*воздушного винта*)
fire warning ~ табло сигнализации пожара
fixed ~s огни постоянного свечения
fixed distance ~s огни фиксированного расстояния (*для оценки дальности видимости на ВПП*)
flashing ~ импульсный маяк, проблесковый огонь
"fly-down" ~ световой сигнал «лети ниже» (*при заходе на посадку по глиссаде*)
"fly-up" ~ световой сигнал «лети выше» (*при заходе на посадку по глиссаде*)
fuel pressure warning ~ сигнальная лампочка давления топлива
high intensity runway ~s огни ВПП высокой интенсивности
horizon bar ~s огни светового горизонта
identification ~ опознавательный огонь
indicating ~ световой сигнализатор
instrument panel ~ лампа подсветки приборной доски
landing ~s посадочные огни
landing direction ~s огни (сигнализации) направления посадки

light
  landing direction indicator ~s огни указателя направления посадки
  lead-in ~s огни приближения
  manoeuvring guidance ~s огни управления манёвром (*при буксировке*)
  marker beacon passing ~ сигнальная лампа пролёта маркерных маяков
  master fire ~ главное табло сигнализации пожара
  navigation ~ аэронавигационный огонь
  obstacle ~s маркировочные (габаритные) огни
  obstruction ~s заградительные огни (*на здании или сооружении*)
  occulting ~ проблесковый огонь
  range ~s 1. пограничные огни (*ВПП*) 2. огни дальности 3. огни выравнивания (*при посадке*)
  reading ~ индивидуальное освещение (*пассажирских мест*)
  recognition ~ опознавательный сигнальный огонь
  restriction ~ ограничительный огонь
  retractable ~ выдвижная фара
  running ~s бегущие огни (*для указания направления движения*)
  runway alignment indicator ~s сигнальные огни входа в створ ВПП
  runway centerline ~s огни осевой линии ВПП
  runway clearance ~ световой сигнал готовности ВПП к приёму
  runway edge ~s посадочные огни ВПП
  runway end ~s ограничительные огни ВПП
  runway end identifier ~s опознавательные огни торца ВПП

light
  runway end safety area ~s огни концевой зоны безопасности ВПП
  runway flush ~ 1. утопленный [углублённый] огонь на поверхности ВПП 2. огонь для отпугивания птиц в районе ВПП
  runway guard ~s огни ограждения ВПП
  runway identifier ~s опознавательные огни ВПП
  runway lead-in ~s огни подхода к ВПП
  runway threshold ~s входные огни ВПП
  runway touchdown ~s огни зоны приземления на ВПП
  selection ~ лампа сигнализации выбора (*напр. режима работы*)
  sequenced flashing ~s бегущие проблесковые огни
  setdown ~s посадочные огни
  side row ~s боковые огни ВПП
  steady burning ~s огни постоянного свечения (*для обозначения ВПП*)
  steady green ~ : "cleared for takeoff" немигающий зелёный свет: «взлёт разрешён» (*световой сигнал для воздушных судов на земле*)
  steady green ~ : "cleared to land" немигающий зелёный свет: «посадка разрешена» (*световой сигнал для воздушных судов в полёте*)
  steady red ~ : "give the way to other aircrafts and continue circling" немигающий красный свет: «уступите дорогу другим судам и продолжайте полёт по кругу» (*световой сигнал для воздушных судов в полёте*)
  steady red ~ : "stop" немигающий красный свет: «остановитесь» (*световой сигнал для воздушных судов на земле*)

LIG   LIM

light
  stop bars ~s огни линии «стоп» (*на ВПП*)
  stopway ~s огни концевой полосы торможения
  strobe ~ проблесковый огонь
  surface ~ огонь маркировки поверхности
  tail ~ хвостовой (аэронавигационный) огонь
  taxi ~ рулёжная фара
  taxi-holding position ~s огни места ожидания при рулении
  taxiway ~s огни освещения рулёжной дорожки
  taxiway centerline ~s осевые огни рулёжной дорожки
  taxiway edge ~s боковые огни рулёжной дорожки
  telltale ~ дежурное освещение (*кабины пассажиров*)
  threshold ~s входные огни (*ВПП*)
  thrust reverser ~ табло сигнализации положения реверса тяги
  touchdown sign ~s огни знака приземления
  touchdown zone ~s огни зоны приземления
  ultraviolet ~ лампа ультрафиолетового излучения
  upwind ~s дальние огни (*глиссадной системы*)
  vibration caution ~ световой сигнализатор [световое табло] опасной вибрации (*двигателя*)
  warning ~ сигнальная лампа, лампа аварийной сигнализации; *pl* световая аварийная сигнализация
  wing bar ~s огни световых горизонтов
  wing clearance ~ габаритный огонь крыла
lighting 1. светосигнальное оборудование; система (аэронавигационных) огней **2.** воспламенение (*топлива*) **3.** молния

lighting
  aerodrome ~ аэродромное светосигнальное оборудование
  aerodrome security ~ светосигнальное оборудование аэродрома для обеспечения безопасности (*передвижения наземных средств*)
  airway ~ светосигнальное оборудование авиалинии
  approach ~ **1.** система посадочных огней **2.** светосигнальное оборудование зоны приближения (*к ВПП*)
  emergency ~ аварийное светосигнальное оборудование
  inner approach ~ светосигнальное оборудование ближней зоны приближения (*к ВПП*)
  obstacle ~ система освещения препятствий
  runway ~ светосигнальное оборудование ВПП
  stopway ~ светосигнальное оборудование концевой полосы торможения
limit ◊ **no** ~s без ограничений (*о полётах*); **to exceed forward** ~ превышать переднюю максимально допустимую центровку
  age ~ предельный срок службы
  allowable time ~ допустимый предел наработки
  atmospheric ~s атмосферные ограничения (*на условия полётов*)
  center-of-gravity ~ предел центровки
  check-in time ~ время окончания регистрации (*пассажиров*)
  clearance ~ граница действия (диспетчерского) разрешения
  coverage ~ зона действия (*напр. радиолокатора*)
  cross-wind ~ ограничение по боковому ветру
  designed stress ~ предел до-

LIM

пустимых расчётных перегрузок

limit
endurance ~ допустимый предел выносливости
fatigue ~ предел усталости
flyover noise ~ допустимый предел шума при пролёте (*над местностью*)
lower ~ нижняя граница (*ограничения полётов*)
obstacle clearance ~ минимальная (безопасная) высота пролёта препятствий
operation time ~ максимально допустимое время работы (*двигателя*)
stability ~ предел устойчивости
stress ~ предел нагрузки; предел перегрузки
time ~ 1. ограничение по времени 2. регламент 3. срок службы
upper ~ верхняя граница (*ограничения полётов*)
upper age ~ верхний возрастной предел (*пилота*)
visibility ~ предел видимости
wind ~ предел скорости ветра

limitation ◊ **fail to observe the** ~s не соблюдать установленные ограничения (*на полёт*); **to approve the** ~s утверждать [санкционировать] ограничения; **to impose the** ~s налагать ограничения (*на полёт*)
aircraft performance ~s лётно-технические ограничения
air route ~s ограничения на воздушных трассах
air-speed ~ ограничение по скорости полёта
airworthiness ~s ограничения по лётной годности
approved ~s утверждённые [санкционированные] ограничения
flight duty period ~ ограничение времени налёта (*пилота*)

LIN

limitation
flight time ~ ограничение полётного времени
license ~s ограничения, указанные в свидетельстве
operating ~s эксплуатационные ограничения
performance ~ ограничение характеристик (*воздушного судна*)
speed ~ 1. ограничение числа оборотов (*двигателя*) 2. ограничение по скорости (*полёта*)
weight ~ ограничение по массе (*воздушного судна*)

line ◊ **on aircraft center** ~ по [вдоль] оси воздушного судна; **to fly the rhumb** ~ летать по локсодромии; **to identify the center** ~ обозначать осевую линию (*напр. ВПП*); **to** ~ **up** выруливать на исполнительный старт
~ **of flight** линия [траектория] полёта
~ **of position** линия положения (*воздушного судна*)
~ **of sight** линия визирования
agonic ~ агона (*линия нулевых магнитных склонений*)
air ~ воздушная линия, авиалиния
aircraft center ~ осевая линия воздушного судна
aircraft position ~ линия (место)положения воздушного судна
aircraft production break ~ линия технологического разъёма воздушного судна (*напр. по крылу*)
aircraft stand lead-in ~ линия заруливания воздушного судна на стоянку
airfoil center ~ средняя линия аэродинамического профиля
all cargo ~ (авиа)линия грузовых перевозок
apron safety ~ линия безопасности (*воздушного судна при стоянке*) на перроне

LIN

line
assembly ~ линия сборки (*напр. воздушных судов*)
barrette center ~ линия центрального ряда линейных огней
bypass fuel ~ линия перепуска топлива (*на вход в насос*)
center ~ ось, осевая линия (*напр. ВПП*)
chord ~ линия хорды
control transfer ~ рубеж передачи (диспетчерского) управления
course ~ линия заданного пути (*проекция заданной траектории полёта на поверхность Земли*)
dorsal ~ верхний обвод (*фюзеляжа*)
drain ~ линия дренажа
entry ~ линия входа (*в зону полётов*)
fuel ~ топливопровод, топливная магистраль
fuel crossfeed ~ магистраль кольцевания топливных баков
fuselage brake ~ эксплуатационный [технологический] разъём фюзеляжа
fuselage water ~ строительная горизонталь фюзеляжа
glide slope ~ линия глиссады
glide slope limit ~ линия ограничения отклонения от глиссады
great circle ~ ортодромическая линия (*пути полёта*)
grid ~ линия координатной сетки
heading lubber ~ указатель [линия] отсчёта курса (*на шкале навигационного прибора*)
instability ~ линия неустойчивого состояния атмосферы
lateral ~ боковая линия (*напр. ВПП*)
lead-in ~ линия заруливания (*на стоянку*)
lead-out ~ линия выруливания (*со стоянки*)

LIN

line
leveling plumb ~ нивелировочный отвес
life ~ предохранительный трос (*парашюта*)
lubber ~ курсовая линия (*на лобовом стекле или корпусе компаса*)
obstacle ~ линия ограничения (высоты) препятствий
obstacle clearance ~ линия безопасного пролёта над препятствиями
on-course ~ линия полёта по курсу
painter ~ присоединительный трос (*спасательного плота*)
parting ~ линия разъёма или расстыковки (*напр. крыла*)
plumb ~ отвес (*для определения вертикали*)
pumping ~ магистраль нагнетания (*напр. масла*)
radar warning ~ граница [рубеж] радиолокационного обнаружения
rhumb ~ локсодромия (*линия полёта, в процессе которого земные меридианы пересекаются под одним и тем же углом*)
rigging ~ парашютная стропа
routing ~ линия (заданного) маршрута
runway center ~ ось [осевая линия] ВПП
scavenging ~ магистраль откачки (*напр. топлива*)
shroud ~ парашютная стропа
slant course ~ наклонная линия курса (*при снижении*)
stand center ~ ось [осевая линия] места стоянки
static ~ вытяжной фал (*парашюта*)
stop ~ линия «стоп» (*на аэродроме*)
take off ~ линия взлёта
taxiing direction ~ линия

LIN

(маркировки) направления руления (*по аэродрому*)
line
  taxiway center ~ ось [осевая линия] рулёжной дорожки
  teleprinter ~ телетайпная линия
  tiedown ~ швартовочный трос (*для удержания воздушного судна*)
  trailing ~ буксировочный трос (*для перемещения воздушного судна*)
  turning ~ линия разворота (*при движении по аэродрому*)
  ventral ~ нижний обвод (*фюзеляжа*)
  wing base ~ базовая линия крыла
  wing chord ~ линия хорды крыла
  wing split ~ линия разъёма крыла
  wing tip clearance ~ линия ограничения безопасного расстояния до конца крыла (*при маркировке места стоянки*)
liner 1. лайнер 2. удлинитель жаровой трубы
  jet ~ реактивный лайнер
lineup исполнительный старт
  ◊ **at** ~ на исполнительном старте
lining 1. прокладка 2. обшивка; облицовка
  acoustic ~ акустическая облицовка
  ceiling ~ облицовка потолка (*кабины*)
link:
  alternate ~ запасная линия (*радиосвязи*)
  backup ~ вспомогательный канал (*радиосвязи*)
  bonding ~ металлизация; шина металлизации (*между подвижными деталями корпуса воздушного судна*)
  data ~ канал передачи данных

LIP

link
  down ~ канал связи «воздух — земля»
  drag ~ направляющая штанга (*опоры шасси*)
  flight data ~ канал передачи данных в полёте
  grounding ~ трос заземления (*корпуса воздушного судна*)
  lower ~ нижнее звено (*складывающегося подкоса шасси*)
  microwave ~ канал микроволновой связи
  outbound ~ выходная линия (*радиосвязи*)
  piston ~ серьга штока (*амортизатора шасси*)
  radio ~ линия радиосвязи (*с воздушным судном*)
  satellite ~ спутниковая линия передачи данных
  shackle ~ соединительное звено
  side brace ~ звено бокового подкоса (*шасси*)
  spring ~ пружинная тяга
  taxiway ~ (радио)связь при рулении, линия (радио)связи при рулении
  torque ~ шлиц-шарнир, двухзвенник (*опоры шасси*)
  universal ~ кардан, карданное соединение
  up ~ канал связи «земля — воздух»
  upper torque ~ верхнее звено шлиц-шарнира (*опоры шасси*)
  wireless ~ линия радиосвязи
linkage 1. соединение (*подвижных элементов*) 2. проводка, прокладка (*напр. тросов*)
  control ~ проводка системы управления
lip:
  air intake fixed ~ нерегулируемая кромка воздухозаборника
  exposed threshold ~ выступающий торец порога ВПП

LIS

list 1. список (*напр. пассажиров*), перечень ‖ вносить в список **2.** ведомость ‖ вносить в ведомость **3.** крен ‖ кренить(ся)
acceptable check ~ контрольный перечень приёмки (*воздушного судна*)
aircraft ~ 1. крен воздушного судна **2.** комплектовочная ведомость воздушного судна
aircraft defects ~ ведомость дефектов воздушного судна
cargo boarding ~ грузовая ведомость на рейс
check ~ контрольный лист
chronological ~ хронологический перечень (*напр. регламентных работ*)
configuration deviation ~ перечень допустимых отклонений конфигурации (*воздушного судна*)
dangerous goods ~ перечень опасных (*для перевозки*) грузов
master minimum equipment ~ перечень необходимого (*для полёта*) бортового оборудования
parts ~ комплектовочная ведомость (*воздушного судна*)
passenger ~ список пассажиров (*на рейс*)
passenger boarding ~ пассажирская ведомость, пассажирский манифест
routing ~ перечень утверждённых маршрутов
takeoff check ~ перечень [карта] обязательных проверок перед взлётом
tool and equipment ~ перечень инструмента и приспособлений
wait(ing) ~ лист ожидания (*брони на рейс*)
load 1. груз; партия груза ‖ грузить, загружать **2.** нагрузка ‖ нагружать **3.** подвеска (*напр. груза под вертолётом*) ‖ подвешивать ◊ **~**

LOA

per unit area нагрузка на единицу площади; **to activate ~** подавать [включать] нагрузку (*электросети*); **to apply ~** прикладывать нагрузку; **to carry ~** нести нагрузку; **to create ~** создавать нагрузку; **to detach the ~** отцеплять груз (*напр. от подвески вертолёта*); **to impose ~** создавать (механическую) нагрузку, нагружать; **to release the ~ 1.** сбрасывать груз (*напр. с подвески вертолёта*) **2.** освобождать груз от крепления; **to take off ~** снимать груз с борта (*воздушного судна*); **to take on ~** принимать груз на борт (*воздушного судна*); **to take up ~ 1.** принимать груз на борт (*воздушного судна*) **2.** снимать нагрузку (*напр. с генератора*); **to transmit ~** передавать нагрузку; передавать усилие; **to withstand the ~** выдерживать нагрузку; **under ~** под нагрузкой
load
aerodynamic [air] ~ аэродинамическая нагрузка
aircraft design ~ расчётный предел нагрузки воздушного судна
aircraft useful ~ полезная нагрузка воздушного судна (*разность между взлётной массой и массой пустого снаряжённого воздушного судна*)
allowable ~ допустимая нагрузка
alternate ~ (знако)переменная нагрузка
available ~ максимально допустимая коммерческая загрузка
average revenue ~ средняя коммерческая загрузка (*общий вес перевезённых грузов, делённый на число самолёто-миль*)

LOA

load
balancing ~ уравновешивающая нагрузка
break-even ~ доходная (коммерческая) загрузка
commercial ~ платная загрузка
compressive ~ сжимающая нагрузка
concentrated ~ сосредоточенная нагрузка
control surface ~ (аэродинамическая) нагрузка на поверхность управления
control system ~ усилие (*пилота*) на систему управления
dead ~ 1. масса конструкции 2. балласт
design ~ расчётная нагрузка
distributed ~ распределённая [рассредоточенная] нагрузка
dynamic ~ динамическая нагрузка
equivalent wheel ~ средняя нагрузка на одно колесо шасси
extenal ~ 1. внешняя нагрузка (*на воздушное судно*) 2. внешняя подвеска (*груза на вертолёте*)
fail-safe ~ безопасная нагрузка
failure ~ разрушающая нагрузка
fatigue ~ усталостная нагрузка
fatigue failure ~ нагружение до усталостного разрушения
flight ~ нагрузка в полёте, полётная нагрузка
flight control ~ нагрузка в полёте от поверхности управления
fuel ~ запас топлива
ground ~ 1. нагрузка (*на воздушное судно*) при стоянке на земле 2. воздействие земли (*при полёте на малых высотах*)
gust ~ 1. энергия порыва [энергия возмущения] воз-

LOA L

душной массы 2. нагрузка от порыва ветра
load
gyroscopic ~ гироскопическая нагрузка
impact ~ ударная (динамическая) нагрузка
inertia ~ инерционная нагрузка
jettisoned ~ in flight груз, сброшенный в полёте
landing ~ посадочная нагрузка
limit ~ предельная нагрузка
limit operating ~ предельная эксплуатационная нагрузка
manoeuvring ~ манёвренная нагрузка
maximum ~ предельная нагрузка
normal operating ~ нормальная эксплуатационная нагрузка
landing ~ посадочная нагрузка
pilot work ~ (функциональная) загруженность пилота
proof ~ расчётная нагрузка; нормативная нагрузка
repeated ~s повторные нагрузки
resisting ~ нагрузка от сопротивления (*напр. воздуха*)
revenue ~ коммерческая загрузка
safe ~ безопасная нагрузка
service ~ рабочая нагрузка
side ~ боковая нагрузка
sling ~ внешняя подвеска (*груза*) на тросах
static ~ статическая нагрузка
suspended ~ груз на внешней подвеске (*вертолёта*)
taxiing ~ нагрузка при рулении
thrust ~ тяговое усилие
torsional ~ нагрузка при скручивании
ultimate ~ предельная нагрузка
ultimate breaking ~ предель-

LOA

ная разрушающая нагрузка
load
  undersling ~ груз на внешней подвеске (*вертолёта*)
  uniform ~ равномерная нагрузка
  unit ~ 1. укомплектованный груз 2. удельная нагрузка
  unsymmetrical ~ асимметричная нагрузка (*напр. при отказе одного двигателя*)
  varying ~ переменная нагрузка
  vibratory ~ вибрационная нагрузка
  water ~ гидродинамическая нагрузка (*на гидросамолёт*)
  wheel ~ нагрузка на колесо
  wing ~ нагрузка на крыло
load-bearing несущий нагрузку (*напр. о крыле*)
loader (авто)погрузчик
  baggage ~ погрузчик багажа
  belly container ~ погрузчик контейнеров через нижние люки (*фюзеляжа*)
  belt ~ ленточный погрузчик
  bulk cargo ~ автопогрузчик
  double-deck ~ погрузчик с двумя платформами
lobe 1. лепесток (*диаграммы направленности антенны*) 2. клин (*купола парашюта*) 3. створка (*напр. капота*) ковшового типа
localizer курсовой (радио)маяк
  beamed ~ направленный курсовой (радио)маяк
location (место)положение, (место)нахождение ◊ **to indicate the** ~ **from the air** определять местоположение с воздуха
  ~ **of distress** район бедствия
  altimeter check ~ площадка (*на аэродроме*) для проверки высотомеров
  center-of-gravity ~ центровка (*воздушного судна*)
  check-in ~ место регистрации (*пассажиров*)

LOC

location
  estimated ~ расчётное местоположение (*воздушного судна*)
  geographical ~ географическое местоположение (*аэродрома*)
  loading ~ местоположение (*воздушного судна*) при загрузке
  noise measurement ~ точка измерения шума
  occurrence ~ место происшествия
  off-aerodrome ~ внеаэродромное размещение (*напр. радиосредств*)
  on-aerodrome ~ размещение (*напр. оборудования*) на аэродроме
  preflight check ~ место предполётной проверки
locator радиолокатор; (приводная) радиолокационная станция, РЛС
  compass ~ радиолокационная станция
  inner ~ ближняя радиолокационная станция
  middle ~ средняя радиолокационная станция
  mobile ~ подвижная радиолокационная станция
  outer ~ дальняя радиолокационная станция
lock 1. фиксатор ‖ фиксировать 2. стопор; контровка ‖ стопорить; контрить ◊ **to** ~ **by bending** контрить отгибом (*усика контровочной шайбы*); **to** ~ **over center** запираться (*о складывающемся подкосе шасси*); **to release the landing gear** ~ снимать шасси с замка; **to** ~ **the landing gear down** ставить шасси на замок выпущенного положения; **to** ~ **the landing gear up** ставить шасси на замок убранного положения
  air ~ воздушная пробка (*в гидросистеме*)
  airstairs ~ замок трапа

LOC LOO

lock
    autopilot Mach ~ автомат стабилизации автопилота по числу М
    centrifugal ~ центробежный фиксатор (*шага лопасти воздушного винта*)
    control ~ механизм стопорения рулей
    elevator gust ~ механизм стопорения руля высоты
    gear down ~ замок выпущенного положения шасси
    gear up ~ замок убранного положения шасси
    gust ~ механизм стопорения (*рулей*)
    hydraulic pitch ~ гидравлический упор шага (*лопасти*)
    mechanical pitch ~ механический упор шага (*лопасти*)
    parking brake ~ стопор стояночного тормоза
    propeller pitch ~ фиксатор [упор] шага лопасти воздушного винта
    retraction ~ предохранительный фиксатор (*от случайной уборки шасси на земле*)
    reverser ~ замок реверса тяги
    reverser bucket ~ замок створок реверса тяги
    rudder gust ~ струбцина руля поворота
    throttle lever ~ тормоз рычага управления (*двигателем*)
    towing ~ буксировочный замок
    undercarriage ~ замок шасси
lockdown установка (*шасси*) на замок выпущенного положения
locker:
    baggage ~ камера [контейнер] для хранения багажа
locking 1. блокировка, крепление, фиксация **2.** стопорение
    castor ~ блокировка (само-) ориентирующегося колеса (*шасси*)
locking
    control-rod ~ стопорение рулевой тяги
locknut контргайка
lockon 1. захват (*цели*) **2.** синхронизация (*сигнала*)
    radar ~ захват цели радиолокатором
    target ~ захват цели (*в полёте*)
lockpin 1. контровочная шпилька **2.** стопорный палец
    steering collar ~ стопорный палец поворотного хомута (*передней опоры шасси*)
lockup установка (*шасси*) на замок убранного положения
lockwire контровочная проволока
logbook:
    flight ~ бортовой журнал
loitering:
    air ~ воздушное барражирование
longeron лонжерон
    fuzelage ~ лонжерон фюзеляжа
long-haul магистральный, большой протяжённости (*о полёте*)
longitude (географическая) долгота
    flight ~ географическая долгота точки маршрута
long-range дальнего действия (*напр. о радиомаяке*)
looking ◊ ~ **aft** против полёта; ~ **forward** по полёту
    all-around ~ круговой обзор
loop 1. цикл **2.** контур; цепь **3.** рамочная антенна; рамка **4.** резкий разворот ∥ резко разворачивать(ся)
    air traffic control ~ цикл управления воздушным движением
    feedback ~ контур обратной связи
    fixed ~ неподвижная рамочная антенна
    ground ~ резкий разворот на земле

LOO

loop
  heading control ~ рамочная антенна контроля курса
  rotatable ~ поворотная рамочная антенна
  taxi ~ обводная рулёжная дорожка, обводная РД
lorry:
  fueling ~ топливозаправщик
loss:
  ~ **of control** потеря управления
  ~ **of pressurization** разгерметизация
  ~ **of strength** потеря прочности
  actual ~es фактические убытки
  aircraft control ~ потеря управляемости воздушного судна
  airscrew slip ~ потеря тяги при скольжении воздушного винта
  altitude ~ потеря высоты
  atmospheric ~ ослабление сигналов в атмосфере
  control ~ потеря управляемости
  directional control ~ потеря путевой управляемости
  engine speed ~ падение оборотов двигателя
  friction ~es потери на трение
  intake ~es потери в воздухозаборнике
  operating ~es эксплуатационные расходы
  performance ~ снижение (лётно-технических) характеристик
  temporary ~ **of control** временная потеря управляемости
lot 1. партия (*груза*) **2.** налог, пошлина
lounge:
  arrival ~ зал прилёта
  departure ~ зал вылета
  transit ~ транзитный зал
louver 1. решётка **2.** предкрылок **3.** *pl* жалюзи
lowering выпуск (*шасси, закрылков*)

MAC

lowering
  manual ~ ручной выпуск
low-wing с низкорасположенным крылом (*о воздушном судне*)
lubricant смазочный материал; смазка ◊ **to replenish with** ~ пополнять смазку; наполнять смазкой
lubricate смазывать
lubrication смазка, процесс смазки
  circulatory ~ циркуляционная смазка
  pressure ~ смазка под давлением; принудительная смазка
  splash ~ барботажная смазка, смазка разбрызгиванием
lubricator маслёнка .
lug 1. выступ; узел; шип **2.** ушко; ухо; проушина; серьга
  attachment ~ узел крепления; узел подвески (*напр. опоры шасси*)
  down-lock ~ серьга замка выпущенного положения (*шасси*)
  end ~ наконечник
  eye ~ ухо (*тяги или цилиндра*)
  mounting ~ монтажное ухо, монтажный прилив
  towing ~ буксировочный узел (*на передней опоре шасси*)
  up-lock ~ серьга замка убранного положения (*шасси*); серьга замка подвески (*шасси*)
  wire terminal ~ наконечник проводника
luminance яркость
  background ~ **1.** фоновая яркость (*экрана локатора*) **2.** фоновая освещённость (*поверхности зоны посадки*)

M

machine:
  vibration ~ вибростенд
machinery:

MAC   MAN   M

machinery
   fare-fixing ~ порядок утверждения тарифов
   fare-making ~ порядок подготовки тарифов
   fare-setting ~ порядок введения тарифов
machmeter указатель числа М
magnetism:
   residual ~ остаточный магнетизм (*напр. корпуса воздушного судна*)
magneto магнето (*двигателя*)
mail:
   air ~ воздушная почта, авиапочта
mainplane 1. основная несущая поверхность (*воздушного судна*) 2. крыло самолёта
maintainability эксплуатационная технологичность (*конструкции воздушного судна*)
maladjustment неудовлетворительная настройка; неудовлетворительная регулировка
malalignment несоосность (*деталей*)
malfunction неисправность; отказ; перебои в работе ◇ **in the event of** ~ в случае отказа (*авиатехники*)
   landing gear ~ отказ механизма уборки — выпуска шасси
man:
   line ~ сигнальщик (*на аэродроме*)
management:
   air traffic flow ~ управление потоком воздушного движения
   flight ~ управление полётом
manhole 1. люк; лаз 2. смотровое окно
   wing ~ люк в крыле
manifest:
   passenger ~ пассажирский манифест
manifold 1. коллектор 2. распределительный трубопровод; канал; магистраль 3. патрубок

manifold
   air ~ воздушный коллектор
   exhaust system ~ коллектор выхлопной системы (*двигателя*)
   high-speed fuel ~ топливный коллектор большого газа
   intake ~ заборный [входной] канал
   low-speed fuel ~ топливный коллектор малого газа
   main fuel ~ основной [второй] топливный коллектор
   pneumatic ~ воздушный коллектор
   pressure fueling ~ коллектор системы заправки топливом под давлением
   primary fuel ~ первый топливный коллектор
   starting ~ пусковой коллектор
manifolding распределение подачи (*напр. воздуха*) при помощи системы трубопроводов
manland посадка с помощью ручного управления
man-made искусственный (*напр. о сооружении в районе аэродрома*)
manoeuvrability:
   aircraft ~ манёвренность воздушного судна
manoeuvre манёвр ‖ маневрировать ◇ **recovery from the** ~ выход из манёвра; **to execute the** ~ выполнять манёвр
   abrupt ~ крутой (по траектории) манёвр
   airfield ~ манёвр на лётном поле
   avoidance ~ манёвр уклонения (*от препятствия*)
   breakaway ~ резкий отворот от линии курса
   checked ~ контролируемый манёвр
   circle-to-land ~ манёвр разворота для выхода на посадочный курс
   docking ~ установка (*воздушного судна*) на место обслуживания

MAN

manoeuvre
  escape ~ 1. манёвр ухода (*из зоны*) 2. манёвр выхода (*напр. из аварийной ситуации*)
  evasive ~ манёвр уклонения (*от препятствия*)
  go-around flight ~ уход на второй круг
  identification ~ манёвр для опознавания (*воздушного судна*)
  inflight ~ манёвр (*воздушного судна*) в полёте
  parking ~ установка (*воздушного судна*) на место стоянки
  predetermined ~ запланированный манёвр
  push-over ~ манёвр пикирования
  required procedural ~ предписанный манёвр
  resolution ~ манёвр для избежания конфликтной ситуации (*в полёте*)
  rough ~ грубый манёвр
  side-step ~ боковой манёвр (*перед входом в створ ВПП*)
  taxiing ~ манёвр при рулении
manometer манометр
  liquid ~ жидкостный манометр
  mercury ~ ртутный манометр
manual ◇ **fail to provide the ~s** не обеспечивать (*экипаж*) соответствующими инструкциями
  airman's information ~ информационный сборник для авиационных специалистов
map карта
  aerial ~ карта полётов, полётная карта
  aeronautical ~ аэронавигационная карта
  airway strip ~ маршрутная карта
  daily weather ~ карта суточного состояния погоды
  flight ~ карта полётов, полётная карта

MAR

map
  grid ~ карта с навигационной сеткой
  noise ~ схема распространения шумов
  pressure ~ карта давления; карта изобар
  radar ~ радиолокационная карта
  roller ~ кассетный планшет (*карты маршрута*)
  synoptic ~ синоптическая карта, карта погоды
  time-zone ~ карта часовых поясов
  weather ~ синоптическая карта, карта погоды
mapping 1. составление карты, картографирование (*местности полётов*) 2. обзор местности (*радиолокационными средствами*)
  close range ~ составление карты ближнего обзора
  long range ~ составление карты дальнего обзора
  radar ~ 1. картографирование путём радиолокационного обзора местности 2. обзор местности радиолокационными средствами
  radar ground ~ 1. отображение (*на карте*) радиолокационного обзора земной поверхности 2. радиолокационный обзор земной поверхности
  video ~ панорамная индикация (*аэродрома*)
margin 1. запас прочности; запас устойчивости 2. допуск 3. запас (*напр. времени*) 4. избыток (*напр. тяги*) 5. кромка; край ◇ **~ with stick fixed** запас устойчивости с застопоренным управлением; **~ with stick free** запас устойчивости с расстопоренным управлением
  ~ of error допуск на погрешность (*показаний прибора*)
  ~ of lift запас подъёмной силы
  ~ of safety допустимый уро-

вень безопасности (*полётов*)
margin
~ **of stability** запас устойчивости
acceleration ~ запас (перегрузки) по ускорению
adequate ~ достаточный (*для полёта*) запас (*напр. высоты*)
aircraft control ~ запас управляемости воздушного судна
altitude ~ запас высоты
center-of-gravity ~ запас центровки
clearance ~ запас высоты (*над препятствием*)
compressor surge ~ запас компрессора по помпажу
distance ~ запас дистанции разбега (*при взлёте*)
engine thrust ~ избыток тяги двигателя
fade ~ предел затухания (*сигнала*)
gain ~ предел усиления (*сигнала*)
longitudinal static ~ запас продольной статической устойчивости
manoeuvre ~ запас продольной устойчивости
power ~ запас мощности
rotor speed ~ запас по оборотам несущего винта
safe ~ безопасный (*для полёта*) запас (*напр. высоты*)
speed ~ запас скорости
stall ~ запас по сваливанию (*на крыло*); запас по срыву (*в пикирование*)
static ~ запас статической устойчивости
strength ~ запас прочности
surging ~ запас по помпажу
test ~ допуск на испытания
thrust/drag ~ допуск на превышение тяги над сопротивлением
mark 1. указатель; ориентир; знак, отметка ‖ отмечать; размечать **2.** (бортовой) номер (*воздушного судна*) ◊ **to ~ out** размечать (*напр. место стоянки*)

mark
aeronautical ground ~ наземный аэронавигационный ориентир
aircraft nationality ~ государственный опознавательный знак воздушного судна
aircraft registration ~ бортовой регистрационный знак воздушного судна
bench ~ отметка высоты *или* уровня (*напр. гидросмеси в баке*)
continuous ~ базовая отметка (*на телетайпной ленте*)
distance ~ отметка дальности (*напр. полёта*)
en-route ground ~ наземный ориентир на трассе полёта
identification ~ опознавательный знак (*напр. на корпусе воздушного судна*)
leveling ~ нивелировочная отметка (*контрольная точка на корпусе воздушного судна*); реперная точка
reference ~ **1.** точка отсчёта **2.** контрольная отметка (*на приборе*)
time ~ отметка времени (*напр. наработки двигателей*)
marker 1. указатель; ориентир; отметчик **2.** маркерный (радио)маяк, (радио)маркер
aerodrome strip ~ указатель лётной полосы аэродрома
air ~ аэронавигационный маркер
boundary ~ пограничный маркер (*для обозначения посадочной площадки*)
dye ~ цветовой сигнальный ориентир
fan ~ веерный маркер
field ~ ориентир лётного поля
heading ~ указатель (заданного) курса (*на шкале навигационного прибора*)
inner ~ ближний [внутренний] маркер
locator ~ радиолокацион-

MAR

ный маркер (*совмещённый с приводной радиостанцией*)
marker
  middle ~ средний маркер
  outer ~ дальний [внешний] маркер
  radar ~ радиолокационный маркер
  radio ~ маркерный радиомаяк, радиомаркер
  reciprocal outer ~ дальний маркер обратного направления
  reflective ~ отражающий маркер
  route ~ маршрутный маркер
  runway edge ~ маркер кромки ВПП (*уголковый радиолокационный отражатель у кромки ВПП*)
  stopway edge ~ боковой маркер концевой полосы торможения
  taxiway edge ~ маркер бровки рулёжной дорожки
  time ~ отметчик времени (*напр. в бортовом регистраторе информации*)
  unserviceability ~ маркер для обозначения запрета (*напр. посадки на ВПП*)
  visibility range ~ указатель дальности видимости
  Z ~ зонный (радио)маркер
marking 1. маркировка, обозначение; разметка 2. метка; опознавательный знак 3. отсчёт времени 4. пробная радиопередача
  ~ **of pavements** маркировка покрытия (*ВПП*)
  aircraft stand ~ маркировка места стоянки воздушного судна
  airport ~ маркировка аэропорта
  airway ~ маркировка авиалинии
  checkpoint ~ маркировка площадки проверки (*напр. высотомеров*)
  closed ~ (световая) маркировка углублённого типа
  dye ~ цветовая маркировка

MAS

marking
  fixed distance ~s опознавательные знаки фиксированного расстояния (*на ВПП*)
  ground ~ наземная маркировка
  instruments ~ маркировка приборов (*в кабине экипажа*)
  lights ~ маркировка световыми огнями
  obstruction ~ маркировка препятствий
  package ~ маркировка тары
  prethreshold ~ маркировка зоны перед порогом ВПП
  runway ~ маркировка ВПП
  runway centerline ~ маркировка осевой линии ВПП
  runway designation ~ опознавательный знак ВПП
  runway edge ~ маркировка границ ВПП
  runway surface ~ маркировка покрытия ВПП
  runway threshold ~ маркировка порога ВПП
  side strip ~ маркировка боковой полосы ВПП
  taxi-holding position ~ маркировка места ожидания при рулении
  taxiway centerline ~ маркировка осевой линии рулёжной дорожки
  taxiways intersection ~ маркировка мест пересечения рулёжных дорожек
  time ~ отсчёт времени (*напр. при запуске двигателя*)
  touchdown zone ~ маркировка зоны приземления
  transferred ~ проверка прилегания по краске (*напр. прилегание конусов винта и ротора по площади отпечатка краски*)
marshaller 1. сигнальщик (*на аэродроме*) 2. диспетчер перрона
  aerodrome ~ аэродромный сигнальщик
mask:
  quick-donning ~ аварийная кислородная маска

mass 1. масса **2.** сосредоточение (*напр. воздушных судов*)
   air ~ воздушная масса
   all-up ~ полная полётная масса
   calculated ~ расчётная масса
   combined ~ общая масса
   design landing ~ расчётная посадочная масса
   design takeoff ~ расчётная взлётная масса
   design taxiing ~ расчётная масса при рулении
   gross ~ общая масса
   landing ~ посадочная масса
   maximum apron ~ максимально допустимая масса при стоянке на перроне
   maximum certificated takeoff ~ максимальная сертифицированная взлётная масса
   maximum ramp ~ максимально допустимая масса при стоянке
   operating ~ эксплуатационная масса
   payload ~ коммерческая загрузка; масса полезного груза
   takeoff ~ взлётная масса
   zero fuel ~ масса (*воздушного судна*) без топлива, «сухой вес»
mast:
   airspeed ~ штанга приёмника воздушного давления
   antenna ~ антенная мачта
   radio ~ радиомачта
   rotor ~ колонка несущего винта (*вертолёта*)
mat:
   wing walk ~ мат [подстилка] на крыло (*при техническом обслуживании*)
material:
   acoustic ~ звукоизоляционный материал
   aerodrome forecast ~ метеоданные по аэродрому
   fireproof ~ огнеупорный [огнестойкий] материал

material
   guidance ~ инструктивная документация
   luminous ~ 1. светомасса **2.** люминесцентная краска
   oxidizing ~ окислитель
   radioactive ~s радиоактивные вещества
   retroreflecting ~ светоотражающий материал (*для аэродромных знаков*)
   sound absorbing ~ звукопоглощающий материал
matter ◊ to ingest a foreign ~ засасывать посторонний предмет (*напр. в двигатель*)
   airworthiness ~s вопросы лётной годности
   foreign ~ посторонний предмет (*напр. на ВПП*)
mayday кодовый сигнал «терплю бедствие» (*сообщение об аварийном состоянии в полёте*)
   squawk ~ сигнал бедствия в коде ответчика
means ◊ to make available ~ обеспечивать наличие средств (*напр. технического обслуживания*)
   ~ of communication средства (аэронавигационной) связи
   ~ of identification средства опознавания (*воздушных судов*)
   aircraft evacuation ~ средства эвакуации воздушного судна
   alternative ~ of communication резервные [дублирующие] средства (аэронавигационной) связи
   self-contained navigation ~ автономные аэронавигационные средства
   visual ~ визуальные средства
measurement:
   actual noise level ~ измерение фактического уровня шума
   airborne error ~ списание радиодевиации в полёте

MEA

measurement
  approach noise ~ измерение шума при заходе на посадку
  automatic elevation ~ автоматическое измерение угла превышения
  automatic range ~ автоматическое измерение дальности
  braking action ~ замер эффективности торможения (на ВПП)
  ceiling ~ измерение высоты нижней границы облаков
  directional noise ~ измерение направленного шума
  error ~ списание (радио-) девиации
  flight test noise ~ измерение шума в процессе лётных испытаний
  flyover noise ~ измерение шума при пролёте (воздушного судна)
  inflight ~ замер (напр. высоты) в полёте
  sideline ~ замер уровня бокового шума (напр. у ВПП)
  spot ~ замер с целью определения (место)положения (воздушного судна)
measures:
  aerodrome alert ~ действия по аэродрому при объявлении тревоги
  noise abatement ~ меры по снижению шума
  safety control ~ меры по обеспечению безопасности (полётов)
mechanism:
  aileron droop ~ механизм зависания элеронов
  antitopple ~ автомат предотвращения выбивания гироскопа
  automatic breaker advance ~ автомат опережения зажигания
  blade retention ~ устройство для крепления лопасти (воздушного винта)
  bleed valve control ~ механизм управления клапанами

MEC

перепуска воздуха (из компрессора)
mechanism
  bogie-rotation ~ механизм запрокидывания тележки
  brake retraction ~ механизм растормаживания (колеса)
  doors sequence ~ механизм согласования работы створок (шасси)
  elevator locking ~ механизм стопорения руля высоты
  engine torquemeter ~ механизм измерителя крутящего момента на валу двигателя
  erection ~ коррекционный механизм (в гироскопических приборах)
  feathering ~ механизм флюгирования (воздушного винта)
  feel spring ~ пружинный загрузочный механизм (рулей)
  flight load feel ~ полётный загрузочный механизм (рулей)
  gear retracting ~ механизм уборки шасси
  gyro leveling ~ механизм горизонтальной коррекции (в гироскопических приборах)
  Mach-feel ~ загрузочный механизм по числу М
  on-off ~ двухпозиционный механизм
  pitch-changing ~ механизм установки шага лопастей (воздушного винта)
  pitch-control ~ механизм управления шагом лопастей (воздушного винта)
  pitch lock ~ механизм фиксатора шага (воздушного винта)
  propeller synchronization ~ механизм синхронизации работы воздушного винта
  q-feel ~ загрузочный механизм по скоростному напору
  rough air ~ механизм для создания условий полёта в нестабильной атмосфере (в условиях «болтанки»)
  rudder locking ~ механизм

МЕС

стопорения руля направления
mechanism
   spoiler differential ~ дифференциальный механизм интерцепторов
   stabilizer drive ~ механизм перекладки стабилизатора, МПС
   stabilizer setting ~ механизм перестановки стабилизатора
   valve ~ клапанный механизм
media условия (*напр. полёта*)
medicine:
   air ~ авиационная медицина
medium 1. носитель (информации) **2.** средство, способ (*напр. передачи информации*) **3.** агент; посредник (*напр. по продаже билетов*)
   engraved foil ~ носитель (полётной) информации в виде фольги
   flight recording ~ носитель полётной информации
   metal tape ~ носитель (полётной) информации в виде металлической ленты
   photographic paper ~ носитель (полётной) информации в виде фотоплёнки
   plastic tape ~ носитель (полётной) информации в виде пластиковой плёнки
   ticket ~ агент по продаже билетов
   wire ~ проволочный носитель (полётной) информации
medium-haul средней протяжённости (*о полёте*)
meeting:
   regional air navigation ~ региональное аэронавигационное совещание (*ИКАО*)
member 1. элемент конструкции **2.** представитель; участник **3.** член (*напр. экипажа*)
   cross ~ траверса (*опоры шасси*)
   flight crew ~ член лётного экипажа

МЕТ

member
   licensed crew ~ член экипажа, имеющий (лётное) свидетельство
   load-carrying structural ~ элемент несущей конструкции
   primary structural ~ силовой элемент конструкции
   secondary structural ~ несиловой элемент конструкции
meridian:
   ~ **of Greenwich** гринвичский меридиан
   grid ~ условный меридиан
   magnetic ~ магнитный меридиан
   terrestrial ~ земной меридиан
   true ~ истинный меридиан
   zero ~ нулевой меридиан
mesh:
   starter ~ муфта стартёра
message 1. сообщение; донесение **2.** указание
   alerting ~ аварийное сообщение
   boundary estimate ~ сообщение о расчётном времени пролёта границы (*диспетчерского района*)
   control ~ диспетчерское указание
   passenger transfer ~ сообщение о передаче пассажиров (*другой авиакомпании*)
meteorological метеорологический
meteorologist метеоролог
meteorology метеорология
   aeronautical ~ авиационная метеорология
meter измерительный прибор; указатель
   air ~ расходомер воздуха
   drift ~ указатель (угла) сноса
   field strength ~ измеритель напряжённости (электрического) поля
   frequency ~ частотомер
   fuel flow ~ топливный расходомер
   fuel quantity ~ топливомер

MET

meter
   Mach ~ указатель числа M
   noise ~ шумомер
   precision sound level ~ прецизионный шумомер
   pressure ~ манометр
   rate-of-flow ~ указатель мгновенного расхода (*напр. топлива*)
   rate-of-roll ~ измеритель угловой скорости крена
   sound level ~ шумомер
   speed-and-drift ~ указатель скорости и (угла) сноса
   thrust ~ измеритель тяги
   torque ~ измеритель крутящего момента
   visibility ~ измеритель (дальности) видимости
metering 1. регулирование подачи (*напр. топлива*); дозировка (*напр. топлива*) 2. снятие показаний приборов
   fuel ~ регулирование подачи топлива; дозировка (расхода) топлива
method:
   ~ **of steepest descent** способ резкого [аварийного] снижения (*воздушного судна*)
   assembly ~ технология сборки
   dead reckoning ~ метод счисления пути
   dye penetrant inspection ~ метод цветной дефектоскопии, метод красок
   fabrication ~ технология производства; метод изготовления
   fixing ~ метод определения (место)положения (*воздушного судна в полёте*)
   grease path ~ метод масляного пятна
   magnetic inspection ~ метод магнитной дефектоскопии
   maintenance ~ метод технического обслуживания
   noise evaluation ~ метод оценки шума
   noise exposure assessment ~ метод оценки воздействия шума

MIN

method
   performance check ~ метод проверки характеристик (*воздушного судна*)
   signaling ~ метод подачи сигналов (*воздушному судну*)
   trickle ~ поточный метод (*обслуживания пассажиров*)
micrometer микрометр
   external ~ микрометр для внешних размеров
   internal ~ микрометр для внутренних размеров
microphone:
   throat ~ ларингофон
microswitch микровыключатель
midair 1. воздушное пространство 2. в воздухе; в полёте (*о воздушном судне*)
midcourse на маршруте; в полёте (*о воздушном судне*)
midpoint:
   threshold ~ средняя точка порога (*ВПП*)
mileage расстояние в милях
   maximum permitted ~ «максимальные мили», максимально допустимое расстояние полёта (*без увеличения стоимости билета*)
   ticketed point ~ расстояние в милях между указанными в билете пунктами
minima, minimum минимум (*ограничение для взлётов и посадок по высоте принятия решения или по высоте нижней границы облаков и видимости на ВПП*) ◊ **below the landing** ~ ниже посадочного минимума; **to correspond with the operating** ~ соответствовать эксплуатационному минимуму; **to keep to the** ~ устанавливать минимум (*погоды*)
   aerodrome ~ минимум аэродрома
   aerodrome meteorological ~ метеорологический минимум аэродрома
   aerodrome operating ~ эксплуатационный минимум аэродрома

MIN   MIX   M

minima
   aircraft ~ минимум воздушного судна (*ограничение для полётов на данном типе воздушного судна по допустимым погодным условиям*)
   alternate ~ минимум запасного аэродрома
   amended ~ уточнённый (метео)минимум (*на день полётов*)
   authorized weather ~ разрешённый минимум погоды
   circling ~ минимум (*погоды*) для полётов по кругу
   landing ~ минимум для посадки, посадочный минимум
   lowest admissible ~ наименьший допустимый минимум
   meteorological ~ метеорологический минимум, метеоминимум
   operating ~ эксплуатационный минимум
   pilot-in-command ~ минимум командира воздушного судна (*по категориям ИКАО*)
   radar landing ~ посадочный минимум при радиолокационном обеспечении
   radar separation ~ минимум эшелонирования при радиолокационном обеспечении
   safe separation ~ минимум безопасности эшелонирования
   separation ~ минимум эшелонирования
   standard ~ стандартный (метео)минимум
   takeoff ~ минимум для взлёта, взлётный минимум
   weather ~ минимум погоды (*для выполнения полётов*)
mirror:
   signal ~ сигнальное зеркало
   swivel ~ поворотное зеркало
misalignment 1. несовпадение осей, несоосность 2. угловая ошибка (*установки курса*)
   thrust ~ несимметричность тяги (*двигателей*)
misfire перебои в зажигании (*двигателя*)

mishap 1. происшествие, событие 2. неудачный манёвр (*в полёте*) ◊ **in the event of a** ~ в случае (авиационного) происшествия
mismanagement неправильное управление (*напр. полётом*)
misread неправильно считывать, ошибочно снимать (*показания прибора*)
misreading неправильное считывание (*показаний прибора*)
miss 1. сближение (*воздушных судов*) 2. пролёт (*заданной точки*) ‖ пролетать 3. сбиваться с курса
   air ~ сближение в полёте
   near ~ опасное сближение (*в полёте*)
mission:
   flying ~ полётное задание
   rescue ~ операция по спасанию
mist дымка; туман
   air-oil ~ «воздушно-масляный туман» (*в картере двигателя*)
mistrim 1. неправильная балансировка (*в полёте*) 2. неправильное триммирование
mixer смеситель
   air flow ~ смеситель потоков воздуха (*в двухконтурном реактивном двигателе*)
   exhaust ~ смеситель выходящих газов (*первого и второго контуров*)
   lined ~ облицованный смеситель (*для снижения уровня шума*)
mixture (рабочая) смесь ◊ **to adjust** ~ регулировать качество смеси; **to enrich** ~ обогащать рабочую смесь; **to form** ~ образовывать рабочую смесь
   fuel-air ~ топливно-воздушная [рабочая] смесь
   lean ~ обеднённая рабочая смесь
   rich ~ обогащённая рабочая смесь
   self-inflammable ~ самовос-

MME

пламеняющаяся рабочая смесь
M-meter указатель числа М
mockup 1. макет; модель 2. тренажёр
   aircraft ~ макет воздушного судна
   cockpit ~ кабинный тренажёр
mode ◊ **in** ~ в режиме; **to fly heading** ~ летать в курсовом режиме; **to select the** ~ выбирать [задавать] режим
   ~ **of flight** режим полёта
   aileron ~ элеронный режим работы (*интерцепторов*)
   autoland ~ режим автоматической посадки
   autopilot heading ~ режим работы автопилота по заданному курсу
   control ~ режим управления
   coupled ~ совмещённый режим (*работы*)
   dominant air ~ основной режим воздушного пространства (*для радиосвязи*)
   engine start ~ работа (*вспомогательной силовой установки*) в режиме запуска двигателя
   flight ~ режим полёта
   generator motorizing ~ стартёрный режим генератора
   go-around ~ способ [манёвр] ухода на второй круг
   heading hold ~ режим стабилизации курса (*при работе автопилота*)
   heating ~ режим обогрева
   height-lock ~ режим стабилизации (*полёта*) на заданной высоте
   holding ~ режим ожидания (*в полёте*)
   interrogation ~ режим запроса (*бортового ответчика*)
   manual ~ штурвальный [ручной] режим
   operating ~ рабочий режим
   reply ~ режим ответа (*бортового ответчика*)
   retardation ~ тормозной ре-

MOM

жим работы (*интерцепторов*)
mode
   search ~ режим поиска
   standby ~ режим готовности
   steady ~ установившийся режим
   synchronization ~ режим согласования (*автопилота*)
   unsteady ~ неустановившийся режим
model модель (*напр. воздушного судна*) ◊ **to test a** ~ **in the wind** продувать модель (*в аэродинамической трубе*)
   aircraft ~ модель воздушного судна
   collision risk ~ схема возможного столкновения (*воздушных судов*)
   full-scale ~ полномасштабная модель
   production ~ серийный образец
   test ~ опытная модель
modification модификация, доработка (*напр. воздушного судна*)
   approved ~ утверждённая модификация
   authorized ~ разрешённая [санкционированная] доработка
   noise reduction ~ модификация (*воздушного судна*) со сниженным уровнем шума
modulation модуляция
   pulse code ~ кодово-импульсная модуляция, КИМ
   pulse position ~ фазово-импульсная модуляция, ФИМ
module модуль; модульный блок
   engine ~ модуль (авиационного) двигателя
   plug-in ~ модуль с быстроразъёмным соединением
moment:
   ~ **of inertia** момент инерции
   ~ **of momentum** момент количества движения
   aerodynamic ~ аэродинамический момент

MOM

moment
  bending ~ изгибающий момент
  gear hinge ~ шарнирный момент шасси
  pitching ~ момент тангажа
  restoring ~ восстанавливающий момент (*гироскопа*)
  resultant [resulting] ~ результирующий момент (*аэродинамических сил*)
  rolling ~ момент крена
  thrust ~ момент тяги
  wing bending ~ изгибающий момент крыла
  wing torsional ~ крутящий момент крыла
  yawing ~ момент рыскания
monitor 1. блок контроля; блок управления 2. контролировать; управлять; прослушивать (*качество радиосвязи*)
  ground run ~ блок контроля скорости пробега по земле
monitoring 1. контроль; контролирование 2. прослушивание (*качества радиосвязи*) 3. (дистанционное) управление
  engines trend ~ контроль (технического) состояния двигателей (*по параметрам, регистрируемым в процессе эксплуатации*)
  flight ~ 1. контроль за полётом 2. дистанционное управление воздушным судном
  international frequency ~ международный контроль частот (*воздушной связи*)
  noise ~ контролирование шума
  radar ~ радиолокационное управление
  sidetone ~ самоконтроль [самопрослушивание] при ведении радиосвязи
  visual ~ визуальный контроль
monocoque монокок (*тип конструкции фюзеляжа с работающей обшивкой*)
monoplane моноплан (*самолёт или планёр с одним крылом*)

МОТ

monoplane
  braced ~ расчалочный моноплан
  cantilever ~ свободнонесущий моноплан
  high-wing ~ моноплан с высокорасположенным крылом
  low-wing ~ моноплан с низкорасположенным крылом
  midwing ~ моноплан со среднерасположенным крылом
  parasol ~ парасоль (*тип моноплана с крылом, установленным над фюзеляжем на специальных стойках*)
  semicantilever ~ подкосный моноплан
moor швартовать (*воздушное судно*)
mooring швартовка (*воздушного судна*)
motion:
  ascensional ~ восходящий поток
  atmospheric ~ циркуляция атмосферного воздуха
  eddy ~ вихревое [турбулентное] движение
  flapping ~ маховое движение (*лопасти несущего винта вертолёта*)
  flaps ~ отклонение закрылков
  pitching ~ движение по тангажу
  reverse ~ задний ход
  rolling ~ крен (*воздушного судна*)
  vortex ~ вихревое [турбулентное] движение
  yawing ~ рыскание (*воздушного судна*)
motor двигатель; мотор
  azimuth torque ~ (электро-)двигатель азимутальной коррекции (*гироагрегата*)
  feathering ~ флюгер-насос
  hydraulic ~ гидромотор
  leveling torque ~ (электро-)двигатель горизонтальной коррекции (*гироагрегата*)
  pitch erection torque ~ (электро)двигатель продольной коррекции (*гироагрегата*)

MOT

motor
  roll erection torque ~ (электро)двигатель поперечной коррекции (*гироагрегата*)
  servo electric ~ исполнительный электродвигатель (*в системе управления*)
  slaving torque ~ (электро-)двигатель магнитной коррекции (*гироагрегата*)
mount 1. подвеска (*напр. двигателя*) 2. рама 3. кронштейн
  engine ~ рама крепления двигателя, подмоторная рама
  rear ~ задняя подвеска
  shock ~ амортизационная подвеска
  suspension ~ подвеска, подвесная установка
move ◊ **to** ~ **ahead** рулить вперёд; **to** ~ **downwards** снижаться; **to** ~ **upwards** набирать высоту
movement ◊ **to ensure safe** ~ обеспечивать безопасное движение; **to facilitate surface** ~ упорядочивать наземное движение (*воздушных судов*); **to slow down** ~ замедлять движение
  air ~ воздушная перевозка
  aircraft ~ движение воздушного судна
  angular ~ угловое отклонение (*напр. триммера*)
  backward ~ **of the stick** взятие ручки на себя, перемещение [отклонение] ручки назад
  control stick ~ перемещение [отклонение] ручки управления
  flapping ~ маховое движение (*лопасти несущего винта вертолёта*)
  surface ~ наземное движение (*на аэродроме*)
  vibratory ~ колебательное движение
Mu-factor:
  friction ~ коэффициент сцепления (*колёс с поверхностью ВПП*)
muffler глушитель

NAM

muffler
  exhaust system ~ глушитель выхлопной системы (*двигателя*)
  noise ~ шумоглушитель
multimode многорежимный (*о двигателе*)
multiplex многоканальный (*о связи*)
multiplexing уплотнение [совместное использование] (*канала связи*)
  frequency-division ~ уплотнение с частотным разделением
  time-division ~ временнóе уплотнение
multirotor вертолёт с несколькими несущими винтами
multishock многоскачковый (*о потоке газа*)
Mu-meter прибор для замера коэффициента сцепления на ВПП
mush:
  aircraft ~ просадка [проваливание, потеря высоты] воздушного судна (*из-за низкой эффективности рулей*)
mushing снижение эффективности (*рулей*)
muzzle насадок, сопло

N

nacelle 1. гондола (*двигателя*) 2. ниша; отсек
  acoustically treated ~ акустически облицованная гондола
  aft power ~ хвостовая часть гондолы двигателя
  engine ~ гондола двигателя, мотогондола
  side engine ~ гондола двигателя на пилоне
  wheel ~ ниша шасси
nacelle-mounted установленный в гондоле (*о двигателе*)
name-code 1. код; шифр 2. кодированное название
  ~ **of the route** кодированное название маршрута

NAV — NET

navaids навигационное оборудование; навигационные средства
  long-distance ~ средства дальней навигации
  short-distance ~ средства ближней навигации
navigable открытый для полётов (*об аэродроме*)
navigate 1. летать 2. управлять полётом
navigation (аэро)навигация, самолётовождение; (аэро)навигационное движение, полёты воздушных судов
  air ~ аэронавигация, самолётовождение
  angle ~ (аэро)навигация по заданным путевым углам
  approach ~ (аэро)навигация в зоне подхода
  area ~ зональная (аэро)навигация
  astronomical [celestial] ~ астронавигация
  constant-bearing ~ (аэро-)навигация по линии равных азимутов
  contact ~ (аэро)навигация по визуальным ориентирам, (аэро)навигация по правилам визуального полёта
  dead-reckoning ~ (аэро)навигация методом счисления пути
  Doppler ~ доплеровская (аэро)навигация
  en-route ~ маршрутная (аэро)навигация
  flight ~ аэронавигация, самолётовождение
  grid ~ (аэро)навигация по условным координатам
  ground reference ~ (аэро-)навигация по наземным ориентирам
  inertial ~ инерциальная (аэро-)навигация
  international ~ международная (аэро)навигация
  landmark ~ (аэро)навигация по наземным ориентирам
  long-range ~ дальняя (аэро-) навигация
  practical air ~ практическая аэронавигация
  radar ~ радиолокационная (аэро)навигация
  radio ~ радионавигация
  regional air ~ региональная аэронавигация
  self-contained ~ автономная (аэро)навигация (*с использованием бортовых автономных навигационных средств*)
  short-range ~ ближняя (аэро-) навигация
  star ~ астронавигация
  tactical air ~ тактическая аэронавигация
  television radar ~ телерадиолокационная (аэро)навигация
  terrestrial ~ (аэро)навигация по наземным ориентирам
  visual ~ визуальная (аэро-) навигация
  waypoint ~ (аэро)навигация по ортодромии (*по промежуточным пунктам*)
navigator штурман
  air ~ (авиационный) штурман
  automatic ~ автоштурман; аэронавигационный автомат
  autopilot ~ автопилот
  flight ~ (авиационный) штурман
  radar Doppler automatic ~ доплеровский радиолокационный автоштурман
  robot ~ автоштурман; аэронавигационный автомат
near-miss опасное сближение (*воздушных судов в полёте*)
neck:
  filler ~ заливная [заправочная] горловина
needle стрелка (*прибора*)
net:
  air-air ~ система связи «воздух — воздух»
  arresting ~ тормозная сетка (*на ВПП*)
  cargo ~ грузовая сетка (*для крепления груза в кабине*)

NET

net
  radar ~ сеть радиолокационных станций
  radar warning ~ система (раннего) радиолокационного обнаружения
  reporting ~ сеть передачи донесений
  warning broadcast ~ сеть аварийного оповещения
network:
  aerodrome ~ аэродромная сеть (*коммуникаций*)
  aeronautical fixed telecommunication ~ (наземная) сеть авиационной фиксированной электросвязи
  airline ~ сеть авиационных линий
  air route ~ сеть воздушных трасс
  aviation meteorological facsimile ~ сеть авиационной метеорологической факсимильной связи
  circuit switched ~ сеть коммутируемых цепей
  common user ~ сеть (*напр. телеграфной связи*) общего пользования
  direct speech ~ сеть прямой речевой связи
  global trunk ~ глобальная магистральная сеть (*связи*), ГМС
  high level ~ сеть (*связи*) с высокой пропускной способностью
  international telex ~ международная телексная сеть
  meteorological ~ сеть метеорологических станций
  national facsimile ~ сеть национальной факсимильной связи
  packet switched data ~ сеть передачи данных с пакетной коммутацией
  teletype broadcast ~ сеть телетайпной передачи данных
night тёмное (*для полётов*) время суток; ночь
nil «отсутствует», «сведений

NOI

нет» (*код радиообмена*)
nimbostratus слоисто-дождевые облака
nimbus дождевые облака
node узловой пункт (*напр. связи*)
noise шум; помехи ◊ **to attenuate ~** ослаблять шум (*с помощью звукоизоляции*); **to originate ~** создавать шум; **to reduce ~** уменьшать шум (*напр. изменением режима работы двигателя*)
  acoustic ~ акустический шум
  aerodynamic ~ аэродинамический шум
  ambient ~ шум окружающей среды
  atmospheric ~ атмосферный шум; атмосферные помехи (*радиосвязи*)
  augmented lift system ~ шум от системы увеличения подъёмной силы
  environment control system ~ шум (*в пассажирской кабине*) от системы кондиционирования
  exhaust ~ выхлопной шум
  flyover ~ шум при пролёте
  ignition ~ (радио)помехи от системы зажигания
  jet ~ шум реактивной струи
  landing ~ шум при посадке
  main rotor ~ шум от несущего винта
  radio ~ радиопомехи
  reverse thrust ~ шум при включении реверса тяги
  solar (radio) ~ шум солнечного (радио)излучения
  takeoff ~ шум при взлёте
  test ~ шум при испытании
  turbulence-induced ~ шум, вызываемый турбулентностью
noise-free бесшумный; малошумный (*о двигателе*)
noiseproof звуконепроницаемый (*напр. об обшивке фюзеляжа*)
noiseworthiness годность по уровню шума, соответствие ограничениям по шуму

NON

noncoincidence рассогласование (*показаний приборов*)
noninstrument необорудованный для посадки по приборам (*об аэродроме*)
nonprecision без применения средств точного захода (*на посадку*)
nonramming безнапорный, не использующий скоростной напор (*напр. о наддуве баков*)
nonrefuelling без дозаправки топливом (*о полёте*)
nonreusable одноразового пользования (*напр. о фильтре*)
nonsteady неустановившийся (*напр. о режиме полёта*)
nonstop беспосадочный (*о полёте*)
nontransferability без права передачи (*напр. о перевозках авиакомпании*)
north:
　grid ~ условное направление северного меридиана, условный север
　magnetic ~ магнитное направление северного меридиана, магнитный север
　true ~ истинное направление северного меридиана, истинный север
nose нос, носовая часть (*воздушного судна*) ◇ **to ~ down** пикировать; **to drop the ~** сваливаться на нос; **to ~ over** капотировать; **to pitch the ~ downward** опускать нос; выводить (*воздушное судно*) в пикирование; **to ~ up** кабрировать
　fuselage droop ~ откидываемая носовая часть фюзеляжа
noseheaviness 1. тенденция к пикированию **2.** передняя центровка
nose-heavy 1. с тенденцией к пикированию **2.** с передней центровкой
nosewheel носовое колесо, колесо передней опоры (*шасси*)
　dual ~ спаренное носовое колесо
　forward-retracting ~ носовое

NOZ

колесо, убирающееся вперёд
nosewheel
　power-steered ~ сервоуправляемое носовое колесо
　steerable ~ управляемое носовое колесо
"no-show" пассажир, имеющий бронирование, но не явившийся к вылету
nosing-down пикирование
nosing-over капотирование
nosing-up кабрирование
noy *см.* **noise**
nozzle 1. сопло **2.** наконечник; штуцер **3.** форсунка; жиклёр **4.** насадок ◇ **to test a fuel ~** «проливать» топливную форсунку
　accelerating жиклёр приёмистости (*двигателя*)
　anhedral ~ сопло (*двигателя*), направленное вниз
　annular ~ кольцевое сопло
　asymmetric jet ~ неосесимметричное реактивное сопло
　axial ~ осевое сопло
　axial exit ~ соосное сопло
　axisymmetric jet ~ осесимметричное реактивное сопло
　bullet-type ~ сопло с центральным телом
　circular ~ круглое сопло
　clamshell-type ~ двустворчатое сопло
　coannular ~ соосное кольцевое сопло
　coannular plug ~ соосное сопло с центральным телом
　coaxial ~ соосное сопло
　combined jet ~ комбинированное реактивное сопло (*соединение двух и более сопел*)
　conical ~ коническое сопло
　constant-geometry jet ~ нерегулируемое реактивное сопло
　convergent ~ суживающееся сопло
　convoluted primary ~ изогнутое сопло основного контура
　divergent ~ расширяющееся сопло
　dual orifice ~ двухканальная форсунка

223

NOZ

nozzle
  duplex ~ двухконтурная форсунка
  ejector jet ~ эжекторное реактивное сопло
  exhaust ~ реактивное сопло
  exhaust jet ~ реактивный насадок (*напр. для пожаротушения*)
  filling ~ заправочный штуцер
  fixed(-area) ~ нерегулируемое сопло
  fixed plug ~ нерегулируемое сопло с центральным телом
  flat ~ плоское сопло
  fuel ~ топливная форсунка
  fuel injection ~ форсунка непосредственного впрыска (*топлива*)
  gaze ~ сопло с (защитной) сеткой
  igniter fuel ~ пусковая форсунка воспламенителя
  inverted coannular ~ соосное кольцевое сопло с обратным потоком (*воздуха*)
  jet ~ 1. реактивное сопло 2. форсунка 3. реактивный насадок
  lobe ~ лепестковое сопло (*для шумоглушения*)
  main fuel ~ рабочая топливная форсунка
  mixing ~ смесительная форсунка
  multirow lobe ~ сопло с многорядными шумоглушащими лепестками
  multitube jet ~ многотрубное реактивное сопло
  notched jet ~ гофрированное реактивное сопло
  plug jet ~ реактивное сопло с центральным телом
  primary fuel ~ форсунка первого контура подачи топлива
  propulsive ~ 1. реактивное сопло 2. форсунка 3. реактивный насадок
  shaped jet ~ профилированное реактивное сопло

NUT

nozzle
  shutter ~ сопло со створками
  simplex ~ одноконтурная форсунка
  single orifice ~ одноканальная форсунка
  skewed jet ~ сопло с косым срезом
  slot(ted) ~ щелевое сопло
  spray ~ струйная форсунка
  starting fuel ~ форсунка пускового топлива
  subsonic ~ дозвуковое сопло
  supersonic ~ сверхзвуковое сопло
  swirl-type ~ вихревая [центробежная] форсунка
  swiveling ~ поворотное сопло
  thrust ~ реактивное сопло
  thrust augmentor ~ сопло форсажной камеры
  thrust-reverse ~ сопло с реверсом тяги
  two-jet fuel ~ двухсопловая топливная форсунка
  two-stage ~ двухступенчатое сопло
  variable area ~ сопло с регулируемым сечением
  vectorable jet ~ поворотное реактивное сопло

number:
  indicated Mach ~ индикаторное число М (*с учётом инструментальной погрешности*)
  load classification ~ классификационный номер степени нагрузки (*от воздушного судна на поверхность ВПП*)
  Mach ~ число М
  pavement classification ~ классификационный номер прочности покрытия (*аэродрома*)
  true Mach ~ истинное число М (*с учётом ошибки размещения датчиков*)

nut 1. гайка 2. муфта
  die ~ лерка, калибровочная плашка

OBJ

nut
    locking ~ контргайка
    retaining ~ затяжная гайка
    sleeve ~ гайка распорной втулки

O

object объект (*напр. на аэродроме*)
    immovable ~ стационарный объект
    man-made fixed ~ искусственно воздвигнутый объект
obliquity отклонение от прямого пути (*полёта*)
observation ◇ to facilitate ~s обеспечивать наблюдения; to make ~s проводить наблюдения; to record ~s фиксировать наблюдения; to transmit ~s передавать наблюдения
    aerodrome ~ наблюдение за аэродромом
    air ~ наблюдение за воздушным пространством
    aircraft ~ наблюдение с борта воздушного судна
    celestial ~ 1. астрономическое наблюдение 2. определение (место)положения с помощью небесных светил
    direct ~ визуальное [непосредственное] наблюдение
    meteorological ~ метеорологическое наблюдение, метеонаблюдение
    nonroutine ~s нерегулярные наблюдения
    radar ~ радиолокационное наблюдение
    radarsonde ~ радиолокационное наблюдение с помощью зонда
    radar storm ~ радиолокационное наблюдение грозовой обстановки
    radiosonde ~ радиозондовое наблюдение, радиозондирование
    rawinsonde ~ радиозондо-

OBS

вое наблюдение за состоянием воздушных масс
observation
    routine ~s регулярные наблюдения
    runway visual range ~ наблюдение за дальностью видимости на ВПП
    significant ~ наблюдение за особыми явлениями (*напр. погоды*)
    upper-air synoptic ~s высотные синоптические наблюдения
    visual ~s визуальные наблюдения
    weather ~ наблюдение погоды, синоптическое наблюдение
observer ◇ to appoint ~s назначать наблюдателей (*напр. за ходом расследования авиационного происшествия*)
    meteorological ~ метеоролог; синоптик
obsolete снятый с эксплуатации; не соответствующий требованиям (*напр. норм лётной годности*)
obstacle препятствие ◇ to avoid the ~ избегать столкновения с препятствием; to clear the ~ 1. устранять препятствие 2. (безопасно) пролетать над препятствием; to denote the ~ обозначать препятствие; to mark the ~ маркировать препятствие; to overcome the ~ преодолевать препятствие
    air ~ препятствие на пути полёта
    fixed ~ неподвижное препятствие (*напр. ангар*)
    significant ~s учитываемые (*для полёта*) объекты (*в районе аэродрома*)
    simulated ~ искусственное препятствие
obstruction 1. препятствие 2. закупорка (*напр. трубопровода*) ◇ to eliminate ~ устранять препятствие
    unmarked aerodrome ~s не-

OCC

маркируемые аэродромные препятствия
occupancy:
   channel ~ загрузка канала (*связи*)
occurrence событие; происшествие ◊ ~ **associated with...** событие, связанное с... (*напр. полётом*); ~ **to touchdown** событие (*на воздушном судне*) до момента касания ВПП
   dangerous goods ~ происшествие, связанное с перевозкой опасных грузов
   intentional ~ происшествие вследствие ошибочных действий (*напр. экипажа*)
   simulated ~ имитированное событие
   touch-and-go ~ событие, связанное с приземлением и немедленным взлётом
   unintentional ~ событие в результате непреднамеренных действий (*напр. экипажа*)
off 1. взлетевший (*о воздушном судне*); вылетевший (*о пассажире*) **2.** выключенный (*об оборудовании*) **3.** удалённый (*о местоположении воздушного судна*)
off-aerodrome вне аэродрома
off-airway вне воздушной трассы
off-course не по курсу
   glide slope ~ вне глиссады
office:
   check-in ~ пункт оформления пассажиров и багажа (*перед вылетом*)
   tourist ~ туристическое бюро
   "well-care" ~ справочное бюро для пассажиров
offload выгружать (*напр. багаж*)
offset 1. вынос **2.** смещение
   lateral ~ боковое смещение (*воздушного судна в полёте*)
   wheel axle ~ вынос оси колеса

OPE

oil 1. масло (*смазочное*) **2.** тяжёлое топливо
   feed ~ масло линии нагнетания
   industrial ~ техническое масло
   remaining ~ остаток масла (*напр. в двигателе*)
oiler маслёнка
omnibearing пеленг, определённый по всенаправленному радиомаяку
omnidirectional всенаправленный (*о радиомаяке*)
omnirange всенаправленный радиомаяк
on-course на курсе, по курсу
one-eighty разворот на 180°
one-spar однолонжеронный (*напр. о крыле*)
on-request по запросу (*напр. экипажа*)
onset резкий порыв (*воздушной массы*)
   ~ **of wind** резкий порыв ветра
   buffeting ~ возникновение бафтинга
on-speed 1. заданная скорость (*полёта*) **2.** равновесные обороты (*двигателя*)
opening 1. пробоина; щель (*напр. в обшивке фюзеляжа*) **2.** отверстие (*напр. дренажной системы*) **3.** открытие (*напр. воздушной навигации*) **4.** горловина
   discharge ~ выпускное отверстие
   door ~ дверной проём (*в перегородке кабины*)
   drain ~ дренажное отверстие
   fill ~ горловина для заправки (*напр. топливом*)
   parachute ~ раскрытие парашюта
   static ~ отверстие статики
   vent ~ вентиляционное отверстие
open-loop незамкнутый маршрут
operate 1. действовать; рабо-

тать 2. приводить в движение; управлять 3. эксплуатировать ◊ to ~ safely безопасно выполнять (*напр. полёт*); to ~ under the condition эксплуатировать в заданных условиях

operation 1. полёт (*процесс*), выполнение полёта 2. применение авиации (*напр. в сельском хозяйстве*) 3. эксплуатация (*напр. воздушного судна*) 4. управление (*напр. авиакомпанией*) 5. действие; операция; работа; срабатывание 6. *pl* производство полётов; воздушные перевозки ◊ **available for daylight** ~ пригодный для полёта только в светлое время суток (*об аэродроме*); **from landing** ~s действия (*экипажа*) после посадки; **in** ~ в эксплуатации, в процессе эксплуатации; **to affect flight** ~ способствовать выполнению полёта; **to cancel** ~ отменять полёт; **to come into** ~ 1. вводить в эксплуатацию 2. приступать к выполнению полёта; **to engage in aircraft** ~ эксплуатировать воздушное судно; **to govern the** ~ 1. руководить эксплуатацией 2. управлять полётом; **to impair the** ~ нарушать работу (*напр. бортовых систем*); **to provide** ~ 1. обеспечивать эксплуатацию (*напр. воздушных судов*) 2. обеспечивать выполнение воздушных перевозок; **to make an** ~ **hazardous** создавать опасность полёту; **to put in(to)** ~ 1. вводить в эксплуатацию 2. приводить в действие; **to restrict the** ~s накладывать ограничения на полёты; **to resume normal** ~s возобновлять полёты

~ **of aircraft** эксплуатация воздушного судна

abnormal ~s особые случаи выполнения полётов

operation
aborted ~ прерванный полёт
accidental ~ самопроизвольное срабатывание (*механизма*)
accident-free ~ безаварийная эксплуатация
acrobatics ~ выполнение фигур высшего пилотажа
aerial ambulance ~ полёт для оказания медицинской помощи
aerial photography ~ аэрофотосъёмка
aerial spotting ~ полёт с целью установления координат объекта поиска
aerial survey ~ полёт для выполнения наблюдений с воздуха
aerial work ~ полёт для выполнения (спец)работ
aerodrome ~ эксплуатация аэродромов
aerodrome traffic circuit ~ полёт по кругу в районе аэродрома
aerodrome vehicle ~ эксплуатация аэродромных транспортных средств
air ~ **for hire** воздушная перевозка по найму
air ~ **for remuneration** воздушная перевозка за плату
aircraft ~ 1. эксплуатация воздушного судна 2. *pl* воздушные перевозки
airport facilities ~ эксплуатация оборудования аэропорта
air transport ~s авиатранспортные перевозки
all-freight ~s грузовые перевозки (*всех типов груза*)
all-weather ~s всепогодные полёты
approach ~ заход на посадку
associated crop control ~ контроль состояния посевов по пути выполнения основного задания
associated fire control ~ про-

тивопожарное патрулирование по пути выполнения основного задания

operation
asymmetric(al) flaps ~ несимметричная работа закрылков
attempted ~ 1. опытная эксплуатация (*воздушного судна*) 2. попытка выполнения полёта (*без достаточного опыта*)
authorized ~ разрешённый [санкционированный] полёт
autorotative descend ~ снижение на режиме авторотации (*для вертолётов*)
aviation ~s авиационные перевозки, авиаперевозки
base leg ~ полёт на участке между третьим и четвёртым разворотами
business ~ административный полёт
cargo ~s грузовые (воздушные) перевозки
cattle roundup ~ облёт стада
centralized ~s централизованные перевозки
check контрольный полёт
civil air ~s полёты гражданских воздушных судов
climb to cruise ~ набор высоты до крейсерского режима
commercial ~ коммерческий полёт
commercial air transport ~s коммерческие воздушные перевозки
communications ~ 1. ведение связи 2. эксплуатация средств связи
construction work ~s строительные работы с помощью авиации
crop control ~ полёт для контроля состояния посевов с воздуха
cross-band ~ работа на смежных диапазонах (*авиационной связи*)
cut-off engine ~ порядок выключения двигателя

operation
daylight ~s полёты в светлое время суток, дневные полёты
deficit ~s убыточные перевозки
demonstration ~ демонстрационный полёт
departure ~s операции по подготовке рейса к вылету
descending ~ полёт со снижением
domestic ~s внутренние [местные] перевозки
dual ~ полёт с инструктором
emergency descent ~ аварийное снижение
engine run-up ~ опробование двигателя
en-route ~ полёт по маршруту
excess ~s прибыльные перевозки
experimental ~ экспериментальный [опытный] полёт
ferry ~ перегоночный полёт (*на другое место базирования*)
final approach ~ полёт на конечном этапе захода на посадку
fire control ~ противопожарное патрулирование с воздуха
flight ~ 1. выполнение [производство] полётов 2. лётная эксплуатация
fog dispersal ~ операция по рассеиванию тумана (*в районе ВПП*)
general aviation ~s полёты авиации общего назначения
go-around ~s действия (*экипажа*) при уходе на второй круг
ground ~ наземная эксплуатация
ground handling ~ 1. наземное обслуживание рейсов 2. наземная обработка грузов (*напр. упаковка в контейнеры*)

OPE

operation
- ground taxi ~ руление по аэродрому
- ground taxi from landing ~ руление после посадки
- high-level ~s полёты на высоких эшелонах
- holding ~ полёт в режиме ожидания
- holding en-route ~ полёт в режиме ожидания на маршруте
- hover(ing) ~ висение (*вертолёта*), полёт в режиме висения
- ICAO category I [II, III] ~s выполнение [производство] полётов по I-й [II-й, III-й] категории ИКАО
- idling engine ~ работа двигателя на режиме малого газа
- improper ~ неправильная эксплуатация; неправильное применение (*напр. органов управления*)
- instructional ~ учебный полёт
- instrument flight rules ~ полёт по приборам, «слепой» полёт
- intermediate approach ~ выполнение промежуточного этапа захода на посадку
- international ~s международные перевозки
- itinerant ~ целевой полёт (*напр. по доставке груза*)
- landing ~ посадка, приземление
- landing roll ~ пробег (*после посадки*)
- level-off ~ выравнивание (*воздушного судна в полёте*)
- local ~s внутренние [местные] полёты
- long final straight-in approach ~ конечный удлинённый заход на посадку с прямой
- low flying ~ полёт на малой высоте
- low weather ~s полёты по низким метеоминимумам

OPE

operation
- maintenance ~s работы по техническому обслуживанию
- missed approach ~ уход на второй круг с этапа захода на посадку
- night ~s полёты в тёмное время суток, ночные полёты
- no-failure ~ безотказная работа (*механизма*)
- no-load ~ 1. холостой ход (*напр. генератора*) 2. работа без нагрузки
- noncommercial ~s некоммерческие перевозки
- nonscheduled ~s нерегулярные перевозки
- normal cruise ~ полёт на крейсерском режиме
- normal initial climb ~ набор высоты на начальном участке установленной траектории
- normal weather ~ полёт в нормальных метеоусловиях
- off-shore ~s полёты в районе открытого моря
- overload ~ эксплуатация (*напр. покрытий ВПП*) с перегрузкой
- overwater ~ полёт над водным пространством
- paralleled ~ параллельная работа (*напр. генераторов*)
- part time ~s временные полёты
- passenger(-carrying) ~s пассажирские воздушные перевозки
- pleasure ~ прогулочный полёт
- pooled ~s пульные [совместные] перевозки
- positioning ~ перебазирование (*воздушных судов*)
- power-on descend ~ снижение с работающими двигателями
- power patrol ~ патрулирование [контроль] линий электропередач с воздуха
- power reduction ~ уменьшение мощности (*двигателей*)
- practice ~ тренировочный

OPE

полёт (*для повышения практических навыков*)
operation
  premature ~ преждевременное срабатывание (*системы*)
  private ~s частные перевозки
  rescue ~s операции по спасанию
  roll-on ~ пробег (*после посадки*)
  rotorcraft ~s воздушные перевозки вертолётом
  rough engine ~s перебои в работе двигателя
  run ~ разбег (*перед взлётом*)
  run-down engine ~ выбег двигателя (*работа двигателя по инерции после выключения*)
  run-on ~ пробег (*после посадки*)
  safe ~ безопасная эксплуатация
  search ~ поисковый полёт
  search and rescue ~s поисково-спасательные работы
  "see and avoid" ~s действия по обнаружению и уходу (*от препятствия*)
  solo (supervised) ~ самостоятельный полёт (*под наблюдением*)
  standing ~ обслуживание в процессе стоянки
  starting engine ~ запуск двигателя
  symmetric flap ~ 1. симметричная работа закрылков 2. синхронизация (работы) закрылков
  takeoff ~ выполнение взлёта, взлёт
  taxing ~ руление
  test ~ испытательный полёт
  touchdown ~s действия (экипажа) в момент касания ВПП
  training ~ тренировочный полёт
  trouble-free ~ безотказная работа; безаварийная эксплуатация

ORI

operation
  turn-around ~ 1. полёт «туда-обратно» 2. выполнение рейсов с разворотом (*с кратковременной стоянкой в аэропорту назначения*)
  unauthorized ~ неразрешённый [несанкционированный] полёт
  uncontrolled descent ~ неуправляемое снижение
  unparalleled ~ непараллельная работа (*напр. генераторов*)
  vertical rotorcraft ~ вертикальный взлёт вертолёта
operational в рабочем состоянии (*о воздушном судне*); действующий (*об аэродроме*)
operator оператор; диспетчер
  commuter ~ диспетчер зоны аэродрома
  flight ~ лётчик, пилот
  regional ~ районный диспетчер
option:
  baseline ~ выбор базовой модели [исходной конструкции] (*воздушного судна*)
orientation 1. ориентировка, ориентация 2. направление, курс
  celestial ~ астрономическая ориентировка, ориентировка по звёздам
  favourable runway ~ наиболее благоприятное направление ВПП
  inflight spatial ~ пространственная ориентация в полёте
  magnetic ~ **of runway** ориентировка ВПП по магнитному меридиану
  radio-range ~ ориентировка по радиомаяку
  runway ~ направление [курс] ВПП
  visual ~ визуальная ориентировка
orifice:
  flow ~ шайба ограничения расхода (*напр. топлива*)

orifice
  metering ~ дозирующее отверстие
origin место начала перевозки
originator отправитель (*напр. груза*)
ornithopter махолёт
oscillate 1. вибрировать; колебать(ся) **2.** качать(ся)
oscillation 1. вибрация; колебание **2.** раскачивание (*напр. стрелки прибора*)
  self ~s автоколебания (*напр. в полёте*)
  wing longitudinal ~ продольное колебание крыла
out «конец связи» (*код радиообмена*)
outboard за бортом (*воздушного судна*)
outbound 1. внешний контур (*схемы ожидания на аэродроме*) **2.** вылетающий (*о воздушном судне*)
outbreak вторжение (*воздушной массы*)
  cold-air ~ вторжение фронта холодного воздуха
outclimb выход из зоны с набором высоты
outleakage утечка (*напр. гидросмеси*)
outlet насадок; штуцер
  adjustable air ~ регулируемый насадок индивидуальной вентиляции
  ball-type air ~ насадок шарового типа индивидуальной вентиляции
  vent ~ штуцер дренажной системы
  ventilating air ~ насадок индивидуальной вентиляции
output 1. мощность **2.** производительность **3.** выходной сигнал; выходные данные
  power ~ выходная мощность
  powerplant ~ мощность силовой установки
  takeoff ~ взлётная мощность
outrigger 1. консольная балка **2.** выносная стрела **3.** консольная опора (*напр. шасси*)
outrigger
  dolly ~s упоры монтажной тележки (*для установки, напр. двигателя*)
  screw-actuated ~s винтовые упоры
over «приём», «перехожу на приём» (*код радиообмена*)
overbank крутой вираж ‖ вводить в крутой вираж
overcast сплошная облачность
overfly пролетать над ...
overflying пролёт над ... ◊
  ~ **the runway** пролёт над ВПП
overhang 1. свес; провисание (*напр. элерона*) ‖ свисать; провисать **2.** выступ (*напр. над обшивкой фюзеляжа*) ‖ выступать
overhaul 1. ремонт **2.** переборка (*двигателя*) ◊ **to perform** ~ выполнять ремонт; **since last** ~ **1.** после последнего ремонта, ППР **2.** после последней переборки
  aircraft ~ ремонт воздушного судна
  aircraft equipment ~ ремонт оборудования воздушного судна
  complete ~ общий ремонт
  general ~ капитальный ремонт
  light ~ средний ремонт
  major [top] ~ капитальный ремонт
overhaulability ремонтопригодность; ремонтная технологичность
overhead 1. фон (*напр. радиопомех в атмосфере*) **2.** *pl* накладные расходы **3.** в воздухе (*о воздушном судне*) **4.** воздушный
  acoustic ~ акустический [звуковой] фон
overlap:
  climbing/level ~ переход от этапа набора высоты к горизонтальному полёту
overloading перегрузка
overpressure избыточное давление

OVE

overpressure
  cabin ~ перенаддув кабины
  peak ~ максимальное [пиковое] избыточное давление
override пересиливать вручную (*усилие рулевых машинок*)
overrun выкатываться (*за пределы ВПП*)
overrunning выкатывание (*за пределы ВПП*) ◊ **to avoid** ~ избегать [предотвращать] выкатывание; **to prevent** ~ предупреждать выкатывание
overshoot 1. перелёт (*установленной точки приземления на ВПП*) ‖ перелетать **2.** совершать посадку с выкатыванием (*за пределы ВПП*)
  stall angle ~ выход за критический угол атаки
overspeed 1. заброс оборотов **2.** превышение скорости ‖ лететь на скорости выше допустимой **3.** идти вразнос (*о двигателе*) **4.** форсировать (*двигатель*)
  engine ~ заброс оборотов двигателя
  maximum engine ~ максимально допустимый заброс оборотов двигателя
overspeeding раскрутка, разнос (*двигателя*)
overstressing превышение установленных нагрузок
  airframe ~ превышение нормативных нагрузок планера (*воздушного судна*)
overswinging колебание; качание
  aircraft ~ раскачивание воздушного судна (*по курсу полёта*)
overtaking обгон (*напр. в полёте*)
overweight 1. избыточная масса **2.** перегружать, превышать загрузку
oxygen:
  breathing ~ кислород для дыхания (*в полёте*)

PAN

P

pace 1. (полётная) дистанция **2.** шаг (*напр. резьбы*) ◊ **to keep the** ~ выдерживать дистанцию
pad:
  engine check ~ отбойный щит (*на площадке*) для опробования двигателей
  friction ~ фрикционный слой (*тормозного диска*)
  jacking ~ опорная головка (гидро)подъёмника
  pressure ~s решётка системы сигнализации (*положения воздушного судна при установке на стоянку*)
paint:
  antirusting ~ антикоррозионная краска
  heat-resistant ~ жаростойкая краска
pancake парашютирование (*при посадке воздушного судна*) ‖ парашютировать
panel 1. панель **2.** пульт; табло; щиток
  annunciator ~ блок световых табло
  center instrument ~ средняя панель приборной доски
  center section ~ панель центроплана (*крыла*)
  cockpit ~ приборная доска
  control ~ пульт управления
  engineer's ~ приборная доска бортинженера
  flight director system control ~ пульт управления системой директорного управления
  fuel control ~ топливный щиток
  instrument ~ приборная доска
  navigator's ~ панель штурмана
  overhead switch ~ верхний пульт (*кабины пилотов*)
  wing box ~ панель кессона крыла

PAR

parachute 1. парашют 2. купол парашюта ◇ **to jump with ~** прыгать с парашютом
   annular ~ кольцевой парашют (*по форме купола*)
   antispin ~ противоштопорный парашют (*для вывода самолёта из штопора*)
   back pack ~ ранцевый [наспинный] парашют
   cargo ~ грузовой парашют
   chest pack ~ нагрудный парашют
   drag ~ тормозной парашют
   pilot ~ вытяжной парашют (*прикреплённый к основному для его вытягивания*)
   reserve ~ запасной парашют
   ribbon ~ ленточный парашют (*купол выполнен из лент*)
   seat pack ~ парашют-сиденье
   square ~ квадратный парашют (*по форме купола*)
   stabilizing ~ стабилизирующий парашют (*напр. при спуске грузов*)
   training ~ учебный парашют
parachutist парашютист
parallel ◇ **to connect in ~** включать параллельно (*напр. о конденсаторе*)
parallelism ◇ **to check for ~** проверять на параллельность (*напр. о тягах управления*)
parameter параметр ◇ **to maintain the ~** выдерживать заданный параметр
   basic ~ основной параметр
   critical design ~ критический расчётный параметр
   meteorological ~ метеорологический параметр
   noise-critical flow ~ параметр потока, критический по шуму
   operational ~ эксплуатационный параметр
   propulsion ~ параметр работы силовой установки
parking 1. место стоянки, МС 2. установка на место стоянки, парковка, паркование (*воздушного судна*) 3. стоянка (*воздушного судна*) ◇ **to taxi in for ~** заруливать на место стоянки

PAS

parking
   aircraft ~ парковка воздушного судна
   long-term ~ длительная стоянка
part ◇ **to beat a shorter ~** устанавливать кратчайший путь (*полёта*)
   airborne ~ воздушный участок (*траектории движения воздушного судна*)
   aircraft spare ~s запасные части для воздушного судна
   ancillary ~ вспомогательная деталь
   force-fit ~ деталь, установленная на прессовой посадке
   groundborne ~ наземный участок (*траектории движения воздушного судна*)
   pressurized fuselage ~ герметичная часть фюзеляжа
   unpressurized fuselage ~ негерметичная часть фюзеляжа
participation ◇ **~ in the investigation** участие в расследовании (*напр. авиационного происшествия*)
parting разъём; расстыковка
partition 1. перегородка 2. шпангоут 3. диафрагма
   cabin ~ перегородка кабины (*на салоны*)
passage 1. канал; тракт; проход 2. трубопровод 3. проход, пролёт (*над пунктом*)
   blade ~ межлопаточный проход (*реактивного двигателя*)
   coarse-pitch ~ канал большого шага (*воздушного винта*)
   cooling ~ канал охлаждения
   fine-pitch ~ канал малого шага (*воздушного винта*)
   frontal ~ проход (*воздушного судна*) через атмосферный фронт

PAS

passage
intake duct ~ канал воздухозаборника
oil ~ маслопровод
pitch lock ~ канал фиксатора шага (*воздушного винта*)
sealing air ~ канал подвода воздуха к лабиринтному уплотнению
passageway 1. канал подвода (*напр. топлива*) **2.** перепускной канал **3.** канал; проход; тракт **4.** трап
telescopic ~ телескопический пассажирский трап
passenger пассажир
blacklisted ~ безвизный пассажир
free-ticket ~ пассажир, имеющий бесплатный (*служебный*) билет
passing проход, пролёт (*над пунктом*) ◊ ~ **over the runway** пролёт над ВПП
patch:
fog ~ полоса [район] тумана (*на пути полёта*)
reinforcing ~ усиливающая косынка (*напр. каркаса фюзеляжа*)
path 1. траектория (*полёта*) **2.** маршрут; трасса; курс **3.** ход (*напр. поршня*) ◊ **to duck below the glide** ~ резко снижаться относительно глиссады; **to gain the glide** ~ входить в глиссаду; **to obtain the correct** ~ выходить на заданную траекторию; **to reach the glide** ~ входить в зону глиссады; **to regain the glide** ~ возвращаться на глиссаду
actual flight ~ фактическая траектория полёта
air ~ воздушная трасса
airborne ~ воздушный участок траектории (*движения воздушного судна*)
alternate descent ~ запасная траектория снижения
approach ~ траектория захода на посадку
approach noise ~ траектория распространения шума

PAT

при заходе на посадку
path
ascending ~ восходящая траектория
assigned flight ~ заданная траектория полёта
azimuth approach ~ траектория захода на посадку по азимуту
balked landing ~ траектория прерванной посадки
boom propagation ~ траектория распространения звукового удара
center-of-gravity ~ траектория движения центра тяжести (*воздушного судна*)
climb ~ траектория набора высоты
conflicting flight ~ траектория полёта с предпосылкой к конфликтной ситуации
departure ~ траектория начального этапа набора высоты
descent ~ траектория снижения
desired flight ~ рекомендуемая траектория полёта
effective air ~ действующая воздушная трасса
en-route flight ~ траектория полёта по маршруту
equisignal glide ~ равносигнальная линия глиссады
extension ~ траектория движения (*стойки шасси*) при выпуске
eye level ~ линия уровня глаз (*пилота*)
false glide ~ ложная глиссада
final approach ~ траектория конечного этапа захода на посадку
fire rescue ~ маршрут эвакуации пассажиров при возникновении пожара
flat takeoff ~ пологая траектория взлёта
flight ~ траектория полёта
glide ~ глиссада; траектория полёта по глиссаде

PAT

path
holding ~ траектория полёта в зоне ожидания
horizontal flight ~ траектория горизонтального полёта
intended flight ~ предполагаемая траектория полёта
landing flare ~ траектория выравнивания перед приземлением
lateral flight ~ траектория бокового пролёта (*над ВПП*)
level flight ~ траектория горизонтального полёта
low weather minima ~ траектория полётов по низким минимумам погоды
minimum flight ~ траектория полёта наименьшей продолжительности
multisegmented ~ многосегментная траектория
noise ~ траектория распространения шума
noise certification approach flight ~ траектория захода на посадку, сертифицированная по шуму
noise certification takeoff flight ~ траектория взлёта, сертифицированная по шуму
nominal approach ~ номинальная траектория захода на посадку
precision approach ~ траектория точного захода на посадку
propagation ~ траектория распространения (*напр. звука*)
retraction ~ траектория движения стойки шасси при уборке
segmented approach ~ сегментная траектория захода на посадку
straight-in approach ~ траектория захода на посадку с прямой
takeoff flight ~ траектория взлёта
transient flight ~ траектория неустановившегося полёта

PAT

path
transmission ~ линия передачи (*информации*)
vapor ~ инверсионный след (*от газов двигателя*)
vortex ~ вихревая дорожка; спутный след
working ~ рабочий ход (*поршня*)
patter:
air ~ авиационная фразеология (*радиообмена*)
pattern:
aerial search ~ схема воздушного поиска
aerodrome traffic ~ схема (воздушного) движения в зоне аэродрома
air-flow ~ диаграмма воздушных потоков
air traffic ~ схема воздушного движения
angle ~ угловая диаграмма направленности (*антенны*)
antenna ~ диаграмма направленности антенны
approach ~ схема захода на посадку
azimuth ~ азимутальная диаграмма направленности (*антенны*)
basic marking ~ основная схема маркировки (*объектов на аэродроме*)
blast ~ след реактивной струи
circuit ~ схема полёта по кругу
economic ~ схема (полёта) с минимальным расходом топлива
fuel spray ~ угол распыла топлива
holding ~ схема (полёта) в зоне ожидания
landing ~ схема посадки
noise propagation ~ диаграмма распространения шума
race-track ~ схема захода на посадку типа «ипподром» или по «скруглённой коробочке»
race-track holding ~ схема

ожидания типа «ипподром»
pattern
   radiation field ~ диаграмма излучения (*напр. радиомаяка*)
   rectangular approach traffic ~ схема захода на посадку по «коробочке»
   runway ~ схема расположения ВПП
   runway strip ~ схема лётного поля
   takeoff ~ схема взлёта
   taxi ~ схема руления
   traffic ~ схема движения
   wind-flow ~ диаграмма преобладающих ветров
pavement покрытие (*напр. ВПП*)
   aerodrome ~ аэродромное покрытие
   composite ~ композиционное покрытие
   concrete ~ бетонное покрытие
   flexible ~ нежёсткое покрытие (*напр. листовыми железными решётками*)
   load-bearing ~ покрытие (*аэродрома*), несущее нагрузку
payload 1. полезный груз 2. полезная нагрузка 3. коммерческая загрузка; платный груз ◊ ~ **versus range** зависимость коммерческой загрузки от дальности полёта
   cargo ~ полезная грузоподъёмность
   space limited ~ коммерческая загрузка, ограниченная по объёму
   weight limited ~ коммерческая загрузка, ограниченная по массе
pedal педаль ◊ **to depress the** ~ нажимать на педаль; **to move the** ~ **forward** «давать» педаль вперёд
   antitorque control ~ педаль управления рулевым винтом (*вертолёта*)
   brake control ~ педаль управления тормозами
   directional control ~ педаль путевого управления (*хвостовым винтом*)
pedal
   rudder ~ педаль управления рулём направления
   tail rotor control ~ педаль управления рулевым винтом (*вертолёта*)
pedestal пульт, колонка
   center ~ центральный пульт (*кабины экипажа*)
   control ~ пульт [колонка] управления
peeling отслоение, отслаивание (*напр. покрышки колеса*)
penalt/y ◊ ~ **for cancellation** штраф за аннулирование брони
   drag ~**ies** потери (*скорости*) от трения (*обшивки о воздух*)
   thrust ~ потеря тяги
penetration:
   gust ~ попадание (*воздушного судна*) в порыв ветра
   turbulence ~ попадание (*воздушного судна*) в турбулентность
percussion удар; столкновение
perforation:
   boundary layer bleed ~ отверстие для отсоса [для отвода] пограничного слоя на крыле (*для предупреждения срыва потока*)
performance 1. (лётно-техническая) характеристика; (лётное) качество; технологичность 2. объём (*напр. воздушных перевозок*) ◊ **to adversely affect** ~**s** отрицательно влиять на характеристики; **to check** ~**s** снимать характеристики; **to schedule the** ~**s** задавать характеристики
   aerodynamic ~ аэродинамическая характеристика
   aircraft ~**s** лётно-технические характеристики воздушного судна
   aircraft braking ~ тормозная характеристика воздушного судна

PER

performance
  aircraft maintenance ~ эксплуатационная технологичность воздушного судна
  aircraft scheduled ~s расчётные характеристики воздушного судна
  aircraft stopping ~ тормозная характеристика воздушного судна
  air traffic ~ объём воздушных перевозок
  altitude ~ высотная характеристика
  altitude-airspeed ~ высотно-скоростная характеристика
  climb(ing) ~s характеристики скороподъёмности, характеристики набора высоты
  engine ~s характеристики двигателя
  engine acoustic ~ акустическая характеристика двигателя
  engine altitude ~s высотные характеристики двигателя
  en-route climb ~ характеристика набора высоты при полёте по маршруту
  flight ~ лётная характеристика
  gliding ~ характеристика планирования
  height-keeping ~ характеристика выдерживания высоты
  holding ~ характеристика (полёта) в зоне ожидания
  landing ~ посадочная характеристика
  navigation ~ навигационная характеристика
  operating ~ эксплуатационная характеристика
  runway ~ характеристика ВПП
  scheduled ~s характеристики, установленные техническим заданием
  short-field ~ (эксплуатационные) характеристики короткого лётного поля
  takeoff ~ взлётная характеристика

PER

performance
  throttle ~ дроссельная характеристика (*двигателя*)
  windmilling ~ характеристика авторотации (*несущего винта*)
period:
  ~ of rating currency период действия квалификационной отметки
  aircraft service ~ продолжительность обслуживания воздушного судна
  crew rest ~ время отдыха экипажа
  first overhaul ~ ресурс до первого капитального ремонта
  flight duty ~ полётное рабочее время (*в течение суток*)
  forecast ~ период действия прогноза (*погоды*)
  guarantee ~ гарантийный период, гарантийный срок
  intake ~ такт [фаза] впуска
  off-peak ~ внепиковый период (*воздушных перевозок*); внесезонный период
  overhaul ~ межремонтный ресурс
  parking ~ продолжительность стоянки
permission ◊ ~ for operation разрешение на выполнение полёта
permit разрешение; разрешительное свидетельство; пропуск
  alien resident ~ разрешение на проживание иностранного пассажира (*в стране прилёта*)
  operating ~ разрешение на выполнение воздушных перевозок
personnel личный состав; персонал
  aeronautical ~ авиационный персонал
  cabin ~ бортпроводники
  cockpit ~ члены экипажа
  flight ~ лётный состав
  flight inspection ~ лётная инспекция

PER

personnel
  flight operations ~ персонал по обеспечению полётов
  flying ~ лётный состав
  ground ~ наземный персонал
  inspection ~ инспектирующий персонал
  maintenance ~ технический персонал; обслуживающий персонал
  mechanical ~ технический персонал
  operating ~ лётный состав
  service ~ обслуживающий персонал
  supplies ~ штат (отдела) снабжения
  ticketing ~ персонал по оформлению билетов
  traffic ~ 1. персонал службы движения (*воздушных судов*) 2. персонал службы перевозок (*пассажиров*)
  traffic control ~ персонал диспетчерской службы воздушного движения
perturbation:
  magnetic ~ магнитное возмущение
petrol бензин ‖ промывать бензином
  aviation ~ авиационный бензин
phase:
  acceptance ~ этап приёмки (*воздушного судна*)
  approach ~ этап захода на посадку
  beam capture ~ этап захвата (глиссадного) луча
  distress ~ стадия бедствия (*в полёте*)
  emergency ~ аварийная стадия (*в полёте*)
  en-route flight ~ этап полёта по маршруту
  glide capture ~ этап входа в глиссаду
  operation ~ этап полёта
  takeoff ~ этап взлёта
  uncertainty ~ стадия неопределённости (*в полёте*)

PIL

phenomena:
  en-route weather ~ особые явления погоды на маршруте полёта
phenomenon:
  blade slap ~ срыв потока на лопасти; «хлопок» на лопасти
  flutter ~ флаттер
  shock-stall ~ волновой срыв (*потока*)
photo:
  aerial ~ аэрофотоснимок
photography:
  aerial ~ аэрофотосъёмка, воздушное фотографирование
picketing швартование, швартовка
pickoff:
  air-brake ~ датчик положения аэродинамических тормозов
  roll-angle ~ датчик угла крена
  stick ~ датчик положения ручки управления
  throttle ~ датчик положения сектора газа
pickup:
  negative torque ~ датчик отрицательного крутящего момента (*на валу ротора турбовинтового двигателя*)
  roll-rate ~ датчик угловой скорости крена
  thrust ~ датчик тяги
  vibration ~ датчик вибрации, вибродатчик
picture:
  aerodrome air ~ воздушная обстановка в зоне аэродрома
  radar screen ~ изображение на экране радиолокатора
pilot лётчик, пилот ‖ пилотировать ◊ ~ **on the controls** пилот, управляющий воздушным судном; ~ **serving in (capacity)** пилот, выполняющий обязанности (*напр. командира корабля*); **to dazzle a** ~ ослеплять пилота (*ярким светом*); **to disconcert a** ~ дезориентировать пило-

PIL

та; **to permit a** ~ **to operate** допускать пилота к полётам
pilot
  acceptance ~ пилот (*серийного завода*), производящий приёмосдаточные испытания
  airline transport ~ линейный пилот авиакомпании
  authorized ~ пилот-инструктор
  automatic ~ автопилот
  check ~ пилот-инспектор
  chief aviation ~ старший пилот
  commercial ~ пилот коммерческой авиации
  ferry ~ пилот-перегонщик (*воздушных судов*)
  glider ~ пилот-планерист
  handling ~ член экипажа, управляющий полётом (*в данный момент*)
  licensed ~ аттестованный пилот; пилот, имеющий свидетельство
  manufacturer's test ~ лётчик-испытатель серийного завода
  private ~ пилот-любитель
  professional ~ пилот-профессионал
  relief ~ сменный пилот
  safety ~ дублирующий пилот
  second ~ второй пилот
  senior commercial ~ старший пилот коммерческой авиации
  student ~ пилот-курсант
  supervisory ~ проверяющий (пилот)
  systems operator ~ пилот-оператор (*напр.* бортинженер)
  test ~ лётчик-испытатель
  training ~ пилот-инструктор
  transport ~ пилот транспортной авиации
pilotage 1. самолётовождение 2. пилотирование; пилотаж
  air ~ самолётовождение
pilot-controlled пилотируемый
pilot-in-command командир корабля ◊ **to act as a** ~ выполнять функции командира корабля

PIN

piloting пилотирование
pilot-instructor пилот-инструктор
pilot-navigator штурман-пилот
pin:
  articulated rod knuckle ~ палец прицепного шатуна (*звездообразного поршневого двигателя*)
  articulated rod piston ~ поршневой палец прицепного шатуна
  attachment ~ цапфа крепления
  balancing ~ балансировочный штифт
  blade attachment [blade retaining] ~ штифт крепления [фиксации] лопатки
  float fulcrum ~ ось поплавка карбюратора
  ground locking ~ штырь фиксации (шасси) на земле (*от случайной уборки*)
  gust lock ~ штырь стопора рулей (*от ветра*)
  landing gear locking ~ предохранительный штырь шасси
  landing gear pivot ~ цапфа (подвески) шасси
  limit switch actuating ~ шток концевого выключателя
  locating ~ фиксирующий штифт, фиксатор крепления
  metering ~ дроссельная игла (*амортизатора шасси*)
  piston ~ поршневой палец (*для соединения поршня с шатуном*)
  pivot ~ 1. цапфа подвески (*стойки шасси*) 2. поворотный валик
  retaining ~ стопорный штифт
  safety ~ предохранительная чека; предохранительный штифт
  set ~ установочный штифт
  shear ~ срезная шпилька
  sighting ~ нивелировочная реперная линейка (*для измерения степени деформации частей воздушного судна*)
  steering collar lock ~ стопорный палец поворотного хому-

PIN

та (*передней опоры шасси*)
pin
   stepped ~ ступенчатая шпилька
   temporary ~ технологическая шпилька
   valve operating ~ толкатель клапана
pinpoint 1. (точечный) ориентир (*на местности*) 2. определять местоположение (*воздушного судна*) по ориентиру
   visual ~ ориентир для визуальной ориентировки
pipe ◊ **to deliver by** ~ подводить (*напр. топливо*) по трубопроводу
   acoustically lined jet ~ акустически облицованная реактивная труба
   air delivery ~ воздухо(про)вод
   air manifold ~ воздушный коллектор
   branch ~ патрубок, ответвление трубопровода
   breather ~ трубопровод суфлёра
   cross-feed ~ труба кольцевания (*напр. противообледенительной системы*)
   delivery ~ магистраль нагнетания; линия подачи (*напр. жидкости*)
   distributing ~ распределительная труба
   exhaust ~ выпускной [выхлопной] патрубок
   extension ~ удлинительная труба (*реактивного насадка двигателя*)
   feed ~ канал подачи (*напр. топлива*)
   filler ~ трубопровод заправки (*напр. топливом*)
   flexible ~ гибкий патрубок
   fuel bypass ~ трубка или канал отсечного топлива (*насоса*)
   fuel outlet ~ патрубок забора топлива (*из бака*)
   fuel overflow ~ трубка слива перезалитого топлива (*при заправке сверху*)

PIT

pipe
   inlet ~ впускной патрубок
   intake ~ всасывающая труба
   intertank ~ межбаковая (соединительная) труба
   intertank balance ~ межбаковая трубка перекачки балансировочного топлива
   jet ~ реактивная труба
   microejector ~ микроэжекторная трубка
   pressure ~ линия нагнетания
   pressure measurement ~ трубка замера давления
   return ~ сливная трубка
   swivel ~ звено гидрошарнира; трубопровод с шарнирным соединением
   vent ~ дренажная трубка
pipeline трубопровод ◊ ~ **to air intake** трубопровод подвода воздуха к воздухозаборнику; ~ **to tail unit** трубопровод подвода воздуха к хвостовому оперению; ~ **to wing slat** трубопровод подвода воздуха к предкрылку
   fuel ~ топливный трубопровод
   pressure refuel ~ трубопровод централизованной заправки
   vent ~ трубопровод дренажа
piracy:
   air ~ воздушное пиратство
piston:
   floating ~ плавающий поршень (*напр. гидроаккумулятора*)
   shock strut ~ шток опоры (*шасси*); шток амортизатора (*шасси*)
pit:
   hydrant ~ (топливо)заправочный колодец (*централизованной системы аэродрома*)
pitch 1. шаг (*напр. воздушного винта*) || изменять шаг 2. высота (*звука*) 3. тангаж; угол тангажа || изменять угол тангажа 4. вращение; крен (*воздушного судна*) относительно поперечной оси ◊ **in**

PIT

coarse ~ в режиме большого шага; in fine ~ в режиме малого шага; to change the ~ изменять шаг; to control the ~ управлять шагом; to decrease the ~ уменьшать шаг; to increase the ~ увеличивать шаг; to set the propeller ~ устанавливать шаг воздушного винта; to trim in ~ балансировать по тангажу

pitch
adjustable ~ изменяемый шаг
braking ~ шаг (*воздушного винта*) в режиме торможения
coarse ~ большой шаг
collective ~ 1. общий шаг (*несущего винта*) 2. «шаг-газ» (*вертолёта*)
cyclic ~ циклический шаг (*несущего винта*)
drag ~ шаг отрицательной тяги
effective ~ эффективный шаг
feathering ~ шаг (*воздушного винта*) во флюгерном положении
fine ~ малый шаг
fixed ~ неизменяемый шаг
forward ~ шаг положительной тяги
high ~ большой шаг
lateral ~ боковой крен
low ~ малый шаг
main rotor ~ шаг несущего винта
no-lift ~ шаг при отсутствии тяги
positive ~ положительный угол (*установки лопасти воздушного винта*)
propeller ~ шаг воздушного винта
reverse ~ шаг отрицательной тяги
rotor (blade) ~ шаг (лопасти) несущего винта
seat ~ шаг кресел (*в кабине*)
thread ~ шаг резьбы
variable ~ изменяемый шаг

PLA

pitch
zero-thrust ~ шаг при отсутствии тяги
pitchdown пикирование
pitching 1. изменение угла тангажа 2. вращение; крен (*воздушного судна*) относительно поперечной оси
nose-down ~ переход на пикирование
nose-up ~ переход на кабрирование
pitchup кабрирование
pivot:
bogie ~ ось вращения тележки (*шасси*)
control surface ~ ось руля, ось поверхности управления
engine attachment ~ шкворень крепления двигателя
landing gear ~ ось вращения [ось подвески] стойки шасси
leg ~ шкворень опоры (*шасси*)
main ~ траверса (*стойки шасси*)
pivoting вращение (*вокруг заданной точки*)
aircraft ~ разворот воздушного судна (*вокруг одной из основных опор шасси на земле*)
placard трафарет
airspeed ~ трафарет ограничения воздушной скорости
limitations ~ трафарет (эксплуатационных) ограничений (*в кабине экипажа*)
place ◊ to omit stopping ~ отменять промежуточную посадку
agreed stopping ~ промежуточная посадка, предусмотренная соглашением
aircraft parking ~ место стоянки [МС] воздушного судна
arrival ~ пункт прибытия
departure ~ пункт вылета
scheduled stopping ~ промежуточная посадка, предусмотренная расписанием
stopping ~ промежуточная посадка

PLA

plan ◊ **to adhere to the flight** ~ придерживаться плана полёта; **to complete the flight** ~ составлять план полёта; **to deviate from the flight** ~ отклоняться от плана полёта; **to file the flight** ~ регистрировать план полёта; **to modify the flight** ~ уточнять план полёта; **to submit the flight** ~ представлять план полёта
advance flight ~ предварительная заявка на полёт
aerodrome master ~ генеральный [общий] план аэродрома
air ~ план развития воздушных перевозок
aircraft recovery ~ 1. план восстановления воздушного судна 2. план удаления воздушного судна (*напр. с места происшествия*)
air-filed flight ~ план полёта, переданный с борта
air navigation ~ аэронавигационный план
air travel ~ график воздушного путешествия
alternate flight ~ запасной план полёта
approved flight ~ утверждённый план полёта
area forecast ~ план зональных прогнозов
bank settlement ~ план урегулирования банковских счетов (*за авиаперевозки*)
cargo ~ план загрузки (*воздушного судна*)
current flight ~ текущий план полёта
filed flight ~ зарегистрированный план полёта
flight ~ план полёта, флайт-план (*формализованные сведения о предстоящем полёте*)
instrument flight ~ план полёта по приборам
operational flight ~ действующий план полёта
operator's ~ план (*полёта*),

PLA

составленный эксплуатантом **plan**
repetitive flight ~ план повторяющихся полётов
snow ~ порядок эксплуатации (*аэродрома*) в зимних условиях
stored flight ~ резервный план полёта
supplementary flight ~ дополнительный план полёта
universal air travel ~ программа организации авиационных путешествий
plane 1. самолёт 2. крыло 3. (несущая) поверхность 4. плоскость 5. планировать ◊ **to leave the** ~ выходить из самолёта; покидать самолёт
~ **of rotation** плоскость вращения
~ **of symmetry of the aeroplane** плоскость симметрии самолёта
direction-lift ~ самолёт вертикального взлёта
glide path ~ плоскость глиссады
go-anywhere ~ вертолёт
lifting ~ несущая поверхность
main ~ основная (несущая) поверхность
propeller disc ~ плоскость вращения воздушного винта
racing ~ гоночный самолёт
tail ~ горизонтальное оперение, стабилизатор
twin-engine ~ двухмоторный самолёт
two-decked ~ двухпалубный самолёт
planeborne перевозимый на воздушном судне (*напр. о грузе*)
planform:
wing ~ форма крыла в плане
planner 1. диспетчер по планированию (*полётов*) 2. специалист по планированию (*воздушных перевозок*)
flight ~ диспетчер по планированию полётов
planning:
aerodrome emergency ~ раз-

работа [планирование] мероприятий на случай аварийной обстановки на аэродроме
planning
  computer flight ~ компьютерное планирование полётов
  en-route flight ~ маршрутное планирование полётов
  flight ~ планирование полётов
  inflight operational ~ уточнение плана полёта по сведениям, полученным в полёте
  operational flight ~ оперативное планирование полётов
  preflight ~ предполётное планирование
  preliminary operational ~ предварительное оперативное планирование (*полёта*)
plant:
  aerodrome accumulator ~ аэродромная аккумуляторная зарядная станция
  aircraft development ~ опытный авиационный завод
  aircraft manufacturing ~ авиационный завод
  aircraft overhaul ~ ремонтный авиационный завод
  aircraft washing ~ моечная установка для воздушных судов
  gas turbine power ~ газотурбинная силовая установка
  power ~ силовая установка; двигатель
plate:
  bearing ~ азимутальный круг
  blade retaining ~ пластинчатый замок [фиксатор] крепления лопатки (*компрессора*)
  boundary layer splitter ~ отделитель пограничного слоя (*воздухозаборника*)
  brake ~ тормозной диск
  cam ~ кулачковая шайба

plate
  ceramet ~ металлокерамический диск (*тормозного колеса*)
  cover ~ 1. дефлектор (*диска турбины*) 2. накладка (*напр. обшивки*)
  end ~ концевой стекатель (*поршневого двигателя*)
  ensign ~ эмблема (*на борту воздушного судна*)
  flow orifice ~ шайба ограничения расхода (*топлива*)
  frame splice ~ соединительная накладка шпангоута
  instruction ~ трафарет с инструкцией по применению
  jacking point cover ~ заглушка гнезда под (гидро-) подъёмник
  joining ~ соединительная накладка
  orifice ~ 1. калибровочная шайба; жиклёр 2. дроссельная шайба
  saddle ~ прокладочная шайба
  side ~ боковина; щека (*напр. замка шасси*)
  splice ~ накладка (*на механические детали*)
  spring ~ пружинная шайба
  surface ~ контрольная плита (*вид инструмента*)
  swash ~ 1. автомат перекоса; тарелка автомата перекоса (*несущего винта*) 2. наклонная шайба (*плунжерного насоса*)
  swirl ~ завихрительная шайба, завихритель
  water servicing cover ~ крышка люка для заправки водой
  wobble ~ 1. тарелка автомата перекоса (*несущего винта*) 2. наклонная шайба (*плунжерного насоса*)
platform:
  calibration ~ тарировочная платформа
  gyro-stabilized ~ гиростабилизированная платформа, гироплатформа

PLA

platform
  hydraulic ~ гидравлическая платформа
  removable ~ съёмная платформа (*для технического обслуживания воздушного судна*)
  self-propelled ~ самоходная платформа
  unified folding maintenance ~ унифицированная складывающаяся стремянка для обслуживания (*воздушных судов*)
  working ~ рабочая площадка

play люфт; зазор ‖ люфтовать; иметь зазор ◊ **to remove ~ from** устранять [выбирать] люфт
  aileron ~s люфты подвески элеронов

playback воспроизведение (*напр. записи регистратора полёта*)

plinth основание (*напр. покрытия аэродрома*)
  concrete ~ бетонное основание

plot 1. график (*напр. полёта*) ‖ наносить на график 2. планшет 3. схема; план 4. (радиолокационная) отметка цели (*на экране РЛС*) 5. прокладывать курс; устанавливать (место)положение (*на карте*)
  air ~ схема [план] воздушной обстановки
  radar ~ радиолокационная отметка цели

plotter курсограф, прокладчик курса (*на планшете*)
  airborne ~ бортовой курсограф
  automatic ~ автоматический курсограф
  flight-path ~ курсограф траектории полёта

plotting прокладка курса; нанесение данных на карту полёта
  wing pressure ~ распределение давления по крылу

POD

plug:
  combined ~ комбинированная заглушка
  connecting ~ соединительный разъём
  exhaust ~ центральное тело сопла
  female ~ гнездовая часть соединителя
  filler ~ заглушка зарядного штуцера
  fusible ~ 1. термоизвещатель (*перегрева колеса шасси*) 2. плавкий предохранитель
  igniter ~ 1. свеча воспламенителя (*реактивного двигателя*) 2. запальная свеча; пусковая свеча
  leaded ~ свеча, имеющая отложения свинца
  magnetic ~ магнитная пробка (*в маслосистеме двигателя*)
  male ~ штыревая часть соединителя
  safety ~ предохранительная пробка
  spark ~ 1. свеча зажигания (*поршневого двигателя*) 2. запальная свеча; пусковая свеча
  static vent ~ заглушка приёмника статического давления
  taper ~ коническая заглушка
  threaded ~ резьбовая пробка

plugging закупорка (*напр. трубопроводов статики*)

plumbing 1. система трубопроводов 2. обеспечение подачи (*напр. топлива*) с помощью системы трубопроводов 3. волновод

plume:
  exhaust ~ шлейф выходящих газов

ply 1. прядь (*троса*) 2. совершать полёт между пунктами, курсировать

pocket:
  air ~ воздушная яма

pod 1. гондола (*двигателя*) 2.

POD

подвеска (*под крылом фюзеляжа*) ◊ **to mount a ~** — монтировать гондолу

pod
jet ~ гондола реактивного двигателя

point пункт, точка (*маршрута*); ориентир ◊ **to clear the ~** пролетать над заданной точкой (*маршрута*)
~ **of arrival** пункт прилёта
~ **of call 1.** пункт выхода на связь **2.** пункт посадки по требованию службы движения
~ **of departure** пункт вылета, пункт отправления
~ **of destination** пункт назначения
~ **of discontinuity** точка разрыва (*маршрута*)
~ **of intersection** точка пересечения (*маршрутов*)
~ **of loading** пункт погрузки
~ **of no return** рубеж возврата (*на аэродром вылета*)
~ **of origin 1.** пункт вылета, пункт отправления **2.** точка отсчёта
~ **of turn-around** рубеж разворота (*на противоположный курс*)
~ **of unloading** пункт выгрузки
actuation ~ точка срабатывания (*механизма*)
aerodrome check ~ контрольная точка аэродрома
aerodrome control ~ аэродромный диспетчерский пункт, АДП
aerodrome reference ~ контрольный ориентир аэродрома; условная точка, определяющая географическое положение аэродрома
agreed reporting ~ согласованный пункт выхода на связь
aiming ~ прицельная точка посадки, точка касания колёс
aircraft fire ~ очаг пожара на воздушном судне

POI

point
aircraft jacking ~ место установки домкрата для подъёма воздушного судна
aircraft leveling ~ нивелировочная точка воздушного судна
aircraft tie-down ~ точка швартовки воздушного судна (*на стоянке*)
aircraft towing ~ буксировочный узел воздушного судна
alighting ~ точка приземления
approach control ~ диспетчерский пункт захода на посадку
approach flight path reference ~ контрольная точка траектории захода на посадку
approach noise reference ~ контрольная точка замера шумов на участке захода на посадку
baggage ~ место оформления багажа
break-even ~ характеристика рентабельности (*воздушной перевозки*)
break-in ~ место аварийного вырубания обшивки (*фюзеляжа*)
break-off burble ~ точка срыва потока
cargo lashing ~ узел крепления груза
change-over ~ пункт переключения частоты связи (*на маршруте*)
check ~ контрольный пункт (*ориентир с известными географическими координатами, относительно которого определяется местоположение воздушного судна*)
check-in ~ место регистрации (*пассажиров*)
communication check ~ контрольный пункт связи (*воздушного судна с наземной станцией*)
compulsory reporting ~ пункт обязательных донесений

POI

point
connecting ~ стыковочный пункт (*маршрута*)
contact ~ 1. пункт выхода на радиосвязь 2. точка касания (*при посадке*)
control ~ 1. контрольная точка (*маршрута*) 2. пункт управления (*полётом*)
control transfer ~ рубеж [точка] передачи управления (*воздушным движением другому диспетчерскому пункту*)
critical ~ рубеж возврата (*на аэродром вылета*)
datum ~ точка начала отсчёта
decision ~ точка принятия решения (*напр. об уходе на второй круг*)
delivery ~ пункт доставки (*напр. багажа*)
designated control ~ установленный пункт управления (*полётом*)
designated reporting ~ установленный пункт (обязательных) донесений
dew ~ точка (выпадения) росы
drain ~ точка слива (*напр. топлива*)
engine failure ~ точка отказа двигателя
entry ~ точка входа (*в заданную зону*)
equal time ~ точка равного удаления по времени полёта (*между двумя пунктами*)
exit ~ точка выхода (*из заданной зоны*)
exit ~ **of runway** точка схода с ВПП
external reference ~ 1. внешняя контрольная точка 2. внешний контрольный ориентир
fare calculation ~ пункт изменения тарифа
fiction construction ~ условный пункт маршрута (*при построении тарифа*)

POI

point
filler ~ пункт заправки (*топливом*)
final approach ~ точка конечного этапа захода на посадку
final turn completion ~ конечная точка завершения разворота
fix ~ фиксированная точка (*маршрута*)
flare-out ~ точка начала выравнивания (*при посадке*)
flash ~ температура вспышки (*топлива*)
flight path ~ точка траектории полёта
flight reference ~ 1. расчётная точка полёта 2. визуальный ориентир для воздушных судов
flight way ~ точка маршрута полёта
flyover noise measurement ~ точка замера шумов при пролёте (*воздушных судов*)
follow-up ~ следящая точка (*напр. локационной системы*)
freezing ~ точка замерзания
freight loading datum ~ отметка уровня загрузки
fuel flash ~ температура вспышки топлива
fuel servicing ~ пункт заправки топливом
greasing ~ точка смазки (*на карте смазки*)
higher intermediate ~ промежуточная точка (*маршрута*) с наибольшим тарифом
hinge ~ шарнирная точка (*крепления*)
hoist ~ такелажный узел
holding ~ 1. пункт [зона] ожидания (*в полёте*) 2. линия «стоп» (*на аэродроме*)
hydrant refuelling ~ пункт централизованной заправки топливом
ice ~ точка замерзания
immigration check ~ иммиграционный пункт (*в аэропорту*)

POI

point
 initial ~ исходная точка (*напр. маршрута*)
 intended landing ~ пункт намеченной посадки
 jacking ~ гнездо под (гидро)подъёмник
 leaving ~ точка выхода (*из заданной зоны*)
 leveling ~ репер, реперная точка (*для нивелирования воздушного судна*)
 leveling-off ~ точка начала выравнивания (*после набора высоты*)
 lifting ~ (такелажная) точка подъёма
 liftoff ~ точка отрыва (*при взлёте*)
 load application ~ точка приложения нагрузки
 midscan ~ средняя точка сканирования
 minimum landing commit ~ точка минимальной высоты принятия решения для захода на посадку
 missed approach ~ точка ухода на второй круг
 mooring ~ точка швартовки (*воздушного судна*)
 mounting ~ точка подвески (*напр. двигателя*)
 navigation reference ~ навигационный контрольный ориентир
 neutral ~ точка (*полёта*) с нулевой статической устойчивостью, нейтральная точка
 noise measurement ~ контрольная точка замера шумов
 noncompulsory reporting ~ пункт, не требующий донесений (*экипажа*)
 nose jacking ~ гнездо под носовой (гидро)подъёмник
 on-request reporting ~ пункт (обязательных) донесений (экипажа) по запросу (с земли)
 OPMET data regional exchange ~ пункт регионального обмена метеорологическими данными

POI

point
 passenger processing ~ место оформления пассажиров
 power failure ~ точка отказа двигателя (*в полёте*)
 radar check ~ контрольная точка юстировки антенной системы РЛС
 reattachment ~ точка присоединения потока (*на крыле*)
 reception ~ точка приёма (*информации*)
 reference ~ 1. контрольная точка; точка начала отсчёта 2. контрольный ориентир 3. опорная точка
 reporting ~ 1. контрольный пункт 2. пункт (обязательных) донесений
 roll-in ~ точка начала разворота
 RVR reporting ~ точка отсчёта дальности видимости на ВПП
 scale ~ отметка [контрольная точка] на шкале прибора
 self-ignition ~ температура самовоспламенения
 separation ~ точка отрыва (*пограничного слоя*)
 speed limiting ~ рубеж [зона] ограничения скорости
 stagnation ~ критическая точка, точка заторможённого потока
 starting ~ место старта (*на ВПП*)
 takeoff measurement ~ точка замера шумов при взлёте
 taxi holding ~ линия «стоп» на рулёжной дорожке
 terminal ~ конечный пункт (*полёта*)
 test ~ точка замера при испытаниях
 ticketed ~ пункт, указанный в билете
 tie-down ~ точка швартовки груза (*в кабине*)
 touchdown ~ точка касания (*при посадке*)

POI

point
   transfer ~ пункт передачи (*пассажиров или груза другой авиакомпании*)
   transition ~ точка перехода (*ламинарного пограничного слоя в турбулентный*)
   turning ~ рубеж разворота (*на противоположный курс*)
   unstick ~ точка отрыва при взлёте
   visual holding ~ зона ожидания для визуальных полётов
   visual reference ~ визуальный контрольный ориентир
   wing jacking ~ гнездо под крыльевой (гидро)подъёмник
   zero lift ~ точка нулевой подъёмной силы
pointer 1. указатель 2. стрелка
   bank ~ указатель углов крена
   barometric ~ указатель барометрического давления
   double ~ двухстрелочный указатель
   drift ~ указатель угла сноса
   glide slope ~ указатель отклонения от глиссады
   localizer deviation ~ указатель отклонения от курса по радиомаяку
   speed ~ указатель скорости
polar поляра
   wing ~ поляра крыла
polarity полярность
   magnetic ~ магнитная полярность
pole 1. полюс 2. мачта (*на аэродроме*)
   magnetic ~ магнитный полюс
policy:
   space available ~ метод продажи (*билетов*) по наличию свободных мест
   tariff ~ тарифная политика
poll опрос (*экипажей*) || опрашивать

POS

pollution:
   air ~ загрязнение атмосферы
   aircraft noise ~ вредное воздействие шума от воздушных судов
pool 1. пул (*соглашение о совместной коммерческой деятельности*) 2. бюро; объединение
   technical ~ объединение (*авиакомпаний*) для технического обслуживания (*воздушных судов*)
pooling:
   airlines ~ совместная (коммерческая) деятельность авиакомпаний, пульное сотрудничество
port 1. левый борт (*воздушного судна*) 2. аэропорт 3. отверстие; окно
   air bleed ~ отверстие отбора воздуха
   inspection ~ смотровое окно
   static ~ приёмник статического давления
porterage служба носильщиков (*в аэропорту*)
portion:
   ~ **of a flight** отрезок (маршрута) полёта
   ~ **of a runway** участок ВПП
   aft ~ хвостовая часть (*напр. фюзеляжа*)
   air ticket ~ купон авиационного билета
   blade airfoil ~ профильная часть [перо] лопатки
   canopy fixed ~ неподвижная часть фонаря
   canopy hinged ~ откидная часть фонаря
   canopy sliding ~ сдвижная часть фонаря
   identification tag ~ отрывной талон (*багажной бирки*)
   taxi ~ участок (*ВПП*) для выруливания
pose ставить (*воздушное судно*) в определённое положение
position (место)положение ◊ **to hold the** ~ ожидать на месте

POS

(*очередной команды диспетчера*); **to take up the** ~ 1. выходить на заданную высоту (*полёта*) 2. занимать место (*напр. стоянки*)

position
air ~ (место)положение (*воздушного судна*) в воздушном пространстве
aircraft alert ~ состояние готовности воздушного судна к вылету
aircraft's loading ~ место загрузки воздушного судна
aircraft's parking ~ место стоянки [МС] воздушного судна
aircraft's present ~ фактическое (место)положение воздушного судна (*на данный момент*)
along-track ~ положение (*воздушного судна*) по направлению трассы (*полёта*)
center-of-gravity ~ центровка (*воздушного судна*)
current geographical ~ географическое (место)положение (*воздушного судна*) на данный момент
dead-reckoned ~ (место)положение, определённое методом счисления пути
estimated ~ **of aircraft** расчётное (место)положение воздушного судна
feathered ~ флюгерное положение (*воздушного винта*)
flap approach ~ положение закрылков при заходе на посадку
flap en-route ~ полётное положение закрылков
flap landing ~ посадочное положение закрылков
flap retracted ~ убранное положение закрылков
flap takeoff ~ взлётное положение закрылков
holding ~ предварительный старт
inverted ~ перевёрнутое положение (*воздушного судна*)

POS P

position
key ~ исходное положение
last reported ~ (место)положение (*воздушного судна*) согласно последнему сообщению
low-pitch ~ положение малого шага (*воздушного винта*)
mounting ~ положение (*напр. двигателя*) при установке
multiple-holding ~ предварительный старт для нескольких воздушных судов
off ~ положение «выключено», выключенное положение
on ~ положение «включено», включённое положение
radar track ~ (место)положение (*воздушного судна*), определённое по радиолокатору
rigging ~ нивелировочное положение (*воздушного судна*)
shock strut compressed ~ положение амортизатора (*шасси*) в обжатом состоянии
starting-up ~ положение (*воздушного судна*) при запуске двигателей
stop bar ~ линия «стоп» (*на ВПП или рулёжной дорожке*)
takeoff ~ 1. положение (*воздушного судна*) на линии исполнительного старта 2. линия старта (*на ВПП*)
taxi-holding ~ место ожидания на рулёжной дорожке
trim ~ отбалансированное [уравновешенное] положение (*воздушного судна*)
upright ~ строго вертикальное положение

position-finding определение (место)положения
positioning 1. установка в определённое положение 2. юстировка 3. определение (место)положения

POS

positioning
    automatic flap ~ автоматическая установка закрылков (*на заданный угол*)
post:
    alerting ~ пост аварийного оповещения
    door ~ стойка двери (*в корпусе фюзеляжа*)
    windshield center ~ центральная стойка лобового стекла (*кабины пилотов*)
postflight послеполётный (*об обслуживании*)
pot:
    flare ~ сигнальная ракета
power 1. мощность (*двигателя*) **2.** режим (*работы*) ◊ **at idle ~** на режиме малого газа; **external ~ not available** аэродромное питание отсутствует; **" ~ off!"** «убрать режим!» (*команда в полёте*); **to adjust idle ~** регулировать малый газ; **to attain the ~** достигать заданной мощности; **to augment ~** форсировать мощность; **to chop the ~** внезапно изменять режим (*работы*); **to come to takeoff ~** выходить на взлётный режим; **to develop ~** развивать мощность; **to draw ~** передавать мощность; **to gain the ~** достигать заданной мощности; **to move under own ~** двигаться за счёт собственной тяги; **to provide ~** выдавать мощность (*о двигателе*); **to run at idle ~** работать на режиме малого газа; **to set idle ~** выводить на режим малого газа; **to set takeoff ~** устанавливать взлётный режим; **to take off ~ to the shaft** отбирать мощность на вал (*напр. трансмиссии вертолёта*); **to transmit ~** передавать мощность
    asymmetric engines ~ ассимметричная тяга двигателей
    augmented ~ форсированный режим (*работы*)

POW

power
    bearing ~ несущая способность (*покрытия ВПП*)
    best economy ~ оптимальный режим (*работы*)
    climbing ~ мощность, необходимая для набора высоты
    contingency ~ мощность на чрезвычайном режиме
    cruising ~ крейсерская мощность
    dry ~ мощность (*двигателя*) без впрыска воды
    equivalent shaft ~ эквивалентная мощность на валу
    excess ~ избыточная мощность
    external electrical ~ аэродромное электропитание; наземное электропитание
    flight idle ~ мощность на режиме полётного малого газа
    induced drag ~ мощность на преодоление аэродинамического сопротивления
    lifting ~ подъёмная сила
    maximum continuous ~ номинальный режим (*работы*)
    output ~ выходная мощность
    profile drag ~ мощность на преодоление профильного сопротивления
    rated ~ номинальная мощность
    reheat ~ форсажный режим (*работы*)
    required ~ потребная мощность
    sound ~ звуковая мощность
    specific ~ удельная мощность
    takeoff ~ взлётная мощность
    thrust ~ тяговая мощность, тяга
power-off при выключенных двигателях
power-operated с приводом от двигателя
powerplant, power-unit силовая установка
    critical ~ критический дви-

PRA

гатель (*отказ которого наиболее опасен для продолжения полёта*)
practice:
   aircraft maintenance ~ технология технического обслуживания воздушного судна
   safe ~ техника безопасности
   safety ~ правила [порядок] обеспечения безопасности (*полётов*)
   standards and recommended ~ стандарты и рекомендуемая практика (*ИКАО*)
   training ~ практика обучения (*напр. лётного состава*)
precautions ◊ **to observe** ~ соблюдать меры предосторожности
   fire ~ меры по предупреждению пожара
   flight reasonable ~ необходимые меры предосторожности в полёте
   flight safety ~ меры безопасности в полёте
precession:
   apparent ~ кажущаяся прецессия (*гироскопа*)
   gyro ~ прецессия гироскопа
precipitation:
   drizzle ~ мелкий дождь
   hail ~ град
   heavy ~ значительные осадки
   ice pellets ~ осадки в виде ледяных крупинок
   light ~ слабые [незначительные] осадки
   rain ~ дождь
   rain showers ~ ливневый дождь
   sleet ~ мокрый снег
   snow ~ снег
   snow grains ~ осадки в виде крупных хлопьев снега
   thundershowers ~ грозовой ливень
preclearance предварительный досмотр (*багажа*)
precooler предварительный радиатор

PRE

predict прогнозировать; предсказывать (*напр. объём воздушных перевозок*)
prefix:
   accident/incident ~ указатель авиационного происшествия и предпосылок к нему (*применяется в информационных отчётах*)
   priority message ~ код первоочерёдности сообщения
preflight предполётный
prehandling предварительная обработка грузов
preheat предварительный подогрев (*напр. двигателя*)
premise(s) служебные здания; служебные помещения
   airport ~ **(s)** служебные здания аэропорта
preparation:
   flight ~ предполётная подготовка
presentation:
   data ~ представление данных (*напр. о выполненных воздушных перевозках*)
   runway ~ индикация ВПП
preserver:
   life ~ спасательный жилет
prespinning предварительная раскрутка (*напр. колёс*)
   wheel ~ раскрутка колёс (шасси) перед посадкой
pressure давление ◊ **at zero** ~ при отсутствии давления (*напр. в гидросистеме*); при нулевом давлении; **to diminish** ~ уменьшать давление; **to discharge** ~ **overboard** сбрасывать давление за борт; **to measure** ~ замерять давление; **to release** ~ **to overboard** стравливать давление за борт; **to relieve** ~ уменьшать давление
   aerodrome ~ (атмосферное) давление на аэродроме
   aerodynamic ~ аэродинамическое давление
   air ~ давление воздуха, атмосферное давление
   air intake ~ давление на входе в воздухозаборник

pressure
  ambient ~ 1. давление при обтекании (*аэродинамической поверхности*) 2. давление наружного воздуха
  atmospheric ~ атмосферное давление
  barometric ~ барометрическое давление
  blood ~ кровяное давление
  boost ~ давление наддува
  brake ~ давление в тормозной системе
  burner ~ давление (топлива) перед форсунками
  burst ~ давление взрыва
  cabin ~ давление в кабине, величина наддува кабины
  charged ~ давление зарядки (*напр. азотной системы*)
  compressor delivery ~ давление за компрессором
  defueling suction ~ давление откачки топлива (*при сливе из баков*)
  design ~ расчётное давление
  differential ~ 1. избыточное давление 2. перепад давления
  dynamic ~ скоростной напор; динамическое давление (*заторможённого в полёте потока воздуха*)
  excessive ~ избыточное давление
  exhaust back ~ обратное давление на выходе газов (*из двигателя*)
  footprint ~ удельное давление на поверхность ВПП (*от воздушного судна*)
  free-stream ~ давление в свободном потоке
  fuel supply ~ давление в системе подачи топлива
  gage ~ манометрическое давление
  hydraulic ~ гидравлическое давление
  internal ~ внутреннее давление
  manifold ~ давление наддува

pressure
  mean sea level ~ давление над уровнем моря
  nozzle-exit ~ давление на срезе сопла
  operating ~ рабочее давление
  parking ~ давление в системе стояночного тормоза
  ram(ming) ~ давление скоростного напора
  rated ~ номинальное давление
  service ~ эксплуатационное давление
  set-to-open ~ давление открытия (*клапана*)
  shock ~ давление в скачке уплотнения
  shock-wave ~ давление ударной волны
  sound ~ звуковое давление
  static ~ статическое давление
  tank ~ давление в топливном баке
  tapping ~ давление в точке отбора воздуха (*от компрессора*)
  test ~ испытательное давление
  turbine exhaust ~ давление газов за турбиной (*двигателя*)
  turbine inlet ~ давление газов перед турбиной (*двигателя*)
  ultimate ~ предельное давление
  undisturbed ~ давление в невозмущённом потоке
  wake ~ давление в спутной струе
  wheel specific ~ удельное давление колеса на грунт
  wind ~ ветровое давление, давление ветра
  wind-tunnel ~ давление в аэродинамической трубе
  working ~ рабочее давление
pressurization:
  cabin ~ 1. герметизация ка-

бины 2. наддув кабины 3. опрессовка кабины
pressurization
    fuel accumulator ~ наддув топливного аккумулятора
preswirl предварительная закрутка (*потока воздуха*)
prevention ◊ **to foster accidents** ~ способствовать предотвращению авиационных происшествий
    ~ **of collisions** предотвращение столкновений (*воздушных судов*)
    accidents ~ 1. предотвращение [предупреждение] авиационных происшествий 2. обеспечение безопасности полётов
    corrosion ~ защита от коррозии
    fire ~ предотвращение пожарной опасности
    ice hazard ~ предотвращение опасности обледенения
price:
    predatory ~ завышенная цена (*билета в нарушение установленного тарифа*)
    unit seat ~ средняя стоимость одного места (*на рейс*)
pricing тарификация, установление тарифа
    market ~ установление тарифа с учётом спроса
prime заправлять, заливать (*напр. масло*); подавать (*напр. электропитание*); впрыскивать (*напр. топливо*)
priming заправка, заливка (*напр. масла*); подача (*напр. электропитания*); впрыск (*напр. топлива*)
priority ◊ ~ **to land** право внеочередной посадки
    air ~ очерёдность полётов
privilege ◊ **to grant traffic** ~s предоставлять права на воздушные перевозки
    rating ~s права, предоставляемые квалификационной отметкой
    traffic ~ преимущественное право пролёта

probe:
    Pitot ~ приёмник полного давления
    thermocouple ~ датчик [зонд] термопары
Procedure ◊ ~s **for Air Navigation Services** Правила аэронавигационного обслуживания
procedure 1. методика; правила; порядок 2. процесс (*напр. выполнения полёта*) 3. технология 4. установленная схема (*напр. полёта*) ◊ **fail to follow the** ~ не выполнять установленную схему (*полёта*); **to commence the landing** ~ начинать посадку; **to construct the** ~ разрабатывать [строить] схему (*полёта*); **to establish the** ~ устанавливать порядок (*напр. технического обслуживания*); **to execute an emergency** ~ выполнять установленный порядок действий в аварийной ситуации; **to maintain the flight** ~ выдерживать установленный порядок полётов; **to take a missed-approach** ~ уходить на второй круг по заданной схеме
    accelerating climb ~ схема ускоренного набора высоты
    acceptance ~ порядок приёмки (*напр. воздушного судна после технического обслуживания*)
    aerodrome alerting ~ порядок действий по тревоге на аэродроме
    after takeoff ~ схема набора высоты после взлёта
    aircraft noise abatement operating ~s эксплуатационные методы снижения авиационного шума
    air traffic ~s правила воздушного движения
    air traffic control ~s правила управления воздушным движением
    air traffic services ~s прави-

PRO

ла обслуживания воздушного движения

procedure
alerting ~ порядок предупреждения об опасности
approach ~ схема захода на посадку
approach test ~ методика испытаний при заходе на посадку
approach to land ~s правила захода на посадку
approved flight ~ установленный порядок выполнения полёта
assembly ~ технология сборки (*напр. агрегатов*)
aviation company ~ установленный авиакомпанией порядок (*напр. выполнения пассажирских перевозок*)
base turn ~ схема разворота на посадочный курс
certification test operational ~ методика сертификационных испытаний
circling ~ схема полёта по кругу
claiming ~ порядок предъявления рекламаций
classification ~ порядок классификации (*напр. авиационных происшествий*)
clearance ~ 1. порядок контроля (*пассажиров перед посадкой*) 2. порядок выдачи диспетчерского разрешения (*на полёт*)
cloud breaking ~ способ пробивания облачности (*в полёте*)
communication failure ~ порядок действий при отказе средств связи
coordination ~ порядок взаимодействия (*напр. между диспетчерскими службами*)
crew operating ~ порядок действий экипажа
customs ~ порядок таможенного досмотра (*пассажиров*); таможенная процедура
departure ~ 1. схема вылета 2. процедура (*оформ-

PRO

ления*), связанная с вылетом

procedure
direction finding ~ порядок (радио)пеленгации
disassembly ~ технология разборки (*напр. узла*)
docking ~ порядок установки (*воздушного судна*) на место стоянки
emergency ~ порядок действий в аварийной обстановке
emergency evacuation ~ порядок аварийного покидания (*напр. воздушного судна*)
emergency flight ~s правила полёта в аварийной обстановке
engine starting ~ порядок запуска двигателя
en-route ~ схема полёта по маршруту
entry ~ схема входа в диспетчерскую зону
expedite baggage ~ порядок ускоренного оформления багажа
flight ~ 1. схема (выполнения) полёта 2. *pl* правила полёта
flight test ~ методика лётных испытаний
flight training ~ методика лётной подготовки
flow control ~ управление потоком (*воздушного движения*)
frequency changeover ~ порядок перехода на другую частоту (*радиосвязи*)
fuel savings ~ схема полёта с минимальным расходом топлива
ground-controlled approach ~ схема захода на посадку по командам с земли
ground training ~ порядок наземной подготовки (*лётного состава*)
handling ~ порядок обработки (*груза*)
holding ~ схема полёта в зоне ожидания

procedure
    holding entry ~ схема входа в зону ожидания
    identification ~ процедура опознавания (*воздушных судов*)
    immigration ~ порядок иммиграционного оформления (*пассажиров*)
    inbound ~ 1. схема входа (*в диспетчерскую зону*) 2. процедура (*оформления*), связанная с прилётом (*воздушного судна*)
    inflight ~ порядок действий во время полёта
    inspection ~ схема осмотра (*напр. воздушного судна*)
    installation ~ технология монтажа
    instrument approach ~ схема захода на посадку по приборам
    instrument flight ~ схема полёта по приборам
    instrument holding ~ схема полёта по приборам в зоне ожидания
    instrument missed approach ~ установленная схема ухода на второй круг по приборам
    "land after" ~ послепосадочный манёвр
    landing ~ схема посадки
    let-down ~ схема снижения
    loading ~ порядок погрузки
    manufacturing ~ технология производства; технологический процесс
    minimum noise ~ методика выполнения полёта с минимальным шумом
    missed approach ~ схема ухода на второй круг
    noise abatement ~s эксплуатационные приёмы снижения шума
    noise certification ~ методика сертификации по шуму
    noise evaluation ~ методика оценки шума
    noise measurement ~ методика замера шумов
    nonprecision approach ~ схема захода на посадку без применения радиолокационных средств

procedure
    normal takeoff ~ типовая схема взлёта
    operating ~ 1. порядок проведения операции (*напр. по спасанию*) 2. *pl* правила эксплуатации (*напр. воздушных судов*)
    operational flight ~s эксплуатационные приёмы пилотирования
    outbound ~ 1. схема выхода (*из диспетчерской зоны*) 2. процедура (*оформления*), связанная с вылетом (*воздушного судна*)
    overflight reference ~ исходная методика пролёта (*над заданным районом*)
    overhaul ~ технология капитального ремонта
    overshoot ~ схема ухода на второй круг
    position reporting ~ порядок передачи информации о (место)положении (*воздушного судна*)
    precision approach ~ схема точного захода на посадку
    preclearance ~ порядок предварительного досмотра (*багажа*)
    race-track ~ схема захода на посадку типа «ипподром» или по «скруглённой коробочке»
    race-track holding ~ схема ожидания типа «ипподром»
    radio failure ~ порядок действий при отказе радиосвязи
    radiotelephony operating ~s эксплуатационные правила радиотелефонной связи
    reference flight ~ исходная схема полёта
    regional supplementary ~s дополнительные региональные правила
    removal ~ технология демонтажа

PRO

procedure
    reversal ~ обратная схема (*разворота на посадочный курс*)
    reverse ~ обратный порядок (*напр. сборки*)
    rolling takeoff ~ схема взлёта без остановки (*при выруливании на ВПП*), роллинг-старт
    search and rescue ~ (установленный) порядок поиска и спасания (*воздушных судов*)
    starting ~ порядок запуска двигателя
    subsidiary ~s дополнительные правила
    takeoff ~ схема взлёта
    test ~ методика испытаний
    to-land ~ схема посадки
    transmission ~ порядок передачи (*напр. сигналов*)
    transponder ~ порядок применения (радио)ответчиков
    two-way radio failure ~ порядок действий (*экипажа*) при отказе двусторонней радиосвязи
    uniform ~ единый порядок (*напр. представления информации в ИКАО*)
    visual circling ~ схема визуального полёта по кругу
proceeding ◊ ~ **to land** переход к этапу выполнения посадки
process:
    collection ~ процесс сбора (*данных*)
    combustion ~ процесс сгорания (*топлива*)
processing обработка (*напр. данных*)
    automatic data ~ автоматическая обработка данных
    electronic data ~ электронная обработка данных
    radar data ~ обработка радиолокационной информации
procurement 1. поставка (*авиационной техники*) **2.** закупка (*оборудования*)

PRO

procurement
    equipment ~ закупка (авиационного) оборудования
    field ~ снабжение оперативной точки базирования (*воздушных судов*)
producer 1. поставщик (*авиационной техники*) **2.** генератор (*энергии*)
    gas ~ турбокомпрессор
production:
    aircraft ~ производство воздушных судов
proficiency:
    aeronautical ~ уровень авиационной подготовки
    flying ~ опыт лётной работы
    pilot ~ квалификация пилота
profile 1. профиль **2.** сечение; разрез
    actual ~ фактический профиль (*полёта*)
    aerodrome ground ~ профиль местности в районе аэродрома
    aerofoil ~ профиль аэродинамической поверхности
    approach ~ профиль захода на посадку
    assigned ~ заданный профиль (*полёта*)
    cross ~ профиль поперечного сечения
    flight (path) ~ профиль (траектории) полёта
    intended ~ установленный профиль (*полёта*)
    measured approach ~ разбитый на участки профиль захода на посадку
    nominal ~ номинальный профиль (*полёта*)
    runway ~ профиль ВПП
    terrain ~ профиль местности (*в районе полётов*)
profitability ◊ ~ **over the route** эффективность маршрута (*в экономическом отношении*)
profit-making прибыльный (*о рейсе*)
program(me) 1. программа (*напр.*

полёта) ‖ составлять программу 2. регламент (*обслуживания*) ‖ выполнять регламент
program(me)
  aircraft noise prediction ~ программа прогнозирования авиационного шума
  airworthiness ~ программа обеспечения лётной годности
  all-weather operations ~ программа всепогодных полётов
  aviation safety ~ программа обеспечения авиационной безопасности
  maintenance ~ регламент технического обслуживания
  training ~ 1. программа тренировки 2. план подготовки (*лётного состава*)
prohibition:
  ~ **of landing** запрещение посадки
projection:
  Lambert conformal conic ~ равноугольная коническая проекция Ламберта (*способ изображения маршрута на аэронавигационных картах*)
projector:
  floodlight ~ прожектор заливающего света (*напр. для освещения ВПП*)
prolongation of the rating продление срока действия квалификационной отметки (*в свидетельстве пилота*)
promotion of safety обеспечение безопасности полётов
proofing 1. изоляция 2. защита (*от воздействия внешних факторов*)
  aircraft sound ~ звукоизоляция воздушного судна
  heat insulation-sound ~ теплозвукоизоляция
proof of compliance доказательство соответствия (*нормам лётной годности*)
prop 1. воздушный винт 2. винтовое воздушное судно
propagation 1. распространение (*напр. звука*) 2. развитие (*напр. трещины на обшивке*)
  ◊ **to stop the crack** ~ предотвращать развитие трещины
propagation
  ~ **of sound** распространение звука
  crack ~ развитие трещины
  directional ~ направленное распространение
  high frequency ~ распространение волн высокочастотного диапазона
  indirect ~ ненаправленное распространение
  noise ~ распространение шума
  turbulence ~ распространение турбулентности
propellant 1. топливо (*для двигателей*) 2. создающий (реактивную) тягу (*о двигателе*)
  solid ~ твёрдое топливо
propeller 1. воздушный винт 2. движитель ◊ **to balance the** ~ балансировать воздушный винт; **to brake the** ~ стопорить воздушный винт; **to drive a** ~ вращать воздушный винт; **to feather the** ~ ставить воздушный винт во флюгерное положение, флюгировать воздушный винт; **to latch a** ~ ставить воздушный винт на упор; **to latch the** ~ **flight stop** ставить воздушный винт на полётный упор; **to reverse the** ~ переводить винт на отрицательную тягу, реверсировать винт; **to unfeather the** ~ выводить воздушный винт из флюгерного положения, расфлюгировать воздушный винт
  adjustable-pitch ~ воздушный винт изменяемого шага
  altitude ~ высотный воздушный винт
  antitorque ~ рулевой винт (*вертолёта*)
  automatically controllable ~ воздушный винт с автоматической регулировкой (*оборотов*)

propeller
automatic pitch ~ воздушный винт с автоматически изменяемым шагом
coaxial ~ соосный воздушный винт
constant-pitch ~ воздушный винт фиксированного шага, ВФШ
constant-speed ~ воздушный винт постоянного числа оборотов
contrarotating ~s воздушные винты противоположного вращения
controllable ~ воздушный винт изменяемого шага, ВИШ
direct drive ~ воздушный винт прямой тяги, безредукторный воздушный винт
doubleacting ~ воздушный винт двусторонней схемы (*изменения шага*)
ducting ~ туннельный воздушный винт (*в кожухе по окружности лопастей*)
feathered ~ воздушный винт во флюгерном положении, зафлюгированный воздушный винт
feathering ~ флюгируемый воздушный винт
fixed-pitch ~ воздушный винт фиксированного шага, ВФШ
four-bladed ~ четырёхлопастный воздушный винт
higher pitch ~ затяжелённый воздушный винт (*лопасти установлены на большой угол*)
hydraulic ~ воздушный винт с гидравлическим управлением шага
idling ~ воздушный винт на режиме малого газа
jet ~ реактивный воздушный винт (*тяга за счёт струи газов на концах лопастей*)
left-handed ~ воздушный винт левого вращения
lifting ~ несущий винт (*вертолёта*)
lower pitch ~ облегчённый воздушный винт (*лопасти установлены на небольшой угол*)
propeller
negative thrust ~ реверсивный воздушный винт
out-of-balance ~ неотбалансированный воздушный винт
pusher ~ толкающий воздушный винт
reversible-pitch ~ реверсивный воздушный винт
right-handed ~ воздушный винт правого вращения
shrouded ~ закрытый воздушный винт
silenced ~ малошумный воздушный винт
tractor ~ тянущий воздушный винт
unshrouded ~ открытый воздушный винт (*без кожуха по окружности лопастей*)
variable pitch ~ воздушный винт изменяемого шага, ВИШ
windmilling ~ авторотирующий воздушный винт
property 1. свойство; качество; характеристика; способность **2.** имущество
acoustic ~ акустическая характеристика
aerodynamic ~ аэродинамическая характеристика
fatigue ~ усталостная характеристика
flying ~ лётная характеристика
fuel ~ характеристика топлива
immovable ~ недвижимое имущество (*авиакомпании*)
light-protective ~ светозащитное свойство
material strength ~ характеристика прочности материала
movable ~ движимое имущество (*авиакомпании*)
personal ~ **of passengers** личные вещи пассажиров
spillage ~ распылительное свойство (*напр. форсунки*)
propfan тяговый вентилятор (*двигателя*)

propulsion 1. силовая установка; двигатель **2.** движущая сила; тяга
   airscrew ~ тяга воздушного винта
prorating пропорциональное распределение (*напр. доходов между авиакомпаниями*)
   revenues ~ пропорциональное распределение доходов
protection:
   ~ of evidence сохранение вещественных доказательств (*напр. причин авиационного происшествия*)
   aircraft hijack ~ защита воздушного судна от угона
   cabin glare ~ противобликовая защита в кабине
   environmental ~ охрана окружающей среды
   heat ~ тепловая защита, теплозащита
   ice ~ защита от обледенения
   skid ~ противоюзовая защита
   wind-shear ~ защита (*воздушных судов*) от сдвига ветром
prototype:
   aircraft ~ опытный вариант воздушного судна
protractor транспортир; угломер
   air navigation ~ аэронавигационный транспортир
provision ◊ **~s for emergencies** меры на случай аварийных ситуаций; **to ensure the adequate ~s** обеспечивать соответствующие меры предосторожности
   emergency landing ~s меры на случай аварийной посадки
   flight crews ~ предоставление [поставка] лётных экипажей (*напр. другой авиакомпании*)
   hoisting ~s подъёмное [такелажное] оборудование (*для загрузки воздушных судов*)

provision
   restrictive ~s ограничительные меры предосторожности
proximity:
   ground ~ сближение с землёй
   hazardous ~ опасное сближение
   routes ~ близость маршрутов
prudence предосторожность, предусмотрительность
   pilot ~ предосторожность пилота (*в процессе выполнения полёта*)
publication:
   aeronautical information ~ сборник аэронавигационной информации, САИ
pull 1. тяга **2.** брать ручку управления на себя ◊ **to ~ out** выводить из пикирования; брать штурвал на себя; **to ~ up** начинать набор высоты; выполнять кабрирование
puller 1. приспособление для съёмки (*детали*), съёмник **2.** буксировщик (*напр. планёров*)
   wheel ~ съёмник колеса (*шасси*)
pullout 1. вывод из пикирования **2.** выравнивание при посадке
pullup кабрирование
   abrupt ~ резкое кабрирование
pulse (кодовый) сигнал; импульс
   position ~ сигнал о местоположении (*воздушного судна*)
pump 1. насос **2.** качать, нагнетать ◊ **to off-load the ~** разгружать насос; **to ~ out** откачивать, выкачивать (*топливо из баков*)
   accelerating ~ топливный насос приёмистости (*двигателя*)
   aft fuel ~ задний (*по направлению полёта*) топливный насос

PUM

pump
backup ~ насос низкого давления
booster ~ насос подкачки, подкачивающий насос
delivery ~ насос подпитки
direct-injection ~ насос непосредственного впрыска
engine-driven fuel boost ~ двигательный насос подкачки топлива
feathering ~ флюгерный насос, насос флюгирования
fuel ~ топливный насос
fuel backup ~ топливный насос низкого давления
fuel booster ~ насос подкачки топлива
fuel transfer ~ насос перекачки топлива (*напр. в расходный бак*)
hand ~ ручной насос
high pressure ~ насос высокого давления
jet ~ эжекторный [струйный] насос; эжектор
low pressure ~ насос низкого давления
oil-feed ~ насос подачи масла
oil scavenge ~ маслооткачивающий насос
primer ~ насос подкачки, подкачивающий насос; пусковой насос
replenishment ~ насос подпитки
reverser ~ насос реверса (*реактивного двигателя*)
scavenge ~ насос откачки, откачивающий насос
thrust augmentor ~ форсажный насос
transfer ~ насос перекачки
purchase приобретение, покупка (*билета*)
advance ~ предварительное приобретение (*билета*)
pure без примесей; чистый (*напр. о топливе*)
pursue следовать по заданному курсу
push 1. тяга || создавать тягу

QUA

2. нажимная кнопка 3. ускорять 4. буксировать
pushback буксировка (*воздушного судна*) хвостом вперёд || буксировать хвостом вперёд
pushdown снижение (*воздушного судна*)
pusher 1. толкатель 2. толкающий воздушный винт 3. буксировщик
stick ~ толкатель штурвальной колонки
pushing буксировка (*воздушного судна*)
pushover переход в режим горизонтального полёта
pylon 1. пилон 2. балка
antitorque rotor ~ килевая балка (*вертолёта*); балка установки рулевого винта
engine ~ пилон двигателя
nacelle ~ пилон крепления гондолы
pod ~ пилон крепления контейнера
tail boom ~ концевая балка (*вертолёта*)
tail rotor ~ балка рулевого винта
pyrotechnic (сигнальная) ракета
red ~ : "do not land for the time being" красная ракета: «посадка в настоящее время не разрешается»

Q

Q-code Щ-код (*радиообмена*)
Q-correction поправка к высоте Полярной звезды
quadrant 1. квадрант, четверть круга 2. сектор; секторная качалка 3. пеленг
quality:
aerodynamic ~ аэродинамическое качество
flying ~ лётное качество
speech ~ качество речи (*в аэронавигационной связи*)

QUA

quantity:
   aircraft fuel ~ запас топлива воздушного судна

R

race 1. след (*за винтом*) 2. струя (*напр. газов*)
rack:
   radio ~ этажерка радиооборудования
racon радиолокационный маяк
radar радиолокатор; радиолокационная станция, РЛС
   aerodrome control ~ диспетчерский аэродромный радиолокатор
   aerodrome surveillance ~ обзорный аэродромный радиолокатор
   airborne ~ бортовая радиолокационная станция
   airborne weather ~ бортовой метеорологический радиолокатор
   air-search ~ поисковый радиолокатор воздушных судов
   air traffic control ~ радиолокатор управления воздушным движением, радиолокатор УВД
   airway surveillance ~ обзорный трассовый радиолокатор
   approach control ~ радиолокатор управления заходом на посадку
   collision-warning ~ радиолокатор предупреждения столкновений
   control ~ радиолокационная станция наведения
   Doppler ~ доплеровский радиолокатор
   early warning ~ радиолокатор дальнего [раннего] обнаружения
   en-route surveillance ~ обзорный трассовый радиолокатор
   fine grain ~ радиолокатор

RAD

с большой разрешающей способностью
radar
   general purpose ~ радиолокатор общего назначения
   ground-based ~ наземная радиолокационная станция
   ground-mapping ~ радиолокатор обзора поверхности земли (*с целью картографирования*), панорамный радиолокатор
   ground surveillance ~ наземный обзорный радиолокатор
   ground weather ~ наземный метеорологический радиолокатор
   guidance ~ радиолокационная станция наведения
   indication ~ радиолокационная станция наблюдения
   lock-follow ~ радиолокатор сопровождения
   long-range ~ радиолокационная станция дальнего действия
   microwave search ~ микроволновый поисковый радиолокатор
   pencil beam ~ радиолокатор с остронаправленным лучом
   precision approach ~ радиолокатор точного захода на посадку
   primary ~ первичный радиолокатор
   pulse-modulated ~ радиолокатор с импульсной модуляцией
   runway approach surveillance ~ обзорный радиолокатор подхода к ВПП
   search ~ поисковый радиолокатор
   secondary ~ вторичный радиолокатор
   secondary surveillance ~ вторичный обзорный радиолокатор, ВОРЛ
   sidelooking ~ радиолокатор бокового обзора
   surface movement ~ радиолокатор управления наземным движением

radar
  surface surveillance ~ радиолокатор кругового обзора поверхности (*аэродрома*)
  surveillance ~ радиолокатор кругового обзора, обзорный радиолокатор
  taxi ~ радиолокатор контроля за рулением
  terminal ~ аэродромная радиолокационная станция
  terminal area surveillance ~ радиолокатор обзора зоны аэродрома
  tracking ~ радиолокатор сопровождения
  weather ~ метеорологический радиолокатор
radar-directed управляемый с помощью радиолокатора
radar-guided ведомый с помощью радиолокатора
radarman 1. оператор радиолокационной станции 2. специалист по радиолокационным установкам
radial радиал (*направление на радиостанцию*)
radian радиан (*единица измерения углов*)
radiation радиация; излучение
  acoustic ~ акустическое [звуковое] излучение
  background ~ фоновое излучение
  electromagnetic ~ электромагнитное излучение
  heat ~ тепловое излучение
  monopole ~ излучение точечного источника
  noise level ~ излучение шума определённого уровня
  residual ~ остаточное излучение
  solar cosmic ~ солнечная космическая радиация
  spurious ~ паразитное излучение
radio 1. радиосвязь ‖ передавать по радиосвязи; радировать 2. радиостанция; радиооборудование
  aerodrome control ~ аэродромная радиостанция командной связи
radio
  airborne ~ бортовая радиостанция
  directional ~ радиопеленгатор
  emergency ~ аварийное радиооборудование
  incorporated aeronautical ~ сеть совместного авиационного радиообслуживания
radio-controlled управляемый по радио
radiolocation радиолокация
radiosonde радиозонд
radiotelegraphy радиотелеграфия
radiotelephony радиотелефония
radioteleprinter буквопечатающий радиотелефонный аппарат
radioteletype(writer) радиотелетайп, буквопечатающий радиотелеграфный аппарат
radius:
  ~ of curvature радиус кривизны (*напр. линии полёта*)
  bend ~ радиус изгиба (*напр. обшивки фюзеляжа*)
  corner ~ радиус закругления (*напр. обтекателя*)
radome обтекатель (*антенны радиолокатора*)
raft 1. (аварийно-спасательный) плот 2. *pl* спасательные средства
  inflatable ~ надувной спасательный плот
  life ~s спасательные средства
  life-saving ~ спасательный плот
rail:
  engine mounting ~s рельсы закатки двигателя (*при установке на воздушное судно*)
  guiding ~ направляющий рельс
  hand ~ поручень; перила
rain:
  freezing ~ переохлаждённый дождь

RAK

heavy ~ сильный дождь
recent ~ недавний дождь
rake 1. срез; скос 2. отклонение от вертикали (*напр. оси гирокомпаса*) ‖ отклоняться от вертикали
  wing-tip ~ срез законцовки крыла
ram 1. силовой цилиндр 2. скоростной напор
  jack ~ силовой цилиндр (гидро)подъёмника
ramark радиолокационный маркер, радиомаркер
ramjet прямоточный воздушно-реактивный двигатель, ПВРД
ramming повышение давления за счёт скоростного напора
ramp 1. створка (*напр. грузового люка*) 2. место стоянки, МС 3. трап; рампа
  baggage ~ багажный трап
  boarding ~ входной трап
  cargo ~ створка грузового люка
  jetway ~ бортовой трап (*для пассажиров*)
  loading ~ 1. грузовой трап; грузовая рампа; люк-трап 2. место для загрузки (*воздушных судов*)
  parking ~ площадка длительной стоянки
  passenger ~ пассажирский (откидной) трап
  unloading ~ место для разгрузки
range 1. дальность (*напр. полёта*); дистанция 2. предел (*напр. центровки*) 3. диапазон (*напр. оборотов*) 4. радиус действия 5. (радио)маяк 6. определять расстояние до цели ◊ flight ~ with no reserves (максимальная) дальность полёта до полного израсходования топлива; to compute the visual ~ вычислять дальность видимости; to extend ~ увеличивать дальность (*напр. полёта*); ~ to go дальность полёта до намеченного пункта; to lie

RAN

beyond the ~ находиться вне заданного предела; within the ~ в заданном диапазоне
range
  ~ of coverage радиус действия
  ~ of motion диапазон отклонения (*напр. рулей*)
  ~ of revolutions диапазон оборотов
  ~ of visibility дальность видимости
  ~ of vision дальность обзора
  aileron ~ диапазон (углов) отклонения элерона
  aircraft ~ 1. дальность полёта воздушного судна 2. радиус действия воздушного судна (*напр. при фотосъёмке*)
  aircraft capacity ~ предел коммерческой загрузки воздушного судна
  aircraft operational ~ 1. эксплуатационная дальность полёта воздушного судна 2. диапазон эксплуатационных допусков воздушного судна
  all-burnt ~ дальность активного полёта (*по запасу топлива*)
  altitude ~ диапазон высот
  angle-of-attack ~ диапазон углов атаки
  autorotation ~ дальность полёта (*вертолёта*) на режиме авторотации
  autotracking ~ дальность автоматического сопровождения
  beacon ~ радиус действия маяка
  built-in ~ дальность полёта без дополнительных топливных баков
  center-of-gravity ~ предел центровки
  clean ~ дальность полёта (*вертолёта*) без наружных подвесок
  closed-circuit ~ дальность полёта по замкнутому маршруту

263

range
    commercial ~ дальность полёта с полной коммерческой загрузкой
    controllable ~ дальность управляемого полёта
    cruising speeds ~ предел скоростей на крейсерском режиме
    daily ~ суточное колебание (*напр. давления в районе аэродрома*)
    design flying ~ расчётная дальность полёта
    direct ~ дальность полёта по прямой
    downwind ~ дальность полёта при попутном ветре
    dynamic ~ динамический диапазон (*напр. скоростей*)
    effective visual ~ эффективная дальность видимости
    ferry ~ дальность перегонки (*на другое место базирования*)
    flap-deflection ~ диапазон отклонения закрылков
    flight ~ дальность полёта
    flight-performance ~ диапазон лётных характеристик
    flight service ~ эксплуатационная дальность полёта
    flight visual ~ дальность видимости в полёте
    frequency ~ частотный диапазон, диапазон (радио)частот
    fuel ~ запас топлива
    full-load ~ дальность полёта с максимальной загрузкой
    full-tanks ~ дальность полёта при полной заправке
    gliding ~ дальность планирования
    ground mapping ~ дальность обзора местности
    guidance ~ радиус действия системы наведения
    high-speed ~ диапазон больших скоростей
    homing ~ радиус действия системы самонаведения

range
    horizontal ~ дальность горизонтального полёта
    initial contact ~ дальность первоначальной установки (радио)связи (*с воздушным судном*)
    interference ~ зона искажённого (радио)приёма, зона (радио)помех
    lateral manoeuvring ~ диапазон бокового маневрирования
    lift ~ диапазон изменения подъёмной силы
    limiting ~ **of mass** предел ограничения массы (*воздушного судна*)
    line-of-sight ~ дальность видимости по прямой
    lock-on дальность захвата (*цели*)
    meteorological optical ~ метеорологическая оптическая дальность (*видимости*)
    nondirectional ~ ненаправленный [всенаправленный] радиомаяк
    nonstop ~ дальность беспосадочного перелёта
    normal operating ~ диапазон рабочих режимов
    observed ~ дальность видимости
    omnidirectional radio ~ всенаправленный [ненаправленный] радиомаяк
    on-the-deck ~ дальность полёта на предельно малой высоте
    operating ~ 1. радиус действия 2. продолжительность эксплуатации
    operational ~ эксплуатационный диапазон
    radar ~ радиус действия радиолокатора
    radar search ~ радиус действия радиолокатора в режиме поиска
    radar-tracking ~ дальность радиолокационного сопровождения
    radio ~ 1. радиус действия

RAN

(курсового) радиомаяка 2. направленный (курсовой) радиомаяк

range
runway visual ~ дальность видимости на ВПП
scale ~ диапазон шкалы (*прибора*)
search ~ дальность поиска
slant visual ~ дальность наклонной видимости (*объекта на земле с борта воздушного судна*)
speed ~ диапазон скоростей
stability ~ диапазон устойчивости
still-air flight ~ дальность полёта в невозмущённой атмосфере
takeoff ~ диапазон взлётных режимов
transit ~ дальность перелёта
trimmer ~ диапазон отклонения триммера
ultimate ~ максимальная [предельная] дальность (*полёта*)
upwind ~ дальность (полёта) при встречном ветре
VHF omnidirectional radio ~ всенаправленный [ненаправленный] ОВЧ-радиомаяк
visual ~ дальность видимости
visual-aural radio ~ визуально-звуковой радиомаяк
visual detection ~ дальность визуального обнаружения
zero-payload ~ дальность полёта без коммерческой загрузки

ranging 1. определение дальности (*напр. полёта*) 2. введение пределов (*напр. центровки*) 3. установка диапазона (*напр. оборотов*)
radar ~ определение дальности радиолокационным методом

rarefaction разрежение (*воздуха, газа*)

rate 1. (грузовой) тариф; (грузовая) тарифная ставка 2. скорость (*напр. угловая*) 3.

RAT

степень; уровень; величина 4. коэффициент

rate
~ of climb скороподъёмность, (вертикальная) скорость набора высоты
~ of closure скорость сближения (*воздушных судов*)
~ of descent скорость снижения
~ of disagreement скорость рассогласования (*гироскопических приборов*)
~ of duty размер таможенной пошлины
~ of exchange курс обмена валюты, валютный курс
~ of flaps motion скорость отклонения закрылков
~ of growth темп роста (*напр. воздушных перевозок*)
~ of pitch (угловая) скорость по тангажу
~ of roll (угловая) скорость крена
~ of sideslip скорость бокового скольжения
~ of trim скорость балансировки
~ of turn (угловая) скорость разворота
~ of yaw (угловая) скорость рыскания
acceptance ~ пропускная способность (*аэропорта или ВПП*)
accident ~ уровень аварийности (*полётов*)
adopted ~ принятый тариф
aerodrome utilization ~ степень использования аэродрома
agreed ~ согласованный тариф
aircraft ventilation ~ степень вентиляции кабины воздушного судна (*по объёму воздуха*)
aircraft wearout ~ степень износа воздушного судна
air flow ~ степень изменения расхода воздуха

RAT

rate
altitude ~ скорость изменения высоты
angular ~ угловая скорость
approach ~ **of descent** скорость снижения при заходе на посадку
approved ~ утверждённый тариф
ascensional ~ скорость набора высоты
atmospheric absorption ~ коэффициент атмосферного поглощения (*напр. радиосигналов*)
attenuation ~ коэффициент затухания (*звука*)
average revenue ~ средняя доходная ставка (*авиакомпании*)
baggage ~ багажный тариф
barometric ~ степень изменения барометрического давления
best ~ **of climb** наибольшая скороподъёмность
bulk unitization ~ тариф для навалочных грузов
cargo ~ грузовой тариф
charter ~ чартерный тариф
closed ~ закрытый [утверждённый] тариф
commodity ~ тариф на перевозку товаров
contract ~ тариф по контракту
conveyance ~ тариф за перевозку
crosstrack distance change ~ скорость изменения бокового отклонения
deviation ~ величина отклонения (*от курса полёта*)
differential ~ дифференцированный тариф (*по участкам полёта*)
directional ~ тариф в одном направлении
discount(ed) ~ льготный тариф, тариф со скидкой
drift ~ скорость сноса (*ветром*)
excess baggage ~ тариф за

RAT

багаж сверх нормы (*бесплатного провоза*)
rate
failure ~ степень надёжности
fatality ~ уровень аварийности (*полётов*)
flat ~ единый тариф
follow-up ~ скорость отработки (*по заданному сигналу или команде*)
freight ~ грузовой тариф
freight-all-kinds ~ общий тариф на перевозку разносортных грузов; тариф при массовом пакетировании
fuel consumption ~ уровень расхода [расход] топлива
fuel dumping ~ скорость аварийного слива топлива
fuel off-loading ~ скорость слива топлива
fuel tank filling ~ скорость заправки топливных баков
general cargo ~ основной грузовой тариф
gyro drift ~ скорость ухода гироскопа
heat flow ~ величина теплового потока
initial ~ **of climb** начальная скороподъёмность
innovative ~ вновь введённый тариф
mail ~ тариф на перевозку почты
mass flow ~ коэффициент расхода (*напр. топлива*)
one-way ~ односторонний тариф (*в одном направлении*)
open ~ открытый [неутверждённый] тариф
pitch-change ~ скорость изменения шага винта
precession ~ скорость прецессии (*гироскопа*)
quantity ~ количественный тариф (*напр. по числу мест*)
rainfall ~ интенсивность дождевых осадков
reaction ~ скорость реакции (*напр. пилота*)
reduced ~ сниженный тариф

rate
  regularity ~ уровень регулярности (воздушного движения)
  revenue ~ доходная ставка (авиакомпании)
  runway acceptance ~ пропускная способность ВПП (по количеству посадок)
  safety ~ уровень безопасности (полётов)
  sampling ~ частота регистрации (данных)
  sectorial ~ тариф на отдельном участке полёта
  sink ~ скорость снижения перед касанием (ВПП)
  slaving ~ скорость согласования (гироскопа)
  specific commodity ~ специальный грузовой тариф
  steady ~ of climb установившаяся скорость набора высоты
  sustained turn ~ (угловая) скорость установившегося разворота
  tariff ~ тарифная ставка
  temperature lapse ~ интенсивность падения температуры (по высоте полёта)
  through ~ сквозной тариф (на перевозку большой протяжённости)
  traffic flow ~ интенсивность воздушного движения
  unaccompanied baggage ~ тариф за перевозку несопровождаемого багажа
  unit load device ~ тариф за перевозку грузов в специальном приспособлении для комплектования
  wholesale charter ~ тариф на оптовую чартерную перевозку
rate-setting регулирование (грузовых) тарифов
rating 1. режим работы 2. мощность; производительность 3. квалификационная отметка 4. классификация 5. характеристика; параметр ◊ ~ for pilot квалификационная отметка пилота; **possessed required** ~ «обладает требуемой квалификацией» (отметка в лётном свидетельстве); to renew the ~ возобновлять действие квалификационной отметки
rating
  aerodrome control ~ квалификационная отметка о допуске (диспетчера) к управлению движением в зоне аэродрома
  aeronautical ~ категорирование лётного состава
  aircraft ~ 1. классификационная отметка воздушного судна 2. классификация воздушных судов
  aircraft category ~ классификация воздушных судов по типам
  antiknock ~ антидетонационная характеристика (двигателя)
  command ~ квалификационная отметка командира корабля
  composite noise ~ комплексный показатель уровня шума
  contingency ~ чрезвычайный режим работы (двигателя)
  current ~ действующая квалификационная отметка
  expiry-type ~ квалификационная отметка с ограниченным сроком действия
  high ~ 1. форсированный режим работы 2. высокая оценка (технического состояния)
  high-octane ~ высокооктановое число (топлива)
  idle power ~ режим малого газа
  nonexpiry-type ~ квалификационная отметка без ограничения срока действия
  pilot ~ квалификационная отметка пилота
  valid ~ действующая квалификационная отметка (напр. в лётном свидетельстве)

RAT

rating
   visual flying ~ квалификационная отметка о допуске к визуальным полётам
ratio:
   airfoil thickness ~ относительная толщина профиля
   aspect ~ относительное удлинение (*напр. крыла*)
   bearing ~ показатель плотности грунта (*на лётном поле*)
   bypass ~ степень двухконтурности (*двигателя*)
   carrier-to-noise ~ степень помех по отношению к несущей частоте (*авиационной радиосвязи*)
   compressor pressure ~ степень повышения давления компрессором
   control-to-surface gear ~ передаточное число системы управления рулём
   cost-benefit ~ степень рентабельности (*напр. авиалинии*)
   filling ~ степень наполнения (*напр. баков топливом*)
   fineness ~ аэродинамическое качество
   fuel/air mixture ~ качество рабочей смеси
   gear ~ степень редукции
   lift/drag ~ аэродинамическое качество
   mass flow ~ массовый расход (*воздуха*)
   mixture ~ качество рабочей смеси
   moderation ~ коэффициент замедления
   net profit ~ степень рентабельности (*напр. авиалинии*)
   nozzle exhaust pressure ~ степень перепада давления на срезе сопла
   operating ~ степень рентабельности (*напр. авиалинии*)
   pitch-diameter ~ соотношение шага и диаметра (*воздушного винта*)

REA

ratio
   pressure ~ 1. степень сжатия 2. перепад давления
   propeller solidity ~ коэффициент заполнения воздушного винта
   reduction ~ передаточное число (*редуктора*)
   signal-to-noise ~ коэффициент помех (*соотношение уровней сигнала и шума*)
   slip ~ коэффициент скольжения
   thrust/weight ~ тяговооружённость (*реактивного двигателя*)
   uplift ~ степень загрузки (*воздушного судна*)
   useful-to-takeoff load ~ весовая отдача по полезной нагрузке (*отношение полезной нагрузки к взлётной массе*)
   wing aspect ~ относительное удлинение крыла
   wing taper ~ относительное сужение крыла
rawin 1. радиолокационный метод определения параметров ветра 2. радиозонд для определения параметров ветра
ray:
   sound ~ звуковой луч
reactance (реактивное) сопротивление
   inductive ~ индуктивное реактивное сопротивление
reaction:
   aerodynamic ~ аэродинамическая реакция
   ground ~ (аэродинамическое) влияние земли (*на воздушное судно*)
   pilot slow ~ замедленная реакция пилота
read 1. считывать [снимать] показания (*прибора*) 2. прослушивать (*радиосигналы*) ◊ **to ~ back** повторять (*напр. указание диспетчера*)
readability 1. чёткость показаний (*прибора*) 2. слышимость (*радиосигналов*)
readback обратное считывание

REA

[обратное снятие] показаний (*прибора*)
reader считывающее устройство
   data ~ устройство для считывания информации
readiness ◊ ~ **for takeoff** готовность к взлёту
   aircraft ~ готовность воздушного судна (*к полётам*)
reading 1. считывание [снятие] показаний (*прибора*); отсчёт **2.** прослушивание (*радиосигналов*) **3.** pl показания (*прибора*) ◊ **to check the** ~**s** проверять показания; **to compare the** ~**s** сравнивать показания; **to crosscheck the** ~**s** сверять показания (*напр. с графиком*); **to lag in** ~**s** запаздывать при считывании показаний (*о пилоте*); **to note the instrument** ~**s** отмечать [засекать] показания приборов; **to observe the** ~**s** наблюдать за показаниями; **to record the** ~**s** регистрировать показания; **to take the** ~**s** считывать [снимать] показания; **to write down the** ~**s** фиксировать показания
   clockwise ~ прямой отсчёт (*по часовой стрелке*)
   coarse ~ грубый отсчёт
   counterclockwise ~ обратный отсчёт (*против часовой стрелки*)
   direct ~ непосредственный отсчёт
   flight instrument ~ считывание показаний приборов в полёте
   instrument ~**s** показания прибора
   intermittent ~**s** неустойчивые показания
   precise ~ точный отсчёт
   remote ~ дистанционное считывание показаний
   reversed ~ обратное считывание показаний
   uncorrected ~ считывание показаний без учёта поправок

REC

readout считывание показаний (*прибора*)
   course ~ считывание курса
realign повторно настраивать, перенастраивать (*напр. радиоаппаратуру*)
rear:
   fuselage ~ хвостовая часть фюзеляжа
recall отмена (*команды экипажу*) || отменять
receipt приём (*радиосигналов*) || принимать
received «принято» (*подтверждение радиоприёма*)
receiver 1. (радио)приёмник **2.** ресивер; приёмный резервуар
   angle ~ приёмник угловой информации (*в курсоглиссадных системах*)
   bleed air ~ ресивер отбора воздуха (*от компрессора*)
   directional ~ направленный приёмник
   direction-finding ~ (радио-)пеленгаторный приёмник
   glide-path [glide-slope] ~ глиссадный приёмник
   homing ~ приёмник системы (само)наведения
   localizer ~ курсовой приёмник, приёмник сигналов курсового радиомаяка
   marker ~ маркерный приёмник
   omnirange ~ приёмник сигналов всенаправленного радиомаяка
   radio ~ радиоприёмник
   radiotelegraph ~ радиотелеграфный приёмник
   satelliteborne ~ спутниковый приёмник
   twin-channel ~ двухканальный приёмник
receiving приём (*напр. радиосигналов*) ◊ ~ **only** работа только в режиме приёма
receptacle 1. (электрический) соединитель **2.** разъём
   external power ~ разъём аэродромного питания

REC

receptacle
  female ~ гнездовая часть соединителя
  interphone ~ разъём самолётного переговорного устройства
  male ~ штыревая часть соединителя
reception приём (*напр. радиосигналов*)
  ~ **of telephony** приём (радио)телефонных сообщений
  aural ~ приём (*сигналов*) на слух
  radio ~ радиоприём
recess:
  whell ~ ниша [углубление] для колеса (*на створке шасси*)
reckoning счисление пути, определение (место)положения счислением пути
  dead ~ счисление пути (*по скорости, направлению и времени полёта*)
  flight dead ~ счисление пути полёта
reclear давать повторное разрешение (*напр. на посадку воздушного судна*)
recognition 1. опознавание (*напр. воздушного судна*) **2.** определение, выявление (*напр. отказа системы*)
  early ~ **1.** раннее опознавание **2.** своевременное выявление
recommendation ◇ ~s **for standards, practices and procedures** рекомендации по стандартам, практике и правилам
  safety ~s рекомендации по обеспечению безопасности полётов
reconnaissance 1. зондирование (*напр. погоды*) **2.** разведка (*напр. трассы*)
record 1. запись; учёт; внесение поправок ‖ записывать; учитывать; вносить поправки **2.** лист учёта, ведомость; карта-наряд; формуляр **3.** носитель информации (*о ходе полёта*) **4.** регистрация ‖ регистрировать
record
  ~ **of amendments** лист учёта поправок
  ~ **of revisions** внесение поправок
  continuous flight ~ непрерывная запись хода полёта
  flight recorder ~ запись бортового регистратора
  inspection ~ карта осмотра (*воздушного судна*)
  maintenance ~ карта-наряд на техническое обслуживание
  packing ~ упаковочная ведомость
  propeller ~ формуляр воздушного винта
  rotor ~ формуляр несущего винта
  scheduled maintenance ~ карта-наряд на выполнение регламентного технического обслуживания
recorder 1. регистратор; самописец **2.** магнитофон ◇ **to obtain from** ~ получать (информацию о полёте) с помощью (бортового) регистратора
  aircraft ~ бортовой регистратор
  air-speed ~ регистратор воздушной скорости
  altitude ~ регистратор высоты
  analogue data ~ аналоговый (бортовой) регистратор полётных данных
  cockpit voice ~ **1.** речевой регистратор переговоров в кабине экипажа **2.** кабинный магнитофон
  course ~ курсограф
  crash ~ аварийный регистратор
  crash protected ~ ударостойкий (бортовой) регистратор
  data ~ регистратор данных
  digital flight ~ бортовой цифровой регистратор

recorder
   flight ~ бортовой регистратор
   flight data ~ регистратор параметров полёта; (бортовой) регистратор полётных данных
   flight test ~ регистратор лётных испытаний
   maintenance ~ регистратор технического состояния
   multichannel ~ многоканальный регистратор
   voice ~ речевой магнитофон
recording 1. запись; учёт; внесение поправок 2. регистрация
   cockpit voice ~ запись переговоров в кабине экипажа
   flight recorder ~ запись бортового регистратора
   inflight vibration ~ запись вибрации в полёте
   position ~ регистрация (место)положения (*воздушного судна*)
   prompt ~ немедленная регистрация (*напр. обстоятельств авиационного происшествия*)
recover ◊ to ~ to восстанавливать заданное положение (*воздушного судна*)
recovery ◊ ~ from the stall вывод (*воздушного судна*) из режима сваливания; ~ from the turn выход (*воздушного судна*) из разворота; on shock strut ~ при обратном ходе амортстойки
   aircraft ~ 1. обнаружение и удаление воздушного судна (*после аварии*) 2. восстановление воздушного судна (*после повреждения*)
   cost ~ возмещение затрат
   damage-free ~ безаварийный выход (*воздушного судна*) из опасной ситуации
   flight ~ восстановление заданного положения (*воздушного судна*) в полёте
   inlet pressure ~ восстановление давления во входном устройстве

recovery
   shock strut ~ обратный ход амортстойки
   spin ~ вывод из штопора
   stall ~ вывод из режима сваливания
recuperator 1. отсек отрицательных перегрузок (*в топливном баке*) 2. противоотливной стакан (*подкачивающего топливного насоса*)
reduction ◊ ~ on fare скидка с тарифа
   aircraft power ~ уменьшение мощности двигателей воздушного судна
   birds hazard ~ уменьшение опасности столкновения с птицами
   data ~ обработка данных
   noise ~ ослабление шума
   thrust ~ уменьшение тяги
redundancy резервирование, дублирование
   dual ~ двойное дублирование (*напр. гидросистемы*)
reexamination:
   medical ~ медицинское переосвидетельствование
reference:
   aerophotograph orienting ~ привязка аэрофотоснимка к местности
   angular ~ исходные угловые координаты
   basic flight ~ заданный режим полёта
   celestial ~ астрономический ориентир
   ground ~ 1. условия (видимости) у земли 2. наземный ориентир
   heading ~ начало отсчёта курса
   magnetic ~ начало отсчёта магнитного склонения
   position ~ точка отсчёта (место)положения (*воздушного судна*)
   timing ~ контрольные отметки времени
   track ~ линия заданного пути
   visual ~ визуальная ориен-

REF

тировка; визуальный контакт (*с наземными ориентирами*)
refill 1. дозаправка ‖ дозаправлять 2. перезарядка ‖ перезаряжать
refuel дозаправлять топливом ◊ **to ~ en-route** дозаправлять топливом на промежуточной посадке по маршруту; **to ~ in flight** дозаправлять топливом в полёте
refueler топливозаправщик
refuelling дозаправка топливом
  air [aerial, inflight] ~ дозаправка топливом в полёте
  single-point ~ централизованная [одноточечная] дозаправка топливом (*через бортовой штуцер*)
region:
  air navigation ~ район аэронавигации
  altimeter setting ~ зона установки высотомеров
  flight information ~ район полётной информации, РПИ
  overlapping ~s перекрывающиеся районы (*напр. при аэрофотосъёмке*)
  respective ~ соответствующий (*плану полётов*) район
  search and rescue ~ район поиска и спасания
  upper flight ~ район полётов верхнего воздушного пространства
  upper flight information ~ верхний район полётной информации
register:
  aeronautical ~ авиационный реестр
registration:
  aircraft ~ регистрация воздушного судна
regularity ◊ **to affect the ~** влиять на регулярность (*полётов*); **to impair ~** снижать регулярность (*полётов*)
  ~ of operations регулярность полётов
regulation ◊ **~s for preventing collisions over sea** руковод-

REH

ство по предупреждению столкновений (при полётах) над морем
regulation
  aeronautical information ~ регламентирование аэронавигационной информации
  Air laws ~s Воздушный кодекс
  civil air ~s руководство по полётам воздушных судов гражданской авиации
  customs ~s таможенные требования
  dangerous goods ~s правила перевозки опасных грузов
  flight ~ организация полётов
  national ~s национальные нормативы (*по условиям пролёта территории*)
  operation ~s правила эксплуатации
  safety ~s руководство по обеспечению безопасности (*полётов*)
  ticketing ~s правила оформления билетов
  traffic control ~s правила управления воздушным движением
regulator:
  cabin pressure ~ регулятор давления в кабине
  demand-type oxygen ~ кислородный прибор регулируемой подачи
  flow ~ регулятор расхода
  gravity ~ центробежный регулятор
  oxygen ~ кислородный прибор
  pressure ~ регулятор давления
  pressure differential ~ регулятор избыточного давления (*в системе кондиционирования*); регулятор постоянного перепада давления
  temperature ~ терморегулятор
rehabilitation ремонт; восстановление

REH

reheat 1. дожигание (*топлива*) **2.** форсаж (*двигателя*)
reignite 1. повторно воспламенять (*топливо*) **2.** повторно запускать (*двигатель*)
reignition 1. повторное воспламенение (*топлива*) **2.** повторный запуск (*двигателя*) **3.** обратный выхлоп (*в двигатель*)
reinforcement:
 tread ~ усиление протектора (*наложением корда*)
rejection 1. отказ (*механической системы*) **2.** отвод, передача (*энергии*)
 antenna ~ подавление антенны (*внешними помехами*)
 heat ~ отвод тепла; теплоотдача
 technical ~ технический отказ
relay 1. реле **2.** трансляция; передача (*радиосигналов*) ‖ транслировать; передавать (*радиосигналы*)
 ~ **of messages** передача сообщений
 antiskid interlock ~ реле блокировки автомата торможения
 blocking ~ блокировочное реле, реле блокировки
 bus tie ~ реле стыковки шин (*левого и правого бортов*)
 contactless ~ бесконтактное реле
 differential ~ дифференциальное реле
 external power ~ реле включения внешнего питания
 ignition cutout ~ реле выключения зажигания
 latch-in ~ стопорное реле
 latching ~ **1.** арретирующее реле **2.** реле с механической блокировкой; запирающее реле
 load monitor ~ реле выбора потребителей (*энергии*)
 overload ~ реле перегрузки
 power fail [power-lost] ~ реле сигнализации отказа (электро)питания

REL

relay
 pressure ~ реле давления
 speed warning ~ реле (сигнализации) максимальной скорости
 starter meshing ~ реле включения муфты стартёра
 thermal ~ термореле
release 1. отпускание (*напр. тормоза*) **2.** раскрытие (*напр. парашюта*) **3.** открытие замка (*напр. шасси*) **4.** документ о техническом обслуживании; карта-наряд **5.** выпускать (*в рейс*)
 ~ **of control** передача управления
 brake ~ отпускание тормоза, растормаживание
 drag parachute ~ сброс [отцепка] тормозного парашюта (*после приземления воздушного судна*)
 maintenance ~ **1.** карта-наряд на выполнение технического обслуживания **2.** разрешение на вылет после технического обслуживания
reliability надёжность ◊ **to ensure maximum** ~ обеспечивать максимальную надёжность; **to improve** ~ повышать надёжность
 aircraft ~ надёжность воздушного судна
 inflight ~ надёжность в полёте
 operational ~ эксплуатационная надёжность
relief 1. рельеф (*местности*) **2.** разгрузка; снятие напряжения **3.** стравливание (*давления*) **4.** смена (*экипажей*)
 ◊ ~ **from duties** освобождение от уплаты пошлины
 inflight ~ смена (*экипажей*) в полёте
 load ~ разгрузка (*напр. силового элемента*)
 pressure ~ стравливание давления
 wing bending ~ разгрузка крыла
relieve 1. разгружать; снимать

REL

напряжение 2. стравливать (*давление*)
relight(ing):
  engine ~ встречный запуск двигателя (*после самопроизвольного выключения в полёте*)
reloading перегрузка (*напр. воздушного судна*)
reminder 1. (сигнализатор-)указатель 2. табло напоминания (*о необходимости выполнения операции в полёте*)
  airport minima ~ указатель минимума аэродрома (*на шкале высотомера*)
  minimum altitude ~ (сигнализатор-)указатель минимальной высоты (*полёта*)
remote-reading дистанционный; дистанционного считывания (*о показаниях приборов*)
removal:
  ~ **of aircraft** удаление воздушного судна (*напр. с ВПП*)
  ~ **of limitations** отмена ограничений (*напр. на полёт*)
  aircraft ~ **from service** снятие воздушного судна с эксплуатации
  boundary-layer ~ сдувание пограничного слоя
  obstacle ~ устранение препятствий (*в районе аэродрома*)
renewal 1. замена (*устаревшего оборудования*) **2.** продление (*срока действия, напр. договора*) **3.** возобновление (*действия документа*)
repair ремонт; восстановление ‖ ремонтировать; восстанавливать ◊ **to perform** ~ выполнять ремонт; **to require** **major** ~ требовать капитального ремонта
  authorized ~ разрешённый [санкционированный] ремонт
  major ~ капитальный ремонт
  minor ~ мелкий ремонт
  temporary ~ текущий ремонт

REP

repairability ремонтная технологичность; ремонтопригодность
repairman специалист по ремонту
  aircraft ~ специалист по ремонту воздушных судов
repeater 1. повторитель (*сигналов*) **2.** трансляционный усилитель
  compass ~ компасный повторитель
repellent водоотталкивающий; водонепроницаемый (*о материале*)
replacement:
  ~ **of parts** замена деталей
  affected components ~ замена повреждённых элементов
replan изменять план (*полёта*)
replanning:
  flight ~ изменение плана полёта
report 1. отчёт; донесение **2.** сообщение; извещение ‖ сообщать; извещать **3.** сводка ◊ ~ **for takeoff** сводка для взлёта; **to compile the accident** ~ составлять отчёт об авиационном происшествии
  acceptance ~ приёмосдаточный акт
  accident ~ донесение об авиационном происшествии
  accident data ~ (статистический) отчёт об авиационных происшествиях
  aerodrome ~ сводка по аэродрому
  air(craft) ~ донесение с борта
  aircraft flight ~ полётный лист воздушного судна
  aircraft position ~ сообщение о (место)положении воздушного судна
  aircraft status ~ донесение о состоянии парка воздушных судов
  airway weather ~ сводка погоды для авиалинии
  arrival ~ сообщение о прилёте

REP

report
  aviation routine weather ~ регулярная авиационная сводка погоды
  current meteorological ~ текущая метеорологическая сводка (*для маршрута полёта*)
  damage cargo ~ акт о повреждении груза
  data ~ статистический отчёт
  favourable medical ~ положительное медицинское заключение
  final ~ окончательный отчёт (*напр. об авиационном происшествии*)
  flight ~ 1. донесение о ходе полёта 2. полётный лист
  incident data ~ информационный отчёт о предпосылке к (авиационному) происшествию
  initial notification ~ первоначальное извещение (*об авиационном происшествии*)
  inspection ~ акт осмотра
  irregularity ~ акт о нарушении условий (*перевозки*)
  local weather ~ местная сводка погоды
  meteorological ~ метеорологическая сводка, метеосводка
  near miss ~ донесение об опасном сближении (*воздушных судов*)
  pilot ~ донесение пилота (*о ходе полёта*)
  preliminary ~ предварительный отчёт
  progress ~ 1. сообщение о ходе выполнения полёта 2. информация о бронировании (*мест на рейс*)
  radar weather ~ сводка погоды по данным радиолокационного наблюдения
  reclamation ~ рекламационный акт
  routine ~ регулярная сводка
  spot ~ сообщение о точном

REQ   R

(место)положении (*воздушного судна*)
report
  test ~ отчёт об испытаниях; протокол испытаний
  traffic ~ отчёт о воздушных перевозках
  turnaround ~ доклад (*экипажа*) о развороте на обратный курс
  voyage ~ донесение о полёте
  weather ~ сводка погоды
reporting:
  accidents ~ представление донесений об авиационных происшествиях
  accident / incident data ~ представление донесений об авиационных происшествиях и предпосылках к ним
  position ~ донесение о местоположении (*воздушного судна*)
representative:
  ~ **of a carrier** представитель перевозчика
  accredited ~ уполномоченный представитель (*авиакомпании*)
request ◊ **available on** ~ предоставляется по запросу; **on** ~ по запросу; **to make a** ~ делать запрос
  flight ~ заявка на полёт
  landing (clearance) ~ запрос (разрешения) на посадку
  multiple ~ многоразовый запрос
  specific ~ специальный запрос
  takeoff (clearance) ~ запрос (разрешения) на взлёт
  taxi (clearance) ~ запрос (разрешения) на руление
requirements:
  airworthiness ~ нормы лётной годности
  departure ~ условия вылета
  level flight noise ~ нормы шума при полётах на (заданном) эшелоне
  meteorological ~ требования по метеоусловиям

REQ

requirements
  noise reduction ~ требования по снижению шума
  obstacle limitation ~ требования по ограничению высоты препятствий
  operational ~ эксплуатационные требования
  operating performance ~ требования к эксплуатационным характеристикам (*воздушного судна*)
  packing ~ требования к упаковке
  passport and visa ~ паспортно-визовой режим
  pilot medical ~ медицинские требования к пилоту
  regulatory ~ нормативные требования
  separation ~ требования к соблюдению безопасных расстояний (*в полёте*)
rerouting:
  involuntary ~ вынужденное изменение маршрута
  voluntary ~ изменение маршрута по желанию пассажира
rescue спасательные работы, спасание ‖ спасать
  emergency ~ спасание при аварии
reservation 1. бронирование (*места*); резервирование (*перевозки*) **2.** бронь ◊ **to cancel** ~ отменять [аннулировать] бронь; **to forfeit the** ~ лишать брони; **to make the** ~ забронировать место
  ~ **of a seat** бронирование места
  airspace ~ резервирование воздушного пространства
  automatic seat ~ автоматическое бронирование мест
  return ~ бронирование на обратный рейс; бронирование в оба конца
reserve ◊ **to continue operating on the fuel** ~ продолжать полёт на аэронавигационном запасе топлива
  critical fuel ~ критический запас топлива

RES

reserve
  en-route fuel ~ аэронавигационный запас топлива, АНЗ
  feathering oil ~ запас масла для флюгирования (*воздушного винта*)
  one-hour fuel ~ часовой запас топлива
  operating ~ эксплуатационный резерв
  thrust ~ запас тяги
  undrainable fuel ~ несливаемый запас топлива
  unusable fuel ~ невырабатываемый запас топлива
reservoir 1. отсек (*напр. крыла*) **2.** резервуар
  fuel ~ расходный отсек топливного бака
resistance:
  corrosion ~ коррозионная устойчивость
  rolling ~ сопротивление движению воздушного судна
  specific ~ удельное сопротивление
  variable ~ переменное сопротивление
  water ~ водонепроницаемость
resolution:
  conflict ~ устранение конфликтной ситуации (*напр. в полёте*)
  identity ~ разрешающая способность при опознавании (*воздушных судов*)
  radar ~ разрешающая способность радиолокатора
  range ~ разрешающая способность (*радиолокатора*) по дальности
resonance резонанс
  rotorcraft ground ~ земной резонанс вертолёта (*самовозбуждающиеся колебания при полёте у земли*)
responder (маяк-)ответчик
  aircraft ~ самолётный ответчик
response 1. реакция **2.** характеристика **3.** чувствительность (*прибора*) **4.** ответный сигнал **5.** *pl* показания (*прибора*)

RES

◊ ~ **to deflection** реакция на отклонение (*напр. руля высоты*); **to simulate the instruments** ~s имитировать показания приборов
response
  autopilot ~ чувствительность автопилота
  controls ~ чувствительность органов управления
  falling ~ падающая характеристика
  flat ~ пологая характеристика
  frequency ~ частотная характеристика
  instruments ~s показания приборов
  radar ~ радиолокационный ответ (*воздушного судна*)
  roll ~ реакция по крену
responsibility 1. обязанность; обязательства 2. ответственность ◊ **to assume** ~ принимать на себя ответственность (*напр. за безопасность полётов*)
  operator's ~ ответственность эксплуатанта
  shipper's ~ ответственность грузоотправителя
rest ◊ **to come to** ~ останавливаться, прекращать движение (*после посадки*); **to move off from the** ~ страгивать (*воздушное судно*) с места
restart(ing) повторный запуск (*двигателя*)
  flight ~ повторный запуск в полёте
  windmilling ~ повторный запуск на режиме авторотации
restore 1. восстанавливать(ся) 2. возмещать (*напр. убытки*) ◊ **inadvisable to** ~ нецелесообразно для восстановления (*о состоянии воздушного судна после аварии*)
restraint 1. ограничение (*напр. воздушного пространства*) 2. ограничитель
  lateral ~ боковое ограничение (*эшелона полёта*)

RET

restriction 1. ограничение (*напр. воздушного пространства*) 2. дросселирование (*потока*) 3. *pl* помехи (*видимости*) ◊ **to impose** ~s налагать [вводить] ограничения; **to lift** ~s снимать ограничения
  airspace ~ ограничение воздушного пространства
  atmospheric ~s **to vision** атмосферные помехи видимости
  flow ~ 1. ограничение потока воздушного движения 2. дросселирование потока
  loading ~s ограничения по загрузке
  obstacle ~ ограничение высоты препятствий
restrictor ограничитель ◊ **to test flow** ~ проливать дроссельный пакет
  acceleration control line flow ~ дроссельный пакет линии управления приёмистостью (*двигателя*)
  flow ~ дроссельный пакет (*для ограничения расхода топлива*)
resume возобновлять (*напр. полёты*)
resumption:
  flight ~ возобновление полётов
resurfacing нанесение нового покрытия (*на ВПП*)
retainer 1. стопор 2. ограничивающее кольцо 3. уплотнение
  blade ~ стопор лопатки
  engine ~ проставка (*реактивного*) двигателя (*кольцо стыковки корпуса двигателя и воздухозаборника*)
  grease ~ 1. сальник (*втулки колеса*) 2. обтюратор
  piston pin ~ замок поршневого пальца
retardation 1. торможение (*напр. потока*) 2. гашение (*напр. скорости*) 3. запаздывание (*напр. зажигания*)
retarding:
  throttle ~ снижение режи-

RET

ма работы (*двигателя*), «уборка газа»
retesting повторное испытание
reticketing переоформление билетов
retirement снятие, изъятие; списание ◊ ~ **from service** снятие [изъятие] из эксплуатации
 ~ **of aircraft** списание воздушного судна
retract 1. убирать (*напр. шасси*) 2. втягивать (*напр. шток*) 3. отводить (*напр. гидросмесь*) 4. отменять (*напр. указание*)
retraction 1. уборка (*напр. шасси*) 2. втягивание (*напр. штока*) 3. отвод (*напр. гидросмеси*) 4. отмена (*напр. указания*)
 flaps ~ уборка закрылков
 inadvertent gear ~ непроизвольная уборка шасси
 partial flaps ~ частичная уборка закрылков
 premature gear ~ преждевременная уборка шасси
 thrust brake ~ выключение реверса тяги
retraining:
 pilot ~ переподготовка пилота
retread наваривать [восстанавливать] шину (*колеса*)
retrim перебалансировка ‖ перебалансировать
retrofit модернизация; доработка
 aircraft ~ доработка воздушного судна
return 1. обратный полёт, полёт в обратном направлении 2. восстановление (*напр. скорости полёта*) ‖ восстанавливать 3. доход, прибыль; оборот (*авиакомпании*) 4. отражение (*радиосигналов*) 5. возвращаться в пункт вылета
 clutter ~ отражение (*радиосигналов*)
 free speed ~ самопроизволь-

REV

ное восстановление скорости (*полёта*)
return
 net ~ чистый доход
revenue доход, прибыль; оборот (*авиакомпании*) ◊ ~ **per traffic unit** доход [прибыль] на единицу воздушной перевозки
 contract ~ доход по контракту
 express ~ доход от перевозки срочных грузов
 freight ~ доход от перевозки грузов
 operating ~ доход от эксплуатации
 passenger ~ доход от перевозки пассажиров
reversal 1. реверсирование, реверс, создание отрицательной [обратной] тяги 2. обратный ход (*поршня*) 3. перекладка, перестановка, отклонение (*рулей*)
 control surface ~ перекладка [перестановка, отклонение] поверхности управления
 core jet ~ реверс основной тяги
 stroke ~ обратный ход (*поршня*)
 thrust ~ реверс тяги
reverse 1. механизм реверса, реверс ‖ реверсировать, создавать отрицательную [обратную] тягу 2. брать обратный курс
reverser механизм реверса, реверс ◊ **to deploy a thrust** ~ включать реверс тяги, перекладывать реверс на обратную тягу; **to stow a thrust** ~ выключать реверс тяги, перекладывать на прямую тягу
 cascade ~ решётчатый механизм реверса
 fan jet ~ механизм реверса воздушного потока вентилятора
 propeller ~ механизм реверса воздушного винта
 semicylindrical target-type ~ механизм реверса с полуци-

REV

линдрическими струеотражательными заслонками
reverser
  slot ~ щелевой механизм реверса
  target-type thrust ~ механизм реверса тяги со струеотражательными заслонками
  V-gutter ~ механизм реверса с V-образными заслонками
reversing реверсирование, реверс, создание отрицательной [обратной] тяги
  forced ~ автоматическое реверсирование
  pitch ~ реверсирование шага (*воздушного винта*), разворот лопасти на создание отрицательной тяги
  thrust ~ реверсирование [реверс] тяги
reversion восстановление (*напр. траектории полёта*)
review:
  flight ~ лётная проверка (*напр. пилота*)
  periodic ~ периодическая проверка (*напр. оборудования*)
revmeter тахометр
revolution 1. оборот (*вокруг оси*) 2. круговое вращение (*напр. воздушного судна*) ◊ ~**s per minute** число оборотов в минуту
rewheeling перестановка местами колёс (*для обеспечения равномерного износа покрышки*)
rib 1. нервюра 2. ребро (*жёсткости*)
  box ~ коробчатая нервюра
  box bulkhead ~ кессонная нервюра
  compression ~ нервюра, воспринимающая нагрузку на сжатие
  deflector ~ нервюра дефлектора
  end ~ концевая нервюра
  false ~ промежуточная нервюра
  inboard ~ бортовая нервюра

RIN

  intermediate ~ промежуточная нервюра
  nose ~ носовая нервюра
  rear ~ хвостовая нервюра
  reinforced ~ усиленная нервюра
  root ~ корневая нервюра
  stiffening ~ усиливающая нервюра
  supporting ~ силовая нервюра
  tip ~ концевая нервюра
  truss ~ ферменная нервюра
  wing ~ крыльевая нервюра
riding 1. наведение 2. захват (*напр. луча*)
  beam ~ 1. наведение по лучу 2. захват луча
  radar beam ~ наведение по лучу радиолокационной станции
rig стенд
  calibration test ~ тарировочный стенд
  hydraulic test ~ гидростенд
  pneumatic test ~ стенд для проверки пневмосистемы
rigger специалист по сборке (*напр. воздушных судов*)
right-of-entry преимущественное право входа (*напр. в зону*)
right-of-way преимущественное право движения (*по аэродрому*)
rights:
  traffic ~ коммерческие права авиакомпании
rim 1. обечайка; обод 2. бандаж 3. стопорное кольцо 4. скоба 5. колесо, «баранка» (*штурвала управления*)
  control wheel ~ колесо [«баранка»] штурвала управления
  frame ~ полка [обод] шпангоута
  turbine disk ~ венец диска турбины (*двигателя*)
  wheel ~ обод колеса
ring:
  air labyrinth seal ~ кольцо [втулка] воздушного лабиринтного уплотнения

RIN

ring
  airscrew antidrag ~ кольцевой обтекатель воздушного винта
  azimuth ~ азимутальный круг
  bearing oil jet ~ форсуночное кольцо смазки опоры
  blade ~ лопаточный венец (*двигателя*)
  blades retaining ~ стопорное кольцо лопаток (*двигателя*)
  bow ~ передний шпангоут
  burner ~ кольцо форсунок (*реактивного двигателя*)
  cargo tie-down ~ крепёжное кольцо груза (*в кабине*)
  compression ~ компрессионное [газоуплотнительное] кольцо (*поршня*)
  engine backup ~ опорное кольцо вала двигателя
  gland ~ сальник; кольцо сальника
  locking ~ контровочное кольцо
  mating ~ проставка (кольцо стыковки корпуса двигателя и реактивного сопла)
  oil control ~ маслосборное кольцо
  oil scraper ~ маслосбрасывающее кольцо
  piston ~ поршневое кольцо
  propeller slip ~ контактное кольцо воздушного винта (*для подачи электропитания на обогрев лопастей*)
  retaining ~ стопорное кольцо
  rotorcraft rotating ~ кольцо автомата перекоса вертолёта
  sealing ~ уплотнительное кольцо
  shroud ~ бандаж (*рабочего колеса турбины*)
  slip ~ контактное кольцо (*для снятия электропитания*); токосъёмник
  spacer ~ 1. разделительное кольцо (*между дисками компрессора*) 2. проставка (кольцо стыковки корпуса двигателя и воздухозаборника)

ROD

ring
  split ~ разрезное кольцо
  splitter ~ разделительное кольцо (*воздушного тракта двигателя*)
  vane ~ направляющий аппарат (*ротора*)
  wheel spacer ~ распорная втулка колеса (*шасси*)
rip разрез; разрыв (*напр. покрышки колеса*)
ripple пульсация (*напр. давления*) ‖ пульсировать
rise 1. подъём; возвышение ‖ подниматься; возвышаться 2. стрела (*прогиба*); провес (*троса*) 3. рост (*напр. давления*); нарастание (*напр. скорости*) 4. заброс (*напр. оборотов двигателя*)
  reflected pressure ~ рост давления при отражении (*звука*)
  sudden speed ~ резкое увеличение (числа) оборотов
risk:
  collision ~ риск столкновения
  nose-over ~ опасность капотирования
road:
  aerodrome approach ~ подъездная дорога к аэродрому
  aerodrome service ~ служебная дорога на аэродроме
  emergency access ~ аварийная подъездная дорога
rocking 1. колебание 2. качание 3. тряска (*напр. двигателя*) ◊ ~ wings покачивание крыльями (*сигнал в полёте*)
rod 1. тяга 2. шток 3. шатун
  actuating ~ исполнительный шток (*гидропривода*)
  articulated connecting ~ прицепной шатун
  brake compensating ~ тормозная (компенсирующая) тяга (*тележки шасси*)
  brake tension ~ тяга передачи тормозных усилий
  collective pitch control ~ тяга управления общим шагом (*несущего винта*)
  connecting ~ шатун

ROD ROP R

rod
   control ~ 1. тяга (путевого) управления 2. ручка управления
   cyclic pitch control ~ тяга управления циклическим шагом (*несущего винта*)
   down-lock actuating ~ тяга управления замком выпущенного положения (*шасси*)
   drive ~ тяга передачи усилий
   flap interconnection ~ тяга синхронизации закрылков
   fore-aft control ~ тяга продольного управления
   hinge ~ шомпол
   input ~ входной (командный) шток (*гидроусилителя*)
   lateral control ~ тяга поперечного управления
   lightning ~ громоотвод
   linkage ~ тяга управления
   longitudinal control ~ тяга продольного управления
   master connecting ~ главный шатун
   operating ~ исполнительный шток (*гидропривода*)
   orifice ~ дроссельная игла (*амортизатора шасси*)
   piston ~ шток поршня
   push ~ тяга-толкатель
   push-pull ~ тяга осевой передачи усилий
   radius ~ полуось (*шасси вертолёта*)
   sighting ~ нивелировочная линейка
   spring tab control ~ тяга управления пружинным сервокомпенсатором
   valve push ~ тяга-толкатель клапанов
   wear adjuster ~ штырь-указатель регулятора зазоров (*тормозных дисков колеса*)
   wear indicator ~ штырь-сигнализатор износа (*тормозных дисков колеса*)
roger «Вас понял»; «всё в порядке» (*ответ по связи*)
roll 1. крен ‖ кренить(ся) 2. разбег; пробег ‖ разбегаться; пробегать 3. вращение ‖ вращаться 4. бочка (*авиационная фигура*) ◊ ~ into turn вход в разворот
roll
   aileron ~ крен с помощью элеронов
   aircraft ~ крен воздушного судна (*в полёте*)
   landing ~ послепосадочный пробег
   takeoff ~ разбег при взлёте
roller:
   up-lock ~ ролик серьги подвески (*стойки шасси*)
rolling 1. крен 2. разбег; пробег 3. вращение
rolling-off 1. кренение (*воздушного судна*) 2. выкатывание (*за пределы ВПП*)
roll-on послепосадочный пробег
roll-out 1. посадочная дистанция (*от момента касания ВПП до полной остановки*) 2. разворот; отворот 3. демонстрация новой модели (*воздушного судна*)
roll-over 1. неуправляемый крен (*в полёте*) 2. резкое опрокидывание (*вертолёта*)
room:
   aerodrome alert ~ помещение на аэродроме для размещения дежурных экипажей
   airport customs ~ зал таможенного досмотра в аэропорту
   airscrew briefing ~ помещение для предполётного инструктажа экипажей
   baggage ~ контора невостребованного багажа
   coat ~ гардероб
   holding ~ зал ожидания вылета
   toilet ~ туалет
root 1. корневая часть 2. хвостовик
   blade ~ 1. хвостовик лопатки 2. комель лопасти (*винта*)
   wing ~ корневая часть крыла
rope канат; трос
   escape ~ канат аварийного

ROP

покидания (*воздушного судна*)
rope
   life ~ спасательный канат
   passenger ~ спасательный бортовой канат для пассажиров
   safety ~ спасательный канат; предохранительный трос
rose:
   aerodrome wind ~ роза ветров аэродрома
   compass ~ 1. девиационный круг компаса 2. лимб картушки компаса
rotaplane автожир
rotate 1. вращать(ся) 2. создавать завихрение (*воздушного потока*) 3. отрывать (*переднее колесо при взлёте*) ◊ **to be stiff to** ~ вращаться с заеданием, вращаться туго (*напр. о роторе*)
rotation 1. вращение 2. завихрение; вихрь 3. отрыв (*переднего колеса при взлёте*) 4. чередование, повторение (*напр. информации*)
   airscrew reverse ~ обратное вращение воздушного винта
   bogie ~ запрокидывание тележки шасси (*при уборке*)
rotor 1. несущий винт (*вертолёта*) 2. ротор (*двигателя*) ◊ **to accelerate the** ~ раскручивать [разгонять] ротор; **to spin the gyro** ~ раскручивать [разгонять] ротор гироскопа
   antitorque ~ рулевой винт, хвостовой винт
   articulated ~ несущий винт с шарнирно закреплёнными лопастями
   cantilever-mounted ~ ротор консольного типа
   coaxial ~s соосные винты
   compressor ~ ротор компрессора
   drum ~ ротор барабанного типа
   dual main ~s сдвоенные [спаренные] несущие винты

ROU

rotor
   fan ~ вентиляторный ротор
   front main ~ передний несущий винт
   gyro ~ ротор гироскопа
   helicopter ~ несущий винт вертолёта
   high pressure ~ ротор высокого давления
   idling ~ несущий винт, работающий на холостом ходу (*без создания подъёмной силы*)
   jet-driven ~ реактивный несущий винт
   lower coaxial ~ нижний соосный винт
   low pressure ~ ротор низкого давления
   main ~ несущий винт, НВ
   power-driven ~ несущий винт с приводом от двигателя
   rear main ~ задний несущий винт (*вертолёта продольной схемы*)
   tail ~ рулевой винт
   two-spool ~ двухкаскадный ротор
   upper ~ верхний несущий винт
   upper coaxial ~ верхний соосный винт
rotorcraft 1. вертолёт 2. летательный аппарат с несущим винтом, винтокрыл
roughness погрешность (*показаний прибора*)
   course ~ курсовая погрешность
round круг (*полёта*) || летать по кругу ◊ **to go** ~ **again** уходить на второй круг (*при заходе на посадку*)
round-trip полёт по замкнутому маршруту, полёт «туда — обратно»
route 1. маршрут; трасса; путь 2. курс; направление || направлять ◊ **on** ~ на маршруте; **the** ~ **to be flown** намеченный маршрут полёта; **the** ~ **to be followed** установленный маршрут полёта; **to cover the** ~ пролетать по

полному маршруту; **to select the flight** ~ выбирать маршрут полёта

route
  advisory ~ маршрут консультативного обслуживания (*экипажей*), консультативный маршрут
  air ~ воздушная трасса
  air ferry ~ маршрут перегонки воздушных судов (*на другое место базирования*)
  air traffic service ~ маршрут, обслуживаемый службой воздушного движения
  alternate air ~ запасной [резервный] маршрут полёта
  approved ~ утверждённый маршрут
  area navigation ~ маршрут зональной навигации
  arrival ~ маршрут прибытия
  ATC ~ маршрут управления воздушным движением, маршрут УВД
  circuitous ~ обходной маршрут
  controlled ~ контролируемый (диспетчерской службой) маршрут
  departure ~ маршрут вылета
  designated ~ заданный маршрут
  direct ~ прямой маршрут
  diversionary ~ обходной маршрут
  escape ~ маршрут эвакуации (*из воздушного судна*)
  feeder ~ маршрут перехода с эшелона на участок захода на посадку
  feederline ~ маршрут местной авиалинии
  flight ~ маршрут полёта
  flow ~ направление потока (*пассажиров*)
  high-density ~ маршрут высокой интенсивности (*воздушного движения*)
  inbound ~ маршрут прибытия
  international air ~ международная авиационная трасса; международная авиалиния

route
  international transit ~ международный транзитный маршрут
  long-stage ~ маршрут большой протяжённости
  low air ~ маршрут нижнего воздушного пространства
  minimum noise ~ маршрут с минимальным уровнем шума (*от воздушных судов*)
  multisector ~ составной маршрут; многосекторный маршрут
  noise preferential ~ предпочтительный по уровню шума маршрут
  off-airway ~ маршрут вне воздушной трассы
  open-jaw ~ незамкнутый круговой маршрут
  predetermined ~ установленный маршрут
  radar arrival ~ маршрут прилёта с радиолокационным обеспечением
  radar departure ~ маршрут вылета с радиолокационным обеспечением
  regional ~ региональный маршрут
  reserved ~ запасной [резервный] маршрут
  short-haul ~ маршрут малой протяжённости
  short-stage ~ местная (авиа-)линия
  single direction ~ односторонний маршрут
  specified ~ установленный маршрут
  standard arrival ~ стандартный маршрут прибытия
  terminal ~ конечный маршрут
  transonic deceleration ~ маршрут околозвукового торможения (*для сверхзвуковых самолётов*)
  trunk ~ магистральная воздушная трасса

ROU

route
  uncontrolled ~ неконтролируемый (диспетчерской службой) маршрут
  upper air ~ маршрут верхнего воздушного пространства
routine:
  inspection ~ порядок осмотра (*напр. воздушного судна*)
routing 1. выбор [прокладка] маршрута 2. полёт по заданному маршруту
  aircraft self ~ прокладка маршрута с помощью бортовых средств навигации
  air traffic control ~ прокладка маршрута полёта согласно указанию службы управления движением
  flight ~ прокладка маршрута полёта
  inbound ~ прокладка маршрута прибытия
  indirect ~ выбор непрямого маршрута (*при построении тарифов*)
  off-airway ~ прокладка маршрута вне установленной авиатрассы
  terminal ~ прокладка маршрутов в районе аэродрома
  transit ~ прокладка транзитных маршрутов
row:
  blade ~ лопаточный венец (*ряд лопаток, расположенных по окружности ротора компрессора или турбины*)
  side ~ линейные боковые огни приближения
rudder руль направления ◊ **to give** ~ отклонять руль направления
  yaw ~ руль направления
rule ◊ **to depart from the** ~**s** отступать от установленных правил (*полётов*); **to enforce** ~**s of the air** обеспечивать соблюдение правил полётов
  ~**s of the air** правила полётов

RUN

rule
  aerodrome ~**s** руководство по производству полётов в зоне аэродрома
  air safety ~**s** инструкция по обеспечению безопасности полётов
  circuit ~**s** правила полёта по кругу
  contact flight ~**s** правила визуального полёта
  fare construction ~**s** правила построения тарифов
  flight ~**s** правила полётов
  general operating ~**s** общие эксплуатационные правила
  instrument flight ~**s** правила полётов по приборам, ППП
  navigation slide ~ навигационная линейка
  pilot retirement ~ возрастной предел для пилота
  right-of-way ~ порядок первоочередного пролёта (*по заданному маршруту*)
  visual flight ~**s** правила визуального полёта, ПВП
rule-making выработка рекомендаций; нормирование (*напр. шумов*)
run 1. разбег; пробег ‖ разбегаться; пробегать 2. участок разбега 3. маршрут; отрезок трассы 4. налёт, наработка (*в часах*) 5. запуск (*двигателя*) ‖ запускать 6. опробование, гонка (*двигателя*) ‖ опробовать 7. режим работы ◊ ~ **from landing** послепосадочный пробег; **no** ~ без разбега (*перед взлётом*); **to** ~ **across** пересекать (*напр. ВПП*); **to** ~ **away** 1. идти вразнос (*о двигателе*) 2. выходить из-под контроля (*об управляемости воздушного судна*); **to** ~ **down** вращаться по инерции (*о роторе двигателя*); **to** ~ **fluid through the system** прогонять [прокачивать] (гидро)систему; **to** ~ **idle** работать на режиме холостого хода; **to** ~ **in** обкатывать, прирабатывать

RUN

(*двигатель*); to ~ off выкатываться (*за пределы ВПП*); to ~ on пробегать после посадки; to ~ out 1. выпускать (*механизацию крыла*) 2. терять (*высоту*); to ~ unloaded работать без нагрузки на сеть (*о генераторе*); to ~ up увеличивать число оборотов

run
 alighting ~ 1. пробег при посадке 2. глиссирование при посадке на воду
 flight ~ режим полёта
 ground ~ движение по земле (*пробег или разбег воздушного судна*)
 idle ~ холостой ход
 landing ~ пробег при посадке
 landing water ~ пробег при посадке на воду (*гидросамолёта*)
 preflight engine ~ предполётное опробование двигателя
 starting ~ первоначальный этап разбега
 takeoff ~ 1. разбег при взлёте 2. дистанция разбега для взлёта
 takeoff ~ available располагаемая дистанция разбега для взлёта
 taxi ~ 1. пробег при рулении 2. дистанция пробега при рулении
 tie-down ~ опробование (*несущей системы вертолёта*) на привязи
 trial ~ пробный запуск
runaway 1. самопроизвольное отклонение (*напр. рулей*) 2. выход из-под контроля (*управления*)
 autopilot ~ заброс руля автопилотом
 stabilizer ~ (самопроизвольный) уход стабилизатора (*с заданного угла установки*)
rundown вращение по инерции; выбег (*двигателя*)
 engine ~ выбег двигателя

RUN

running:
 bench ~ стендовые испытания, обкатка на стенде
 engine ~ работа двигателя
 free ~ 1. свободное вращение 2. холостой ход
 idle ~ работа на режиме холостого хода
 initial ~ предварительная раскрутка (*ротора*)
 light ~ работа (*двигателя*) на малом газе
 rough ~ неустойчивый пробег (*воздушного судна после посадки*)
runningaway разнос (*двигателя*)
running-in обкатка, приработка (*двигателя*)
runoff выкатывание (*за пределы ВПП*)
runon послепосадочный пробег
runout 1. диффузор 2. сбег (*напр. резьбы*) 3. износ, изнашивание; выработка 4. вращение по инерции; выбег (*двигателя*)
 fuel ~ полная выработка топлива
runup 1. опробование, гонка (*двигателя*) 2. пуск (*механизма*)
 ground ~ гонка двигателя на земле
 preliminary ~ предварительная гонка двигателя (*для прогрева*)
runway взлётно-посадочная полоса, ВПП ◊ the ~ is clear ВПП свободна; the ~ is not clear ВПП занята; to clear the ~ освобождать ВПП; to delimit the ~ обозначать границы ВПП; to delineate the ~ очерчивать границы ВПП; to foam a ~ покрывать ВПП пеной (*для тушения пожара*); to have the ~ in sight чётко видеть ВПП; to leave the ~ освобождать ВПП; сходить с ВПП; to overrun the ~ выкатываться за пределы ВПП (*вследствие неправильного захода на посадку*); to run off the ~ вы-

катываться за пределы ВПП (*вследствие недостаточного сцепления колёс с поверхностью при торможении*); **to turn off the** ~ сходить с ВПП (*при пробеге после касания*); **to undershoot the** ~ недолетать до ВПП (*при заходе на посадку*)

runway
active ~ действующая [рабочая] ВПП
all-service ~ ВПП для эксплуатации любых типов воздушных судов
closed ~ закрытая для эксплуатации ВПП
concrete ~ бетонная ВПП
contaminated ~ загрязнённая ВПП
cross-sloped ~ ВПП с поперечным уклоном
damp ~ влажная ВПП
downhill ~ покатая ВПП
dry ~ сухая ВПП
duty ~ действующая ВПП
flooded ~ залитая водой ВПП
hard-surface ~ ВПП с твёрдым покрытием
humped ~ выпуклая ВПП
ice-bound ~ обледеневшая ВПП
idle ~ закрытая для полётов [неэксплуатируемая] ВПП
instrument ~ ВПП, оборудованная для посадки по приборам
landing ~ ВПП, открытая только для посадок
main ~ основная [главная] ВПП
maintained ~ подготовленная для полётов ВПП
noise preferential ~ предпочтительная по уровню шума ВПП
noninstrument ~ ВПП, не оборудованная для посадки по приборам
nonprecision approach ~ ВПП, не оборудованная для точного захода на посадку
operational ~ открытая для полётов [эксплуатируемая] ВПП
runway
paved ~ ВПП с искусственным покрытием
precipitation-covered ~ влажная ВПП (*после выпадения атмосферных осадков*)
precision approach ~ ВПП, оборудованная для точного захода на посадку
primary ~ основная [главная] ВПП
regular ~ основная действующая ВПП
rigid pavement ~ ВПП с жёстким покрытием (*напр. бетонными плитами*)
secondary ~ вспомогательная [запасная] ВПП
selected wrong ~ ошибочно выбранная (*пилотом*) ВПП
slippery ~ ВПП с низким коэффициентом сцепления
smooth ~ ВПП с гладкой поверхностью
snow-covered ~ покрытая снегом ВПП
sodded ~ ВПП с дерновым покрытием
soft-surface ~ ВПП с мягким покрытием (*напр. дёрном*)
takeoff ~ ВПП, открытая только для взлётов
turf ~ ВПП с травяным покрытием
unpaved ~ грунтовая ВПП
water-covered ~ залитая водой ВПП
wet ~ влажная ВПП
wrong ~ ВПП, не соответствующая заданию на полёт
runway-in-use действующая [рабочая] ВПП
rupture разрыв; разрушение (*напр. обшивки*) ‖ разрывать; разрушать

S

safety безопасность (*напр. полётов*) ◊ **for reasons of** ~ в целях безопасности; **in interests**

SAF

of ~ в интересах безопасности; to affect the ~ влиять на безопасность; to contribute towards the ~ способствовать повышению безопасности; to detract from the ~ снижать безопасность; to effect on operating ~ влиять на безопасность полётов; to endange the ~ угрожать безопасности; to impair the ~ снижать безопасность; to improve ~ повышать безопасность; to jeopardize flight ~ угрожать безопасности полётов; to judge the ~ оценивать степень опасности; to promote ~ повышать безопасность

safety
 air ~ безопасность воздушного движения
 flight [operating] ~ безопасность полётов

sail 1. парить в воздухе (*о планёре*) 2. летать (*о воздушном судне*)

sailplane 1. планёр 2. летать на планёре, парить в воздухе

sales:
 insurance ~ оформление страхования
 ticket ~ продажа билетов
 ticket lamp ~ оптовая продажа билетов

salvage 1. спасательные работы 2. эвакуация с места аварии
 aircraft ~ эвакуация воздушного судна с места аварии

sampling проверка (*напр. багажа*)
 bulk ~ выборочная проверка

sandstorm песчаная буря
 heavy ~ сильная песчаная буря

satellite спутник
 communication ~ спутник связи
 meteorological ~ метеорологический спутник

saving 1. спасание || спасатель-

SCA

ный 2. экономия (*напр. топлива*)

scale шкала
 absolute temperature ~ шкала абсолютной температуры
 bank ~ шкала (углов) крена
 blade pitch ~ шкала угла установки лопасти
 center-zero ~ двусторонняя шкала (*прибора*)
 conversion ~ таблица перевода (*единиц измерения*)
 course deviation ~ шкала (углов) отклонения от курса
 distance ~ шкала дальности
 drift ~ шкала (углов) сноса
 glide slope ~ шкала (положения) глиссады
 glide slope deviation ~ шкала отклонения от глиссады
 hour-angle ~ шкала часовых углов (*астрокомпаса*)
 latitude ~ шкала широт
 localizer deviation ~ шкала отклонения от курса по радиомаяку
 mean ~ of the chart средний масштаб карты
 noise ~ шкала шума
 pitch ~ шкала (углов) тангажа
 pitch trim ~ шкала корректировки по тангажу
 pressure ~ шкала давления
 reporting ~ шкала для передачи информации
 shock strut indicator ~ шкала указателя (обжатия) опоры шасси
 sliding ~ подвижная шкала
 tape ~ ленточная шкала
 visibility ~ шкала видимости

scalloping:
 course ~ отклонение от курса

scalpings инородные примеси (*напр. в топливе*)

scanner:
 radar ~ устройство развёртки радиолокационного изображения

scanning:
 circular ~ 1. круговой поиск; круговой обзор 2. круговая развёртка

SCA

scanning
  inflight radar ~ радиолокационный обзор в полёте
  radar ~ радиолокационный обзор
  range ~ развёртка по дальности
  sector ~ 1. секторный поиск; секторный обзор 2. секторная развёртка
  spiral ~ спиральная развёртка
scatter рассеяние (*напр. облачности*) ‖ рассеивать(ся)
  navigation error ~ разброс [дисперсия] аэронавигационных ошибок
scattering рассеяние (*напр. облачности*)
scavenge 1. откачивать (*напр. топливо*) 2. продувать (*напр. цилиндры двигателя*); удалять (отработавшие) газы
schedule 1. расписание, график (*полётов*) ‖ составлять расписание *или* график 2. регламент; режим (работы) 3. перечень; каталог
  ~ **of fits and clearances** перечень (основных) сочленений и допусков на их ремонт
  balance ~ центровочный график (*воздушного судна*)
  climb ~ график набора высоты
  flight ~ расписание [график] полёта
  fuel management ~ порядок выработки топлива (*из топливных баков*)
  inlet airflow ~ режим воздушного потока в заборнике воздуха
  maintenance ~ регламент технического обслуживания
scheduling:
  crew ~ планирование полётов экипажей
scheme:
  noise certification ~ программа сертификации по шуму
  passenger loading ~ (установленный) порядок посадки пассажиров

SCR

school:
  advanced flying ~ школа повышения лётной подготовки
  aeronautical technical ~ авиационное техническое училище
  air navigation ~ штурманская школа
  air traffic ~ школа подготовки специалистов по управлению воздушным движением
  basic flying ~ школа основной лётной подготовки
  flying ~ лётная школа, лётное училище
  instrument pilot ~ курсы подготовки пилотов к полётам по приборам
scoop воздухозаборник совкового типа
  annular ~ кольцевой (воздухо)заборник совкового типа
scooping бреющий полёт
scope 1. экран электронно-лучевой трубки 2. осциллограф
  radar ~ экран радиолокатора
  range ~ указатель дальности, дальномер
screen 1. экран ‖ изображать на экране 2. решётка; сетка 3. фильтр
  air inlet ~ сетчатый фильтр воздухоприёмника
  engine ~ фильтр двигателя
  filler neck ~ сетка заливной горловины (*топливного бака*)
  fuel ~ топливный фильтр
  radar ~ экран радиолокатора
  wind ~ ветрозащитный экран
screw:
  actuating ~ ходовой винт (*механизации крыла*)
  bleed ~ винт стравливания давления
  idle adjusting ~ винт (регулировки) малого газа
screwdriver отвёртка
  blade ~ перьевая отвёртка
  cruciform ~ крестообразная отвёртка
scroll улитка нагнетателя (*воздуха в двигатель*)

SEA

seal 1. уплотнение; (гермо)вывод 2. сальник 3. пломба
 air ~ воздушное уплотнение
 air-oil ~ воздушно-масляное уплотнение
 bearing air ~ воздушное уплотнение опоры
 bellcrank pressure ~ гермовывод поворотной качалки
 canopy strip ~ герметизация фонаря (*кабины*) с помощью шланга
 contact ~ контактное уплотнение
 control cable pressure ~ гермовывод троса управления
 control rod pressure ~ гермовывод тяги управления
 crimp ~ обжимная пломба
 face contact ~ контактно-торцевое уплотнение
 fire ~ противопожарная перегородка
 gland ~ сальниковое уплотнение, сальник
 interstage ~ межступенчатое уплотнение
 labyrinth ~ лабиринтное уплотнение
 oil ~ 1. сальниковое уплотнение, сальник 2. масляное уплотнение
 piston-ring type ~ уплотнение с помощью поршневого кольца
 pressure ~ гермовывод
sealant:
 runway jointing ~ заполнитель швов покрытия ВПП
sealing 1. уплотнение; герметизация 2. пломбирование
 customs ~ таможенное пломбирование
seam спай; шов ‖ спаивать; соединять швом
 brazed ~ паянный твёрдым припоем шов
 ripping ~ лопнувший шов (*обшивки*)
 soldered ~ паянный мягким припоем шов
 swaged ~ штампованный шов
 welded ~ сварной шов

SEA S

seaplane гидросамолёт
 float ~ поплавковый гидросамолёт
search поиск; исследование; изыскание ‖ искать; исследовать ‖ поисковый ◊ the ~ is terminated поиск (*напр. пропавшего воздушного судна*) прекращён
 air ~ поиск с воздуха
 air conflict ~ исследование конфликтной ситуации в воздушном движении
 radar ~ радиолокационный поиск
 square ~ поиск в условном квадрате
season:
 shoulder ~ промежуточный сезон (*в воздушных перевозках*)
seat 1. кресло; сиденье (*члена экипажа или пассажира*) 2. седло, гнездо (*напр. клапана*) 3. очаг (*напр. коррозии*)
 adjustable ~ регулируемое сиденье
 aft facing ~ кресло, расположенное против направления полёта
 cabin attendant's ~ сиденье бортпроводника
 captain's ~ кресло командира корабля
 co-pilot's ~ кресло второго пилота
 corrosion ~ очаг коррозии
 flight engineer's ~ кресло бортинженера
 folding ~ откидное сиденье
 forward facing ~ кресло, расположенное по направлению полёта
 nonbooked ~ незабронированное место
 outboard facing ~ кресло, расположенное перпендикулярно направлению полёта
 packing gland ~ гнездо сальника
 passenger ~ пассажирское кресло
 pilot ~ кресло пилота

SEA

seat
  reclining ~ кресло с отклоняющейся спинкой
  sleeper ~ спальное место
  swivel ~ кресло на поворотном кронштейне
  tourist-version ~ кресло пассажира туристического класса
  valve ~ седло клапана
seatbelt привязной ремень (*пассажира*) ◊ "**fasten** ~s" ‹пристегните привязные ремни› (*световое табло в пассажирском салоне*)
seating компоновка кресел (*на воздушном судне*)
  economy-class ~ компоновка кресел в салоне туристического класса
  first-class ~ компоновка кресел в салоне первого класса
  high-density ~ компоновка кресел с минимальным шагом
  mixed-class ~ компоновка кресел в салоне смешанного класса
seat-kilometer(s) пассажиро-километраж (*воздушной перевозки*)
  available ~ располагаемый пассажиро-километраж
second-in-command второй пилот
Secretary ◊ ICAO ~ **General** Генеральный секретарь ИКАО
Section:
  Accident Investigation and Prevention ~ Секция расследования и предотвращения авиационных происшествий (*ИКАО*)
  Aerodromes, Air Routes and Ground Aids ~ Секция аэродромов, воздушных трасс и наземных средств (*ИКАО*)
  Aeronautical Information and Chart ~ Секция аэронавигационной информации и карт (*ИКАО*)
  Air Carrier Tariffs ~ Секция тарифов воздушных перевозчиков (*ИКАО*)
  Air Transport Studies ~ Сек-

SEC

ция исследования воздушного транспорта (*ИКАО*)
Section
  Aviation Medicine ~ Секция авиационной медицины (*ИКАО*)
  Aviation Security ~ Секция авиационной безопасности (*ИКАО*)
  Budget Control ~ Секция контроля за выполнением бюджета (*ИКАО*)
  Communication ~ Секция связи (*ИКАО*)
  Economics ~ Экономическая секция (*ИКАО*)
  Facilitation ~ Секция упрощения формальностей (*ИКАО*)
  Fellowships ~ Секция представления стипендий (*ИКАО*)
  Field Operations ~ Секция осуществления проектов на местах (*ИКАО*)
  Field Personnel ~ Секция управления кадрами на местах (*ИКАО*)
  Field Procurement ~ Секция снабжения на местах (*ИКАО*)
  Internal Audit ~ Секция внутренней ревизии (*ИКАО*)
  Interpretation, Terminology and Reference ~ Секция синхронного перевода, терминологии и справок (*ИКАО*)
  Joint Financing ~ Секция совместного финансирования (*ИКАО*)
  Meteorology ~ Метеорологическая секция (*ИКАО*)
  Operations/Airworthiness ~ Секция полётов и лётной годности (*ИКАО*)
  Personnel Licensing and Training Practices ~ Секция свидетельств и подготовки личного состава (*ИКАО*)
  Publications ~ Секция публикаций (*ИКАО*)
  Recruitment and Placement ~ Секция найма и оформления (*ИКАО*)
  Registry and Distribution ~

SEC

Секция регистрации и распространения (*ИКАО*)
section
  Regular Programme Accounts ~ Секция расчётов по регулярной программе (*ИКАО*)
  Rules of the Air, Air Traffic Services and Search and Rescue ~ Секция правил полётов, обслуживания воздушного движения и поисково-спасательных работ (*ИКАО*)
  Staff Administration ~ Секция учёта кадров (*ИКАО*)
  Statistics ~ Статистическая секция (*ИКАО*)
  Systems Study ~ Секция изучения (авиационных) систем (*ИКАО*)
  Technical Assistance Accounts ~ Секция расчётов по (вопросам) технической помощи (*ИКАО*)
  Technical Support ~ Секция технической поддержки (*ИКАО*)
section:
  aerofoil ~ участок аэродинамической поверхности
  aileron ~ отсек элерона
  aircraft nose ~ носовая часть воздушного судна
  air inlet ~ входное воздушное устройство (*двигателя*)
  axial ~ осевое сечение
  blade ~ сечение лопасти
  center wing ~ центроплан крыла
  combustion ~ блок камеры сгорания
  compressor ~ узел компрессора
  detachable ~ съёмная секция
  fan ~ узел вентилятора
  filtering ~ фильтрующая секция
  fuselage mid-~ мидель фюзеляжа
  fuzelage nose ~ носовая часть фюзеляжа
  fuselage tail ~ хвостовая часть фюзеляжа

SEC   S

section
  I-~ двутавровое сечение
  layered ~ of the atmosphere слоистый участок атмосферы
  oil pressure ~ нагнетающая ступень маслоагрегата (*двигателя*)
  oil scavenge ~ откачивающая ступень маслоагрегата (*двигателя*)
  wing ~ сечение [профиль] крыла
sector:
  aerodrome control ~ зона контроля аэродрома диспетчерской службой
  approach ~ сектор подхода к аэродрому
  azimuth ~ азимутальный сектор
  blind ~ участок полёта без коммерческих прав
  clearance guidance ~ сектор наведения по клиренсу
  course ~ сектор [участок] курса (*полёта*)
  coverage ~ сектор зоны действия (*напр. локатора*)
  glide path ~ сектор [участок] планирования
  route ~ сектор [участок] маршрута
securing крепление, закрепление, швартовка (*груза*)
  cargo ~ швартовка груза
security:
  airport ~ охрана аэропорта
sediment отстой (*напр. воды в топливе*)
seeding:
  cloud ~ рассеяние облачности
seep 1. протекать, давать течь; просачиваться 2. травить (*давление воздуха*)
seepage 1. утечка, течь; просачивание 2. травление (*давления воздуха*)
  gas ~ утечка газа
segment ◊ at the end of ~ в конце участка (*полёта*); at the start of ~ в начале участка (*полёта*); in ~ на участке (*полёта*)

SEG

segment
  acceleration ~ участок разгона
  airborne ~ участок маршрута полёта
  airspace ~ сектор [участок] воздушного пространства
  approach ~ участок захода на посадку
  climb ~ участок набора высоты
  cruising ~ участок крейсерского полёта
  descent ~ участок снижения
  flight path ~ участок траектории полёта
  initial approach ~ начальный участок захода на посадку
  landing transition ~ участок перехода к этапу посадки
  route ~ участок маршрута (*полёта*)
  stopping ~ участок торможения
  takeoff ~ участок взлёта
segregator:
  water ~ водоотделитель (*топливозаправщика*)
seizure 1. захват (*воздушного судна*) **2.** заедание, заклинивание (*детали*)
  aircraft unlawful ~ незаконный захват воздушного судна
  engine ~ заклинивание двигателя
selection:
  ~ **of engine mode** выбор режима работы двигателя
  template ~ выбор шаблона (*для вычерчивания схемы полёта*)
selector 1. задатчик (*режима работы*) **2.** селектор **3.** переключатель
  altitude ~ задатчик высоты
  autopilot mode ~ переключатель выбора режима работы автопилота
  cabin altitude ~ задатчик высоты в кабине
  chart angle ~ задатчик угла карты

SEL

selector
  course ~ задатчик курса
  fuel ~ переключатель топливных баков
  heading ~ задатчик курса
  mode ~ задатчик режима (*полёта*)
  navigation computer correction ~ задатчик коррекции навигационного автомата, задатчик блока дискретной коррекции (*курса*)
  navigation system ~ задатчик навигационной системы
  omnibearing ~ селектор луча всенаправленного радиомаяка; селектор азимута
  static ~ переключатель статического давления
  wind ~ задатчик (скорости) ветра
self-aligning автоматическая настройка
self-balance автоматическая балансировка, самобалансировка
self-cooled регенеративного охлаждения (*о системе*)
self-discharge саморазряд (*напр. аккумулятора*)
self-excitation самовозбуждение
self-guidance самонаведение
self-ignition самовоспламенение; самовозгорание
self-lubrication автоматическое смазывание, автоматическая смазка
self-monitoring с автоматическим управлением
self-oiling автоматическое смазывание, автоматическая смазка
self-priming автоматическое регулирование заправки (*напр. топливом*)
self-propelled самоходный
self-routing автоматическая прокладка маршрута
self-starter автостартёр, автоматический стартёр
self-sufficient автономный (*напр. о приводе агрегата*)
self-test автоматический контроль, самоконтроль

sending 1. передача (*напр. радиосигналов*) **2.** отправка (*напр. груза*) ◊ **to resume** ~ возобновлять передачу (*радиосигналов*)
sense фиксировать отклонение (*от курса*); обнаруживать неточность (*в показаниях приборов*)
sensitivity ◊ ~ **to sound waves** чувствительность к звуковым волнам
  aircraft ~ управляемость воздушного судна
  angular displacement ~ чувствительность к угловому смещению
  course ~ чувствительность по курсу
  instrument ~ чувствительность прибора
  interference ~ чувствительность к помехам
  localizer displacement ~ чувствительность к отклонению (*от курса*) по сигналам курсового маяка
  pressure ~ чувствительность по давлению
sensor датчик; сигнализатор
  airborne ~ бортовой датчик
  air-data ~ датчик воздушных сигналов
  airspeed ~ датчик воздушной скорости
  altitude ~ датчик высоты
  attitude ~ датчик пространственного положения
  built-in ~ встроенный датчик
  heading ~ датчик курса
  pitch ~ датчик тангажа
  position ~ датчик относительного положения (*напр. руля*)
  range ~ датчик дальности
  rate-of-turn ~ (гироскопический) датчик углов поворота
  rendezvous ~ датчик системы сближения (*воздушных судов*)
  roll ~ датчик крена

sensor
  roll control force ~ датчик усилий по крену
  roll rate ~ датчик угловой скорости крена
  runway surface condition ~ датчик состояния поверхности ВПП
  separate ~ изолированный [отдельный] датчик
  side-slip ~ датчик скольжения на крыло
  stall ~ сигнализатор критического угла атаки
  terminal shock ~ датчик замыкающего скачка уплотнения
  terrain-following ~ датчик облёта препятствий
  thermal ~ термосигнализатор, термоэлемент
  velocity ~ датчик скорости
  wing stall ~ датчик критических углов атаки крыла
separate 1. эшелонировать (*полёт*) **2.** разделять; отделять; отрывать (*напр. обшивку*); отстыковывать (*напр. крыло*)
separation 1. эшелонирование (*полётов*) **2.** разделение; отделение; отрыв (*напр. обшивки*); отстыковка (*напр. крыла*) ◊ **to provide** ~ обеспечивать эшелонирование
  across track ~ боковое [поперечное] эшелонирование
  along track ~ продольное эшелонирование
  altitude ~ вертикальное эшелонирование, эшелонирование по высоте
  angular ~ угловое разделение зоны (*полётов*)
  boundary layer ~ отделение пограничного слоя (*при аэродинамическом обтекании тела*)
  composite ~ комбинированное эшелонирование
  diagonal ~ диагональное эшелонирование
  flow ~ разделение потока
  horizontal ~ горизонтальное эшелонирование

SEP

separation
  jet ~ разделение реактивной струи
  lateral ~ боковое [поперечное] эшелонирование
  longitudinal ~ продольное эшелонирование
  nonradar ~ эшелонирование без радиолокационных средств
  own ~ эшелонирование по усмотрению пилота
  quadrant ~ квадрантное эшелонирование
  radar ~ радиолокационное эшелонирование, эшелонирование с помощью радиолокационных средств
  side ~ боковое [поперечное] эшелонирование
  track ~ эшелонирование по курсу
  vertical ~ вертикальное эшелонирование, эшелонирование по высоте

separator:
  water ~ водоотделитель (*топливной системы*)

sequence:
  ~ of fuel usage очерёдность выработки топлива (*по группам баков*)
  ~ of operation последовательность выполнения операций
  approach ~ очерёдность захода на посадку
  landing ~ очерёдность посадки
  phase ~ чередование фазы
  takeoff ~ очерёдность взлёта
  terminal area taxi ~ очерёдность заруливания к зданию аэровокзала

service 1. служба 2. (техническое) обслуживание ‖ обслуживать 3. эксплуатация ‖ эксплуатировать ◊ in ~ в эксплуатации, в процессе эксплуатации; out of ~ изъятый из эксплуатации; since placed in ~ с момента ввода в экс-

SER

плуатацию, с начала эксплуатации; to enter ~ вводить в эксплуатацию; to fit for ~ быть годным к эксплуатации, удовлетворять требованиям эксплуатации; to go into [to introduce into, to place in] ~ вводить в эксплуатацию; to prepare for ~ приводить в рабочее состояние; to provide ~ обеспечивать обслуживание; to put in ~ вводить в эксплуатацию; to return to ~ допускать к дальнейшей эксплуатации; to take out of [to withdraw from] ~ снимать с эксплуатации

service
  advisory ~ консультативное обслуживание (*полётов*)
  aerodrome ~ аэродромное (диспетчерское) обслуживание
  aerodrome alerting ~ аэродромная служба аварийного оповещения
  aerodrome control ~ 1. служба управления движением в зоне аэродрома 2. аэродромное диспетчерское обслуживание
  aerodrome emergency ~ аэродромная аварийная служба
  aerodrome flight information ~ аэродромная служба полётной информации
  aeronautical broadcasting ~ радиовещательное обслуживание авиационного движения
  aeronautical en-route information ~ информационное обслуживание авиационных маршрутов
  aeronautical fixed ~ аэронавигационная служба стационарных средств (связи)
  aeronautical information ~ служба аэронавигационной информации, САИ
  aeronautical meteorologi-

service
  aeronautical mobile ~ авиационная служба подвижных средств (связи)
  aeronautical mobile-satellite ~ авиационная служба спутниковых средств (связи)
  air ~ 1. воздушные перевозки, авиаперевозки 2. воздушное сообщение
  air navigation ~ аэронавигационное обслуживание
  airport safety [airport security] ~ служба (обеспечения) безопасности аэропорта
  airport traffic ~ служба управления движением в зоне аэропорта
  air traffic ~ 1. служба воздушного движения 2. обслуживание воздушного движения, ОВД
  air traffic control ~ 1. служба управления воздушным движением 2. диспетчерское обслуживание воздушного движения
  air transport ~ 1. воздушные перевозки, авиаперевозки
  airways and air communications ~ служба воздушных сообщений
  alerting ~ служба аварийного оповещения
  all-cargo [all-freight] ~ грузовые (авиа)перевозки
  approach control ~ 1. диспетчерская служба подхода, диспетчерская служба захода на посадку 2. диспетчерское обслуживание (в зоне) подхода
  apron management ~ перронная служба
  broadcasting-satellite ~ спутниковое радиовещательное обслуживание (*авиационного движения*)
  charter ~ чартерные авиаперевозки
  cal ~ авиационная метеорологическая служба

service
  city-terminal ~ обслуживание [оформление] (*пассажиров*) в городском аэровокзале
  coach ~ обслуживание по туристическому классу (*в пределах США*)
  commercial ~ коммерческая эксплуатация
  communication ~ служба связи
  data interchange ~ служба обмена данными (*о полёте*)
  domestic ~ местное (воздушное) сообщение; внутренние (авиа)перевозки (*в пределах одного государства*)
  economy class ~ обслуживание по туристическому классу
  emergency (operations) ~ аварийная служба
  en-route meteorological ~ метеообслуживание на маршруте
  escort ~ обеспечение сопровождения (*воздушного судна*)
  field procurement ~ снабжение оперативных точек базирования
  fire fighting ~ противопожарная служба
  flight ~ служба обеспечения полётов
  flight information ~ 1. служба полётной информации 2. полётно-информационное обслуживание
  free ~ бесплатное обслуживание
  ground transfer ~ наземная служба по доставке (*грузов к воздушным судам*)
  incidental ~ внерегламентное обслуживание
  intercity ~ междугородное (воздушное) сообщение
  international ~ международное (воздушное) сообщение
  long-haul ~ воздушные перевозки большой протяжённости

SER

service
maintenance ~ техническое обслуживание
marketing ~ служба по изучению рынка (*воздушных перевозок*)
medium-haul ~ воздушные перевозки средней протяжённости
meteorological ~ 1. метеослужба 2. метеорологическое обеспечение, метеорологическое обслуживание, метеообслуживание
mixed ~ обслуживание по смешанному классу
multistop ~ воздушные перевозки с большим количеством промежуточных остановок
"no frills" ~ обслуживание по туристическому классу
one-plane ~ беспересадочные перевозки
operational flight information ~ оперативное полётно-информационное обслуживание
pickup ~ доставка пассажиров в аэропорт вылета
pooled ~ пульное [совместное] обслуживание
preflight information ~ предполётное информационное обслуживание
radar ~ радиолокационное обслуживание
radiocommunication ~ служба радиосвязи
radio navigation ~ служба авиационной радионавигации
recognition ~ служба опознавания (*воздушных судов*)
regular airline ~ регулярное воздушное сообщение
remote keying ~ телеграфное обслуживание с дистанционным управлением
rescue ~ спасательная служба
route forecast ~ служба обеспечения прогнозами по маршруту
safety ~ служба (обеспечения) безопасности

SET

service
scheduled air ~ регулярные воздушные перевозки
search and rescue ~ служба поиска и спасания
separation ~ служба эшелонирования
short-haul ~ воздушные перевозки малой протяжённости
shuttle ~ челночное воздушное сообщение
terminal information ~ служба информации аэровокзала
through air ~ прямое воздушное сообщение
traffic advisory ~ консультативное обслуживание воздушного движения
upper advisory ~ консультативное обслуживание верхнего воздушного пространства
weather ~ служба погоды
servicing (техническое) обслуживание
aircraft ~ обслуживание воздушного судна
ground ~ наземное обслуживание
routine ~ установленный порядок обслуживания
servo 1. рулевая машинка, руль-машинка 2. следящая система
hydraulic ~ гидропривод; гидроусилитель; бустер
servogear сервомеханизм
servolubrication принудительная смазка
set 1. установка ‖ устанавливать 2. стенд 3. комплект (оборудования) ◊ to ~ **down** сажать, приземлять (*воздушное судно*); to ~ **on** задавать (*курс полёта*); to ~ **out** выпускать (*в полёт*); отправлять (*в рейс*); to ~ **up** регулировать
cabin leak test ~ установка для проверки герметичности кабины
charging ~ зарядная станция

SET

set
  flowmeter test ~ установка для проверки расходомеров
  heading ~ установка заданного курса
  jet ~ реактивный аппарат
  oxygen charging ~ установка для зарядки кислородом
  radar ~ радиолокационная станция, РЛС
  radar ranging ~ радиолокационный дальномер
  radio ~ радиоустановка, комплект радиооборудования; радиоприёмник
  tachometer test ~ установка для проверки тахометров
  voice ~ телефонный аппарат
  wireless ~ радиоустановка; радиотелефон
setdown посадка, приземление
setter задатчик
  course ~ задатчик курса
setting:
  aircraft ~ пеленгование воздушного судна
  altimeter ~ установка высотомера (*по давлению аэродрома*)
  approach ~ установка (*напр. закрылков*) в положение для захода на посадку
  blade pitch ~ установка шага (лопасти) воздушного винта
  elevation ~ **of light units** установка углов возвышения глиссадных огней
  flap ~ установка закрылка (*на определённый угол*)
  flaps landing ~ установка закрылков на посадочный угол
  flaps takeoff ~ установка закрылков на взлётный угол
  low-pitch ~ установка (*воздушного винта*) на малый шаг
  mixture ~ регулирование рабочей смеси
  power ~ установка мощности (*двигателя*)
  propeller pitch ~ установка

SHA

шага (лопасти) воздушного винта
setting
  stabilizer ~ перекладка стабилизатора
  subscale ~ установка подвижной шкалы
  tariff ~ установление тарифов
  throttle ~ установка режима работы двигателя
  trim ~ продольная балансировка
  wing ~ установка угла положения крыла
setting-up:
  engine ~ отладка [регулировка] двигателя
settlement:
  runway subgrade ~ оседание подушки (грунтового основания) ВПП
settling:
  compass card ~ успокоение картушки компаса
sextant:
  air ~ авиационный секстант
shackle:
  picketing ~ серьга для швартовки (*воздушного судна*)
shading:
  aerodynamic ~ аэродинамическое затенение
  elevator ~ затенение руля высоты
shaft 1. вал(ик) 2. ось 3. рессора
  drive ~ 1. рессора привода 2. вал трансмиссии (*вертолёта*)
  engine drive ~ главный [выходной] вал двигателя
  extension ~ удлинительный валик (*коробки приводов*)
  flap actuating ~ вал трансмиссии привода механизма закрылков
  hollow ~ полая ось (*напр. колеса*)
  main drive ~ главная рессора привода
  power ~ вал привода; вал трансмиссии
  propeller ~ вал воздушного винта

SHA

shaft
  pylon drive ~ вал трансмиссии рулевого винта
  rotor synchronizing ~ вал синхронизации несущих винтов
  spline ~ шлицевый вал
  torsion ~ вал для передачи крутящего момента, соединительный вал
  transmission ~ вал трансмисии
  wheelcase drive ~ рессора коробки приводов
shaker:
  stick ~ автомат тряски штурвала
shaking тряска (*штурвала*)
shank:
  propeller blade ~ комель лопасти воздушного винта
shape:
  aeroplane ~ модель самолёта
  tip ~ форма законцовки (*напр. крыла*)
  wing ~ профиль крыла
shaping:
  antenna pattern ~ формирование диаграммы направленности антенны
sharing разделение; распределение (*напр. доходов между авиакомпаниями*)
sharpness:
  course ~ чёткость курсового сигнала
shear:
  flight wind ~ сдвиг ветра в зоне полёта
  horizontal wind ~ горизонтальная составляющая сдвига ветра
  vertical wind ~ вертикальная составляющая сдвига ветра
  wind ~ сдвиг ветра (*относительно курса полёта*)
shed 1. ангар 2. излучать (*напр. тепловую энергию*)
  aircraft ~ ангар для воздушного судна
sheet 1. ведомость 2. лист
  balance ~ 1. балансовая ве-

SHI

домость 2. баланс, балансовый отчёт
sheet
  cargo ~ грузовая ведомость
  cloud ~ ярус [слой] облаков
  data ~ перечень лётно-технических данных
  history ~ формуляр (*воздушного судна*)
  load and trim ~ график загрузки и центровки, центровочный график
  pilot warning ~ лист предупреждений пилота (*об опасности*)
shell:
  atmospheric ~ слой атмосферы
  valve ~ клапанная коробка
shield 1. экран; отражатель 2. козырёк
  aerodynamic ~ аэродинамический экран
  engine fire ~ противопожарный экран двигателя
  flame ~ отражатель пламени
  heat ~ теплозащитный экран
  nozzle ~ обтекатель сопла
  panel glare ~ противобликовый козырёк приборной доски
shielding экранирование
  radio ~ радиоэкранирование
shift смещение; отклонение; сдвиг
  aerodrome wind ~ изменение направления ветра в районе аэродрома
  center-of-gravity ~ смещение центровки (*воздушного судна*)
  course ~ отклонение от курса
  Doppler frequency ~ доплеровский сдвиг частоты (*при движении воздушного судна*)
  phase ~ сдвиг по фазе
shim 1. тонкая прокладка, калибровочная шайба (*для регулирования зазора*) 2. шайба 3. клин ‖ заклинивать
shimmy колебательное движе-

SHI

ние (*переднего колеса шасси*), шимми
ship 1. (воздушное) судно 2. перевозить 3. загружать (*напр. воздушное судно*)
shipment транспортировка; отправка грузов ◊ ~ **by air** транспортировка по воздуху
 multiple ~ многократная отправка
shipper грузоотправитель
shock:
 bow ~ головной скачок уплотнения
 compression ~ скачок уплотнения
 crossed ~ косой скачок уплотнения
 curved ~ криволинейный скачок уплотнения
 front ~ головной скачок уплотнения
 hydraulic ~ гидравлический удар
 near-sonic ~ околозвуковая ударная волна
 opening ~ удар при раскрытии (*парашюта*)
 pressure ~ скачок уплотнения
 terminal ~ замыкающий скачок уплотнения
 thermal ~ тепловой удар
shockmount 1. амортизационная платформа 2. амортизатор
shoe:
 brake ~ тормозной башмак (*колеса*)
 pole ~ полюсный башмак (*генератора*)
shooting 1. дефектация (*воздушного судна и его систем*); отыскание неисправности 2. ведение киносъёмки (*напр. с воздуха*)
shop:
 aircraft overhaul ~ мастерская капитального ремонта воздушных судов
 aircraft repair ~ авиаремонтная мастерская
 assembly ~ сборочный цех

SHU

shop
 maintenance ~ цех технического обслуживания
 repair ~ ремонтная мастерская
short-haul малой протяжённости (*о полёте*)
short-range(-legged) малого радиуса действия (*о воздушном судне*)
shoulder 1. боковая полоса безопасности (*ВПП*) 2. обочина (*рулёжной дорожки*)
 bearing ~ боковая полоса безопасности, способная нести нагрузку (*от воздушного судна*)
 earth ~ грунтовая обочина
 runway ~ боковая полоса безопасности ВПП
 taxiway soft ~ грунтовая обочина рулёжной дорожки
show ◊ **no** ~ не являться к вылету (*о пассажире*)
 air ~ 1. авиационная выставка 2. демонстрационный полёт
showers ливень
 ~ **of rain and snow** ливневый дождь со снегом
 heavy ~ сильный ливень
 heavy snow ~ сильный снегопад
 inflight snow ~ снежный заряд в зоне полёта
 rain ~ ливневый дождь
 recent ~ недавний ливень
 recent snow ~ недавний снегопад
 snow ~ снегопад
shroud 1. кожух; обойма; корпус 2. бандажный обод
 bypass ~ кожух второго контура (*двигателя*)
shrouding бандажирование (*напр. лопаток двигателя*)
shutdown 1. останов (*двигателя*) 2. выключение; прекращение подачи, отсечка (*напр. топлива*) 3. стоп-кран (*двигателя*)
 emergency ~ аварийный останов
shutoff *см.* **shutdown**

SHU

shutter 1. створка; заслонка **2.** клапан (*системы кондиционирования*)
  cooler duct ~ заслонка туннеля маслорадиатора
  louvre ~ жалюзи
  nozzle ~ створка сопла
  radiator ~ жалюзи радиатора
  radiator exit ~ створка на выходе из радиатора
  throttle ~ дроссельная заслонка
  thrust reverser ~ щиток реверса
shuttle:
  air ~ «челночные» авиаперевозки
sickness:
  altitude ~ высотная болезнь (*пилота*)
side:
  air ~ воздушная зона (*напр. аэродрома*)
  aircraft ~ борт воздушного судна
  airport land ~ привокзальная площадь аэропорта
  blade pressure ~ рабочая часть лопасти (*воздушного винта*)
sideband боковая полоса (*частот*)
sideslip боковое скольжение; скольжение на крыло ǁ лететь с боковым скольжением; скользить на крыло
sidestay:
  underground ~ боковой подкос шасси
sidetone самопрослушивание (*в процессе радиосвязи*)
sidewash боковой скос потока
sight ◊ **in** ~ **1.** в поле зрения **2.** «Вас вижу» (*код радиообмена*)
  collimator ~ коллиматорный визир
  course setting ~ визир установки курса, навигационный визир
  drift ~ визир для определения сноса (*в полёте*)

SIG

sighting:
  antenna bore ~ холодная пристрелка антенны
sign 1. знак **2.** указатель **3.** код ◊ **to determine the** ~ **of deviation** определять знак девиации
  aerodrome check-point ~ указатель контрольного ориентира аэродрома
  aerodrome identification ~ опознавательный знак аэродрома; аэродромный маркировочный знак
  aircraft call ~ позывной код воздушного судна
  aircraft stand identification ~ опознавательный знак места стоянки воздушного судна
  call ~ позывной (*радиосвязи*)
  edge-lit ~ трафарет с торцевым подсветом (*в кабине экипажа*)
  holding position ~ указатель места ожидания (*при рулении*)
  information ~ указатель, указательный знак
  landing ~ посадочный знак
  lighted ~ трафарет с подсветом
  negative ~ отрицательный знак (*девиации*)
  net call ~ позывной общего вызова на (радио)связь
  "no entry" ~ знак «выруливание запрещено»
  positive ~ положительный знак (*девиации*)
  radio call ~ позывной радиосвязи
  "stop" ~ линия «стоп»
  taxi-holding position ~ указатель места ожидания на рулёжной дорожке
  taxiway / runway intersection ~ указатель пересечения рулёжной дорожки и ВПП
  voice call ~ речевой позывной
  warning ~ предупредительный знак

SIG

signal сигнал ◇ **to amplify the** ~ усиливать сигнал; **to cancel the** ~ прекращать подачу сигнала; **to pass the** ~ пропускать сигнал; **to pick up the** ~ фиксировать сигнал; **to produce the** ~ выдавать сигнал; **to receive the** ~ принимать сигнал; **to smooth the** ~ сглаживать сигнал; **to supply the** ~ подавать сигнал
acoustical ~ звуковой сигнал
actuating ~ входной [возбуждающий] сигнал
aerodrome ground ~ наземный аэродромный сигнал
air-to-air ~ сигнал между воздушными судами в полёте, сигнал «воздух — воздух»
alarm ~ сигнал тревоги
altitude alert ~ сигнал опасной высоты
attention ~ предупредительный сигнал
audible ~ звуковой сигнал
automatic decrab ~ сигнал автоматического парирования сноса
beacon reply ~ ответный сигнал маяка
broadband ~ широкополосный сигнал
calibration ~ калибровочный сигнал
call ~ позывной (сигнал), сигнал вызова
code ~ кодовый сигнал
coded ~ (за)кодированный сигнал
colored smoke ~ цветной дымовой сигнал
control ~ управляющий сигнал
demand ~ сигнал запроса
distress ~ сигнал бедствия, сигнал аварийной ситуации
drive ~ задающий сигнал
error ~ сигнал рассогласования, сигнал ошибки
false ~ ложный сигнал
feedback ~ сигнал обратной связи

SIG   S

signal
flight urgency ~ сигнал срочности действий в полёте
glide slope error ~ сигнал отклонения от глиссады
ground-air ~ сигнал «земля — воздух»
homing ~ приводной сигнал
identification ~ сигнал опознавания
input ~ входной [возбуждающий] сигнал
interrogation ~ сигнал запроса
light ~ световой сигнал
localizer-error ~ сигнал отклонения от курса на маяк
locked-on ~ принятый сигнал
marshalling ~s сигналы управления движением (*воздушных судов на аэродроме*)
off-course ~ 1. сигнал отклонения от курса 2. сигнал ухода из равносигнальной зоны (*курсового маяка*)
off-slope ~ сигнал отклонения от глиссады
OK ~ сигнал исправности (*системы*)
on-course ~ 1. сигнал полёта по курсу 2. сигнал полёта в равносигнальной зоне (*курсового маяка*)
on-slope ~ сигнал входа в глиссаду
output ~ выходной сигнал
paulin ~ сигнал (*на аэродроме*) с применением полотнища
positive "go" ~ сигнал [команда] «движение разрешаю»
pyrotechnic ~ пиротехнический сигнал
radio time ~ радиосигнал точного времени
sinusoidal ~ синусоидальный сигнал
steady state ~ сигнал состояния готовности
stop / go ~ сигнал прекращения / возобновления движения (*по аэродрому*)

301

SIG

signal
  synchronized time ~ сигнал синхронизации по времени
  urgency ~ сигнал срочности
  visual ~ визуальный сигнал
  visual ground ~ наземный визуальный сигнал
  warning ~ предупредительный сигнал
signalman сигнальщик (*на аэродроме*)
signature профиль волны
  free-field ~ профиль волны в свободном поле
  pressure ~ профиль волны давления
  ragged ~ профиль волны пилообразного вида
  rounded ~ сглаженный профиль волны
  sonic boom ~ профиль волны звукового удара
  uneven ~ искривлённый профиль волны
signposting порядок установки указателей (*движения по аэродрому*)
silencer глушитель
  jet ~ глушитель реактивной струи
  retractable lobe ~ глушитель с убирающимися ковшами
  retractable spade ~ глушитель с убирающейся сдвижной створкой
simplex симплексная связь
  double channel ~ двухканальная симплексная связь
simulation моделирование; имитация
  air traffic ~ моделирование воздушного движения
  computer generated ~ компьютерное моделирование (*условий полёта*)
  flight ~ моделирование условий полёта
  inflight ~ имитация в полёте (*напр. аварийной ситуации*)
simulator 1. моделирующее устройство; имитатор; имитирующее устройство **2.** тренажёр

SIT

simulator
  aircraft ~ тренажёр воздушного судна
  air-load ~ имитатор аэродинамических нагрузок
  digital radar ~ цифровой радиолокационный тренажёр
  feel ~ имитатор усилий, автомат загрузки (*органов управления при необратимой схеме*)
  flight ~ **1.** имитатор условий полёта **2.** пилотажный тренажёр
  moving-base ~ тренажёр с подвижной кабиной
  moving-target ~ имитатор движущихся целей
  navigational ~ штурманский тренажёр
  training ~ учебный тренажёр
  vibration ~ имитатор вибраций
single-engined однодвигательный (*о воздушном судне*)
single-rotor вертолёт с одним несущим винтом
sink 1. парашютировать (*при посадке*) **2.** опускать(ся); проваливаться (*в воздушную яму*)
sinker сильный нисходящий поток (*воздуха*)
site ◇ **to secure the mishap** ~ обеспечивать охрану места происшествия
  ~ **of occurrence** место (авиационного) происшествия
  aerodrome ~ район размещения аэродрома
  landing ~ посадочная площадка (*для вертолётов*)
  launch ~ место запуска (*аэростата*)
  mishap ~ место (авиационного) происшествия
siting 1. размещение (*напр. оборудования*) **2.** распределение (*по зонам*)
situation:
  abnormal ~ нестандартная ситуация (*в полёте*)

SIT

situation
  aeronavigation ~ аэронавигационная обстановка
  air ~ воздушная обстановка
  closed-rate ~ режим закрытых тарифов
  collision risk ~ ситуация возможного столкновения
  emergency ~ аварийная ситуация; стадия бедствия
  open-rate ~ режим открытых тарифов
size:
  crew ~ количественный состав экипажа
  fleet ~ объём [состав] парка (*воздушных судов*)
skeleton:
  fuselage ~ каркас фюзеляжа
  wing ~ остов крыла
ski 1. лыжа (*опоры шасси*) 2. лыжное шасси (*воздушного судна*)
skid 1. скольжение, юз; буксование ‖ скользить; буксовать 2. тормоз ‖ тормозить 3. полозковое шасси (*вертолёта*)
  brake ~ тормозной костыль
  emergency bumper ~ предохранительная пята (*в хвостовой части фюзеляжа*)
  tail ~ хвостовая опора, хвостовая пята
skidding скольжение, юз; буксование
skiddometer прибор для замера силы сцепления (*на ВПП*)
skill:
  piloting ~ лётная квалификация
skin обшивка (*фюзеляжа*) ◊ to chop out the ~ вырубать обшивку
  load-carrying ~ несущая обшивка
  stressed ~ работающая обшивка
skirt:
  piston ~ юбка поршня
  solid ~ неразрезная юбка (*поршня*)

SLE

skirt
  split ~ разрезная юбка (*поршня*)
sky:
  broken ~ облачность с разрывами
  clear ~ ясное небо
  overcast ~ сплошная облачность
  scattered ~ рассеянная облачность
skylift воздушная перевозка
skyway воздушная трасса
slab плита ‖ выкладывать плитами
slack(ness) провисание; слабина натяжения (*троса*) ◊ to take up cable ~ выбирать слабину (натяжения) троса
slap срыв (*воздушного потока*)
  blade ~ срыв потока [«хлопок»] на лопасти
slat (выдвижной) предкрылок
  full-span ~ предкрылок по всему размаху (*крыла*)
  hydraulic ~ предкрылок с гидроприводом
  inboard ~ внутренний предкрылок
  mid(dle) ~ средний предкрылок
  outboard ~ внешний предкрылок
  retractable ~ убирающийся предкрылок
slave 1. прибор с (дистанционной) коррекцией 2. согласовывать (*напр. работу компасов*)
slaving 1. дистанционная коррекция 2. согласование (*напр. работы компасов*)
  gyro ~ коррекция [согласование] гироагрегата
sleet мокрый снег
sleeve 1. втулка 2. гильза 3. хомут 4. муфта
  abutment ~ опорная втулка
  connecting ~ 1. соединительная втулка 2. соединительная муфта
  distance ~ распорная втулка

SLE

sleeve
  dust ~ пылезащитная втулка (*на оси колеса шасси*)
  identification ~ бирка трубчатого типа (*для маркировки трубопроводов*)
  insulating ~ изоляционная втулка (*свечи зажигания*)
  locking ~ контровочная втулка
  steering ~ поворотный хомут
  throttle valve ~ втулка дозирующей иглы (*подачи топлива*)
  tuck-in ~ гильза, установленная впотай
slide 1. трап 2. скольжение ‖ скользить
  escape ~ аварийный [спасательный] трап
  inflatable escape ~ надувной (бортовой) спасательный трап
  self-supporting ~ опорный (бортовой) трап
  wing ~ скольжение на крыло
sling 1. строп(а); канат ‖ стропить; поднимать с помощью каната 2. такелажный трос
  external load ~ стропа наружной подвески груза (*на вертолёте*)
  hoist ~s комплект строп для подъёма (*грузов*)
slinger щиток
  oil ~ маслоотражательный щиток
slip 1. скольжение ‖ скользить 2. сдвиг; взаимное перемещение (*воздушной массы*) ‖ сдвигать(ся); взаимно перемещаться 3. пролёт без опознавания ‖ пролетать без опознавания
  braking ~ скольжение [юз] при торможении
  cornering ~ угловое скольжение
slipstream спутная струя (*за воздушным винтом*)
slope 1. наклон; уклон; крутизна 2. траектория (*планирования*), глиссада ‖ лететь по

SLO

глиссаде ◇ **above the glide** ~ выше глиссады; **below the glide** ~ ниже глиссады; ~ **on runway** уклон ВПП; **to deviate from the glide** ~ отклоняться от глиссады; **to follow the glide** ~ выдерживать глиссаду; **to intercept the glide** ~ захватывать луч глиссады
slope
  ~ **of level** наклон кривой уровня (*шумов*)
  approach glide ~ глиссада захода на посадку
  average ~ средний уклон (*ВПП*)
  downward ~ нисходящий уклон (*ВПП*)
  flatter ~ пологий уклон (*ВПП*)
  glide ~ 1. глиссада 2. наклон [склонение] глиссады
  glide path ~ наклон [склонение] глиссады
  longitudinal ~ продольный уклон (*ВПП*)
  runway ~ уклон ВПП
  selected approach ~ выбранный наклон глиссады захода на посадку
  transverse ~ поперечный уклон (*ВПП*)
  upward ~ восходящий уклон (*ВПП*)
  zero runway ~ нулевой уклон ВПП
slot:
  armature iron lamination ~ паз пакета якоря (*напр. генератора*)
  blowing ~ щель для сдува (*пограничного слоя*)
  control ~ щель управления (*пограничным слоем*)
  key ~ направляющий паз
  leading edge ~ щель передней кромки (*крыла*)
  piston ring ~ зазор [стык] поршневого кольца
  screw head ~ шлиц [паз] в головке винта
  suction ~ щель для отсасывания (*пограничного слоя*)

SLO

slot
 wing ~ щель крыла (*для обдува*)
smoothing:
 signal ~ сглаживание сигнала
snaking «рыскание» (*неустойчивый полёт по курсу*)
snatch рывок, резкое перемещение (*напр. руля*) ǁ резко перемещать(ся)
 aileron ~ рывок [резкое перемещение] элеронов
snout 1. носовая часть 2. входной конус
 engine ~ входной конус (*жаровой трубы*) двигателя
snow:
 blowing ~ метель
 compacted ~ утрамбованный снег (*для посадки воздушного судна*)
 low drifting ~ позёмка
 recent ~ свежий снег
snowbrush снегоочистительная машина
snowgrains снежные хлопья; снежная крупа
snub гасить инерцию хода (*напр. штока шасси*); гасить силу инерции (*движения*)
snubber антивибратор; гаситель удара
soaring парящий полёт; парение; планирование
sock:
 aerodrome wind ~ аэродромный ветроуказатель
sojourn временные полёты ǁ выполнять временные полёты
solo ◇ **to fly** ~ летать самостоятельно
sonic 1. звуковой (*напр. о скорости*) 2. акустический (*о звуке*)
sound 1. шум; звук ǁ издавать шум; извлекать звук 2. зонд; щуп ǁ измерять глубину с помощью щупа
sound-absorbing звукопоглощающий
sounding зондирование (*атмосферы*)

SPA

sounding
 air ~ зондирование атмосферы
 balloon ~ 1. аэростатное зондирование 2. зондирование с помощью шара-пилота
 radar ~ радиолокационное зондирование
 upper-air ~ зондирование верхних слоёв атмосферы
 vertical ~ вертикальное зондирование
 wind ~ определение (скорости и силы) ветра радиолокационным методом
sound-proofing звукоизолирование, звукоизоляция
source ◇ **to eliminate the** ~ **of danger** устранять источник опасности (*для воздушного движения*)
 ~ **of danger** источник опасности
 electrical power ~ источник электропитания
 ignition ~ источник воспламенения; катушка зажигания
 power ~ генератор
 primary static pressure ~ основной источник статического давления
sowing:
 aerial ~ засеивание (*семян*) с воздуха, аэросев
space 1. пространство 2. отсек 3. интервал 4. место (*напр. для пассажира на рейс*) 5. эшелонировать (*полёт*) ◇ **to confirm** ~ подтверждать бронирование места
 blocked ~s места постоянной брони
 cargo ~ грузовой отсек
 confirmed reserved ~ подтверждённое забронированное место
 danger ~ зона опасности
 parking ~ место стоянки, МС
 ullage ~ часть бака, не заполненная топливом
spacer 1. прокладка; шайба; кольцо 2. распорка; распорная втулка

SPA

spacer
  turbine wheels ~ промежуточное кольцо между рабочими колёсами турбины
spacing 1. интервал; шаг 2. масштаб 3. расстояние; дистанция 4. размещение, распределение 5. эшелонирование (*полёта*)
  air ~ распределение воздушного пространства (*для обеспечения контроля полётов*)
  aircraft ~ эшелонирование полётов воздушных судов
  angular ~ угловой интервал (*напр. курсов полётов*)
  blade ~ шаг лопаток
  frequency ~ разнос [распределение] частот
  range marker ~ масштаб развёртки на экране радиолокационной станции
spade сдвижная створка
spall:
  joint ~ скол стыка (*бетонного покрытия*)
span 1. размах (*напр. крыла*) 2. диаметр (*напр. несущего винта*) 3. пролёт (*напр. конструкции ангара*) 4. ширина (*напр. газового потока*)
  aileron ~ размах элерона
  wing ~ размах крыла
spanner гаечный ключ
  "C" ~ гаечный ключ крючкового типа
  peg ~ штифтовой ключ
  splined tube ~ шлицевый ключ
spanwise по размаху (*напр. крыла*)
spar лонжерон
  box ~ кессонный лонжерон
  continuous ~ неразрезной лонжерон
  elevator ~ лонжерон руля высоты
  false ~ ложный [дополнительный] лонжерон (*стенка в носке крыла*)
  fin rear ~ задний лонжерон киля

SPE

spar
  flap false ~ продольная стенка закрылка
  front wing ~ передний лонжерон крыла
  hollow ~ полый лонжерон
  intermediate ~ промежуточный лонжерон
  load-carrying ~ силовой лонжерон
  main ~ основной лонжерон
  pylon ~ лонжерон пилона
  rear wing ~ задний лонжерон крыла
  rotor blade ~ лонжерон лопасти несущего винта
  rudder ~ лонжерон руля направления
  solid ~ сплошной лонжерон
  trussed ~ ферменный лонжерон
  tubular ~ трубчатый лонжерон
  wing ~ лонжерон крыла
spark 1. искра 2. вспышка 3. зажигать, воспламенять
sparking:
  brush ~ искрение щётки (*электрической машины*)
spat:
  landing gear ~ обтекатель шасси (*не убирающегося в полёте*)
specification 1. спецификация 2. инструкция 3. технические условия ◊ **in conformity with the** ~**s** в соответствии с техническими условиями; **to meet the** ~**s** соблюдать технические условия
  aircraft basic ~**s** основные технические данные воздушного судна
  technical ~ технические требования; технические условия
spectrum:
  frequency ~ частотный спектр
  noise ~ спектр шума
speed 1. скорость (*напр. полёта*) ‖ набирать скорость 2. число оборотов (*напр. двигателя*) ◊ **at a** ~ **of** ... на

скорости...; at full ~ на полной скорости; ~ at takeoff climb скорость на начальном участке набора высоты при взлёте; ~ in takeoff/landing configuration скорость при взлётной/посадочной конфигурации (*воздушного судна*); ~ near ground скорость (полёта) у земли; on the ~ на скорости...; to accelerate to the ~ разгонять(ся) до скорости...; to attain the ~ развивать заданную скорость; to decrease the ~ уменьшать скорость (*напр. вращения*); to ~ down 1. замедлять скорость (*напр. воздушного судна*) 2. снижать число оборотов; to gain the ~ 1. развивать заданную скорость 2. достигать заданных оборотов; to gather the ~ наращивать скорость; to hold the ~ accurately точно выдерживать скорость; to increase the ~ увеличивать скорость; to kill the landing ~ гасить посадочную скорость; to lose the ~ терять заданную скорость; to maintain the flying ~ выдерживать требуемую скорость полёта; to obtain the flying ~ набирать [устанавливать] заданную скорость полёта; to pick up the ~ развивать заданную скорость; to reach the ~ достигать заданных оборотов; to regain the ~ восстанавливать скорость; to set up the ~ задавать определённую скорость; to state the ~ in term of ... выражать скорость в ...; to transit to the climb ~ переходить к скорости набора высоты

speed
   actual ~ путевая [истинная] скорость
   aircraft ~ скорость воздушного судна
   airscrew blade ~ окружная скорость лопасти воздушного винта
speed
   all engines ~ скорость при всех работающих двигателях
   allowable ~ допустимая скорость
   angular ~ угловая скорость
   approach ~ скорость захода на посадку
   basic ~ исправленная скорость (*с учётом погрешности измерения*)
   block ~ коммерческая скорость
   brake application ~ скорость начала торможения
   buffeting onset ~ скорость возникновения бафтинга
   bug ~ скорость, заданная подвижным индексом (*прибора*)
   circumferential ~ окружная скорость
   climb(ing) ~ (вертикальная) скорость набора высоты
   climb-out ~ скорость набора высоты при выходе из зоны
   closing ~ скорость сближения (*воздушных судов*)
   control ~ эволютивная скорость (*минимально допустимая скорость при сохранении управляемости*)
   critical ~ критическая скорость (*максимально допустимая скорость при сохранении управляемости*)
   critical engine failure ~ скорость при отказе критического двигателя
   cruising ~ крейсерская скорость
   decision ~ скорость принятия решения (*пилотом*)
   decreasing ~ скорость замедления; скорость торможения (*в полёте*)
   degeneration ~ скорость затухания (*звукового удара*)
   demonstrated ~ фактическая скорость
   design ~ расчётная скорость

SPE

speed
dive ~ скорость пикирования
economic ~ экономическая скорость (*при минимальном расходе топлива*)
emergency descent ~ скорость при аварийном [при экстренном] снижении
engine takeoff ~ число оборотов двигателя на взлётном режиме
en-route ~ скорость (полёта) по маршруту
en-route climb ~ скорость набора высоты при полёте по маршруту
exit design ~ расчётная скорость схода (*с ВПП*)
fan tip ~ окружная скорость лопатки вентилятора
flaps ~ скорость при выпуске закрылков
flaps-up climb(ing) ~ скорость набора высоты с убранными закрылками
flight ~ скорость полёта
flight idle ~ 1. скорость полёта на малом газе 2. число оборотов (*двигателя*) при полёте на малом газе
flutter onset ~ скорость возникновения флаттера
forward ~ поступательная скорость
full throttle ~ 1. скорость (полёта) на максимальном газе 2. число оборотов (*двигателя*) при полёте на максимальном газе
gliding ~ скорость планирования
governed ~ регулируемая скорость; регулируемое число оборотов
ground ~ путевая скорость (*скорость воздушного судна относительно земли*)
gust peak ~ максимальная скорость порыва (*воздушной массы*)
headwind ~ скорость встречного ветра
holding ~ скорость (полёта) в зоне ожидания

SPE

speed
hump ~ 1. критическая скорость (*максимально допустимая скорость при сохранении управляемости*) 2. скорость отрыва от воды (*о гидросамолёте*)
hypersonic ~ гиперзвуковая скорость
idle ~ число оборотов (*двигателя*) на малом газе
initial climb ~ скорость первоначального этапа набора высоты
instantaneous vertical ~ мгновенная вертикальная скорость (*полёта*)
landing ~ посадочная скорость
landing approach ~ скорость захода на посадку
landing gear operating ~ скорость выпуска — уборки шасси
landing light operation ~ (максимальная) скорость при выпуске посадочных фар
level-flight ~ 1. скорость горизонтального полёта 2. скорость полёта на эшелоне
liftoff ~ скорость отрыва (*при разбеге*)
linear ~ линейная скорость
long-range cruise ~ крейсерская скорость для полёта максимальной дальности
manoeuvring ~ скорость манёврирования
maximum limit ~ максимально допустимая скорость
maximum threshold ~ максимально допустимая скорость прохождения порога ВПП
mean ~ средняя скорость
minimum flying ~ минимальная скорость полёта
minimum landing ~ минимальная посадочная скорость
minimum takeoff safety ~ минимальная безопасная скорость взлёта
minimum threshold ~ минимально допустимая ско-

speed
рость прохождения порога ВПП

speed
minimum unstick ~ минимальная скорость отрыва
near-sonic ~ околозвуковая скорость
never-exceed ~ максимально допустимая скорость
no-flap approach ~ скорость захода на посадку с убранными закрылками
no-flap climb ~ скорость набора высоты с убранными закрылками
no-flap-no-slat approach ~ скорость захода на посадку с убранной механизацией крыла
no-slat approach ~ скорость захода на посадку с убранными предкрылками
opening ~ скорость раскрытия (*парашюта*)
operating ~ эксплуатационная скорость
overtaking ~ скорость обгона (*воздушного судна*)
permissible operating ~ допустимая эксплуатационная скорость
power-off ~ скорость (*полёта*) при неработающих двигателях
power-on ~ скорость (*полёта*) при работающих двигателях
prestall ~ скорость перед сваливанием (*на крыло*)
prestall warning ~ скорость при возникновении (*на штурвале*) тряски, предупреждающей о приближении сваливания (*на крыло*)
propeller tip ~ окружная скорость законцовки воздушного винта
rearward ~ скорость движения (*вертолёта*) назад
reference flight ~ расчётная скорость полёта
rotation ~ скорость отрыва [подъёма] носового колеса (*при взлёте*)

speed
rotational ~ скорость вращения; частота вращения
rough-air ~ скорость в условиях турбулентности
safety ~ безопасная скорость
sideward flight ~ скорость бокового движения (*вертолёта*)
sink ~ скорость парашютирования (*при посадке*); (вертикальная) скорость перед касанием (*ВПП*)
slowest initial ~ наименьшая начальная скорость (*полёта*)
sonic ~ скорость звука, звуковая скорость
spoiler extended ~ скорость при выпущенных интерцепторах
stalling ~ скорость сваливания (*на крыло*)
steady flight ~ скорость установившегося полёта
subsonic ~ дозвуковая скорость
sufficient ~ заданная [установленная] скорость
supersonic ~ сверхзвуковая скорость
surface wind ~ скорость ветра у поверхности (*земли*)
tailwind ~ скорость попутного ветра
takeoff ~ скорость взлёта
takeoff safety ~ безопасная скорость взлёта, минимальная скорость для безопасного взлёта
tape ~ скорость протяжки ленты (*бортового регистратора*)
target ~ заданная [установленная] скорость
taxiing ~ скорость руления
threshold ~ скорость прохождения порога ВПП
top ~ предельная скорость
touchdown ~ скорость при касании (*ВПП*)
transonic ~ околозвуковая скорость
trim ~ скорость (*полёта*) при

SPE

отбалансированном состоянии (*воздушного судна*)
speed
    turnoff ~ скорость схода с ВПП
    ultrasonic ~ сверхзвуковая скорость
    unstick ~ скорость отрыва при взлёте
    vertical ~ вертикальная скорость
    vertical gust ~ скорость вертикального порыва (*воздушной массы*)
    wind ~ скорость ветра
    zero flaps ~ скорость при полностью убранных закрылках
speedbrake гаситель скорости
sphere:
    disturbance ~ область помех
spider крестовина
    hub ~ крестовина втулки (*воздушного винта*)
    rotor ~ «паук» автомата перекоса несущего винта
spike:
    air intake ~ конус воздухозаборника (*двигателя*)
spill утечка
    fuel ~ утечка топлива
spillage утечка
spin 1. штопор || вводить в штопор **2.** вращение вокруг продольной оси || вращать(ся) вокруг продольной оси ◇ **to ~ a gyro rotor** вращать ротор гироскопа; **to enter the ~** входить в штопор; **to fail into [to fall into] the ~** срываться в штопор; **to go out of the ~** выходить из штопора; **to pull out of the ~** выводить из штопора; **to put into the ~** вводить в штопор; **to recover from the ~** выходить из штопора
    controlled ~ управляемый штопор
    flat ~ плоский штопор
    involuntary ~ непреднамеренный штопор
    power(ed) ~ штопор при работающих двигателях

SPO

spin
    powerless ~ штопор при неработающих двигателях
    steep ~ крутой штопор
    uncontrolled ~ неуправляемый штопор
    voluntary ~ преднамеренный штопор
spinner обтекатель; кок
    propeller ~ кок (*воздушного*) винта
spinning 1. штопорение **2.** вращение вокруг продольной оси
spinproof устойчивый против штопора (*о воздушном судне*)
spinup раскрутка; разгон
    gyro ~ разгон гироскопа *или* гиромотора
    wheel ~ раскрутка колеса (*перед касанием ВПП*)
splashing:
    oil ~ барботаж [разбрызгивание] масла (*в двигателе*)
splicing:
    cable ~ сращивание тросов
splines шлицы
    shaft ~ шлицы вала
    square ~ прямоугольные шлицы
splitter делитель; разделитель
    boundary layer ~ разделитель пограничного слоя
    inlet ~ делитель потока в заборном устройстве
    radial ~ радиальный делитель потока
    ring ~ кольцевой делитель потока
spoiler интерцептор ◇ **to deploy [to extend] a ~** выпускать интерцептор; **to retract a ~** убирать интерцептор
    flat ~ плоский интерцептор
    flight ~ интерцептор-элерон
    ground ~ тормозной интерцептор (*используемый на земле для гашения подъёмной силы*)
    inboard ~ внутренний интерцептор
    lateral control ~ интерцептор-элерон

SPO

spoiler
  outboard ~ внешний интерцептор
  plug-type ~ выдвижной интерцептор
sponson подфюзеляжная гондола шасси
spool 1. катушка; бобина **2.** каскад (*напр. компрессора*)
  low-pressure ~ каскад низкого давления
spot:
  dead ~ мёртвая точка (*системы управления воздушным судном*)
spotter воздушное судно обнаружения (*цели*)
spotting точное определение (место)положения (*в процессе полёта*)
spraying распыление, разбрасывание (*удобрений с воздуха*); опрыскивание (*посевов*)
  aerial crop ~ опрыскивание сельскохозяйственных культур с воздуха
  fertilizer ~ внесение удобрений опрыскиванием
  suspended ~ распыление подвесным оборудованием (*напр. с вертолёта*)
spread 1. протяжённость, размах (*крыла*) **2.** раствор, раскрытие (*луча*) **3.** разброс; расхождение; диапазон отклонений
  azimuth beam ~ азимутальное раскрытие луча (*напр. глиссады*)
  beam ~ раствор луча (*системы посадки по приборам*)
spreader распылитель (*удобрений*); опыливатель (*посевов*)
spreading:
  flame ~ распространение пламени (*напр. в кольцевой камере сгорания*)
  spherical wave ~ сферическое распространение волны
spring:
  downlock bungee ~ пружина распора в выпущенном положении (*опоры шасси*)
  valve ~ пружина клапана

STA

squall шквал
  line ~ фронтальный шквал
squash скользить на крыло (*о воздушном судне*)
squashing скольжение на крыло, боковое скольжение
squawk 1. самолётный ответчик **2.** сигналы(радио)ответчика ‖ передавать сигналы (радио)ответчика
  standby ~ сигналы готовности
squib 1. пиропатрон **2.** воспламенитель
  electric ~ электровоспламенитель
stability 1. устойчивость; стабильность **2.** невозмущённость (*атмосферы*) ◊ ~ **on water** устойчивость на воде (*после аварийной посадки воздушного судна*); **to improve** ~ повышать устойчивость; **to loss** ~ терять устойчивость; **to possess** ~ обладать устойчивостью; ~ **under braking** устойчивость при торможении
  aerodynamic ~ аэродинамическая устойчивость
  air ~ устойчивость воздушной массы
  angle-of-attack ~ устойчивость по углу атаки
  arrow flight ~ устойчивость на траектории полёта
  atmospheric ~ невозмущённость атмосферы
  boundary layer ~ устойчивость пограничного слоя
  directional ~ продольная [путевая, курсовая] устойчивость
  dynamic ~ динамическая устойчивость
  flow ~ устойчивость потока
  inflight ~ устойчивость в полёте
  inherent ~ собственная устойчивость (*воздушного судна*)
  lateral ~ устойчивость по крену, поперечная устойчивость

STA

stability
   limited ~ ограниченная устойчивость
   longitudinal ~ продольная [путевая, курсовая] устойчивость
   pitch(ing) ~ устойчивость по тангажу
   rolling ~ устойчивость по крену, поперечная устойчивость
   side slipping ~ устойчивость при скольжении на крыло
   speed ~ устойчивость по скорости
   static ~ статическая устойчивость
   stick fixed static ~ статическая устойчивость при фиксированном положении рулей
   stick free static ~ статическая устойчивость при свободном положении рулей
   transverse ~ продольная [путевая, курсовая] устойчивость
   weathercock ~ флюгерная устойчивость
   yaw(ing) ~ устойчивость при рыскании

stabilization:
   antenna ~ стабилизация антенны

stabilize стабилизировать (*напр. антенну*)

stabilizer стабилизатор ◊ to **autotrim through the** ~ выполнять автотриммирование с помощью (управляемого) стабилизатора
   adjustable ~ перекладываемый [переставной] стабилизатор
   all-movable ~ управляемый стабилизатор
   fixed ~ неперекладываемый [непереставной] стабилизатор
   flame ~ стабилизатор пламени (*в камере сгорания*)
   horizontal ~ стабилизатор
   one-piece ~ неразъёмный стабилизатор

STA

stabilizer
   stressed-skin ~ моноблочный стабилизатор (*с работающей обшивкой*)
   torsion box ~ стабилизатор кессонной конструкции
   vertical ~ 1. хвостовая шайба (*на стабилизаторе*) 2. киль

stable устойчивый (*напр. о воздушном судне в полёте*)

stack 1. эшелонирование (по высоте) ‖ эшелонировать (по высоте) 2. складировать; укладывать (*напр. багаж*) 3. патрубок 4. блок ◊ to ~ **up** эшелонировать по высоте
   exhaust manifold ~ патрубок выхлопного коллектора
   filter ~ блок фильтров
   holding ~ эшелонирование в зоне ожидания

stacking 1. эшелонирование (по высоте) 2. складирование; укладка (*напр. багажа*)

staff персонал; личный состав ‖ укомплектовывать личным составом

stage 1. ступень (*напр. компрессора*) 2. этап (*полёта*) 3. фаза; стадия; период 4. каскад
   amplifying ~ каскад усиления (*в радиоавиационной аппаратуре*)
   boost(er) ~ подкачивающая ступень (*насоса*)
   compressor ~ ступень компрессора
   domestic flight ~ этап полёта в пределах одного государства
   early ~s первые ступени (*компрессора*)
   final compressor ~ последняя [выходная] ступень компрессора
   flight ~ этап полёта
   flight coupon ~ этап полёта, указанный в полётном купоне
   high-pressure ~ ступень высокого давления
   initial ~ **of go-around** начальный участок ухода на второй круг

STA

stage
  inlet compressor ~ входная ступень компрессора
  international flight ~ этап полёта над другим государством
  low-pressure ~ ступень низкого давления
  main ~ основная [нагнетающая] ступень (*насоса*)
  route ~ этап маршрута (*полёта*)
  supercharging ~ ступень наддува
  turbine ~ ступень турбины
stagger вынос крыла биплана (*смещение одного крыла над другим*)
stairs трап
  air ~ авиационный трап
  entrance ~ 1. входной (пассажирский) трап 2. дверь-трап
  integral ~ встроенный трап
stairway (наземный) трап
  mobile ~ передвижной трап
stall 1. срыв потока 2. сваливание (*на крыло*) || сваливаться (*на крыло*) 3. помпаж (*двигателя*) || помпажировать ◊ **to recover from a** ~ выводить (воздушное судно) из состояния сваливания (*на крыло*)
  mush ~ сваливание из-за снижения эффективности рулей
  shock ~ волновой срыв (*потока*)
  spin ~ сваливание в штопор
stand 1. место остановки (*воздушного судна*); место стоянки, МС 2. стенд; стойка 3. стремянка (*для обслуживания*) 4. станина; колонка 5. ставить на (кратковременную) стоянку ◊ **to enter the aircraft** ~ заруливать на место стоянки воздушного судна; **to** ~ **off** выдерживать достаточное расстояние (*между воздушными судами*); **to** ~ **on** выдерживать заданный курс

STA

stand
  aircraft ~ место остановки воздушного судна; место стоянки воздушного судна
  elevator control ~ колонка руля высоты
  flying ~ турболёт
  maintenance 1. стремянка для технического обслуживания 2. место стоянки для технического обслуживания
  nose-in aircraft ~ место стоянки воздушного судна носом к аэровокзалу
  nose-out aircraft ~ место стоянки воздушного судна хвостом к аэровокзалу
  parking ~ место кратковременной стоянки
  passenger loading ~ (несамоходный) пассажирский трап
  portable ~ передвижная стремянка
  propeller balancing ~ стенд балансировки воздушных винтов
  storage ~ стеллаж (*для хранения деталей*)
  test ~ контрольно-проверочный стенд
standard 1. стандарт; эталон || стандартный; эталонный 2. норма ◊ **to comply with airworthiness** ~**s** соответствовать нормам лётной годности; **to meet the airworthiness** ~**s** удовлетворять нормам лётной годности
  airworthiness ~s нормы лётной годности
  current noise technology ~ действующий технологический стандарт по шуму
  flight ~s лётные нормы
  ICAO category ~ категория ИКАО (*по ограничению воздушных судов выполнять полёты при разных условиях видимости у земли*)
  international ~s международные стандарты
  international aircraft ~ международный авиационный стандарт

S

STA

standard
  noise certification ~ сертификационный стандарт по шуму
  operational ~s эксплуатационные стандарты
  subsonic noise ~ стандарт по шуму для дозвуковых самолётов
standby 1. состояние готовности (*к немедленному вылету*) **2.** резервный, запасный (*напр. об аэродроме*) **3.** аварийный (*о спасательной службе*)
starboard правый борт (*воздушного судна*)
start 1. старт, пуск; начало (разбега) **2.** запуск (*двигателя*) || запускать ◊ **ready to ~** готовность к запуску; **to ~ up** запускать
  ~of leveloff начало выравнивания (*воздушного судна*)
  ~of takeoff начало разбега при взлёте
  rolling ~ взлёт без остановки (*после выруливания на ВПП*), роллинг-старт
  standing ~ исполнительный старт
starter 1. стартёр **2.** пусковой механизм **3.** сигнальщик (*на аэродроме*)
  air ~ воздушный стартёр
  direct-cranking ~ стартёр прямого запуска
  electric ~ электростартёр
  engine ~ стартёр двигателя
  hydraulic ~ гидростартёр
  impulse ~ 1. импульсный стартёр **2.** пусковой ускоритель
  inertia ~ инерционный стартёр
  switch ~ пусковой переключатель
  turbine ~ турбостартёр
starter-generator стартёр-генератор
starting запуск (*двигателя*); раскрутка (*напр. ротора двигателя*) ◊ **~ from a battery cart** запуск от (аэродромной) аккумуляторной тележки; **~ from an operating engine** перекрёстный запуск; **~ on external power** запуск от внешнего источника
starting
  air ~ запуск в воздухе
  all-engines ~ одновременный запуск всех двигателей
  cross-bleed ~ перекрёстный запуск
  engine ~ запуск двигателя
  engine dry ~ холодная прокрутка двигателя
  engine false ~ ложный запуск двигателя
  engine hot ~ запуск двигателя с забросом температуры (*выше допустимой*)
  engine wet ~ ложный запуск двигателя
  fail ~ неудавшийся запуск
  hot ~ горячий запуск
  inflight ~ запуск в полёте
  inflight nonassisted ~ запуск в полёте без включения стартёра
  rotor ~ раскрутка несущего винта
  sequence ~ ступенчатый запуск
  windmill ~ запуск в режиме авторотации
start-of-message начало (телеграфного) сообщения
starvation:
  fuel ~ нехватка [недостаточное количество] топлива
state 1. состояние; свойство; качество **2.** государство **3.** степень ◊ **~ conducting investigation** государство, проводящее расследование (*авиационного происшествия*); **~ instituting the investigation** государство, назначающее расследование (*авиационного происшествия*); **~ submitting the report** государство, представляющее отчёт (*об авиационном происшествии*)
  ~ of aircraft manufacture го-

сударство-изготовитель воздушного судна
state
~ **of discharge** степень разряжённости (*аккумулятора*)
~ **of emergency** аварийное состояние
~ **of occurrence** государство места события (*напр. аварии воздушного судна*)
~ **of transit** государство транзита
aircraft provider ~ государство-поставщик воздушного судна
aircraft registry ~ государство регистрации воздушного судна
aircraft user ~ государство-эксплуатант воздушного судна
operating ~ государство-эксплуатант (*авиалинии*)
provider ~ государство, предоставляющее обслуживание (*напр. диспетчерское*)
statement 1. показание (*напр. свидетелей авиационного происшествия*) 2. бюллетень, отчёт 3. сообщение
statics 1. статика (*система статического давления*) 2. атмосферные помехи
station ◊ **to identify the** ~ опознавать (радио)станцию; **to tune in the** ~ настраиваться на (радио)станцию (*по направлению*); **to tune to the** ~ настраиваться на (радио)станцию (*по частоте*)
acoustic measurement ~ пункт проведения акустических замеров
aerodynamic broadcast ~ широковещательная радиостанция службы обеспечения полётов
aeronautical ~ авиационная (радио)станция
aeronautical advisory ~ станция аэронавигационной информации
aeronautical fixed ~ авиационная фиксированная (радио)станция
station
aeronautical meteorological ~ авиационная метеостанция
aircraft test ~ испытательная станция воздушных судов
automatic weather ~ автоматическая метеостанция
beam radio ~ радиостанция направленного действия
broadcasting radio ~ широковещательная радиостанция
called ~ (радио)станция, вызываемая на связь
calling ~ (радио)станция, вызывающая на связь
captain's ~ рабочее место командира (*воздушного судна*)
coast guard ~ пост береговой охраны
collision warning ~ станция предупреждения столкновений
combustor exit ~ устройство замера (*параметров*) на выходе из камеры сгорания
commercial broadcast ~ коммерческая радиовещательная станция
control radio ~ радиостанция диспетчерской связи
directing ~ пеленгаторная станция
directional ~ (радио)станция направленного действия
direction-finding ~ (радио-)пеленгаторная станция
duty ~ рабочее место (*экипажа*)
early warning ~ станция дальнего [раннего] обнаружения
earth ~ наземная станция (*обеспечения полётов*)
equisignal ~ равносигнальная (радио)станция
fire ~ пожарная станция
flight engineer ~ рабочее место бортинженера

STA

station
  flight service ~ станция службы обеспечения полётов
  ground ~ наземная станция (*обеспечения полётов*)
  helicopter ~ вертолётная станция
  homer [homing] ~ приводная (радио)станция
  jamming ~ станция глушения радиосвязи
  land ~ наземная станция (*обеспечения полётов*)
  landing direction-finding ~ посадочная (радио)пеленгаторная станция
  master ~ ведущая станция
  master radar ~ главная радиолокационная станция
  meteorological ~ метеорологическая станция, метеостанция
  meteorological radar ~ метеорологическая радиолокационная станция
  mobile ship ~ передвижная станция технического обслуживания
  nondirectional ~ (радио-)станция ненаправленного действия
  observation ~ пункт наблюдения
  onboard ~ бортовая (радио-)станция
  pilot's ~ рабочее место пилота
  position-fixing [position-radar] ~ радиолокационная станция
  radar-tracking ~ радиолокационная станция сопровождения
  radio ~ радиостанция
  radio communication ~ связная радиостанция
  radio compass [radio direction-finding] ~ радиопеленгаторная станция
  receiving ~ приёмная (радио)станция
  relay [repeater] ~ ретрансляционная станция

STA

station
  secondary radio ~ вспомогательная радиостанция
  sending ~ передающая станция
  shore ~ береговая станция
  track ~ станция сопровождения
  transmitting ~ передающая станция
  warning ~ станция оповещения

statistics статистика; статистические данные
  accident ~ учёт авиационных происшествий; статистика авиационных происшествий

stator 1. статор (*электродвигателя*) 2. неподвижный направляющий аппарат (*напр. компрессора*)

status:
  aerodrome alert ~ состояние готовности (служб) аэродрома по тревоге
  clear runway ~ состояние готовности ВПП к полётам
  dry runway ~ сухая ВПП
  flight ~ литер рейса (*определяет степень важности полёта*)
  flyable ~ состояние годности к полётам
  ice runway ~ состояние (поверхности) ВПП при наличии обледенения
  operational ~ состояние (при)годности к эксплуатации
  runway ~ состояние (поверхности) ВПП
  snow-compacted runway ~ состояние (поверхности) ВПП при наличии плотного снега
  snow-crusted runway ~ состояние (поверхности) ВПП при наличии снежного наста
  snow-dry runway ~ состояние (поверхности) ВПП при наличии сухого снега
  snow-slush runway ~ состояние (поверхности) ВПП при наличии снежной слякоти

STA

status
  snow-wet runway ~ состояние (поверхности) ВПП при наличии мокрого снега
  uneven ground runway ~ состояние (поверхности) ВПП при наличии неровностей
  vegetation runway ~ состояние (поверхности) ВПП при наличии растительности
  water covered runway ~ состояние (поверхности) ВПП при наличии воды
  wet runway ~ влажная ВПП
stay 1. стойка, опора 2. расчалка; звено
  lower ~ нижнее звено (складывающегося подкоса шасси)
steadiness 1. устойчивость (напр. полёта) 2. равномерность (напр. движения) ◊ **to assess** ~ оценивать степень устойчивости
  ~ **of approach** устойчивость при заходе на посадку
steer 1. руль 2. управлять; вести; пилотировать 3. наводить (на цель); держать курс (полёта)
steerable управляемый, регулируемый (о воздушном судне)
steering 1. управление; пилотирование 2. наведение (на цель); выдерживание курса (полёта)
  nosewheel ~ управление (движением воздушного судна) с помощью носового колеса
  parachute ~ управление парашютом
stem:
  valve ~ шток [стержень] клапана
stencil трафарет (для нанесения надписей на фюзеляже или крыле с помощью краски)
step ◊ **to break down into** ~s разбивать на этапы (траекторию полёта)
  assembly ~ этап сборки
  disassembly ~ этап разборки

STI

stepdown 1. высота порога (выхода из воздушного судна) 2. выходить (из воздушного судна) 3. понижать (напряжение)
  emergency exit ~ высота порога аварийного выхода (над обшивкой крыла)
steps 1. стремянка (для обслуживания воздушного судна) 2. трап
  passenger(-loading) ~ пассажирский трап
  retractable air ~ выдвижная бортовая лестница
  self-propelled passenger ~ самоходный пассажирский трап
stepup:
  emergency exit ~ высота порога аварийного выхода (над полом кабины пассажиров)
stepway (пассажирский) трап
steradian стерадиан (единица измерения угла сферы)
stern-post хвостовая часть (конструкции)
  airframe ~ хвостовая часть фюзеляжа
steward бортпроводник
stewardess бортпроводница
stick 1. ручка управления 2. управлять; пилотировать ◊ **to pull the control** ~ **back** брать ручку управления на себя; **to push the control** ~ отдавать ручку управления от себя
  checking ~ мерная линейка (напр. для замера уровня масла в баке)
  control ~ ручка управления (воздушным судном)
  cyclic pitch control ~ ручка продольно-поперечного управления циклическим шагом (несущего винта)
  fuel dip ~ топливомерный щуп
  oil dip ~ масломерная линейка, масломерный щуп
stiff 1. тугой (об управлении рулями) 2. заклинённый (напр. о

состоянии тросов управления) ◇ **to cause** ~ приводить к заклинению
stiffener подкрепляющий элемент; ребро жёсткости; профиль усиления
stiffness 1. жёсткость (*конструкции*) **2.** устойчивость (*напр. силового элемента*)
  aerodynamic ~ аэродинамическая жёсткость
  control-system ~ жёсткость системы управления
  pitch ~ продольная устойчивость
  tail-unit ~ жёсткость хвостового оперения
  wing torsion(al) ~ жёсткость крыла на кручение
stock 1. запас; фонд (*напр. запчастей*) **2.** *pl* стапель (*для сборки*) **3.** хранить на складе
  repair ~ ремонтный фонд, ремфонд
stole:
  inflatable ~ надувной спасательный жилет
stolport, STOLport аэродром для самолётов короткого взлёта и посадки
stop 1. остановка || останавливать(ся) **2.** завершение полёта || завершать полёт **3.** торможение || тормозить **4.** кратковременная посадка || совершать кратковременную посадку **5.** упор; ограничитель || ограничивать ◇ **to come to a complete** ~ полностью останавливаться (*о воздушном судне*); **to exceed the** ~ преодолевать упор; **to latch the pitch** ~ устанавливать на упор шага (*лопасти воздушного винта*); **to unlatch the pitch** ~ снимать с упора шага (*лопасти воздушного винта*)
  adjustable ~ регулируемый упор (*шага лопасти воздушного винта*)
  aircraft ~ **1.** остановка воздушного судна **2.** промежу-

точная посадка воздушного судна
stop
  blade droop ~ ограничитель свеса лопасти (*несущего винта*)
  castor ~ упор (ограничения разворота) носового колеса (*шасси*)
  coarse pitch ~ упор большого шага (*лопасти воздушного винта*)
  consecutive ~s последовательные остановки (*на маршруте*)
  droop ~ ограничитель свеса (*лопасти несущего винта*)
  en-route ~ остановка на маршруте полёта
  fine-pitch ~ упор малого шага (*лопасти воздушного винта*)
  flapping ~ ограничитель взмаха (*лопасти несущего винта*)
  flight-fine-pitch ~ упор полётного малого шага (*лопасти воздушного винта*)
  flight idle ~ упор полётного малого газа (*для предупреждения перевода на отрицательную тягу винта*)
  full throttle ~ упор максимального газа
  high-pitch ~ упор большого шага (*лопасти воздушного винта*)
  hydraulic pitch ~ гидравлический упор шага (*лопасти воздушного винта*)
  idling ~ упор малого газа
  intermediate flight ~ промежуточная посадка
  low-pitch ~ упор малого шага (*лопасти воздушного винта*)
  nontraffic ~ остановка с некоммерческими целями
  operating ~ посадка для выполнения обслуживания (*воздушного судна*)
  overrideable ~ пересиливаемый упор (*автопилота*)

STO   STR   S

stop
  pitch ~ упор шага (*лопасти воздушного винта*)
  revenue остановка с коммерческими целями
  reverser lever ~ упор рычага реверса (*двигателя*)
  spring-loaded ~ пружинный упор
  technical ~ посадка по техническим причинам
  throttle lever ~ упор рычага управления газом (*двигателя*)
  traffic ~ 1. остановка с коммерческими целями 2. место прекращения движения (*на аэродроме*)
  transit ~ транзитная остановка (*на маршруте полёта*)
  turnaround ~ промежуточная стоянка
  wear adjuster ~ упор регулятора зазоров (*тормозных дисков колеса*)
stopover промежуточная остановка (*пассажира по согласованию с перевозчиком в одном из пунктов маршрута, как правило, не более 24 часов*)
  inbound ~ остановка при полёте «туда»
  outbound ~ остановка при полёте «обратно»
stoppage засорение (*напр. трубопровода*)
stopping 1. остановка 2. торможение ◊ ~ **for nontraffic purposes** остановка с некоммерческими целями
  scheduled ~ остановка по расписанию
stopway концевая полоса торможения
storage 1. хранение 2. устройство для хранения 3. аккумулятор ◊ **to receive for** ~ принимать на хранение
  depot ~ складское хранение
  extended ~ длительное [продолжительное] хранение
  hose ~ катушка хранения шланга

storage
  short ~ кратковременное хранение
store 1. запас; резерв 2. склад 3. хранить, сдавать на хранение
  bonded ~ таможенный склад
stores бортовое съёмное оборудование
stormscope грозоотметчик
stow 1. перекладывать (*напр. створки реверса*) 2. укладывать (*багаж, груз*) 3. загружать (*воздушное судно*)
stowage 1. перекладка (*напр. створок реверса*) 2. укладка (*багажа, груза*) 3. плата за хранение на складе 4. место хранения (*на борту*)
  removable coat ~ съёмный гардероб (*на воздушном судне*)
  thrust reverser ~ перекладка реверса на прямую тягу, выключение реверса тяги
stowaway безбилетный пассажир
straightener направляющая, направляющее [спрямляющее] устройство (*напр. для стабилизации газового потока*)
  outlet ~ спрямляющий аппарат (*компрессора*)
strain 1. напряжение 2. деформация
strainer 1. (сетчатый) фильтр 2. прямоточный (топливный) фильтр
  gauze ~ фильтр с защитной сеткой
strain-gaging тензометрирование
strap 1. лямка; ремень 2. лента; полоска
  flap slot ~ зашивка закрылочной щели
  parachute ~ лямка парашюта
  restraining ~ стяжная лента (*для груза*)
  shoulder ~ плечевой ремень (*пилота*)
stratiform слоистый (*напр. об облачности*)

stratocumulus слоисто-кучевые облака
stratus слоистые облака
stream 1. струя; поток 2. течение ◊ **to consort with** ~ обеспечивать устойчивость (*полёта*) в (воздушном) потоке
  jet ~ 1. реактивный поток 2. реактивное [струйное] течение
  jet exhaust ~ реактивная струя выходящих газов
streamer 1. парашют с неполностью раскрывшимся куполом 2. вымпел (*для заглушки или чехла, установленных на время стоянки воздушного судна*) 3. стекатель (*газов*)
  trailing edge ~ стекатель задней кромки (*крыла*)
streamline линия (воздушного) потока; линия обтекания ‖ обтекаемый (*напр. о крыле*)
streamlining 1. обтекаемость (*напр. крыла*) 2. придание обтекаемой формы
streamwise 1. обтекать по потоку (*напр. о крыле*) 2. в направлении потока (*о движении воздушного судна*)
strength 1. сила 2. прочность 3. сопротивление 4. напряжённость (*поля*) ◊ **to effect adversely the** ~ нарушать прочность (*напр. фюзеляжа*)
  bearing ~ 1. несущая способность (*покрытия ВПП*) 2. подъёмная сила (*крыла*)
  bending ~ изгибающая сила
  bursting ~ сопротивление разрыву
  electric field ~ напряжение электрического поля
  fatigue ~ усталостная прочность
  magnetic field ~ напряжение магнитного поля
  pavement ~ прочность покрытия (*ВПП*)
  proof ~ запас прочности
  runway ~ прочность (покрытия) ВПП
  shock ~ интенсивность скачка уплотнения
  tensile ~ прочность на растяжение, прочность на разрыв
  yield ~ предел текучести
stress усилие; напряжение; нагрузка ◊ **to carry** ~ нести [выдерживать] нагрузку
  bending ~ напряжение изгиба
  compressive ~ напряжение сжатия
  concentrated ~ концентрированное напряжение
  longitudinal ~ продольное напряжение
  safe ~ допустимое напряжение
  shear ~ напряжение сдвига, напряжение среза
  tensile ~ напряжение растяжения
  torsional ~ напряжение кручения
  ultimate ~ критическое напряжение
  unsafe ~ опасное напряжение
strike ◊ **bird** ~ **to an aircraft** столкновение птиц с воздушным судном
  lightning ~ удар молнии (*напр. в корпус воздушного судна*)
striker:
  limit switch ~ нажимная лапка (штока) концевого выключателя (*напр. шасси*)
stringer стрингер
strip 1. (грунтовая) взлётно-посадочная полоса, (грунтовая) ВПП (*для взлёта и посадки лёгких самолётов*) 2. (лётная) полоса 3. перемычка; накладка 4. лента
  aerodrome ~ лётная полоса аэродрома
  air ~ взлётно-посадочная полоса, ВПП
  bonding ~ перемычка металлизации

STR

strip
cap ~ накладка полки (*лонжерона*)
crash landing ~ аварийная посадочная полоса
earth air ~ грунтовая ВПП
flight ~ взлётно-посадочная полоса, ВПП
flight progress ~ лента записи хода полёта, полётный лист
fuselage splice ~ соединительная накладка обшивки фюзеляжа
grass ~ ВПП с травяным покрытием
ice protection ~ накладка (*на обшивке фюзеляжа в зоне винтов*) для защиты от попадания кусков льда
instrument ~ лётная полоса, оборудованная для полётов по приборам
joint ~ стыковая лента (*крыла и центроплана*)
landing ~ посадочная полоса (*с грунтовым покрытием*)
private air ~ частная ВПП
rubber sealing ~ резиновый уплотнительный профиль
runway ~ лётная полоса (*включает ВПП, концевые и боковые полосы безопасности*)
runway side ~ (маркировочная) полоса боковой кромки ВПП
splice ~ стыковая лента (*капота двигателя*)
takeoff ~ взлётная полоса
taxiway ~ рулёжная полоса (*включает рулёжную дорожку и боковые полосы безопасности*)
wing trim ~ балансировочный нож на задней кромке крыла
stripe (маркировочная) линия
runway side ~ (маркировочная) линия края ВПП
taxi side ~ (маркировочная) линия края рулёжной дорожки

STR

stroke ◊ **at the end of** ~ в конце хода (*поршня*)
back ~ обратный ход (*поршня*)
compression ~ такт сжатия
exhaust ~ такт выпуска, такт выхлопа
impact ~ прямой ход (*амортстойки шасси*)
intake ~ такт впуска, такт всасывания
lightning ~ грозовой разряд, вспышка молнии
operating rod ~ ход штока (*гидроусилителя*)
piston ~ ход поршня
power ~ рабочий ход (*поршня*)
recovery ~ обратный ход (*амортстойки шасси*)
shock strut ~ ход амортстойки (*шасси*)
spring ~ ход пружины
suction ~ такт впуска, такт всасывания

structure 1. конструкция; силовой набор 2. структура; схема ◊ **to damage aircraft** ~ повреждать конструкцию воздушного судна; **to load the** ~ нагружать конструкцию
~ **of fronts** структура атмосферных фронтов
aircraft ~ конструкция воздушного судна
all-metal ~ цельнометаллическая конструкция
course ~ схема курса (*полёта*)
fail-safe ~ отказоустойчивая конструкция
fare ~ структура тарифов
floor ~ силовой набор пола (*кабины*)
nacelle ~ каркас гондолы
predetermined track ~ система предписанных маршрутов
rotorcraft flight ~ несущая система вертолёта
stressed-skin ~ конструкция с работающей обшивкой
torsion box ~ кессонная конструкция

strut 1. стойка; опора **2.** подкос; распорка ‖ крепить распорками
  actuating ~ цилиндр-подкос (*шасси*); цилиндр уборки — выпуска (*шасси*); подкос-подъёмник (*шасси*)
  air-oil shock ~ воздушно-масляный амортизатор
  bearing support ~ стойка несущей опоры (*ротора*)
  bottomed shock ~ полностью обжатый амортизатор
  brace ~ подкос (*напр. крепления двигателя*)
  breaker ~ складывающийся подкос
  compressed shock ~ обжатый амортизатор
  drag ~ задний подкос (*шасси*)
  engine mount ~ стойка подмоторной рамы
  folding ~ складывающийся подкос (*шасси*)
  folding drag ~ складывающийся задний подкос
  forward ~ передний подкос
  hydraulic shock ~ гидравлический амортизатор
  inlet streamlined ~ обтекаемая стойка входного устройства (*компрессора*)
  interplane ~ бипланная стойка
  landing gear shock ~ амортизационная опора шасси
  lock ~ механизм распора (*складывающегося подкоса опоры шасси*)
  locking ~ штанга фиксации (*капота*)
  long-stroke shock ~ амортизатор с большим ходом штока
  main ~ основная опора (*шасси*)
  nose ~ передняя опора (*шасси*)
  nose brace ~ подкос передней опоры (*шасси*)
  oleo-pneumatic shock ~ азотно-масляный амортизатор
  radial ~ радиальная опора (*турбины*)
  retracting ~ цилиндр-подкос для уборки (*шасси*)

strut
  shock ~ **1.** амортизационная опора, амортстойка (*шасси*) **2.** амортизирующий подкос, амортизатор (*шасси*)
  side ~ боковой подкос (*шасси*)
  stabilizer ~ подкос стабилизатора
  supporting ~ подкос (*напр. крепления двигателя*)
  telescopic shock ~ телескопический амортизатор
  tripod ~ подкос треножного подъёмника
stub ответвление (*от ВПП или рулёжной дорожки к месту стоянки воздушного судна*)
study:
  aerodynamic ~ аэродинамическое исследование (*конструкции*)
  aeronautical ~ аэронавигационное исследование (*зоны полётов*)
stunt высший пилотаж ‖ выполнять фигуры высшего пилотажа
subcenter:
  rescue ~ вспомогательный центр поиска (*пропавших воздушных судов*)
subchannel подканал (*связи*)
subgrade:
  runway ~ подушка [основание] ВПП
submission of a flight plan представление плана полёта
subpanel:
  instrument ~ панель приборной доски
subscale:
  altimeter ~ подвижная шкала высотомера
subsonic дозвуковой (*о скорости*)
suction:
  boundary layer ~ отсос пограничного слоя
suit:
  anti-g ~ противоперегрузочный костюм (*пилота*)
suitability годность (*к эксплуатации*); пригодность (*к полё-*

SUM

там) ◊ **to assess the** ~ оценивать пригодность
summary:
   aerodrome climatological ~ аэродромная метеосводка
   financial ~ финансовая сводка
   operational ~ эксплуатационная сводка
   preliminary report ~ предварительная сводка отчётов (*об авиационных происшествиях*)
   traffic ~ данные воздушных перевозок
   traffic flow ~ статистическая сводка воздушных перевозок
sump отстойник, сборник
   oil ~ маслоотстойник
sunrise начало светлого времени, восход солнца
sunrise-to-sunset светлое время суток
sunset конец светлого времени, заход солнца
sunset-to-sunrise тёмное время суток
supercharge избыточное давление ‖ создавать избыточное давление
supercharger нагнетатель
   external ~ внешний нагнетатель (*поршневого двигателя*)
   high-altitude ~ высотный нагнетатель (*двигателя*)
supercharging 1. наддув **2.** создание наддува
   altitude ~ высотный наддув (*двигателя*)
superimpose накладывать (*напр. одну частоту на другую*)
superintendent:
   fueling ~ ответственный за заправку топливом (*в аэропорту*)
   towing ~ руководитель буксировки
superpressure избыточное давление
supersedeas:
   aircraft ~ списание воздушного судна

SUP

supersonic сверхзвуковой (*о скорости*)
supervision ◊ ~ **approved by the State** надзор [контроль], установленный государством;
   to exercise flight ~ осуществлять контроль за ходом полёта; **to fly under the** ~ **of** летать под контролем
   flight ~ контроль за ходом полёта
   flight crew ~ проверка готовности экипажа к полёту
   maintenance ~ контроль за выполнением технического обслуживания
   operating ~ контроль [надзор] за производством полётов
supervisor контролёр; инспектор
   duty traffic ~ дежурный диспетчер (воздушного) движения
supplier:
   aircraft ~ предприятие-поставщик воздушных судов
supply 1. снабжение, поставка ‖ снабжать, поставлять **2.** источник (*напр. электропитания*)
   aircraft fuel ~ подача топлива в систему воздушного судна
   aircraft power ~ бортовой источник электропитания
   auxiliary power ~ вспомогательный источник энергопитания
   emergency power ~ аварийный источник энергопитания
   secondary power ~ резервный источник энергопитания
support 1. опора; стойка **2.** обеспечение (*полётов*)
   adjustable ~ регулируемая опора (*напр. гидроподъёмника*)
   aviation-engineering ~ инженерно-авиационное обеспечение
   aviation logistic ~ авиационное материально-техническое обеспечение

SUP

support
  chamber casing ~ стойка кожуха камеры сгорания
  crew life ~ система жизнеобеспечения экипажа
  fuel tank ~ ложемент топливного бака
  joint ~ совместное финансирование (*авиационных проектов*)
  link rod ~ опора [направляющая] тяги
  rotor ~ опора (вала) ротора (*двигателя*)
  tail ~ хвостовая штанга (*для предохранения хвостовой части фюзеляжа от опускания на стоянке*)
supporting ◊ ~ **by hoist** вывешивание (*двигателя*) с помощью лебёдки
suppression глушение (*напр. шума*); подавление (*напр. помех*)
  noise ~ глушение шума, шумоглушение
  radio interference ~ подавление радиопомех
suppressor глушитель
  corrugated noise ~ гофрированный глушитель шума
  exhaust noise ~ глушитель шума на выхлопе
  noise [sound] ~ глушитель шума, шумоглушитель
supremacy ◊ **to gain the air** ~ завоёвывать господство в воздухе
  air ~ господство в воздухе
surcharge 1. дополнительная плата, доплата 2. наддув 3. добавочная нагрузка; перегрузка ◊ ~ **for a stopover** доплата за дополнительную остановку (*на маршруте*)
  airport ~ дополнительный аэропортовый сбор
surface ◊ **to balance the control** ~ балансировать поверхность управления; **to deflect the control** ~ отклонять поверхность управления (*напр. элерон*)

SUR

  acoustically treated ~ акустически обработанная поверхность
surface
  aerodynamic ~ аэродинамическая поверхность
  aerodynamic lifting ~ аэродинамическая несущая поверхность
  approach ~ (условная) поверхность для ограничения зоны захода на посадку
  asphaltic runway ~ асфальтовое покрытие ВПП
  balancing ~ (аэродинамическая) поверхность компенсации усилий
  balked landing ~ (условная) поверхность для ограничения зоны ухода на второй круг (*при прерванной посадке*)
  bearing ~ опорная поверхность
  concrete runway ~ бетонное покрытие ВПП
  conical ~ (условная) конусная поверхность (ограничения полётов)
  control ~ поверхность управления, руль, рулевая поверхность
  crushed stone runway ~ щебёночное покрытие ВПП
  dirt runway ~ грунтовое покрытие ВПП
  flight control ~ (аэродинамическая) поверхность управления полётом, руль управления полётом
  full-span control ~ поверхность управления по всему размаху (*напр. крыла*)
  grass runway ~ травяное покрытие ВПП
  gravel runway ~ покрытие ВПП из гравия
  grooved runway ~ рифлёное покрытие ВПП
  landing ~ (условная) поверхность для ограничения зоны посадки
  lifting ~ несущая (аэродинамическая) поверхность

SUR

surface
  load-bearing ~ поверхность, несущая нагрузку
  macadam runway ~ цементно-щебёночное покрытие ВПП
  nonload-bearing ~ поверхность, не несущая нагрузку
  obstacle assessment ~ (условная) поверхность оценки (высоты) препятствий
  obstacle clearance ~ (условная) поверхность ограничения высоты препятствий (*в зоне аэродрома*); поверхность высоты пролёта препятствий
  obstacle free ~ поверхность высоты пролёта препятствий
  obstacle limitation ~ (условная) поверхность ограничения высоты препятствий (*в зоне аэродрома*)
  parting ~ поверхность разъёма
  porous runway ~ пористое покрытие ВПП
  runway ~ поверхность [покрытие] ВПП
  smooth runway ~ ровное покрытие ВПП
  specified upper-air ~ (условная) поверхность ограничения верхнего воздушного пространства
  stabilizing ~ стабилизирующая (аэродинамическая) поверхность
  standard isobaric ~ стандартная изобарическая поверхность
  tail ~ поверхность хвостового оперения
  takeoff ~ (условная) поверхность ограничения (высоты) препятствий в зоне взлёта
  takeoff climb ~ (условная) поверхность ограничения (высоты) препятствий на участке набора высоты
  wing lower ~ нижняя поверхность крыла
  wing upper ~ верхняя поверхность крыла

SWE

surge 1. помпаж (*двигателя*) **2.** резкое изменение давления **3.** перегрузка (*бортовой сети*)
  air intake ~ помпаж [срыв потока воздуха] в воздухозаборнике
surveillance 1. контроль; инспектирование **2.** наблюдение; обзор (*воздушного пространства*)
  customs ~ таможенный контроль
survey 1. наблюдение; обзор (*воздушного пространства*) **2.** исследование
  aerial ~ аэрофотосъёмка
  air ~ наблюдение с воздуха, барражирование
  vibration ~ антивибрационное исследование (*двигателя*)
suspension подвеска
  absorber levered ~ рычажная амортизационная подвеска (*колеса шасси*)
  rope ~ тросовая подвеска (*на вертолёте*)
  wheel levered ~ рычажная подвеска колеса (*шасси*)
  wheel semilevered ~ полурычажная подвеска колеса (*шасси*)
  wheel-to-shock strut ~ крепление [подвеска] колеса на штоке амортизатора (*шасси*)
swallowing:
  shock ~ поглощение скачка уплотнения
swash 1. биение боковой поверхности (*рабочего колеса турбины*) **2.** перекос (*движущихся поверхностей*)
swashplate 1. наклонная шайба (*напр. плунжерного насоса*) **2.** тарелка [кольцо] автомата перекоса (*вертолёта*)
  nonrotating ~ стационарная тарелка автомата перекоса
  rotating ~ вращающаяся тарелка автомата перекоса
sweep 1. развёртка (*на экране локатора*) **2.** стреловидность (*крыла*) **3.** снос (*воздушного судна*) с курса **4.** линия (по-

лёта) 5. производить поиск (*с помощью локатора*)
sweep
   azimuth ~ азимутальная развёртка
   leading-edge ~ стреловидность передней кромки (*аэродинамической поверхности*)
   negative ~ обратная [отрицательная] стреловидность
   parallel ~ параллельная линия, параллель (*полёта*)
   wing variable ~ изменяемая [переменная] стреловидность крыла
sweepback прямая [положительная] стреловидность (*крыла*)
sweeper:
   runway ~ машина для очистки ВПП
sweepforward обратная [отрицательная] стреловидность (*крыла*)
swept стреловидный (*о крыле*)
swept-back прямой стреловидности (*о крыле*)
swept-forward обратной стреловидности (*о крыле*)
swerve отклонение (*от курса полёта*) ‖ отклоняться
   aircraft intentional ~ преднамеренное отклонение воздушного судна
   aircraft sudden ~ внезапное отклонение воздушного судна
swinging 1. самопроизвольный уход (*с курса полёта*) 2. списание (*девиации*) 3. качание; колебание
   air compass ~ списание девиации компаса в полёте
   compass ~ списание девиации компаса (*разворачиванием воздушного судна на различные румбы*)
   pointer ~ колебание [качание] стрелки (*прибора*)
swirl вихрь; завихрение; вихревое движение
swirler центробежная [вихревая] форсунка
   vane ~ лопаточный завихритель

swirling вихрь; завихрение; вихревое движение
   flow ~ завихрение потока
switch 1. выключатель; переключатель 2. сигнализатор ◊ **to** ~ **off** выключать; **to** ~ **on** включать
   aircraft limit ~ концевой выключатель в системе воздушного судна
   altitude ~ высотный сигнализатор
   band selector ~ переключатель выбора частоты
   bus selector ~ переключатель (электро)шин
   button ~ гашетка
   cam actuated ~ кулачковый переключатель
   cargo drop ~ выключатель сброса груза
   cargo hatch control ~ переключатель управления грузовым люком
   cranking selector ~ переключатель холодной прокрутки (*двигателя*)
   day/night ~ переключатель дневной и ночной яркости (*светового табло*)
   differential pressure ~ сигнализатор перепада давления
   down-lock limit ~ концевой выключатель замка выпущенного положения (*шасси*)
   electrical ~ электровыключатель
   emergency depressurization ~ выключатель аварийной разгерметизации
   emergency release ~ выключатель аварийного сброса (*напр. груза*)
   float ~ поплавковый сигнализатор (*уровня топлива*)
   fuel low level ~ сигнализатор остатка топлива (*в баке*)
   fuel quantity indicator selector ~ переключатель топливомера
   ignition ~ переключатель зажигания (*поршневого двигателя*)

switch
  level ~ сигнализатор уровня (*напр. топлива*)
  limit ~ концевой выключатель
  limit speed ~ сигнализатор достижения предельной скорости
  liquid level ~ жидкостный переключатель (*гироскопического прибора*)
  lock open warning ~ сигнализатор (самопроизвольного) открытия замка (*напр. реверса*)
  low float ~ поплавковый сигнализатор остатка (*топлива*)
  minimum pressure ~ сигнализатор минимального давления
  mode selector ~ переключатель режимов работы
  momentary ~ нажимной выключатель
  negative torque ~ сигнализатор появления отрицательного крутящего момента (*на валу двигателя*)
  normally closed ~ выключатель с нормально замкнутыми контактами
  normally open ~ выключатель с нормально разомкнутыми контактами
  on-off ~ двухпозиционный переключатель
  overtemperature ~ сигнализатор опасной температуры
  parking brake ~ переключатель стояночного тормоза
  pickle ~ нажимной выключатель продольного триммирования
  power fail ~ сигнализатор отказа (электро)питания
  pressure ~ сигнализатор давления
  pressure warning ~ сигнализатор аварийного давления
  push button ~ кнопочный переключатель
  roll erection torque ~ выключатель поперечной коррекции (*авиагоризонта*)
switch
  selector ~ переключатель
  shutdown ~ выключатель останова (*двигателя*)
  surge warning ~ сигнализатор возникновения помпажа (*двигателя*)
  temperature actuated ~ термовыключатель
  temperature limit ~ сигнализатор ограничения температуры
  thermal ~ термосигнализатор
  toggle ~ тумблер, рычажный выключатель
  transponder destruct ~ выключатель взрыва ответчика (*на воздушном судне*)
  up-lock limit ~ концевой выключатель замка убранного положения (*шасси*)
switchboard 1. коммутатор 2. щиток управления
  airport ~ коммутатор аэропорта
swivel:
  bogie ~ шарнир тележки шасси (*для уменьшения радиуса разворота*)
swivelling самоориентирование (*задней пары колёс тележки основного шасси*)
syllabus программа (*обучения*); учебный план
symbol 1. условный знак (*на аэронавигационной карте*) 2. символ; эмблема; код
  aircraft reference ~ указатель положения воздушного судна (*на шкале навигационного прибора*)
  radar position ~ радиолокационная отметка (место)положения (*воздушного судна*)
  runway pattern ~ условный код ВПП
synchronization:
  flap ~ синхронизация (работы) закрылков
synchronizer:
  propellers ~ механизм син-

SYR

хронизации (вращения) воздушных винтов
syringe шприц ‖ шприцевать
 oil ~ шприц для смазки
System:
 Global Observing ~ Всемирная система (метео)наблюдений
system 1. комплекс, система (*напр. агрегатов*) 2. сеть, система (*напр. авиалиний*) 3. метод, система (*напр. технического обслуживания*) ◊ **to calibrate the** ~ тарировать систему; **to prove the** ~ испытывать систему; **to restore the** ~ восстанавливать работу системы; **to test the** ~ испытывать систему; **to turn off the** ~ выключать систему; **to turn on the** ~ включать систему; **to unarm the** ~ отключать [снимать] состояние готовности системы

 ~ **of monitoring visual aids** система контроля за работой визуальных средств (*на аэродроме*)
 ~ **of units** система единиц (*измерения*)
 abbreviated visual indicator ~ упрощённая система визуальной индикации (*глиссады*)
 acceleration warning ~ система сигнализации перегрузок
 accessory power ~ система энергопитания оборудования
 acoustical measurement ~ акустическая измерительная система
 actuating ~ исполнительная (механическая) система
 aerial spraying ~ система распыления (*удобрений*) с воздуха
 aerodrome alert ~ система объявления тревоги на аэродроме
 aerodrome approach control ~ система управления подходом к аэродрому

SYS

system
 aerodrome drainage ~ дренажная система аэродрома
 aerodrome fueling ~ аэродромная система (централизованной) заправки топливом
 aerodrome marking ~ система маркировки аэродрома
 aerodynamic roll ~ аэродинамическая система управления креном
 aileron control ~ система управления элеронами
 aileron trim ~ система балансировки элеронов
 aileron trim tab control ~ система управления триммером элерона
 air bleed ~ система отбора воздуха (*от компрессора*)
 airborne ~ бортовая система
 air brake ~ система воздушных тормозов
 air conditioning ~ система кондиционирования воздуха (*в кабине воздушного судна*)
 air cooling ~ система воздушного охлаждения
 aircraft ~ бортовая система
 aircraft control ~ система управления воздушным судном
 aircraft electric ~ электросистема воздушного судна
 aircraft heating ~ система обогрева воздушного судна
 aircraft identification ~ система опознавания воздушного судна
 aircraft integrated data ~ бортовая комплексная система регистрации данных
 aircraft landing measurement ~ система измерения посадочных параметров воздушного судна
 aircraft pneumatic ~ пневматическая система воздушного судна
 aircraft warning ~ система предупредительной сигнализации воздушного судна

SYS

system
  air data computer ~ система сбора воздушных сигналов
  airfield lighting ~ система светосигнального оборудования лётного поля
  air humidifying ~ система увлажнения воздуха
  air induction ~ система забора воздуха
  air-interpreted ~ бортовая система обработки данных
  airport communication ~ система связи аэропорта
  air pressurization ~ система наддува (*кабины*)
  air starting ~ воздушная система запуска двигателей
  air surveillance ~ система воздушного наблюдения
  air traffic audio simulation ~ аудиовизуальная система имитации воздушного движения (*для тренажёров*)
  air traffic control ~ система управления воздушным движением
  airway ~ сеть авиалиний
  airworthiness control ~ система контроля за лётной годностью
  alerting ~ система аварийного оповещения
  altitude alert ~ система сигнализации опасной высоты
  altitude alerting ~ (бортовая) система сигнализации опасного изменения высоты полёта
  angle guidance ~ система наведения по углу
  angle-of-attack, slip and acceleration warning ~ система автоматической сигнализации углов атаки, скольжения и перегрузок
  angle-of-attack warning ~ система сигнализации предельных углов атаки
  anticollision lights ~ система бортовых огней для предупреждения столкновения
  antiicing ~ противообледе-

SYS

нительная система (*постоянного действия*)
system
  antiskid ~ система противоюзовой автоматики, система автомата торможения
  antisurge ~ противопомпажная система (*двигателя*)
  approach ~ система захода на посадку
  approach guidance nose-in to stand ~ система управления (*воздушным судном*) при установке на стоянку
  approach lighting ~ система огней подхода (*к ВПП*)
  approach radar ~ радиолокационная система захода на посадку
  approach slope indicator ~ (наземная) система индикации глиссады
  area forecast ~ система зональных прогнозов (погоды)
  area navigation ~ система зональной навигации
  artificial feel ~ система искусственной загрузки органов управления
  associated aircraft ~ вспомогательная бортовая система воздушного судна
  astronavigation ~ астронавигационная система
  attitude control ~ 1. система ориентации (*в полёте*) 2. система стабилизации (*воздушного судна*)
  audio ~ переговорное устройство
  augmented lift ~ система создания дополнительной вертикальной тяги
  autoalarm ~ автоматическая система объявления тревоги
  autoland ~ система автоматической посадки
  automated data interchange ~ система автоматизированного обмена данными
  automated navigation ~ автоматизированная навигационная система
  automated radar terminal ~

S

автоматическая аэродромная радиолокационная система
system
automatic air restart ~ автоматическая система запуска (двигателя) в воздухе
automatic approach ~ система автоматического захода на посадку
automatic feathering ~ система автоматического флюгирования, система автофлюгера
automatic flight control ~ автоматическая бортовая система управления, АБСУ
automatic landing ~ система автоматической посадки
automatic monitor ~ система автоматического контроля
automatic stabilization ~ система автоматической стабилизации (*воздушного судна*)
automatic test ~ система автоматического контроля
autopilot ~ 1. система автоматического управления, САУ 2. автопилот
autothrottle ~ автомат тяги (*двигателя*)
autotrim ~ система автоматического триммирования, автотриммер
auxiliary hydraulic ~ вспомогательная гидросистема
aviation safety reporting ~ система информации о состоянии безопасности полётов
avionic ~ радиоэлектронная система
baggage-clearance ~ система досмотра багажа
baggage-dispensing ~ система сортировки багажа
baggage-handling ~ система обработки багажа
baggage-tracing ~ система розыска багажа
bank counteract ~ система (автоматического) парирования крена (*при отказе одного из двигателей*)

system
beam approach beacon ~ система посадки по лучу маяка
beam-rider ~ система наведения по лучу
blind landing ~ система слепой посадки
blowaway jet ~ система гашения завихрения (*во избежание всасывания посторонних предметов в двигатель*)
braking ~ тормозная система
breather ~ система суфлирования (*двигателя*)
build-in test ~ система встроенного контроля
cabin heating ~ система обогрева кабины
cabin pressure control ~ система автоматического регулирования давления (воздуха) в кабине, САРД
cabin temperature control ~ система регулирования температуры воздуха в кабине
cable control ~ система тросового управления
calibration ~ система калибровки (*напр. сигналов*)
caution ~ система предупредительной сигнализации
circulating oil ~ циркуляционная система смазки (*двигателя*)
closed cooling ~ замкнутая система охлаждения
clutter-removing ~ система подавления (радио)помех
code letter ~ система буквенного кодирования
collective pitch control ~ система управления общим шагом (*несущего винта*)
collision avoidance ~ система предупреждения столкновений
collision prevention ~ система предотвращения столкновений
color coded ~ цветовая система таможенного контроля (*зелёный: пассажир проходит без предъявления багажа; красный: в случае нали-*

SYS

чия вещей для предъявления таможенному контролю)

system

compass ~ курсовая система

conditioning / pressurization ~ система кондиционирования и наддува (*гермокабины*)

conflict alert ~ система предупреждения конфликтных ситуаций (*в полёте*)

constant speed drive ~ система привода с постоянной скоростью

containment ~ система герметизации (*фюзеляжа*)

control ~ система управления

cooling ~ система охлаждения

crash fire inerting ~ (бортовая) система пожаротушения с помощью инертного газа

crew oxygen ~ кислородная система кабины экипажа

crossbar approach lighting ~ система световых горизонтов огней подхода (*к ВПП*)

customs accelerated passenger inspection ~ система ускоренного таможенного досмотра пассажиров

cyclic pitch control ~ система управления циклическим шагом (*несущего винта*)

data ~ информационная система

data communication ~ система передачи данных

data handling ~ система обработки данных

data interchange ~ система обмена данными

data link ~ система передачи данных

data processing ~ система обработки данных

data-record ~ система регистрации данных

data switching ~ коммутационная система передачи данных

day marking ~ система дневной маркировки (*объектов в районе аэродрома*)

SYS

system

defueling ~ система слива топлива

dehydrating ~ система осушения (*межстекольного пространства*)

deicing ~ противообледенительная система (*переменного действия*)

deviation warning ~ система сигнализации отклонения от курса

digital flight guidance ~ цифровая система наведения в полёте

dimmer ~ система регулировки яркости (*напр. экрана локатора*)

direct-address transponder ~ система приёмоответчика прямого адресования

direct lift control ~ система управления подъёмной силой

discrete address beacon ~ система маяков дискретного адресования

discrete communication ~ дискретная система связи

distance measuring ~ дальномерная система, (бортовая) система замера дальности

docking ~ система стыковки (*воздушного судна с трапом*)

Doppler computer ~ система доплеровского измерителя (*путевой скорости и угла сноса*)

drain(age) ~ дренажная система, система слива

dual autoland ~ дублированная система автоматического управления посадкой

dual-channel ~ двухпоточная система (*оформления пассажиров*)

dual ignition ~ система двойного зажигания (*топлива в двигателе*)

early warning ~ система

SYS

дальнего [раннего] обнаружения
system
electrical generating ~ система электроснабжения
electronic engine control ~ электронная система управления двигателем
electronic landing aids ~ радиоэлектронная система посадочных средств
emergency ~ аварийная система (*для применения в случае отказа основной*)
emergency brake ~ система аварийного торможения
emergency hydraulic ~ аварийная гидравлическая система
emergency lighting ~ система аварийного освещения
emergency power ~ система аварийного энергопитания
emergency shutdown ~ система аварийного останова (*двигателя*)
emergency uplock release ~ система аварийного открытия замков убранного положения (шасси)
emergency warning ~ система аварийной сигнализации
empennage antiicing ~ противообледенительная система хвостового оперения (*постоянного действия*)
engine antiicing ~ противообледенительная система (*постоянного действия*) двигателей
engine breather ~ система суфлирования двигателя
engine control ~ система управления двигателем
engine deicing ~ противообледенительная система (*переменного действия*) двигателей
engine fuel ~ топливная система двигателя
engine priming ~ система впрыска (*топлива*) в двигатель

SYS

system
engine start(ing) ~ система запуска двигателей
engine throttle interlock ~ система блокировки управления двигателем
engine vent ~ дренажная система двигателей
engine vibration indicating ~ система индикации виброперегрузок двигателя
environmental control ~ система контроля (состояния) окружающей среды
environment control ~ система жизнеобеспечения (*воздушного судна*), система кондиционирования
exhaust ~ выхлопная система (*двигателя*)
exterior lighting ~ система наружного освещения (*посадочные фары, габаритные огни*)
external electrical power ~ система аэродромного электропитания
external load sling ~ внешняя подвеска груза (*на вертолёте*)
fail-operative ~ дублированная система (*сохраняющая работоспособность при единичном отказе*)
feed ~ система питания (*напр. топливом*)
feedback control ~ система управления с обратной связью
feel ~ система автомата усилий
filter heating ~ система подогрева (топливных) фильтров
final approach guidance ~ система управления полётом на (пред)посадочной прямой
fin hydraulic ~ гидросистема хвостового оперения
fire detection ~ система обнаружения и сигнализации пожара
fire extinguisher ~ система пожаротушения

system
  fire-protection ~ противопожарная система
  fire warning ~ система пожарной сигнализации
  fixed-time dissemination ~ система распространения информации в определённые интервалы времени
  flaps asymmetry warning ~ система сигнализации рассогласования закрылков
  flaps drive ~ система привода закрылков
  flaps interconnection ~ система механической связи [синхронизации] закрылков
  flaps load relief ~ система (автоматической) разгрузки закрылков
  flaps synchronization ~ система синхронизации (выпуска) закрылков
  flight control ~ система управления полётом
  flight control boost ~ бустерная система управления полётом
  flight control gust-lock ~ система стопорения поверхностей управления (*при стоянке воздушного судна*)
  flight crew oxygen ~ кислородная система кабины экипажа
  flight data recorder ~ система (автоматической) регистрации параметров полёта
  flight director ~ система командных пилотажных приборов
  flight environment data ~ система сбора воздушных параметров (*условий полёта*)
  flight inspection ~ система инспектирования полётов
  flight management ~ система управления полётом
  flight management computer ~ электронная система управления полётом
  flight operations ~ система обеспечения полётов

system
  flight recorder ~ система бортовых регистраторов
  flight simulation ~ система имитации полёта
  fly-by-wire ~ система дистанционного управления рулями (*воздушного судна*) с помощью электроприводов
  fog dispersal ~ система рассеивания тумана (*в районе ВПП*)
  follow-up ~ следящая система
  follow-up cable ~ следящая тросовая система
  foot-pound ~ футо-фунтовая система
  freon ~ фреоновая (противопожарная) система
  fuel ~ топливная система
  fuel cross-feed ~ система кольцевания топливных баков
  fuel deicing ~ противообледенительное устройство (*переменного действия*) в топливной системе
  fuel dip ~ система снижения подачи топлива
  fuel dump ~ система аварийного слива топлива
  fuel enrichment ~ система обогащения топливной смеси
  fuel feed ~ система подачи топлива
  fuel flowmeter ~ система измерения расхода топлива
  fuel gravity ~ система подачи топлива самотёком
  fuel indicating ~ система контроля количества и расхода топлива
  fuel injection ~ система впрыска топлива
  fuel jettisonning ~ система аварийного слива топлива
  fuel management ~ система управления подачей топлива
  fuel manifold drain ~ система дренажа топливных коллекторов**

333

SYS

system
- **fuel preheat** ~ система подогрева топлива (*на входе в двигатель*)
- **fuel storage** ~ система размещения топливных баков
- **fuel supply** ~ система подачи топлива
- **fuel usage** ~ система выработки топлива (*из баков*)
- **gas-cooled** ~ система охлаждения газов
- **general alarm** ~ система общей аварийной сигнализации
- **generation** ~ энергоузел, система генерирования (*энергии*)
- **generator autoparalleling** ~ система автоматического управления параллельной работой генераторов
- **glide-path landing** ~ глиссадная система посадки
- **gravity-feed** ~ система подачи (топлива) самотёком
- **gravity lubricating** ~ гравитационная система смазки (*двигателя*)
- **ground control** ~ наземная система управления (*полётом*)
- **ground controlled approach** ~ (радиолокационная) система захода на посадку по командам с земли
- **ground guidance** ~ наземная система наведения
- **ground proximity warning** ~ система предупреждения опасного сближения с землёй
- **ground-referenced navigation** ~ система навигации по наземным ориентирам
- **ground shift** ~ система блокировки при обжатии опор (*шасси*)
- **guidance** ~ система наведения; система управления (*полётом*)
- **guide beam** ~ система наведения по лучу

SYS

system
- **gyro** ~ гироскопическая система
- **gyro-magnetic compass** ~ гиромагнитная курсовая система
- **hazard information** ~ система информации об опасности
- **heads-up display** ~ (бортовая) система индикации на лобовом стекле кабины экипажа
- **heat(ing)** ~ система обогрева
- **helicopter control** ~ система управления вертолётом
- **high-intensity lighting** ~ система огней высокой интенсивности (*на аэродроме*)
- **high-pressure fuel** ~ топливная система высокого давления
- **hijack alarm** ~ система сигнализации опасности захвата (*воздушного судна*)
- **hydraulic** ~ гидросистема, гидравлическая система
- **hydraulic control boost** ~ гидравлическая бустерная система управления
- **hydraulic starting** ~ гидравлическая пусковая система (*двигателя*)
- **ice protection** ~ противообледенительная система
- **ignition** ~ система зажигания
- **illuminating** ~ система подсветки (*приборов в кабине экипажа*)
- **independent starting** ~ система автономного запуска (*двигателя*)
- **indicating** ~ система индикации
- **individual ventilation** ~ система индивидуальной вентиляции
- **inertial control** ~ инерциальная система управления
- **inertial navigation** ~ инерциальная навигационная система, инерциальная система навигации

system
  inertial sensor ~ инерциальная сенсорная система
  instrument failure warning ~ система сигнализации отказа приборов
  instrument guidance ~ система наведения по приборам
  instrument landing ~ система посадки по приборам, система «слепой» посадки
  integrated ~ **of airspace control** комплексная система контроля воздушного пространства
  integrated automatic ~ комплексная автоматическая система
  integrated control ~ встроенная система контроля, ВСК
  integrated flight data ~ (бортовая) комплексная система обработки полётных данных
  integrated world-wide ~ всемирная комплексная система (*управления полётами*)
  intercommunication ~ переговорное устройство
  intercooler ~ система внутреннего охлаждения
  interlock(ing) ~ система блокировки
  international meteorological ~ международная метеорологическая система
  interphone ~ система внутренней связи, переговорное устройство (*в кабине*)
  irreversible control ~ необратимая (бустерная) система управления
  jamming ~ система глушения (*радиосигналов*)
  jet deviation control ~ система управления отклонением реактивной струи
  landing ~ система посадки
  landing gear indication ~ система индикации положения шасси
  landing guidance ~ система управления посадкой

system
  landline ~ система наземных линий связи
  lateral control ~ система поперечного управления (*воздушным судном*)
  leading edge flap ~ система привода предкрылков
  lead-in lighting ~ система ведущих огней (*при заруливании на стоянку*)
  life support ~ система жизнеобеспечения (*воздушного судна*)
  load feel ~ система имитации усилий (*на органах управления*)
  load grip ~ система захвата груза
  localizer antenna ~ система антенны курсового (радио-) маяка
  longitudinal control ~ система продольного управления (*воздушным судном*)
  long-range air navigation ~ система дальней (радио)навигации
  loop circuit ~ кольцевая электрическая система
  low level wind-shear alert ~ система предупреждения о сдвиге ветра на малых высотах
  lubrication ~ система смазки
  Mach-feel ~ автомат имитации усилий по числу М
  Mach trim ~ система балансировки по числу М
  malfunction detection ~ система обнаружения неисправностей
  malfunction reporting ~ система информации (*экипажу*) об отказах
  mandatory reporting ~ система передачи обязательной информации (*на борт воздушного судна*)
  mapping radar ~ система радиолокационного обзора местности
  maximum speed limiting ~

SYS

система ограничения максимальных оборотов
system
mechanical cooling ~ механическая система охлаждения
mechanized baggage dispensing ~ автоматизированная система выдачи багажа
meter-kilogram-second-ampere ~ система измерения на базе единиц: метр, килограмм, секунда, ампер
microwave landing ~ микроволновая система (обеспечения) посадки, МЛС
mileage ~ мильная система (*построения тарифов*)
multichannel circuit ~ многоканальная электрическая система
nacelle cooling ~ система вентиляции подкапотного пространства (*двигателя*)
national airspace ~ государственная система организации воздушного пространства
navigation ~ навигационная система
noise annoyance rating ~ система оценки раздражающего воздействия шума
nosewheel steering follow-up ~ система обратной связи управления разворотом колёс передней опоры шасси
nozzle control ~ система управления реактивным соплом
oil dilution ~ система разжижения масла
oiling ~ маслосистема, система смазки
oil scavenge ~ система откачки масла
omnibearing distance ~ система всенаправленного дальномера
onboard weight and balance ~ бортовая система определения массы и центровки
one-step inspection ~ система одноступенчатого досмот-

SYS

ра (*пассажиров путём совмещения паспортного и таможенного контроля*)
system
open cooling ~ незамкнутая система охлаждения
organized track ~ система организованных маршрутов
passenger address ~ система оповещения пассажиров
passenger bypass inspection ~ упрощённая система проверки пассажиров (*перед вылетом*)
passenger oxygen ~ система кислородного обеспечения пассажиров
pedal steering shift ~ система управления (*рулением*) от педалей управления рулём поворота
phone ~ система телефонной связи
pictorial navigation ~ навигационная система с графическим отображением (*информации*)
piece ~ система учёта (*багажа*) по числу мест
"pilot-controller" ~ система «пилот — диспетчер»
pilot-interpreted navigation ~ навигационная система со считыванием показаний пилотом
pitch control ~ система управления тангажом, система управления рулём высоты
pitch limit ~ система ограничения шага (*воздушного винта*)
pitot-static ~ система приёмника воздушного давления
platform stabilization ~ система стабилизации (гиро-) платформы
portable oxygen ~ система обеспечения (*пассажиров*) кислородными приборами
position indicating ~ система индикации (место)положения (*воздушного судна*)
power-boost control ~ бус-

SYS

терная обратимая система управления
system
  power-operated control ~ необратимая система управления
  precision approach lighting ~ система огней точного захода на посадку
  precision approach radar ~ радиолокационная система точного захода на посадку
  preprocessed data ~ система предварительной обработки данных
  pressure control ~ система регулирования давления
  pressure fuel ~ система подачи топлива под давлением
  pressure fueling ~ система заправки топливом под давлением
  pressurization ~ 1. система герметизации 2. система наддува кабины
  priming ~ система подачи [впрыска] (*топлива в двигатель*)
  propeller deicing ~ противообледенительная система (*переменного действия*) воздушного винта
  propeller feathering ~ система флюгирования воздушного винта
  propeller pitch control ~ система управления шагом воздушного винта
  proximity warning ~ система сигнализации сближения (*воздушных судов*)
  public address ~ система оповещения пассажиров
  push-pull control ~ жёсткая система управления (*при помощи тяг*)
  Q-feel ~ автомат загрузки по скоростному напору
  radar ~ радиолокационная система
  radar airborne weather ~ бортовая метеорологическая радиолокационная система

SYS

system
  radar backup ~ резервная радиолокационная система
  radar guidance ~ радиолокационная система наведения
  radar homing ~ приводная радиолокационная система
  radar navigation ~ радиолокационная система навигации
  radar scanning beam ~ радиолокационная система со сканирующим лучом
  radar side looking ~ радиолокационная система бокового обзора
  radio ~ радиосистема
  radio-beacon ~ система радиомаяков, радиомаячная система
  radio-beacon landing ~ радиомаячная система посадки
  radio navigation ~ радионавигационная система
  radiotelephony network ~ система сети радиотелефонной связи (*воздушных судов*) '
  recording ~ система регистрации
  recovery guidance ~ система вывода (*воздушного судна*) из аварийной ситуации
  red/green ~ (цветовая) система таможенного контроля (*зелёный: пассажир проходит без предъявления багажа; красный: в случае наличия вещей для предъявления таможенному контролю*)
  reference ~ система координат
  remote control ~ система дистанционного управления
  reproducing ~ воспроизводящая система
  reservations ~ система бронирования (*мест*)
  return line ~ система линий слива (*рабочей жидкости в бак*)

SYS

system
reversible control ~ обратимая система управления
rho-theta navigation ~ угломерно-дальномерная (радио-)навигационная система
robot-control ~ система автоматического управления (*полётом*)
rotor drive ~ трансмиссия привода несущего винта
rotor governing ~ система регулирования оборотов несущего винта
rudder control ~ система управления рулём направления
rudder limiting ~ система ограничения отклонения руля направления
rudder trim tab control ~ система управления триммером руля направления
runway classification ~ система классификации ВПП
runway lead-in lighting ~ система огней подхода к ВПП
runway lighting ~ светосигнальная система ВПП
satellite-aided tracking ~ спутниковая система слежения (*за воздушным движением*)
scanning beam guidance ~ система наведения по сканирующему лучу
sealing ~ система уплотнений (*напр. люков*)
search and rescue ~ система поиска и спасания
selective calling ~ система избирательного вызова (*на связь*)
self-contained navigation ~ автономная навигационная система
self-contained oil ~ автономная маслосистема
self-contained starting ~ автономная система запуска
self-test ~ система самоконтроля
shock absorption ~ система амортизации

SYS

system
short range radio navigation ~ радиосистема ближней навигации, РСБН
simple approach lighting ~ упрощённая система огней подхода (*к ВПП*)
slip warning ~ система сигнализации опасного скольжения
slope indicator ~ система индикации глиссады
smoke detection ~ система обнаружения дыма (*в кабине воздушного судна*)
speed brake ~ система аэродинамических тормозов
speed control ~ система управления скоростью (*полёта*)
spraying ~ система распыления (*удобрений*)
stall barrier ~ система ограничения углов атаки
stall prevention ~ система предотвращения сваливания (*на крыло*)
stall warning ~ система сигнализации о приближении к сваливанию (*на крыло*)
standard approach ~ стандартная система захода на посадку
standard beam approach ~ стандартная система управления заходом на посадку по лучу
standby ~ резервная система
starting ~ система запуска
static ~ статика (*система статического давления*)
static discharging ~ система статических разрядников
static pressure ~ (бортовая) система статического давления
steering ~ система управления рулением
stick shaker ~ система автомата тряски штурвала (*при достижении критического угла атаки*)
suppressor exhaust ~ систе-

ма глушения реактивной струи
system
suspended spraying ~ система подвесного оборудования (*напр. на вертолёте*) для распыления
switching ~ система коммутации
tab control ~ система управления триммером
tactical air navigation ~ система ближней аэронавигации
tail antiicing ~ противообледенительная система (*постоянного действия*) хвостового оперения
takeoff monitoring ~ система контроля взлёта
tank pressurizating ~ система наддува бака
taxiing guidance ~ система управления рулением
teletype broadcast ~ система телетайпной связи
three-axis autostabilization ~ система автостабилизации относительно трёх осей
thrust ~ силовая установка
thrust augmentor ~ форсажная система (*двигателя*)
thrust reverser ~ система реверсирования тяги
thrust reverser interlock ~ система блокировки управления по положению реверса
tracking ~ система слежения (*за полётом*)
traffic alert ~ система оповещения о воздушном движении
transmission rotor drive ~ трансмиссия привода несущего винта
trim ~ система балансировки (*воздушного судна*)
triplex ~ система с тройным резервированием
turbulence detection ~ (бортовая) система обнаружения турбулентности

system
two-frequency glide path ~ двухчастотная глиссадная система
two-frequency localizer ~ двухчастотная система курсового маяка, двухчастотная курсовая система
two-shot fire extinguishing ~ система пожаротушения с двумя очередями срабатывания
unassisted control ~ безбустерная система управления
utility hydraulic ~ гидросистема для обслуживания вспомогательных устройств (*трапы, лебёдки и т. п.*)
vent ~ дренажная система
ventilation ~ система вентиляции (*кабины*)
visual approach slope indicator ~ система визуальной индикации глиссады
visual docking guidance ~ система визуального управления стыковкой с телескопическим трапом
voice communication ~ система речевой связи
voice recorder ~ система записи переговоров (*экипажа*), система записи звуковой информации
warning ~ система предупредительной сигнализации; система оповещения
warning flag movement ~ бленкерная [флажковая] система предупреждения об отказе
water injection ~ система впрыска воды (*на входе в двигатель*)
water supply ~ система водоснабжения
weight ~ система сборов по фактической массе (*багажа или груза*)
wind flaps control ~ система управления закрылками
window demisting ~ система осушения (межстеколь-

SYS

ного пространства) иллюминаторов
system
windshear warning ~ система предупреждения о сдвиге ветра
windshield antiicing ~ противообледенительная система (*постоянного действия*) лобовых стёкол (*кабины экипажа*)
wing antiicing ~ противообледенительная система (*постоянного действия*) крыла
wing-flap ~ механизация крыла
wing flap control ~ система управления закрылками
wing spoiler ~ система крыльевых интерцепторов
wire ~ система проводной связи
wire collision avoidance ~ система предупреждения столкновения с проводами ЛЭП
wireless ~ система радиосвязи
World Area Forecast ~ Всемирная система зональных прогнозов (*погоды*)
World Geographic Reference ~ Всемирная система географических координат

T

tab 1. щиток 2. сервокомпенсатор 3. триммер
aileron trim ~ триммер элерона
balance ~ сервокомпенсатор (*руля*)
blade trim ~ триммер лопасти
elevator trim ~ триммер руля высоты
fixed trim ~ жёсткий триммер (*лопасти вертолёта*)
geared ~ сервокомпенсатор
geared trim ~ триммер-сервокомпенсатор

TAG

tab
rudder trim ~ триммер руля направления
servo ~ сервокомпенсатор; серворуль
spring ~ пружинный сервокомпенсатор
trim(ming) ~ триммер
table:
~ **of cruising levels** таблица крейсерских эшелонов
~ **of intensity settings** таблица регулировки интенсивности (*радиосвязи*)
~ **of limits** таблица ограничений
~ **of tolerance** таблица допусков
aerodrome climatological ~ аэродромная метеорологическая таблица
air navigation ~ таблица аэронавигационных расчётов
air transport movement ~ график движения воздушного транспорта
altitude-conversion ~ таблица для пересчёта высоты (*с учётом поправок в полёте*)
error correction ~ таблица поправок
excess mileage ~ таблица мильных надбавок (*на тариф*)
fits and clearances ~ таблица допусков и посадок
flight level ~ таблица эшелонов полёта
folding ~ откидной столик (*для пассажира*)
meteorological ~ метеорологическая таблица
noise ~ таблица шумов
routing ~ маршрутная матрица
turn ~ поворотный стенд (*для проверки гироприборов*)
wind component ~ таблица составляющих ветра
tag:
baggage ~ багажная бирка
identification ~ опознавательная бирка (*напр. на багаж*)

tail хвостовое оперение
 butterfly ~ V-образное хвостовое оперение
 horizontal ~ горизонтальное хвостовое оперение
 swing ~ откидывающаяся хвостовая часть (*грузового самолёта*)
 T-~ Т-образное хвостовое оперение
 vertical ~ вертикальное хвостовое оперение
tailcone 1. хвостовой обтекатель (*воздушного судна*) 2. стекатель газов (*двигателя*)
tailpipe выхлопная труба
tailplane стабилизатор; горизонтальное хвостовое оперение
 all-flying ~ управляемый стабилизатор
 fixed-incidence ~ неуправляемый стабилизатор, стабилизатор с фиксированным углом установки
 lifting ~ несущее горизонтальное оперение
tailwind ветер в направлении курса полёта
takeoff 1. взлёт; отрыв от земли ‖ взлетать, отрывать(ся) от земли 2. отбирать (мощность) ◊ **available** ~ располагаемая длина разбега; **cleared for** ~ взлёт разрешён; **during** ~ в процессе взлёта; **on** ~ при [на] взлёте; **to abandon the** ~ прекращать взлёт; **to abort the** ~ прерывать взлёт; **to clear for** ~ давать разрешение на взлёт; **to continue the** ~ продолжать взлёт; **to discontinue the** ~ прекращать взлёт; **to** ~ **downwind** взлетать по ветру; **to** ~ **into the wind** взлетать против ветра; **to** ~ **with crosswind** взлетать с боковым ветром
 abandoned ~ прекращённый взлёт (*напр. по команде диспетчера*)
 aborted ~ прерванный взлёт (*напр. вследствие отказа систем*)

takeoff
 all-engine ~ взлёт при всех работающих двигателях
 climbing ~ взлёт с крутым набором высоты
 continued ~ продолженный взлёт
 crosswind ~ взлёт с боковым ветром
 discontinued ~ прекращённый взлёт (*напр. по команде диспетчера*)
 downwind ~ взлёт по ветру
 dry ~ взлёт без впрыска воды (*в двигатель*)
 forward ~ взлёт (*вертолёта*) «по-самолётному», взлёт (*вертолёта*) с разбегом
 full-throttle ~ взлёт на максимальном газе
 ground effect ~ взлёт (*вертолёта*) с использованием влияния земли (*на увеличение подъёмной силы*)
 instrument ~ взлёт по приборам
 jet-assisted ~ взлёт с реактивным ускорителем
 low visibility ~ взлёт в условиях плохой видимости
 noise abatement ~ взлёт на режимах работы двигателей, создающих наименьший шум
 no-run ~ взлёт (*самолёта*) «по-вертолётному», вертикальный взлёт, взлёт без разбега
 practice ~ тренировочный взлёт
 rejected ~ прерванный взлёт (*напр. вследствие отказа систем*)
 rocket-assisted ~ взлёт с ракетным ускорителем
 running ~ взлёт (*вертолёта*) «по-самолётному», взлёт (*вертолёта*) с разбегом
 safety ~ безопасный взлёт
 spot ~ взлёт с ограниченной площадки
 upwind ~ взлёт против ветра
 vertical ~ вертикальный взлёт

ТАК

takeoff
    wet ~ взлёт с впрыском воды (*в двигатель*)
taking-off:
    power ~ процесс отбора мощности
talk:
    cross ~ взаимные помехи (*при радиосвязи экипажей*)
tampering повреждение (*напр. груза*)
tangle перехлёстывание, запутывание (*напр. строп парашюта*) ‖ перехлёстывать, запутывать ◊ **to remove the** ~ распутывать (*о стропах парашюта*)
tank бак, бачок, резервуар ◊ **to calibrate the** ~ тарировать бак; **to drain the** ~ сливать (*напр. топливо*) из бака; **to fuel the** ~ заправлять бак топливом; **to switch to the proper** ~ включать подачу топлива из бака с помощью электрического крана; **to turn the proper** ~ **on** включать подачу топлива из бака с помощью механического крана
    aft fuel ~ задний (*по направлению полёта*) топливный бак
    alternate fuel ~ промежуточный расходный бак перекачки топлива
    bag fuel ~ мягкий топливный бак
    belly ~ подфюзеляжный бак
    drain ~ дренажный бачок (*для сообщения системы с атмосферой*)
    dump ~ сливной бак
    expansion ~ расширительный бачок
    external fuel ~ подвесной топливный бак
    ferry fuel ~ дополнительный топливный бак (*для перегонки на большие расстояния*)
    first fuel consumed ~ бак первой очереди расхода топлива
    flexible fuel ~ мягкий топ-

ТАР

tank
ливный бак
    folding plastic ~ складной резервуар из синтетического материала (*напр. для временного хранения топлива*)
    fuel ~ топливный бак
    fuel consumed ~ расходный топливный бак
    gas ~ бензобак
    hydraulic ~ гидробак
    integral ~ 1. кессон-бак 2. бак-отсек
    oil ~ маслобак
    outboard ~ подвесной (топливный) бак
    pressurized ~ бак с наддувом
    rigid ~ жёсткий (топливный) бак
    second fuel consumed ~ бак второй очереди расхода топлива
    self-sealing fuel ~ протектированный топливный бак (*предотвращающий утечку при его повреждении*)
    service fuel ~ рабочий топливный бак
    slipper fuel ~ подвесной топливный бак
    vent ~ дренажный бачок (*для сообщения системы с атмосферой*)
    ventral fuel ~ дополнительный топливный бак (*под фюзеляжем*)
    waste ~ сливной бак бытовой системы
    wing fuel ~ топливный крыльевой бак
    wing integral fuel ~ топливный отсек крыла
    wingtip fuel ~ топливный бак, устанавливаемый на конце крыла
tankage ёмкость баков
    fuel ~ ёмкость топливных баков
tanker:
    fuel ~ топливозаправщик
tap ◊ **to** ~ **off** отбирать воздух (*напр. от компрессора*)
    static pressure ~ приёмник статического давления

tap
   winding ~ ответвление обмотки (*напр. генератора*)

tape:
   emergency exit ~ спасательный канат
   insulation ~ изоляционная лента
   pitch ~ ленточная шкала (углов) тангажа

taper:
   distance fare ~ скидка с тарифа за дальность (*полёта*)
   fare ~ скидка с тарифа
   wing ~ сужение крыла

tape-scale ленточная шкала (*прибора*)

tapper телеграфный ключ

tapping ответвление, отвод (*напр. трубопровода*)

tare 1. тара 2. упаковывать (*напр. груз*)

target:
   air ~ воздушная цель
   closing ~ приближающаяся (*в полёте*) цель
   moving ~ движущаяся цель
   opening ~ удаляющаяся (*в полёте*) цель

Tariff:
   Air Passenger ~ сборник пассажирских тарифов на воздушную перевозку

tariff 1. тариф ‖ тарифицировать; включать в тариф 2. шкала ставок; шкала сборов; тарифная ставка ‖ вводить тарифную ставку 3. пошлина ‖ облагать пошлиной 4. *pl* тарифный справочник ◊ to approve the ~ утверждать тарифную ставку; to comply with published ~ соблюдать опубликованный тариф; to enter the ~ into force утверждать тарифную ставку
   adopted ~ одобренный (*авиакомпаниями*) тариф
   agreed ~ согласованная тарифная ставка
   air carrier ~ тарифная ставка, установленная авиаперевозчиком

tariff
   airport ~ аэропортовый тариф
   applicable ~ применяемый тариф
   approved ~ утверждённая тарифная ставка
   carrier's ~ s тарифный справочник [тарифный каталог] перевозчика
   established ~ установленная тарифная ставка
   joint ~ совместная тарифная ставка (*двух и более авиакомпаний*)
   nonscheduled ~ тариф за рейс вне расписания
   reduced ~ льготный тариф
   unified air cargo ~ единая авиационная грузовая тарифная ставка
   unified air passenger ~ единая авиационная пассажирская тарифная ставка

tariff-setting регулирование тарифных ставок

tasks:
   scheduled ~ регламентные работы (*по обслуживанию воздушного судна*)

tax сбор; налог; пошлина ‖ взимать налог; облагать пошлиной

taxi руление ‖ рулить ◊ "cleared for ~" «руление разрешено»; to ~ in заруливать (на стоянку); to ~ out выруливать (со стоянки); to ~ up подруливать (к аэровокзалу)
   air ~ «воздушное такси»

taxiing руление ◊ aerial ~ to takeoff руление (*вертолёта*) по воздуху к месту взлёта; from landing ~ руление после посадки; ~ to takeoff position выруливание на исполнительный старт для взлёта; while ~ в процессе руления
   air ~ руление (*вертолёта*) по воздуху
   from landing ~ руление после посадки

TAX

taxiing
  takeoff ~ выруливание на исполнительный старт для взлёта
taxiing-in выруливание (на ВПП); заруливание (на стоянку)
taxiing-out руление (с ВПП); выруливание (со стоянки)
taxilane линия руления
  aircraft stand ~ линия руления воздушного судна в зоне стоянки
taxiway рулёжная дорожка, РД ◊ **to delimit the** ~ обозначать границы рулёжной дорожки; **to delineate the** ~ обозначать размеры рулёжной дорожки; **to take the** ~ занимать рулёжную дорожку
  apron ~ перронная рулёжная дорожка
  bleed-off ~ соединительная рулёжная дорожка
  bulkhead ~ тупиковая рулёжная дорожка
  bypass ~ обходная рулёжная дорожка
  closed ~ закрытая рулёжная дорожка
  cross-over [cut-off] ~ соединительная рулёжная дорожка
  entrance ~ входная рулёжная дорожка (*для выруливания на ВПП*)
  exit ~ выходная рулёжная дорожка (*для руления с ВПП*)
  high speed (exit) ~ скоростная [магистральная] рулёжная дорожка
  peripheral ~ окружная рулёжная дорожка
  rapid (exit) ~ скоростная [магистральная] рулёжная дорожка
  return ~ возвратная рулёжная дорожка
  runway access ~ рулёжная дорожка у торца ВПП
  terminal ~ рулёжная дорожка в районе аэровокзала

TEC

taxiway
  turn-off ~ выводная рулёжная дорожка
  unpaved ~ рулёжная дорожка без искусственного покрытия
team 1. экипаж; команда **2.** бригада; группа
  aircraft maintenance ~ бригада технического обслуживания воздушных судов
  crew ~ экипаж воздушного судна
tearway:
  engine ~ отрыв двигателя (*от планера воздушного судна*)
technician:
  aircraft (maintenance) ~ авиационный техник, авиатехник
technique 1. техника **2.** технология **3.** способ, метод
  aeroplane cruising ~ техника пилотирования на крейсерском режиме
  approach ~ способ захода на посадку
  atmospheric layering ~ метод разбивки атмосферы на слои
  climb(ing) ~ порядок набора высоты
  cruise climb ~ порядок набора высоты на крейсерском режиме
  dead-reckoning ~ метод счисления пути
  flight ~ техника пилотирования
  flight test ~ методика лётных испытаний
  handling ~ порядок оформления [обработки] (*напр. багажа*)
  instructional ~ методика обучения
  jet noise prediction ~ метод прогнозирования шума реактивных двигателей
  landing ~ **1.** способ посадки **2.** техника пилотирования при заходе на посадку
  noise abatement ~ способ снижения шума

technique
  noise control ~ метод контроля шума; метод борьбы с шумом
  operating ~ техника выполнения полётов
  photographic scaling ~ фотомасштабный метод (*картографирования*)
  piloting ~ техника пилотирования
  switch-through ~ метод прямой коммутации (*связи*)
  takeoff ~ способ взлёта
  template tracing ~ метод вычерчивания шаблонов (*схемы полёта*)
  theodolite triangulation ~ метод трёхсторонних теодолитных замеров (*при нивелировании*)
technology технология
  acoustic ~ технология снижения шумов
  production ~ технология производства
tee маркировочное «Т» (*на аэродроме*)
  landing [wind] ~ посадочное «Т»
tee-connector тройник (*для электроцепей*); тройной электросоединитель
tee-piece тройник (*для трубопроводов*)
telecommunication электросвязь
  aeronautical ~ авиационная (электро)связь
telecontrol дистанционное управление
teletypewriter телетайп ◊ **to disseminate by** ~ распространять с помощью телетайпа
  landline ~ телетайп наземной линии связи
temperature температура; степень нагрева
  aerodrome reference ~ расчётная температура воздуха в районе аэродрома
  aerodynamic heat ~ температура аэродинамического нагрева

temperature
  ambient air ~ температура окружающего воздуха
  autoignition ~ температура самовоспламенения
  boundary layer ~ температура пограничного слоя
  brake ~ температура (*колеса*) при торможении
  Celsius ~ температура по шкале Цельсия
  combustion ~ температура горения
  compressor delivery ~ температура на выходе из компрессора
  critical ~ критическая температура
  dewpoint ~ температура точки росы
  duct air ~ температура воздуха в трубопроводе
  equilibrium ~ температура равновесия (*состояния воздушной массы*)
  exhaust gas [exit] ~ температура выходящих газов, ТВГ
  free-air ~ температура атмосферного воздуха
  ignition ~ температура воспламенения
  inlet ~ температура на входе (*напр. в двигатель*)
  jet pipe ~ температура выходящих газов [ТВГ] реактивного двигателя
  local ~ температура (*воздушной массы*) в данной точке
  oil-in ~ температура входящего (*в двигатель*) масла
  oil-out ~ температура выходящего (*из двигателя*) масла
  outlet ~ температура на выходе (*напр. из двигателя*)
  outside air ~ температура наружного воздуха
  ram air ~ температура набегающего потока воздуха
  sea-level ~ температура (*воздушной массы*) на уровне моря

TEM

temperature
  stagnation ~ температура заторможённого потока
  static air ~ температура невозмущённой [статической] воздушной массы
  top ~ предельная температура
  total air ~ полная температура потока (*заторможённого до нулевой скорости*)
  turbine entry ~ температура (*газов*) на входе в турбину
  turbine gas ~ температура выходящих газов [ТВГ] за турбиной
  turbine inlet ~ температура (*газов*) на входе в турбину
  upper air ~ температура верхних слоёв атмосферы
template шаблон (*для вычерчивания схемы полёта*) ◊ **to derive a** ~ разрабатывать шаблон; **to select a** ~ выбирать шаблон
  base turn ~ шаблон схемы разворота на посадочный курс
  holding ~ шаблон схемы зоны ожидания
  master contour ~ шаблон базового контура (*полёта*)
  procedure turn ~ шаблон схемы стандартного разворота
  racetrack ~ шаблон схемы (*захода на посадку*) типа «ипподром»
tendency ◊ ~ **to bounce** тенденция к «козлению» (*при посадке*)
tender:
  fire ~ пожарная машина
  heavy-duty fire ~ дежурная пожарная машина
tension:
  cable ~ натяжение тросов
  surface ~ поверхностное натяжение
terminal 1. узловой [базовый] аэродром **2.** конечный аэропорт, аэропорт назначения **3.** аэровокзал

TES

terminal
  air freight ~ грузовой комплекс аэропорта
  city ~ городской аэровокзал
  crescent-shaped ~ аэровокзал в форме полумесяца
  satellite ~ **1.** вспомогательный аэровокзал **2.** павильон на перроне
terminate 1. завершать (*напр. полёт*) **2.** прекращать (*напр. срок действия*)
termination 1. завершение (*напр. полёта*) **2.** прекращение (*напр. срока действия*)
  ~ **of control** прекращение диспетчерского обслуживания
terrain:
  approach ~ территория зоны захода на посадку
  hazardous ~ опасная (*по характеру рельефа*) местность
terrestrial земной, наземный
territory 1. территория **2.** поверхность земли ◊ **over the** ~ над территорией
  overflown ~ пролетаемая территория
tesla тесла (*единица измерения магнитной индуктивности*)
test испытание; проверка ‖ испытывать; проверять ◊ **to conduct** ~**s** проводить испытания; **to** ~ **in flight** испытывать в полёте; **to undergo flight** ~**s** проводить лётные испытания; **under flight** ~ испытываемый в полёте
  aircraft acceleration ~**s** испытания воздушного судна на перегрузки
  aircraft alternate-stress ~**s** испытания воздушного судна на переменные (стендовые) нагрузки
  aircraft commissioning ~**s** эксплуатационные испытания воздушного судна
  aircraft endurance ~**s** ресурсные испытания воздушного судна
  aircraft environmental ~ ис-

TES TES T

пытание воздушного судна в термобарокамере
test
　altitude ~s высотные испытания
　altitude-chamber ~ испытание в барокамере
　aural reception ~ оценка способности принимать (сигналы) на слух (*напр. азбуку Морзе*)
　bench run ~s стендовые испытания на выносливость
　braking action ~ испытание на эффективность торможения
　calibration ~ тарировка
　certification ~s сертификационные испытания
　check ~s контрольные испытания
　climbing ~ испытание на скороподъёмность
　compliance ~ испытание на соответствие (*напр. нормам лётной годности*)
　containment ~ испытание на герметичность
　controlled-crash ~ испытание с имитацией аварии
　direct ~ испытание в реальных условиях
　ditching ~ испытание на аварийное приводнение
　endurance ~s ресурсные испытания; испытания на выносливость
　endurance block ~s поэтапные ресурсные испытания
　factory ~s заводские испытания
　fatigue ~s испытания на усталостное разрушение, усталостные испытания
　field ~s эксплуатационные испытания, испытания в полевых условиях
　flatter ~s испытания на флаттер
　flight ~ лётное испытание
　flight acceptance ~ контрольный полёт перед приёмкой
　flight stress measurement ~s испытания по замеру нагрузок в полёте (*на отдельные узлы*)
test
　flyover noise ~ испытание на шум при пролёте (*над местностью*)
　free drop ~ испытание на свободное падение
　free-flight ~ испытание в свободном полёте
　full-distance ~ испытание на максимальную дальность полёта
　full-scale ~s испытания по полной программе
　functional ~s испытания на соответствие заданным техническим условиям
　go-around ~ испытание по уходу на второй круг
　ground ~s наземные испытания
　hovering ~ испытание в режиме висения (*вертолёта*)
　ignition ~ испытание на воспламеняемость
　impact ~ испытание на ударную нагрузку
　inflight engine ~ испытание двигателя в полёте
　integral ~ встроенный контроль
　landing gear drop ~s динамические испытания шасси
　leak ~ проверка на герметичность, испытания на наличие течи
　license ~s сертификационные испытания
　long-run ~ ресурсное испытание (*двигателя*)
　noise ~ испытание на шум
　noise certification ~ сертификационное испытание на шум
　official ~s государственные испытания, госиспытания
　operation ~s эксплуатационные испытания
　penalty ~s контрольные испытания
　percent ~ выборочное испытание

TES

test
  preliminary ~ предварительное испытание
  pressurized leakage ~ проверка на герметичность, испытание на наличие течи
  production ~s серийные испытания
  proof-of-compliance ~s испытания на соответствие заданным техническим условиям
  rating ~ экзамен на получение квалификационной отметки (*в свидетельстве*)
  rotorcraft snow and dust ~ испытание вертолёта в условиях снежного и пыльного вихрей
  run-in ~ обкатка двигателя
  service life ~ испытание на амортизационный ресурс
  shock ~ испытание на ударную нагрузку
  simulated flight ~ испытание путём имитации полёта
  static ~s статические испытания (*воздушного судна*)
  store ~ испытание с наружной подвеской (*на вертолёте*)
  structural ~ испытание на прочность
  substantiating ~ испытание на подтверждение (*заданных характеристик*)
  takeoff noise ~ испытание на шум при взлёте
  taxi ~s рулёжные испытания
  towing basin ~ испытание (*воздушного судна*) в гидроканале
  two-dimensional flow ~ испытание в двухмерном (*воздушном*) потоке
  vibration ~ испытание на вибрацию
  wind-tunnel ~ испытание в аэродинамической трубе
testbed 1. испытательный стенд 2. испытательная лаборатория
  flying ~ летающая лаборатория

THR

tester:
  discharge ~ нагрузочная вилка (*для проверки элементов авиационного аккумулятора*)
  surface friction ~ устройство для замера сцепления колёс с поверхностью ВПП
testing испытания; проверка
  in-service ~ эксплуатационные испытания
  nondestructing ~ методы неразрушающего контроля
theory:
  ~ **of flight** теория полёта
thermocouple термопара
  exhaust gas ~ термопара замера температуры выходящих газов
thermodynamics термодинамика
thermopile термоэлемент
thickness:
  cloud ~ толщина облачности
threat:
  inflight bomb ~ угроза применения взрывчатого устройства в полёте
three-sixty разворот на 360° (*о воздушном судне в полёте*)
threshold 1. порог, торец (*ВПП*) 2. предел (*нагрузки*) 3. барьер (*напр. звуковой*)
  damage ~ предел разрушения (*конструкции*)
  displaced runway ~ смещённый порог ВПП (*относительно основной оси*)
  skid ~ предел сцепления (*колёс с поверхностью ВПП*)
throat:
  air intake ~ минимальное проходное сечение воздухозаборника
  inlet ~ критическое сечение заборного устройства
  widened taxiway ~ расширенная рабочая часть рулёжной дорожки
throttle 1. дроссель; дроссельная игла; дроссельная заслонка; дроссельный клапан ‖ дросселировать 2. газ (*двигателя*) ‖ давать газ ◊ **at full** ~ на максимальном га-

THR

зе; **to ~ back** убирать [сбрасывать] газ; **to cut ~** убирать [сбрасывать] газ; **~ down** дросселировать (*двигатель*); **to give full ~** давать полный газ; **to retard ~** убирать [сбрасывать] газ; **to run at full ~** работать на полном газе
throttle
  air ~ воздушный дроссель
  autopilot auto ~ автомат тяги (*двигателей*) в системе автопилота
  engine ~ сектор газа двигателя
  full ~ полный [большой] газ (*двигателя*), максимальный взлётный режим
throw:
  back ~ обратный ход (*поршня*)
  lateral ~ поперечный размах (*крыла*)
  longitudinal ~ продольный размах (*крыла*)
thrust 1. тяга ‖ создавать тягу 2. осевая нагрузка 3. толчок; удар ‖ толкать; ударять ◊ **to apply reverse ~** применять реверс тяги; **to augment ~** форсировать тягу; **to brake by reverse ~** тормозить реверсом тяги; **to develop ~** развивать [создавать] тягу; **to provide ~** обеспечивать тягу; **to reduce ~** уменьшать тягу; **to regain ~** восстанавливать тягу (*путём регулировки*); **to return to forward ~** переключать на прямую тягу, выключать реверс; **to reverse ~** реверсировать тягу
  actual specific ~ истинная удельная тяга
  asymmetrical reversal ~ несимметричная реверсивная тяга
  augmented ~ форсированная тяга
  available ~ располагаемая тяга
  axial ~ осевая тяга

THR T

thrust
  backward ~ обратная [отрицательная, реверсивная] тяга
  break-away ~ тяга, необходимая для страгивания (*воздушного судна*)
  combined ~ суммарная тяга
  controllable ~ регулируемая тяга
  design ~ расчётная тяга
  engine ~ тяга двигателя
  excess ~ избыточная тяга
  flight ~ тяга (*двигателя*) в полёте
  forward ~ прямая тяга
  forward idle ~ прямая тяга на режиме малого газа
  full forward ~ полная прямая тяга
  full reverse ~ полная реверсивная тяга
  full throttle ~ тяга на режиме максимального газа
  idling ~ тяга на режиме малого газа
  jet ~ реактивная тяга
  maximum continuous ~ тяга на максимально продолжительном режиме (*работы двигателя*); номинальная тяга
  net ~ тяга без потерь, чистая тяга
  operating ~ режимная [эксплуатационная] тяга
  overall ~ суммарная тяга
  positive ~ положительная тяга
  propeller ~ тяга воздушного винта
  required ~ потребная тяга
  resultant ~ суммарная тяга
  reversal [reverse] ~ обратная [отрицательная, реверсивная] тяга
  reverse idle ~ обратная тяга на режиме малого газа
  rotor ~ тяга несущего винта
  specific ~ удельная тяга (*отнесённая к секундному массовому расходу воздуха в двигателе*)

THR

thrust
  static ~ статическая тяга
  steady ~ тяга на установившемся режиме
  takeoff ~ тяга на взлётном режиме, взлётная тяга
  top ~ максимальная тяга
  unwanted reverse ~ реверсивная тяга (двигателя) вследствие отказа (*системы*)
  upward ~ вертикально направленная тяга
  variable ~ регулируемая тяга
  vectored ~ тяга, регулируемая по величине и направлению
  zero ~ нулевая тяга
thumper механический толкатель
  foot ~ механический сигнализатор юза (*толкатель на педали для сигнализации пилоту о наличии юза*)
thunderstorm гроза ◊ ~ **with duststorm** гроза с пыльной бурей; ~ **with hail** гроза с градом
  heavy ~ сильная гроза
tick 1. сигнал точного времени 2. сверять [проверять] точность времени 3. (от)метка (*на карте*)
  radio ~ радиосигнал точного времени
ticket билет
  booked ~ билет с подтверждённой бронью
  conjunction ~ составной билет (*для нескольких маршрутов*)
  excess baggage ~ квитанция на платный багаж (*сверх установленной нормы*)
  issued ~ выданный билет
  low fare ~ льготный билет
  multistop ~ билет с несколькими полётными купонами (*по числу остановок в пути*)
  normal fare ~ билет по основному тарифу
  one-way ~ билет (для полёта) в одном направлении

TIM

ticket
  open ~ открытый билет (*без указания перевозчика и даты полёта*)
  open-date ~ билет с открытой [с неуказанной] датой (*полёта*)
  passenger ~ пассажирский билет
  reissued ~ обменный билет (*выданный в обмен на другой*)
  round-trip ~ билет «туда — обратно»
  single ~ билет на полёт в одном направлении
  test ~ контрольный билет (*для проверки выполнения требования по тарифам*)
ticketing 1. продажа билетов 2. оформление билетов
tie-down швартовать, крепить (*груз к полу кабины*)
tightness герметичность
  aircraft ~ герметичность (фюзеляжа) воздушного судна
tiller 1. рукоятка; рычаг 2. штурвальчик
  steering ~ штурвальчик управления (*разворотом носового колеса*)
tilt наклон; отклонение ‖ наклонять(ся); отклонять(ся)
  ~ **of the gyro** «завал» гироскопа
  beam ~ наклон луча
  blade ~ наклон лопасти
  main rotor ~ наклон несущего винта вертолёта (*для поступательного движения за счёт разложения подъёмной силы*)
  swash plate ~ наклон автомата перекоса
time ◊ ~ **between failures** наработка между отказами; ~ **between overhauls** межремонтный ресурс; ~ **handed in** время поступления сообщения; ~ **in service** время эксплуатации; ~ **in the air** налёт часов; время пребывания в воздухе; ~ **to climb to**

время набора заданной высоты, скороподъёмность; **to credit flight** ~ вести учёт полётного времени; **to limit flight** ~ ограничивать полётное время; **to mark** ~ отмечать время, делать отметку времени; **to note the** ~ засекать время

time
~ **of lag** время запаздывания
~ **of origin** время отправления
acceleration ~ время приёмистости (*двигателя*), время разгона
actual ~ **of arrival** фактическое время прибытия
actual airborne ~ время фактического нахождения в воздухе
airborne ~ полётное время, время полёта
apparent ~ фактическое время
apparent solar ~ светлое время суток
approach ~ время захода на посадку
arrival ~ время прибытия
basic overhaul ~ межремонтный ресурс
block ~ время налёта (*пилота*)
"**block-to-block**" ~ время в рейсе (*от начала движения перед вылетом до остановки после посадки*)
boarding ~ время посадки пассажиров
caging ~ время арретирования (*гироскопического прибора*)
calendar ~ календарный срок службы (*воздушного судна*)
check-in ~ время начала регистрации
checkpoint ~ **passage** время пролёта контрольной точки (*маршрута*)
"**chock-to-chock**" ~ время в рейсе (*от уборки колодок из-под колёс до их установки*)

time
correct ~ точное время
delay ~ время задержки (*вылета*)
departure ~ время вылета
departure actual ~ фактическое время вылета
down ~ время простоя (*воздушного судна*)
due ~ время по расписанию
duration ~ продолжительность (*напр. полёта*)
elapsed ~ 1. истекшее время (*полёта*) 2. время наработки, наработка
engine ground test ~ время опробования двигателя на земле
engine operating ~ наработка двигателя
engine runin ~ время обкатки двигателя
estimated ~ **en-route** расчётное время в пути
estimated ~ **of arrival** расчётное время прибытия
estimated ~ **of checkpoint** расчётное время (пролёта) контрольной точки (*маршрута*)
estimated ~ **of departure** расчётное время вылета
estimated ~ **of flight** расчётное время полёта
estimated ~ **over significant point** расчётное время пролёта определённой точки (*маршрута*)
estimated elapsed ~ расчётное время (*полёта*) до назначенной точки
expected approach ~ предполагаемое время захода на посадку
flight ~ полётное время, время полёта
flotation ~ время плавучести (*воздушного судна после аварийной посадки на воду*)
flying ~ **today** время налёта за данный день

TIM

time
flying dual instruction ~ время налёта с инструктором
flying duty ~ время налёта (*пилота*)
flyover ~ время пролёта (*данной точки маршрута*)
fueling ~ время заправки топливом
Greenwich apparent ~ истинное время по Гринвичу
Greenwich mean ~ среднее гринвичское время, среднее время по Гринвичу
Greenwich sideral ~ звёздное время по гринвичскому меридиану
ground ~ время простоя (*воздушного судна*) на земле
ground operating ~ наработка (*двигателя*) на земле
ground turn-around ~ время, необходимое на полное обслуживание и загрузку (*воздушного судна*) в процессе стоянки
gyro erection ~ время восстановления гироскопа
hour's flying ~ время налёта в часах
instrument ~ 1. приборное время 2. время полёта по приборам
instrument flying ~ время налёта по приборам
instrument flying simulated ~ время налёта по приборам на тренажёре
instrument ground ~ время наземной тренировки по приборам
landing gear extension ~ время выпуска шасси
latest checkin ~ время прекращения регистрации (*пассажиров*)
level flight ~ время горизонтального полёта
local ~ местное время
local apparent ~ истинное местное время
local mean ~ среднее местное время

TIM

time
maintenance ground ~ время простоя на техническом обслуживании
mean between failure среднее время наработки между отказами
mean-down ~ среднее время простоя
mean European ~ среднеевропейское время
minimum installation ~ минимальное время установки (*напр. двигателя на воздушное судно*)
night flying ~ время налёта в ночных условиях
off ~ время вылета
off-block ~ время начала руления
on-to-off ~ период включённого состояния; время работы под напряжением
operating ~ срок службы
origin ~ время вылета
outbound ~ время полёта по внешнему контуру
overhaul ~ межремонтный срок службы
pilot duty ~ рабочее время пилота (*связанное с подготовкой к полётам и полётами*)
"ramp-to-ramp" ~ время в рейсе (*от момента стратгивания воздушного судна до остановки после рейса на стоянке*)
reporting ~ время начала регистрации
response ~ время срабатывания (*механизма*)
run ~ 1. время разбега или пробега (*воздушного судна при взлёте или посадке*) 2. время наработки (*двигателя*)
run-down ~ время выбега (*двигателя*)
runway occupancy ~ время нахождения (*воздушного судна*) на ВПП
scheduled departure ~ время вылета по расписанию

TIM

time
  servicing ~ продолжительность обслуживания
  solar ~ светлое [солнечное] время суток
  solo flying ~ время самостоятельного налёта (*пилота*)
  standard ~ поясное время
  takeoff ~ время взлёта
  taxiing ~ время руления
  total flying ~ общее время налёта (*пилота*)
  traffic release ~ время прекращения действия ограничений на воздушное движение
  trip ~ время полёта по маршруту
  turnaround ~ 1. время на подготовку (*воздушного судна*) к обратному рейсу 2. время разворота на противоположный курс
  wheels-off ~ время налёта (*воздушного судна*)
  wheels-on ~ время нахождения (*воздушного судна*) на земле, время простоя
  zone ~ поясное время
  zulu ~ среднее гринвичское время, среднее время по Гринвичу
timeout пауза (*напр. в радиопередаче*); перерыв (*напр. в работе радиостанции*)
  acknowledgement ~ пауза для подтверждения (*напр. приёма радиосигнала*)
  response ~ время запаздывания (*при срабатывании механизма*)
time-piece хронометр
  accurate ~ точный хронометр
timer реле времени
timetable 1. расписание (*полётов*) 2. график (*работы*)
  carrier's ~ расписание (*полётов*), установленное перевозчиком
  flight ~ расписание полётов
timing 1. регламентирование по времени 2. отсчёт времени

TOL

timing
  engine ~ регулирование зажигания двигателя
  valve ~ газораспределение (*двигателя*)
tip законцовка, концевой обтекатель; наконечник ◊ ~ **to** ~ по всему размаху (*аэродинамической поверхности*)
  blade ~ законцовка лопасти
  horizontal stabilizer ~ законцовка [концевой обтекатель] стабилизатора
  wing ~ законцовка [концевой обтекатель] крыла
tire 1. пневматик; пневматическая шина 2. покрышка ◊ **to deflate the** ~ ослаблять давление в пневматике; **to inflate** ~ накачивать шину; **to puncture the** ~ прокалывать покрышку
  air ~ пневматическая шина
  balloon ~ баллонный пневматик
  low-pressure ~ пневматическая шина низкого давления
  ribbed ~ покрышка с (фигурной) насечкой
  tread-reinforced ~ пневматическая шина с армированным протектором
  tubeless ~ бескамерная пневматическая шина
tolerance допуск
  aircraft dimension ~ допуск на размеры воздушного судна
  aircraft weight ~ допуск на массу воздушного судна
  design ~ расчётный допуск
  installation ~ допуск на установку (*оборудования*)
  production ~ технологический допуск
  repair ~ ремонтный допуск
  rigging ~ нивелировочный допуск
toll 1. пошлина ‖ облагать пошлиной 2. специальный тариф
  unit ~ специальный тариф за перевозку транспортируемой единицы

TON

tongue ◊ **to unbend a washer** ~ отгибать усик (контровочной) шайбы
lock ~ усик пластинчатого замка
washer ~ усик (контровочной) шайбы
tonnage:
airlift ~ объём воздушных перевозок в тоннах груза
tonne тонна (*единица массы*)
tonne-kilometer(s) тонно-километраж
freight ~ грузовой тонно-километраж
tonne-mile тонно-миля
freight ~ грузовая тонно-миля
top ◊ **over the** ~ над верхней границей облаков; **to** ~ **off** дозаправлять (*топливный бак*) сверху
~ **of climb** конечный участок набора высоты
cloud ~ верхняя граница облаков
descent ~ высота начала снижения (*с эшелона полёта*)
torching догорание (*топлива*) после отсечки подачи
tornado торнадо; шквал
torque (крутящий) момент ◊ **to counteract the rotor** ~ уравновешивать [парировать] крутящий момент несущего винта
airscrew ~ крутящий момент (на валу) воздушного винта
brake ~ тормозной момент (*на стойке шасси*)
engine ~ крутящий момент (на валу) двигателя
gyroscopic ~ гироскопический момент
negative ~ отрицательный крутящий момент
operating ~ рабочий момент (*на валу*)
propeller ~ крутящий момент (на валу) воздушного винта
propeller windmill ~ крутящий момент воздушного винта в режиме авторотации
torque
rotor ~ крутящий момент несущего винта
torquemeter измеритель (крутящего) момента
oil pressure-type ~ измеритель крутящего момента гидравлического типа
shaft-type ~ измеритель крутящего момента механического типа
torquer 1. датчик (крутящих) моментов (*в навигационной системе*) **2.** мотор коррекции (*гироскопа*)
torsion 1. кручение; скручивание **2.** крутящий момент
totalizer:
fuel ~ топливомер суммарного запаса топлива
touchdown 1. посадка; приземление; касание ВПП ‖ совершать посадку; приземляться; касаться ВПП **2.** точка приземления ◊ **prior to** ~ перед касанием ВПП
mainwheels ~ касание (ВПП) основными колёсами
tour (воздушное) путешествие; (воздушная) перевозка
bulk ~ массовая перевозка
bulk inclusive ~ массовая перевозка типа ‹инклюзив тур›
contract ~ перевозка пассажиров по контракту (*с авиакомпанией*)
group ~ групповая перевозка
inclusive ~ воздушная перевозка типа ‹инклюзив тур› (*полное обслуживание туристической поездки с предварительной оплатой всех услуг*)
individual ~ перевозка отдельного туриста
tow 1. буксировка ‖ буксировать **2.** буксируемое судно ◊ **to** ~ **off** отбуксировывать (*воздушное судно с места стоянки носом вперёд*)

TOW

tow
  glider ~ буксировка планёра
  ground ~ буксировка на земле
tower 1. пункт 2. вышка; мачта
  aerodrome control ~ аэродромный диспетчерский пункт, АДП
  airport control ~ командно-диспетчерский пункт аэропорта, КДП
  approach control ~ пункт управления заходом на посадку
  operations ~ пункт управления полётами
towerman диспетчер вышки
towing буксировка
  target ~ буксировка цели (*напр. для тренировок в полёте*)
  tracer 1. прокладчик курса (*на планшете*) 2. запрос о розыске (*напр. пропавшего багажа*)
  dead-reckoning ~ прокладчик курса методом счисления (*пути*)
track 1. линия пути (*полёта*) 2. направление; маршрут; курс ‖ прокладывать курс 3. след, колея ‖ оставлять след 4. сопровождать [вести] цель ◇ ~ **from secondary radio facility** маршрут полёта в направлении от вторичных радиосредств; **in** ~ отцентрированный (*напр. о воздушном винте*); **to adhere to the** ~ придерживаться заданного курса; **to be off the** ~ уклоняться от заданного курса; **to change the** ~ изменять линию пути; **to enter the final approach** ~ выходить на посадочную прямую; **to make good** ~ точно следовать курсу; **to** ~ **out** выводить на курс; выходить на курс; **to reestablish the** ~ восстанавливать заданную линию пути; **to regain the** ~

TRA

возвращаться на заданный курс
track
  aerodrome lavatory ~ аэродромный ассенизатор
  air ~ воздушная трасса
  arrival ~ маршрут прибытия
  assigned ~ заданный маршрут
  back beam ~ направление отражённого луча
  baggage race ~ стенд раздачи багажа
  composite ~ комбинированный маршрут
  desired ~ линия заданного пути
  extension flap ~**s** рельсы выпуска закрылков
  final approach ~ (пред)посадочная прямая, конечная посадочная прямая
  flight ~ 1. линия пути полёта (*проекция траектории полёта на земную поверхность*) 2. маршрут полёта
  grid ~ линия пути относительно координатной сетки
  guide ~ направляющий рейс
  inbound ~ 1. линия пути приближения 2. маршрут подхода (*к зоне аэродрома*)
  intended ~ заданная линия пути
  least-time ~ кратчайший маршрут
  localizer approach ~ траектория захода на посадку по лучу курсового маяка
  magnetic ~ магнитный курс; магнитный путевой угол
  magnetic great circle ~ магнитная ортодромическая линия пути
  main wheel ~ колея шасси
  minimum time ~ маршрут минимального времени полёта
  missed approach procedure ~ маршрут ухода на второй круг
  outbound ~ 1. линия пути

удаления 2. маршрут ухода (*из зоны аэродрома*)
track
prescribed flight ~ предписанный маршрут полёта
procedure ~ линия пути установленной схемы
procedure approach ~ маршрут захода на посадку
race ~ 1. линия пути (*полёта*) по схеме с двумя спаренными разворотами (*по схеме типа «ипподром» или по «скруглённой коробочке»*) 2. конвейер выдачи багажа
reciprocal ~s встречные курсы
required ~ заданный курс
rhumb-line ~ линия пути по локсодромии
roller ~ рольганг (*грузовой кабины*)
takeoff ~ линия пути при взлёте
true ~ 1. фактическая линия пути 2. истинный курс
wheel ~ колея шасси
tracker 1. станция слежения; станция сопровождения 2. буксир (*воздушных судов*)
automatic range ~ устройство автоматического сопровождения (*воздушного судна*) по дальности
star ~ астрокомпас
track-in траектория уборки (*шасси или закрылков*)
tracking 1. слежение; сопровождение 2. прокладка маршрута 3. выдерживание курса 4. осевое совмещение (*деталей*)
aided ~ полуавтоматическое сопровождение
angle ~ прокладка маршрута по угловым координатам
automatic range ~ автоматическое сопровождение по дальности
blades ~ установка соконусности [соосности] лопастей
flight path ~ выдерживание траектории полёта

tracking
ground ~ наземное сопровождение (*полёта*)
inertial ~ выдерживание курса полёта с помощью инерциальной системы
radar ~ радиолокационное сопровождение
radio ~ радиосопровождение
star ~ астронавигация
target ~ сопровождение цели
track-keeping выдерживание курса
track-out траектория выпуска (*шасси или закрылков*)
traction сила сцепления (*колёс с поверхностью ВПП*)
tractor:
tow(ing) ~ буксировочный тягач, буксировщик
traffic 1. движение; поток 2. перевозки; объём перевозок 3. борт (*при информации о воздушном сообщении*)
◊ ~ **by flight stage** поэтапные воздушные перевозки; ~ **in transit** транзитные перевозки; **to overflow air** ~ перегружать воздушное движение (*на авиалинии*); **to share** ~ распределять объём перевозок (*между авиакомпаниями*)
aerodrome ~ движение в зоне аэродрома
air ~ 1. воздушное движение 2. воздушные перевозки
airport ~ 1. (воздушное) движение в зоне аэропорта 2. объём перевозок через аэропорт; загрузка аэропорта
airway ~ (воздушное) движение на авиационной трассе
coach ~ (воздушные) перевозки по тарифу туристического класса
coupling ~ движение на сходящихся курсах
crossing ~ движение на пересекающихся курсах

TRA

traffic
  distress ~ аварийные воздушные перевозки
  domestic ~ местные (воздушные) перевозки (*в пределах одного государства*)
  fill-up ~ дополнительные (воздушные) перевозки (*за счёт резерва вместимости в пассажирском салоне*)
  flight stage ~ поэтапные воздушные перевозки
  freight ~ грузовые перевозки
  general ~ общий поток воздушных перевозок
  high density air ~ интенсивное воздушное движение
  inbound ~ частота прибытия (*воздушных судов в аэропорт*)
  inclusive tour ~ воздушные перевозки типа «инклюзив тур» (*полное обслуживание туристической поездки с предварительной оплатой всех услуг*)
  incoming ~ частота прибытия (*воздушных судов в аэропорт*)
  interline ~ перевозки (*пассажиров*) с обеспечением стыковки (*рейсов*)
  left-hand ~ движение (над аэродромом) с левым кругом
  mail ~ перевозки авиапочты, почтовые авиаперевозки
  medium stage ~ (воздушные) перевозки средней дальности
  outbound ~ частота вылетов
  overflow ~ интенсивное (воздушное) движение
  overflying ~ транзитное [пролётное] (воздушное) движение
  passenger ~ пассажирские перевозки
  pick-up ~ поток (пассажиров) в промежуточных аэропортах
  radio ~ радиообмен

TRA T

traffic
  revenue ~ коммерческие (воздушные) перевозки
  right-hand ~ движение (над аэродромом) с правым кругом
  safety ~ безопасное (воздушное) движение
  scheduled airline ~ регулярные перевозки авиакомпании
  through [transit] ~ транзитные (воздушные) перевозки
trail 1. след; спутная струя 2. путь
  aerodynamic ~ аэродинамический след (*после обтекания профиля*)
  aircraft ~ спутный след воздушного судна
  condensation ~ конденсационный след (*выходящих газов двигателя*)
  exhaust ~ след выходящих газов
  vapor ~ конденсационный след (*выходящих газов*)
  wreckage ~ расстояние разброса обломков (*воздушного судна*)
trailer:
  fuel tank ~ топливозаправщик с цистерной
train:
  gear ~ ступень перебора редуктора
  roll gear ~ редуктор крена (*в системе автопилота*)
trainer 1. тренажёр 2. инструктор
  flight procedures ~ тренажёр для отработки техники пилотирования
  instrument flight ~ тренажёр для подготовки к полётам по приборам
  synthetic flight ~ комплексный пилотажный тренажёр
training обучение, подготовка
  ◊ **to carry out** ~ выполнять подготовку (*напр. лётного состава*)
  advanced ~ повышение квалификации

training
  approved ~ подготовка по утверждённой программе
  classroom ~ теоретическая подготовка
  conversion ~ переподготовка
  flight ~ лётная подготовка
  flying ~ обучение в процессе полётов
  ground ~ наземная подготовка
  instrument flight ~ подготовка для полётов по приборам
  line oriented flight ~ лётная подготовка в условиях, максимально приближенных к реальным
  manpower ~ подготовка кадров, обучение личного состава
  night ~ ночные учебные полёты
  on-the-job ~ обучение на рабочем месте
  periodic ~ периодическая тренировка (*лётного состава*)
  personnel ~ подготовка кадров, обучение личного состава
  pilot ~ подготовка пилотов
  primary ~ начальная (лётная) подготовка
  refresher ~ повышение квалификации
  self-paced ~ самоподготовка
  synthetic ~ комплексная лётная подготовка
  transition ~ переподготовка (*на другой тип воздушного судна*)
transducer 1. датчик 2. преобразователь
  acoustic ~ акустический [звуковой] преобразователь
  airborne ~ бортовой преобразователь
  autothrottle ~ датчик автомата тяги
  flutter ~ датчик флаттерных колебаний

transducer
  lift ~ датчик подъёмной силы
transfer 1. передача (*напр. воздушной перевозки другой авиакомпании*) ‖ передавать 2. пересадка (*на другое воздушное судно*) ‖ пересаживать(ся) 3. перекачка, откачка (*напр. топлива*) ‖ перекачивать, откачивать
  ~ of control передача диспетчерского управления
  aircraft control ~ передача управления воздушным судном (*другому члену экипажа*)
  fuel ~ перекачка [откачка] топлива
  heat ~ отвод тепла; теплопередача
  interline ~ передача (*напр. груза*) в пункте стыковки авиарейсов
  passengers ~ передача пассажиров (*другой авиакомпании*)
  radar ~ of control передача радиолокационного диспетчерского управления
  radar identification ~ передача кода радиолокационного опознавания
transferability:
  ticket ~ право [разрешение] на передачу билета (*другому авиаперевозчику*)
transformer 1. трансформатор 2. преобразователь сигналов
  input ~ входной трансформатор
  pitch ~ преобразователь сигнала по тангажу
  roll ~ преобразователь сигнала по крену
  yaw ~ преобразователь сигнала по курсу
transit 1. транзит ‖ транзитный 2. переход (*в другое состояние*) ‖ переходить (*в другое состояние*)
  customs ~ таможенный транзит
  direct ~ прямой транзит

transition переход (*в другое состояние*)
  smooth ~ плавный переход (*на другой эшелон*)
transmission 1. (радио)передача **2.** отправление, пересылка
  ~ of telephony передача радиотелефонных сообщений
  aircraft blind ~ передача воздушного судна (*другой авиакомпании*) без контрольного осмотра
  beam ~ направленная (радио)передача
  blind ~ односторонняя передача
  electronic data ~ электронная передача данных
  facsimile ~ факсимильная (фототелеграфная) передача (*информации*)
  ground ~ передача (*радиосигналов*) с земли
  multiplex ~ многоканальная (радио)передача
  pressure-altitude ~ передача сведений о барометрической высоте
  radio ~ радиопередача
  unacknowledged ~ неподтверждённая (радио)передача
transmissometer измеритель дальности видимости, измеритель прозрачности атмосферы
transmit 1. передавать (*по радиосвязи*) **2.** отправлять, пересылать ◊ **to ~ blind** передавать (*по радиосвязи*) без получения ответа, передавать «блиндом»
transmitter 1. передатчик **2.** датчик
  airborne ~ бортовой передатчик
  airspeed ~ датчик воздушной скорости
  angle-of-attack ~ датчик угла атаки
  angle-of-sideslip ~ датчик угла скольжения
  capacitance-type ~ ёмкостный датчик (*напр. топливомера*)
transmitter
  emergency locator ~ аварийный приводной передатчик
  feedback ~ датчик обратной связи
  flaps position ~ датчик указателя положения закрылков
  fuel flow ~ датчик расхода топлива
  fuel quantity ~ датчик топливомера
  gear position ~ датчик сигнализации положения шасси
  glide-path [glide-slope] ~ передатчик глиссадного маяка
  master ~ командный [задающий] передатчик
  pressure gage ~ датчик манометра давления
  radar ~ радиолокационный передатчик
  radio ~ радиопередатчик
  radiotelegraph ~ радиотелеграфный передатчик
  rate-of-flow ~ датчик мгновенного расхода (*топлива*)
  roll synchro ~ датчик угла рассогласования по крену
  torque pressure ~ датчик измерителя крутящего момента
  total flow ~ датчик суммарного расхода (*топлива*)
  wing flaps error ~ датчик рассогласования закрылков
transonic околозвуковой (*о скорости*)
transponder (радио)ответчик
  airborne ~ бортовой ответчик
  air traffic control ~ ответчик системы УВД
  friend-or-foe ~ ответчик кода «свой — чужой»
  identification ~ радиоответчик системы опознавания
transport 1. транспортное средство; транспорт **2.** транспортировка; перевозка ‖ транспортировать; перевозить

transport
  air ~ 1. воздушный транспорт **2.** воздушная перевозка
  civil air ~ гражданский воздушный транспорт
  commercial air ~ 1. коммерческий воздушный транспорт **2.** коммерческая воздушная перевозка
  short-haul ~ воздушное судно для местных авиалиний
  supersonic ~ сверхзвуковой воздушный транспорт
  surface ~ наземный транспорт (*в аэропорту*)
transportation 1. транспортировка; перевозка **2.** транспортное средство
  alternate ~ резервное транспортное средство
  bulk ~ смешанная (воздушная) перевозка (*напр. пассажиров и грузов*)
  collect ~ перевозка с оплатой в кредит
  commercial air ~ коммерческая воздушная перевозка
  interline ~ совместная перевозка нескольких авиакомпаний
  prepaid ~ перевозка с предварительной оплатой
  short-haul ~ местная (воздушная) перевозка
  unit toll ~ перевозка по специальному тарифу
transverse поперечный (*напр. о курсе*)
trap отстойник; сборник
  pitot tube water ~ влагоотстойник приёмника полного давления
travel 1. путешествие **2.** (самопроизвольное) смещение **3.** распространение
  air ~ воздушное путешествие
  angular ~ (самопроизвольное) угловое смещение (*напр. воздушного судна*)
  boom ~ распространение звукового удара

travel
  center-of-gravity ~ смещение центровки (*воздушного судна*)
  incentive group ~ групповая поездка со скидкой тарифа
  shock strut impact ~ прямой ход [ход на сжатие] амортизатора (*шасси*)
tread 1. колея; ширина колеи **2.** протектор
  landing gear ~ колея шасси
  tire ~ протектор покрышки
treatment:
  acoustic ~ акустическая облицовка
  attenuation ~ звукопоглощающая облицовка
  engine duct ~ облицовка каналов двигателя
  runway surface ~ обработка поверхности ВПП
trestle козелок (*для хранения отъёмных частей воздушного судна*)
  fuselage ~ подфюзеляжный козелок
  supporting ~ опорный козелок
  tail ~ хвостовой козелок
  wing ~ подкрыльевой козелок
trial:
  air ~ испытание в воздухе
  qualification ~ проверка уровня подготовки (*напр. пилота*)
  route-proving ~ проверка обеспечения полётов на маршруте
  static ~ статическое испытание
triangle:
  ~ of velocities треугольник скоростей
  force ~ силовой треугольник (*направления векторов усилий*)
  vector ~ навигационный треугольник (*скоростей*)
trim 1. балансировка; уравновешивание ‖ балансировать;

TRI   TRU   T

уравновешивать 2. триммирование; снятие усилий с рулей (*отклонением триммера*) ‖ триммировать; снимать усилия с рулей 3. внутренняя отделка (*напр. кабины воздушного судна*) ◊ **to be out of** ~ быть разбалансированным (*о воздушном судне*); **to** ~ **for nose-up pitching** компенсировать кабрирование; **to** ~ **in pitch** балансировать по тангажу; **to relocate the plane's** ~ восстанавливать балансировку самолёта (*путём перемещения груза в кабине*)

trim
  aircraft ~ балансировка воздушного судна
  cabin interior ~ внутренняя отделка кабины
  directional ~ путевая балансировка
  horizontal ~ балансировка в горизонтальном полёте
  lateral ~ поперечная балансировка
  longitudinal ~ балансировка по тангажу, продольная балансировка
  manual ~ ручная балансировка
  nose-down ~ балансировка пикирующего момента
  nose-up ~ балансировка кабрирующего момента
  operational ~ балансировка в полёте (*напр. путём перекачки топлива*)
trimmer триммер
trimming 1. триммирование; снятие усилий с рулей (*отклонением триммера*) 2. балансировка; уравновешивание
  fuel ~ балансировка выработкой топлива
trimwheel штурвальчик управления триммером
trip 1. полёт; облёт 2. маршрут полёта
  air ~ воздушное путешествие

trip
  circle ~ замкнутый маршрут полёта
  open-jaw ~ незамкнутый маршрут полёта
  return ~ обратный маршрут полёта
  round ~ круговой маршрут полёта, маршрут «туда — обратно»
  side ~ вспомогательный маршрут полёта
  single ~ односторонний маршрут полёта
trolley тележка
  baggage ~ багажная тележка
  hydraulic servicing ~ 1. тележка для заправки гидросистемы 2. гидростенд; аэродромная гидроустановка
  self-help ~ тележка для самообслуживания (*при перевозке багажа*)
  starter ~ пусковая (электро)тележка (*для запуска двигателей на земле*)
trouble 1. перебои; неисправность; отказ 2. авария; поломка ◊ **to correct the** ~ устранять отказ (*путём регулировки*); **to remedy the** ~ устранять отказ (*путём замены агрегата*)
  design-manufacturing ~ конструктивно-производственный недостаток, КПН
  engine ~ перебои в работе двигателя
troubleshooting дефектация
truck:
  aerodrome lavatory ~ аэродромный ассенизатор
  air-conditioning ~ кондиционер
  aircraft service ~s транспортные средства для обслуживания воздушного судна
  baggage ~ багажная самоходная платформа
  bulk cargo loader ~ автопогрузчик

TRU

truck
  catering ~ машина для обслуживания кухни
  commissary ~ бытовая установка
  crash ~ аварийная машина
  fire ~ пожарная машина, пожарный автомобиль
  "follow me" ~ автомобиль сопровождения (*воздушных судов при рулении по аэродрому*)
  fork-lift ~ автокар с вильчатым подъёмником
  fuel servicing [fuel tanker] ~ топливозаправщик
  galley service ~ машина для обслуживания кухни
  hydrant ~ установка централизованной заправки (*топливом*)
  oxygen-supply ~ кислородная зарядная (передвижная) станция
  wrecking ~ машина технической помощи
truckbed контейнерная платформа
true истинный (*о курсе полёта*)
trunk 1. магистраль ‖ магистральный 2. гофрированный рукав 3. отсек
  access ~ отсек [проход] для обеспечения доступа (*при обслуживании воздушного судна*)
trunnion цапфа
  engine mounting ~ цапфа подвески двигателя
  rod ~ цапфа крепления тяги
tube 1. труба; трубка; патрубок 2. камера (*шины*)
  airspeed ~ приёмник воздушного давления, ПВД
  augmentor ~ форсажная труба
  blast cooling ~ патрубок обдува для охлаждения
  cooling air outlet ~ патрубок отвода охлаждающего воздуха
  cross-fire ~ патрубок переброса пламени (*в жаровых трубах*)

TUN

  cross-over ~ соединительный патрубок
  discharge ~ патрубок отвода; выпускная труба
  fire [flame] ~ жаровая труба; камера сгорания
  fuel gravity transfer ~ труба перелива топлива
  inner ~ камера (*покрышки колеса*)
  interconnecting ~ соединительный перепускной патрубок
  oil feed ~ маслопровод
  oil level ~ заливная трубка масла
  piston ~ плунжер штока
  Pitot ~ приёмник полного давления, ППД; трубка Пито
  pressure balance ~ 1. дренажная трубка (*топливных баков*) 2. соединительная трубка (*для выравнивания давления*)
  standing-wave ~ акустическая труба-резонатор
  tire ~ камера шины
  torque ~ 1. вал трансмиссии 2. корпус тормоза (*колеса*)
  Venturi ~ трубка Вентури; дозирующая трубка
tug буксировочное приспособление (*воздушного судна*) ‖ буксировать
tunnel (аэродинамическая) труба ◊ **to test in the wind** ~ продувать в аэродинамической трубе
  closed-circuit [closed-return] wind ~ аэродинамическая труба замкнутого типа
  closed-throat wind ~ аэродинамическая труба с закрытой рабочей частью
  free-flight wind ~ аэродинамическая труба имитации свободного полёта
  full-scale wind ~ аэродинамическая труба для испыта-

ния моделей в натуральную величину
tunnel
  high-speed wind ~ аэродинамическая труба больших скоростей
  open-circuit [open-return] wind ~ аэродинамическая труба открытого типа
  spin wind ~ аэродинамическая труба для испытаний на сваливание в штопор
  transonic wind ~ аэродинамическая труба околозвуковых скоростей
  vertical wind ~ аэродинамическая труба вертикального типа
  wind ~ аэродинамическая труба
turbine турбина ◊ **before the** ~ перед турбиной; **past the** ~ за турбиной
  air ~ воздушная турбина
  axial-flow ~ осевая турбина
  constant speed drive ~ турбина привода постоянных оборотов
  cooling ~ турбохолодильник
  fan(-drive) ~ турбина вентилятора
  free ~ свободная турбина (*для привода воздушного винта*)
  free power ~ свободная силовая турбина (*для привода несущего винта*)
  gas ~ газотурбинный двигатель
  high-pressure ~ турбина (компрессора) высокого давления
  impulse ~ активная турбина
  low-pressure ~ турбина (компрессора) низкого давления
  multistage ~ многоступенчатая турбина
  power recovery ~ турбина с приводом от выхлопных газов

turbine
  radial-flow ~ центробежная турбина
  ram-air ~ турбина с приводом от набегающего потока воздуха
  reaction ~ реактивная турбина
  reverse-flow ~ противоточная турбина
  single-stage ~ одноступенчатая турбина
  two-stage ~ двухступенчатая турбина
turbofan турбовентиляторный двигатель
turbojet турбореактивный двигатель, ТРД
  bypass ~ двухконтурный турбореактивный двигатель, ДТРД
turboprop турбовинтовой двигатель, ТВД
turboshaft турбовальный двигатель
turbosupercharger турбонагнетатель
turbulence 1. турбулентность 2. болтанка (*при полёте в турбулентной атмосфере*) ◊ ~ **in clouds** турбулентность в облаках; **to qualify** ~ определять степень турбулентности
  air ~ воздушная турбулентность
  atmospheric ~ атмосферная турбулентность
  clear air ~ турбулентность в атмосфере без облаков, турбулентность при ясном небе
  flow ~ турбулентность потока
  injected ~ турбулентность, вызванная впрыском (*топлива*); введённая турбулентность
  vortex ~ вихревая турбулентность
  wake ~ турбулентность в спутном следе
turbulent 1. турбулентный 2. в условиях болтанки (*при*

полёте в турбулентной атмосфере)

turn вираж; разворот ‖ делать разворот, разворачивать(ся) ◊ ~ **on base leg** третий разворот (*в схеме захода на посадку*); ~ **on crosswind leg** первый разворот (*в схеме захода на посадку*); ~ **on downwind leg** второй разворот (*в схеме захода на посадку*); ~ **on final** четвёртый разворот (*в схеме захода на посадку*); **to** ~ **back** разворачивать (*воздушное судно*) на обратный курс; **to complete the** ~ завершать разворот; **to delay the** ~ затягивать разворот; **to** ~ **downwind** разворачивать (*воздушное судно*) по ветру; **to enter the** ~ входить в разворот; **to execute the** ~ выполнять разворот; ~ **to final** разворот на (пред)посадочную прямую; четвёртый разворот; **to** ~ **in** доворачивать (*к линии курса*); **to** ~ **inbound** разворачивать (*воздушное судно*) на радиомаяк; **to initiate the** ~ входить в разворот; начинать разворот; **to** ~ **into the wind** разворачивать (*воздушное судно*) против ветра; **to make a** ~ выполнять разворот; **to** ~ **off** сходить с ВПП (*на рулёжную дорожку*); **to** ~ **on base leg** выполнять третий разворот; **to** ~ **on crosswind leg** выполнять первый разворот; **to** ~ **on downwind leg** выполнять второй разворот; **to** ~ **on final** выполнять четвёртый разворот; **to** ~ **out** отворачивать (*от курса*) с креном; **to** ~ **outbound** отворачивать (*от курса*) на радиомаяк; **to** ~ **over** 1. перекрывать (*напр. кран подачи топлива*) 2. прокручивать (*напр. ротор двигателя*); **to recover from the** ~ выходить из разворота; **to**

roll into the ~ входить в разворот; **to roll out of the** ~ выходить из разворота; **to tighten the** ~ уменьшать радиус разворота; **to** ~ **to port** выполнять левый разворот; **to** ~ **to starboard** выполнять правый разворот

turn
banked ~ разворот с креном
base ~ разворот на посадочную прямую
climbing ~ разворот с набором высоты
descending ~ разворот со снижением
final ~ разворот на (пред)посадочную прямую; четвёртый разворот
flat ~ плоский разворот
flight corrective ~ доворот для коррекции направления полёта
gentle ~ пологий разворот
gliding ~ разворот в процессе планирования
hovering ~ разворот (вертолёта) в режиме висения
identifying ~ разворот с целью опознавания
inbound ~ разворот в сторону приближения (*к оси ВПП*)
inside ~ разворот с креном к центру разворота
instrument ~ разворот по приборам
joining ~ разворот на курс полёта
landing ~ разворот на посадку
lead-type ~ разворот с упреждением (*сноса в полёте*)
left-hand ~ левый разворот
level ~ горизонтальный разворот
medium ~ разворот с креном около 45°
medium gliding ~ разворот с креном около 45° в процессе планирования

TUR   TYP   T

turn
  outbound ~ разворот в сторону удаления (*от оси ВПП*)
  outside ~ разворот с креном от центра разворота
  overshoot ~ пологий разворот
  procedure ~ разворот по установленной схеме (*по радиомаяку*)
  reverse ~ разворот на обратный курс
  sharp ~ вираж
  skidding ~ разворот с наружным скольжением (*в направлении сил инерции*)
  slipping ~ разворот с внутренним скольжением (*в направлении разворота*)
  standard rate ~ разворот по стандартной схеме
  steady ~ установившийся разворот
  steep ~ вираж
  sustained ~ установившийся разворот
  teardrop ~ разворот на посадочный курс
  teardrop procedure ~ выход на посадочный курс отворотом на расчётный угол
  three-sixty ~ разворот на 360°, полный разворот
  true-banked ~ разворот без скольжения
  undershoot ~ преждевременный разворот
  upwind ~ разворот против ветра
  vertical ~ разворот с креном около 90°
  wide ~ пологий разворот
  wings-level ~ разворот без крена
  180-degree ~ разворот на обратный курс
  360-degree ~ разворот на 360°, полный разворот
turnaround 1. пункт возврата (*замкнутого маршрута полёта*) 2. разворот на противоположный курс
turn-away отворот (*манёвр воздушного судна в полёте*)
turnbuckle тандер (*тросового соединения*)
turn-in вираж; разворот
turnmeter измеритель угловой скорости
turnoff сход; поворот; выруливание (*со стоянки*) ‖ сходить; поворачивать; выруливать
turnout отворот (*от курса*) с креном
turnover:
  aircraft fleet ~ оборот парка воздушных судов
  cargo ~ грузооборот (*авиакомпании*)
twilight сумерки
  evening civil ~ конец светлого времени суток
  morning civil ~ начало светлого времени суток
twinjet двухдвигательный реактивный самолёт
twist:
  aerodynamic ~ аэродинамическая крутка
  turbine blade ~ (аэродинамическая) крутка лопатки турбины
  wing ~ (аэродинамическая) крутка крыла
  wing geometric ~ геометрическая крутка крыла
two-bladed двухлопастный (*о винте*)
type:
  aircraft ~ тип воздушного судна
  complex ~ of aircraft комбинированный тип воздушного судна
  first ~ of occurrence первый тип события (*основное событие, которое может иметь последствия*)
  flight ~ тип полёта
  message ~ тип сообщения
  second ~ of occurrence второй тип события (*явившийся следствием основного*)
  unconventional ~ of aircraft нестандартный тип воздушного судна

U

unbalance нарушение балансировки, разбалансировка
uncontrollability:
　aircraft ~ неуправляемость воздушного судна
undercarriage 1. шасси (*см. тж* **gear** 1.) 2. (основная) опора шасси 3. силовой элемент комплекта шасси; тележка шасси
underloading:
　aircraft ~ неполная загрузка воздушного судна
undershoot 1. недолёт до торца ВПП ‖ недолетать до торца ВПП 2. терпеть аварию из-за недолёта до торца ВПП
undertaking:
　operational ~s эксплуатационные обязательства
unfeather выводить из флюгерного положения, расфлюгировать (*воздушный винт*)
unfeathering:
　propeller ~ расфлюгирование воздушного винта
unflyable непригодный к выполнению полётов
Unit:
　Audio Visual Aids ~ Сектор аудиовизуальных средств (*ИКАО*)
　Cartographic ~ Картографический сектор (*ИКАО*)
　Data Processing ~ Сектор обработки данных (*ИКАО*)
　Distribution ~ Сектор распространения документации (*ИКАО*)
　Document Control ~ Сектор контроля за документацией (*ИКАО*)
　Field Personnel Administration ~ Сектор учёта кадров на местах (*ИКАО*)
　Field Procurement Services ~ Сектор обеспечения снабжения на местах (*ИКАО*)
　Field Purchasing ~ Сектор закупок на местах (*ИКАО*)
　Field Recruitment ~ Сектор найма на местах (*ИКАО*)
　General Services ~ Сектор общего обслуживания (*ИКАО*)
　Purchasing ~ Сектор закупок (*ИКАО*)
　Registry and Archives ~ Сектор регистрации и архивов (*ИКАО*)
　Shipping and Mail ~ Экспедиция (*ИКАО*)
unit 1. (командный) пункт 2. комплект (*оборудования*) 3. транспортное средство 4. аппарат; установка; блок 5. узел; секция; звено 6. единица измерения
　~ **of measurement** единица измерения
　acceleration control ~ 1. автомат приёмистости (*двигателя*) 2. устройство [блок] управления ускорением
　across track display ~ блок индикатора отклонения от линии пути
　aerodrome control ~ аэродромный диспетчерский пункт, АДП
　aileron servo ~ рулевая машинка элеронов
　air ~ авиационное подразделение; авиационное управление
　aircraft step ~ (откидной) бортовой трап (*для пассажиров*)
　air-flow metering ~ заслонка дозировки расхода воздуха
　air-mileage ~ автомат счисления пути
　airport rescue ~ спасательная команда аэропорта
　air traffic control ~ пункт управления воздушным движением
　air traffic services ~ пункт обслуживания воздушного движения
　along track display ~ блок индикатора оставшегося пути

UNI UNI U

unit
altitude control ~ высотный корректор
altitude sensing ~ блок датчика высотного корректора
antenna/electronics ~ электронный антенный блок
antenna turning ~ поворотный механизм антенны
approach control ~ диспетчерский пункт управления заходом на посадку
apron management ~ орган управления движением (*воздушных судов*) на перроне; перронная служба
artificial feel ~ загрузочный механизм
automatic range ~ блок автоматического определения дальности
autopilot disengage ~ блок отключения автопилота
autopilot servo ~ рулевая машинка автопилота
autostart control ~ автомат запуска (*двигателей*)
auxiliary power ~ вспомогательная силовая установка
azimuth guidance ~ блок азимутального наведения
bank-and-climb gyro ~ гироавтомат крена и тангажа; гировертикаль
bleed valve control ~ блок управления клапанами перепуска (*воздуха из компрессора*)
brake ~ механизм торможения; тормоз, тормозной блок
cold-air ~ холодильная установка (*в системе кондиционирования*)
compass system coupling ~ блок связи с курсовой системой
constant-speed ~ регулятор постоянных оборотов (*воздушного винта*)
control ~ командный прибор; блок управления
control/display ~ 1. блок управления 2. устройство ввода и индикации (*инерциальной навигационной системы*)

unit
deceleration control ~ дроссельный механизм (*двигателя*)
display ~ блок индикации
engine-driven ~ агрегат с приводом от двигателя
engine-propeller ~ винтомоторный блок
exhaust ~ выхлопное устройство (*двигателя*)
fare construction ~ 1. базовый тариф 2. условная единица при построении тарифов
feel ~ загрузочный механизм (*в системе управления воздушным судном*); механизм имитации усилий
fire-protection ~ противопожарный блок
flight data storage ~ блок сбора полётной информации
flight information service ~ аэродромный диспетчерский пункт полётной информации
flushing ~ установка для прокачки (*гидросистемы*)
free wheel ~ муфта свободного хода (*вертолёта*), МСХ
fuel (flow) control ~ командно-топливный агрегат, КТА
fueling nose ~ пистолет заправки топливом
fuel metering ~ агрегат дозировки топлива
ground air starting [ground pneumatic start] ~ аэродромная установка для запуска (*двигателей*) сжатым воздухом
ground power ~ аэродромный пусковой агрегат, АПА
ground starting ~ наземная установка для запуска (*двигателей*)
gyro ~ гироагрегат, гироблок (*курсовой системы*)
hydraulic ~ гидроагрегат, гидроблок; панель гидроагрегатов

367

UNI

unit
ignition ~ блок зажигания (*двигателя*)
inertial navigation ~ инерциально-навигационный блок
information service ~ информационно-справочная служба
jacking control ~ пульт управления (гидро)подъёмниками (*для синхронной работы при вывешивании воздушного судна*)
limit bank warning ~ блок сигнализации предельного крена
load feel ~ загрузочный механизм
outside power ~ внешний (аэродромный) источник питания
plug-and-socket ~ (авиационный) соединитель со штыревым разъёмом
power ~ 1. силовой агрегат, блок питания 2. двигатель, силовая установка
pressure control ~ автомат давления, автомат разгрузки (*в гидросистеме*)
propeller control ~ регулятор числа оборотов воздушного винта
propulsion ~ силовая (реактивная) установка
protection-and-control ~ блок защиты и управления
pumping ~ насосная станция
q-feel ~ механизм (*имитации*) усилий по скоростному напору
quick release ~ быстросъёмный [быстроразъёмный] блок
radar coupling ~ блок связи с радиолокационным оборудованием
range-indicator ~ блок указателя дальности
rate construction ~ (условная) единица при построении грузовых тарифов
rate gyro ~ блок датчиков угловых скоростей гироскопа

UNI

unit
rate-of-flow metering ~ датчик мгновенного расхода (*топлива*)
receiver-processor ~ приёмник-процессор (*системы «Омега»*)
reclaim ~ «карусель» для выдачи (*багажа*)
refuelling/defuelling ~ комплект оборудования для заправки и слива топлива
rudder ~ вертикальное оперение
rudder pedal ~ пульт ножного управления рулём направления
rudder servo ~ рулевая машинка руля направления
runway lighting ~ комплект светотехнического оборудования ВПП
servo ~ рулевая машинка, рульмашинка
single-point ~ пульт централизованного управления
slot-type ~ агрегат щелевого типа (*в системе освещения ВПП*)
standby power ~ запасной [резервный] (электро)агрегат
starter ~ пусковой блок (*двигателя*)
starting fuel control ~ автомат подачи пускового топлива
star tracker ~ датчик курсовых углов астрокомпаса
swivel coupling ~ гидрошарнирное соединение (*напр. на тележке шасси*)
synchronizer ~ блок согласования (*автопилота*)
tail ~ 1. хвостовое оперение 2. хвостовая часть (*фюзеляжа*)
three-pointer engine gage ~ трёхстрелочный указатель параметров двигателя
total flow metering ~ датчик суммарного расхода (*топлива*)
traffic ~ (условная) едини-

UNI

ца воздушной перевозки (*напр. тонно-километр*)
unit
vee-tail ~ V-образное хвостовое оперение
visual display ~ табло информации (*о рейсах*)
warning system control ~ блок управления аварийной сигнализацией
windshield heat control ~ автомат обогрева стёкол (*кабины*)
unlade 1. разгружать (*воздушное судно*) 2. снимать нагрузку (*с элементов конструкции*)
unlatch снимать (*шасси*) с замков
unloading 1. разгрузка (*воздушного судна*) 2. слив (*напр. топлива*)
passengers ~ высадка пассажиров
unmanned беспилотный (*о летательном аппарате*)
unreverse выключать обратную тягу (*двигателя*), выводить из отрицательной тяги (*воздушный винт*)
unserviceable непригодный для эксплуатации (*о воздушном судне*)
unsteady 1. неустановившийся (*о режиме*) 2. неустойчивый (*о полёте*)
unstick отрыв (*от ВПП*) ‖ отрываться
unworthiness 1. непригодность (*к эксплуатации*) 2. несоответствие (*нормам лётной годности*)
air ~ непригодность к лётной эксплуатации
up 1. в воздухе; в полёте 2. набор высоты 3. увеличение расходов (*напр. на техническое обслуживание*) 4. «верх» (*надпись на контейнере*)
updating модернизация; обновление
fleet ~ замена парка воздушных судов
updraft:
en-route ~ восходящий по-

UTI

ток воздуха на маршруте полёта
upgrading:
fare ~ повышение тарифа (*на воздушную перевозку*)
upkeep выполнение профилактического обслуживания (*авиационной техники*)
uplatch защёлка замка убранного положения (*шасси*)
upleg восходящий участок (*траектории полёта*)
uplift 1. загрузка (*воздушного судна*) 2. объём перевозки (*за один рейс*) 3. принимать на борт
fuel ~ количество заправляемого топлива (*на рейс*)
passengers ~ количество пассажиров (*на рейс*)
uplock замок убранного положения (*шасси*) ‖ ставить (*шасси*) на замок убранного положения ◊ to release the ~ 1. открывать замок убранного положения (*шасси*) 2. снимать (*шасси*) с замка убранного положения
uprating форсирование [увеличение] мощности (*двигателя*)
upwash снос потока (*воздуха*) вверх (*при обтекании профиля*)
upwind против ветра (*о полёте*)
usability:
aerodrome ~ степень загрузки аэродрома
usage потребление, расход (*напр. жидкости или газа в системе*)
use:
even ~ of fuel равномерная выработка топлива
fuel ~ выработка топлива
simultaneous ~ of runways одновременная эксплуатация нескольких ВПП (*одного аэродрома*)
uneven ~ of fuel неравномерная выработка топлива
utilities:
underaerodrome ~ подземные сооружения на аэродроме

VAL

V

validity:
  pilot licence ~ срок действия лётного свидетельства
  preservation ~ срок действия консервации (*напр. двигателя*)
  ticket ~ срок действия [срок годности] билета
value:
  declared ~ объявленная ценность (*напр. груза*)
  friction ~ степень сцепления (*колёс с поверхностью ВПП*)
  noise level ~ величина уровня шума
  scale graduation ~ цена деления шкалы
valve 1. клапан 2. кран 3. заслонка ◊ **to time the** ~**s** регулировать газораспределение (*двигателя*)
  air ~ воздушный клапан
  airfield fuel ~ аэродромный штуцер заправки топливом
  air pressure ~ воздушный редуктор
  antiicing shutoff ~ заслонка противообледенительной системы
  automatic relief ~ автомат разгрузки (*в гидросистеме*)
  bypass ~ клапан перепуска (*напр. топлива на вход в насос*)
  charging ~ зарядный (бортовой) клапан; зарядный штуцер (*на цилиндре шасси*)
  check ~ 1. обратный клапан 2. штуцер контроля (*давления*)
  compressor bleed ~ клапан перепуска воздуха из компрессора
  conditioned air emergency ~ аварийный клапан сброса давления в системе кондиционирования
  control ~ 1. клапан управления 2. золотниковый распределитель

VAL

valve
  cross-feed ~ кран кольцевания (*топливной системы*)
  cutin ~ кран включения
  cutoff ~ отсечный клапан
  discharge ~ разгрузочный клапан
  drain ~ сливной кран, кран слива
  dump ~ кран (аварийного) слива (*топлива*)
  engine start ~ (воздушный) клапан запуска двигателя
  exhaust ~ клапан выпуска (*газов*)
  filter drain ~ сливной клапан фильтра
  float-type fueling ~ поплавковый клапан заправки топливом
  fuel fire shutoff ~ перекрывной пожарный кран топлива
  fueling ~ кран заправки топливом
  gear box drain ~ сливной кран коробки приводов
  hydraulic bypass ~ клапан перепуска гидросистемы
  hydraulic relief ~ предохранительный клапан гидросистемы
  hydraulic shutoff ~ запорный клапан гидросистемы
  inlet guide ~**s** входной направляющий аппарат (*двигателя*), ВНА
  intake ~ клапан впуска (*воздуха в цилиндр двигателя*)
  intertank ~ кран соединения топливных баков
  jettison ~ кран аварийного слива топлива (*в полёте*)
  line-disconnect ~ разъёмный клапан линии (*напр. питания топливом*)
  overspeed ~ центробежный клапан (*ограничения максимального числа оборотов двигателя*)
  oxygen ~ кислородный вентиль
  pressure-reducing ~ редуктор

VAL

давления, редукционный клапан
valve
  pressure-relief ~ предохранительный клапан; клапан сброса давления
  pressurising cabin ~ клапан наддува [герметизации] кабины
  relief ~ разгрузочный клапан
  reverser lock control ~ клапан управления замком реверса
  self-closing ~ автоматически закрывающийся клапан
  servo ~ сервоклапан
  shutoff ~ 1. перекрывной [запорный, отсечный] клапан 2. клапан останова (*двигателя*); стоп-кран
  shutoff solenoid ~ электрический стоп-кран
  shuttle ~ челночный клапан
  slide ~ золотник
  snubber ~ клапан торможения (*хода штока шасси*)
  solenoid-operated ~ электрический кран, электрокран
  starting fuel ~ клапан пускового топлива
  steering-damping control ~ распределительно-демпфирующий механизм (*передней опоры шасси*)
  tank vent ~ дренажный клапан бака
  thermal ~ термоклапан
  thermal-relief ~ терморазгрузочный клапан
  throttle ~ 1. дроссельный кран 2. дозирующая игла
  tire inflation ~ зарядный вентиль пневматика
  transfer ~ перепускной клапан
  two-position ~ двухпозиционный клапан
  vacuum(-safety) ~ вакуумный предохранительный клапан (*дренажной системы топливных баков*)
  vent check ~ обратный клапан дренажной системы

VEC

van 1. передвижной пункт (*на аэродроме*) 2. фургон
  runway control ~ передвижной диспетчерский пункт в районе ВПП
vane 1. лопатка; лопасть 2. крыльчатка 3. *pl* направляющее устройство
  cascade ~ 1. направляющая лопатка решётки (*реверса тяги*) 2. *pl* решётка (*реверса тяги*)
  flap ~ стекатель закрылка
  free-vortex ~ безвихревая лопатка (*турбины*)
  guide ~ направляющая лопатка
  inlet guide ~ 1. лопатка входного направляющего аппарата 2. *pl* входной направляющий аппарат, ВНА
  nozzle guide ~s сопловой направляющий аппарат (*турбины*)
  stator ~ неподвижная спрямляющая лопатка (*газотурбинного двигателя*); лопатка статора
  swirl ~ лопатка завихрителя
variable-swept переменной стреловидности (*о крыле*)
variation 1. (магнитное) склонение 2. изменение; отклонение 3. колебание
  atmospheric ~ изменение атмосферных условий
  grid ~ условное (магнитное) склонение
  magnetic ~ магнитное склонение
  mean ~ среднее (магнитное) склонение
  nozzle pitch angle ~ угловое отклонение сопла
  pressure ~ колебание давления
  terrain ~ изменение рельефа местности
variometer указатель скорости набора высоты, вариометр
vector:
  airspeed ~ вектор воздушной скорости

VEC

vector
  ground speed ~ вектор путевой скорости
  resultant velocity ~ равнодействующий вектор скорости
vectoring:
  radar ~ радиолокационное наведение (*воздушного судна*), «векторение»
veer изменение направления (*напр. полёта*) ‖ (из)менять направление
vehicle транспортное средство
  aerodynamic test ~ модель (*воздушного судна*) для проведения аэродинамических испытаний
  airborne ~ летательный аппарат
  air-cushion ~ летательный аппарат на воздушной подушке
  diagonal braked ~ автомашина диагонального торможения (*для замера сцепления на поверхности ВПП*)
  fire fighting ~ пожарная машина; противопожарное транспортное средство
  "follow-me" ~ автомобиль сопровождения (*воздушных судов на аэродроме*)
  heavier-than-air ~ летательный аппарат тяжелее воздуха
  lifting ~ летательный аппарат
  lighter-than-air ~ летательный аппарат легче воздуха
  pilot ~ стартовая машина
velocity 1. скорость 2. вектор скорости
  ~ of sound скорость звука
  actual exhaust ~ фактическая скорость истечения выходящих газов (*на срезе реактивного сопла*)
  air ~ скорость движения воздушной массы
  angular ~ угловая скорость
  descent ~ (вертикальная) скорость снижения

VER

velocity
  downwash ~ скорость скоса потока вниз
  exhaust ~ скорость истечения выхлопных газов
  exit ~ скорость истечения газов
  gas flow ~ скорость газового потока
  ground ~ путевая скорость, скорость относительно земли
  gust ~ скорость порыва (*воздушной массы*)
  lateral ~ 1. скорость бокового скольжения 2. поперечная составляющая скорости
  linear ~ линейная скорость
  longitudinal ~ продольная скорость
  nozzle exhaust ~ скорость истечения выходящих газов на срезе реактивного сопла
  relative ~ относительная скорость
  sound ~ скорость звука
vent 1. дренажное отверстие 2. отверстие (*в куполе парашюта*)
  fuel tank ~ дренажное отверстие топливного бака
  static ~ приёмник статического давления
ventilation:
  controllable ~ принудительная вентиляция
  individual ~ индивидуальная вентиляция
venting 1. вентиляция 2. сообщение с атмосферой; дренирование
ventral подфюзеляжный (*напр. о подвесных баках*)
version вариант компоновки (*воздушного судна*)
  basic ~ основной вариант (компоновки)
  business ~ служебный вариант (компоновки)
  civil ~ пассажирский вариант (компоновки)
  convertible ~ конвертируемый вариант (компоновки)
  de-luxe ~ вариант (компоновки) типа «салон»

VER

version
  derived ~ модифицированный вариант (компоновки)
  developed ~ усовершенствованный вариант (компоновки)
  economy-class ~ туристический вариант (компоновки)
  freighter ~ грузовой вариант (компоновки)
  mixed class ~ вариант (компоновки) смешанного класса, грузопассажирский вариант (компоновки)
  passenger transport ~ пассажирский вариант (компоновки)
  production ~ серийный вариант (компоновки)
  rescue ~ спасательный вариант (компоновки)
  standard ~ стандартный вариант (компоновки)
  tourist class ~ туристический вариант (компоновки)
  tropic ~ тропический вариант (компоновки)
vertical:
  apparent ~ кажущаяся вертикаль
vertigo:
  cloud ~ головокружение (*у пилота*) при полёте в сплошной облачности
  pilot's ~ головокружение у пилота (*в полёте*)
vessel:
  ocean station ~ океанский корабль-станция (*для аэронавигации*)
vibration вибрация; тряска; колебание
  airframe ~ вибрация планера
  damped ~s затухающие колебания
  engine ~ тряска двигателя
  forced ~s вынужденные колебания
  rudder ~ вибрация руля направления
  self-excited [self-induced] ~s самовозбуждающиеся колебания, автоколебания

VIS

vibrator 1. вибратор 2. прерыватель; пусковая катушка
  induction ~ 1. индукционный вибратор 2. пусковая катушка зажигания
view ◊ **to bias out of** ~ выходить из поля зрения (*напр. о глиссадных огнях*); **to obscure inflight** ~ мешать обзору в полёте
  aircraft main ~ общий вид воздушного судна
  aircraft phantom ~ условно прозрачный вид воздушного судна
  downward inflight ~ нижний обзор в полёте
  flight compartment ~ обзор из кабины экипажа
  forward inflight ~ передний обзор в полёте
  inflight ~ обзор в полёте
  sideway inflight ~ боковой обзор в полёте
  upward inflight ~ верхний обзор в полёте
violation:
  tariff ~ несоблюдение [нарушение] тарифов (*на воздушные перевозки*)
visa ◊ **to grant a** ~ выдавать визу
  entrance [entry] ~ въездная виза
  exit ~ выездная виза
  stop-over ~ виза на промежуточную остановку
visibility видимость, дальность видимости; обзор ◊ ~ **nil** видимость отсутствует
  actual ~ фактическая видимость
  aerodrome ground ~ видимость у земли в зоне аэродрома
  flight ~ видимость [дальность видимости] в полёте
  limited ~ ограниченная видимость
  low ~ слабая видимость
  marginal ~ видимость в пределах допуска
  oblique ~ дальность види-

VIS

мости по наклонной прямой
visibility
  poor ~ плохая видимость
  reduced ~ пониженная видимость
  restricted ~ ограниченная видимость
  runway ~ видимость на ВПП
  slant ~ наклонная видимость
  unlimited [unrestricted] ~ неограниченная видимость
  vertical ~ вертикальная видимость
  zero ~ нулевая видимость, отсутствие видимости
visor (защитный) щиток
  helmet ~ щиток шлема
  sun ~ солнцезащитный щиток
volatility летучесть (*напр. газов*); испаряемость (*напр. топлива*)
volplane планирование (*самолёта*) || планировать
volume:
  traffic ~ объём (воздушного) движения
vortex вихрь; завихрение
  blade-tip ~ завихрение (*потока воздуха*) на конце лопасти
  following blade ~ вихрь за лопастью
  leading blade ~ вихрь от предыдущей лопасти
  line ~ вихрь (*воздуха*) в направлении линии полёта
  separated ~ отделившийся вихрь (*от аэродинамической поверхности*)
  trailing ~ сбегающий вихрь (*с аэродинамической поверхности*)
  transient ~ неустойчивый вихрь
  wing-tip ~ вихрь от законцовки крыла
vorticity завихрённость (*воздушной массы*)
voyage полёт, перелёт || выполнять полёт, выполнять перелёт

WAR

W

waggle неустойчивое состояние (*в полёте*); раскачивание (*воздушного судна*) относительно продольной оси
waitlist лист ожидания (*места на рейс*) || «ставить на лист ожидания» (*о пассажире*)
wake турбулентный след; спутная струя
  aircraft ~ спутная струя за воздушным судном (*в полёте*)
  propeller ~ турбулентный след за воздушным винтом
walkaround маршрут осмотра (*воздушного судна*)
walker:
  wing ~ сопровождающий у конца крыла (*при буксировке воздушного судна*)
walkway:
  moving ~ движущаяся дорожка (*для пассажиров*)
  telescopic ~ телескопический трап
  wing ~ крыльевой мат (*для доступа при обслуживании*)
wall:
  ~ **of overpressure** фронт избыточного давления
  cabin side ~ перегородка кабины
wand:
  illuminated ~ светящийся жезл (*для регулировки движения на аэродроме*)
wander(ing) уход; отклонение (*от заданного курса*) || уходить; отклоняться
  gyro ~ уход гироскопа
warehouse склад || складировать
  bonded ~ таможенный склад
warm-up прогрев (*двигателя*) || прогревать
warn 1. предупреждать, предостерегать **2.** сигнализировать
warning 1. предупреждение, предостережение **2.** сигнализация
  aerodrome ~ (метеорологи-

ческое) предупреждение по аэродрому
warning
   air alert ~ сигнализация аварийной обстановки в полёте
   altitude alert ~ сигнализация самопроизвольного ухода с заданной высоты
   aural ~ звуковая сигнализация
   bomb ~ предупреждение о наличии взрывного устройства (*напр. на борту*)
   danger ~ предупреждение об опасности
   deviation ~ предупреждение об отклонении (от курса)
   early ~ своевременное предупреждение (*об опасности*)
   fail(ure) ~ сигнализация отказа
   false ~ ложная сигнализация; ложное срабатывание сигнализации
   fire ~ сигнализация о пожаре
   gale ~ штормовое предупреждение
   ground proximity ~ сигнализация об опасном сближении с землёй
   ice ~ сигнализация обледенения
   meteorological ~ метеорологическое предупреждение (*об ухудшении метеоусловий на маршруте полёта*)
   minimum safe altitude ~ предупреждение о минимальной безопасной высоте
   stall ~ **1.** предупреждение о приближении к сваливанию (*на крыло*) **2.** сигнализация срыва потока
   storm ~ штормовое предупреждение
   visual ~ визуальная сигнализация
warping крутка (*крыла*)
   aerodynamic ~ аэродинамическая крутка
warranty:
   aircraft ~ гарантийный срок

(эксплуатации) воздушного судна
wash спутная струя
   airscrew ~ спутная струя за воздушным винтом
   jet ~ завихрение от реактивной струи
washin положительная крутка (*крыла*)
washout отрицательная крутка (*крыла*)
watch ◊ ~ **over conditions** следить за (*метеорологическими*) условиями; **to maintain the flight** ~ выдерживать заданный график полёта
   area ~ контроль (*полётов*) в зоне
   continuous ~ непрерывный контроль (*полёта*)
   continuous listening ~ непрерывное прослушивание (*радиосвязи*)
   flight ~ контроль полёта
   meteorological ~ метеорологическое наблюдение
   radio listening ~ прослушивание (каналов) радиосвязи
   round ~ круговой обзор (*напр. радиолокаторами*)
waters воды, территория водного пространства ◊ **to cross international** ~ пролетать над международными водами
   international ~ международные воды
waterspout водяной смерч (*в зоне полётов*)
wave ◊ **to send out radio** ~ посылать [излучать] радиосигнал
   air ~ воздушная волна
   bow ~ головная волна (*сжатого воздуха*)
   continuous ~ незатухающая волна (*радиосвязи*)
   mountain ~ орографическая горная волна
   N-shaped ~ N-образная волна
   plane ~ плоская волна

WAV

wave
　pressure ~ волна давления
　progressive ~ бегущая волна
　radio ~ радиоволна
　reflected radio ~ отражённый радиосигнал
　sent-out radio ~ излучаемый радиосигнал
　shock ~ 1. ударная волна 2. скачок уплотнения
　sinusoidal ~ синусоидальная волна
　sound ~ звуковая волна
　terminal shock ~ замыкающий скачок уплотнения
waveguide волновод, волноводный тракт
　beam ~ лучевой волновод
waveoff запрещение посадки на воду (*для гидросамолётов*)
way путь; трасса; маршрут (*полёта*) ◊ to give the ~ уступать трассу; to keep out of the ~ не занимать трассу; when making ~ находясь на трассе; when under ~ в состоянии готовности (*к полётам*)
　baggage ~ багажный транспортёр
waybill (грузовая) накладная; коносамент
　air ~ авиагрузовая накладная
waypoint 1. промежуточный пункт маршрута (*полёта*) 2. точка маршрута (*полёта*) ◊ to store ~ фиксировать точку маршрута
weather 1. погода, погодные условия 2. метеоусловия, метеорологическая обстановка
　actual ~ фактические метеоусловия
　aerodrome adverse ~ сложные метеоусловия в районе аэродрома
　airway ~ метеоусловия на авиалинии
　alternate ~ метеоусловия на запасном аэродроме
　below minima ~ метеоусловия ниже установленного (для полётов) минимума

WEI

weather
　en-route ~ метеоусловия на маршруте
　forecasted ~ прогнозируемые метеоусловия
　low ~ сложные метеоусловия
　marginal ~ метеоусловия (*на выполнение полётов*) в пределах допуска
　nonflying ~ нелётная погода
　normal ~ нормальные метеоусловия
　reported ~ погода по метеосводке
　terminal ~ метеоусловия на аэродроме посадки
　zero-zero ~ метеоусловия с нулевой видимостью
weathercock 1. флюгер 2. устанавливать(ся) по воздушному потоку (*о воздушном судне*)
web:
　frame ~ стенка шпангоута
　rib ~ стенка нервюры
　spar ~ стенка лонжерона
　wheel hub ~ ступица барабана колеса
wedge 1. клин ‖ заклинивать 2. полоса повышенного давления (*в атмосфере*)
　air intake ~ клин воздухозаборника
　noise absorbing ~ шумопоглощающий клин (*двигателя*)
weight 1. масса, вес 2. груз; загрузка 3. нагрузка
　aggregate ~ общая масса
　airborne ~ полётная масса
　aircraft empty ~ масса пустого воздушного судна
　aircraft operational ~ масса снаряжённого воздушного судна с пассажирами
　aircraft operational empty ~ масса снаряжённого воздушного судна без пассажиров
　allowable landing ~ допустимая посадочная масса

WEI

weight
allowable takeoff ~ допустимая взлётная масса
all-up ~ полная полётная масса
authorized ~ максимально допустимая масса
balance ~ балластный груз (*для центровки воздушного судна*); балансировочный груз
base ~ масса пустого воздушного судна, «сухой вес»
basic empty ~ исходная масса пустого воздушного судна
breakpoint ~ предельная загрузка (*воздушного судна*)
certificated takeoff ~ сертифицированная взлётная масса
climbout ~ масса при начальном наборе высоты
delivery empty ~ масса пустого воздушного судна при поставке
design flight ~ расчётная полётная масса
design landing ~ расчётная посадочная масса
design takeoff ~ расчётная взлётная масса
distributed balance ~ распределённый (*по размаху руля*) балансировочный груз
droop stop bob ~ грузик ограничителя свеса (*лопасти несущего винта вертолёта*)
dry ~ «сухой вес» воздушного судна (*без учёта заправки топливом и маслом*)
empty ~ масса пустого воздушного судна, «сухой вес»
estimated ~ расчётная масса
excess ~ 1. избыточная масса 2. вес (*багажа, груза*) сверх установленной нормы
flutter-preventive ~ противофлаттерный груз
flying ~ полётная масса
gross ~ общая масса
landing ~ посадочная масса
mass balance ~ груз весовой компенсации (*на рулях*)

WHE

weight
maximum permitted ~ максимально допустимая масса (*воздушного судна*)
maximum permitted landing ~ максимально допустимая посадочная масса
maximum takeoff ~ максимально допустимая взлётная масса
passenger ~ вес пассажира (*для учёта при центровке воздушного судна*)
remote balance ~ вынесенный (*за переднюю кромку руля*) балансировочный груз
shipping ~ транспортировочная масса
takeoff ~ взлётная масса
takeoff gross ~ общая взлётная масса
taxi ~ рулёжная масса
tentative ~ ориентировочная масса (*воздушного судна*)
touchdown ~ посадочная масса
wet ~ полная масса (*с учётом заправки топливом и маслом*)
zero fuel ~ масса (*воздушного судна*) без топлива
well ниша; отсек
landing gear ~ ниша шасси
wheel ~ ниша для колеса; отсек (*шасси*) для колёс
westerlies западные ветры
westward в западном направлении (*о полёте*)
wheel 1. колесо 2. штурвал; штурвальчик 3. маховик; маховичок ◊ ~s **down** шасси выпущено; ~s **up** шасси убрано; **to check** ~s **down** проверять выпуск шасси; **to lower the nose** ~ опускать носовое колесо
blade ~ рабочее колесо (*турбины*)
brake ~ тормозное колесо
castoring ~ самоориентирующееся колесо (*шасси*)
compressor rotor ~ рабочее колесо компрессора

377

WHE

wheel
  control ~ штурвал (*системы управления элеронами*); штурвальчик управления (*триммером*)
  dual ~s спаренные колёса (*шасси*)
  dual tandem ~s многоколёсная тележка (*шасси*)
  hand ~ 1. штурвал; штурвальчик 2. маховик; маховичок
  jack ~ колесо (гидро)подъёмника
  landing gear ~ колесо опоры шасси
  nose ~ колесо передней опоры (*шасси*), носовое колесо
  outer main ~ внешнее колесо основной опоры (*шасси*)
  outrigger ~ опорное колесо (*на концевой части крыла*)
  ratchet ~ храповик
  steerable ~ управляемое колесо
  tab control ~ штурвальчик управления триммером
  tail ~ хвостовое колесо
  turbine ~ рабочее колесо турбины
  twin ~s спаренные колёса (*шасси*)
wheelbase база шасси
wheelcase коробка приводов; центральный привод
whirl завихрение; вихрь ‖ завихрять
whirlwind завихрение воздушной массы; воздушный вихрь
  local ~ местный воздушный вихрь
wick:
  static discharge ~ кисточка статического разрядника
width 1. раствор (*луча*) 2. пролёт (*напр. между опорами ангара*) 3. ширина 4. полоса
  beam ~ раствор луча (*напр. радиолокатора*)
  extra taxiway ~ расширенная часть рулёжной дорожки (*в месте её поворота*)
  glide-slope beam ~ раствор глиссадного луча

WIN

  runway ~ ширина ВПП
  taxiway ~ ширина рулёжной дорожки
wilco, will comply «Вас понял, выполняю» (*ответ по связи*)
wind 1. ветер 2. воздушный поток, поток воздуха 3. дуть; обдувать ◊ **to correct for cross** ~ 1. парировать снос (*воздушного судна*) 2. вносить поправку на боковой ветер; **to crab into** ~ парировать снос (*воздушного судна*); **to land into the** ~ выполнять посадку против ветра; **to** ~ **up** проворачивать воздушный винт
  adverse ~ 1. неблагоприятный (*для полёта*) ветер 2. встречный ветер
  aloft ~ ветер в верхних слоях атмосферы
  anabatic ~ восходящий воздушный поток
  back ~ попутный ветер, ветер по курсу полёта
  backing ~ ветер с правым вращением (*относительно линии полёта*)
  baffling ~ 1. встречный порывистый ветер 2. переменный ветер
  cross ~ боковой ветер
  dead ~ встречный ветер
  down ~ попутный ветер
  fall ~ нисходящий воздушный поток
  favorable ~ попутный ветер, ветер по курсу полёта
  flank ~ боковой ветер
  following ~ попутный ветер, ветер по курсу полёта
  forecast ~ прогнозируемый (*на полёт*) ветер
  gusty ~ порывистый ветер
  head ~ встречный ветер
  katabatic ~ нисходящий воздушный поток
  prevailing ~ господствующий ветер
  quartering head ~ встречный ветер

wind
  quartering tail ~ попутный ветер, ветер по курсу полёта
  side ~ боковой ветер
  stage ~ ветер на определённом участке маршрута
  surface ~ ветер у земли, приземный ветер
  tail ~ попутный ветер, ветер по курсу полёта
  twelve o'clock ~ встречный ветер
  unpredicted ~ непредвиденный ветер
  unrecognized ~ неопознанный ветер
  upper ~ ветер в верхних слоях атмосферы
  variable ~ переменный ветер
  veering ~ ветер с левым вращением (*относительно линии полёта*)
  zero ~ отсутствие ветра, штиль
windage 1. сопротивление воздуха 2. снос (*воздушного судна*) ветром 3. поправка на снос ветром
  rotor ~ сопротивление воздуха вращению несущего винта
windmill 1. авторотация ‖ авторотировать 2. воздушный винт 3. вертолёт
windmilling авторотация, процесс авторотации
  propeller ~ авторотация воздушного винта
window:
  direct vision ~ форточка (*кабины экипажа*)
  eyebrow ~s верхние передние стёкла (*кабины экипажа*)
  sliding ~ форточка (*кабины экипажа*)
windrow:
  aerodrome snow ~ снежные заносы на аэродроме
windscreen лобовое стекло (*кабины экипажа*)
windshear сдвиг ветра
  landing ~ сдвиг ветра при посадке

windshield 1. лобовое стекло (*кабины экипажа*) 2. козырёк (*приборной доски*)
  electrically-heated ~ электрообогревное лобовое стекло
  laminated ~ многослойное лобовое стекло
  outer panel ~ наружное силовое лобовое стекло
windshift изменение ветра
  landing sudden ~ внезапное изменение ветра при посадке
windsock ветроуказатель
windward против ветра (*о полёте*)
wing 1. крыло 2. (авиационное) подразделение; отряд ◊ **over the** ~ над крылом, на крыле (*о расположении двигателей*); **to detach the** ~ отстыковывать крыло
  air transport ~ авиатранспортное подразделение; авиатранспортный отряд
  all-moving ~ управляемое [поворотное] крыло, крыло изменяемой стреловидности
  anhedral ~ крыло с отрицательным углом поперечного «V»
  arrow-type ~ стреловидное крыло
  augmentor ~ крыло с управляемой циркуляцией (*потока воздуха*)
  backswept ~ крыло прямой стреловидности
  boundary layer controlled ~ крыло с управляемым пограничным слоем
  braced ~ расчаленное крыло
  cantilever ~ свободнонесущее крыло
  center ~ центроплан
  clean ~ аэродинамически чистое крыло
  crescent ~ серповидное крыло
  delta ~ треугольное крыло
  dihedral ~ крыло с положительным углом поперечного «V»

WIN

wing
  elliptical ~ эллиптическое крыло
  fixed ~ неподвижное [жёсткое] крыло, крыло постоянной стреловидности
  folding ~ складывающееся крыло
  forward-swept ~ крыло обратной стреловидности
  gull ~ крыло типа «чайка»
  high ~ высокорасположенное крыло
  high-lift devices ~ крыло с механизацией для обеспечения большей подъёмной силы
  infinite-span ~ крыло бесконечного размаха
  inner ~ центроплан
  inverted-gull ~ крыло типа «обратная чайка»
  low ~ низкорасположенное крыло
  low aspect ~ крыло малого удлинения
  lower ~ нижнее крыло (*биплана*)
  mid ~ среднерасположенное крыло
  monospar ~ однолонжеронное крыло
  movable ~ крыло изменяемой геометрии
  outer ~ отъёмная часть крыла, ОЧК
  pivoting ~ поворотное крыло
  rectangular ~ прямоугольное крыло
  rigid ~ жёсткое крыло
  rotary ~ 1. несущий винт (*вертолёта*) 2. поворотное крыло
  shoulder ~ высокорасположенное крыло
  single-bay ~ одностоечное крыло (*биплана*)
  single-spar ~ однолонжеронное крыло
  slotted ~ щелевое крыло
  stressed-skin ~ крыло с работающей обшивкой
  swept ~ стреловидное крыло

WIR

wing
  sweptback ~ крыло прямой стреловидности
  sweptforward ~ крыло обратной стреловидности
  tapered ~ трапециевидное крыло
  torsion box ~ крыло кессонной конструкции
  two-spar ~ двухлонжеронное крыло
  upper ~ верхнее крыло (*биплана*)
  variable-area ~ крыло с изменяемой площадью (*поверхности*)
  variable-geometry ~ крыло изменяемой геометрии
  variable-incidence ~ крыло с изменяемым углом установки
  variable-sweep ~ крыло переменной стреловидности
  variable-swept ~ крыло изменяемой стреловидности
winged с крыльями, крылатый (*о летательном аппарате*)
wingtip законцовка крыла
winterization подготовка (*воздушных судов*) к осенне-зимней навигации
wiper очиститель, щётка ◊ **to center the** ~ центрировать щётку
  canopy windscreen ~ стеклоочиститель лобового стекла (*кабины экипажа*)
  windscreen ~ стеклоочиститель
wire 1. провод; проводка ‖ прокладывать проводку 2. трос; расчалка ◊ **to pull a** ~ **(through)** протаскивать провод
  bracing ~ расчалочный трос, расчалка
  lashing ~s проволочный бандаж
  lift ~ несущая (нагрузку) расчалка
wiring электропроводка
  aircraft high tension ~ электропроводка высокого напряжения на воздушном судне

WIR

wiring
　aircraft low tension ~ электропроводка низкого напряжения на воздушном судне
wobble 1. рыскание (*воздушного судна по курсу*) **2.** автоколебание (*передних колёс тележки шасси*) **3.** тряска (*двигателя*)
work:
　aerial ~ авиационные (спец-) работы
　maintenance ~ техническое обслуживание
　search and rescue ~s поисково-спасательные работы
workload 1. рабочая нагрузка; загруженность **2.** трудоёмкость
　airport ~ загруженность аэропорта
　pilot's ~ общая нагрузка пилота (*в полёте*)
wreck:
　aircraft ~ поломка [повреждение] воздушного судна
wrench ключ
　adjustable ~ разводной ключ
　allen ~ торцовый внутренний ключ
　box ~ торцовый ключ патронного типа
　box-end ~ закрытый (накидной) ключ
　double-head ~ двусторонний ключ
　open-end ~ открытый ключ
　ratchet ~ ключ с трещоткой
　ring ~ ключ с круглой головкой, ключ «звёздочка»
　«S»- ~ S-образный ключ
　single-head ~ односторонний ключ
　socket ~ торцовый ключ
　torque ~ тарированный [динамометрический] ключ (*для затяжки гаек с определённым моментом*)
　universal-joint ~ шарнирный ключ
　wing butting ~ ключ для стыковки крыла

ZON

X

X-axis продольная ось (*воздушного судна*)
X-runways перекрещивающиеся ВПП

Y

yank 1. рывок, дёргание **2.** резко переводить (*напр. сектор газа*)
yard 1. сортировочный пункт (*на аэродроме*) **2.** склад; погрузочная площадка
yaw 1. рыскание; снос, отклонение от курса ‖ рыскать, лететь со сносом, отклоняться от курса **2.** вращение вокруг вертикальной оси
　aileron ~ рыскание, вызываемое отклонением элеронов
Y-axis поперечная ось (*воздушного судна*)
yield:
　revenue ~ уровень доходов (*авиакомпании*)
yoke штурвальная колонка

Z

Z-axis вертикальная ось (*воздушного судна*)
Z-correction поправка на уход курсового гироскопа
zero-zero нулевая видимость
zone:
　~ **of intersection** зона пересечения (*воздушных трасс*)
　~ **of silence** зона молчания (*в радиосвязи*)
　aerodrome controlled ~ зона, контролируемая авиадиспетчерской службой аэродрома
　aerodrome traffic ~ зона движения в районе аэродрома

ZON

zone
    aerodrome traffic control ~ зона аэродромного управления воздушным движением
    air patrol ~ зона воздушного барражирования
    approach ~ 1. зона подхода к ВПП; зона захода на посадку 2. полоса [зона] воздушных подходов
    burble ~ зона срыва потока
    clear ~ свободная зона (*для полётов*)
    control ~ зона диспетчерского контроля, диспетчерская зона
    customs surveillance ~ зона таможенного контроля
    danger ~ опасная зона (*для полётов*)
    dead ~ зона молчания (*в радиосвязи*)
    forbidden ~ запретная зона (*для полётов*)
    free ~ 1. открытая [беспошлинная] зона (*в аэропорту*) 2. свободная зона (*для полётов*)
    helicopter protected ~ защитная зона для полётов вертолётов

ZTI

zone
    helicopter traffic ~ зона полёта вертолётов
    mandatory broadcast ~ зона обязательной передачи радиосигналов
    mixing ~ зона смешения (*в камере сгорания*)
    obstacle free ~ зона, свободная от препятствий
    positive control ~ зона полного диспетчерского контроля
    pricing ~ зона действия тарифных ставок
    safety ~ зона безопасности (*полётов*)
    time ~ часовой пояс
    touchdown ~ зона приземления, зона касания (*ВПП*)
    traffic ~ зона воздушного движения

zoning зонирование (*воздушного пространства*)

zoom резкий набор высоты, ‹горка›, ‹свеча› ‖ резко набирать высоту

z-time гринвичское время, время по Гринвичу

СОКРАЩЕНИЯ И УСЛОВНЫЕ ОБОЗНАЧЕНИЯ

A [aircraft] воздушное судно, ВС

AA 1. [all after] всё после (*заданной точки полёта*) 2. [announced address] объявленный адрес

A/A [air-to-air] воздух — воздух

AACC [Airport Associations Coordinating Council] Координационный совет ассоциаций аэропортов (*МНПО*)

AACS [airways and air communications service] служба воздушных сообщений

AAI [approach angle indicator] указатель угла захода на посадку

AAL [above aerodrome level] относительно уровня аэродрома; над уровнем аэродрома

AA-NOTAM *вторая и третья буквы в коде НОТАМ:* минимальная (абсолютная) высота

AAR 1. [advance arrangements required] необходимо принять предварительные меры 2. [against all risks] вне всякого риска

AAS [airport advisory service] консультативное обслуживание в районе аэропорта

AB 1. [airborne] 1. бортовой 2. находящийся в воздухе; воздушный 3. авиационный 2. [all before] всё до (*заданной точки полёта*)

ABC [advanced booking charter] чартерный рейс с предварительным бронированием мест

ABD [aboard] на борту

ABM [abeam] на пересекающихся курсах; на траверзе

ABN [aerodrome beacon] аэродромный маяк

ABS [subscriber absent] «абонент отсутствует» (*код связи*)

ABV 1. [above] выше, над; сверх 2. «повторите цифры в сокращённом виде» (*код связи*)

AC 1. [absolute ceiling] абсолютный потолок 2. [aerodrome control] 1. управление в зоне аэродрома 2. аэродромный диспетчерский пункт, АДП 3. [air carrier] воздушный перевозчик, авиаперевозчик 4. [altitude code] код высоты 5. [altocumulus] высококучевые облака

A/C [aircraft] воздушное судно, ВС

ACAS [airborne collision avoidance system] бортовая система предупреждения столкновений

ACC [area control center] районный диспетчерский центр

ACCA [Air Charter Carriers Association] Ассоциация чартерных авиаперевозчиков (*МНПО*)

ACCID [notification of an aircraft accident] уведомление об авиационном происшествии

ACCOM [accomodation] размещение (*в гостинице*)

acct [account] счёт

ACFT [aircraft] воздушное судно, ВС

ACIO [Aeronautical Chart and Information Office] Бюро аэронавигационных карт и информации (*МНПО*)

ACK [acknowledgement] 1. подтверждение 2. обратный (радио)сигнал

ACL [altimeter check location] площадка для проверки высотомеров

ACM [air commercial manual] справочник по авиационной коммерческой деятельности

ACN [aircraft classification number] классификационный номер воздушного судна

AC-NOTAM 1. *вторая и третья буквы в коде НОТАМ:* диспетчерская зона **2.** *четвёртая и пятая буквы в коде НОТАМ:* изъято из эксплуатации

ACP 1. [acceptance message] сообщение о приёме **2.** [aerodrome control point] аэродромный диспетчерский пункт, АДП

acpt [accept] принимать

acpy [accompany] сопровождать

ACR [approach control radar] радиолокатор управления заходом на посадку

ACU [acceleration control unit] 1. автомат приёмистости 2. устройство управления ускорением

ACV [air-cushion vehicle] летательный аппарат на воздушной подушке

AD [aerodrome] аэродром

ADA [advisory area] консультативная зона

ADAC [advise acceptance] «сообщите о принятии или о согласии» (*код связи*)

ADAR [advise arrival] «сообщите о прибытии» (*код связи*)

ADAW [advise airway bill number] «сообщите номер авианакладной» (*код связи*)

ADB [advise if doublicated booking] «сообщите, имеется ли двойное бронирование» (*код связи*)

ADBAG [advise if holding baggage] «сообщите о наличии багажа для отправки» (*код связи*)

ADC [air data computer] вычислитель воздушных сигналов

ADCON [advise all concerned] «сообщите всем, кого касается» (*код связи*)

ADCTC [advise contact] «сообщите об установлении связи» (*код связи*)

ADDEL [advise delivery] «сообщите о доставке» (*код связи*)

ADF [automatic direction finder] автоматический (радио)пеленгатор; автоматический (радио)компас

ADFE [automatic direction-finding equipment] автоматическое радиопеленгационное оборудование

ADHOL [advise if holding] «сообщите, если имеется в наличии» (*код связи*)

ADI 1. [antidetonant injection] впрыск антидетонационной жидкости **2.** [attitude director indicator] командный авиагоризонт

ADIN [advise instructions] «сообщите ваши требования *или* инструкции» (*код связи*)

ADIS [automated data interchange system] система автоматизированного обмена данными

adj [adjacent] смежный, соседний, примыкающий

ADNO [advise if not OK] «сообщите, если что-то не удовлетворяет» (*код связи*)

AD-NOTAM *четвёртая и пятая буквы в коде НОТАМ:* предоставляется только для полётов в светлое время суток

ADO [aerodrome operations] эксплуатация аэродромов

ADOA [advise on arrival] «сообщите по прибытии» (*код связи*)

ADR [advisory route] маршрут консультативного обслуживания

ADREP [accident/incident data reporting] представление донесений об авиационных происшествиях и предпосылках к ним

ADS [address] адрес

ADSAP [advise as soon as possible] «сообщите, как можно скорее» (*код связи*)

ADSE [addressee] адресат

ADSEL [address selective SSR system] система ВОРЛ избирательного адресования

ADSP [advise disposition] «сообщите о местонахождении» (*код связи*)

ADTK [advise if ticketed] «сообщите о наличии билета» (*код связи*)

ADTN [addition] дополнение

ADTNL [additional] дополнительный

ADTOD [advise time of delivery] «сообщите время доставки *или* вручения» (*код связи*)

ADTOR [advise time of receipt] «сообщите время получения» (*код связи*)

ADTOT [advise time of transmission] «сообщите время отправки» (*код связи*)

ADU [align display unit] устройство индикации установки по курсу

adv [advise] извещать, сообщать

AEA [Association of European Airlines] Ассоциация европейских авиакомпаний

AEIS [aeronautical en-route information service] информационное обслуживание

AE-NOTAM вторая и третья буквы в коде НОТАМ: диспетчерская зона

AEROSAT [Aeronautical Satellite Council] Совет по авиационным спутникам (*МНПО*)

AES [aerodrome emergency service] аэродромная аварийная служба

AF [audio frequency] звуковая частота

A/F [air freight] авиационный груз

AFB [air freight bill] грузовая авианакладная

AFC [area forecast center] центр зональных прогнозов

AFCE [automatic flight control equipment] оборудование автоматического управления полётом

AFCS [automatic flight control system] автоматическая бортовая система управления полётом, АБСУ

aff [affirmative] утвердительный

AFIL [air-filed flight plan] план полёта, переданный с борта

AFIM [ATC flight plan information] сообщение органа УВД о плане полёта

AFIS [aerodrome flight information service] аэродромная служба полётной информации

AEL [above field level] относительно уровня лётного поля

AF-NOTAM 1. вторая и третья буквы в коде НОТАМ: район полётной информации, РПИ 2. четвёртая и пятая буквы в коде НОТАМ: проверено в полёте и признано надёжным

AFP 1. [alternate flight plan] запасной план полёта 2. [Area Forecast Panel] Группа экспертов (*ИКАО*) по зональным прогнозам

AFS [aeronautical fixed service] аэронавигационная служба стационарных средств

AFT 1. [after] 1. после (*о времени*) 2. сзади, позади (*о пункте полёта*) 2. [air freight terminal] грузовой комплекс аэропорта

AFTN [aeronautical fixed telecommunication network] наземная сеть авиационной фиксированной (электро-) связи

A/G [air-to-ground] воздух — земля

AGA [aerodromes, air routes and ground aids] аэродромы, воздушные трассы и наземные средства (*раздел аэронавигационного плана ИКАО*)

AGC [automatic gain control] автоматическая регулировка усиления, АРУ

AGDLS [air-ground data link system] система передачи данных «земля — воздух»

AGL [above ground level] над уровнем земли

AGNIS [approach guidance nose-in to stand system] система управления при установке на стоянку

AG-NOTAM *четвёртая и пятая буквы в коде НОТАМ:* в рабочем состоянии, но выполнена только наземная проверка, лётная проверка ожидается

AGRMT [agreement] соглашение; договор

agt [agent] агент; представитель

AH-NOTAM 1. *вторая и третья буквы в коде НОТАМ:* верхний диспетчерский район 2. *четвёртая и пятая буквы в коде НОТАМ:* сейчас время обслуживания

AIC [aeronautical information circular] циркуляр аэронавигационной информации

AIDS [aircraft integrated data system] бортовая комплексная система регистрации данных

AIM [airman's information manual] информационный сборник для авиационных специалистов

AIP [aeronautical information publication] сборник аэронавигационной информации, САИ

AIRAC [aeronautical information regulation and control] регламентирование и контроль аэронавигационной информации

AIREP [air(craft) report] донесение с борта

AIRIMP [ATC/IATA reservations interline message procedures] международные правила ИАТА по составлению телеграмм по бронированию

AIRMEC [aircraft maintenance engineering exhibition] (международная) выставка технического оборудования для обслуживания воздушных судов

AIRMET [airman's meteorological information] метеосводка для пилотов

AIS [aeronautical information service] служба аэронавигационной информации

AK [accepting confirmation] подтверждение о согласии

AK-NOTAM *четвёртая и пятая буквы в коде НОТАМ:* возобновлена нормальная работа

AL [approach and landing] заход на посадку и посадка

A/L [automatic landing] автоматическая посадка

ALA [alighting area] 1. место посадки 2. зона приземления

ALB [aerodrome locating beacon] аэродромный приводной (радио)маяк

ALC [automatic level control] автоматическое управление уровнем (записи)

ALERFA [alert phase] 1. состояние готовности по тревоге 2. аварийное сообщение при стадии тревоги

ALF [auxiliary landing field] запасная посадочная площадка

ALMS [aircraft landing measurement system] система измерения посадочных параметров воздушных судов

AL-NOTAM *вторая и третья буквы в коде НОТАМ:* минимальный используемый эшелон полёта

ALPA [Air Line Pilot's Association] Ассоциация пилотов гражданской авиации (МНПО)

ALR [alerting message] аварийное сообщение

ALS 1. [approach lighting system] система огней подхода 2. [automatic landing system] автоматическая система посадки

ALT 1. [alternate fuel tank] промежуточный расходный бак перекачки топлива 2. [altimeter] высотомер 3. [altitude] (абсолютная) высота

ALTN [alternate] 1. переменный 2. запасный

AM [air mail] воздушная почта, авиапочта

AMC [acceptable means of com-

pliance] приемлемые методы установления соответствия
amd [amend] вносить поправку
AME [aircraft maintenance engineer] инженер по техническому обслуживанию воздушных судов
AMLOST «потерял ориентировку» (*код связи*)
AM-NOTAM *четвёртая и пятая буквы в коде NOTAM:* разрешены только военные полёты
AMS [aeronautical mobile service] авиационная служба подвижных средств
AMSL [above mean sea level] над средним уровнем моря
AMTI [airborne moving target indicator] бортовой индикатор движущихся целей
AN-NOTAM 1. *вторая и третья буквы в коде NOTAM:* маршрут зональной навигации **2.** *четвёртая и пятая буквы в коде NOTAM:* предоставляется только для полётов в тёмное время суток
ANOPP [aircraft noise prediction programme] программа прогнозирования авиационного шума
A-NOTAM *вторая буква в коде NOTAM:* организация [упорядочение] воздушного пространства
ANP [air navigation plan] аэронавигационный план
ANPRM [advance notice of proposed rule making] предварительное извещение о предполагаемом нормировании
ANS 1. [answer] ответ **2.** [automated navigation system] автоматизированная навигационная система
AOA [aircraft operating agency] лётно-эксплуатационное предприятие
AOC 1. [aerodrome obstruction chart] карта аэродромных препятствий **2.** [assumption of control message] приём диспетчерского указания
AO-NOTAM 1. *вторая и третья буквы в коде NOTAM:* океа-

нический диспетчерский район **2.** *четвёртая и пятая буквы в коде NOTAM:* в рабочем состоянии
AP 1. [airplane] самолёт **2.** [airport] аэропорт **3.** [autopilot] автопилот
APC [approach control] 1. управление в зоне захода на посадку 2. диспетчерский пункт подхода
APCH [approach] заход на посадку
APEX [advance purchase excursion fare] экскурсионный тариф при предварительном приобретении билета
APF [accurate position finder] (радио)пеленгатор точного местоположения
API [air position indicator] указатель местоположения в полёте
APL [automatic program location] автоматическая отметка заданной программы
APLD [automatic program locate device] устройство автоматической отметки заданной программы
AP-NOTAM 1. *вторая и третья буквы в коде NOTAM:* пункт (обязательных) донесений **2.** *четвёртая и пятая буквы в коде NOTAM:* предоставляется при получении необходимого разрешения
APP [approach control office] диспетчерский пункт подхода
APPV [approve] одобрять, санкционировать
Apr [April] апрель
APS [aircraft prepared for service] готовое к полётам воздушное судно
APT 1. [air passenger tariff] сборник пассажирских тарифов на воздушную перевозку **2.** [airport control tower] командно - диспетчерский пункт аэропорта, КДП
APU [auxiliary power unit] вспомогательная силовая установка

APWI [airborne proximity warning indicator] бортовой сигнализатор опасного сближения

AR 1. [aspect ratio] относительное удлинение **2.** «конец передачи» (*код связи*)

ARC [Aviation Review Committee] Комитет по рассмотрению авиационных вопросов (*МНПО*)

ARCP [aerodrome reference code panel] группа экспертов (*ИКАО*) по кодовым обозначениям аэродромов

ARFOR [area forecast] зональный прогноз

ARI [airborne radio installation] бортовая радиоустановка

ARMET [area meteorology] зональный метеопрогноз

ARNG [arrangement] соглашение, договорённость

ARNK [arrive unknown] время прибытия неизвестно

AR-NOTAM 1. *вторая и третья буквы в коде NOTAM:* маршрут УВД **2.** *четвёртая и пятая буквы в коде NOTAM:* предоставляется по запросу

ARO [air traffic services reporting office] пункт сбора донесений службы воздушного движения

ARP 1. [aerodrome reference point] контрольная точка аэродрома **2.** [air report] донесение с борта

ARQ [automatic error correction] автоматическая коррекция ошибок

ARR 1. [arrival] прилёт **2.** [arrival message] сообщение о прилёте **3.** [arrive] прилетать, прибывать

ARS [special air report] специальное донесение с борта

ARSA [airport radar service area] зона радиолокационного обслуживания в районе аэропорта

ARST [arresting] торможение

ART 1. [aerodrome reference temperature] расчётная температура воздуха в районе аэродрома **2.** [automatic range tracker] устройство автоматического сопровождения по дальности

ARTC [air route traffic control] управление воздушным движением на маршруте

ARTCC [air route traffic control center] центр управления воздушным движением на маршруте

ARTS 1. [automated radar terminal system] автоматическая аэродромная радиолокационная система **2.** [automated radar tracking system] автоматическая система радиолокационного слежения

ARTU [automatic range tracking unit] блок автоматического сопровождения по дальности

ARU [automatic range unit] блок автоматического определения дальности

arv [arrive] прилетать; прибывать

AS 1. [air speed] воздушная скорость **2.** [altostratus] высокослоистые облака **3.** «имеются свободные места на рейс» (*код связи*)

ASA [aircraft separation assurance] обеспечение эшелонирования полётов воздушных судов

ASAP [as soon as possible] «как можно скорее» (*код связи*)

ASB [aircraft safety beacon] проблесковый бортовой маяк предупреждения столкновений

ASC 1. [advice of schedule change] информация об изменении расписания **2.** [ascending to] набор высоты **3.** [automatic selectivity/sensitivity control] автоматическая регулировка избирательности/чувствительности

ASD [air situation display] дисплей индикации воздушной обстановки

ASDA [accelerate-stop distance available] располагаемая

дистанция прерванного взлёта

ASE 1. [airborne search equipment] бортовое поисковое оборудование 2. [automatic stabilization equipment] оборудование автоматической стабилизации

ASI 1. [airspeed indicator] указатель воздушной скорости 2. [altimeter setting indicator] указатель установки (барометрического) высотомера 3. [atmosphere standard international] международная стандартная атмосфера, МСА

ASIR [airspeed indicator reading] считывание показаний указателя воздушной скорости

ASK [available seat-kilometers] располагаемый пассажирокилометраж

ASL [above sea level] над уровнем моря

AS/MACH [airspeed/Mach] воздушная скорость/число М

ASMI [aircraft surface movement indicator] (радиолокационный) индикатор наземного движения воздушных судов

ASND [ascend] набор высоты

AS-NOTAM *четвёртая и пятая буквы в коде НОТАМ:* непригодный

ASO [aeronautical station operator] оператор аэронавигационной станции

ASP [airspace] воздушное пространство

ASPA [Association of South Pacific Airlines] Ассоциация авиакомпаний южной части Тихого океана

ASPEC [aircraft static pressure corrector] корректор статического давления на борту воздушного судна

ASPENN [Aeronautical Fixed Service Planning Study EUR/NAM/NAT Regional Planning Group] Группа регионального планирования авиационной фиксированной службы (связи) в Европейском, Североамериканском и Североатлантическом регионах

ASPH [asphalt] асфальт

ASR 1. [aerodrome surveillance radar] обзорный аэродромный радиолокатор 2. [aviation safety regulations] авиационные правила обеспечения безопасности полётов

ASRS [aviation safety reporting system] система информации о состоянии безопасности полётов

ASSR [airport surface surveillance radar] радиолокатор кругового обзора поверхности аэродрома

ASST [assistance] помощь

AST [Atlantic Standard Time] атлантическое поясное время

ASU [antenna switching unit] антенный переключатель

AT 1. [airborne time] полётное время 2. [air temperature] температура воздуха 3. [air traffic] воздушное движение 4. [awaiting transportation] в ожидании перевозки

ATA 1. [actual time of arrival] фактическое время прилёта 2. [Air Transport Association] Ассоциация воздушного транспорта (*США*)

ATAC [Air Transport Association of Canada] Ассоциация воздушного транспорта Канады

ATAS [automated traffic advisory service] автоматизированное консультативное обслуживание воздушного движения

ATASS [air traffic audio simulation system] аудиовизуальная система имитации воздушного движения

ATC 1. [air traffic control] управление воздушным движением, УВД 2. [air travel card] маршрутный лист воздушного путешествия

ATCAA [air traffic control assigned airspace] воздушное пространство, закреплённое за службой воздушного движения

ATCAC [Air Traffic Control Advisory Committee] Консультативный комитет по управлению воздушным движением (*США*)

ATCC [air traffic control center] диспетчерский центр управления воздушным движением

ATCO [air traffic controller] авиадиспетчер

ATD [actual time of departure] фактическое время вылета

ATFM [air traffic flow management] управление потоком воздушного движения

ATI [air target indication] индикация воздушных целей

ATIS [automatic terminal information service] служба автоматической передачи информации в районе аэродрома

ATM 1. [airspace and traffic management] управление воздушным пространством и воздушным движением **2.** [atmosphere] атмосфера

AT-NOTAM *вторая и третья буквы в коде НОТАМ:* узловая диспетчерская зона

ATP [at time, at point] в... (*о времени или пункте полёта*)

ATPL [air transport pilot licence] свидетельство пилота транспортной авиации

ATR [air transport report] донесение о состоянии воздушных перевозок

ATS 1. [aerodrome traffic service] аэродромное диспетчерское обслуживание **2.** [air traffic service] 1. обслуживание воздушного движения, ОВД 2. служба воздушного движения **3.** [autothrottle system] автомат тяги

attn [attention] внимание

ATX [air taxi] воздушное такси

ATZ [aerodrome traffic zone] зона движения в районе аэродрома

Aug [August] август

AU-NOTAM 1. *вторая и третья буквы в коде НОТАМ:* район полётной информации верхнего воздушного пространства **2.** *четвёртая и пятая буквы в коде НОТАМ:* не предоставляется

AUTH 1. [authority] полномочный орган **2.** [authorization] санкция

AUW [all-up weight] полная полётная масса

aux [auxiliary] вспомогательный

AVASIS [abbreviated visual approach slope indicator system] упрощённая система визуальной индикации глиссады

AVC [automatic volume control] автоматическое регулирование громкости

AVG [availability status message] сообщение о наличии мест на рейс

AVGAS [aviation gasoline] авиационный бензин

AV-NOTAM *вторая и третья буквы в коде НОТАМ:* верхняя консультативная зона

AVSEC [Aviation Security Study Group] Исследовательская группа по безопасности полётов (*МНПО*)

AW [augmentor wing] крыло с управляемой циркуляцией

AWB [air waybill] авиагрузовая накладная

AWBL [air waybill later] авиагрузовая накладная будет выслана позже

AW-NOTAM *четвёртая и пятая буквы в коде НОТАМ:* изъято полностью

AWO 1. [air weather office] авиационное метеорологическое бюро **2.** [all-weather operations] всепогодные полёты

AWOP [All Weather Operations Panel] Группа экспертов (*ИКАО*) по всепогодным полётам

AWOS [automated weather observing service] автоматизированная служба метеонаблюдений
AWY [airway] 1. воздушная трасса, авиатрасса 2. воздушная линия, авиалиния
AX-NOTAM 1. *вторая и третья буквы в коде НОТАМ:* пересечение 2. *четвёртая и пятая буквы в коде НОТАМ:* предварительно объявленное выключение отменено
AZM [azimuth] азимут
AZ-NOTAM *вторая и третья буквы в коде НОТАМ:* зона воздушного движения в районе аэродрома
B 1. [bearing] пеленг; азимут 2. «обслуживание по классу «Б» (*код связи*)
BA 1. [beam approach] заход на посадку по маяку 2. [breaking action] 1. торможение 2. срабатывание тормозов
BAA [British Airport Authority] Управление британских аэропортов
BABS [beam approach beacon system] система посадки по лучу маяка
bag [baggage] 1. багаж 2. (ручная) кладь
BALC «свободных мест на рейс нет, на лист ожидания вноситься не будет» (*код связи*)
BALU «свободных мест на рейс нет, предлагаем внести на лист ожидания» (*код связи*)
BASE [cloud base] нижняя кромка облаков
BBML «требуется детское питание» (*код связи*)
BC [bulk cargo] навалочный груз
BCAS [beacon collision avoidance system] радиомаячная система предупреждения столкновений
BCFG [fog patch] полоса тумана
BCN [beacon] (свето)маяк
BCST [broadcast] радиовещание

BDC [bottom dead center] нижняя мёртвая точка, НМТ
bdry [boundary] граница
BEA [British European Airways] Британская Европейская авиакомпания
BED «носилки для больного на место номер...» (*код связи*)
BEW [basic empty weight] исходная масса пустого воздушного судна
BGT [budget] бюджет
BGTC [budgetary control] ревизия
BHI [bearing/heading indicator] указатель штурмана
BHP [brake horsepower] замеренная мощность
BIT [bulk inclusive tour] массовая перевозка типа «инклюзив тур»
BITE [built-in test equipment] аппаратура встроенного контроля
BK БК-сигнал (*применяется для прерывания ведущейся (радио)передачи*)
BKDN [breakdown] поломка
BKN [broken] разорванный
B/L [bill of lading] грузовая накладная
BLC [boundary layer control] управление пограничным слоем
BLK [blocking] фрахтование
BLKD [blocked] зафрахтован
BLO [below clouds] ниже (кромки) облаков
BLSN [blowing snow] метель
BLST [ballast] балласт
BLTN [bulletin] 1. сводка 2. бюллетень
BLW [below] ниже, под
BMT [British Mean Time] британское среднее время
BN [beacon] (свето)маяк
BNRQ [balance of space not requested] остаток мест не запрашивался
BOAC [British Overseas Airways Company] Британская (авиа)компания трансокеанских воздушных сообщений
BONDS [bonded store] таможенный склад

BORG [Basic Operational Requirements Group] Рабочая группа (*ИКАО*) по разработке основных эксплуатационных требований
BP [barometric pressure] барометрическое давление
BQ «ответ на запрос» (*код связи*)
brf «короткий» (*код вида маршрута захода на посадку*)
brg [bearing] пеленг; азимут
BRKG [braking] торможение
BRN [broken clouds] разорванная облачность
BROC [best rate of climb] наибольшая скороподъёмность
BS [broadcasting station] широковещательная радиостанция
BSP [bank settlement plan] план урегулирования банковских счётов
BTL [between layers] между ярусами (*облаков*)
BTR [bus tie relay] реле стыковки шин
C 1. [call] вызов; запрос **2.** [cirrus] перистые облака **3.** условный код частоты для передачи диспетчерского разрешения на выполнение плана полёта по ППП
CAA 1. [civil aviation administration] полномочный орган гражданской авиации (*МНПО*) **2.** [Civil Aviation Authority] Управление гражданской авиации (*Великобритания*)
CAB [Civil Aeronautics Board] Комитет гражданской авиации (*США*)
CAC [cargo accounting advice] уведомление о расчётах за грузовые перевозки
CAD [civil aviation department] управление гражданской авиации
CAEM [Commission for Aeronautical Meteorology] Комиссия по авиационной метеорологии (*МНПО*)
CAER [Committee on Aviation Environmental Protection] Комитет по охране окружающей среды от воздействия авиации (*МНПО*)
c. & f. [cost and freight] каф; стоимость и фрахт
CAF [cancel and file] «аннулируйте и зарегистрируйте» (*код связи*)
CAM [civil aeronautics manual] наставление по гражданской авиации
CAN [Committee on Aircraft Noise] Комитет по авиационным шумам (*МНПО*)
cancln [cancellation] отмена
CA-NOTAM 1. *вторая и третья буквы в коде НОТАМ:* оборудование связи «воздух — земля» **2.** *четвёртая и пятая буквы в коде НОТАМ:* включено
CAP [chief aviation pilot] старший пилот
CAPIS [customs accelerated passenger inspection system] система ускоренного таможенного досмотра пассажиров
CAR [civil air regulations] руководство по полётам воздушных судов гражданской авиации
CARO [cargo aircraft only] «требуется только грузовое воздушное судно» (*код связи*)
CARS [community aerodrome radio station] аэродромная радиостанция связи
CAS 1. [calibrated airspeed] индикаторная воздушная скорость **2.** [collision avoidance system] система предупреждения столкновений
CAT 1. [catering] бортпитание **2.** [civil air transport] гражданский воздушный транспорт **3.** [clear air turbulence] турбулентность в атмосфере без облаков
CAT II [category II] II-я категория (*ИКАО*)
CATI [Civil Aviation Training Institute] Институт подготовки специалистов гражданской авиации
CATUP [catering up lift] «пи-

тание (пре)доставляется на борт» (*код связи*)
CAVOK [ceiling and visibility OK] «облачность отсутствует и видимость хорошая» (*код связи*)
CAVU [ceiling and visibility unlimited] «высота нижней кромки облаков и видимости не ограничены» (*код связи*)
CB 1. [circuit breaker] автомат защиты сети, АЗС **2.** [cumulonimbus] кучево-дождевые облака
CBIT [contract bulk inclusive tour] массовая перевозка типа «инклюзив тур» по контракту
CBL [cargo boarding list] грузовая ведомость на рейс
CBS [Commission for Basic Systems] Комиссия по основным (аэронавигационным) системам (*МНПО*)
CC 1. [compass course] компасный курс **2.** «рейс укомплектован» (*код связи*)
CCHA [change charges] «измените размер сбора» (*код связи*)
CCI [communication control indicator] индикатор управления связью
CCNA [change consignee's name] «измените фамилию грузополучателя» (*код связи*)
CC-NOTAM *четвёртая и пятая буквы в коде НОТАМ:* завершено
CCOD «измените форму оплаты наложенным платежом на...» (*код связи*)
CCT [circuit] замкнутая траектория полёта
CCTP [change collect to prepaid] измените «кредит» на «оплачено» (*код связи*)
CCTR [concentrator] накопитель
ccw [counterclockwise] против часовой стрелки
CDA 1. [command and data acquisition] приём командных сообщений и сбор данных **2.** [continuous descent approach] заход на посадку с непрерывным снижением
CDI 1. [course deviation indicator] указатель отклонения от курса **2.** [course direction indicator] указатель курса
CDL [configuration deviation list] перечень допустимых отклонений конфигурации
CDN [coordination message] сообщение о координации
CD-NOTAM *четвёртая и пятая буквы в коде НОТАМ:* выключено
CDU [control/display unit] блок управления и индикации
CE-NOTAM 1. *вторая и третья буквы в коде НОТАМ:* маршрутный обзорный радиолокатор **2.** *четвёртая и пятая буквы в коде НОТАМ:* смонтировано
CERAP [combined center/radar approach control] объединённый центр радиолокационного управления заходом на посадку
cert [certificate] сертификат
CFM [confirm] «подтвердите» (*код связи*)
CF-NOTAM *четвёртая и пятая буквы в коде НОТАМ:* рабочая частота изменена
CG [center-of-gravity] центр тяжести
CGAS [coast guard air station] береговая станция контроля воздушного пространства
CGL [circling guidance lights] 1. вращающиеся огни наведения 2. огни управления полётом по кругу
CG-NOTAM 1. *вторая и третья буквы в коде НОТАМ:* (радиолокационная) система захода на посадку по командам с земли **2.** *четвёртая и пятая буквы в коде НОТАМ:* категория снижена до...
cgo [cargo] груз
CGS 1. [centimeter-gram-second] сантиметр-грамм-секунда **2.** [computer generated simula-

tion] компьютерное моделирование

CH 1. [channel] канал **2.** [compass heading] компасный курс **3.** [critical height] критическая высота

CHADV [check and advise] «проверьте и сообщите» (код связи)

CHCT [charges collect] «востребуйте оплаты расходов» (код связи)

CHD [child] ребёнок (от 2-х до 12-ти лет)

CHG 1. [change] измените **2.** «сообщите об изменениях» (код связи)

CHNL [channel] канал

CH-NOTAM четвёртая и пятая буквы в коде NOTAM: изменено

CHNT [change name to] «измените фамилию на...» (код связи)

CHT [cylinder head temperature] температура головок цилиндров

CHTR [charter] чартер

CI [cirrus] перистые облака

CIDIN [Common ICAO Data Interchange Network] сеть обмена данными ИКАО

CIE «(авиа)компания» (код связи)

c.i.f. [cost, insurance, freight] сиф; стоимость, страхование и фрахт

CI-NOTAM четвёртая и пятая буквы в коде NOTAM: позывной для радиосвязи изменён на...

CIRC 1. [circular] циркуляр **2.** [circulate] быть в обращении

CIT «вблизи или над крупными городами» (код связи)

civ [civil] гражданский

CK [check] «зарегистрируйте; проверьте» (код связи)

CL 1. [centerline] осевая линия **2.** [centerline lights] осевые огни **3.** «рейс укомплектован, но вносим на лист ожидания» (код связи)

CLA «вид обледенения из прозрачного льда» (код связи)

CLAR [clarify] «поясните» (код связи)

CLC [course-line computer] вычислитель курса

CLD [cloud] облако

CLM [cancel last message] «последнее сообщение отменяется» (код связи)

CL-NOTAM 1. вторая и третья буквы в коде NOTAM: система избирательного вызова **2.** четвёртая и пятая буквы в коде NOTAM: повторно настроено

CLOFI [close file] «прекратите регистрацию» (код связи)

CLR [clearance] диспетчерское разрешение

CLSD [closed] закрыто

CM 1. [communication] связь; система связи **2.** [condition monitoring] контроль за состоянием

CMA [comma] запятая

CM-NOTAM 1. вторая и третья буквы в коде NOTAM: радиолокатор управления наземным движением **2.** четвёртая и пятая буквы в коде NOTAM: смещённый

CN [code name] кодированное название

CNAD [consignee notified] «грузополучатель уведомлён» (код связи)

CNCT [connection] связь

CNEE [consignee] грузополучатель

CNL 1. [cancel] отменять **2.** «сообщите об отмене плана полёта» (код связи)

CNMT [consignment] грузовая (единичная) отправка

C-NOTAM 1. вторая буква в коде NOTAM: связное и радиолокационное оборудование **2.** четвёртая буква в коде NOTAM: изменения

CNR [composite noise rating] комплексный показатель уровня шума

CNRD [consignee refused to accept delivery] грузополучатель отказался принять доставленный груз

CNSH [consignment shipment] отправка партии груза
COA [collect on arrival] оплата по прибытию
COACT [company account] счёт авиакомпании
COCESNA [Central American Corporation for Air Navigation Services] Центральноамериканская корпорация аэронавигационного обслуживания
COD 1. [collect on delivery] оплата наложенным платежом 2. [coupon origin-destination] пункты отправления и назначения в купоне
COLL [collect] «востребуйте оплату» (код связи)
COM [communication] связь; система связи
COMAIL [company mail] почта авиакомпании
COMI [commercial invoice] лист описи груза
COMLO [compass locator] приводная радиостанция
COMPT [compartment] (грузовой) отсек
conc [concrete] бетон
CONFIG [configuration] 1. конфигурация 2. форма; вид
CO-NOTAM четвёртая и пятая буквы в коде НОТАМ: в рабочем состоянии
CONST [construction] 1. конструкция 2. построение
COORD [coordinates] координаты
COP [change-over point] пункт переключения частоты связи
cor [correction] исправление
CORD [coordination] согласование
CORR [corridor] (воздушный) коридор
COT [at the coast] в районе побережья
CP 1. [center of pressure] центр давления 2. [command post] командный пост 3. [copilot] второй пилот 4. общий вызов (на радиосвязь) двух или нескольких станций
CPL 1. [commercial pilot licence] свидетельство пилота коммерческой авиации 2. [current flight plan message] сообщение о текущем плане полёта
CP-NOTAM 1. вторая и третья буквы в коде НОТАМ: радиолокатор точного захода на посадку 2. четвёртая и пятая буквы в коде НОТАМ: работа на пониженной мощности
CPPC [change prepaid to collect] «измените «оплачено» на «кредит» (код связи)
CPR [compressor pressure ratio] степень повышения давления компрессором
CPTY [capacity] 1. ёмкость 2. грузоподъёмность 3. объём 4. мощность; производительность 5. пропускная способность
CQ общий вызов всех станций
CR [flight closed but request] «рейс укомплектован, но запрос возможен» (код связи)
CRM [collision risk model] модель риска столкновения
CR-NOTAM 1. вторая и третья буквы в коде НОТАМ: обзорный радиолокатор системы точного захода на посадку 2. четвёртая и пятая буквы в коде НОТАМ: временно заменено
CRP [compulsory reporting point] пункт обязательных донесений
CRS [course] курс
CS 1. [call sign] позывной 2. [cirrostratus] перисто-слоистые облака 3. [compass system] курсовая система
CSD [constant-speed drive] привод постоянных оборотов
CS-NOTAM 1. вторая и третья буквы в коде НОТАМ: вторичный радиолокатор кругового обзора 2. четвёртая и пятая буквы в коде НОТАМ: установлено
CS/T [combined station/tower] совмещённая станция и диспетчерский пункт
CSTR [customs regulation] таможенные требования

CSU [constant-speed unit] регулятор постоянных оборотов

CTA 1. [communicate all addressed] ◂сообщите всем, кому адресовано▸ (*код связи*) **2.** [control area] диспетчерская зона **3.** [control terminal area] узловая диспетчерская зона аэродрома

CTAF [common traffic advisory frequency] общая частота консультативного обслуживания воздушного движения

CTAM [climb to... and maintain] ◂наберите до... и выдерживайте▸ (*код связи*)

CTC [contact] ◂установите связь с...▸ (*код связи*)

CTCN [collect from consignee] ◂оплату взыскать с грузополучателя▸ (*код связи*)

CTF 1. [correction to follow] ◂исправление последует▸ (*код связи*) **2.** ◂запрашиваю отправителя, чтобы ответить на Ваш запрос...▸ (*код связи*)

CTL [control] диспетчерское управление; диспетчерское обслуживание

ctn [caution] предупреждение

CT-NOTAM 1. *вторая и третья буквы в коде НОТАМ:* радиолокатор обзора зоны аэродрома **2.** *четвёртая и пятая буквы в коде НОТАМ:* в стадии проверки, не использовать

CTOL [conventional takeoff and landing aircraft] воздушное судно обычной схемы взлёта и посадки

CTR [control zone] зона диспетчерского контроля

CTSH [collect from shipper] ◂оплату взыскать с грузоотправителя▸ (*код связи*)

CU [cumulus] кучевые облака

CUF [cumuliform] кучевообразный

CUI [Committee on Unlawful Interference] Комитет (*ИКАО*) по незаконному вмешательству

CUMT [cubic meter] кубический метр

CURR [currency] валюта

CUST [customs] таможенная служба; таможенный контроль

CVFR [controlled VFR flight] контролируемый полёт по правилам визуального полёта

CVOL [change of volume] изменение в объёме

CVR [cockpit voice recorder] 1. речевой регистратор переговоров в кабине экипажа 2. кабинный магнитофон

CW 1. [continuous wave] незатухающая волна **2.** [wireless communication] беспроводная связь, радиосвязь

cw [clockwise] по часовой стрелке

CWY [clearway] полоса, свободная от препятствий

D 1. [danger area] опасная зона **2.** [drag] 1. (лобовое) сопротивление 2. отрицательная тяга 3. торможение

DA [decision altitude] высота принятия решения

DABS [discrete address beacon system] система маяков дискретного адресования

DAD [density altitude display] индикатор барометрической высоты

DAE [directional aerial] направленная антенна

DAPO [do all possible] сделайте всё возможное

DAS [discrete address system] система дискретного адресования

DB [directional radio beacon] направленный радиомаяк

DBC [denied boarding compensation] компенсация за отказ в перевозке

DBLS [double room with shower] номер на двоих с душем

DCA [Department of Civil Aviation] Управление гражданской авиации (*МНПО*)

DCD [double channel duplex] двухканальная дуплексная (радио)связь

DCKG [docking] установка на место стоянки, оборудованное телескопическим трапом

DCS [double channel simplex] двухканальная симплексная связь
DCT [direct] прямой
DDA [downdraught drift angle] угол сноса ниже глиссады
DDD [deadline delivery date] предельный срок доставки
DDM [difference in depth of modulation] разность глубины модуляции, РГМ
DDUE «задержите счёт за...» *(код связи)*
Dec [December] декабрь
def [definite] определённый
deg [degree] градус
DEL [delay] задержка
DENEB «операция по рассеиванию тумана» *(код связи)*
DEP [departure] вылет
DEPT [department] 1. управление 2. отдел
DES [descent to] снижение до...
DESC [describe] «дайте описание» *(код связи)*
DESIGN [designate] 1. назначать 2. обозначать
DEST [destination] пункт назначения; конечная остановка
DETRESFA [distress phase] стадия бедствия
DEV [deviation] 1. отклонение от курса 2. уклонение (от препятствия)
DEW [delivery empty weight] масса пустого воздушного судна при поставке
DF 1. [direction finder] (радио)пеленгатор; (радио)компас 2. «соединяю Вас со станцией, которую Вы запрашиваете» *(код связи)*
DFTI [distance-from-touchdown indicator] указатель расстояния от точки приземления
DG [directional gyro] курсовой гироскоп
DGL [dangerous goods list] перечень опасных грузов
DGP [Dangerous Goods Panel] Группа экспертов *(ИКАО)* по опасным грузам
DH [decision height] (относительная) высота принятия решения, ВПР
DIF [diffuse] рассеивать

dim 1. [diameter] диаметр 2. [dimension] размер
dipl [diplomatic] дипломатический
dir [direct] направлять
DISPO [disposition] размещение
dist [distance] расстояние; дистанция
div 1. [diversion] отклонение 2. [division] 1. служба 2. цех; отдел
DL [dead load] балласт
DLA [delay] задержка
DLCS [direct lift control system] система управления подъёмной силой
dlvr [deliver] доставлять
DMC [direct maintenance costs] прямые расходы на техническое обслуживание
DME [distance measuring equipment] дальномерное оборудование, ДМЕ
DMLS [Doppler microwave landing system] доплеровская микроволновая система (обеспечения) посадки
DNG [danger] опасность
DOA [dominant obstacle allowance] допуск на максимальную высоту препятствия
DOC [direct operating costs] прямые эксплуатационные расходы
DOD [directional origin-destinations] начальный и конечный пункты прямого маршрута
dom [domestic] местный
DOP [Doppler radar] доплеровский радиолокатор
DOT [Departament of Transportation] Министерство транспорта *(США)*
DP [dewpoint temperature] температура точки росы
DPC [data processing center] центр обработки информации
DPSS [data processing services station] станция обработки данных
dpt [depth] толщина
DR [dead reckoning] счисление пути

397

DRA «вылет задержан из-за...» (код связи)
DRC «задержка вылета вызвана ожиданием стыковочного рейса» (код связи)
DRD «вылет задержан властями» (код связи)
DRE «задержка вылета по вине экипажа» (код связи)
DRF «задержка вылета вызвана ожиданием груза и почты» (код связи)
drg [during] в течение
DRL «задержка вылета вызвана загрузкой» (код связи)
DRN «задержка вылета по техническим причинам» (код связи)
DRO «задержка вылета по вине службы УВД» (код связи)
DRP «задержка вылета вызвана ожиданием пассажиров» (код связи)
DRR «задержка вылета из-за отсутствия резервного воздушного судна» (код связи)
DRS «задержка вылета вызвана поздним прибытием» (код связи)
DRSN [low drifting snow] снежная позёмка
DRT «задержка вылета по метеоусловиям» (код связи)
DRV «задержка вылета вызвана подготовкой к полёту» (код связи)
DRZ «задержка вылета вызвана доставкой питания» (код связи)
DS [directing station] пеленгаторная станция
DSB [double sideband] двойная боковая полоса
DSC [digital selective call] избирательный вызов цифровым кодом
DSRTK [desired track] линия заданного пути
DSU [data storage unit] блок памяти данных
DTAM [descent to... and maintain] «снижайтесь до высоты... и выдерживайте её» (код связи)

DTE [data terminal equipment] оборудование вывода информации
DTI [dial test indicator] индикатор с круговой шкалой
DTK [desired track angle] требуемый путевой угол
DTRT [deterioration] ухудшение
DTW [dual tandem wheels] многоколёсная тележка
DUC [dense upper cloud] плотный верхний слой облаков
DUPE «это повторное сообщение» (код связи)
DUR [duration] продолжительность
DVOR [Doppler VOR] доплеровский всенаправленный ОВЧ-радиомаяк
DW 1. [dead weight] масса конструкции 2. [dual wheels] спаренные колёса
DWD [dead wind] встречный ветер
DX [duplex operation] двусторонняя связь
DZ [drizzle] изморось, мелкий дождь
E 1. [east] восток 2. [eastern longitude] восточная долгота 3. [Europe] индекс аэронавигационной карты Европы
EAGT [unified air cargo tariff] единая авиационная грузовая тарифная ставка
EAP [effective air path] действующая воздушная трасса
EAPT [unified air passenger tariff] единая авиационная пассажирская тарифная ставка
EAS [equivalent airspeed] эквивалентная [индикаторная] воздушная скорость
EAT [expected approach time] предполагаемое время захода на посадку
ECAC [European Civil Aviation Conference] Европейская конференция по вопросам гражданской авиации
ECPNL [equivalent continuous perceived noise level] эквивалентный уровень непрерывно воспринимаемого шума

ECS [environment control system] система жизнеобеспечения, система кондиционирования
EDP [electronic data processing] электронная обработка данных
EE [Eastern Europe] индекс аэронавигационной карты Восточной Европы
EECS [electronic engine control system] электронная система управления двигателем
EET [estimated elapsed time] расчётное время (полёта) до назначенной точки
EFAS [en-route flight advisory service] консультативное обслуживание полётов на маршруте
EGT [exhaust gas temperature] температура выходящих газов, ТВГ
EHF [extremely high frequency] сверхвысокая частота
EI [Ireland] национальный знак воздушных судов Ирландии
EIC [additional equipment in compartments] дополнительное оборудование в отсеках
ELBA [aircraft emergency locator beacon] бортовой аварийный приводной (радио-) маяк
ELEV [elevation] превышение; высота (над уровнем моря)
ELR [extra long range] сверхдальнего действия
ELT [emergency locator transmitter] аварийный приводной передатчик
EMB [embarking] посадка (*пассажиров*)
EMBD [embedded in a layer] вошедший в слой облаков
EMERG [emergency] аварийная обстановка
EMH [estimated manhours] расчётная трудоёмкость в человеко-часах
ENE [east-north east] в направлении ‹восток-северо-восток›
ENG [engine] двигатель; мотор
ENQ [enquire] запрашивать
ENRT [en-route] по маршруту, на маршруте

EOA [end of address] конец адреса
EOM [end of message] конец сообщения
EPA [Environmental Protection Agency] Агентство охраны окружающей среды (*США*)
EPNL [effective perceived noise level] эффективный уровень воспринимаемого шума
EPR [engine pressure ratio] степень повышения давления
EQPT [equipment] 1. оборудование; аппаратура 2. арматура 3. техника
ER [emergency rescue] спасание при аварии
ESE [east-south east] в направлении ‹восток-юго-восток›
EST [estimated time (over significant point)] расчётное время (пролёта над определённой точкой)
ESWL [equivalent single wheel load] эквивалентная нагрузка одного колеса
ETA [estimated time of arrival] расчётное время прибытия
ETD [estimated time of departure] расчётное время вылета
ETE [estimated time en-route] расчётное время в пути
ETF [estimated time of flight] расчётное время полёта
ETO [estimated time over] расчётное время пролёта
EURACA [European Air Carriers Assembly] Ассамблея европейских авиаперевозчиков
EUROCONTROL [European Organization for the Safety of Air Navigation] Европейская организация по обеспечению безопасности аэронавигации, Евроконтроль
EUR/TFG [European Air Traffic Forecasting Group] Группа прогнозирования воздушного движения в Европе
EWC [Edward Warner Award Committee] Комитет (*ИКАО*) по премии имени Эдварда Уорнера
EWS [early warning station] станция дальнего обнаружения

EX «прибытие рейсом... из...» *(код связи)*
EXCL [exclude] исключать
EXLI [export licence] разрешение на вывоз
F 1. [degrees Fahrenheit] градусы Фаренгейта 2. [factor of safety] коэффициент безопасности 3. [farad] Ф *(фарад)* 4. [first(class)] первый класс 5. [fixed] стационарный; постоянный; неподвижный; фиксированный
FA [fan marker] веерный маркер
FAA [Federal Aviation Administration] Федеральное управление гражданской авиации *(США)*
FAC 1. [Facilitation Advisory Committee] Консультативный комитет по упрощению формальностей *(ИАТА)* 2. [facilities] средства; оборудование 3. [final approach course] курс на конечном этапе захода на посадку
FAF [final approach fix] контрольная точка конечного этапа захода на посадку
FAI [International Aeronautical Federation] Международная авиационная федерация, ФАИ
FAK [freight-all-kinds] разносортные грузы
FAL [facilitation of international air transport] упрощение формальностей при международных воздушных перевозках
FAM [family of frequencies] группа частот
FA-NOTAM *вторая и третья буквы в коде НОТАМ:* аэродром
FAP [final approach point] точка конечного этапа захода на посадку
FAX [facsimile transmission] факсимильная передача
FB-NOTAM *вторая и третья буквы в коде НОТАМ:* оборудование для измерения эффективности торможения
FC 1. [flight control] диспетчерское управление полётами 2. [fractocumulus] разорванно-кучевые облака 3. [funnel cloud] воронкообразное облако
FCB [Frequency Coordinating Body] Комитет по координации (радио)частот *(МНПО)*
FCC [Federal Communications Commission] Федеральная комиссия по связи *(МНПО)*
FCM [Fits and Clearance Manual] руководство по допускам и посадкам
FC-NOTAM *вторая и третья буквы в коде НОТАМ:* оборудование для измерения высоты облачности
fcst [forecast] прогноз
FCU 1. [fare construction unit] условная единица при построении тарифов 2. [fuel control unit] командно-топливный агрегат, КТА
FD [flight director] пилотажный командный прибор
FDAV «найден почтовый документ» *(код связи)*
FDAW [found air waybill] «найдена авиагрузовая накладная» *(код связи)*
FDCD [found cargo documents] «найдены грузовые документы» *(код связи)*
FDI [flight director indicator] указатель пилотажного командного прибора
FDM [frequency-division multiplexing] частотное уплотнение с частотным разделением
FDMB [found mail bag] «обнаружен мешок с почтой» *(код связи)*
FD-NOTAM *вторая и третья буквы в коде НОТАМ:* система стыковки
FDR [flight data recorder] регистратор параметров полёта, бортовой регистратор данных
FDS [flight director system] система командных пилотажных приборов
FDSU [flight data storage unit] блок сбора полётной информации
F/E [flight engineer] бортинженер

Feb [February] февраль
FEDS [flight environment data system] система сбора воздушных параметров
FEM [freight express and mail] срочная доставка грузов и почты
FFI [fuel flow indicator] указатель расхода топлива
FF-NOTAM *вторая и третья буквы в коде НОТАМ:* борьба с пожаром и спасание
FG [fog] туман
FG-NOTAM *вторая и третья буквы в коде НОТАМ:* управление наземным движением
FH [flight hour] лётный час
FH-NOTAM *вторая и третья буквы в коде НОТАМ:* площадка *или* платформа для посадки вертолётов
FHTL [first class hotel] гостиница первого класса
FIC [flight information center] центр полётной информации
FIFOR [flight forecast] прогноз на полёт
FIR [flight information region] район полётной информации, РПИ
FIS [flight information service] полётно-информационное обслуживание; служба полётной информации
FISA [automated flight information service] автоматизированное полётно-информационное обслуживание
FL 1. [flashing light] проблесковый огонь **2.** [flight level] эшелон полёта
FLG [flashing] проблесковый; мигающий
FL-NOTAM *вторая и третья буквы в коде НОТАМ:* указатель направления посадки
FLR [flares] сигнальные ракеты
FLRS [flap load relief system] система (автоматической) разгрузки закрылков
FLT [flight] 1. полёт 2. режим полёта 3. рейс
FLTCK [flight check] лётная проверка
FLW [follow] следовать

FLY 1. [fly] летать; выполнять полёт; пилотировать **2.** [flying] в процессе полёта
FM [fan marker] веерный маркер
FMCS [flight management computer system] электронная система управления полётом
FM-NOTAM *вторая и третья буквы в коде НОТАМ:* 1. метеослужба 2. метеорологическое обеспечение
FMS [flight management system] система управления полётом
F/N [flight navigator] штурман
FNA [final approach] конечный этап захода на посадку
F-NOTAM *вторая буква в коде НОТАМ:* средства, оборудование и обслуживание
FOB [fuel on board] количество топлива на борту
f.o.b. [free on board] фоб; франко-борт
FOLLOW [follow me] «следуйте за мной» *(код связи)*
FONE [telephone] телефон
FO-NOTAM *вторая и третья буквы в коде НОТАМ:* система рассеивания тумана
FOO [flight operations officer] руководитель полётов
FP [flight plan] план полёта
FPM [feet per minute] футов в минуту
FP-NOTAM *вторая и третья буквы в коде НОТАМ:* 1. вертодром 2. вертолётная площадка
FRAV [first available] «(отправить) при первой возможности» *(код связи)*
freq [frequency] частота
FRI [Friday] пятница
FRONT [front] фронт
FS 1. [flight status] литер рейса **2.** «перевозка продана на основе свободной продажи» *(код связи)*
FSL [full-stop landing] посадка с полной остановкой
FS-NOTAM *вторая и третья буквы в коде НОТАМ:* снегоочистительное оборудование

FSS [flight service station] станция службы обеспечения полётов
ft [foot] фут
FTESN [flap trailing edge separation noise] шум при срыве потока с задней кромки закрылка
FT-NOTAM *вторая и третья буквы в коде NOTAM:* измеритель дальности видимости
FTS [flexible track system] гибкая система слежения
FU-NOTAM *вторая и третья буквы в коде NOTAM:* наличие топлива
fwd [forward] направлять
FWL [fuselage water line] строительная горизонталь фюзеляжа
FWN [flap wake noise] шум спутной струи закрылка
FW-NOTAM *вторая и третья буквы в коде NOTAM:* указатель направления ветра
FYI [for your information] «для Вашего сведения» (*код связи*)
FZDZ [freezing drizzle] переохлаждённый мелкий дождь
FZFG [freezing fog] переохлаждённый туман
FZ-NOTAM *вторая и третья буквы в коде NOTAM:* таможенная служба
FZRA [freezing rain] переохлаждённый дождь
G 1. [Greenwich] Гринвич, гринвичский меридиан 2. [guards only] только для прослушивания 3. национальный знак воздушных судов Великобритании
GA 1. [general aviation] авиация общего назначения 2. [gliding angle] угол планирования 3. [go-around] уход на второй круг
G/A [ground-to-air] земля — воздух
G/A/G [ground-to-air and air-to-ground] земля — воздух и воздух — земля
gal [gallon] галлон
GAT [Greenwich apparent time] истинное время по Гринвичу

GB [ground beacon] наземный маяк
GCA [ground controlled approach system] (радиолокационная) система захода на посадку по командам с земли
GCD [great-circle distance] расстояние (полёта) по ортодромии
GCR [general cargo rate] основной грузовой тариф
GE [ground equipment] наземное оборудование
GEO [geographic] географический
GHA [Greenwich hour angle] гринвичский часовой угол
GIT [group inclusive tour] групповая воздушная перевозка типа «инклюзив тур»
GL [ground level] уровень земной поверхности
GLD [glider] планер
GMC [ground movement controller] диспетчер наземного движения
GMT [Greenwich mean time] среднее время по Гринвичу
GND [ground control] управление наземным движением
GNDCK [ground check] наземная проверка
GP 1. [general purpose system] система общего назначения 2. [glide path] глиссада; траектория полёта по глиссаде
GPE [glide-path equipment] оборудование глиссадной системы
GPI [ground position indicator] автоштурман; указатель (место)положения
GPLS [glide-path landing system] глиссадная система посадки
GPR [general purpose radar] радиолокатор общего назначения
GPU [ground power unit] аэродромный пусковой агрегат, АПА
GPWS [ground proximity warning system] система пред-

упреждения опасного сближения с землёй
GR [gear ratio] степень редукции
GRASS [grass landing area] посадочная площадка с травяным покрытием
GRID обработанные метеоданные для узловых точек сетки (*на карте полётов*)
GRM [ground run monitor] блок контроля скорости пробега по земле
GRN [ground reference navigation] навигация по наземным ориентирам
GRP [group] группа
GS 1. [glide slope] 1. глиссада 2. наклон глиссады 2. [ground speed] путевая скорость
GSA [general sales agent] генеральный агент по продаже (перевозок)
GST [Greenwich sideral time] звёздное время по гринвичскому меридиану
GT [ground transmission] передача (радиосигналов) с земли
GTN [global trunk network] глобальная магистральная сеть, ГМС
GWT [gross weight] общая масса
H 1. [heading] курс 2. [high altitude] высота в верхнем воздушном пространстве
HAA [height above aerodrome] относительная высота (полёта) над аэродромом
HAL [height above landing] относительная высота над посадочной площадкой
HA-NOTAM *четвёртая и пятая буквы в коде NOTAM:* эффективность торможения
HAT [height above touchdown] относительная высота над точкой приземления
HBN [hazard beacon] заградительный (свето)маяк
HB-NOTAM *четвёртая и пятая буквы в коде NOTAM:* коэффициент торможения составляет...

HC [critical height] критическая высота
HC-NOTAM *четвёртая и пятая буквы в коде NOTAM:* покрыто уплотнённым снегом на толщину в...
HDD [head-down display] индикатор на приборной доске
HDF [high frequency direction-finding station] высокочастотная (радио)пеленгаторная станция
hdg [heading] курс
HD-NOTAM *четвёртая и пятая буквы в коде NOTAM:* покрыто сухим снегом на толщину в...
HEAC [heavy cargo] тяжёлый груз
HEL [helicopter] вертолёт
HE-NOTAM *четвёртая и пятая буквы в коде NOTAM:* покрыто водой на толщину в...
HF [high frequency] высокая частота
HF-NOTAM *четвёртая и пятая буквы в коде NOTAM:* полностью свободно от снега и льда
HG-NOTAM *четвёртая и пятая буквы в коде NOTAM:* выполняется покос травы
hgt [height] (относительная) высота
HH-NOTAM *четвёртая и пятая буквы в коде NOTAM:* опасность из-за...
HI [high intensity] высокой интенсивности
HIALS [high intensity approach light system] система огней подхода высокой интенсивности
HIFOR [height forecast] прогноз по высоте
HI-NOTAM *четвёртая и пятая буквы в коде NOTAM:* покрыто льдом
HIRL [high intensity runway edge lights] посадочные огни ВПП высокой интенсивности
HIS [hazard information system] система информации об опасности
HIWAS [hazardous inflight weather advisory service]

служба оповещения об опасных метеоусловиях в полёте
HJ-NOTAM четвёртая и пятая буквы в коде *НОТАМ:* старт запланирован на...
HK-NOTAM четвёртая и пятая буквы в коде *НОТАМ:* перелёт птиц
HL [have listed on waiting list] внесён на лист ожидания
HLDG [holding] полёт в зоне ожидания
HL-NOTAM четвёртая и пятая буквы в коде *НОТАМ:* расчистка от снега закончена
HM-NOTAM четвёртая и пятая буквы в коде *НОТАМ:* обозначено
HN [have requested holding need] повторный запрос при бронировании
HNML [hind meal] индийская пища
HN-NOTAM четвёртая и пятая буквы в коде *НОТАМ:* покрыто мокрым снегом *или* слякотью на толщину в...
H-NOTAM четвёртая буква в коде *НОТАМ:* опасные условия
HO «обслуживание, предоставляемое в соответствии с эксплуатационными требованиями» (*код связи*)
HOL [holiday] нерабочий день
HONED [hotel room needed] требуется номер в гостинице
HO-NOTAM четвёртая и пятая буквы в коде *НОТАМ:* загорожено снегом
HOSP [hospital aircraft] санитарное воздушное судно
HOYES «номер в гостинице забронирован» (*код связи*)
HP 1. [high pressure] высокое давление 2. [holding pattern] схема полёта в зоне ожидания 3. [horsepower] лошадиная сила, л. с.
HPA [hectopascal] гектопаскаль
HPF [high-pass filter] высокочастотный фильтр
HP-NOTAM четвёртая и пятая буквы в коде *НОТАМ:* выполняется расчистка снега
HPZ [helicopter protected zone]

защитная зона для полётов вертолётов
HQ-NOTAM четвёртая и пятая буквы в коде *НОТАМ:* полёт отменён
hr [hour] час
HR-NOTAM четвёртая и пятая буквы в коде *НОТАМ:* стоячая вода
HS «перевозка продана, запишите как груз» (*код связи*)
HSF [high-speed flight] скоростной полёт
HSI [horizontal situation indicator] 1. плановый навигационный прибор, ПНП 2. авиагоризонт
HS-NOTAM четвёртая и пятая буквы в коде *НОТАМ:* выполняется посыпка песком
HST [high speed taxiway] скоростная рулёжная дорожка
HT [high tension] высокое напряжение
HTA [heavier than air] тяжелее воздуха
HTL [hotel (accommodation)] гостиница
HT-NOTAM четвёртая и пятая буквы в коде *НОТАМ:* заход на посадку только согласно сигналам сигнальной площадки
HTZ [helicopter traffic zone] зона полётов вертолётов
HUD [head-up display] индикатор на лобовом стекле
HU-NOTAM четвёртая и пятая буквы в коде *НОТАМ:* выполняется запуск
HURCN [hurricane] ураган
HVDF [high and very high frequency direction-finding stations] ВЧ и ОВЧ (радио)пеленгаторные станции
HV-NOTAM четвёртая и пятая буквы в коде *НОТАМ:* работа закончена
HW-NOTAM четвёртая и пятая буквы в коде *НОТАМ:* работа выполняется
HWS [horizontal wind shear] горизонтальная составляющая сдвига ветра
HX 1. «рейс отменён, не планируйте загрузку» (*код связи*)

2. «определённые часы работы не установлены» (*код связи*)

HX-NOTAM *четвёртая и пятая буквы в коде НОТАМ:* скопление птиц

HY-NOTAM *четвёртая и пятая буквы в коде НОТАМ:* имеют место снежные заносы

HZ [dust haze] пыльная мгла

HZ-NOTAM *четвёртая и пятая буквы в коде НОТАМ:* покрыто замёрзшими выбоинами и выступами

i [island] остров

IAC [instrument approach chart] схема захода на посадку по приборам

IACA [International Air Carrier Association] Международная ассоциация авиаперевозчиков (*МНПО*)

IAF 1. [initial approach fix] контрольная точка начального этапа захода на посадку **2.** [International Astronautical Federation] Международная федерация астронавтики (*МНПО*)

IAL [instrument approach and landing] заход на посадку и посадка по приборам

IALC [instrument approach and landing charts] схемы заходов на посадку и посадки по приборам

IAO [in and out of clouds] в облаках и вне облаков

IAOPA [International Council of Aircraft Owner and Pilot Associations] Международный координационный совет ассоциаций владельцев воздушных судов и пилотов (*МНПО*)

IAP [instrument approach procedure] схема захода на посадку по приборам

IAR [intersection of air routes] пересечение воздушных трасс

IAS 1. [indicated airspeed] приборная воздушная скорость **2.** [international aircraft standard] международный авиационный стандарт

IATA [International Air Transport Association] Международная ассоциация воздушного транспорта, ИАТА

IBN [identification beacon] опознавательный маяк

ICAA [International Civil Airports Association] Международная ассоциация гражданских аэропортов (*МНПО*)

ICAN [International Commission for Air Navigation] Международная комиссия по аэронавигации (*МНПО*)

ICAO [International Civil Aviation Organization] Международная организация гражданской авиации, ИКАО

ICCAIA [International Co-ordinating Council of Aerospace Industries Associations] Международный координационный совет ассоциаций авиакосмической промышленности (*МНПО*)

ICE [icing] обледенение

ICS [intercommunication system] переговорное устройство

ID 1. [identifier] опознавательное устройство **2.** [inner diameter] внутренний диаметр

IDENT [identification] опознавание

IDG [integrated drive generator] генератор со встроенным приводом

ID-NOTAM *вторая и третья буквы в коде НОТАМ:* дальномерная система, взаимодействующая с системой посадки по приборам

IF 1. [instrument flight] полёт по приборам **2.** [intermediate approach fix] контрольная точка промежуточного этапа захода на посадку **3.** [intermediate frequency] промежуточная частота

IFALPA [International Federation of Air Line Pilots' Association] Международная федерация ассоциаций линейных пилотов (*МНПО*)

IFATCA [International Federation of Air Traffic Controllers' Associations] Между-

родная федерация ассоциаций авиадиспетчеров (*МНПО*)
IFF [identification friend/foe] система опознавания «свой — чужой»
IFR [instrument flight rules] правила полётов по приборам, ППП
IFRB [International Frequency Registration Board] Международный комитет регистрации частот (*МНПО*)
IFUN [if unable] «если невозможно» (*код связи*)
IG-NOTAM *вторая и третья буквы в коде NOTAM:* глиссада; траектория полёта по глиссаде
IGS [instrument guidance system] система наведения по приборам
IGV [inlet guide vanes] входной направляющий аппарат, ВНА
IHP [indicated horsepower] индикаторная мощность
II-NOTAM *вторая и третья буквы в коде NOTAM:* внутренний маркер
IL [instrument landing] посадка по приборам
IL-NOTAM *вторая и третья буквы в коде NOTAM:* курсовой (радио)маяк
ILS [instrument landing system] система посадки по приборам
IM [inner marker] ближний маркер
IMC 1. [instrument meteorological conditions] приборные метеорологические условия, ПМУ **2.** [International Meteorological Committee] Международный комитет по метеорологии (*МНПО*)
IMF [International Monetary Fund] Международный валютный фонд
IMG [immigration] иммиграционный контроль
IMI [interrogation sign] вопросительный знак
IMLI [import licence] разрешение на ввоз
IMN [indicated Mach number] индикаторное число М

IM-NOTAM *вторая и третья буквы в коде NOTAM:* средний маркер
IMR [inverter monitor relay] автомат переключения преобразователей
IN «если не забронировано, то бронируйте» (*код связи*)
INA [initial approach] начальный этап захода на посадку
INADQT [inadequate] не отвечающий требованиям
INBD [inbound] прибывающий; прилетающий
INC [in cloud] в облаках
INCERFA [uncertainty phase] стадия неопределённости
INERU [International Noise Exposure Reference Unit] Международная исходная единица воздействия шума
inf [infant] ребёнок (*до двух лет*)
info [information] информация
I-NOTAM *вторая и третья буквы в коде NOTAM:* система посадки по приборам и микроволновая система посадки
INPR [in progress] в ходе выполнения
INS [inertial navigation system] инерциальная навигационная система
insp [inspection] осмотр; инспекция
INT [intersection] пересечение
INTER [intermittent] прерывистый; с перебоями
intl [international] международный
INTRG [interrogator] запросчик
INTST [intensity] 1. интенсивность; сила 2. энергия
INU [inertial navigation unit] инерциально-навигационный блок
inv [invoice] счёт
INVEST [investigate] расследовать
IO-NOTAM *вторая и третья буквы в коде NOTAM:* дальний [внешний] маркер
IR 1. [ice on runway] лёд на ВПП **2.** [instrument restricted controlled airspace] воздушное пространство, пред-

назначенное для полётов по приборам
IRC [initial rate of climb] начальная скороподъёмность
IRL [intersection of range legs] пересечение равносигнальных зон
IRP [irregularity report] акт о нарушении условий
IRREG [irregular] нерегулярный
IS 1. [if not holding, sold] «если не забронировано, то считайте проданным» (*код связи*) 2. [island] остров
ISA 1. [if space available] «при наличии места» (*код связи*) 2. [International Standard Atmosphere] Международная стандартная атмосфера, МСА
ISB [independent sideband] независимая боковая полоса
IS-NOTAM *вторая и третья буквы в коде НОТАМ:* система посадки по приборам по I-й категории ИКАО
IT [inclusive tour] воздушная перевозка типа «инклюзив тур»
ITA [International Telegraph Alphabet] Международный телеграфный алфавит
ITC [inclusive tour charter] чартерный рейс типа «инклюзив тур»
IT-NOTAM *вторая и третья буквы в коде НОТАМ:* система посадки по приборам по II-й категории ИКАО
ITR [international transit route] международный транзитный маршрут
IU-NOTAM *вторая и третья буквы в коде НОТАМ:* система посадки по приборам по III-й категории ИКАО
I/V [instrument/visual controlled airspace] контролируемое воздушное пространство для визуальных полётов и полётов по приборам
IVSI [instantaneous vertical speed indicator] индикатор текущей вертикальной скорости
IVVC [instantaneous vertical velocity computer] вычислитель

мгновенных значений вертикальной скорости полёта
IWC [instrument weather conditions] приборные метеорологические условия, ПМУ
IW-NOTAM *вторая и третья буквы в коде НОТАМ:* микроволновая система посадки
IX «если забронировано, то аннулируйте» (*код связи*)
IX-NOTAM *вторая и третья буквы в коде НОТАМ:* дальняя приводная радиолокационная станция
IY-NOTAM *вторая и третья буквы в коде НОТАМ:* средняя приводная радиолокационная станция
J [jet] реактивный
Jan [January] январь
JATO [jet-assisted takeoff] взлёт с реактивным ускорителем
JB [junction box] распределительная коробка
JF 1. [jet fuel] топливо для реактивных двигателей 2. [joint financing] совместное финансирование
JM «если мне можно приступить к передаче, то передайте серию тире; для прекращения моей передачи передайте серию точек» (*код связи*)
JP [jet pilot] пилот реактивного воздушного судна
JPT [jet pipe temperature] температура выходящих газов реактивного двигателя
JTST [jet stream] реактивное течение
Jul [July] июль
Jun [June] июнь
K «предлагаю начать передачу» (*код связи*)
KIAS [knots indicated airspeed] приборная воздушная скорость в морских узлах
KK «подтверждение» (*код связи*)
KMH [kilometers per hour] километров в час, км/час
KTAS [knots true airspeed] истинная воздушная скорость в морских узлах

l 1. [left] «левая» (знак для обозначения ВПП) 2. [lift] подъёмная сила 3. [locator] радиолокационная станция
LA [low altitude] малая высота
LAND «требую совершить посадку» (код связи)
LA-NOTAM 1. *вторая и третья буквы в коде НОТАМ:* система огней подхода 2. *четвёртая и пятая буквы в коде НОТАМ:* работа от вспомогательного источника электроэнергии
LAS [lower airspace] нижнее воздушное пространство
LAT 1. [latitude] широта 2. [local apparent time] истинное местное время
LBCM [locator back course marker] приводной радиолокационный маркер обратного курса
LB-NOTAM 1. *вторая и третья буквы в коде НОТАМ:* аэродромный маяк 2. *четвёртая и пятая буквы в коде НОТАМ:* зарезервировано для базирующихся здесь воздушных судов
LC 1. [landing chart] схема посадки 2. [limit sales, closed] «продажа (билетов) ограничена, лист ожидания закрыт» (код связи)
LCG [load classification group] классификационная группа нагрузки
LCL [local weather report] местная сводка погоды
LCN [load classification number] классификационный номер степени нагрузки
LC-NOTAM 1. *вторая и третья буквы в коде НОТАМ:* огни осевой линии ВПП 2. *четвёртая и пятая буквы в коде НОТАМ:* закрыто
LD 1. [landing distance] посадочная дистанция 2. [low drag] малое сопротивление
L/D [lift-drag ratio] аэродинамическое качество
LDA 1. [landing distance available] располагаемая посадочная дистанция 2. [localizer type directional aids] средства наведения типа курсовых маяков
LDFS [landing direction-finding station] посадочная (радио-) пеленгаторная станция
ldg [landing] посадка; приземление
LDI [landing direction indicator] указатель направления посадки
LDIN [lead-in light system] система ведущих огней
LDL [landing direction light] огонь (сигнализации) направления посадки
LDN [day-night sound level] среднесуточный уровень шума
LD-NOTAM 1. *вторая и третья буквы в коде НОТАМ:* огни указателя направления посадки 2. *четвёртая и пятая буквы в коде НОТАМ:* небезопасно
LE [leading edge] передняя кромка
LEN [length] длина
LE-NOTAM 1. *вторая и третья буквы в коде НОТАМ:* посадочные огни ВПП 2. *четвёртая и пятая буквы в коде НОТАМ:* работа без вспомогательного источника энергоснабжения
LF 1. [line feed] загрузка линии связи 2. [load factor] коэффициент (коммерческой) загрузки 3. [low frequency] низкая частота
LFC [laminar flow control] управление ламинарным потоком
LF-NOTAM 1. *вторая и третья буквы в коде НОТАМ:* чередующиеся проблесковые огни 2. *четвёртая и пятая буквы в коде НОТАМ:* помехи от...
LFR 1. [lock-follow radar] радиолокатор сопровождения 2. [low frequency range] диапазон нижних частот
LFT [level flight time] время горизонтального полёта

LG [landing gear] 1. шасси 2. опора шасси

LGS [landing guidance system] система управления посадкой

LGT 1. [light] (аэронавигационный) огонь **2.** [lighting] система (аэронавигационных) огней

LGTD [lighted] оборудованный (аэронавигационными) огнями

LH [left hand] левосторонний

LH-NOTAM 1. *вторая и третья буквы в коде НОТАМ:* огни ВПП высокой интенсивности **2.** *четвёртая и пятая буквы в коде НОТАМ:* непригоден для эксплуатации воздушных судов тяжелее...

LHR [Heathrow, London] код аэропорта «Хитроу» г. Лондона

LHTL [luxury class hotel] гостиница класса «люкс»

LIH [light intensity, high] 1. высокая интенсивность (аэронавигационного) огня 2. огни высокой интенсивности

LIL [light intensity, low] 1. низкая интенсивность (аэронавигационного) огня 2. огни низкой интенсивности

LIM 1. [light intensity, medium] 1. средняя интенсивность (аэронавигационного) огня 2. огни средней интенсивности **2.** [locator inner marker] ближний приводной маркер

LI-NOTAM 1. *вторая и третья буквы в коде НОТАМ:* опознавательные огни торца ВПП **2.** *четвёртая и пятая буквы в коде НОТАМ:* закрыто для полётов по приборам

LJ-NOTAM *вторая и третья буквы в коде НОТАМ:* сигнальные огни входа в створ ВПП

LK-NOTAM 1. *вторая и третья буквы в коде НОТАМ:* компоненты системы огней подхода по II-ой категории ИКАО **2.** *четвёртая и пятая буквы в коде НОТАМ:* работает в качестве огня постоянного излучения

LL [limited sales, wait list] «продажа (билетов) ограничена, возможно только лист ожидания» *(код связи)*

LL-NOTAM 1. *вторая и третья буквы в коде НОТАМ:* огни ВПП низкой интенсивности **2.** *четвёртая и пятая буквы в коде НОТАМ:* используется по длине... и ширине...

LLWAS [low level wind shear alert system] система предупреждения о сдвиге ветра на малых высотах

LLZ [localizer] курсовой (радио)маяк

LM [locator, middle] средняя приводная радиолокационная станция

LMM [locator middle with marker] средняя приводная локационная станция с маркером

LM-NOTAM *вторая и третья буквы в коде НОТАМ:* огни ВПП средней интенсивности

LMR [load monitor relay] реле выбора потребителей

LMT [local mean time] среднее местное время

LNDG [landing] посадка; приземление

LN-NOTAM *четвёртая и пятая буквы в коде НОТАМ:* закрыто для всех полётов в тёмное время

L-NOTAM 1. *вторая буква в коде НОТАМ:* светотехническое оборудование **2.** *четвёртая буква в коде НОТАМ:* ограничения

LO 1. [locator, outer] внешняя приводная радиолокационная станция **2.** «присоедините меня к приёмнику перфоратора» *(код связи)*

LOC [localizer] курсовой (радио)маяк

LOCDLVY [local delivery] местная доставка

LOFT [line oriented flight training] лётная подготовка в условиях, максимально приближённых к реальным

LOL [loss-of-licence on medical grounds] прекращение действия разрешения (на полёты) на основании медицинского заключения

LOLA [low level wind-shear alert] предупреждение о сдвиге ветра у земли

LOM [locator outer with marker] дальняя приводная локационная станция с маркером

long [longitude] (географическая) долгота

LOP [line of position] линия положения

LORAN [long range air navigation system] система дальней радиоаэронавигации, ЛОРАН

LOS [line of sight] линия визирования

LP [low pressure] низкое давление

LPF [low-pass filter] низкочастотный фильтр

LP-NOTAM 1. вторая и третья буквы в коде НОТАМ: указатель траектории точного захода на посадку 2. четвёртая и пятая буквы в коде НОТАМ: запрещено

LR 1. [limit sales, request] «продажа (билетов) ограничена, дайте запрос» (код связи) 2. [the last message received by me was...] «последнее сообщение, полученное мною, было...» (код связи)

LRG [long range] большой радиус действия

LRN [long-range navigation] дальняя аэронавигация

LR-NOTAM 1. вторая и третья буквы в коде НОТАМ: все виды светотехнического оборудования зоны посадки 2. четвёртая и пятая буквы в коде НОТАМ: разрешено передвижение воздушного судна только по ВПП и рулёжным дорожкам

LRU [line replaceable unit] быстросъёмный блок

LS 1. [landing strip] посадочная полоса 2. [the last message sent by me was...] «последнее сообщение, переданное мною, было...» (код связи)

LSALT [lowest safe altitude] наименьшая безопасная высота

LS-NOTAM 1. вторая и третья буквы в коде НОТАМ: огни концевой полосы торможения 2. четвёртая и пятая буквы в коде НОТАМ: возможны перерывы в работе

LSQ [line squall] линия шквала

LT [local time] местное время

LT-NOTAM 1. вторая и третья буквы в коде НОТАМ: входные огни ВПП 2. четвёртая и пятая буквы в коде НОТАМ: ограничено до...

LTS [lights] (аэронавигационные) огни

LTT [landline teletypewriter] телетайп наземной линии связи

LV 1. [light and variable] слабый и переменный 2. [low volume] малообъемный

LV-NOTAM 1. вторая и третья буквы в коде НОТАМ: система визуальной индикации глиссады 2. четвёртая и пятая буквы в коде НОТАМ: закрыто для полётов по правилам визуального полёта

LW-NOTAM вторая и третья буквы в коде НОТАМ: освещение вертодрома

LX-NOTAM 1. вторая и третья буквы в коде НОТАМ: осевые огни рулёжной дорожки 2. четвёртая и пятая буквы в коде НОТАМ: в рабочем состоянии, однако требуется соблюдать осторожность из-за...

LYR [layer] ярус

LZ-NOTAM вторая и третья буквы в коде НОТАМ: огни зоны приземления на ВПП

M [marker, marker beacon] маркерный (радио)маяк

MAA [maximum authorized altitude] максимальная установленная высота

MAC [mean aerodynamic chord] средняя аэродинамическая хорда

MAINT [maintenance] техническое обслуживание

MALS [medium intensity approach light system] система огней средней интенсивности для захода на посадку

man [manual] руководство; наставление

MA-NOTAM *вторая и третья буквы в коде НОТАМ:* рабочая площадь

MAP [aeronautical maps and charts] аэронавигационные карты и схемы

МАРТ [missed approach point] точка ухода на второй круг

Mar [March] март

MAS 1. [manual A-1 simplex] ручная симплексная передача излучением типа А-1 **2.** [manual radio system] переносная радиостанция

МАТС [manual of air traffic control] руководство по УВД

MAXR [maximum room rate desired] «необходим номер максимальной стоимости» *(код связи)*

May [May] май

MAYDAY «терплю бедствие» *(радиотелефонный сигнал опасности и необходимости оказания помощи)*

MB 1. [magnetic bearing] магнитный пеленг **2.** [millibars] миллибары

MB-NOTAM *вторая и третья буквы в коде НОТАМ:* несущая способность

MBON [minimum break off height] минимальная высота перехода к визуальному заходу на посадку

MBZ [mandatory broadcast zone] зона обязательной передачи радиосигналов

MC 1. [magnetic course] магнитный курс **2.** [megacycles per second] мегагерц в секунду

MCA [minimum crossing altitude] минимальная высота пересечения

MCF [message code and format] код и формат сообщения

MC-NOTAM *вторая и третья буквы в коде НОТАМ:* полоса, свободная от препятствий

MCP [maximum continuous power] номинальный режим

MCT 1. [master contour template] шаблон базового контура **2.** [maximum continuous thrust] тяга на максимально продолжительном режиме

MCTOW [maximum certificated take off weight] максимальная сертифицированная взлётная масса

MCW [modulated continuous wave] модулированная незатухающая волна

MDA 1. [minimum decision altitude] минимальная высота принятия решения **2.** [minimum descent altitude] минимальная абсолютная высота снижения

MDF [medium frequency direction-finding station] средневолновая (радио)пеленгаторная станция

MDH [minimum descent height] минимальная высота снижения

MD-NOTAM *вторая и третья буквы в коде НОТАМ:* объявленная (располагаемая) дистанция

MDS [malfunction detection system] система обнаружения неисправностей

MDT [mean-down time] среднее время простоя

MEA [minimum en-route altitude] минимальная высота по маршруту

MEHT [minimum eye height over the threshold] минимальная высота глаз пилота над порогом ВПП

MET [mean European time] среднеевропейское время

METAG [Meteorological Advisory Group] Консультативная группа по метеообеспечению

METAR регулярная авиационная сводка погоды, МЕТАР

MEW [manufacturer's empty weight] масса пустого воздушного судна после изготовления

411

MF [medium frequency] средняя частота

MFST [manifest] манифест

MG-NOTAM *вторая и третья буквы в коде НОТАМ:* система управления рулением

MH [magnetic heading] магнитный курс

MHA [minimum holding altitude] минимальная высота при полёте в зоне ожидания

MHDF [medium and high frequency direction-finding stations] средневолновые и коротковолновые (радио)пеленгаторные станции

MH-NOTAM *вторая и третья буквы в коде НОТАМ:* тормозное устройство на ВПП

MHVDF [medium, high and very high frequency direction-finding stations] средневолновые, коротковолновые и ультракоротковолновые (радио)пеленгаторные станции

MI [medium intensity] средняя интенсивность

MIALS [medium intensity approach light system] система огней подхода средней интенсивности

MIF [meteorological information] метеосводка

MIM [minimum] минимум

min [minute] минута

MINR [minimum room rate desired] «необходим номер минимальной стоимости» (*код связи*)

MIRL [medium intensity runway edge lights] посадочные огни ВПП средней интенсивности

MJB [main junction box] центральное распределительное устройство

MK-NOTAM *вторая и третья буквы в коде НОТАМ:* место стоянки, МС

MKR [marker radio beacon] маркерный радиомаяк

MKSA [meter-kilogram-second-ampere system] система измерения на базе единиц: метр, килограмм, секунда и ампер

ML [mile] миля

MLG [main landing gear] основная опора шасси

MLS [microwave landing system] микроволновая система (обеспечения) посадки

MLW [maximum certificated landing weight] максимальная сертифицированная посадочная масса

MM 1. [meteorological minima] метеоминимум 2. [middle marker] средний маркер

MMEL [master minimum equipment list] перечень необходимого бортового оборудования

MMMM [connect to... stations] «свяжитесь с... станциями» (*код связи*)

MM-NOTAM *вторая и третья буквы в коде НОТАМ:* дневная маркировка

MMO [main meteorological office] главная (авиационная) метеостанция

MN [Magnetic North] северный магнитный полюс, магнитный север

MN-NOTAM *вторая и третья буквы в коде НОТАМ:* перрон

M-NOTAM *вторая буква в коде НОТАМ:* рабочая и посадочная площадки

MNPS [minimum navigation performance specifications] технические требования к минимальным навигационным характеристикам

MNR [minimum noise route] маршрут с минимальным уровнем шума

MNTN [maintain] поддерживать

MOB [meals on board] питание на борту

MOC [minimum obstacle clearance] минимальная высота пролёта препятствий

MOCA [minimum obstacle clearance altitude] минимальная высота пролёта препятствий

mod [moderate] умеренный

MODIF [modification] модификация

MODR [moderate room rate desired] «необходим номер средней стоимости» (*код связи*)

MOM [wait a moment] «подождите немного» (*код связи*)

MON 1. [above mountains] над горами 2. [monday] понедельник

MONL [moslem meal] мусульманская пища

MOR [meteorological optical range] метеорологическая оптическая дальность

MORA [minimum off-route altitude] минимальная безопасная абсолютная высота полёта вне маршрута

MOW [Moscow] код аэропорта г. Москвы

MP-NOTAM *вторая и третья буквы в коде НОТАМ:* место стоянки воздушного судна

MPS [meters per second] метров в секунду

MPW [maximum permitted weight] максимально допустимая масса

MRA [minimum reception altitude] минимальная высота приёма

MRG [medium range] средний радиус действия

MRP [ATS/MET reporting point] пункт передачи (обязательных) донесений службе воздушного движения и метеослужбе

MS [maintenance schedule] регламент технического обслуживания

MSA [minimum safe altitude] минимальная безопасная высота

MSAW [minimum safe altitude warning] предупреждение о минимальной безопасной высоте

MSCA [missing cargo] потерянный груз

MSCN [misconnect] «стыковка (рейсов) не обеспечена» (*код связи*)

MSG 1. [maximum speed governor] регулятор максимальных оборотов 2. [message] сообщение; донесение

MSH [minimum safe height] минимальная безопасная высота

MSK [Moscow time] московское время

MSL [mean sea level] средний уровень моря

MSMB [missing mail bag] «разыскивается почтовый мешок» (*код связи*)

MS-NOTAM *вторая и третья буквы в коде НОТАМ:* концевая полоса торможения

MSR «сообщение было направлено ошибочно» (*код связи*)

MT 1. [message type] тип сообщения 2. [mountain] гора

MTBF [mean time between failure] среднее время наработки между отказами

MTC [main trunk circuit] главная магистральная цепь связи

MTCA [minimum terrain clearance altitude] минимальная абсолютная безопасная высота пролёта над местностью

MTI 1. [message type indicator] указатель типа сообщения 2. [moving target indicator] индикатор движущихся целей

MT-NOTAM *вторая и третья буквы в коде НОТАМ:* порог ВПП

MTOW [maximum takeoff weight] максимально допустимая взлётная масса

MTT [minimum time track] маршрут минимального времени полёта

MTU [metric units] метрические единицы измерения; метрическая система мер

MTW [mountain wave] орографическая (горная) волна

MU-NOTAM *вторая и третья буквы в коде НОТАМ:* участок разворота на ВПП

MVDF [medium and very high frequency direction-finding stations] средневолновые и

413

коротковолновые (радио)пеленгаторные станции
MVG [master vertical gyro] центральная гировертикаль, ЦГВ
MWARA [major world air route area] район основных международных маршрутов полётов
MWO [meteorological watch office] (авиационная) метеостанция
MX [mixed type of ice formation] смешанная форма образования льда
MX-NOTAM *вторая и третья буквы в коде НОТАМ:* рулёжная дорожка
n. 1. [north] север **2.** [northern latitude] северная широта **3.** национальный знак воздушных судов Соединённых Штатов Америки
NA 1. [not authorized] не разрешено **2.** [not available] не имеющийся в наличии
NAAS [naval auxiliary air station] вспомогательная морская авиационная станция
NAC [no action taken on your message] «по вашей телеграмме мер не принято» (*код связи*)
NACA [National Air Carrier Association] Ассоциация воздушных перевозчиков (*США*)
NAF [naval air facilities] морские авиационные (радио-)средства
NAFAX [national facsimile network] сеть национальной факсимильной связи
NAFEC [National Aviation Facilities Experimental Center] Национальный экспериментальный центр авиационного оборудования (*США*)
NA-NOTAM *вторая и третья буквы в коде НОТАМ:* все виды радионавигационных средств
NAOS [North Atlantic ocean station] Североатлантическая океаническая (навигационная) станция

NAR [new arrival information] новая информация о прилёте
NAS 1. [national airspace system] национальная система организации воздушного пространства **2.** [naval air station] морская авиационная станция
NASA [National Aeronautics and Space Administration] Национальный комитет по аэронавтике и исследованию космического пространства (*США*)
NAT [North Atlantic] Северная Атлантика
natl [national] национальный
nav [navigation] навигация
NAVAID [aid to air navigation] аэронавигационное средство
NB [nimbus] дождевые облака
NB-NOTAM *вторая и третья буквы в коде НОТАМ:* всенаправленный радиомаяк
NC 1. [no change] без изменений **2.** [no connection] 1. стыковки нет 2. связь отсутствует
NCO [new continuing information] новая дополнительная информация
NCRP [noncompulsory reporting point] пункт, не требующий донесений
ND «Я не в состоянии передать сообщение, адресованное воздушному судну, пожалуйста, поставьте в известность отправителя» (*код связи*)
NDB [nondirectional radio beacon] всенаправленный радиомаяк
NE [north-east] северо-восток
NEF 1. [noise exposure forecast] предполагаемое воздействие шума **2.** [normal] economy fare] обычный тариф экономического класса
NEH «соединяю Вас со станцией, которая примет корреспонденцию для запрашиваемой Вами станции» (*код связи*)
NEM [noise exposure measure] мера оценки воздействия шума

NEP [noise equivalent power] эквивалентная мощность шума
NET [network] сеть
NF-NOTAM вторая и третья буквы в коде НОТАМ: веерный маркер
ngt [night] тёмное время суток
NGV [nozzle guide vanes] сопловой направляющий аппарат
NIL «мне нечего Вам передать» (код связи)
NL [no limit] без ограничений
NLF [nearest landing field] ближайший аэродром для посадки
NLG [nose landing gear] передняя опора шасси
NL-NOTAM вторая и третья буквы в коде НОТАМ: радиолокационная станция
NM [no message] сообщение отсутствует
NN [need] требуется; необходимо
NNE [north-north east] северо-северо-восток
NNN «конец сообщения» (код связи)
NN-NOTAM вторая и третья буквы в коде НОТАМ: система ТАКАН
N-NOTAM вторая буква в коде НОТАМ: аэродромные и маршрутные навигационные средства
NNW [north-north west] северо-северо-запад
NO 1. [no] «нет» (код связи) 2. [no action taken] «никаких мер не принято» (код связи)
NOF [noise abatement procedure] правила (полётов для) снижения шума
NOFOCH [no food schedule change] «изменений в бортпитании нет» (код связи)
NOHOL [not holding] «в наличии нет» (код связи)
NO-NOTAM вторая и третья буквы в коде НОТАМ: система ОМЕГА
NOOP [no operation] «полёты не производятся» (код связи)

NoPT [no procedure turn] «разворот по установленной схеме выполнять не требуется» (код связи)
NOREC [no records] «не зарегистрировано» (код связи)
NOSH [no-show] неявка (пассажира к вылету)
NOSIG [no significant change] без существенных изменений
NOTAM [notice to airmen] код НОТАМ (извещение для пилотов об изменениях в аэронавигационном оборудовании, обслуживании, процедурах, о возможных опасностях в полёте и т. п.)
NOTR [no traffic rights] «нет коммерческих прав» (код связи)
NOTRC [no trace] «не обнаружено» (код связи)
Nov [November] ноябрь
NOWAR [now arriving] прибывающий (рейс)
NPRM [notice of proposed rule making] извещение о введении в действие предлагаемых правил
nr [number] номер
NRC [no record] «не зарегистрировано» (код связи)
NS [nimbostratus] слоисто-дождевые облака
NSC [nil significant cloud] отсутствие значительной облачности
ntfy [notify] извещать
NT-NOTAM вторая и третья буквы в коде НОТАМ: система ВОРТАК
NTSB [National Transportation Safety Board] Национальное управление безопасности перевозок (США)
NTSTP [night stop] остановка в ночное время
NTW [network] сеть
NU [not usable] «не используется» (код связи)
NV-NOTAM вторая и третья буквы в коде НОТАМ: маяк ВОР
NW [north-west] северо-запад
NX-NOTAM вторая и третья

буквы в коде NOTAM: радиопеленгаторная станция
NXT [next] следующий
OA-NOTAM *вторая и третья буквы в коде NOTAM:* служба аэронавигационной информации, САИ
OAPWL [overall sound power level] суммарный уровень мощности звука
OAS [obstacle assessment surface] поверхность оценки (высоты) препятствий
OASPL [overall sound pressure level] суммарный уровень звукового давления
OAT [outside air temperature] температура наружного воздуха
O/B [on board] на борту
obj [object] объект
OBST [obstacle] препятствие
OCA 1. [obstacle clearance altitude] высота пролёта препятствий 2. [oceanic control area] океанический диспетчерский район
OCC 1. [occulting] проблесковый 2. [occupied] занято
OCH [obstacle clearance height] относительная высота пролёта препятствий
OCL [obstacle clearance limit] минимальная (безопасная) высота пролёта препятствий
OCNL [occasional] нерегулярный
OCP [Obstacle Clearance Panel] Группа экспертов (ИКАО) по нормированию высоты пролёта препятствий
OCS [obstacle clearance surface] поверхность ограничения высоты препятствий; поверхность высоты пролёта препятствий
Oct [October] октябрь
OCTA [oceanic control area] океанический диспетчерский район
OD 1. [origin and destination] начальный и конечный пункты 2. [outer diameter] внешний диаметр
ODALS [omnidirectional approach light system] всенаправленная система огней подхода
ODREP [OPMET data regional exchange point] пункт регионального обмена метеорологическими данными
OE-NOTAM *вторая и третья буквы в коде NOTAM:* требования к входу воздушного судна (в зону)
OEW [operational empty weight] масса пустого снаряжённого воздушного судна
OFF 1. [off] включено 2. [takeoff] взлёт
OFIM [operational flight plan] действующий план полёта
OFIS [operational flight information service] оперативное полётно-информационное обслуживание
OFLD [offloaded] разгружено; снято с борта
OFOD [on-flight origin and destination] начальный и конечный пункты полёта
OFP [original flight plan] первоначальный план полёта
OFZ [obstacle free zone] зона, свободная от препятствий
OG [on ground] на земле
OGB [breakfast on the ground] «завтрак при стоянке» (*код связи*)
OGC [organization code] код организации
OGD [dinner on the ground] «обед при стоянке» (*код связи*)
OGL [lunch on the ground] «второй завтрак при стоянке» (*код связи*)
OGS [snacks on the ground] «лёгкая закуска при стоянке» (*код связи*)
OK «мы согласны» (*код связи*)
OL-NOTAM *вторая и третья буквы в коде NOTAM:* заградительные огни
OLR [operator's local representative] местный представитель эксплуатанта
OLW [operational landing weight] масса снаряжённого воздушного судна при посадке

OM [outer marker] дальний маркер

ONC [operational navigation charts] полётные навигационные карты

O-NOTAM *вторая буква в коде NOTAM:* прочая информация

ONS [OMEGA navigation system] радиотехническая навигационная система ОМЕГА

OP [operation] полёт, выполнение полёта

OPA [opaque, white type of ice formation] непрозрачный белый вид обледенения

OPER [operate] обслуживать

OPMET [operational meteorological information] оперативная метеосводка

opr [operator] оператор; диспетчер

OR [operational requirement] эксплуатационные требования

O/R [on request] по запросу

ORB [omnidirectional radio beacon] всенаправленный радиомаяк

ORD [indication of an order] обозначение порядка действий

ORDY [ordinary] обычный

orig [origin] пункт отправления

ORML [oriental meal] восточная пища

OR-NOTAM *вторая и третья буквы в коде NOTAM:* координационный центр по спасанию

OSI [other service information] другая служебная информация

OSV [ocean station vessel] океанский корабль-станция

O/T [other times] в другое время

OTHS [other advance arrangement required] требуется дальнейшее согласование

OTOW [operational takeoff weight] взлётная масса снаряжённого воздушного судна

OTP [on top] сверху

OTR [oceanic transition route] маршрут перелёта океана

OTS 1. [organized track system] система организованных маршрутов **2.** [out-of-service] «не обслуживается; обслуживание не предоставляется» *(код связи)*

OTW [over the wing] над крылом; на крыле

OVBK [overbooking] избыточное бронирование

OVC [overcast] сплошная облачность

OVCD [overcarried] доставленный не по назначению

OVELY [overfly] пролетать над...

OW [one way] в одном направлении

OX «аннулируйте только в случае запроса» *(код связи)*

P [prohibited area] запретная зона

P 1 [captain] командир экипажа, первый пилот

P 2 [co-pilot] второй пилот

PAD «некоммерческий пассажир» *(код связи)*

PAK [speed pack] срочный пакет

PAN ПАН *(сигнал срочности при необходимости оказания помощи в полёте)*

PA-NOTAM *вторая и третья буквы в коде NOTAM:* стандартная схема посадки по приборам

PANS [Procedures for Air Navigation Services] Правила аэронавигационного обслуживания

PAPA [parallax aircraft parking aid] параллаксное оборудование установки воздушных судов на стоянке

PAPI [precision approach path indicator] указатель траектории точного захода на посадку

PAR [precision approach radar] радиолокатор точного захода на посадку

PAX [paying passenger] коммерческий пассажир

PBL [passenger boarding list] пассажирская ведомость

PC [pieces] количество мест

PCL 1. [parcel] посылка 2. [pilot controlled lights] контрольные огни для пилотов

PCM [pulse code modulation] кодово-импульсная модуляция, КИМ

PCN [pavement classification number] классификационный номер прочности покрытия

PCZ [positive control zone] зона полного диспетчерского контроля

PDI [pictorial deviation indicator] панорамный указатель отклонения от курса

PD-NOTAM *вторая и третья буквы в коде NOTAM:* стандартная схема вылета по приборам

PDR [predetermined route] установленный маршрут

PE [ice pellets] ледяной дождь

PEL [personnel licensing] выдача свидетельств личному составу

PELTP [Personnel Licensing and Training Panel] Группа экспертов *(ИКАО)* по выдаче свидетельств личному составу и подготовке кадров

PER [personnel] личный состав; персонал

PERC [perishable air cargo] скоропортящийся груз для воздушной перевозки

PF [position finder] (радио)пеленгатор местоположения

PFE [path following error] ошибка выдерживания (заданной) траектории

PF-NOTAM *вторая и третья буквы в коде NOTAM:* управление потоком

PH-NOTAM *вторая и третья буквы в коде NOTAM:* схема полёта в зоне ожидания

PI [point of intersection] точка пересечения

pil [pilot] лётчик, пилот

PI-NOTAM *вторая и третья буквы в коде NOTAM:* схема захода на посадку по приборам

PIR [property irregularity report] акт о неисправности *или* повреждении багажа

PIREP [pilot report] донесение пилота

PISTON [piston aircraft] воздушное судно с поршневым двигателем

PJE [parachute jumping exercises] выполнение прыжков с парашютом

P/L [payload] 1. полезный груз 2. коммерческая загрузка; платный груз

PLA [practice low approach] тренировочный заход на посадку

PLN [flight plan] план полёта

PLNADD [additional flight plan] план полёта на дополнительный рейс

PLNCHA [charter flight plan] план полёта на чартерный рейс

PL-NOTAM *вторая и третья буквы в коде NOTAM:* минимальная высота пролёта препятствий

PM [permanent magnet] постоянный магнит

PM-NOTAM *вторая и третья буквы в коде NOTAM:* эксплуатационный минимум аэродрома

PN 1. [prior notice required] «необходимо предварительное уведомление» *(код связи)* 2. [pseudo-random noise] случайный шум

PNC [cabin personnel] бортпроводники

PNI [pictorial navigation indicator] панорамный аэронавигационный указатель

PNL [perceived noise level] уровень воспринимаемого шума

PNLT [tone corrected perceived noise level] уровень воспринимаемого шума с поправкой на тональность

PNR 1. [point of no return] рубеж возврата 2. [prior notice required] «требуется предварительное уведомление» *(код связи)*

PNT [cockpit personnel] члены экипажа

POB [persons on board] количество пассажиров на борту

PO-NOTAM *вторая и третья буквы в коде NOTAM:* высота пролёта препятствий
POS [positive] положительный
POSN [aircraft's present position] фактическое (место)положение воздушного судна
PPD [prepaid] предварительно оплаченный
PPI [plan position indicator] индикатор кругового обзора, ИКО
PPL 1. [preliminary plan for nonscheduled flight] предварительный план полёта вне расписания **2.** [private pilot license] свидетельство пилота-любителя
PPM [pulse position modulation] фазово-импульсная модуляция, ФИМ
PP-NOTAM *вторая и третья буквы в коде NOTAM:* относительная высота пролёта препятствий
PPO [prior permission only] «только после получения предварительного разрешения» (*код связи*)
PPR [prior permission required] «требуется предварительное разрешение; только по предварительному разрешению» (*код связи*)
PR [position report] донесение о (место)положении
PREC [precautionary measures] «требуются меры предосторожности» (*код связи*)
PREP [prepare] предварительно подготовить
PRF [pulse repetition frequency] частота повторения импульса
PRKG [parking] место стоянки, МС
PR-NOTAM *вторая и третья буквы в коде NOTAM:* порядок действий при отказе радиосвязи
PROC 1. [procedure] 1. методика; порядок 2. процесс; процедура 3. правило; технология **2.** [proceed] «отправляйте дальше» (*код связи*)
PROCEED [you may proceed] «следуйте своим курсом» (*код связи*)
PROP [propeller aircraft] винтовое воздушное судно
PROPL [professional pilot] пилот-профессионал
prov [provisional] предварительный; временный; условный
PSA [platform stabilization amplifier] усилитель стабилизации (гиро)платформы
PSDN [packet switched data network] сеть передачи данных с пакетной коммутацией
PSGR [passengers] пассажиры
psia [pounds per square inch, absolute] абсолютное давление в фунтах на квадратный дюйм
psn [position] (место)положение
PSNT [present] имеющийся в наличии
PT [proceed turn] «выполняйте разворот по установленной схеме» (*код связи*)
PTA [prepaid ticket advice] уведомление о предварительной оплате билета
PTCP [participation] участие
PTM 1. [passenger-tonne-mile] пассажиро-тонно-миля **2.** [passengers transfer message] сообщение о передаче пассажиров
PTN 1. [procedure turn] разворот по установленной схеме **2.** [public telegraph network] государственная сеть телеграфной связи
PTO [part time operation] временные полёты
PTS [predetermined track structure] система предписанных маршрутов
PU [power unit] 1. силовой агрегат 2. двигатель, силовая установка
PU-NOTAM *вторая и третья буквы в коде NOTAM:* схема ухода на второй круг
PVD [para visual director] визуальный командный прибор
PWCT [passenger will contact] «пассажир обратится сам» (*код связи*)

PWI [proximity warning indicator] сигнализатор опасных сближений
PWL [sound power level] уровень звуковой мощности
PWR [power] мощность
PXACT [passenger account] (банковский) счёт пассажира
PX-NOTAM *вторая и третья буквы в коде NOTAM:* минимальная высота в зоне ожидания
QBI [compulsory IFR flight] обязательный полёт по приборам
QDM [magnetic bearing to facility] магнитный курс на (радио)станцию
QDR [magnetic bearing from facility] магнитный курс от (радио)станции
QFE атмосферное давление на высоте аэродрома *или* на уровне порога ВПП
QFU [magnetic orientation of runway] ориентировка ВПП по магнитному меридиану
QLTY [quality] качество
QNH атмосферное давление, приведённое к уровню моря
QRB [quick release box] замок быстрого отстёгивания (*парашюта*)
QTE [quote] открывать кавычки
quad [quadrant] 1. сектор; секторная качалка 2. пеленг
R 1. [radar] радиолокатор **2.** [received] «принято» (*код связи*) **3.** [restricted area] зона ограничения **4.** [right] «правая» (*знак для обозначения ВПП*)
(R) [reserve frequency] резервная частота
RA 1. [radio altimeter] радиовысотомер **2.** [rain] дождь
RAC 1. [reserved air cargo] зарезервированный груз для воздушной перевозки **2.** «правила полётов и обслуживания воздушного движения» (*код связи*)
RACON [radar beacon] радиолокационный маяк

RAG [runway arresting gear] тормозное устройство на ВПП
RAI [runway alignment indicator] указатель входа в створ ВПП
RAIL [runway alignment indicator lights] сигнальные огни входа в створ ВПП
RAN 1. [regional air navigation] региональная аэронавигация **2.** [regional air navigation meeting] региональное аэронавигационное совещание (*ИКАО*)
RA-NOTAM *вторая и третья буквы в коде NOTAM:* резервирование воздушного пространства
RAOB [radiosonde observation] радиозондовое наблюдение
RAPCON [radar approach control] центр радиолокационного управления заходом на посадку
RAR [radar arrival route] маршрут прилёта с радиолокационным обеспечением
RART [restricted articles] ограниченные для перевозки предметы
RAS [rectified airspeed] индикаторная воздушная скорость
RASH [rain showers] ливневый дождь
RASN [rain and snow] дождь со снегом
RASR [runway approach surveillance radar] обзорный радиолокатор подхода к ВПП
RAT 1. [ram air temperature] температура набегающего потока воздуха **2.** [ram air turbine] турбина с приводом от набегающего потока воздуха
RATCF [radar air traffic control facilities] радиолокационное оборудование управления воздушным движением
RB 1. [read back] 1. обратная передача 2. обратное считывание показаний **2.** [relative bearing] относительный пеленг; курсовой угол **3.** [rescue boat] спасательная лодка

RBI [radar blip identification message] сообщение об опознавании радиолокационной отметки
RBN [radio beacon] радиомаяк
RC [remote control] 1. дистанционное управление 2. дистанционный контроль
RCA [reach cruising altitude] достигать крейсерской абсолютной высоты
RCAG [remote communication air/ground facilities] оборудование дистанционной связи «воздух — земля»
RCC [rescue coordination center] координационный центр по спасанию
RCF [radiocommunication failure message] сообщение о нарушении радиосвязи
RCFM [reconfirm] делать повторное подтверждение
RCL [runway centerline] ось ВПП
RCLM [runway centerline marking] маркировка осевой линии ВПП
RCMD [recommend] рекомендовать
RCNO [reconfirmation not required] «повторного подтверждения не требуется» (код связи)
RCO [remote communications outlet] пункт обеспечения дистанционной связью
RCU [rate construction unit] (условная) единица при построении грузовых тарифов
RCV [receive] получать
RCVS [receivers] приёмники
R/D [rate of descent] скорость снижения
RDARA [regional and domestic air-route area] зона региональных и внутренних авиалиний
RDB [reply to duplicate booking enquire] ответ на запрос о подтверждении бронирования
RDF [radio direction finder] радиопеленгатор; радиокомпас
RDH [reference datum height] относительная высота опорной точки
RDL [radial] радиальный; лучевой
RDO [radio] радио
RDR 1. [radar] радиолокатор **2.** [radar departure route] маршрут вылета с радиолокационным обеспечением
REC [receiver] (радио)приёмник
REDZ [recent drizzle] свежая изморось
ref [reference to...] ссылка на...
REG 1. [region] район **2.** [regular] регулярный **3.** [regular aerodrome] регулярный аэродром
REGR [recent hail] свежий град
REIL [runway end identifier lights] опознавательные огни торца ВПП
REP [reporting point] пункт (обязательных) донесений
REPEAT [repeat your instruction] «повторите Ваше указание» (код связи)
REPR [representative] представитель
REQ [request] запрос
RERA [recent rain] недавний дождь
RERASN [recent rain and snow] недавний дождь со снегом
RES [reservation] бронирование
RESA [runway end safety area] концевая зона безопасности ВПП
RESN [recent snow] недавний снег
RET [return] возврат
RETS [recent thunderstorm] недавняя гроза
REXP [explosives] взрывчатые вещества
RF [radio facilities] радиосредства; радиооборудование
RFC [radio facility chart] схема размещения радиосредств
RFLG [refuelling] дозаправка топливом
RFP [repetitive flight plan] план повторяющихся полётов
RG 1. [range] дальность; дистанция **2.** [range lights] 1. пограничные огни 2. огни

дальности 3. огни выравнивания
RGLR [regular] регулярный
RGRE «невоспламеняющиеся сжатые газы» (*зелёная этикетка*)
RGS [recovery guidance system] система выхода из аварийной ситуации
RH [right hand] правосторонний
RHB [radio homing beacon] приводной радиомаяк
RITE [right] правый
RJT [technical rejection message] сообщение о техническом отказе
RL 1. [rhumb line] локсодромия 2. [runway edge lights] посадочные огни ВПП
RLA [relay] передавать
RLCE [request level change enroute] запрашивать разрешение на изменение эшелона маршрута
RLSTN [relay station] ретрансляционная станция
RLTK [rhumb-line track] линия пути по локсодромии
RM 1. [range marks] отметки дальности 2. [reference mark] контрольная отметка
RMC [regional meteorological center] региональный метеорологический центр
RMI [radio magnetic indicator] радиомагнитный указатель курсовых углов
RMK [remark] примечание
RMS [radio beacon landing system] радиомаячная система посадки
RNAV 1. [area navigation] зональная навигация 2. [area navigation system] система зональной навигации
RNC [radio navigation chart] радионавигационная карта
RNG [radio range] 1. радиус действия (курсового) радиомаяка 2. направленный (курсовой) радиомаяк
R-NOTAM *вторая буква в коде НОТАМ:* ограничения воздушного пространства
ROBEX [regional OPMET bulletin exchange] региональный обмен бюллетенями оперативной метеоинформации
ROC [rate of climb] скорость набора высоты
ROD [rate of descent] скорость снижения
ROFOR [route forecast] прогноз по маршруту
ROG [Roger] «Вас понял» (*код связи*)
ROM [reciprocal outer marker] дальний (радио)маркер обратного направления
RON [receiving only] работа только в режиме приёма
RO-NOTAM *вторая и третья буквы в коде НОТАМ:* пролёт
ROT [rate of turn] скорость разворота
ROX [rate of exchange] курс обмена валюты
RP [reference point] 1. контрольная точка; точка начала отсчёта 2. контрольный ориентир 3. опорная точка
RPG [Regional Planning Group] Группа регионального планирования (*ИКАО*)
RPL [repetitive flight plan] план повторяющихся полётов
rpm [revolutions per minute] число оборотов в минуту
RP-NOTAM *вторая и третья буквы в коде НОТАМ:* запретная зона
RPOI [poison gas] ядовитый газ
RPRT [report] сообщение
RPS [radar position symbol] радиолокационная отметка местоположения
RPT [I repeat] «я повторяю» (*код связи*)
RPU [receiver-processor unit] приёмник-процессор
RQ [reportable quantity] подлежащее сообщению количество
RQA [request reservation] «просьба забронировать» (*код связи*)
RQMNTS [requirements] требования
RQR [request for reply] «просьба дать ответ» (*код связи*)
RQS [request supplementary flight

plan message] сообщение о запросе дополнительного плана полёта
RR [radar ranging] определение дальности радиолокационным методом
RRED «воспламеняющиеся жидкости *или* газы» (*красная этикетка*)
RR-NOTAM *вторая и третья буквы в коде НОТАМ*: зона ограничения
RRZ [radar regulation zone] зона радиолокационного обеспечения
RS [radio station] радиостанция
RSC 1. [rescue subcenter] вспомогательный центр поиска 2. [runway surface condition] состояние поверхности ВПП
RSP [responder beacon] маяк-ответчик
RSR [en-route surveillance radar] обзорный трассовый радиолокатор
RT [round trip] круговой маршрут (*полёта*)
RTC 1. [radiotelephony communication] радиотелефонная связь 2. [relay via private company cable] «передавайте информацию по каналу связи авиакомпании» (*код связи*)
RTE [route] маршрут; трасса; путь
RTF [radiotelephone] радиотелефон
RTG 1. [radiotelegraph] радиотелеграф 2. [routing] 1. выбор маршрута 2. полёт по заданному маршруту
RTH [regional telecommunication hub] региональный узел связи
RT-NOTAM *вторая и третья буквы в коде НОТАМ*: зона временного ограничения
RTO [rejected takeoff] прерванный взлёт
RTOL [reduced takeoff and landing aircraft] воздушное судно укороченного взлёта и посадки
RTP [relay via public telegraph]

«передайте информацию по телеграфу» (*код связи*)
RTR [remote transmitter/receiver] дистанционный приёмопередатчик
RTS [return to service] возобновление обслуживания
RTT [radioteletypewriter] радиотелетайп
RTX [relay via telex] «передайте (информацию) по телексу» (*код связи*)
RUSHR [rush reply] «ускорьте ответ» (*код связи*)
RUT стандартные частоты радиопередач для региональных маршрутов
RV [variable resistance] переменное (электрическое) сопротивление
RVR [runway visual range] дальность видимости на ВПП
RVV [runway visibility value] качество видимости на ВПП
RW 1. [rawin] радиоветер 2. [right of way] преимущественное право движения
RWHI «кислоты, щёлочи, акустические жидкости» (*белая этикетка*)
RWY [runway] взлётно-посадочная полоса, ВПП
RYEL «легковоспламеняющиеся вещества» (*жёлтая этикетка*)
S 1. [south] юг 2. [southern latitude] южная широта
SA [sandstorm] песчаная буря
SABH [radio beacon class] класс радиомаяка
SAH [semiautomatic homing] полуавтоматическое наведение
SAL [shortened address line] укороченная адресная строка
SALS [simple approach lighting system] упрощённая система огней подхода
SA-NOTAM *вторая и третья буквы в коде НОТАМ*: служба автоматической передачи информации в районе аэродрома
SAP [as soon as possible] «как можно быстрее» (*код связи*)

423

SAR [search and rescue] поиск и спасание
SARAH [search, rescue and homing] система аварийного поиска, спасания и наведения
SARC [search and rescue center] центр поиска и спасания
SARPS [standards and recommended practice] стандарты и рекомендуемая практика (*ИКАО*)
SARSAT [search and rescue satellite-aided tracking system] спутниковая система поиска и спасания
SAT [Saturday] суббота
SAWRS [supplementary aviation weather reporting point] дополнительный пункт передачи авиаметеосообщений
SBAS [standard beam approach system] стандартная система управления заходом на посадку по лучу
SBC [Sonic Boom Committee] Комитет (*ИКАО*) по звуковым ударам
SB-NOTAM *вторая и третья буквы в коде НОТАМ*: пункт сбора донесений, касающихся обслуживания воздушного движения
SC [stratocumulus] слоисто-кучевые облака
SCAN [scanning] сканирование
SCAR [supersonic cruise aircraft research programme] программа исследований полётов самолётов на сверхзвуковых крейсерских скоростях
scd [schedule] расписание
SC-NOTAM *вторая и третья буквы в коде НОТАМ*: районный диспетчерский центр
SCOB [scattered clouds] разорванная облачность
SCPL [senior commercial pilot license] свидетельство старшего пилота коммерческой авиации
SCT [scattered clouds] разорванная облачность
SDF [simplified directional facilities] упрощённые (радио-) средства направленного действия
SDP [signal data processor] устройство обработки сигналов
se [south-east] юго-восток
SEATAV [seats available] «имеются свободные места» (*код связи*)
SEATOCC [seats occupied] «все места заняты» (*код связи*)
SEC [special event charter flight] чартерный полёт в связи с особыми событиями
SECURITE [safety signal] сигнал опасности в полёте
SEDE [shipper export declaration] экспортная декларация грузоотправителя
SEL [sound exposure level] уровень звукового воздействия
SELCAL [selective calling system] система избирательного вызова
SE-NOTAM *вторая и третья буквы в коде НОТАМ*: полётно-информационное обслуживание
SEP [separation] эшелонирование
SER [stop end of runway] конец ВПП
SFC [specific fuel consumption] удельный расход топлива
SFFL [standard foreign fare level] стандартный уровень зарубежных тарифов
SFL [sequence flashing lights] бегущие проблесковые огни
SFML [seafood meal] пища из морских продуктов
SF-NOTAM *вторая и третья буквы в коде НОТАМ*: аэродромная служба полётной информации
SFT [surface friction tester] устройство для измерения коэффициента сцепления с поверхностью ВПП
SG [snowgrains] снежная крупа
SGL [signal] сигнал
SGLB [single room with bath] одноместный номер с ванной
SGLN [single room without bath] одноместный номер без ванны

SGLS [single room with shower] одноместный номер с душем
SH [showers] ливень
SHDP [shipper deposit] депозит грузоотправителя
SNF [super high frequency] сверхвысокая частота, СВЧ
SHORAN [short range navigation system] система ближней (аэро)навигации
SHP [shaft horsepower] мощность на валу (двигателя) в л. с.
SHPMNT [shipment] транспортировка; отправка (груза)
SHPR [shipper] грузоотправитель
SHTL [second class hotel] гостиница второго класса
SIA [standard instrument approach] стандартная схема захода на посадку по приборам
SID [standard instrument departure] стандартная схема вылета по приборам
SIF [selective identification feature] 1. сигнал селективного опознавания 2. устройство селективного опознавания
SIFL [standard industry fare level] стандартный отраслевой уровень тарифов
SITA [International Society for Aeronautical Telecommunications] Международное общество авиационной электросвязи (*МНПО*)
SIWL [single isolated wheel load] нагрузка (*на ВПП*), создаваемая одним колесом
SKC [sky clear] безоблачно; небо ясное
sked 1. [schedule] расписание 2. [scheduled] регулярный
SKI [skiddometer] прибор для замера силы сцепления (*на ВПП*)
SL [sea level] уровень моря
SL-NOTAM *вторая и третья буквы в коде НОТАМ:* центр управления потоком
SLOI [shipper's letter of instructions] инструктивное письмо грузоотправителя
SLP 1. [space limited payload] коммерческая нагрузка, ограниченная по объёму 2. [speed limiting point] рубеж ограничения скорости
SLST [sleeper seat] спальное место
SMC [surface movement control] управление наземным движением
SMR [surface movement radar] радиолокатор управления наземным движением
SN [snow] снег
S/N [serial number] заводской номер; серийный номер
S-NOTAM *вторая буква в коде НОТАМ:* обслуживание воздушного движения и метеорологическая информация
SNSH [snow showers] снегопад
SOB [souls on board] количество пассажиров на борту
SOC 1. [seats occupied] «места заняты» (*код связи*) 2. [start of climb] начало набора высоты
SO-NOTAM *вторая и третья буквы в коде НОТАМ:* океанический районный диспетчерский центр
SOP 1. [SITA operating procedures] правила связи по каналам СИТА 2. [system operator pilot] пилот-оператор
SOS [save our souls] сигнал «СОС» (*радиотелеграфный сигнал бедствия*)
SPCK [spotcheck] проверка на месте
SPCL [special] специальный
spec [specification] спецификация; подробности
SPECI специальная авиационная метеосводка
SPF [single-point fueling] централизованная заправка топливом
SPI 1. [special identification position pulse] специальный импульс определения местоположения 2. [surface position indicator] указатель положения рулей
SPIR [single-pilot instrument rating] квалификационная отметка о допуске пилота к

одиночным полётам по приборам
SPL 1. [sound pressure level] уровень звукового давления 2. [supplementary flight plan message] сообщение о дополнительном плане полёта
SPML [special meal required] ‹необходима специальная пища› (*код связи*)
SP-NOTAM *вторая и третья буквы в коде НОТАМ:* диспетчерское обслуживание подхода
SPOT [spot wind] ветер в (заданной) точке
SQ 1. [squall] шквал 2. ‹требуется место для груза, сообщите в случае отсутствия возможности› (*код связи*)
SR [sunrise] начало светлого времени
SRA 1. [special rules area] район с особым режимом полёта 2. [surveillance radar approach] заход на посадку по обзорному радиолокатору
SRE [surveillance radar element] обзорный радиолокатор
SRG [short range] малая дальность
SRR [search and rescue region] район поиска и спасания
SRS [secondary radio station] вспомогательная радиостанция
SRZ 1. [special rules zone] зона с особым режимом полётов 2. [surveillance radar zone] зона действия обзорного радиолокатора
SS 1. [seats sold] ‹все места на рейс проданы› (*код связи*) 2. [sliding scale] подвижная шкала 3. [sunset] конец светлого времени
SSB [single-sideband modulation] однополосная модуляция
sse [south-south east] юго-юго-восток
SS-NOTAM *вторая и третья буквы в коде НОТАМ:* станция службы обеспечения полётов
SSR 1. [secondary surveillance radar] вторичный обзорный радиолокатор, ВОРЛ 2. [special service required] ‹необходимо специальное обслуживание› (*код связи*)
SST [supersonic transport] сверхзвуковой (воздушный) транспорт
ssw [south-south west] юго-юго-запад
ST 1. [standard time] поясное время 2. [stratus] слоистые облака
STA [straight-in approach] заход на посадку с прямой
STAR [standard instrument arrival] стандартная схема прибытия по приборам
STARS [standard terminal arrival routes] стандартные маршруты прибытия в узловой район
ST-IN [straight-in] с прямой (*о заходе на посадку*)
stn [station] станция
ST-NOTAM *вторая и третья буквы в коде НОТАМ:* аэродромный диспетчерский пункт
STOL [short takeoff and landing aircraft] воздушное судно короткого взлёта и посадки
stp [stop] остановка
STR [sustained turn rate] (угловая) скорость установившегося разворота
SU [Aeroflot] позывной авиакомпании ‹Аэрофлот› (*СССР*)
SUN [Sunday] воскресенье
SU-NOTAM *вторая и третья буквы в коде НОТАМ:* районный диспетчерский центр управления в верхнем воздушном пространстве
suppl [supplementary] дополнительный
SUPPS [regional supplementary procedures] дополнительные региональные правила
supv 1. [supervision] надзор 2. [supervisor] контролёр; инспектор
SVC [service message] служебное сообщение
SVCBL [serviceable] пригодный
SV-NOTAM *вторая и третья буквы в коде НОТАМ:* радиовещательная передача ме-

теоинформации для воздушных судов

SVO [Sheremetyevo, Moscow] код аэропорта «Шереметьево» г. Москвы

SVR [slant visual range] дальность наклонной видимости

SW [single wheel gear] одноколёсное шасси

sw [south-west] юго-запад

SWY [stopway] концевая полоса торможения

SX [simplex] одноканальный

SY-NOTAM *вторая и третья буквы в коде НОТАМ:* консультативное обслуживание верхнего воздушного пространства

T 1. [temperature] температура 2. [tourist class] туристический класс 3. [transmits only] работает только на передачу 4. [true] истинный

TA [transition altitude] высота перехода

TACM [transit air cargo manifest] транзитный авиагрузовой манифест

TAF [terminal aerodrome forecast] прогноз погоды по аэродрому

TAFOR [terminal aerodrome forecast in full form] детальный прогноз погоды по аэродрому

TAIL [tail wind] попутный ветер

TAR 1. [tariffs] тарифы 2. [terminal area surveillance radar] радиолокатор обзора зоны аэродрома

TAS 1. [taxi parking facilities chart] карта размещения рулёжных дорожек и стоянок 2. [true airspeed] истинная воздушная скорость

TAT [total air temperature] полная температура потока

TB [true radio bearing] истинный пеленг радиостанции

TBO [time between overhauls] межремонтный ресурс

TC 1. [tariff conference] конференция по тарифам 2. [true course] истинный курс

TCA [terminal control area] узловой диспетчерский район

TCH [threshold crossing height] высота пролёта порога ВПП

TCI [terrain clearance indicator] указатель относительной высоты пролёта местности

TCTA [transcontinental control area] трансконтинентальный диспетчерский район

TCU [tower(ing) cumulus] кучевые облака в форме башни

TDC [top dead center] верхняя мёртвая точка, ВМТ

TDM [time-divison multiplexing] временное уплотнение

TDO [tornado] торнадо

TDZ [touchdown zone] зона приземления

TDZE [touchdown zone elevation] превышение зоны приземления

TE [trailing edge] задняя кромка

TECR [technical reason] техническая причина

tel [telephone] телефон

TELERAN [television radar navigation system] телерадиолокационная навигационная система

TELMAN [teletype passenger manifest] пассажирский манифест, переданный по телетайпу

temp [temperature] температура

TERM [terminal] аэровокзал

TET [turbine entry temperature] температура газов на входе в турбину

TF 1. [terminal forecast] прогноз для конечного аэропорта 2. [Trust Funds] Программа целевых фондов (*технической помощи ИКАО*)

TFC [traffic] (воздушное) движение

TFG [traffic forecasting group] группа прогнозирования (воздушного) движения

TFS [traffic by flight stage] перевозки по этапам полёта

TFZ [traffic zone] зона воздушного движения

TGC [travel group charter] чар-

терный рейс для перевозки туристической группы
TGL [touch-and-go landing] посадка с немедленным взлётом после касания
tgm [telegram] телеграмма
TGS [taxiing guidance system] система управления рулением
TH 1. [transition height] высота перехода **2.** [true heading] истинный курс
THI [time handed in] время поступления сообщения
THP [thrust horsepower] тяговая мощность
thr [threshold] порог (ВПП)
THRU «соединяю Вас с другим коммутатором» (*код связи*)
THTL [tourist class hotel] гостиница туристического класса
THU [Thursday] четверг
TIP «до пролёта пункта» (*код связи*)
TIZ [traffic information zone] зона информационного обслуживания воздушного движения
TK 1. [tone-kilometer] тоннокилометраж **2.** [track angle] путевой угол
TKE [track angle error] ошибка выдерживания путевого угла; боковое отклонение от курса
TKNO [ticket number] номер билета
tkof [takeoff] взлёт
tkt [ticket] билет
TL 1. [ticketing time limit] время окончания оформления билетов **2.** [transition level] эшелон перехода
TLF [tariff level factor] тарифный коэффициент
TLX [telex] телекс
TMA [terminal control area] узловой диспетчерский район
TMC [terminal control center] узловой диспетчерский центр
TML [terminal] узловой аэродром
TMN [true Mach number] истинное число М
TN [true north] истинный север

TNEL [total noise exposure level] суммарный уровень воздействия шума
TNR [nonradar transfer of control message] сообщение о передаче диспетчерского управления без применения радиолокатора
T / O [takeoff] взлёт
TOA [time of arrival] время прибытия
TOC [top of climb] конечный участок набора высоты
TOD 1. [ticket origin and destination] начальный и конечный пункты полёта, указанные в билете **2.** [time of delivery] время доставки
TODA [takeoff distance available] располагаемая взлётная дистанция
TOP 1. [cloud top] верхняя граница облаков **2.** [tour operators' package] комплектование эксплуатантом туристических групп
TOR [time of receipt] время получения
TORA [takeoff run available] располагаемая длина разбега для взлёта
TOT [time of transmission] время передачи
TOW [takeoff weight] взлётная масса
TP 1. [test point] точка замера при испытании **2.** [turning point] пункт разворота
TR [track] линия пути
TRA 1. [radar transfer of control] передача радиолокационного диспетчерского управления **2.** [temporary reserved airspace] временно зарезервированное воздушное пространство **3.** [transit] транзит
TRACON [terminal radar approach control] радиолокационное управление подходом к узловому аэродрому
TRAD [trace and advise] «проверьте и сообщите» (*код связи*)
trans [transmitter] передатчик

TRBL [trouble] 1. отказ 2. авария
TRC [terminal radar control] конечный пункт радиолокационного контроля
trf [transfer] передача
TRFC [cargo transfer] передача груза
TRFM [mail transfer] передача почты
TRG [personnel training] подготовка кадров
TRMA [transfer manifest] передаточный манифест
TRNG [training] обучение, подготовка
TRPT [transport] транспорт
TRS [tropical revolving storm] тропический циклон
TRSA [terminal radar service area] зона аэродромного радиолокационного обслуживания
TRSB [time reference scanning beam] маяк со сканирующим лучом и опорным временем
TRVL [travel] путешествие
TRW [transit weight] транзитный груз
TS [thunderstorm] гроза
TSGR [thunderstorm with hail] гроза с градом
TT [teletypewriter] телетайп
TTR [tape reperforator] ленточный реперфоратор
TTT [template tracing technique] метод вычерчивания шаблонов
TUE [Tuesday] вторник
TUR [tour] путешествие; перевозка
TURB [turbulence] турбулентность
TWEB [transcribed weather broadcast] автоматическая передача метеоинформации
TWNB [double room with bath] двухместный номер с ванной
TWNN [double room without bath] двухместный номер без ванны
TWOV [transit without visa] транзитный пассажир без визы
TWR аэродромный диспетчерский пункт, АДП
TWY [taxiway] рулёжная дорожка, РД
TWYL [taxiway link] (радио-) связь при рулении
TXT [text] текст
TYP [type of aircraft] тип воздушного судна
TYPH [typhoon] тайфун
U [wind vector] вектор скорости ветра
UAA [upper advisory area] верхняя консультативная зона
UAB [until advised by] «до получения извещения от...» (*код связи*)
UAC [upper area control center] диспетчерский центр управления верхним районом (*полёта*)
UAD [upper advisory route] консультативный маршрут верхнего воздушного пространства
UAR [upper air route] маршрут верхнего воздушного пространства
UAS [upper airspace] верхнее воздушное пространство
UATP [universal air travel plan] программа организации авиационных путешествий
UBAG [unaccompanied baggage] несопровождаемый багаж
UC [unable, the flight closed] «предоставить место не можем, рейс укомплектован» (*код связи*)
UDA 1. [updraught drift angle] угол сноса выше глиссады 2. [upper advisory area] верхняя консультативная зона
UDF [ultra high frequency direction-finding station] радиопеленгаторная станция ультравысокой частоты
UFIR [upper flight information region] верхний район полётной информации
UFN [until further notice] «до последующего извещения» (*код связи*)
UFR [upper flight region] район полётов верхнего воздушного пространства

UHF [ultra high frequency] ультравысокая частота

UIC [upper information center] центр (полётной) информации для верхнего района (*полётов*)

UIR [upper flight information region] верхний район полётной информации

ULD [unit load device] средство пакетирования грузов

ULR [ultra long range] сверхдальнего действия

UN [unable, the flight does not operate] «не имеем возможности, т. к. рейс не выполняется» (*код связи*)

UNA [unable] «не имеем возможности» (*код связи*)

UNACC [unaccompanied] несопровождаемый

UNADV [unable, advise] «не имеем возможности, сообщим позже» (*код связи*)

UNCTC [unable to contact] «не в состоянии установить контакт» (*код связи*)

UNCT'L [uncontrolled] неконтролируемый

UNDLV [undelivered] «не вручено» (*код связи*)

UNKN [unknown] неизвестен

UNQTE [unquote] закрывать кавычки

UPBR [upper berth] верхняя полка

URC [unreserved cargo] небронированный груз

U / S [unserviceable] непригодный для эксплуатации

UT [universal time] всемирное время

UTA [upper control area] верхний диспетчерский район

UTC [coordinated universal time] скоординированное всемирное время

UU «мест нет, поставлен на лист ожидания» (*код связи*)

UWY [upper airway] авиатрасса в верхнем воздушном пространстве

V [airspeed vector] вектор воздушной скорости

VA «конец связи» (*код связи*)

VAL [visual approach and landing chart] карта визуального захода на посадку и посадки

VALU [valuables] ценные вещи

VAN [runway control van] передвижной диспетчерский пункт в районе ВПП

VAR 1. [magnetic variation] магнитное склонение **2.** [visual-aural radio range] визуально-звуковой радиомаяк

VASI [visual approach slope indicator] визуальный индикатор глиссады

VASIS [visual approach slope indicator system] система визуальной индикации глиссады

VDF [very high frequency direction-finding station] ОВЧ-радиопеленгаторная станция

VDP [visual descent point] (контрольная) точка начала визуального снижения

VDU [visual display unit] табло информации

VER [vertical] вертикальный

VF [visual flight] визуальный полёт

VFR [visual flight rules] правила визуального полёта, ПВП

VFY [verify] проверять; подтверждать

VG 1. [variable geometry] изменяемая геометрия (крыла) **2.** [vertical gyroscope] гировертикаль

VGML [vegetarian meal] вегетарианская пища

VHF [very high frequency] очень высокая частота, ОВЧ

VIS [visibility] видимость

VLF [very low frequency] очень низкая частота, ОНЧ

VLR [very long range] очень большого радиуса действия

VMC [visual meteorological conditions] визуальные метеорологические условия, ВМУ

VNAV [vertical navigation] вертикальная аэронавигация

VOR [VHF omnidirectional radio range] всенаправленный ОВЧ-радиомаяк, ВОР

VS [vertical speed] вертикальная скорость

VSI 1. [vertical-situation indica-

tor] индикатор обстановки в вертикальной плоскости **2.** [vertical speed indicator] указатель скорости набора высоты
VSP 1. [Vertical Separation Panel] Группа экспертов (*ИКАО*) по вертикальному эшелонированию **2.** [vertical speed] вертикальная скорость
VTOL [vertical takeoff and landing aircraft] воздушное судно вертикального взлёта и посадки
VV [vertical visibility] вертикальная видимость
VWS [vertical wind shear] вертикальная составляющая сдвига ветра
W 1. [west] запад **2.** [western longitude] западная долгота
WA [word after...] слово после...
WAC [world aeronautical chart] аэронавигационная карта мира
WAFC [World Area Forecast Center] Всемирный центр зональных прогнозов
WB [weather bureau] метеобюро
WBAR [wing bar lights] огни световых горизонтов
WBL [wing base line] базовая линия крыла
WB-NOTAM *вторая и третья буквы в коде НОТАМ:* выполнение фигур высшего пилотажа
WCHR [wheelchair] кресло-коляска для инвалида
WD [word] слово
W/D [wind direction] направление ветра
WDI [wind direction indicator] указатель направления ветра
WDM [wiring diagram manual] альбом фидерных схем
WED [Wednesday] среда
WF-NOTAM *вторая и третья буквы в коде НОТАМ:* дозаправка топливом в полёте
WG-NOTAM *вторая и третья буквы в коде НОТАМ:* полёты планёров
wgt [weight] **1.** масса **2.** вес
WID [width] ширина

WILAD [will advise] «сообщим позже» (*код связи*)
WILCO [will comply] «Вас понял, выполняю» (*код связи*)
WILCT [will contact] «установим контакт» (*код связи*)
WILFO [will follow] «будет следовать» (*код связи*)
WILRE [will report] «будет сообщено» (*код связи*)
WKN [weakening] ослабление
WL-NOTAM *вторая и третья буквы в коде НОТАМ:* подъём неуправляемого аэростата
WLP [weight limited payload] коммерческая загрузка, ограниченная по массе
WMO [World Meteorological Organization] Всемирная метеорологическая организация
WMSC [weather message switching center] коммутационный центр метеорологических донесений
W-NOTAM *вторая буква в коде НОТАМ:* предупреждение
wnw [west-north west] запад-северо-запад
W/P [area navigation way point] точка пути при зональной навигации
WPM [words per minute] слов в минуту
WP-NOTAM *вторая и третья буквы в коде НОТАМ:* тренировочные парашютные прыжки
WPT [waypoint] точка маршрута
WR [weather report] сводка погоды
WS 1. [wind shear] сдвиг ветра **2.** [windshield] лобовое стекло **3.** [wind speed] скорость ветра
WSW [west-south west] запад-юго-запад
WSWS [windshear warning system] система предупреждения о сдвиге ветра
W/T [wireless telegraphy] радиотелеграфия

WT-NOTAM *вторая и третья буквы в коде НОТАМ:* групповые полёты воздушных судов

WTSPT [waterspout] водяной смерч

WWW [World Weather Watch] Всемирная служба погоды

WX [weather] погода

WXEQ [weather equipment] метеооборудование

X «по запросу» (*код связи*)

XBAG [excess baggage] багаж сверх установленной нормы

XBAR [crossbar] световой горизонт

XCN [extra crew non urgent] «в резервном экипаже нет необходимости» (*код связи*)

XCU [extra crew urgent] «срочно требуется резервный экипаж» (*код связи*)

XS «атмосферные (радио)помехи» (*код связи*)

XSEC [extra section flight] полёт по дополнительному маршруту

XTK [cross track distance] расстояние бокового отклонения от курса

XXDZ [heavy drizzle] сильная изморось

XXFZDZ [heavy freezing drizzle] сильный переохлаждённый мелкий дождь

XXFZRA [heavy freezing rain] сильный переохлаждённый дождь

XXGR [heavy hail] сильный град

XXNS [cancel due to no-show] отмена из-за неявки (*пассажира*)

XXRA [heavy rain] сильный дождь

XXRASN [heavy rain and snow] сильный дождь со снегом

XXSH [heavy showers] сильный ливень

XXSN [heavy snow] сильный снег

XXSNSH [heavy snow showers] сильный снегопад

XXTS [heavy thunderstorm] сильная гроза

XXTSGR [heavy thunderstorm with hail] сильная гроза с градом

XXX сигнал срочности

YCZ [yellow caution zone] опасная зона (аэродрома) с предупреждающими жёлтыми огнями

YOULAND [land at this aerodrome] «садитесь на этот аэродром» (*код связи*)

Z 1. [Zulu time] среднее гринвичское время, среднее время по Гринвичу **2.** [Z-marker] зонный маркер

ZFW [zero fuel weight] масса (воздушного судна) без топлива

ZT [zone time] поясное время

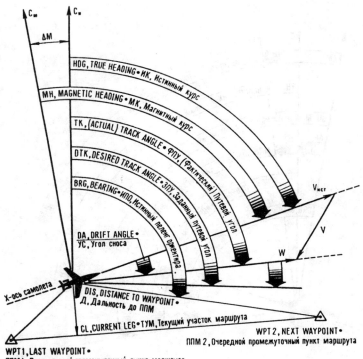

Рис. 1. Navigation data взаимосвязь навигационных параметров

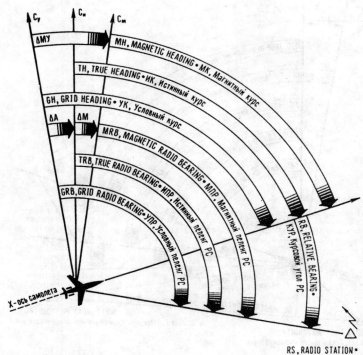

C_y — GRID MERIDIAN • Условный меридиан
C_и — TRUE MERIDIAN • Истинный меридиан
C_м — MAGNETIC MERIDIAN • Магнитный меридиан
ΔМУ — GRID VARIATION • Условное магнитное склонение
ΔA — AZIMUTH CORRECTION • Азимутальная поправка
ΔM — VARIATION • Магнитное склонение

Рис. 2. Radio navigation data взаимосвязь радионавигационных параметров

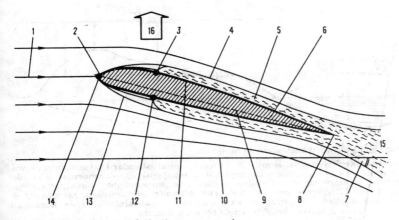

Рис. 3. Airflow about airfoil обтекание профиля

1 — **streamline** линия потока; *2* — **stagnation point** критическая точка ($V = 0$); *3* — **transition point** точка перехода (*ламинарного пограничного слоя в турбулентный*); *4* — **boundary layer** пограничный слой; *5* — **turbulent boundary layer** турбулентный пограничный слой; *6* — **airfoil** профиль; *7* — **angle of downwash** угол скоса потока вниз; *8* — **trailing edge** задняя кромка (*профиля*); *9* — **chord** хорда; *10* — **airstream direction** направление воздушного потока; *11* — **camber** кривизна профиля; *12* — **lower transition point** нижняя точка перехода; *13* — **laminary boundary layer** ламинарный пограничный слой; *14* — **leading edge** передняя кромка (*профиля*); *15* — **vortex** вихрь; *16* — **lift** подъёмная сила

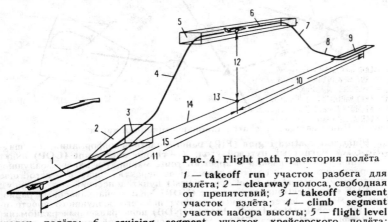

Рис. 4. Flight path траектория полёта

1 — **takeoff run** участок разбега для взлёта; *2* — **clearway** полоса, свободная от препятствий; *3* — **takeoff segment** участок взлёта; *4* — **climb segment** участок набора высоты; *5* — **flight level** эшелон полёта; *6* — **cruising segment** участок крейсерского полёта; *7* — **descent segment** участок снижения; *8* — **approach segment** участок захода на посадку; *9* — **landing distance** посадочная дистанция; *10* — **distance to go** дистанция до посадки; *11* — **flight distance** дистанция полёта; *12* — **flight altitude** высота полёта; *13* — **aircraft fix** местоположение воздушного судна (*относительно земли*); *14* — **flight profile** профиль полёта; *15* — **passed flight distance** пройденная часть пути полёта

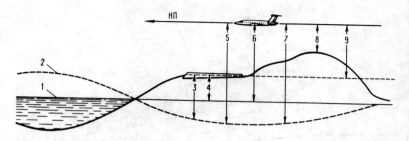

Рис. 5. **Flight altitudes** высоты полёта

1 — **sea level** уровень моря; *2* — **international standard atmosphere level** уровень международной стандартной атмосферы; *3* — **aerodrome altitude** высота аэродрома; *4* — **aerodrome elevation** превышение аэродрома; *5* — **flight level** эшелон полёта; *6* — **true altitude** абсолютная высота; *7* — **pressure altitude** барометрическая высота; *8* — **absolute altitude** истинная высота; *9* — **(relative) height** относительная высота

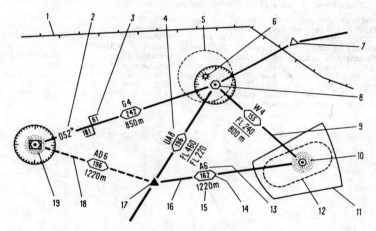

Рис. 6. **Radio navigation chart** радионавигационная карта

1 — **flight information region (FIR)** район полётной информации; *2* — **magnetic track** магнитный путевой угол; *3* — **change-over point (COP)** пункт изменения частоты связи; *4* — **upper air route** маршрут верхнего воздушного пространства; *5* — **control zone** диспетчерская зона; *6* — **aerodrome** аэродром; *7* — **reporting point (on request)** пункт донесений (по запросу); *8* — **VHF omnidirectional radio range (VOR)** УКВ всенаправленный радиомаяк (ВОР); *9* — **lower air route** маршрут нижнего воздушного пространства; *10* — **nondirectional radio beacon (NDB)** ненаправленный радиомаяк; *11* — **terminal control area (TMA)** узловой диспетчерский район; *12* — **control zone** диспетчерская зона; *13* — **route designator** обозначение маршрута; *14* — **distance** расстояние (*между пунктами*); *15* — **minimum cruising level** минимальная крейсерская высота полёта; *16* — **ATC route** маршрут УВД; *17* — **compulsory reporting point** пункт обязательных донесений; *18* — **advisory route (ADR)** консультативный маршрут; *19* — **collocated VOR, NDB and DME facilities** совмещённые ВОР, НДБ и ДМЕ средства

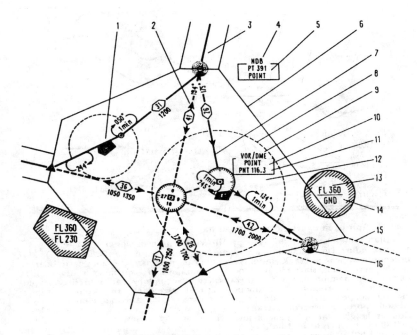

Рис. 7. **Terminal area chart** схема зоны аэродрома

1 — **local aeroport** местный аэропорт; *2* — **transit routing** маршрут транзитных пролётов; *3* — **route identifier** указатель маршрута; *4* — **nondirectional beacon** наличие ненаправленного маяка; *5* — **NDB frequency** частота ненаправленного маяка; *6* — **terminal control area** узловой диспетчерский район; *7* — **inbound routing** маршрут прибытия; *8* — **control zone** диспетчерская зона; *9, 10, 11* — **collocated antennas VOR and DME** антенны ВОР и ДМЕ совмещены; *12* — **airway fix** пункт трассы полёта; *13* — **restricted area** зона ограничения полётов; *14* — **upper and lower limits** верхняя и нижняя границы (*ограничения полётов*); *15* — **advisory route** консультативный маршрут; *16* — **compulsory reporting point** пункт обязательных донесений

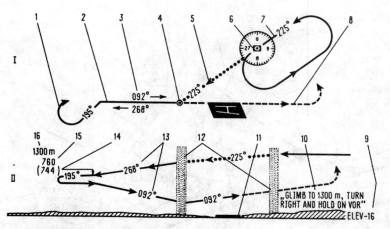

Рис. 8. Approach chart схема захода на посадку

I — plan view вид в плане; II — profile view вид в профиль
1 — procedure turn разворот по установленной схеме (*по радиомаяку*); 2 — procedure approach track маршрут захода на посадку; 3 — magnetic bearing to the aerodrome магнитный курс на аэродром; 4 — primary radio facility первичные радиосредства; 5 — track from secondary radio facility маршрут полёта от вторичных радиосредств; 6 — secondary radio facility вторичные радиосредства; 7 — holding pattern схема полёта в зоне ожидания; 8 — missed approach procedure track маршрут ухода на второй круг; 9 — elevation of height datum превышение (ВПП) над уровнем моря; 10 — "Climb to 1300m, turn right and hold on VOR" порядок ухода на второй круг: «Наберите 1300 м, повернитe направо и выполняйте полёт в зоне ожидания по ВОР»; 11 — aerodrome аэродром; 12 — radio aids радиосредства; 13 — magnetic bearings магнитные курсы; 14 — height относительная высота (*указанной точки маршрута*); 15 — altitude абсолютная высота; 16 — transition altitude высота перехода

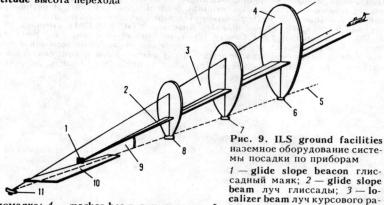

Рис. 9. ILS ground facilities наземное оборудование системы посадки по приборам

1 — glide slope beacon глиссадный маяк; 2 — glide slope beam луч глиссады; 3 — localizer beam луч курсового радиомаяка; 4 — marker beam луч маркера; 5 — runway center line ось ВПП; 6 — outer marker дальний маркер; 7 — middle marker средний маркер; 8 — inner marker ближний маркер; 9 — glide slope angle угол наклона глиссады; 10 — runway ВПП; 11 — localizer курсовой радиомаяк

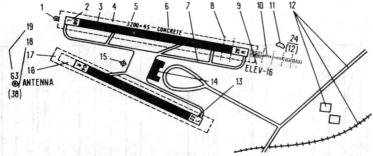

Рис. 10. Aerodrome chart схема аэродрома

1 — radio navigation aid радионавигационное средство; *2* — runway designation marking опознавательный знак ВПП; *3* — runway ВПП; *4* — runway shoulder боковая полоса безопасности ВПП; *5* — runway dimensions размеры ВПП; *6* — nature of the runway surface вид покрытия ВПП; *7* — taxiway рулёжная дорожка; *8* — visual ground aids наземные визуальные средства; *9* — threshold elevation превышение порога ВПП; *10* — approach lighting система посадочных огней; *11* — significant obstacles учитываемые объекты; *12* — significant features учитываемые постройки; *13* — runway left end marking маркировка левого конца ВПП; *14* — terminal аэровокзал; *15* — aerodrome reference point контрольная точка аэродрома; *16* — stopway концевая полоса торможения; *17* — clearway полоса, свободная от препятствий; *18* — height of the obstacle above the specified datum высота объекта по отношению к установленной поверхности (*напр.* ВПП); *19* — elevation of the top of the obstacle высота верхней точки объекта

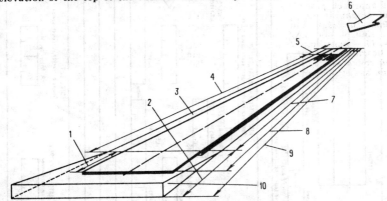

Рис. 11. Runway strip pattern схема лётного поля

1 — stopway, SWY концевая полоса торможения; *2* — runway end safety area, RESA концевая зона безопасности; *3* — runway shoulder боковая полоса безопасности ВПП; *4* — landing distance available, LDA располагаемая посадочная дистанция; *5* — displaced runway threshold, DIRT смещённый порог ВПП; *6* — landing direction направление посадки; *7* — takeoff run available, TORA располагаемая длина разбега для взлёта; *8* — accelerate-stop distance available, ASDA располагаемая дистанция прерванного взлёта; *9* — takeoff distance available, TODA располагаемая взлётная дистанция; *10* — clearway, CWY полоса, свободная от препятствий

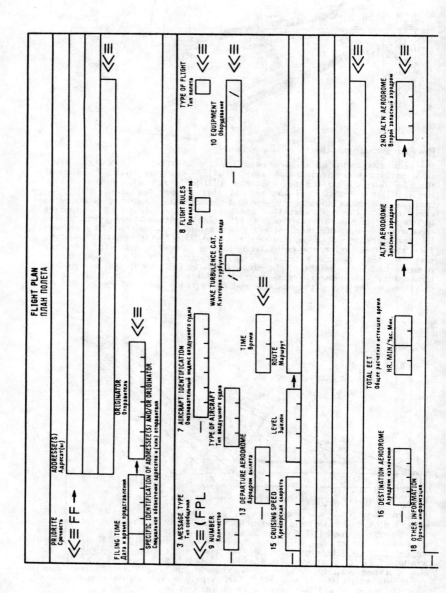

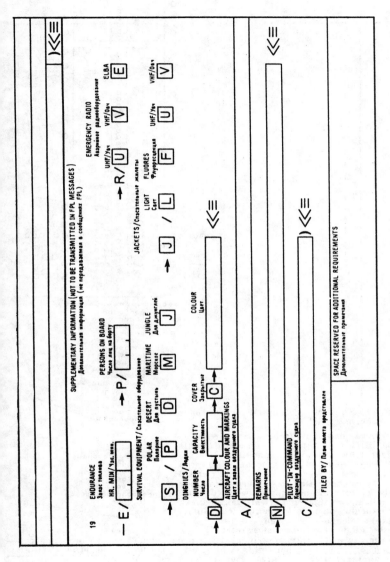

Рис. 12. Flight plan form бланк плана полёта

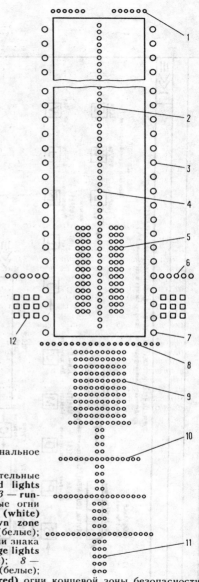

Рис. 13. Runway lighting светосигнальное оборудование ВПП

1 — **runway end lights (red)** ограничительные огни ВПП (красные); *2* — **deepened lights (red)** углублённые огни (красные); *3* — **runway edge lights (yellow)** посадочные огни ВПП (жёлтые); *4* — **centerline lights (white)** осевые огни (белые); *5* — **touchdown zone lights (white)** огни зоны приземления (белые); *6* — **touchdown sign lights (white)** огни знака приземления (белые); *7* — **runway edge lights (white)** посадочные огни (белые); *8* — **threshold lights (white)** входные огни (белые); *9* — **runway end safety area lights (red)** огни концевой зоны безопасности (красные); *10* — **wing bar lights (white)** огни световых горизонтов (белые); *11* — **approach lights (white)** огни приближения (белые); *12* — **visual approach slope indicator** визуальный индикатор глиссады

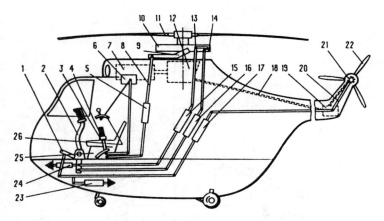

Рис. 14. Helicopter control system система управления вертолётом

1 — directional control pedal педаль путевого управления (*хвостовым винтом*); *2* — cyclic pitch control stick ручка продольно-поперечного управления (*циклическим шагом НВ*); *3* — collective pitch control lever ручка «шаг — газ» (*управления общим шагом НВ и газом двигателя*); *4* — throttle control twist grip ручка коррекции газа; *5* — main rotor collective pitch control actuator гидроусилитель системы управления общим шагом НВ; *6* — fuel flow control unit командно-топливный агрегат; *7* — engine двигатель; *8* — collective pitch control rod тяга управления общим шагом НВ; *9* — arm качалка; *10* — swash plate автомат перекоса; *11* — main rotor несущий винт, НВ; *12* — main gear box главный редуктор; *13* — fore-aft control rod тяга продольного управления; *14* — lateral control rod тяга поперечного управления; *15, 16, 17* — actuator гидроусилитель; *18* — drive shaft вал трансмиссии; *19* — intermediate gear box промежуточный редуктор; *20* — control rod тяга (путевого) управления; *21* — gear box редуктор; *22* — antitorque rotor хвостовой винт; *23* — directional trim(ming) actuator загрузочный механизм путевого управления; *24* — lateral-longitudinal trim(ming) actuator загрузочный механизм продольно-поперечного управления; *25* — pilot seat сиденье пилота; *26* — engine throttle control lever рычаг раздельного управления газом двигателя

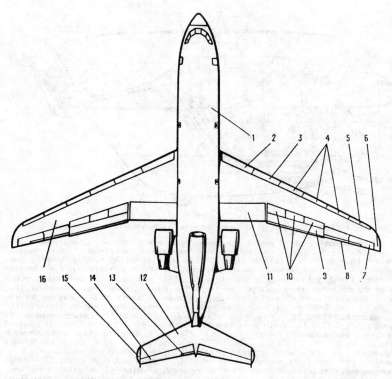

Рис. 15. Main components of an airplane основные элементы самолёта (*вид в плане*)

1 — fuselage фюзеляж; *2* — wing leading edge носок крыла; *3* — inboard slat внутренний предкрылок; *4* — mid(dle) slat средний предкрылок; *5* — outboard slat внешний предкрылок; *6* — wing tip законцовка крыла; *7* — aileron элерон; *8* — trim(ming) tab триммер; *9* — outboard flap внешний закрылок; *10* — spoilers интерцепторы; *11* — inboard flap внутренний закрылок; *12* — (horizontal) stabilizer стабилизатор; *13* — trim(ming) tab триммер; *14* — elevator руль высоты; *15* — stabilizer tip законцовка стабилизатора; *16* — wing крыло

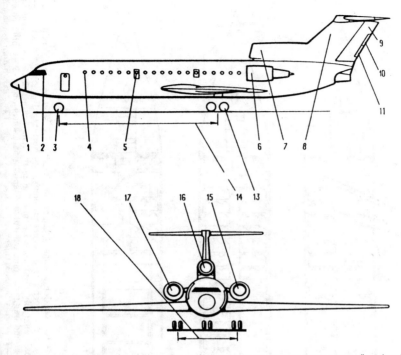

Рис. 16. Main components of an airplane основные элементы самолёта (*вид сбоку, вид спереди*)

1 — **radome** обтекатель (*антенны радиолокатора*); *2* — **canopy transparency** остекление фонаря; *3* — **nose landing gear** передняя опора шасси; *4* — **passenger cabin glazing** остекление пассажирской кабины; *5* — **emergency exit** аварийный выход; *6* — **engine nacelle** гондола двигателя; *7* — **air intake** воздухозаборник; *8* — **fin** киль; *9* — **rudder** руль направления; *10* — **trim(ming) tab** триммер; *11* — **balance tab** сервокомпенсатор; *12* — **tail cone** хвостовой обтекатель; *13* — **main landing gear** основная опора шасси; *14* — **wheelbase** база шасси; *15* — **port-side engine** левый внешний двигатель; *16* — **center engine** средний двигатель; *17* — **starboard engine** правый внешний двигатель; *18* — **main wheel track** колея шасси.

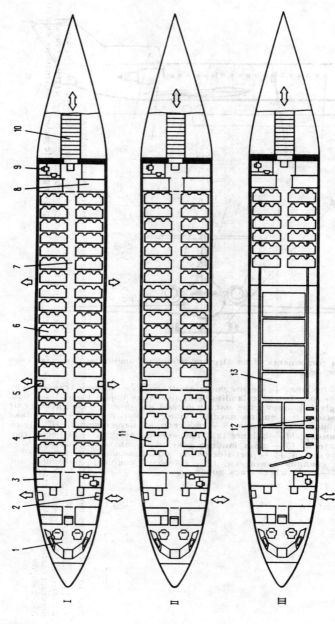

Рис. 17. Cabin layout компоновка кабины

I — tourist version туристический вариант; II — mixed-class version вариант смешанного класса; III — convertible version конвертируемый вариант. 1 — crew cabin кабина экипажа; 2 — port-side door левая дверь; 3 — buffet/galley буфет-кухня; 4 — front compartment передний салон; 5 — emergency exit аварийный выход; 6 — main compartment основной салон; 7 — main passenger aisle проход между креслами; 8 — coat room and baggage compartment гардероб и багажный отсек; 9 — toilet room туалет. 10 — passenger ramp пассажирский трап; 11 — first-class compartment салон первого класса; 12 — cargo door грузовой

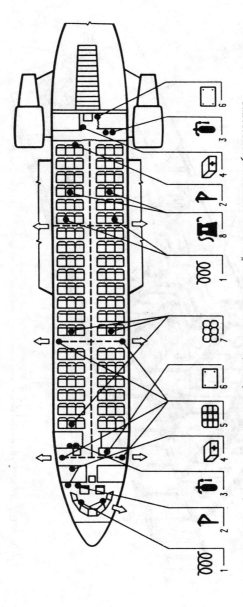

Рис. 18. Location of emergency escape equipment размещение аварийно-спасательного оборудования

1 — life ropes спасательные канаты; *2* — emergency axe аварийный топор; *3* — hand fire-extinguisher ручной огнетушитель; *4* — first-aid kit аптечка первой помощи; *5* — inflatable escape slide надувной спасательный трап; *6* — emergency evacuation diagram схема аварийной эвакуации; *7* — raft stowage area место для плотов; *8* — passengers life jackets спасательные жилеты пассажиров

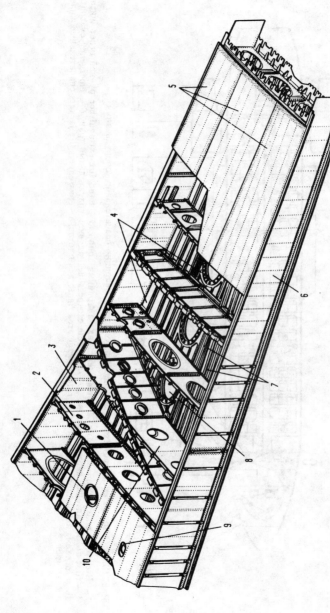

Рис. 19. Wing structure конструкция крыла

1 — **filler hatch** люк под заправочную горловину; 2 — **rib** нервюра; 3 — **rear spar** задний лонжерон; 4 — **lower panels** нижние панели; 5 — **upper panels** верхние панели; 6 — **front spar** передний лонжерон; 7 — **stringer** стрингер; 8 — **manhole** люк; 9 — **fuel quantity transmitter hatch** люк для крепления датчика топливомера; 10 — **wing box compartment** отсек кессона крыла

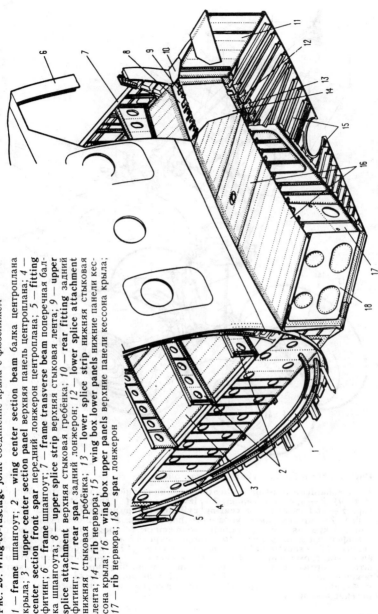

Рис. 20. Wing-to-fuselage joint соединение крыла с фюзеляжем

1 — frame шпангоут; *2* — wing center section beam балка центроплана крыла; *3* — upper center section panel верхняя панель центроплана; *4* — center section front spar передний лонжерон центроплана; *5* — fitting фитинг; *6* — frame шпангоут; *7* — frame transverse beam поперечная балка шпангоута; *8* — upper splice strip верхняя стыковая лента; *9* — upper splice attachment верхняя стыковая гребёнка; *10* — rear fitting задний фитинг; *11* — rear spar задний лонжерон; *12* — lower splice attachment нижняя стыковая гребёнка; *13* — lower splice strip нижняя стыковая лента; *14* — rib нервюра; *15* — wing box lower panels нижние панели кессона крыла; *16* — wing box upper panels верхние панели кессона крыла; *17* — rib нервюра; *18* — spar лонжерон

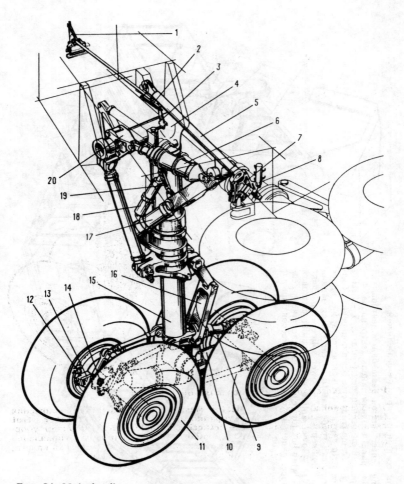

Рис. 21. **Main landing gear** основная опора шасси

1 — **mechanical position indicator** механический указатель положения (*шасси*); *2* — **spring** пружина; *3* — **lever** рычаг; *4* — **shock strut** амортизатор; *5* — **rod** тяга; *6* — **actuating cylinder** (гидро)цилиндр уборки — выпуска; *7* — **uplock** замок убранного положения; *8* — **uplock cylinder** цилиндр открытия замка убранного положения; *9* — **bogie damper** цилиндр-демпфер тележки (*шасси*); *10* — **bogie beam** тележка (*шасси*); *11* — **wheel** колесо; *12* — **shuttle valve** челночный клапан; *13* — **skid detector** датчик автомата торможения; *14* — **mount** кронштейн; *15* — **shock strut piston** шток амортизатора; *16* — **torque links** шлиц-шарнир; *17* — **side strut** боковой подкос; *18* — **downlock cylinder** цилиндр замка выпущенного положения; *19* — **down-lock** замок выпущенного положения; *20* — **bracket** кронштейн

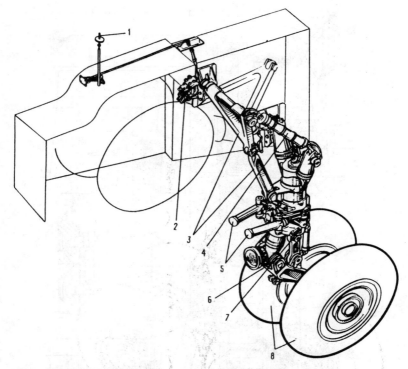

Рис. 22. Nose landing gear передняя опора шасси

1 — **mechanical position indicator** механический указатель положения (*шасси*); *2* — **uplock** замок убранного положения; *3* — **breaker strut** складывающийся подкос; *4* — **actuating cylinder** (гидро)цилиндр уборки — выпуска; *5* — **steering cylinders** (гидро)цилиндры управления поворотом (*колёс*); *6* — **wheel suspension lever** траверса подвески колеса; *7* — **steering collar** поворотный хомут; *8* — **wheels** колёса

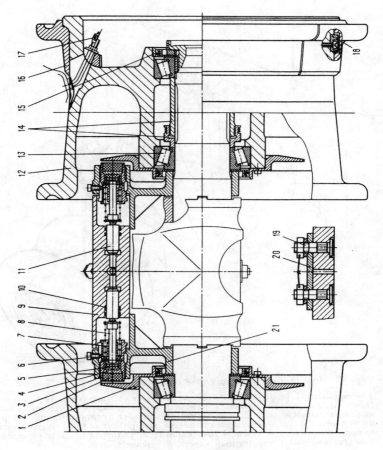

Рис. 23. Wheel with brake тормозное колесо

1 — **brake disc** тормозной диск; *2*, *4* — **brake shoe** тормозной башмак; *3* — **sleeve** гильза; *5* — **rubber damper** резиновый демпфер; *6* — **locking bolt** стопорный болт; *7* — **spring** пружина; *8* — **rod** шток; *9* — **cylinder block** блок цилиндров; *10* — **seeling ring** уплотнительное кольцо; *11* — **piston** поршень; *12* — **wheel hub** барабан колеса; *13* — **roller bearing** роликовый подшипник; *14* — **distance bushing** распорная втулка; *15* — **grease retainer** обтюратор; *16* — **detachable flange** съёмная реборда; *17* — **tire inflation valve** зарядный вентиль пневматики; *18* — **key** шпонка; *19* — **bolt** болт; *20* — **strip** планка; *21* — **torque tube** корпус тормоза

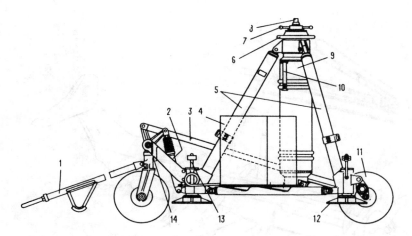

Рис. 24. Hydraulic jack гидроподъёмник

1 — **tow bar** водило; *2* — **wheel cylinder** гидроцилиндр подъёма колеса; *3* — **rod** тяга; *4* — **control panel** пульт управления; *5* — **brace** подкос; *6* — **retaining nut** стопорная гайка; *7* — **adjusting nut** регулировочная гайка; *8* — **jacking pad** опорная головка гидроподъёмника; *9* — **jack ram** силовой цилиндр гидроподъёмника; *10* — **plumb** отвес; *11* — **wheel** колесо; *12* — **support** опора; *13* — **lever** рычаг; *14* — **pin** шпилька

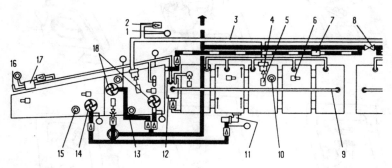

Рис. 25. Aircraft fuel system топливная система воздушного судна

1 — **pressure switch** сигнализатор давления; *2* — **pressure refuel connection** штуцер централизованной заправки; *3* — **pressure refuel pipeline** трубопровод централизованной заправки; *4* — **fueling valve** кран заправки топливом; *5* — **float-type fueling valve** поплавковый клапан заправки топливом; *6* — **fuel quantity transmitter** датчик топливомера; *7* — **fuel jet** топливный жиклёр; *8* — **cross-feed valve** кран кольцевания; *9* — **vent pipeline** трубопровод дренажа; *10* — **filler neck** заливная горловина; *11* — **transfer pump** насос перекачки; *12* — **vent tank** дренажный бачок; *13* — **fuel pipeline** топливный трубопровод; *14* — **transfer pump** насос перекачки; *15* — **drain valve** сливной кран (*отстоя*); *16* — **vent air inlet** воздухозаборник дренажа; *17* — **vent tank** дренажный бачок; *18* — **booster pump** подкачивающий насос

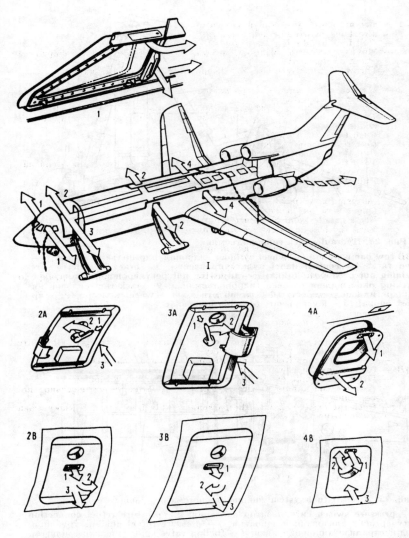

Рис. 26. Emergency evacuation procedure from the aircraft порядок аварийного покидания воздушного судна

- *1* — aircraft main view общий вид самолёта
- *1* — direct-vision window форточка (*кабины пилотов*):
  - Pull lock handle Потяните ручку
  - Move direct-vision window backward along rails Отведите форточку назад по рельсам
  - Throw life rope free end out Выбросьте спасательный канат

- *2* — starboard door and passenger cabin doors правая дверь и двери в салоне
- *2A* — (inner view вид изнутри):
  - Press handle knob Нажмите кнопку на ручке
  - Turn the handle counter-clockwise right home Поверните ручку до конца налево
  - Push the door Толкните дверь от себя
- *2B* — (outer view вид снаружи):
  - Pull the handle Потяните ручку на себя
  - Turn the handle clockwise right home Поверните ручку до конца направо
  - Pull the door Откройте дверь на себя

- *3* — port side door левая дверь
- *3A* — (inner view вид изнутри):
  - Press handle knob Нажмите кнопку на ручке
  - Turn the handle clockwise right home Поверните ручку до конца направо
  - Push the door Толкните дверь от себя
- *3B* — (outer view вид снаружи):
  - Pull the handle Потяните ручку на себя
  - Turn the handle counter-clockwise right home Поверните ручку до конца налево
  - Pull the door Откройте дверь на себя

- *4* — emergency escape cover аварийный люк
- *4A* — (inner view вид изнутри):
  - Pull the handle Потяните ручку на себя
  - Pull the emergency escape cover by the handle and the grip Потяните аварийный люк на себя за ручку и захват
  - Throw life rope free end out Выбросьте спасательный канат
- *4B* — (outer view вид снаружи):
  - Draw the handle out of the well Вытяните ручку из ниши
  - Arrange the handle vertically Установите ручку в вертикальное положение
  - Push the exit cover into the passenger cabin Втолкните крышку люка в пассажирскую кабину

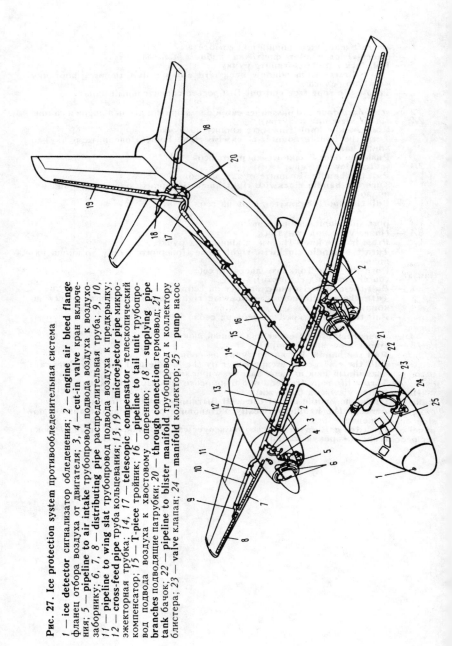

Рис. 27. Ice protection system противообледенительная система

1 — **ice detector** сигнализатор обледенения; *2* — **engine air bleed flange** фланец отбора воздуха от двигателя; *3, 4* — **cut-in valve** кран включения; *5* — **pipeline to air intake** трубопровод подвода воздуха к воздухозаборнику; *6, 7, 8* — **distributing pipe** распределительная труба; *9, 10, 11* — **pipeline to wing slat** трубопровод подвода воздуха к предкрылку; *12* — **cross-feed pipe** труба кольцевания; *13, 19* — **microejector pipe** микроэжекторная трубка; *14, 17* — **telescopic compensator** телескопический компенсатор; *15* — **T-piece** тройник; *16* — **pipeline to tail unit** трубопровод подвода воздуха к хвостовому оперению; *18* — **supplying pipe branches** подводящие патрубки; *20* — **through connection** гермовводу; *21* — **tank** бачок; *22* — **pipeline to blister manifold** трубопровод к коллектору блистера; *23* — **valve** клапан; *24* — **manifold** коллектор; *25* — **pump** насос

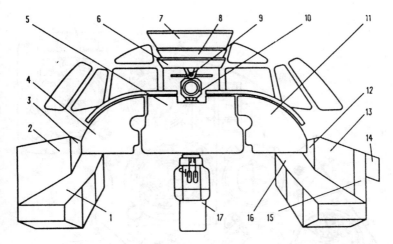

Рис. 28. Cockpit panel layout компоновка приборных досок в кабине экипажа

1 — horizontal panel of left side console горизонтальная панель левого пульта; *2* — vertical panel of left side console вертикальная панель левого пульта; *3* — forward vertical panel of left side console передняя вертикальная панель левого пульта; *4* — left instrument panel левая панель приборной доски; *5* — center instrument panel центральная панель приборной доски; *6* — lower subpanel of overhead switch panel нижняя панель верхнего пульта; *7* — upper subpanel of overhead switch panel верхняя панель верхнего пульта; *8* — center subpanel of overhead switch panel центральная панель верхнего пульта; *9* — magnetic compass магнитный компас; *10* — radar indicator радиолокационный указатель; *11* — right instrument panel правая панель приборной доски; *12* — forward vertical panel of right side console передняя вертикальная панель правого пульта; *13* — center vertical panel of right side console центральная вертикальная панель правого пульта; *14* — oxygen control panel кислородный щиток; *15* — rear vertical panel of right side console задняя вертикальная панель правого пульта; *16* — horizontal panel of right side console горизонтальная панель правого пульта; *17* — center pedestal центральный пульт

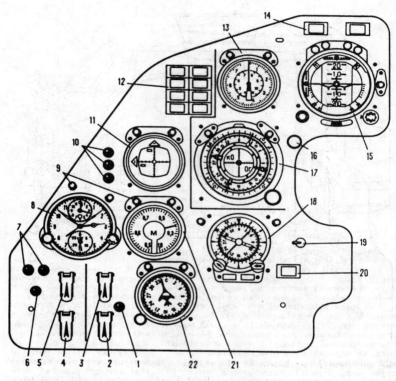

Рис. 29. Left instrument panel левая панель приборной доски

1 — **warning light** сигнальная лампа; *2* — **selector switch** переключатель; *3* — **emergency release switch** выключатель аварийного сброса (*внешней подвески*); *4* — **cargo hatch control switch** переключатель управления грузовым люком; *5* — **cargo drop switch** выключатель сброса груза; *6* — **indicating light** световой сигнализатор; *7* — **selection lights** лампы сигнализации выбора; *8* — **aviation clock** авиационные часы; *9* — **indicating light** световой сигнализатор; *10* — **marker beacon passing lights** сигнальные лампы пролёта маркерных маяков; *11* — **ILS indicator** указатель системы посадки по приборам; *12, 20* — **annunciator panel** блок световых табло; *13* — **airspeed indicator** указатель скорости; *14* — **annunciators** световые табло; *15* — **flight director indicator** указатель пилотажного командного прибора; *16* — **magnetic heading selector button** кнопка задатчика магнитного курса; *17* — **flight director course indicator** указатель планового навигационного прибора; *18* — **bearing and heading indicator, radio magnetic indicator** индикатор курсовых углов, радиомагнитный указатель; *19* — **selector switch** переключатель; *21* — **machmeter** указатель числа М; *22* — **course selector** задатчик курса

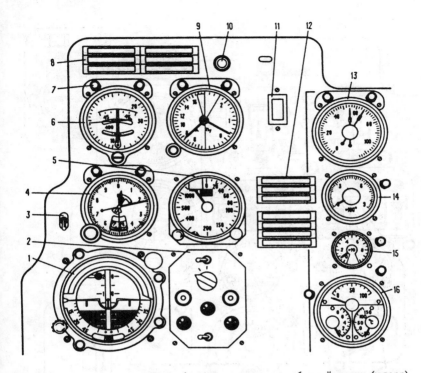

Рис. 30. Center instrument panel средняя панель приборной доски (*левая*)

1 — gyro horizon авиагоризонт; *2* — flight director system control panel пульт управления системой директорного управления; *3* — selector switch переключатель; *4* — altimeter высотомер; *5* — radio altimeter радиовысотомер; *6* — rate-of-climb, turn and slip indicator комбинированный прибор скорости набора высоты, поворота и скольжения; *7* — lights сигнальные лампы; *8, 12* — annunciator panel блок световых табло; *9* — angle-of-attack and acceleration indicator указатель углов атаки и перегрузок; *10, 11* — emergency lights лампы аварийной сигнализации; *13* — control lever position indicator указатель положения рычагов топливных агрегатов (*двигателей*); *14* — exhaust gas temperature indicator указатель температуры выходящих газов; *15* — engine tachometer indicator указатель оборотов двигателя; *16* — three-pointer engine gage unit трёхстрелочный указатель параметров двигателя

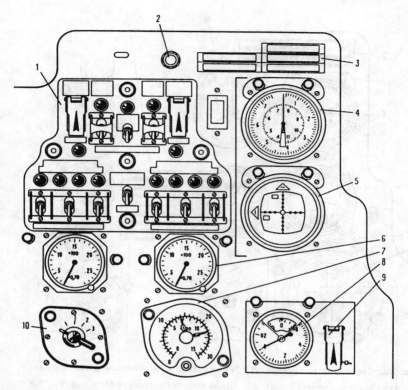

Рис. 31. Center instrument panel средняя панель приборной доски (*правая*)

1 — **fuel control panel** топливный щиток; 2 — **emergency light** лампа аварийной сигнализации; 3 — **annunciator panel** блок световых табло; 4 — **airspeed indicator** указатель воздушной скорости; 5 — **ILS indicator** указатель системы посадки по приборам; 6 — **flowmeter indicator** указатель расходомера топлива; 7 — **fuel quantity indicator** указатель топливомера; 8 — **differential pressure indicator** указатель высоты перепада давления (*в кабине*); 9 — **emergency depressurization switch** выключатель аварийной разгерметизации; 10 — **fuel quantity indicator selector switch** переключатель топливомера

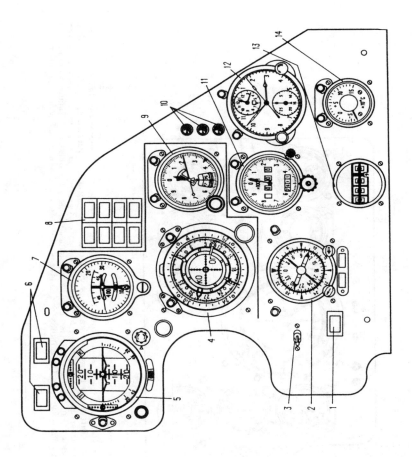

Рис. 32. Right instrument panel правая панель приборной доски

1, 6, 8 — annunciators световые табло; *2* — radio magnetic indicator радиомагнитный указатель курсовых углов; *3* — selector switch переключатель; *4* — flight director course indicator плановый навигационный прибор; *5* — flight director indicator пилотажный командный прибор; *7* — turn and slip indicator указатель поворота и скольжения; *9* — altimeter высотомер; *10* — marker passing lights сигнальные лампы пролёта маркерных маяков; *11* — altimeter высотомер; *12* — aviation clock авиационные часы; *13* — DME indicator индикатор дальномера; *14* — outside air temperature indicator указатель температуры наружного воздуха

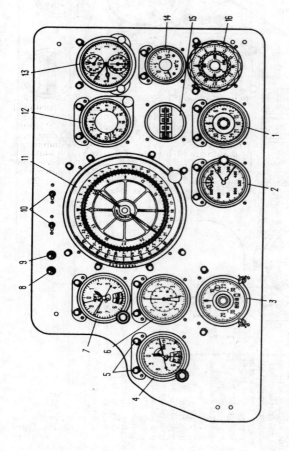

Рис. 33. Navigator's panel панель штурмана

1 — **chart angle selector (navigation system)** задатчик угла карты (навигационной системы); *2* — **counter (navigation system)** счётчик (навигационной системы); *3* — **drift angle indicator** указатель угла сноса; *4* — **altimeter** высотомер; *5, 8, 9* — **lights** сигнальные лампы; *10* — **switches** выключатели; *11* — **bearing and heading indicator** указатель штурмана; *12* — **compensator (compass system)** компенсатор (системы компаса); *13* — **aviation clock** авиационные часы; *14* — **outside air temperature indicator** указатель температуры наружного воздуха; *15* — **DME indicator** указатель дальномера; *16* — **wind selector** задатчик ветра

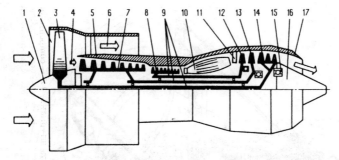

Рис. 34. Three-rotor turbofan engine трёхвальный турбовентиляторный двигатель

1 — **intake fairing** обтекатель передней опоры; *2* — **intake** воздухозаборник; *3* — **fan rotor** вентиляторный ротор; *4* — **main duct** первый [внутренний] контур; *5* — **compressor intermediate casing** разделительный корпус компрессора; *6* — **bypass duct** второй [внешний] контур; *7* — **low-pressure [LP] compressor** компрессор низкого давления, КНД; *8* — **high-pressure [HP] compressor** компрессор высокого давления, КВД; *9* — **shafts** валы; *10* — **combustion chamber** камера сгорания; *11* — **turbine nozzle guide vanes** сопловой аппарат турбины; *12* — **high-pressure turbine** турбина (компрессора) высокого давления; *13* — **low-pressure turbine** турбина (компрессора) низкого давления; *14* — **fan(-drive) turbine** турбина вентилятора; *15* — **bearing** опора; *16* — **exhaust cone** конус сопла; *17* — **exhaust nozzle** реактивное сопло

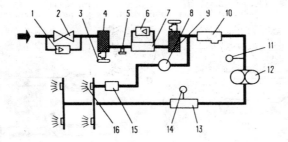

Рис. 35. Engine fuel system топливная система двигателя

1 — **check valve** обратный клапан; *2* — **fuel fire shut-off valve** перекрывной пожарный кран топлива; *3* — **drain valve** сливной кран; *4* — **coarse filter** фильтр грубой очистки; *5* — **fuel system preservation filler** штуцер консервации топливной системы; *6* — **pressure-reducing valve** редукционный клапан; *7* — **backup pump** насос низкого давления; *8* — **differential pressure switch** сигнализатор перепада давления; *9* — **fine filter** фильтр тонкой очистки; *10* — **fuel flow transmitter** датчик расхода топлива; *11* — **pressure switch** сигнализатор давления; *12* — **main fuel pump** основной топливный насос; *13* — **fuel control unit** командно-топливный агрегат; *14* — **pressure gage transmitter** датчик манометра давления; *15* — **starting fuel valve** клапан пускового топлива; *16* — **fuel nozzle** топливная форсунка

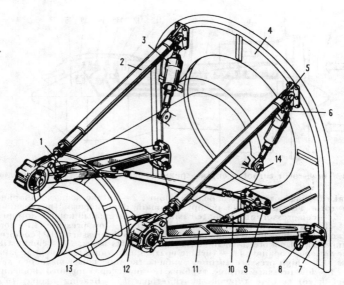

Рис. 36. Engine mount рама крепления двигателя

1 — **bonding strip** перемычка металлизации; *2* — **supporting strut, upper** верхний подкос; *3* — **supporting strut, rear** задний подкос; *4* — **nacelle strong frame** силовой шпангоут гондолы; *5* — **bracket** кронштейн; *6* — **link** серьга; *7* — **bracket** кронштейн; *8* — **attachment lug** узел крепления; *9* — **bracket** кронштейн; *10* — **supporting strut, internal** внутренний подкос; *11* — **beam** балка; *12* — **shock insulator, front** передний амортизатор; *13* — **engine trunnion, front** передняя цапфа двигателя; *14* — **engine trunnion, rear** задняя цапфа двигателя

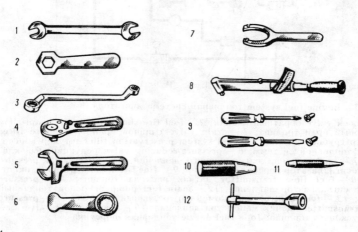

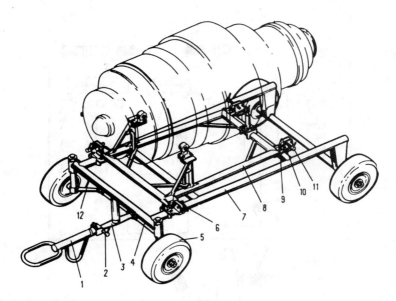

Рис. 37. **Engine dolly** тележка для транспортировки двигателей

1 — **tow bar** водило; *2, 11* — **pin** шпилька; *3* — **lever** рычаг; *4* — **rod** тяга; *5* — **wheel** колесо; *6* — **bolt** болт; *7* — **frame** рама; *8* — **engine mount** рама крепления двигателя; *9* — **guiding pin** направляющий штырь; *10* — **bar** планка; *12* — **axis** ось

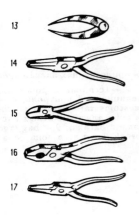

Рис. 38. **Tools** инструмент

1 — **double-head wrench** двусторонний ключ; *2* — **box-end wrench** закрытый (накидной) ключ; *3* — **ring wrench** ключ «звёздочка»; *4* — **ratchet wrench** ключ с трещоткой; *5* — **adjustable wrench** разводной ключ; *6* — **ring wrench** ключ «звёздочка»; *7* — **peg spanner** штифтовый ключ; *8* — **torque wrench** тарированный ключ; *9* — **blade and cruciform screwdrivers** перьевая и крестообразная отвёртки; *10* — **drift** осадка; *11* — **center punch** кернер; *12* — **socket wrench** торцовый ключ; *13* — **outside caliper** кронциркуль; *14* — **flat-nose pliers** плоскогубцы; *15* — **side-cutting pliers** кусачки или бокорезы; *16* — **combination pliers** пассатижи; *17* — **round-nose pliers** круглогубцы

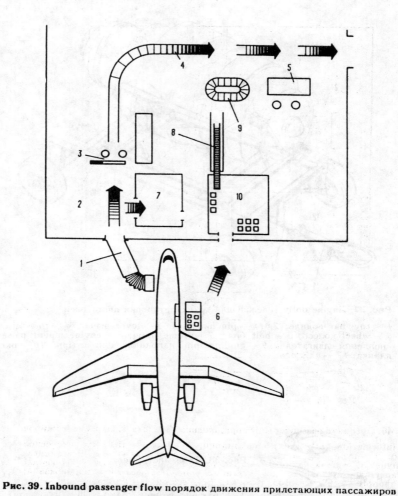

Рис. 39. Inbound passenger flow порядок движения прилетающих пассажиров

1 — **telescopic walkway** телескопический трап; *2* — **terminal** аэровокзал; *3* — **passport and health control** паспортный и медицинский контроль; *4* — **passenger way** путь движения пассажиров; *5* — **customs** таможенная служба; *6* — **baggage** багаж; *7* — **transit passenger area** зона для транзитных пассажиров; *8* — **baggage convey belt** устройство раздачи багажа; *9* — **baggage race track** стенд раздачи багажа; *10* — **baggage break-down area** зона обработки прибывающего багажа

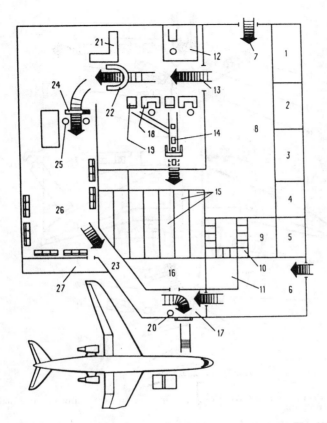

Рис. 40. **Outbound passenger flow** порядок движения вылетающих пассажиров

1 — **information desk** пункт информации; *2* — **tourist office** туристическое бюро; *3* — **insurance sales** оформление страхования; *4* — **medical center** медпункт; *5* — **bank** банк; *6* — **transit lounge** транзитный зал; *7* — **terminal entrance** вход в аэровокзал; *8* — **terminal concourse** вестибюль аэровокзала; *9* — **shopping center** торговая точка; *10* — **telephones** телефоны; *11* — **bar** бар; *12* — **ticket sales** продажа билетов; *13* — **check-in** регистрация (пассажиров); *14* — **baggage** багаж; *15* — **airlines administration offices** представительства авиакомпаний; *16* — **duty-free shop** магазин беспошлинной продажи; *17* — **ticket check area** место проверки билетов; *18* — **check-in desk** стойка регистрации (пассажиров); *19* — **baggage weight-in** взвешивание багажа; *20* — **boarding clerk** дежурный по посадке; *21* — **customs** таможенная служба; *22* — **security check** контроль на наличие оружия; *23* — **observation desk** смотровая площадка; *24* — **passport and health control** паспортный и медицинский контроль; *25* — **security officials** служба безопасности; *26* — **departure lounge** зал вылета; *27* — **terminal jetty** закрытый балкон аэровокзала

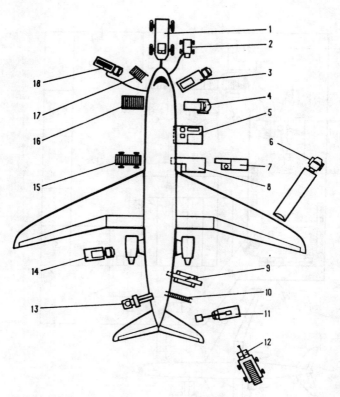

Рис. 41. Aircraft service trucks транспортные средства для обслуживания воздушного судна

1 — **tow tractor (low profile)** буксировщик (низкой посадки); *2* — **air-conditioning truck** кондиционер; *3* — **aerodrome lavatory truck** аэродромный ассенизатор; *4* — **electrical truck** электроагрегат; *5* — **containerized cargo loader** загрузчик грузов в контейнерах; *6* — **fuel tanker** топливозаправщик; *7* — **galley service truck** машина обслуживания кухни; *8* — **commissary truck** бытовая установка; *9* — **bulk cargo loader** автопогрузчик; *10* — **ladder** (складная) стремянка; *11* — **hydraulic platform** гидравлическая платформа; *12* — **heavy-duty fire tender** дежурная пожарная машина; *13* — **fork lift truck** автокар с вильчатым подъёмником; *14* — **hydrant truck** установка централизованной заправки (*топливом*); *15* — **self-propelled passenger steps** самоходный пассажирский трап; *16* — **passenger loading stand** пассажирский трап (*несамоходный*); *17* — **maintenance stand** стремянка для технического обслуживания; *18* — **ground power unit, GPU** аэродромный пусковой агрегат

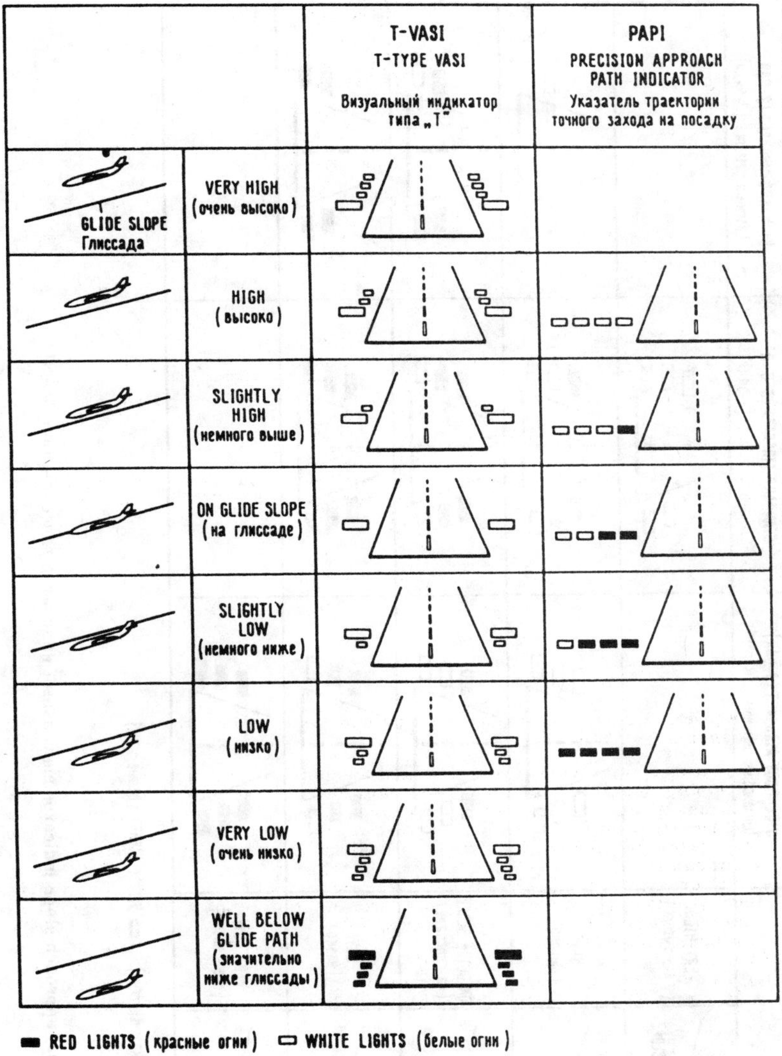

GLIDE SLOPE Глиссада		T-VASI T-TYPE VASI Визуальный индикатор типа „Т"	PAPI PRECISION APPROACH PATH INDICATOR Указатель траектории точного захода на посадку
✈	VERY HIGH (очень высоко)		
✈	HIGH (высоко)		▢▢▢▢
✈	SLIGHTLY HIGH (немного выше)		▢▢▢■
✈	ON GLIDE SLOPE (на глиссаде)		▢▢■■
✈	SLIGHTLY LOW (немного ниже)		▢■■■
✈	LOW (низко)		■■■■
✈	VERY LOW (очень низко)		
✈	WELL BELOW GLIDE PATH (значительно ниже глиссады)		

■ RED LIGHTS (красные огни)   ▢ WHITE LIGHTS (белые огни)

Рис. 42. Visual indicator визуальный индикатор глиссады типа T-VASI и PAPI

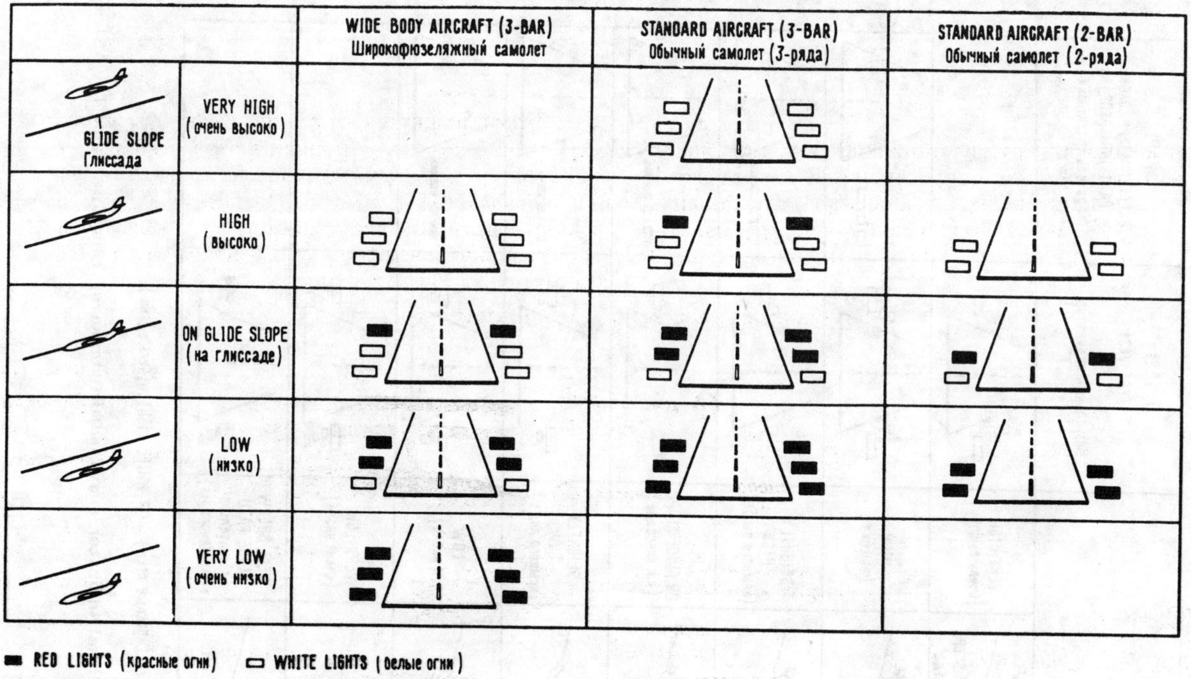

Рис. 43. Visual approach slope indicator визуальный индикатор глиссады типа VASI

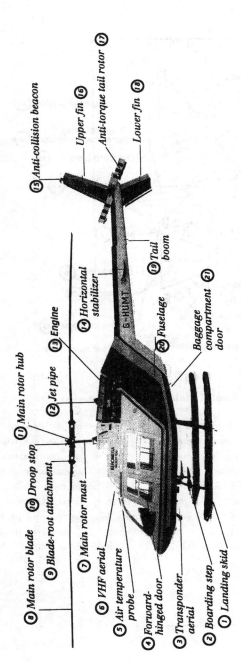

Рис. 44. Helicopter Вертолет (внешний вид)

1 - полозковое шасси; 2 - подножка для посадки; 3 - антенна (радио)ответчика; 4 - дверь с передней подвеской; 5 - датчик температуры воздуха; 6 - антенна ОВЧ; 7 - колонка несущего винта; 8 - лопасть несущего винта; 9 - крепление комля лопасти; 10 - ограничитель свеса (*лопасти*); 11 - втулка несущего винта; 12 - реактивная труба; 13 - двигатель; 14 - стабилизатор; 15 - проблесковый маяк; 16 - верхний киль; 17 - хвостовой винт; 18 - нижний киль; 19 - хвостовая балка; 20 - фюзеляж; 21 - багажная дверь;

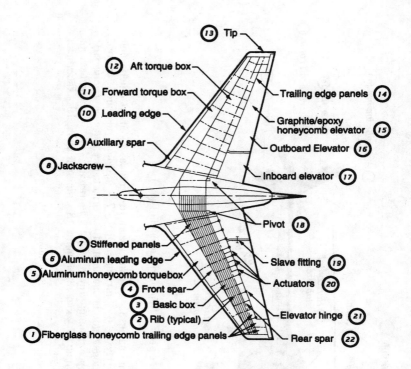

Рис. 45. Horizontal stabilizer Стабилизатор

1 - панели из стекловолокна; 2 - типовая нервюра; 3 - кессон; 4 - передний лонжерон; 5 - кессон из сотового алюминия; 6 - алюминиевый обтекатель; 7 - силовая панель; 8 - узел винтового подъемника; 9 - дополнительный лонжерон; 10 - передняя кромка стабилизатора; 11 - передний кессон; 11 - передний кессон; 12 - задний кессон; 13 - законцовка крыла; 14 - панели законцовки крыла; 15 - руль высоты из графитоэпоксидного сотового материала; 16 - внешний руль высоты; 17 - внутренний руль высоты; 18 - оси стабилизатора; 19 - узлы крепления; 20 - приводы руля высоты; 21 - шарнир подвески руля высоты; 22 - задний лонжерон;

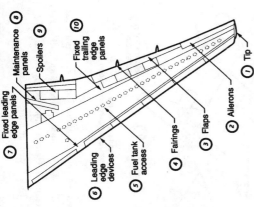

Рис. 46. Vertical stabilizer Киль

1 - термошпангоут; 2 - передний шпангоут крепления киля; 3 - высокочастотная антенна; 4 - соединитель; 5 - антенна ВОР; 6 - приводы руля поворота; 7 - обтекатель ВСУ; 8 - противопожарная перегородка; 9 - шпангоут крепления оси стабилизатора; 10 - задний шпангоут крепления киля;

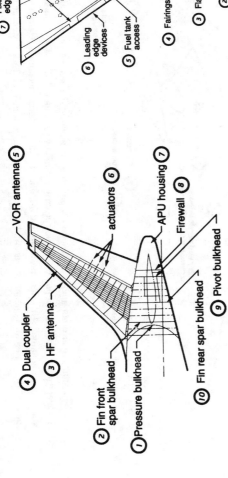

Рис. 47. Wing Structure Крыло

1 - законцовка крыла; 2 - элероны; 3 - закрылки; 4 - обтекатели; 5 - лючок топливного бака; 6 - оборудование в переднем обтекателе; 7 - панели носового обтекателя; 8 - съемные панели для техобслуживания; 9 - спойлеры; 10 - панели стекателя крыла;

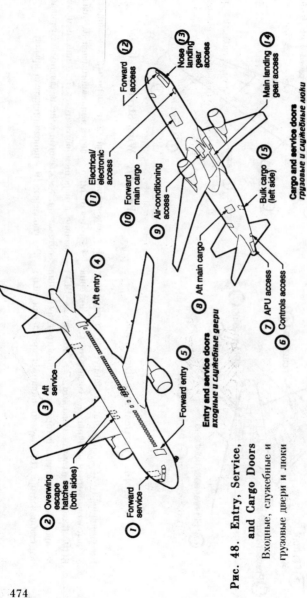

Рис. 48. Entry, Service, and Cargo Doors
Входные, служебные и грузовые двери и люки

1 - передняя служебная дверь; 2 - люки аварийного покидания; 3 - задняя служебная дверь; 4 - задняя входная дверь; 5 - передняя входная дверь; 6 - люк средств контроля; 7 - люк ВСУ; 8 - задний грузовой люк; 9 - люк системы кондиционирования; 10 - передний грузовой люк; 11 - люк электрического и электронного оборудования; 12 - передний лючек; 13 - створки переднего шасси; 14 - створки основного шасси; 15 - грузовой люк;

Рис. 49. Nose Landing Gear
Носовая стойка шасси

1 - узел для буксировки; 2 - рычаг системы управления разворотом колес; 3 - цилиндр управления разворотом колес; 4 - нижнее звено переднего подкоса; 5 - звено замка шасси (переднее); 6 - верхнее звено переднего подкоса; 7 - цилиндр уборки/выпуска; 8 - балка цилиндра; 9 - пружина замка; 10 - звено замка шасси (заднее); 11 - амортизатор; 12 - клапан зарядки воздухом; 13 - шлиц-шарнир;

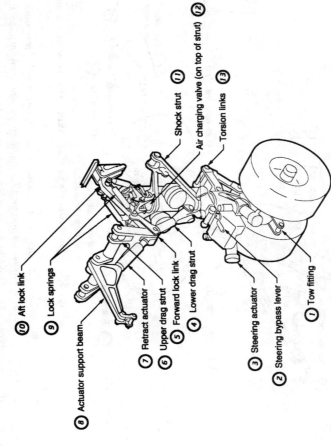

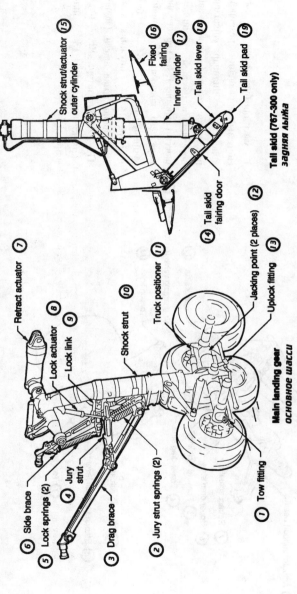

Рис. 50. Main Gear and Tail Skid Основная стойка шасси и задняя лыжа.

1 - узел для буксировки; 2 - пружины складывающегося подкоса; 3 - передний подкос; 4 - складывающийся подкос; 5 - пружина замка; 6 - боковой подкос; 7 - цилиндр уборки/выпуска шасси; 8 - привод замка; 9 - звено замка; 10 - амортизатор; 11 - цилиндр-демпфер тележки шасси; 12 - место для вывески шасси; 13 - серьга замка убранного положения; 14 - обтекатель задней лыжи; 15 - цилиндр амортизации и уборки/выпуска; 16 - стационарный обтекатель; 17 - шток; 18 - рычаг задней лыжи; 19 - опора задней лыжи;

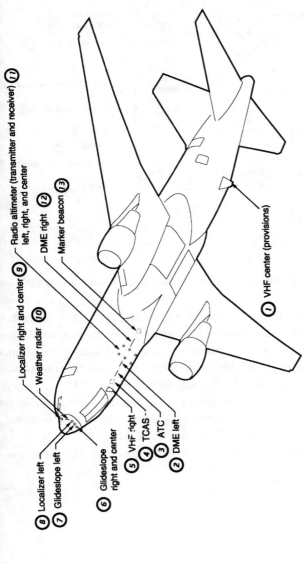

Рис. 51. Antenna Locations Размещение антенн

1 - высокочастотная антенна; 2 - антенна ДМЕ (левая); 3 - антенна УВД; 4 - антенна системы предупреждения столкновений; 5 - антенна УВЧ (правая); 6 - глиссадные антенны (правая и центральная); 7 - глиссадная антенна (левая); 8 - антенны (левая) курсовой системы; 9 - антенны (правая и центральная) курсовой системы; 10 - антенна метеолокатора; 11 - антенна радиовысотомера (передатчик и приемник); 12 - антенна ДМЕ (правая); 13 - антенна маркерного маяка;

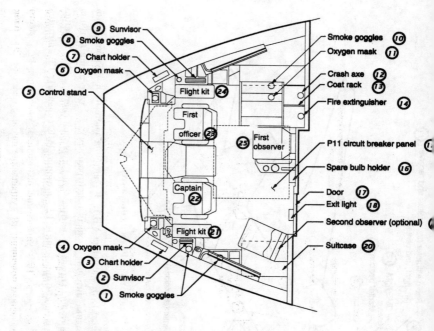

Рис.52 Flight Deck Equipment Оборудование пилотской кабины

1 - противодымные маски; 2 - противосолнечные очки; 3 - держатель карты; 4 - кислородная маска; 5 - пульт контрольных приборов 6 - кислородная маска; 7 - держатель карты; 8 - противодымные маски; 9 - противосолнечные очки; 10 - противодымные маски 11 - кислородная маска; 12 - аварийный топор; 13 - гардероб 14 - огнетушитель; 15 - панель предохранителей; 16 - набор запасных лампочек; 17 - дверь; 18 - освещение двери; 19 - место первого инструктора; 20 - чемодан; 21 - бортовая аптечка; 22 - кресло командира корабля; 23 - кресло второго пилота; 24 - бортовая аптечка; 25 - место второго инструктора;

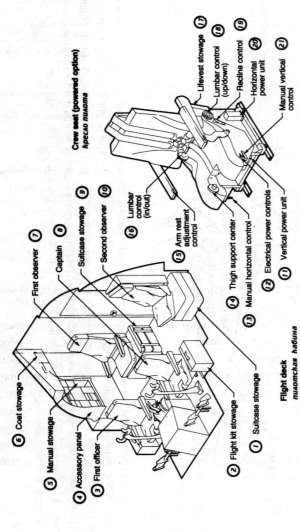

Рис. 53 Crew Seats Stowage Areas Кресла экипажа и зоны хранения средств

1 - место хранения чемодана; 2 - место хранения бортовой аптечки; 3 - кресло второго пилота; 4 - запасная панель; 5 - место хранения мелких вещей; 6 - гардероб; 7 - кресло первого инструктора; 8 - кресло командира корабля; 9 - место хранения чемодана; 10 - кресло второго инструктора; 11 - блок вертикального перемещения кресла; 12 - электроуправление креслом; 13 - ручное управление горизонтальным перемещением кресла; 14 - пульт управления положения ног; 15 - управление положением подлокотника; 16 - управление положением поясницы; 17 - место хранения спасательного жилета; 18 - управление положением поясницы; 19 - управление наклоном спинки; 20 - блок горизонтального перемещения кресла; 21 - ручное управление вертикальным перемещением кресла

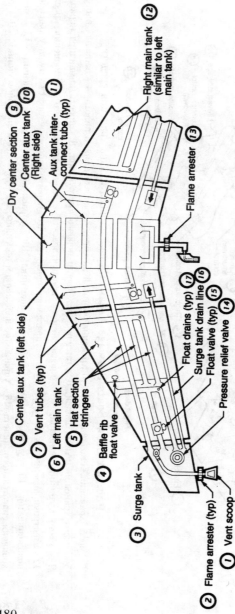

Рис. 54 Tank Vent System Система вентиляции топливных баков

1 - воздухозаборник вентиляции; 2 - противопожарный клапан; 3 - запасной бак; 4 - клапан успокоителя топлива; 5 - стрингера верхней панели; 6 - левый основной бак; 7 - трубы дренажа; 8 - центральный основной бак (левый); 9 - секция, не заполняемая топливом; 10 - центральный основной бак (правый); 11 - межбаковое соединение с вспомогательным баком; 12 - правый основной бак; 13 - противопожарный клапан; 14 - предохранительный клапан; 15 - поплавковый клапан; 16 - дренаж запасного бака; 17 - дренаж поплавкового клапана;

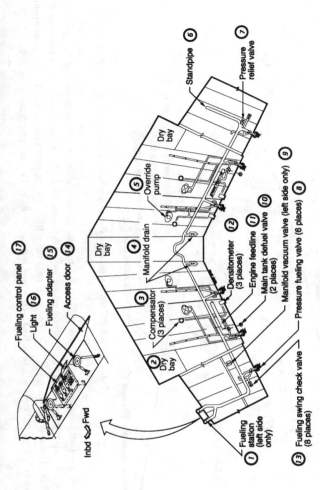

Рис. 55 Fueling System Система заправки топливом

1 - пульт заправки топливом; 2 - отсек без топлива; 3 - компенсатор; 4 - патрубок слива; 5 - насос; 6 - труба; 7 - предохранительный клапан; 8 - клапан заправки топливом; 9 - патрубок вакуумного клапана; 10 - клапан слива из основного бака; 11 - линия подачи топлива в двигатели; 12 - денситометр; 13 - клапан контроля пульсации топлива; 14 - люк; 15 - топливный переходник заправки; 16 - освещение; 17 - панель контроля заправки;

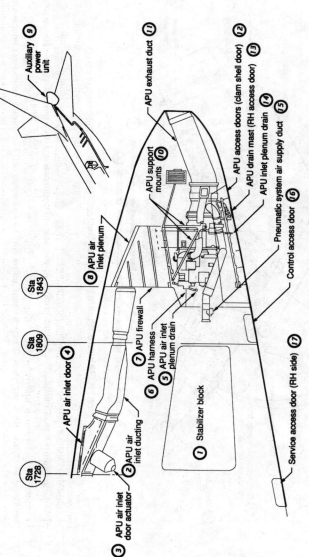

Рис. 56 APU Installation Размещение ВСУ

1 - стабилизатор; 2 - патрубок подачи воздуха в ВСУ; 3 - привод створки ВСУ; 4 - створка подачи воздуха в ВСУ;
5 - дренаж ВСУ; 6 - крепление ВСУ; 7 - противопожарная перегородка ВСУ; 8 - кожух ВСУ; 9 - размещение ВСУ;
10 - подвеска ВСУ; 11 - выхлопная труба ВСУ; 12 - люк подхода к ВСУ; 13 - дренажный блок; 14 - заборник дренажа;
15 - пневматический блок подачи воздуха в ВСУ; 16 - люк подхода к ВСУ; 17 - эксплуатационный люк;

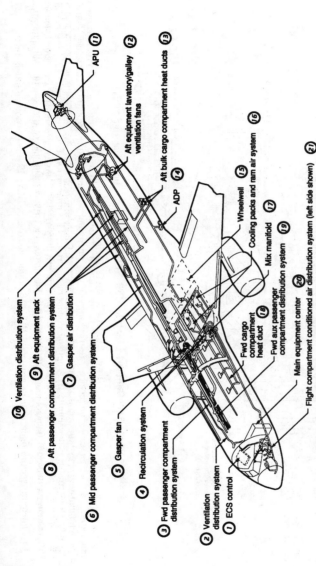

Рис. 57 Environmental Control System Система кондиционирования

1 - панель управления системой кондиционирования; 2 - система индивидуальной вентиляции; 3 - система кондиционирования передней пассажирской кабины; 4 - система рециркуляции; 5 - блок вентилятора; 6 - система кондиционирования средней пассажирской кабины; 7 - система распределения воздуха; 8 - система кондиционирования задней пассажирской кабины; 9 - задняя стойка крепления оборудования; 10 - система распределения вентиляции; 11 - ВСУ; 12 - вентиляторы обдува заднего туалета и кухни; 13 - патрубки обогрева заднего грузового отсека; 14 - насос с воздушным приводом; 15 - ниша колес шасси; 16 - система охлаждения деталей шасси; 17 - патрубок смесителя воздуха; 18 - патрубок обогрева переднего грузового отсека; 19 - система кондиционирования передней пассажирской кабины; 20 - пульт установки основного оборудования; 21 - система кондиционирования кабины экипажа;

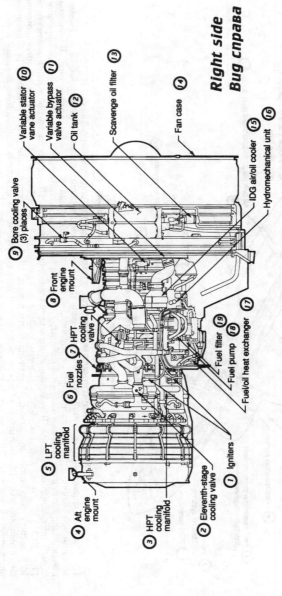

Рис. 58. General Electric CF6-80C2F Engine Двигатель CF6-80C2F

1 - воспламенители; 2 - клапан охлаждения одиннадцатой ступени; 3 - патрубок охлаждения турбины высокого давления; 4 - задняя подвеска двигателя; 5 - патрубок охлаждения турбины низкого давления; 6 - топливные форсунки; 7 - клапан охлаждения турбины высокого давления; 8 - передняя подвеска двигателя; 9 - клапан системы охлаждения; 10 - привод поворота лопаток; 11 - привод клапана перепуска; 12 - масляный бак; 13 - фильтр линии откачки масла; 14 - корпус вентилятора; 15 - воздухомасляный радиатор генератора; 16 - гидромеханический блок; 17 - топливомасляный радиатор; 18 - топливный насос; 19 - топливный фильтр;

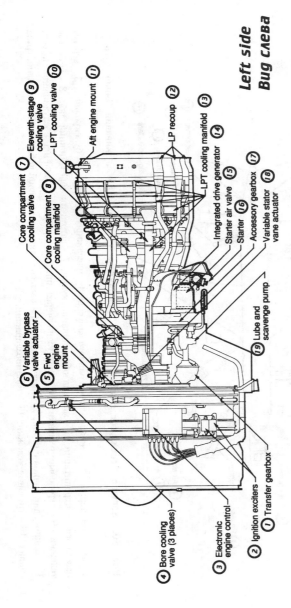

Рис. 59. General Electric CF6-80C2F Engine Двигатель CF6-80C2F

1 - передаточный редуктор; 2 - катушка зажигания; 3 - блок контроля работы двигателя; 4 - клапан системы охлаждения; 5 - передняя подвеска двигателя; 6 - привод клапана перепуска; 7 - клапан охлаждения двигателя; 8 - патрубок охлаждения двигателя; 9 - клапан охлаждения одиннадцатой ступени; 10 - клапан охлаждения турбины низкого давления; 11 - задняя подвеска двигателя; 12 - патрубок низкого давления; 13 - патрубок охлаждения турбины низкого давления; 14 - генератор со встроенным приводом; 15 - клапан воздушного стартера; 16 - стартер; 17 - коробка приводов агрегатов; 18 - привод поворота лопаток; 19 - насос откачки;

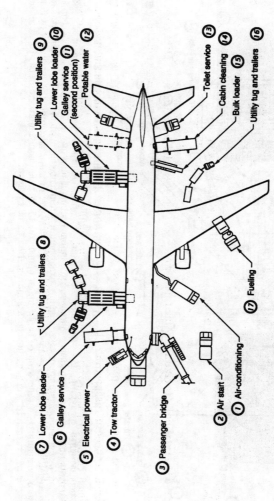

Рис. 60. Service Trucks for Boeing - 767 Транспортные средства для обслуживания "Боинг - 767"

1 - кондиционер; 2 - установка для воздушного запуска; 3 - пассажирский трап; 4 - буксировщик; 5 - агрегат наземного электропитания; 6 - машина обслуживания кухни; 7 - загрузчик через нижний люк; 8 - грузовые тележки; 9 - грузовые тележки; 10 - загрузчик через нижний люк; 11 - машина обслуживания кухни; 12 - машина для бачков с водой; 13 - ассенизатор; 14 - пылесос для пассажирской кабины; 15 - загрузчик груза внавал; 16 - грузовые тележки; 17 - топливозаправщик;

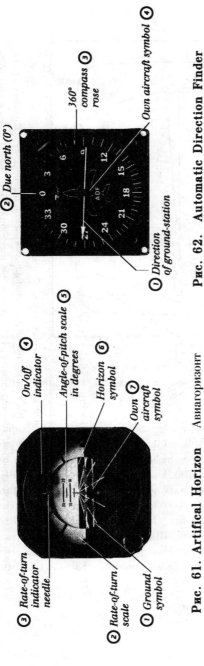

Рис. 61. Artifical Horizon Авиагоризонт

Рис. 62. Automatic Direction Finder Автоматический радиокомпас

1 - символ земной поверхности; 2 - шкала указателя угловой скорости разворота; 3 - указатель шкалы угловой скорости разворота; 4 - указатель включения авиагоризонта; 5 - шкала указателя тангажа; 6 - символ горизонта; 7 - символ самолета;

1 - направление на наземную станцию; 2 - истинное направление северного меридиана; 3 - шкала компаса; 4 - символ самолета.

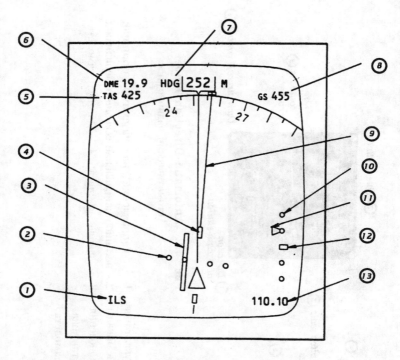

Рис. 63. **EHSI Display** Дисплей электронного индикатора горизонтального положения (в режиме расширенной индикации ИЛС)

1 - **Data source annunciator** Сигнализатор источника данных;
2 - **Localizer deviation scale** Шкала отклонения от оси курсового луча;
3 - **Localizer deviation pointer** Указатель отклонения от оси курсового луча;
4 - **Selected runway course pointer** Указатель выбранного курса ВПП;
5 - **True airspeed** Истинная воздушная скорость; 6 - **Distance** Расстояние; 7 - **Heading** Курс; 8 - **Ground speed** Путевая скорость;
9 - **Selected runway course line** Линия выбранного курса ВПП;
10 - **Glideslope deviation scale** Шкала отклонения от глиссады;
11 - **Glideslope deviation pointer** Указатель отклонения от глиссады;
12 - **Glideslope index** Индекс шкалы глиссады; 13 - **ILS tuned frequency** частота настройки ИЛС;

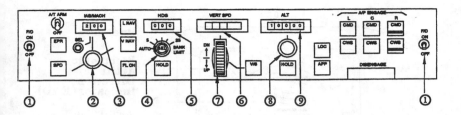

Рис. 64 Mode Control Panel.   Пульт управления режимами самолета

1 - **Flight Director: Enables respective pilots command bars. Bars are positioned by selected Flight Control Computer** - Выключатель F/D: Система обеспечивает перемещение соответствующих командных планок. Планки управляются выбранным компьютером контроля полета FCC.

2 - **IAS/MACH Selector: Sets speed in the speed window and positions command airspeed bugs** Задатчик приборной воздушной скорости/числа Маха: устанавливает скорость в окне скорости и устанавливает курсоры воздушной скорости

3 - **Speed window: Displays selected speed when IAS/MACH selector is controlling the airspeed bugs. Blank when FMC is controlling airspeed bugs.** Окно скорости: индицирует выбранную скорость, когда задатчик приборной воздушной скорости/числа Маха управляет курсорами воздушной скорости. Индикация отсутствует, когда курсорами воздушной скорости управляет компьютер FMC.

4 - **Heading Selector: Sets heading in heading window. Positions heading marker on both HSIs.** Задатчик курса: устанавливает курс в окне курса. Устанавливает индексы курса на обоих индикаторах горизонтального положения HSI.

5 - **Heading Window: Displays selected heading. HSI heading markers are positioned to this value.** Окно курса: показывает выбранный курс. На это значение устанавливаются индексы курса индикаторов HSI.

6 - **Vertical Speed Selector: Sets vertical speed in vertical speed window.** Задатчик вертикальной скорости: устанавливает вертикальную скорость в окне вертикальной скорости.

7 - **Vertical Speed Window: Displays the selected vertical speed.** Окно вертикальной скорости: показывает выбранную вертикальную скорость.

8 - **Altitude Selector: Sets altitude in the altitude window.** Задатчик высоты: устанавливает высоту в окне высоты.

9 - **Altitude Window: Displays selected altitude. Reference for altitude alerting and automatic leveloff.**   Окно высоты: показывает выбранную высоту. Служит также для контроля сигнализации об отклонении от заданной высоты и контроля автоматического выравнивания.

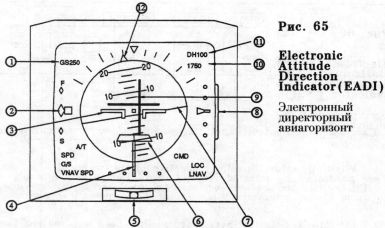

Рис. 65

Electronic Attitude Direction Indicator (EADI)

Электронный директорный авиагоризонт

1. **Groundspeed Indicator: Indicates current groundspeed in knots.** Индикатор путевой скорости: показывает текущую путевую скорость в узлах.
2. **Fast/Slow Pointer and Scale: Displays deviation from manually selected airspeed, FMC calculated speed or limit speed.** Указатель и шкала "Быстро/Медленно": показывает отклонение от заданной вручную скорости, рассчитанной компьютером FMC скорости или от предельной скорости.
3. **Airplane Symbol: Indicates relative position of the airplane.** Символ самолета: показывает относительное положение самолета.
4. **Localizer Pointer and Deviation Scale: Pointer shows localizer position. Scale indicates localizer deviation.** Указатель и шкала отклонений курсового радиомаяка: указатель показывает положение курсового радиомаяка. Шкала показывает отклонение от луча курсового радиомаяка.
5. **Slip Indicator: Shows sideslip of the airplane.** Указатель скольжения: показывает боковое скольжение самолета.
6. **Rising Runway: Displays only when localizer pointer is in view. Rises toward the airplane symbol when below 200 feet AGL.** Поднимающееся изображение ВПП: индицируется, только когда указатель курсового радиомаяка находится в поле зрения. Поднимается в направлении символа самолета, когда высота относительно уровня земли меньше 200 футов.
7. **Horizon Line: Indicates horizon.** Горизонтальная линия: индицирует горизонт.
8. **Glideslope Pointer and Deviation Scale: Pointer shows glideslope position. Scale indicates glideslope deviation.** Указатель и шкала отклонений от глиссады: указатель показывает положение глиссады. Шкала показывает отклонения от глиссады.
9. **Flight Director Command Bars: Available when F/D switch is ON and valid pitch or bank command steering is available.** Планки системы директорного пилотирования: индицируются, когда выключатель F/D находится в положении ON и поступают достоверные команды управления по каналам тангажа и крена.
10. **Radio Altitude: Displays radio altitude below 2500 feet. Blank when above 2500 feet.** Радиовысота: показывает высоту по радиовысотомеру ниже 2500 футов. Индикация отсутствует, когда высота больше 2500 футов.
11. **Decision Height: Displays decision height selected on the ADI control panel.** Высота принятия решения: показывает высоту принятия решения, выбранную на пульте управления директорного авиагоризонта.
12. **Bank Indicator and Scale: Shows airplane bank agle.** Указатель и шкала крена: показывает угол крена самолета.

Рис. 66

Electronic Horizontal Situation Indicator (EHSI)

Электронный индикатор горизонтального положения

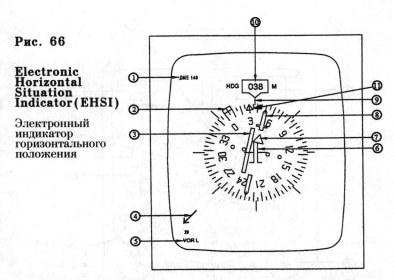

1. **Distance Display: Navaid DME or distance to next waypoint.** Индикация расстояния: до маяка DME или расстояние до следующего пункта маршрута.
2. **Selected Heading Marker: Indicates heading set on the MCP.** Индекс выбранного курса: показывает курс, заданный на пульте управления режимами MCP.
3. **Course Indicator and Deviation Scale: Displays VOR/ILS course is set and that valid signals are present. One dot: ILS=1°, VOR=5°, NAV=2nm.** Индикатор азимута и шкала отклонения: показывает, что азимут VOR/ILS задан и что сигналы радиомаяков принимаются. Одной точке шкалы отклонения для системы ILS соответствует 1°, для VOR - 5°, для навигационного средства NAV - 2 морских мили.
4. **Wind Speed and Direction Indicator: Indicates wind speed in knots and direction with respect to map orientation.** Индикатор скорости и направления ветра: показывает скорость ветра в узлах и напрвление по отношению к оси ориентации карты.
5. **Source NAV Data: Displays source of nav radio data.** Источник навигационных (NAV) данных: показывает источник радионавигационных данных.
6. **Airplane Symbol: Represents the airplane.** Символ самолета: представляет самолет.
7. **To-From Indicator: VOR only. Shows if the selected course will take you to or from the VOR.** Индикатор к/от: Только для радиомаяка VOR. Показывает, будете ли Вы при заданном азимуте двигаться к или от радиомаяка VOR.
8. **Selected Course Pointer: Points to selected course as set on the MCP.** Указатель выбранного азимута: указывает выбранный на пульте управления режимами MCP азимут.
9. **Lubber Line: Shows airplanes current heading.** Курсовая черта: указывает текущий курс самолета.
10. **Heading Indicator: Displays actual airplane heading, either true or magnetic.** Индикатор курса: показывает текущий курс самолета, истинный или магнитный.
11. **Drift Angle Pointer: Shows drift angle on the current heading.** Указатель угла сноса: указывает угол сноса при текущем курсе.

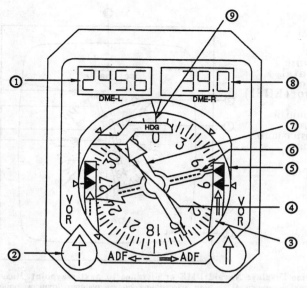

Рис. 67. Radio Distance Magnetic Indicator (RDMI).
Радиомагнитный индикатор курсовых углов и дальности

1. **Left DME Indicator: Displays distance to VOR station tuned on the left side.** Индикатор левого DME: показывает расстояние до радиомаяка VOR, на который настроен левый приемник.
2. **ADF/VOR Selector L/R: VOR/ADF bearing to the tuned station when a valid signal is present.** Переключатель левого/правого приемников автоматического радиокомпаса ADF/VOR: пеленг на настроенную станцию VOR/ADF при получении сигнала исправности.
3. **Bearing Pointer Failure Flag (L/R): Shows selected VOR/ADF receiver has failed or no data is available.** Флажок неисправности указателя пеленга (левого/правого): показывает, что включенный приемник VOR/ADF отказал или данные маяка отсутствуют.
4. **Heading Flag: Indicated IRS heading source has failed.** Флажок отказа источника информации о курсе: инерциальная система, являющаяся источником информации о курсе отказала.
5. **Compass Card: Indicates airplane heading under lubber line.** Картушка компаса: показывает курс самолета, индицируемый под курсовой чертой.
6. **Narrow Pointer: Indicates left VOR/ADF magnetic bearing to selected station.** Узкая стрелка: показывает магнитный пеленг на маяк VOR/ADF, на который настроены левые приемники VOR/ADF.
7. **Wide Pointer: Indicates right VOR/ADF magnetic bearing to selected station.** Широкая стрелка: показывает магнитный пеленг на маяк VOR/ADF, на который настроены правые приемники VOR/ADF.
8. **Right DME Indicator: Displays distance to VOR station tuned on the right side.** Индикатор правого DME: показывает расстояние до радиомаяка VOR, на который настроен правый приемник.
9. **Lubber Line: Indicates present airplane heading.** Курсовая черта: показывает текущий курс самолета.

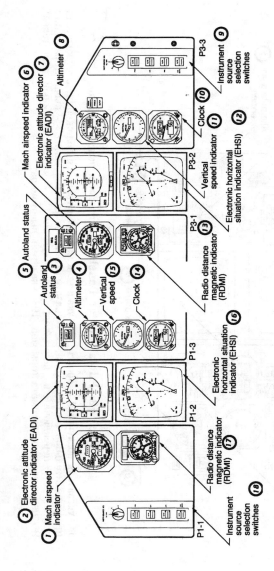

Рис. 68. Instrument Panels Приборная доска

1 - указатель числа "Маха"; 2 - указатель командного авиагоризонта; 3 - панель системы автоматической посадки; 4 - высотомер; 5 - панель системы автоматической посадки; 6 - указатель числа "Маха"; 7 - указатель командного авиагоризонта; 8 - высотомер; 9 - переключатель приборной доски; 10 - часы; 11 - вариометр; 12 - электронный индикатор горизонтального положения; 13 - радиомагнитный индикатор курсовых узлов и дальности; 14 - часы; 15 - вариометр; 16 - электронный индикатор горизонтального положений; 17 - радиомагнитный индикатор курсовых углов и дальности; 18 - переключатель приборной доски;

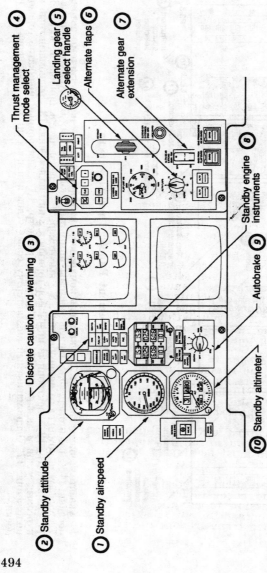

Рис. 69. Pilots' Center Panels Центральная панель пилотов

1 - указатель воздушной скорости; 2 - указатель пространственного положения; 3 - указатели предупредительной сигнализации; 4 - указатели выбора режима тяги; 5 - рычаг управления шасси; 6 - переключатель закрылков; 7 - указатель; 8 - панель приборов двигателей; 9 - переключатель автомата тормозов; 10 - указатель высотомера;

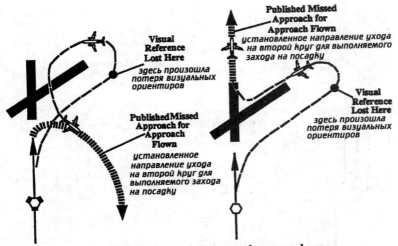

Рис. 70. Missed approach procedure.
Процедура ухода на второй круг.

When you decide to execute the missed approach, fly the airplane in accordance with the go around procedures in the operations manual. Transition from the approach to the missed approach in a positive manner using precise attitude and power control changes. Establish the missed approach attitude, power setting and configuration prescribed in the operations manual. Cross check the vertical velocity indicator and positive climb indications prior to retracting the gear and flaps. Since airplane control will require almost all of your attention, have the first heading, course and altitude in mind before reaching the missed approach point.

If visual reference to the runway is lost while circling to land, follow the missed approach procedure specified in your operations manual (OM) for the approach being flown. An initial climbing turn toward the landing runway will ensure that the airplane remains within the circling obstruction clearance area.

Continue to turn until established on the published missed approach course for the approach being flown. An immediate climb must be started to ensure climb gradient requirements are met.

As soon as practical after starting the missed approach advise ATC and request clearance for a specific action, such as a diversion to an alternate airport, or another approach or holding. Do not sacrifice airplane control for the sake of voice transmission to ATC.

Terrain clearance is provided within established boundaries of the approach course and the missed approach path. It is essential that you follow the procedure depicted on the approach plate or the instructions issued by the controller be followed. Be aware of the minimum safe altitudes published on the approach chart. Remember that the missed approach climb gradient begins at the published MAP.

Когда Вы решаете выполнить уход на второй круг, пилотируйте самолет в соответствии с процедурами ухода на второй круг, изложенными в руководстве по производству полетов. Переходите из режима захода на посадку на режим ухода на второй круг решительным образом, производя точно изменения угла тангажа и тяги двигателя. Необходимо установить угол тангажа для ухода на второй круг, режим работы двигателя и конфигурацию, указанные в руководстве по производству полетов. Одновременно необходимо следить за показаниями индикатора вертикальной скорости и положительной индикацией набора высоты прежде, чем убирать шасси и закрылки. Поскольку управление самолетом требует всего вашего внимания, Вам необходимо держать в памяти первый курс, азимут и высоту до прихода в точку ухода на второй круг.

Если визуальная привязка к взлетно-посадочной полосе потеряна в процессе захода на посадку по кругу, необходимо следовать процедуре ухода на второй круг, указанной в Вашем руководстве по производству полетов (ОМ) для выполняемого захода на посадку. Начальный разворот с набором высоты в направлении взлетно-посадочной полосы посадки будет гарантировать, что самолет останется в зоне безопасных высот пролета препятствий при пролете по кругу.

Необходимо продолжать разворот до выхода на установленный для ухода на второй круг азимут для захода на посадку, который предполагалось выполнить. Немедленный набор высоты должен быть начат, чтобы гарантировать удовлетворение требованию градиента набора высоты.

Настолько, насколько это практически возможно, после начала ухода на второй круг, необходимо уведомить диспетчера УВД и запросить разрешение на выполнение специальных действий, таких, как уход на запасной аэродром или повторный заход на посадку или полет в зоне ожидания. Не следует жертвовать управлением самолета ради речевого сообщения службе управления воздушным движением.

Высота пролета препятствий обеспечивается, когда полет совершается в установленных границах по азимуту для режима захода на посадку и по траектории ухода на второй круг. Существенно, чтобы Вы следовали процедуре, изображенной на схеме захода на посадку или инструкциям, выданным диспетчером УВД. Необходимо знать минимальные безопасные высоты, указанные в схеме захода на посадку. Необходимо помнить, что градиент набора высоты при уходе на второй круг начинается в установленной точке MAP.

РАДИООБМЕН
RADIOEXCHANGE

СОДЕРЖАНИЕ

1. Общая часть
2. Проверка (радио)связи
3. Запуск двигателей
4. Буксировка
5. Руление на вылет
6. Исполнительный старт
7. Взлёт и набор высоты
8. На эшелоне полёта
9. Контрольные пункты полёта
10. Информация о воздушном движении
11. Передача донесений о местоположении
12. Передача управления и изменение частоты
13. Метеорологические условия
14. Выполнение спецрейсов
15. Особые ситуации в полёте
16. Отказы двигателей
17. Отказ систем воздушного судна
18. Пожар в полёте
19. Потеря ориентировки
20. Потеря (радио)связи
21. Проблемы обеспечения управляемости и устойчивости воздушного судна
22. Незаконное вмешательство
23. Состояние здоровья пассажиров
24. Ошибки пилотирования
25. Нарушение установленных правил диспетчерского обслуживания
26. Информация об аэродроме посадки
27. Радиолокационное наведение при заходе на посадку
28. Информация об отказах радиолокационных средств
29. Работа ответчика

CONTENTS

General
Communication check
Starting engines
Towing procedures
Taxi procedures for departure
Line up position
Takeoff and climb
At flight level
Reporting points

Traffic information

Position reporting

Release of control and frequency change
Meteorological conditions

VIP flight operations
Inflight abnormal circumstances

Engines failures
Aircraft systems failure

Inflight fire
Loss of orientation
Communication failure
Aircraft's flight control and stability problems

Unlawful interference

Passengers' physical condition

Pilot's errors
Inadequate dispatching procedures

Information on aerodrome of landing
Radar vectoring

Radio navigation aids' failures information
Transponder service

30. Опознавание воздушных судов — Aircraft identification
31. Полёт в зоне ожидания — Holding procedures
32. Аэродромный круг полётов — Aerodrome traffic circuit
33. Заход на посадку — Approach
34. Выполнение посадки — Landing
35. Порядок ухода на второй круг — Missed approach procedure
36. Действия экипажа после посадки — After landing

1. Общая часть — General

Будьте на приёме	Stand by
Вас не слышно	Reply missing
Вас понял	Roger
Вас понял, выполняю	Wilco [will comply]
Вызовите меня снова через (*время*)	Call me again in (*time*)
Говорите медленнее	Speak slower
Готов (*к выполнению*)	Ready
Дано новое разрешение	Recleared
Даю поправку	Correction
Доложите	Report
Ждите	Stand by
Информацию принял	Copied OK
Конец (*связи*)	Out
Контролируйте (*радиосвязь*)	Monitor
Не принимайте во внимание	Disregard
Не разрешаю	Negative
Нет	Negative
Одобрено	Approved
Отменяю (*переданное ранее сообщение*)	Cancel
Пауза (*между частями сообщения*)	Break
Передавайте	Pass your message
Переходите на связь с...	Contact
Перехожу на приём	Over
Повторите	Say again [repeat]
Повторите текст	Read back
Повторяйте каждое слово дважды	Words twice
Подтвердите правильность (*приёма*)	Confirm
Подтвердите	Acknowledge
Подтверждаю	Affirm(ative)
Правильно	Correct
Приём	Over
При отсутствии связи	If no contact
Проверьте	Check
Проверьте и подтвердите	Verify
Продолжайте	Go ahead
Работайте с...	Contact
Раздел (*разных сообщений*)	Break, break
Разрешите	Request
Сообщите	Advise

501

2. Проверка (радио)связи — Communication check

Как слышите меня?	How do you read me?
Слышу отлично	Read you 5 by 5
Слышу хорошо	Read you 4 by 5
Слышу громко и чисто	Read you loud and clear
Слышу разборчиво	Readable
Слышу неразборчиво	Readable now and then
Вас не слышно	You are unreadable
Связи нет	Negative contact
Не мешайте (*радиосвязи*)	Do not interfere
Не перебивайте меня	Do not interrupt me
Передаю «блиндом»	Transmitting blind
Общая проверка радиосвязи	Radio check
Техническая проверка (*связи*)	Maintenance check
Предполётная проверка (*связи*)	Preflight check
Проверка связи в процессе полёта	Signal check
Повторите свой позывной	Say again your call sign
Повторите через другую гарнитуру	Say again using another headset
Вызываю (*наименование*) станцию	I am calling (*name*) station
Сделайте вызов (*наименование*) станции	Make a call (*name*) station
Ответ не прослушивается	Reply missing
Передавайте по очереди	Transmit in turn
Увеличьте мощность (*передатчика*)	Increase the power
Вызывайте меня дважды	Call me twice
Передайте моё сообщение	Relay my message

3. Запуск двигателей — Starting engines

Прошу (разрешить) запуск (*двигателей*)	Request start up
Запуск разрешаю	Start up approved
Запускайте в (*время*)	Start up at (*time*)
Запуск по готовности	Start up when ready
Запуск по запросу	Start up upon request
Ждите разрешения на запуск	Stand by for start
Запускайте по своему усмотрению	Start up at own discretion
Вы готовы к запуску?	Are you ready to start up?
Запуск разрешён	Cleared to start up
Запускаю (*двигатель*) номер	Starting number

4. Буксировка — Towing procedures

Прошу (разрешить) буксировку хвостом вперёд	Request push back
Прошу (разрешить) буксировку носом вперёд	Request towing
Требуется водило	We need a tow bar
Готов к буксировке	Ready for towing
Буксируйте на площадку для запуска	Tow to start-up area

Подтвердите снятие с тормозов	Confirm brakes released
С тормозов снято	Brakes released
Начинаем буксировку	Commencing towing
Буксировка выполнена	Towing completed
Подтвердите установку на тормоза	Confirm brakes set
Установлено на тормоза	Brakes set
Уберите тягач	Disconnect
Ждите визуального сигнала слева	Stand by for visual at your left

5. Руление на вылет

Taxi procedures for departure

Прошу условия руления	Request taxi instructions
Разрешите руление	Request taxi
Разрешаю предварительный (старт), ВПП (*номер*) по РД (*номера*)	Cleared to the holding point, runway (*number*) via taxiways (*numbers*)
Рулите по ВПП (*номер*)	Taxi via runway (*number*)
Остановитесь перед РД (*номер*)	Hold short of taxiway (*number*)
Рулите прямо	Taxi straight ahead
Рулите осторожно	Taxi with caution
Пропустите (*борт*)	Give the way to (*aircraft*)
Пропускаю (*борт*)	Giving the way to (*aircraft*)
Вижу движение (*борт*)	Traffic (*aircraft*) in sight
Остановитесь	Hold position
Остановился	Holding
Могу ли я пересечь ВПП (*номер*)?	May I cross the runway (*number*)?
Заруливайте на площадку ожидания	Taxi into the holding bay
Следуйте за бортом (*номер*)	Follow the aircraft (*number*)
Остановитесь перед пересечением ВПП	Hold short of the intersection
Разрешаю пересечение, выполнение доложите	Cross. Report clear
Понял, пересекаю	Roger, crossing
Увеличьте скорость руления	Expedite taxi
Уменьшите скорость руления	Taxi slower
Немедленно остановитесь	Stop immediately
Останавливаюсь	Stopping
Пересекайте ВПП (*номер*), освобождение доложите	Cross runway (*number*), report vacated
(*Борт*) на предварительном (старте)	(*Aircraft*) at holding point

6. Исполнительный старт

Line up position

Прошу исполнительный (старт)	Request line up clearance
Занимайте ВПП (*номер*)	Cleared to runway (*number*)
Занимайте исполнительный (старт) и ждите указаний	Line up and hold
Понял, разрешён исполнительный (старт)	Roger, cleared to line up
Разрешить вылет не могу	Unable to issue departure
Доложите готовность к вылету	Report when ready for departure
Будьте готовы к вылету	Be ready for departure

Выруливайте на ВПП (*номер*)	Line up runway (*number*)
Прошу роллинг-старт	Request rolling start
Занимаю исполнительный (старт)	Lining up
Взлёт разрешаю	Cleared for takeoff
Взлёт запрещаю	Unable to clear takeoff
Освободите ВПП немедленно	Clear the runway immediately
ВПП освободил	Runway vacated
Вы готовы к взлёту?	Are you ready for takeoff?
(*Борт*) к взлёту готов	(*Aircraft*) ready for takeoff
После взлёта правым разворотом на курс ... (*градусов*)	After departure turn right, heading ... (*degrees*)
После занятия ... (м) следуйте курсом ... (*градусов*)	After reaching ... (m) set heading ... (*degrees*)
После взлёта набирайте высоту на курсе взлёта	After departure climb straight ahead

7. Взлёт и набор высоты

Takeoff and climb

Взлетаю, (*борт*)	Taking off, (*aircraft*)
Отрыв в (*время*), правым на (*контрольный пункт*)	Airborne at (*time*) making right turnout to (*reporting point*)
(*Борт*), набирайте эшелон... (м), пересечение эшелона ... (м) доложите	(*Aircraft*), climb to ... (m), report passing ... (m)
Разрешаю набор эшелона ... (м) без ограничений	Cleared to climb to ... (m) unrestricted
После взлёта выполняйте разворот влево/вправо, курс ... (*градусов*)	After departure turn left/right, heading ... (*degrees*)
Возьмите курс ... (*градусов*) в (*время*)	Set heading ... (*degrees*) at (*time*)
На курсе	On course

8. На эшелоне полёта

At flight level

Сохраняйте эшелон ... (м)	Maintain ... (m)
Доложите занятие эшелона ... (м)	Report reaching ... (m)
Доложите уход с эшелона ... (м)	Report leaving ... (m)
Доложите пересечение нечётных эшелонов ... (м)	Report passing odd levels ... (m)
Сохраняйте текущий эшелон	Maintain present level
Сохраняйте эшелон ... (м) до пролёта (*контрольный пункт*)	Maintain ... (m) until passing (*reporting point*)
Сохраняйте эшелон ... (м) до новых указаний	Maintain ... (m) until advised
Прошу дальнейший набор (высоты)	Request further climb
Набор эшелона ... (м)	Climb to ... (m)
Снижаюсь до эшелона ... (м), пересечение эшелона ... (м) доложу	Descending to ... (m), will advise passing ... (m)
Набор эшелона ... (м), занятие доложите «по нулям»	Climb to ... (m) to be level on the hour
Прошу набор (высоты)	Request higher level
Не могу следовать на этом эшелоне	Unable to maintain the level

Прекратите снижение на эшелоне ... (м)	Stop descent at ... (m)
Доложите эшелон	Level check
На каком Вы эшелоне?	What is your level?
Следуйте через (*контрольный пункт*) на эшелоне ... (м)	Cross (*reporting point*) at ... (m)
Набирайте высоту на крейсерском режиме между эшелонами ... (м)	Cruise climb between levels ... (m)
Сообщите возможность полёта на эшелоне... (м)	Advise if able to fly at ... (m)
Снижайтесь до эшелона ... (м) для задержки (времени) полёта на маршруте	Descend to ... (m) for enroute delay

9. Контрольные пункты полёта

Reporting points

Сохраняйте эшелон ... (м) на (*контрольный пункт*)	Maintain ... (m) to (*reporting point*)
Вы находитесь в ... (км) севернее (*контрольный пункт*)	Position ... (km) north of (*reporting point*)
Прошу изменения маршрута после пролёта (*контрольный пункт*)	Request rerouting after (*reporting point*)
Не сообщайте о местоположении до (*контрольный пункт*)	Omit position reports until (*reporting point*)
Следуйте расчётным курсом на (*контрольный пункт*)	Resume own navigation to (*reporting point*)

10. Информация о воздушном движении

Traffic information

Встречный борт на эшелоне ... (м)	Opposite traffic at ... (m)
Борт под 30°/60°/90° справа	Traffic 1 o'clock/2 o'clock/3 o'clock
Борт под 90°/60°/30° слева	Traffic 9 o'clock/10 o'clock/11 o'clock
Борт (прямо) по курсу	Traffic 12 o'clock
Борт сзади Вас	Traffic 6 o'clock
Борт — по курсу	Traffic in the same direction
С бортом разошлись	Clear of traffic
Выдерживайте боковой интервал ... (км)	Maintain lateral separation of ... (km)
Борт будет набирать высоту через Ваш эшелон. Продольный интервал ... (км)	Traffic will be climbing through your level. Longitudinal separation ... (km)
Опасность сближения отсутствует	Traffic is no longer a factor
Вижу борт	Traffic in sight
Зона свободна	No traffic reported
Доложите курс и эшелон	Report heading and level
Следуйте курсом ... (*градусов*)	Fly heading ... (*degrees*)
Продолжайте следовать курсом ... (*градусов*)	Continue heading ... (*degrees*)
Выполняйте левый/правый вираж для обеспечения интервала	Orbit left/right for spacing

Немедленно влево/вправо, курс ... (*градусов*) для расхождения (с другим бортом)	Turn left/right immediately, heading ... (*degrees*) avoiding action
Прекратите разворот	Stop turn now
Увеличьте/уменьшите скорость до ... (км/час)	Increase/reduce speed by ... (km per hour)

11. Передача донесений о местоположении
Position reporting

Возобновите передачу о местоположении	Resume position reporting
Доложите пролёт (*пункт*)	Report passing (*place*)
Доложите расстояние от (*контрольный пункт*)	Report distance from (*reporting point*)
Доложите в (*контрольный пункт*)	Next report at (*reporting point*)
Подходите к (*контрольный пункт*)	Approaching (*reporting point*)
Проходите траверзом (*контрольный пункт*)	Passing abeam (*reporting point*)
Уклоняетесь влево/вправо от трассы	Deviating left/right of the route
Находитесь (*пункт*)	Position (*place*)
Пролетаете в ... (км) левее/правее линии пути, возьмите ... (*градусов*) вправо/влево до команды	Position ... (km) left/right of the centerline, turn right/left ... (*degrees*) until advised

12. Передача управления и изменение частоты
Release of control and frequency change

Работайте с (*позывной*)	Contact (*call sign*)
Будьте на приёме на (*частота*) до связи с (*позывной*)	Stand by (*frequency*) for (*call sign*)
Прошу перехода на (*частота*)	Request change to (*frequency*)
По готовности работайте с (*позывной*) на (*частота*)	When ready contact (*call sign*) on (*frequency*)
Оставайтесь на этой частоте	Remain the frequency
Прошу передачу управления (*позывной воздушного судна*)	Request release of (*aircraft call sign*)
Управление (*позывной воздушного судна*) передать не могу	Unable release (*aircraft call sign*)
Передача управления после прибытия (*позывной воздушного судна*) из (*пункт вылета*)	Inbound release (*aircraft call sign*) from (*point of departure*)
Управление передано в (*контрольный пункт/время/эшелон*)	Release at (*reporting point/time/level*)
Передача радиолокационного управления (*позывной воздушного судна*) в (*время*)	Radar handover (*aircraft call sign*) at (*time*)
Ускорьте разрешение (*позывной воздушного судна*) над (*место*) в (*время*)	Expedite clearance (*aircraft call sign*) over (*place*) at (*time*)
Можно ли принять управление (*позывной воздушного судна*)?	May we assume control of (*aircraft call sign*)?

Принимайте управление (*позывной воздушного судна*) в (*время*) над (*место*)
(*Позывной воздушного судна*) рассчитывает прибыть в (*контрольный пункт*) в (*время*) на эшелоне ... (м)
Поправка. (*Позывной воздушного судна*) рассчитывает прибыть в (*контрольный пункт*) в (*время*)
Прошу утвердить (*позывной воздушного судна*) расчётное время пролёта (*контрольный пункт*)

Consider (*aircraft call sign*) under your control at (*time*) over (*place*)
(*Aircraft call sign*) estimated over (*reporting point*) at (*time*) at ... (m)

Revision. (*Aircraft call sign*) now estimated over (*reporting point*) at (*time*)

Request to approve (*aircraft call sign*) estimated time over (*reporting point*)

13. Метеорологические условия

Сообщите (метео)условия полёта
Фактическую погоду (*аэропорт*) прослушивайте на (*частота*)
Приземный ветер ... (*градусов*), ... (м/сек), порывы до ... (м/сек)

Внезапное изменение ветра
Ветер на эшелоне
Порывы ветра
Сообщите приземный ветер
Какова боковая составляющая ветра?
На посадочной прямой резкий сдвиг ветра слева направо
Нижняя граница облаков ... (м)
Верхняя граница облаков ... (м), вершины до ... (м)
Максимальная дальность видимости на ВПП ... (м)
Умеренное/сильное обледенение
Нахожусь в облаках
Каково сцепление на ВПП?

Турбулентность в облаках
Сильный фронтальный шквал по курсу
Вижу грозовую активность
Сообщите ограничения видимости
Погода ниже минимума
Есть ли особые явления погоды?
Прошу разрешить обход кучево-дождевых облаков в ... (км) к северу от трассы
Какой у вас запасный (аэродром)?

Meteorological conditions

Report meteorological flight conditions
For (*airport*) actual monitor (*frequency*)
Surface wind ... (*degrees*) ... (m per second), max ... (m per second)
Sudden wind shift
Winds aloft
Wind gusty
Advise surface wind
What is the crosswind component?
There is abrupt wind shear on the final from left to right
Cloud base ... (m)
Top of cloud ... (m), peaks up to ... (m)
Runway visual range is ... (m)

There is moderate/severe icing

I am in cloud
What is the braking action of the runway?
There is turbulence in clouds
On course severe line squall

Thunderstorm activity in sight
Report obstructions to vision

The weather below minima
What is the significant weather?
Request to avoid the build-ups ... (km) north of the route

What is your alternate?

Наблюдаются засветки над (*пункт*)	Rain clutters over (*place*)
Мешают статические разряды	I am troubled by statics
Обход грозы разрешаю только в пределах трассы	Cleared to avoid weather only within the route

14. Выполнение спецрейсов
VIP flight operations

Имеете ли на борту особо важное лицо?	Do you have the VIP on board?
Сообщите расчётное время прибытия	Advise estimated time of arrival
Сообщите время открытия дверей	Advise door-open time
Открытие дверей в (*время*)	Door-open at (*time*)
Запишите инструкцию по рулению: после посадки развернитесь на ... (*градусов*) и рулите по РД (*номерá*) к перрону	Copy taxi instructions: after landing make ... (*degrees*) and taxi via taxiways (*numbers*) to the apron
Требуется машина сопровождения	We need a "follow-me" car
Из какой двери будет выходить особо важное лицо?	What door the VIP will get off?
На какой частоте мы можем послать правительственное сообщение?	What frequency can we send a government message?
Ваше сообщение будет записано на магнитофон и передано соответствующей организации	Your message will be taped and sent to the appropriate authority

15. Особые ситуации в полёте
Inflight abnormal circumstances

Терплю бедствие, терплю бедствие, терплю бедствие, я — ТГ914, я — ТГ914, я — ТГ914, не могу сохранять высоту из-за отказа двух двигателей. Аварийное снижение. Посадку произведу на южном берегу реки, пересекаю 400 (м) на курсе 135	MAYDAY, MAYDAY, MAYDAY, TG914, TG914, TG914, unable to maintain height due to two engines failure. Emergency descent. Will land over the south bank of the river, passing 400 (m) heading 135
Всем бортам «Ленинград — Контроль», прекратить передачу. Сигнал бедствия	All stations "Leningrad — Control", stop transmitting. MAYDAY
Всем бортам «Ленинград — Контроль», отмена сигнала бедствия	All stations "Leningrad — Control", distress traffic ended
ПАН, ПАН, ПАН (*сигнал срочности*), «Минск — Подход», АИ 112, у меня больной пассажир, необходима немедленная посадка на Вашем аэродроме	PAN, PAN, PAN, "Minsk — Approach", AI 112, a sick passenger on board, require immediate landing at your aerodrome

16. Отказы двигателей
Engines failures

Двигатель (*номер*) отказал на взлёте	Engine (*number*) failed at takeoff

Произошло разрушение двигателя (*номер*)	Engine (*number*) disintegration
(Само)выключение левого/правого двигателя	Left/right engine is cut off
Снизились обороты левого/правого двигателя	Left/right engine is low in rpm
Выполнил имитированный отказ двигателя (*номер*)	I have simulated engine (*number*) failure
Возможен отрыв двигателя	Engine tearaway possible
Двигатель (*номер*) выключен ошибочно	Engine (*number*) shut down wrong
Двигатель (*номер*), запуск с забросом температуры	Engine (*number*), hot start
Двигатель (*номер*) выключен из-за течи масла	Engine (*number*) is out due to oil leak
В левый/правый двигатель попала птица	A bird struck left/right engine
Полёт на эшелоне на двух двигателях невозможен из-за перегрева	Unable to maintain level on two engines due to overheating
У двигателя (*номер*) повышенный расход масла	Engine (*number*) has oil exhaustion
На левом/правом двигателе масляное голодание	Left/right engine has oil starvation
Несимметричное и неполное реверсирование тяги	Asymmetrical and incomplete thrust reversal
Повреждение (*двигателя*) из-за попадания постороннего предмета	Damage due to foreign object
Помпаж компрессора левого/правого двигателя	Left/right engine, compressor stall
Самопроизвольное реверсирование левого/правого двигателя	Unwanted thrust reversal of the left/right engine
Возможен лёд в топливе	Expected ice in fuel

17. Отказ систем воздушного судна
Aircraft systems failure

Имею малый запас топлива	I am low on fuel
Возникла проблема герметизации	Have pressurization problem
Не могу выпустить закрылки	Unable to extend the flaps
Не могу убрать закрылки	Unable to have the flaps up
Имею повышенный расход топлива	Fuel exhaustion
Слева/справа по борту утечка топлива	Fuel spill on the portside/starboard side
Левая стойка шасси не встаёт на замок. Подготовьте пожарную бригаду к посадке. Объявите готовность наземных служб	Left gear looks unsafe. Fire guard for landing. Keep the ground staff ready
Прошу пройти на низкой высоте над ВПП для (визуальной) проверки с земли	Request low pass over the runway to check from the ground
Указатель скорости неисправен	Speed indicator is out of order

Отказал авиагоризонт	Artificial horison is inoperative
Заклинило стабилизатор	I have the stabilizer jammed
Горячий воздух от двигателей поступает в пассажирский салон	Hot air from the engines is getting inside the passengers' compartment
Не могу произвести посадку из-за отказа управления предкрылками	Unable to land due to slats' failure
Предполагаю отказ системы индикации	It may be indication failure

18. Пожар в полёте
Inflight fire

Загорелся левый/правый двигатель. Прошу «векторение» для посадки с обратным курсом	Left/right engine is on fire. Request radar vectoring for back course landing
Не могу погасить пожар	Unable to extinguish the fire
Горит двигатель (*номер*)	The engine (*number*) is burning
Горит лампочка пожарной сигнализации	Fire warning light is on
Подозреваю возникновение пожара в переднем грузовом отсеке	Suspecting fire in the forward cargo compartment
В кабине экипажа дым по неизвестной причине	There is a smoke of unknown origin in the cockpit
Вы потушили пожар?	Have you extinguished the fire?
Пожар потушен	The fire is extinguished

19. Потеря ориентировки
Loss of orientation

Потерял ориентировку	I am lost [am lost]
Вы производите посадку на ошибочно выбранную полосу	You are landing on the wrong runway
Сообщите причину нарушения запрета полётов на малой высоте	Advise the reason of the unauthorized low flying
Вы ошибочно рассчитали заход на посадку	You have poorly planned approach
Включите посадочные фары	Use landing lights
В этом месте возможны факторы, приводящие к приземлению вне намеченной зоны посадки	There is possible landing beside intended landing area
Имеется опасное сближение. Угол схождения воздушных судов достиг ... (*градусов*)	You have near miss. Aircrafts' convergence angle is ... (*degrees*)
Только что нас обогнал борт, нарушив установленный интервал	An aircraft has just overtaken us without needed separation
Имеете ли вы информацию о встречном движении?	Have you any information about the opposite traffic?
Вы неправильно выставили шкалу кабинного высотомера	You have incorrect cockpit altimeter setting
Потеря пространственной ориентации	I have spatial disorientation

20. Потеря (радио)связи

Имеются сильные помехи
Для подтверждения наличия радиосвязи поверните влево/вправо
Связь прервана из-за статических помех
Передатчик не работает

Настройте Ваш передатчик
Ваша частота плавает
Прекратите все передачи на (*время*)
Ваша передача забита в течение нескольких секунд
Не могу передавать одновременно на двух частотах

21. Проблемы обеспечения управляемости и устойчивости воздушного судна

Не обеспечено поперечное управление
После взлёта потеря скорости и высоты
Заход на посадку затруднён из-за потери управляемости
Причина возникновения резкого манёвра неизвестна
Передняя центровка превышена из-за нарушения устойчивости
Предполагаю сдвиг груза
Самолёт кренится на левое/правое крыло из-за отказа системы расхода топлива

Временная потеря управляемости из-за незатянутой гайки
Не могу выполнить левый/правый вираж из-за отказа правого/левого двигателя

22. Незаконное вмешательство

На меня совершено нападение
Меня вынуждают следовать в другой пункт
В зоне имеет место происшествие, связанное с незаконным вмешательством в управление воздушным судном
Вижу перехваченное воздушное судно

Communication failure

There is heavy interference
If you read me turn left/right

The communication interrupted by statics
The transmitter is out of operation
Adjust your transmitter
Your frequency varies
Stop all transmissions for (*time*)

You blocked out for a few seconds
I am unable to transmit simultaneously on two frequencies

Aircraft's flight control and stability problems

We have lateral control problem

After takeoff we lost speed and height
Unable to approach due to loss of control
Unknown reason of the abrupt manoeuvre
Due to stability problems the center-of-gravity exceeded forward limit
Seems the cargo shifted
The aircraft is banking on the portside/starboard side wing due to fuel consumption system failure
Temporary loss of control due to the undertorqued part
Unable to make left-hand/right-hand orbit due to the starboard side/portside engine failure

Unlawful interference

I am being hijacked
I am being forced to a new destination
There is an occurence of unlawful interference with aircraft

Intercepted aircraft in sight

Предполагаю вмешательство в управление воздушным судном	I suspect an interference with aircraft
Прошу срочной помощи	Require immediate assistance
Обеспечьте оперативное управление фазами полёта всеми возможными средствами	Expedite the conduct of the phases of the flight with all means available
Регулярно передавайте сообщения	Relay messages regularly
Обеспечьте планирование и контроль хода полёта	Request to plot and monitor the progress of the flight
Согласуйте передачу управления между диспетчерскими пунктами	Coordinate transfer of control with ATC units
Продолжайте информировать	Continue to keep informed
Сообщайте о внезапных изменениях маршрута	Advise the sudden changes in route
Докладывайте в соответствии с установленным порядком предупреждения об опасности	Report in accordance with appropriate alerting procedures

23. Состояние здоровья пассажиров

Passengers' physical condition

На борту больной (пассажир)	There is a sick person on board
Требуется медицинская помощь	Need medical assistance
На борту раненый	On board wounded man
На борту родился ребёнок	A baby born on board
Требуются носилки/машина скорой помощи/инвалидное кресло	We need a stretcher/an ambulance/a wheel-chair

24. Ошибки пилотирования

Pilot's errors

Ошибка в оценке расстояния и запаса высоты	You have misjudged distance and clearance
Вы забыли выпустить шасси	You have failed to extend landing gear
Ошибка в управлении силовой установкой	You have done improper operation by powerplant controls
Неправильно пользовались топливной системой	Mismanagement of fuel
Не выпущена механизация крыла	Failed to use the lift devices
Прекратите полёт в направлении установленной зоны турбулентности	Do not continue flight into the known area of turbulence
Задержка с прекращением взлёта	We had delayed action in aborting takeoff
Доложите причину задержки ухода на второй круг	Report the delay in initiating missed approach
Сообщите причину неправильно принятого решения в полёте	Advise the reason of improper inflight decision
Вы выбрали неподходящую площадку для взлёта/посадки	You have selected unsuitable area for takeoff/landing
В чём причина превышения предельной расчётной нагрузки?	What is the reason of exceeded designed stress limit?
Допущено неправильное применение тормозов	We have improper operation of brakes

Преждевременный отрыв от земли	Premature liftoff
Ошибка на этапе выравнивания при посадке	Improper landing flare
Неправильно введена поправка на ветер	Improper compensation for the wind condition
Ошибка в установке скорости полёта	You have failed to obtain the flying speed
Ошибка при считывании показаний приборов	Failed to read the instruments

25. Нарушение установленных правил диспетчерского обслуживания

Inadequate dispatching procedures

Не выполнены установленные правила диспетчерского обслуживания	You have failed to comply with proper dispatching procedures
Почему рекомендовано не принимать во внимание сложные метеоусловия?	Why have you cleared to disregard adverse weather conditions?
Не разрешайте полёт без наличия соответствующего оборудования в пункте назначения	Don't clear flight with inadequate facilities at the destination
Разрешён полёт с превышением загрузки	You have cleared flight overweight
Нет обеспечения полёта соответствующим информационным обслуживанием	Failed to keep flight properly advised
Доложите о случаях неудовлетворительной проверки экипажей (*перед вылетом*)	Report inadequate supervision of flight crews
Не задерживайте обеспечение аварийного обслуживания	Don't delay in providing alerting service
Отсутствует информация о полётах (*в данном районе*)	You have failed to advise the other traffic
Ошибка в опознавании воздушного судна на экране локатора	You have failed to properly identify the aircraft on radar
Доложите нарушения в эшелонировании воздушных судов	Report inadequate spacing (of) aircraft

26. Информация об аэродроме посадки

Information on aerodrome of landing

Прошу давление (*аэродрома*) для установки высотомера	Request altimeter setting
Давление (*аэродрома*) ... мбар, давление, приведённое к уровню моря ... мбар	QFE... millibars, QNH... millibars
Осторожно, строительные работы около ВПП	Caution, construction work close to the runway
Сцепление с поверхностью ВПП хорошее	Braking action good
ВПП мокрая, сцепление с поверхностью ВПП плохое	Runway is wet, braking action poor
Осторожно, на РД ведутся работы	Caution, on taxiway work in progress

Резервный источник питания отсутствует	Secondary power supply not available

27. Радиолокационное наведение при заходе на посадку
Radar vectoring

«Шереметьево — Круг», АИ 112, Ивановское в 19, сохраняю 1200 (м) по стандартному давлению, прошу «векторение» к ВПП 25 правой	"Sheremetyevo — Radar", AI 112, UM at 19, maintaining 1200 (m) standard, request radar vectors to RW 25 right
АИ 112, «Шереметьево — Круг», на курсе 025 занимайте 500 (м) по давлению аэродрома 1007 мбар, эшелон перехода 900 (м)	AI 112, "Sheremetyevo — Radar", on heading 025 descend to 500 (m) on QFE 1007 millibars, transition level 900 (m)
На курсе 025 занимаю 500 (м) по давлению аэродрома 1007 мбар, прошу вывести на посадочную прямую в 12 (км) от торца, АИ 112	On heading 025 down to 500 (m) on QFE 1007 millibars, request 12 (km) final, AI 112
Хорошо, АИ 112	Charlie, AI 112
АИ 112, вправо на курс 067, Вы — четвёртый на посадку	AI 112, turn right, heading 067, number four in traffic
Вправо на курс 067, сохраняю 500 (м), АИ 112	Turning right, heading 067, maintaining 500 (m), AI 112
АИ 112, третий разворот, курс 157	AI 112, turn base, heading 157
Третий, курс 157, АИ 112	Base, heading 157, AI 112
АИ 112, удаление от торца 12 (км), выполняйте четвёртый, возобновите полёт по собственным средствам	AI 112, 12 (km) from the threshold, turn final, resume own navigation
Четвёртый, АИ 112	Final, AI 112

28. Информация об отказах радиолокационных средств
Radio navigation aids' failures information

Прошу включить ВОР и дальномерное оборудование	Request to switch on VOR and DME
Возможен ли заход по ИЛС на ВПП (*номер*)	Is ILS to runway (*number*) available?
ИЛС не работает, возможен только заход по приводам	ILS is out of service, only NDB approach is available
Заход по ВОР невозможен из-за отказа оборудования	VOR approach not available due to equipment failure

29. Работа ответчика
Transponder service

Ваш борт оборудован ответчиком?	Do you have transponder on board?
Сообщите тип ответчика	Advise type of transponder
Установите код ответчика	Squawk
Код установлен	Squawk is coming down
Наберите вновь код ответчика	Recycle squawk
Подтвердите работу ответчика	Confirm squawk
Прекратите работу ответчика	Stop squawk

Временно прекратите работу ответчика
Установите ответчик в режим опознавания
Установите ответчик в режим сигнала бедствия
Установите ответчик в режим определения высоты
Прекратите работу ответчика в режиме определения высоты
Нет ответа по высоте
Неправильный ответ по высоте
Ответчик (*код*) работает в (*режим*)

Squawk STANDBY

Squawk IDENT

Squawk MAYDAY

Squawk altimeter

Stop altimeter squawk

Negative altitude readout
Mode C wrong indication
Squawking (*mode*) (*code*)

30. Опознавание воздушных судов

Aircraft identification

Включите посадочные фары
Подтвердите движением элеронов
Подтвердите покачиванием с крыла на крыло
Подтвердите миганием посадочных фар
Для опознавания поверните влево/вправо на курс ... (*градусов*)
С целью опознавания ведите передачу и докладывайте курс
Опознаны (*местоположение*)
Не опознаны, выполняйте полёт по собственным средствам

Show landing lights
Acknowledge by moving ailerons

Acknowledge by rocking wings

Acknowledge by flashing landing lights
For identification turn left/right heading... (*degrees*)

Transmit for identification and report heading
Identified (*position*)
Not identified, resume own navigation

31. Полёт в зоне ожидания

Holding procedures

Прошу инструкции по ожиданию
Ожидайте визуально между (*два наземных ориентира*)
Ожидайте над (*контрольный пункт*), все развороты правые, одна минута
Ожидайте на радиале (*цифры*) (*название*) ВОР, на (*расстояние*) от ДМЕ, левосторонняя/правосторонняя схема движения
Ждать по схеме ожидания до (*время*)
Ожидайте над приводом (*название*) до команды
Требуется слить топливо
Сливайте топливо в ... (км) от (*название*) привода
Разрешаю слив топлива

Request holding instructions

Hold visual between (*two landmarks*)

Hold over (*reporting point*), all turns right, one minute

Hold on (*figures*) radial of the (*name*) VOR, at (*distance*) DME, left-hand/right-hand pattern

Hold at the holding pattern until (*time*)
Hold at (*name*) beacon until advised
I'd like to jettison fuel
You can dump fuel ... (km) from (*name*) beacon
You are cleared to start fuel dumping

Вырабатывайте топливо на (*эшелон*) по схеме полётов по кругу	You can burn out fuel at (*level*) at the traffic circuit

32. Аэродромный круг полётов
Aerodrome traffic circuit

Выполняйте полёт по кругу над аэродромом	Circle the aerodrome
Выполняйте полёт по кругу влево/вправо от вашего местоположения	Orbit left/right from the present position
(*Позывной воздушного судна*), прошу указания по посадке	(*Aircraft call sign*) for landing
Входите в круг (*место в круге*), ВПП (*номер*), приземный ветер (*направление и скорость*), температура, давление аэродрома... мбар	Join (*position in circuit*), runway (*number*), surface wind (*direction and speed*), temperature, QFE... millibars
Задержите третий разворот	Extend downwind
Следуйте к траверзу	Enter downwind leg abeam the runway
Прошу давление для установки высотомера	Request altimeter setting
Заход по обзорному радиолокатору	Surveillance radar approach
Заход по посадочному радиолокатору	Precision approach
Заход по ИЛС/ВОР/приводам	ILS/VOR/NDB approach

33. Заход на посадку
Approach

Заход на посадку разрешаю	Cleared for final
Готов к заходу с прямой	Ready for straight-in
Разрешаю заход с прямой	Cleared for straight-in
Сообщите, когда увидите ВПП	Advise runway in sight
Продолжайте заход	Continue approach
Разрешаю заход по ИЛС на ВПП (*номер*)	Cleared for ILS, runway (*number*)
Подходите медленно к курсу посадки слева/справа	Closing slowly with track from the left/right
Курс правильный	Heading is good
На курсе (*посадки*)	On track
Немного левее/правее курса (*посадки*)	Slightly left/right of the track
Идёте слева/справа от курса (*посадки*)	Going left/right of the track
Выполняйте посадку с перелётом ... (м)	Overshoot ... (m)

34. Выполнение посадки
Landing

Разрешаю посадку, ВПП (*номер*)	Cleared to land, runway (*number*)
Разрешаю посадку с немедленным взлётом	Cleared to touch and go
Выполняйте посадку до полной остановки	Make full stop

Прошу разрешить пролёт на малой высоте	Request low pass
Разрешаю пролёт на малой высоте	Cleared low pass
Доложите, когда увидите землю	Report visual
Доложите, когда увидите огни ВПП	Report runway lights in sight
Вы готовы левым/правым доворотом?	Are you ready for left-hand/right-hand base?
Сохраняйте текущую скорость снижения	Rate of descent is good
На глиссаде	On the glide path
Намного выше глиссады	Well above the glide path
Следуете ниже глиссады	Going below the glide path
Проверьте выпуск шасси и установку на замок	Check wheels down and locked
Удаление от точки приземления ... (м)	... (m) from touchdown
Шасси выпущено, к посадке готов	Gear down, ready to land
Захватывайте луч	Intercept
Над огнями приближения	Over approach lights
Над порогом	Over the threshold

35. Порядок ухода на второй круг — Missed approach procedure

Продолжайте заход визуально *или* уходите на второй круг	Continue visually *or* go around
Немедленно уходите на второй круг	Go around immediately
Вы уходите на второй круг?	Are you going around?
Ухожу на второй круг	Going around

36. Действия экипажа после посадки — After landing

Прошу машину сопровождения	Request "follow me" car
Прошу разрешить руление обратно по ВПП	Request backtrack
Работайте с «Рулением» на (*частота*)	Contact "Ground" on (*frequency*)
Ваша стоянка (*номер*)	Your stand (*number*)
Заруливайте на площадку ожидания	Taxi into holding bay
Рулите к аэровокзалу	Taxi to the terminal
Благодарю, конец связи	Thanks, out

УКАЗАТЕЛЬ РУССКИХ ТЕРМИНОВ

(Цифры перед буквой указывают страницу,
буква п — правую колонку, л — левую колонку)

авария 57 п, 101 п
авиагарнитура, штанговая 55 л
авиагоризонт 173 п, 178 п
авиагоризонт, командный 177 п
авиакомпания 26 л
авиакомпания, вспомогательная 26 л
авиакомпания дальних перевозок 26 л
авиакомпания пригородных перевозок 26 л
авиакомпания регулярных перевозок 26 л
авиалайнер 26 л
авиалиния 26 л
авиалиния, внутренняя 26 л
авиалиния, грузовая 26 л
авиалиния грузовых перевозок 26 л
авиалиния, магистральная 26 л
авиалиния, местная 26 л, 283 п
авиаперевозки 295 л
авиаперевозки, грузовые 295 л
авиаперевозки, «челночные» 300 л
авиаперевозчик 64 л
авиаперевозчик на договорных условиях 65 л
авиаперевозчик, регулярный 65 л
авиатехник 344 п
авиатрасса 26 л
авиационный 14 л
авиация 44 л
автожир 168 л, 282 л
автокар с вильчатым подъёмником 362 л
автоколебания 231 л
автомат загрузки 12 л, 302 п
автомат запуска 367 л
автомат курса 113 л
автомат обогрева стёкол 369 л
автомат опережения зажигания 214 л
автомат разгрузки 370 л
автомат счисления пути 87 л, 366 п
автомат тряски штурвала 298 л
автомат тяги 43 п, 330 л
автомат тяги в системе автопилота 349 л
автомат усилий 59 л
автомобиль сопровождения 63 п, 362 л
автономный 292 п
автопилот 43 п, 168 л, 221 п, 239 л
автопогрузчик 206 л
авторотация 43 п, 379 л
авторотировать 43 п
автоштурман 43 п, 178 п, 221 п
агентство, авиационное 16 п
агентство по отправке грузов воздушным транспортом 158 п
агона 201 п
агрегат, аэродромный пусковой 367 п
агрегат дозировки топлива 367 п
агрегат, командно-топливный 40 п, 367 п
агрегат, силовой 368 л
адресация сообщений 13 л
адресование сообщений 13 л
азимут 44 п, 50 л
азимутальный 44 п
акт о повреждении груза 275 л
акт, приёмо-сдаточный 274 п
акт, рекламационный 275 л
амортизатор 9 п, 59 л, 184 л
амортизатор, воздушно-масляный 322 л
амортизатор, воздушный 105 п

амортизатор, пневматический 105 п
ангар 169 л
ангар для воздушного судна 298 л
аннулирование 9 л
антенна 14 л, 33 п
антифриз 34 п, 110 л
антициклон 34 п, 172 л
аппарат, летательный 372 л
аппарат, направляющий 280 п
аппарат, неподвижный направляющий 316 п
аппарат, сопловой направляющий 371 п
аппаратура, бортовая 183 л
аптечка воздушного судна, техническая 188 л
аренда воздушного судна 124 л, 193 л
арендатор воздушного судна 194 л
арматура, соединительная 146 п
арретир 113 п
арретировать 61 л
астрокомпас 356 л
астронавигация 221 п, 356 п
атмосфера 41 п
атмосфера, возмущённая 19 л
атмосфера, невозмущённая 19 л
атмосфера, стандартная 19 л
аэробус 19 п, 60 л
аэровокзал 58 п
аэровокзал, городской 346 п
аэродром 14 л
аэродром, базовый 14 п
аэродром без командно-диспетчерской службы 15 п
аэродром, временный 15 п
аэродром выгрузки 14 п
аэродром вылета 14 л, 15 п
аэродром, грунтовой 25 п
аэродром для самолётов короткого взлёта и посадки 318 л
аэродром, запасный 14 п, 15 п
аэродром, категорированный 14 п
аэродром, конечный 15 п
аэродром местного значения 15 л
аэродром местных воздушных линий 14 п
аэродром, наземный 15 л
аэродром назначения 14 п

аэродром намеченной посадки 14 п
аэродром, несертифицированный 15 п
аэродром погрузки 14 п
аэродром посадки 15 л
аэродром посадки, запасный 111 п
аэродром постоянного базирования 14 п
аэродром предполагаемой посадки 14 л
аэродром прибытия 14 п
аэродром прилёта 14 п
аэродром приписки 14 л, 15 л
аэродром промежуточной посадки 15 л
аэродром, промежуточный 15 л
аэродром, резервный 15 п
аэродром, сухопутный 15 л
аэродром, узловой 15 л
аэродром, учебный 15 п
аэролак 121 п
аэронавигация 16 л
аэронавигация, визуальная 221 п
аэронавигация, зональная 221 л
аэропорт 26 п
аэросев 305 п
аэростат 46 л
аэростат, привязной 188 п
аэрофотоплёнка 145 л
аэрофотосъёмка 227 п, 238 п, 325 п

багаж 45 л
база, авиаремонтная 47 п
база, авиационная 110 л
база, авиационная техническая 47 п
база оперативного технического обслуживания 47 п
база приписки 47 п
база, ремонтная 47 п
база шасси 378 л
бак, топливный 342 п
балансировка, автоматическая 292 п
балансировка, весовая 45 п
балансировка воздушного судна 361 л
балансировка, продольная 297 п
балка, консольная 231 л
балка, концевая 260 п
балка тележки 49 п
балласт 205 л

баллон, переносной кислородный 105 л
бандаж 280 л
бандаж, проволочный 380 п
бандажирование 299 п
барабан колеса 175 л
барабан, тормозной 124 л
барокамера 68 п, 137 п
барражирование 182 п, 325 п
барражирование, воздушное 207 п
барьер, звуковой 47 п
батарея, бортовая аккумуляторная 48 л
бафтинг 58 п
бачок, дренажный 342 л
башмак, тормозной 299 л
безаварийный 10 п
безопасность полётов 287 л
безопасный 139 л
безотказный 140 л
бензин 162 л
бензин, авиационный 238 л
бензобак 342 п
бензообогреватель 170 п
беспилотный 369 л
беспосадочный 223 л
беспошлинный 103 п, 125 л
биение воздушного винта 188 л
биение лопасти 148 п
билет, пассажирский 350 п
биплан 52 п
бирка, багажная 188 п, 340 п
бланк плана полёта 158 п
бленкер 147 п
блок датчика высотного корректора 367 л
блок зажигания 368 л
блок камеры сгорания
блок контроля 219 л
блок концевых выключателей 40 п
блок, пусковой 368 п
блок световых табло 232 п
блок согласования 40 п
блок топливных форсунок 167 л
блок, тормозной 367 л
блок фильтров 312 п
блок цилиндров 40 п
блок-чартер 150 п
болезнь, воздушная 26 п
болезнь, высотная 300 л
болт, стяжной 63 п
болт, ушковый 137 п
болтанка 59 л, 363 п
борт 54 л, 248 п

борт воздушного судна 300 л
борт, левый 314 л
борт, правый 314 л
бортинженер 130 п
бортинженер-инструктор 130 п
бортовой 19 л, 176 л
бортпроводник 42 п, 317 л
бортпроводница 317 л
борьба с обледенением 108 п
бригада 101 п
бригада наземного обслуживания 167 л
бригада технического обслуживания воздушных судов 344 п
бронирование 55 л
бронирование места 276 л
бронировать место 54 п
буксировать 362 п
буксировать хвостом вперёд 260 л
буксировка 354 п, 355 л
буксировка хвостом вперёд 260 л
бури, пыльные 115 л
буря, пыльная 125 л
бюллетень, предполётный информационный 59 л
бюллетень региональной оперативной метеорологической информации 59 л
бюро 248 п
бюро, туристическое 226 л

вал воздушного винта 297 п
вал воздушного судна
вал, коленчатый 101 п
вал, кулачковый 62 л
вал трансмиссии 362 п
вал трансмиссии привода механизма закрылков 297 п
валик, удлинительный 297 п
вариант воздушного судна, опытный 259 л
вариант компоновки 372 п
вариометр 177 п, 371 п
«Вас понял» 281 л
введение в действие пассажирских и грузовых тарифов 128 п
введение пассажирских тарифов 142 п
введение поправки на снос ветром 13 л
введение тарифов 142 п
ввод, антенный 192 п
ведомость воздушного судна, комплектовочная 204 л

ведомость дефектов воздушного судна 204 л
ведомость, комплектовочная 204 л
ведомость технического контроля 74 п
ведомость, упаковочная 270 п
вектор воздушной скорости 371 п
«векторение» 372 л
величина теплового потока 266 п
величина уровня шума 370 л
венец диска турбины 279 п
венец, лопаточный 280 л
вентиль, кислородный 370 п
вентилятор 140 п
вентиляция, индивидуальная 372 п
вертикаль, кажущаяся 373 л
вертодром 15 л, 172 л
вертолёт 171, 242 л, 282 п
весы, грузовые 113 п
ветер, боковой 378 п
ветер, встречный 170 п
ветроуказатель 89 п, 379 п
ветроуказатель, аэродромный 305 л
вещества, взрывчатые 136 п
взаимодействие воздушных потоков 184 п
взаимодействие членов экипажа 97 л
взлетевший 226 л
взлёт 197 п, 341 л
взлёт без остановки 314 л
взмывать 46 л
взрыв 136 п
вибратор 373 п
вибратор, индукционный 373 п
вибрация планёра 373 л
вибрировать 231 л
вибродатчик 112 л
вибростенд 208 п
вид воздушного судна, общий 373 п
видимость на ВПП 374 л
видимость, нулевая 381 п
виза, въездная 373 п
визир, коллиматорный 300 л
вилка тандера 158 л
винт, воздушный 26 п, 257 п
винт изменяемого шага, воздушный 258 л
винт, несущий 258 л, 282 л, 282 п, 380 л

винт, реверсивный воздушный 258 п
винт, рулевой 257 п, 282 л
винты, соосные 282 л
вираж, крутой 231 л
висение 174 п
вихри, пыльные 115 л
вихрь 378 л
вихрь за лопастью 374 л
включение 128 п
влагоотстойник приёмника полного давления 360 л
влияние земли 268 п
влияние земли, аэродинамическое 268 п
вместимость воздушного судна 63 л
вмятина 51 п, 109 п
в направлении ветра 122 л
в направлении потока 320 л
вне аэродрома 226 л
водило 47 л
водило, буксировочное 47 л
водоотделитель 292 л, 294 л
водоотталкивающий 274 п
воздействие звукового удара 126 п
воздух 18 п
воздух в турбулентном состоянии 19 п
воздух, наружный 19 л
воздухозаборник 26 п, 184 л
воздухозаборник, кольцевой 184 л
воздухозаборник совкового типа 288 п
воздухонепроницаемый 26 п
воздухоотделитель 107 л
воздухоотделитель, центробежный 107 л
воздушный 14 л
возмущение 59 л
возмущение, атмосферное 120 л
возмущение, аэродинамическое 119 л
возмущение воздушного потока 119 п
возмущение, магнитное 238 л
возобновление полётов 277 п
волна, воздушная 375 п
волна, воздушная ударная 52 л
волна, околозвуковая ударная 299 л
волна, ударная 376 п
волновод 376 л
ворота, воздушные 162 п

воспламенение 108 л
воспламенитель 176 л
воспламенять 176 л
восстанавливать 277 л
восстановление 279 л
восстановление воздушного судна 271 л
восстановление скорости, самопроизвольное 278 л
впрыскивать 253 л
вращение 241 п, 282 л
вращение по инерции 285 л, 285 п
время в пути, расчётное 351 п
время, гринвичское 382 п
время задержки 125 л
время окончания регистрации 200 п
время по Гринвичу, среднее 353 л
время полёта по маршруту 353 л
время, полётное 351 л
время, полётное рабочее 237 п
время приёмистости 351 л
время суток, светлое 107 л, 323 л
время суток, тёмное 222 л
всенаправленный 226 п
«всё в порядке» 281 л
вторжение фронта холодного воздуха 231 л
втулка воздушного винта 55 п, 174 л
втулка колеса, распорная 280 п
втулка, контровочная 304 л
втулка несущего винта 170 л
втулка, распорная 41 л, 60 л, 303 л
вход 131 л
вход в зону аэродрома 152 л
выбег 285 л
выбег двигателя 230 л
выбивание скачка уплотнения 137 л
выбор базовой модели 230 п
выброс газов от двигателей 127 п
вывод из пикирования 259 п
вывод на линию пути 167 п
выводить на курс 28 п
выгружать 226 л
выгрузка 117 л
выдача багажа 117 п
выделение каналов 70 л
выдерживание заданной скорости 173 л

выдерживание заданной траектории 156 п
выдерживание курса 187 п, 317 л, 356 п
выдерживание постоянной высоты 94 л
выдерживание скорости 173 л
выдерживание траектории 156 п
выдерживание траектории полёта 356 л
вызов 61 п
вызов на связь 19 п
выкатывание 232 л, 281 п, 285 п
выкатываться 232 л
выключатель, концевой 327 л
выключатель сброса груза 326 п
выключение реверса тяги 278 л
вылет 110 л, 156 п
вылетать 109 п
вылетающий 231 л
вымпел 320 л
вынос крыла биплана 313 п
вынос оси колеса 226 л
выносливость 124 п
выполнение, безопасное 136 л
выполнять полёт 155 л
выпуск шасси, аварийный 137 л
выработка топлива 369 л
выработка топлива, полная 285 л
выравнивание 148 п, 229 л
выравнивание, автоматическое 43 п
выравнивать 28 п
вырез 104 л
выруливание 192 п, 344 л
выруливать на исполнительный старт 203 л
высадка пассажиров 369 л
высота 29 п, 171 л
высота, абсолютная 29 п
высота аэродрома 194 п
высота нижней границы 66 п
высота, относительная 171 л
высота полёта, максимальная 66 п
высота порога аварийного выхода 317 л
высотомер 29 л
выставка, авиационная 299 п
выхлоп, обратный 44 п
выход, аварийный 136 л
выход в равносигнальную зону 56 п
выход за критический угол атаки 232 л

выход на посадку 162 п
вычислитель воздушных сигналов 86 п
вычислитель курса и дальности 61 л
вычислитель, навигационный 87 л
выявление 270 л

газораспределение 353 п
гайка распорной втулки 225 л
галерея, аэровокзальная посадочная 146 л
гаситель 124 п
гаситель колебаний 105 п
гаситель скорости 310 л
гаситель удара 305 л
гашение
гашетка 277 п, 326 п
генератор, бесщёточный 165 л
герметизация кабины 252 п
герметик 86 л
герметичность 350 п
герметичный 26 п, 27 п, 193 л
гермовывод 289 л
гермовывод поворотной качалки 289 л
гермоднище 121 л
гермоотсек 85 л
герморазъём 91 п
гермостворка 121 п
гермошпангоут 59 л
гидрант, аэродромный топливозаправочный 175 л
гидрант, топливозаправочный 175 л
гидроагрегат 367 п
гидробак 342 л
гидромотор 219 п
гидросамолёт 175 л, 289 п
гидросистема, вспомогательная 330 л
гидростартёр 314 л
гидростенд 279 л, 361 п
гидроусилитель 55 л
гидрошарнир 165 п
гироавтожир 168 л
гироавтомат крена и тангажа 367 л
гироагрегат 168 п
гироблок 367 п
гировертикаль 168 л, 367 л
гирокомпас 168 л
гирополукомпас 168 л, 180 л
гироскоп, курсовой 168 л
гиростабилизатор 168 л

гладкость поверхности ВПП 135 п
глиссада 165 п, 234 п, 304 п
глиссада, ложная 234 п
глиссирование 131 п
глушение 324 л
глушитель 124 п, 220 л, 302 л
глушитель двигателя 112 л
глушитель шума на выхлопе 324 л
глушить 52 п
гнездо под гидроподъёмник 247 л
гнездо под подъёмник 247 л
гнездо сальника 289 п
годность 322 п
годность к полётам 146 п
годность, лётная 28 л
годный к полётам 28 л
головка жаровой трубы 170 л
головка заклёпки, высадная 170 л
головка трубы 170 л
голодание, кислородное 33 п
гондола 244 л
гондола двигателя на пилоне 220 п
гондола, подфюзеляжная 92 п
гондола шасси 140 л
гонка двигателя на земле 285 п
горизонт, видимый 173 п
горизонт, световой 46 п, 102 л
горизонт, фланговый 47 л
горизонталь фюзеляжа, строительная 202 л
«горка» 382 п
горловина бака 182 л
горловина бака, заливная 144 п
горловина, заливная 221 л
горловина, заправочная 221 п
город стыковки внутренних и международных рейсов 77 п
государство места события 315 л
государство регистрации воздушного судна 315 л
град 168 п
градиент влажности 166 л
граница аэродрома 55 п
граница облаков, верхняя 354 л
график 244 л
график воздушного судна, центровочный 115 л
график движения воздушного транспорта 340 п
график набора высоты 288 л

график центровки 72 л
график, центровочный 120 п, 288 л, 298 п
гребень лабиринтного уплотнения 125 п
гребень на крыле, аэродинамический 144 л
Гринвич 166 п
гроза 350 л
грозоотметчик 319 п
громоотвод 281 л
груз, авиационный 19 п
груз, балансировочный 99 п
груз, бестарный 64 п
груз, навалочный 64 п
груз на внешней подвеске 205 п
груз, транзитный 64 п
груз, центровочный 99 л
грузовместимость 9 л, 63 л
грузооборот 365 л
грузоотправитель 91 п, 299 л
грузоподъёмность 9 п, 63 л
грузоподъёмность, полезная 236 л
грузополучатель 91 п
грузы, опасные 165 п
группа 101 п
группа по разработке основных эксплуатационных требований, Рабочая 166 п

давать повторное разрешение 270 л
давать разрешение 78 л
давление, барометрическое 252 л
давление, избыточное 231 п, 323 п
давление на аэродроме 251 п
давление на аэродроме, атмосферное 251 п
давление над уровнем моря 252 п
давление ударной волны 252 п
дальномер 146 л
дальномер, радиолокационный 297 л
дальность видимости 119 л, 263 п, 373 п
дальность видимости на ВПП 194 л, 265 л
дальность видимости по прямой 119 л
дальность полёта 9 л
дальность полёта по прямой 264 л

данные, аэронавигационные 106 л
данные воздушных перевозок 323 л
данные, центровочные 106 л
датчик автомата торможения 112 п
датчик автомата тяги 358 л
датчик, бортовой 293 л
датчик воздушной скорости 359 л
датчик воздушных сигналов 293 л
датчик, индукционный 162 п
датчик курса 111 п
датчик курсовых углов астрокомпаса 368 л
датчик мгновенного расхода 368 п
датчик тахометра 165 л
датчик топливомера 161 п
датчик тяги 238 п
датчик угла крена 238 п
датчик углов атаки 111 п
двигатель 124 л, 128 п
двигатель, газотурбинный 129 п, 363 л
двигатель, двухконтурный 129 л
двигатель, поршневой 129 п
двигатель продольной коррекции 219 л
двигатель, прямоточный 15 п, 124 л
двигатель, прямоточный воздушно-реактивный 15 п, 263 л
двигатель, турбовентиляторный 140 п, 363 л
двигатель, турбовинтовой 363 л
двигатель, турбореактивный 363 п
движение, безопасное 357 п
движение, безопасное воздушное 357 п
движение, вихревое 219 п
движение воздушного судна 220 л
движение, воздушное 155 л
движение, колебательное 298 л
движение облаков 123 л
движение, турбулентное 219 п
двухлопастный 365 п
девиация авиакомпаса 112 п
девиация компаса 112 п
девиация, креновая 112 п
дежурный по посадке 79 п
декларация, генеральная 107 п

декларация, заполняемая при вылете 107 п
декларация, таможенная 51 п
делитель потока, радиальный 310 п
демпфер лопасти 105 п
демпфер опоры ротора 105 п
демпфирование, аэродинамическое 105 п
детектор наличия взрывчатых веществ 111 п
детонация топлива 112 п, 188 п
дефектация 299 л, 361 п
дефлектор 243 п
дефлектор закрылка 108 п
деформация 108 п
деформация конструкции 119 п
деятельность авиакомпаний, совместная 248 п
деятельность авиакомпаний, совместная коммерческая 248 п
диаграмма воздушных потоков 235 п
диаграмма газораспределения 115 п
диаграмма направленности антенны 115 л
диаграмма рассеивания 115 п
диапазон 131 л
диапазон авиационных частот 46 л
диапазон оборотов 263 п
диапазон режимов полёта 131 л
диапазон, эксплуатационный 264 п
дивергенция крыла 120 л
дирижабль 26 п
диск кока 59 л
диск компрессора 116 п
диск, тормозной 243 л
диспетчер 117 л
диспетчер авиационной связи 84 п
диспетчер аэродрома 96 л
диспетчер воздушного движения, дежурный 323 п
диспетчер вышки 355 л
диспетчер движения, дежурный 323 п
диспетчер зоны аэродрома 230 п
диспетчер перрона 212 п
диспетчер по загрузке и центровке 96 п

диспетчер по планированию 242 п
диспетчер старта 96 п
дистанционный 274 л
дистанция 232 п
дистанция визирования 119 л
дистанция, полётная 232 п
дистанция, посадочная 119 л, 281 п
дистанция прерванного взлёта 118 л
дистанция, разделительная 118 п
диффузор, многоскачковый 115 п
длина ВПП 194 л
длина лётного поля 194 л
длина пробега при рулении
длина разбега 119 л
длина разбега при торможении 57 л
доворот для коррекции направления полёта 364 п
договор об аренде 17 л
дождь, переохлаждённый 262 п
дождь, переохлаждённый мелкий 123 п
дожигание 273 л
дозаправка топливом 272 л
документация, бортовая 120 п
документация, полётная 120 п
документы, перевозочные 120 п
долгота 207 п
долгота, географическая 207 п
домкрат 186 п
донесение об авиационном происшествии 274 п
донесение с борта 26 п
допуск на зазор 78 л
допуск на испытания 211 л
допуск на массу воздушного судна 353 п
доработка 218 п
доработка воздушного судна 278 л
дорога на аэродроме, служебная 280 п
дорожка, выводная рулёжная 136 л
дорожка, обводная рулёжная 208 л
дорожка, рулёжная 344 л
доска бортинженера, приборная 232 п
доска информации о рейсах 54 л
доска, приборная 54 л, 91 п, 106 л, 118 п
досмотр, предварительный 251 л

досмотр, таможенный 94 л
доставка грузов по воздуху 109 л
доступ 10 л
доход от перевозки пассажиров 278 п
дренаж 52 п, 122 п
дросселирование потока 277 п
дросселировать 103 п
дроссель 13 л, 106 л
дублирование 271 п

ёмкость топливных баков 342 п

жалюзи 165 л, 300 л
жёлоб, надувной спасательный 75 п
жёсткость крыла на кручение 318 л
жёсткость хвостового оперения 318 л
жиклёр, топливный 187 л
жилет, спасательный 186 п, 251 п
журнал, бортовой 207 п

за бортом 231 л
заброс оборотов двигателя 232 л
завал на крыло 123 п
зависание 123 п
зависание оборотов 173 л
зависание элеронов 123 п
завихрение 326 л, 374 л
завихрение воздуха 125 п
завихрение потока 326 п
завихрённость 374 л
завихритель, лопаточный 326 л
завод, авиационный 139 л
завод, опытный авиационный 243 л
заглушка 52 п, 100 п
заглушка, комбинированная 244 п
заграждение, противошумное 185 п
загружать 319 п
загрузка, коммерческая 63 п, 213 л, 236 л
загрузка, платная 205 л
загрязнение атмосферы 248 п
задание, полётное 217 п
задатчик высоты 292 л
задатчик курса 292 п, 297 л
задержка 108 л
задержка вылета с целью стыковки 192 п

заземление 166 п
заземление воздушного судна 125 п
заказчик воздушного судна 103 п
заклинивание 186 п
заклинивание двигателя 292 л
заключение, официальное медицинское 87 п
законодательство, авиационное 193 п
законодательство, воздушное 192 л
законцовка крыла 380 п
законцовка лопасти 353 п
закрылок 148 л
закупка, массовая 60 п
закупка, оптовая 60 п
зал вылета 208 л
зал ожидания 87 п
зал ожидания вылета 281 п
зал таможенного досмотра 168 п
зал таможенного досмотра в аэропорту 281 п
зализ 101 л, 102 п, 140 л
зализ крыла с фюзеляжем 145 л
зализ крыла с фюзеляжем, бортовой 145 л
замер эффективности торможения 214 л
замок реверса тяги 207 л
замок створки шасси 191 п
замок убранного положения 369 п
замок шасси 207 л
запаздывание анероидной системы высотомера 123 л
запаздывание, аэродинамическое 189 л
запаздывание высотомера 123 л
запас высоты 78 л, 211 л
запас прочности 139 л, 210 п, 320 л
запас прочности воздушного судна 138 п
запас топлива 43 п, 205 л
запас топлива, аэронавигационный 276 п
запас топлива воздушного судна 261 п
запас топлива, критический 276 л
запас топлива на рейс 160 п
запасный 314 л
запись бортового регистратора 270 п

заправка топливом 145 л, 161 л
запрет полётов 102 п
запрещение посадки 257 л
запрокидывание тележки шасси 282 л
запрос 185 п
запрос на посадку 275 п
запрос об авиационном происшествии 182 л
запрос о розыске 355 л
запрос разрешения на посадку 275 п
запросчик 185 п
запуск в воздухе 27 п, 314 п
запуск двигателя 230 л, 314 п
запуск, повторный 277 л
запуск, пробный 285 л
запуск, холодный 53 п
запускать, повторно 273 л
заруливание 192 п
заряд в зоне полёта, снежный 299 п
засветка 81 п, 149 л
засечка 149 л
заслонка, воздушная 148 л
заслонка дозировки расхода воздуха 366 л
заслонка перепуска 121 л
заслонка туннеля маслорадиатора 300 л
засорение 319 л
затенение, аэродинамическое 126 л
затенение рулей 52 п
затенение руля высоты 297 п
затухание 107 л
захват воздушного судна, незаконный 292 л
захват глиссадного луча 63 п, 185 л
захват луча 279 п
захват цели радиолокатором 207 п
захватывать луч глиссады 304 п
заход на посадку 35 л, 227 п
заход на посадку, автоматический 35 л, 43 л
зацепление 128 п
зацепление шестерён 164 п
защёлка замка выпущенного положения 121 п
защёлка замка убранного положения 369 п
защёлка, предохранительная 191 п
защита, акустическая 176 л

защита в кабине, противобликовая 259 л
защита от коррозии 253 л
защита от обледенения 34 п
защита, противопожарная 144 п, 146 л
защита, противоюзовая 259 л
защита, струйная 187 л
заявка на полёт 275 л
звено 317 л
звено бокового подкоса 203 п
звено гидрошарнира 240 п
звено, нижнее 317 л
звукоизоляция 184 л
звукоизоляция воздушного судна 257 л
звуконепроницаемый 222 л
зеркало, сигнальное 217 л
знак аэродрома, опознавательный 300 п
знак воздушного судна, бортовой регистрационный 211 п
знак воздушного судна, государственный опознавательный 211 п
знак, опознавательный 131 л, 311 п
знак, посадочный 300 п
золотник 371 л
зона 51 л
зона безопасности ВПП, концевая 38 п
зона, воздушная 300 л
зона выкатывания 38 п
зона высокой интенсивности 38 л
зона действия луча 101 л
зона действия радиолокатора 38 п
зона действия тарифных ставок 382 п
зона, запретная 38 п
зона, консультативная 36 п
зона, мёртвая 89 п
зона начального этапа набора высоты 37 п
зона обзора по азимуту 101 п
зона ограничения скорости 247 п
зона ожидания 38 л
зона опасности 305 п
зона подхода к аэродрому 37 л
зона подхода к ВПП 382 л
зона радиомаяка, равносигнальная 193 п
зона, свободная 79 п
зона, тарифная 46 л

зона тумана 64 п
зондирование 270 л, 305 л
зондирование атмосферы 305 п
зонирование 382 п
зонировать 51 л

игла, дозирующая 371 л
игла, дроссельная 239 п, 281 л
избыток тяги двигателя 211 л
излучение, акустическое 263 л
изменение маршрута, вынужденное 276 л
изменение маршрута по желанию пассажира 276 л
изменение маршрута полёта 120 л
изменение маршрута полёта, принудительное 120 л
изменение пеленга 112 п
изменение плана полёта 274 п
изменение рельефа местности 371 п
изменение угла тангажа 241 п
изменять план 274 п
измерение шума при заходе на посадку 214 л
измеритель высоты облачности 66 п
измеритель дальности видимости 359 л
измеритель крутящего момента 216 л, 354 п
измеритель момента 354 п
измеритель угловой скорости 365 п
изморось, свежая 123 п
имитатор условий полёта 302 п
имитация в полёте 302 л
индекс опознавания в коде ответчика 175 л
индекс первоочерёдности сообщения 179 п
индикатор курса 117 п
индикатор отклонения от линии пути 117 п
индикатор пространственного положения 117
индикация воздушных целей 176 л
индикация, панорамная 210 п
инжекция антидетонационной жидкости 181 п
инженер, авиационный 130 п
инспектирование 325 п
инспектор по лётной годности 182 п

инспекция, лётная 237 п
инструктаж, предполётный 58 л
инструктор 357 п
инструкция по обеспечению безопасности полётов 284 п
инструкция по производству полётов 183 п
инструкция по техническому обслуживанию 183 п
интенсивность воздушного движения 184 п, 267 л
интенсивность дождевых осадков 266 л
интенсивность турбулентности 184 п
интервал, угловой 306 л
интерцептор 310 п
интерцептор-элерон 310 п
информация о бронировании 275 л
информация, полётная 181 л
информация, радиолокационная 106 п
искажение луча курсового маяка 119 п
искажение луча курсового радиомаяка 119 п
искусственный 209 п
испытание в воздухе 360 п
испытание, статическое 360 п
испытания воздушного судна, ресурсные 346 п
испытания, сертификационные 347 л
испытания, стендовые 285 п
исследование конфликтной ситуации в воздушном движении 289 п
истечение, реактивное 136 л
истинный 34 п, 362 л
источник электропитания, бортовой 323 п

кабина 60 п
кабина экипажа 60 п, 81 п, 84 п
кабрирование 223 п, 241 п, 259 п
камера 362 п
камера сгорания 59 п, 69 л, 83 л
камера, форсажная 42 п
канал 69 п
канал большого шага 233 п
канал вентилятора 124 л
канал воздухозаборника 124 л
канал, входной 209 п
канал, заборный 209 п
канал крена 70 л

канал передачи данных 69 п, 203 п
канат, спасательный 282 л, 343 л
капот 101 л, 173 п
капотирование 223 п
карбюратор 64 л
кардан автомата перекоса 165 л
каретка 54 п
каретка закрылка 64 п
каркас гондолы 321 п
каркас фюзеляжа 158 п, 303 л
карта 210 л
карта, аэронавигационная 210 л
карта, аэронавигационная маршрутная 72 л
карта допусков и посадок 64 п
карта магнитных отклонений 73 л
карта маршрута, аэронавигационная 73 л
карта осмотра 270 п
карта подходов к аэродрому 72 л
карта-наряд на выполнение регламентного технического обслуживания 270 п
карта-наряд на выполнение технического обслуживания 273 п
картер 101 п
картер, лобовой 65 п
картографирование путём радиолокационного обзора местности 210 л
картодержатель 54 л
«карусель» для выдачи 368 п
касание ВПП 354 п
каскад низкого давления 311 л
каскад усиления 312 п
каталог аэронавигационных карт 65 п
катастрофа 101 п
категорирование лётного состава 267 л
категория аэродрома 66 л
категория ИКАО 313 п
категория ИКАО по обеспечению полётов 66 л
катушка зажигания, пусковая 373 п
качалка, двуплечая 195 п
качество, аэродинамическое 126 п, 146 л, 260 п, 268 л, 268 л
качество рабочей смеси 268 л
квалификация, лётная 63 п, 303 л

квалификация пилота 256 п
кессон 56 л
киль 312 п
кладь 45 л
кладь, ручная 45 л
клапан, обратный 370 л
клапан, отсечный 370 п
клапан перепуска 370 л
клапан перепуска воздуха из компрессора 370 л
клапан фильтра, сливной 370 п
класс 77 п
класс пилотского свидетельства 166 л
классификация воздушных судов 78 л, 267 п
классификация воздушных судов по типам 267 п
клин воздухозаборника 376 п
клиренс 78 л
клиренс-наведение 167 п
ключ 381 л
ключ для стыковки крыла 381 л
ключ, телеграфный 343 л
ключ, штифтовой 306 л
книжка, лётная 54 п
кнопка, арретирующая 188 л
кнопка блокирования уборки шасси 60 п
кнопка быстрого согласования 60 п
кнопка запуска двигателя 60 п
кнопка запуска двигателя в воздухе 60 п
когерентность 82 п
код, адресный 81 п
код воздушного судна, позывной 300 п
код ВПП, условный 327 п
код опознавания 82 л
кодекс, Воздушный 272 п
кодекс, воздушный 81 п
кожух второго контура 299 п
кожух двигателя 186 п
кожух камеры сгорания 65 п, 174 п
козелок, подфюзеляжный 360 п
кок винта 310 п
кок воздушного винта 310 п
колебание давления 371 п
колебание крыла, продольное 231 п
колесо, носовое 223 л
колесо, ориентирующееся 65 п
колесо, рабочее 176 л, 377 п

колесо, самоориентирующееся 65 п, 377 п
колесо, хвостовое 378 л
колея шасси 355 п, 360 п
коллектор, воздушный 82 п, 209 л, 240 л
коллектор зажигания 169 л
колодец, заправочный 240 п
колодец, топливозаправочный 240 п
колодка 53 л
колодка, стояночная 75 л
колодка, упорная 53 л
колонка несущего винта 213 л
колонка руля высоты 313 л
колонка, штурвальная 83 л, 381 п
кольцевание 102 л
кольцо лопаток, стопорное 280 л
команда аэропорта, спасательная 366 п
командир воздушного судна 83 п
командир корабля 239 л
командир лётного экипажа 75 п
командир экипажа 75 п
комель лопасти 156 п, 281 п
комель лопасти воздушного винта 298 л
комиссии 83 п
комитет 53 п
коммутатор аэропорта 327 п
компас 85 л
компенсатор давления 131 п
компенсация 45 п, 85 п
компенсация, внутренняя 45 п
компенсация, внутренняя аэродинамическая 45 л
компенсация, роговая 45 п
компенсация, роговая аэродинамическая 45 л
комплекс, аэровокзальный 77 п
комплекс, аэродромный 85 п
комплекс аэропорта, грузовой 346 п
комплектовка воздушного судна 192 п
компоновка кабины 118 л
компоновка кабины, внутренняя 39 п
компоновка кабины экипажа 131 п
компоновка кресел 290 л
компрессор 86 п
конвейер 162 л
конвейер выдачи багажа 356 л

конвейер, ленточный 96 п
конвенция 96 п
кондиционер 361 п
кондиционирование воздуха 89 л
конец светлого времени суток 365 п
«конец связи» 231 л
коносамент 91 п
конструкция воздушного судна 111 л, 321 п
конструкция двигателя, модульная 111 л
конструкция, сварная 92 л
контакт в полёте, визуальный 92 л
контейнер, грузовой 92 л
контракт на воздушную перевозку 92 п
контргайка 207 п, 225 л
контргруз 99 л
контровка 114 л
контроль 93 л
контроль, встроенный 347 п
контроль за полётом 219 л
контроль за ходом полёта 323 п
контроль полёта 375 п
контроль, таможенный 103 п, 325 п
контроль, установленный государством 323 п
контур двигателя, внутренний 97 л
контур обратной связи 207 п
контур фюзеляжа 92 п
конус воздухозаборника 310 л
конус, входной 305 л
конус реактивного сопла 89 п
конус ударной волны 89 п
Конференция 89 п
конфигурация, крейсерская 90 л
координаты, астрономические 147 л
координаты, исходные угловые 271 п
координаты, угловые 106 л
коридор, воздушный 98 л
коробка, клапанная 174 п, 298 п
коробка приводов агрегатов 40 п
коробка приводов самолётных агрегатов 56 л
корпус, внутренний 54 п
корпус гироскопа 174 п
корпус дирижабля 175 л
корпус фюзеляжа 54 п

корректор, высотный 40 п, 95 л, 98 л, 367 л
корректор, путевой 96 л
коррекция, дистанционная 303 п
коррекция угла захода на посадку 97 п
костыль, тормозной 303 л
косынка, усиливающая 234 л
коэффициент 82 л
коэффициент атмосферного поглощения 266 л
коэффициент загрузки 138 п
коэффициент коммерческой загрузки 138 п
коэффициент сцепления 220 л
коэффициент, тарифный 139 л
кран, дроссельный 371 л
кран заправки топливом 370 п
кран кольцевания 370 л
кран слива 370 п
кран, сливной 81 п
краска, антикоррозионная 232 п
кремальера задатчика курса 188 л
крен 46 п, 219 п, 241 п
крен, боковой 241 л
крен воздушного судна 171 л, 204 л, 281 л
крен, неуправляемый 281 п
крепить 191 п
кресло, пассажирское 289 п
кресло пилота 289 л
крестовина 102 п
крестовина втулки 310 л
кривизна аэродинамического профиля 62 л
кривизна траектории полёта 103 л
кромка воздухозаборника, нерегулируемая 203 п
кромка ВПП, боковая 125 п
кромка облаков, верхняя 192 л
кромка облаков, нижняя 47 п
кромка, передняя 125 п
кронштейн навески элерона 56 п
круг 282 п
круг, азимутальный 243 л, 280 л
круг полёта 282 п
круг полётов над аэродромом 75 п
крутка 375 л
крутка, аэродинамическая 365 п
крыло 379 п
крыло изменяемой геометрии 380 п
крыло, стреловидное 379 п

крыльчатка двигателя 176 л
крыльчатка центробежного компрессора двигателя 176 л
крышка люка 101 л
крышка заливной горловины топливного бака 62 п
купон 99 п
купон авиационного билета 248 п
курс 100 л, 170 л
курс воздушного судна 100 л
курс, заданный 356 л
курс, компасный 100 л
курс, магнитный 50 п, 116 л, 355 л
курс, обратный 45 л
курс обучения 100 л, 103 л
курсограф 270 п
курсограф, бортовой 244 л
курс по радиомаяку 100 п
курсы повышения квалификации 100 п

лаборатория, летающая 188 п, 348 л
лайнер 203 л
лайнер, воздушный 26 л
ламинарность 189 л
лампа аварийной сигнализации 198 п
ларингофон 216 п
лебёдка 130 п
лента перепуска воздуха из компрессора 46 л
лента, стыковая 321 л
лестница, бортовая 188 п
лестница, выдвижная бортовая 317 п
лестница, складная бортовая 188 п
летать 155 л, 287 л
летать по кругу 75 п
летать со сносом 101 л
лёгкость управления 9 л, 125 п
лёд 175 л
лётчик-испытатель 239 л
ливень 299 п
лимб, дальномерный 75 п
лимб картушки компаса 282 л
линейка, масломерная 317 п
линейка, навигационная 284 л
линейка, нивелировочная 47 л, 281 л
линейка, нивелировочная реперная 239 п
линия 321 л

линия, воздушная 26 л, 27 п, 201 п
линия воздушного потока 320 л
линия ВПП, осевая 68 л
линия глиссады 202 л
линия глиссады, равносигнальная 234 п
линия заданного пути 355 п
линия, магистральная воздушная 172 л
линия, маркировочная 321 п
линия, местная 283 п
линия нагнетания 240 п
линия огней пути руления 47 л
линия отклонения от курса 103 п
линия отсчёта курса 202 л
линия передачи 235 п
линия подачи 240 л
линия полёта 201 п
линия потока 320 л
линия пути полёта 355 п
линия радиосвязи 203 п
линия разъёма 58 л
линия руления 167 п, 191 п, 344 л
линия старта 249 п
линия «стоп» 246 п
линия тяги 44 л
лист воздушного путешествия, маршрутный 64 л
лист воздушного судна, полётный 274 л
лист ожидания 204 л
лист, полётный 51 п, 321 л
лист учёта поправок 270 п
литер рейса 316 л
лицензия на коммерческие перевозки 196 л
лицензия на производство 68 п
лодка, летающая 54 л, 54 п
лодка, надувная спасательная 197 л
лодка, спасательная 54 л, 54 п, 197 л
ложемент для топливного бака 324 л
ложемент, крыльевой 174 л
ложемент под крыло 101 п
локсодромия 202 л
лонжерон 207 п, 306 л
лопасть 52 л
лопатка 52 л
лопатка, направляющая 371 п
луч 49 п
луч, глиссадный 50 л
луч глиссады 50 л

луч, курсовой 50 л
лыжа 303 л
люк 209 л
люк багажного отсека 121 л
люк для выхода 135 л
люк для крепления датчика топливомера 169 п
люк, технологический 121 п
люфт 244 л
лючок, смотровой 121 п, 169 л
лючок, эксплуатационный 169 л

магистраль 362 л
магистраль кольцевания топливных баков 202 л
магистраль нагнетания 240 л
магнетизм, остаточный 209 л
магнето 209 л
магнитофон, речевой 271 л
макет воздушного судна 218 л
малой протяжённости 299 п
малошумный 222 п
манёвр уклонения 209 п, 210 л
манёвренность 63 п
манёвренность воздушного судна 209 п
манжета, уплотнительная 102 п
манифест, пассажирский 204 л, 209 п
манометр 161 п, 210 п
манометр давления топлива 161 п
маркер, аэронавигационный 211 п
маркер, радиолокационный 263 л
маркировка аэродрома 192 п
маркировка аэропорта 212 л
маркировка бортового инструмента 82 л
маршрут 100 л
маршрут вылета 283 л
маршрут, кратчайший 355 п
маршрут, круговой 80 л
маршрут, незамкнутый 226 п
маршрут осмотра 374 п
маршрут полёта 283 л, 355 п
маршрут полёта, замкнутый 361 п
маршрут прибытия 283 л, 355 п
маршрут ухода на второй круг 355 п
маска, аварийная кислородная 212 п
маслёнка 208 п, 226 п
масло линии нагнетания 226 п
маслоотстойник 323 л
маслопровод 234 л, 362 п

маслорадиатор 96 п
маслосистема 336 л
масса, взлётная 213 л
масса, воздушная 213 л
масса конструкции 205 л
масса, полётная 376 л
мастерская, авиаремонтная 299 л
материал, звукоизоляционный 213 л
матрица, маршрутная 340 п
маховик 156 п
махолёт 231 л
мачта, антенная 213 л
машина, аварийная 362 л
машина для ВПП, очистительная 78 л
машина для очистки ВПП 326 л
машина, пожарная 346 л, 362 л
машина, снегоочистительная 104 л, 305 л
машина, снегоуборочная
машина, стартовая 372 л
машина технической помощи 362 л
машинка автопилота, рулевая 367 п
машинка, рулевая 296 п, 368 п
машинка элеронов, рулевая 366 п
маяк 48 л
маяк, аэродромный 48 л
маяк, глиссадный 48 п
маяк, курсовой 48 п, 206 л
маяк, пограничный 48 п
маяк, проблесковый 49 л
мгла, пыльная 169 л
медицина, авиационная 215 л
меридиан, гринвичский 166 п
меридиан, истинный 215 п
меры безопасности в полёте 251 л
меры в полёте, особые 64 п
меры по обеспечению безопасности 214 л
места постоянной брони 305 п
место авиационного происшествия 302 п
место базирования 173 п
место загрузки 37 п
место командира, рабочее 315 п
место комплектования 38 л
место остановки воздушного судна 313 п
место оформления багажа 245 п
место посадки 38 л
место происшествия 206 п, 302 п
место, рабочее 315 п

место регистрации 206 л, 245 п
место стоянки 38 п, 233 л, 305 п
место стыковки перевозок 162 п
местонахождение, расчётное 206 п
местоположение, географическое 206 п
металлизация 203 л
метеоданные по аэродрому 213 л
метеонаблюдение 225 л
метеоролог 215 п, 225 п
метеорология 215 п
метеосводка 181 п
метеосводка, аэродромная 323 л
метеослужба 120 п, 296 л
метеостанция, автоматическая 315 п
метеоусловия на авиалинии 376 л
метод борьбы с шумом 345 л
метод контроля шума 345 л
метод определения параметров ветра, радиолокационный 268 п
метод прямой коммутации 345 л
метод счисления пути 216 л, 344 п
методика лётных испытаний 254 п, 344 п
методика сертификации по шуму 255 л
методы неразрушающего контроля 348 л
механизация крыла 115 л
механизм, дроссельный 367 п
механизм, загрузочный 367 п
механизм заправки 114 л
механизм имитации усилий 367 п
механизм, противопомпажный 95 п
механизм, распределительно-демпфирующий 371 л
механизм растормаживания 214 п
механизм стопорения руля высоты 207 л
механизм уборки — выпуска 41 л
механизм уборки шасси 214 п
микровыключатель 216 п
минимум аэродрома 216 п
минимум для взлёта 217 л
минимум погоды 217 п
многоканальный 220 п
многорежимный 220 п
многоскачковый 220 п
моделирование условий полёта 302 л
модель воздушного судна 218 п

модернизация 369 л
модуль авиационного двигателя 218 п
модуль двигателя 218 п
момент двигателя, крутящий 354 л
момент рыскания 219 л
момент тангажа 219 л
монокок 219 л
моноплан, свободнонесущий 219п
мотогондола 220 п
мотор коррекции 354 п
мощность 174 л
мощность, взлётная 231 л, 250 л
мощность на режиме полётного малого газа 250 п
мощность, передаваемая 182 л
муфта вала трансмиссии 99 п
муфта свободного хода 81, 367 п
муфта стартёра 215 п
муфта-компенсатор 99 п

набирать высоту 40 л
набирать высоту, резко 382 п
набирать скорость 306 п
наблюдение за воздушным пространством 225 л
наблюдение, метеорологическое 375 п
наблюдение с воздуха 182 п, 325 л
набор высоты 40 л, 80 л
набор высоты при взлёте 80 п
набор высоты, резкий 382 п
набор инструментов, бортовой 188 л
набор пола, силовой 321 п
наведение по лучу 167 п, 173 п
наведение, радиолокационное 372 л
навеска руля высоты 146 п
навигация, визуальная 221 п
навигация, зональная 221 л
нагнетатель 323 л
нагревание, аэродинамическое 170 п
нагрузка, аэродинамическая 204 л
нагрузка, ветровая 126 п
нагрузка, полезная 236 л
нагрузка, расчётная 205 л
наддув 180 п
наддув, высотный 323 п
наддув топливного аккумулятора 253 л
надёжность 273 п

надёжность, эксплуатационная 273 п
надёжный 139 л
надзор, установленный государством 323 п
надпись, передаточная 128 л
накладная, авиагрузовая 376 л
накладная, грузовая 91 п
наклон автомата перекоса 350 п
наклон глиссады 304 п
наклонение видимого горизонта 116 л
наконечник 208 л
наконечник тяги 146 п
на курсе 226 п
налёт 136 п
на маршруте 216 п
наносить на график 244 л
наплыв крыла 137 л
напор, скоростной 11 п, 155 л
направление захода на посадку 116 л
направление северного меридиана, магнитное 223 л
направляющая тросовой проводки 140 л
наработка в часах 174 п
наработка двигателя 351 п
наработка между отказами 350 п
нарастание льда 10 п
нарушение воздушного пространства 186 л
нарушение радиосвязи 139 п
нарушение центровки 176 п
насадок 220 п
насадок индивидуальной вентиляции, регулируемый 231 л
насадок, реактивный 224 л
насос непосредственного впрыска 260 п
насос низкого давления 260 л
насос реверса 260 л
наставление по управлению воздушным движением 167 п
на траверзе 9
натяжение тросов 346 л
начало отсчёта 106 п
начало отсчёта курса 271 п
начало светлого времени суток 365 п
недолёт до торца ВПП 266 л
недостаток, конструктивно-производственный 361 п
неисправность 209 л
не по курсу 226 л

непригодность к лётной эксплуатации 269 л
непригодный к выполнению полётов 366 л
нервюра 279 л
несимметричность тяги 217 л
несоблюдение тарифов 373 п
несоосность 209 л
несоответствие 369 л
неуправляемость воздушного судна 366 л
неуправляемый 176 п
неустановившийся 223 л
неустойчивость 168 л
неустойчивость, аэродинамическая 182 п
нивелирование ВПП 166 л
ниша 48 л
ниша отсека шасси 121 л
ниша шасси 220 п, 277 п
нормативы, национальные 272 п
нормы лётной годности 81 п, 275 п, 313 п
нормы шума при полётах на заданном эшелоне 275 п
нормы шума при полётах на эшелоне 275 п
носитель полётной информации 215 л
носок 125 п
ночь 222 л

обдув 96 п
обдув генератора двигателя 97 л
обеспечение безопасности полётов 257 л
обеспечение беспрепятственного пролёта 79 п
обеспечение сопровождения 295 п
обжатие амортизатора 86 л
обжатие шины колеса 108 л
обзор в полёте 373 п
обзор, круговой 207 п
обзор местности радиолокационными средствами 210 п
обзор, радиолокационный 288 л
обкатка двигателя 348 л
облака, высококучевые 30 п
облака, высокослоистые 30 п
облака, дождевые 222 п
облака, кучево-дождевые 102 п
облака, кучевые 102 п
облака, перисто-кучевые 77 л
облака, перисто-слоистые 77 п
облака, перистые 77 п
облака, разорванно-кучевые 158 п

облака, слоисто-дождевые 222 п
облака, слоисто-кучевые 320 л
облака, слоистые 320 л
облако 81 л
облачность, сплошная 231 п, 303 п
обледенение 10 п, 158 п, 175 л
облёт 61 п, 156 л
облицовка, акустическая 360 п
обменник 135 л
обогащение 130 п
обогреватель воздуха 170 п
обозначение аэродрома, кодовое 81 п
оболочка, атмосферная 131 л
оборот парка воздушных судов 365 л
оборудование, авиационное 132 л
оборудование воздушных трасс 137 п
оборудование встроенного контроля 132 п
оборудование, навигационное 221 л
оборудование, радиолокационное 138 п
оборудование, радиоэлектронное 44 л
оборудование, светосигнальное 200 л
оборудование, электронное 44 л
обочина, грунтовая 299 п
обработка вручную 169 л
обработка грузов, предварительная 251 п
обработка данных 271 п
обработка данных, автоматическая 256 л
обработка поверхности ВПП 360 п
образец, серийный 218 п
обслуживание, аэродромное диспетчерское 294 п
обслуживание, аэронавигационное 295 л
обслуживание, аэронавигационное диспетчерское 93 п
обслуживание воздушного движения, консультативное 296 п
обслуживание, пульное 296 л
обслуживание, совместное 296 л
обслуживание, техническое 296 п, 381 п
обстановка, аварийная 131 л
обстановка, аэродромная 88 л

обстановка в зоне аэродрома, воздушная 238 п
обстановка, воздушная 303 л
обстоятельство в полёте, чрезвычайное 77 л
обтекаемый 140 л
обтекатель 101 л, 102 п, 140 л, 310 п
обтекатель воздушного винта, кольцевой 280 л
обтекатель втулки воздушного винта 121 л
обтекатель, носовой 121 л
обтекатель сопла 298 п
обтекатель фюзеляжа, носовой 121 л
обтекатель шасси 306 п
обтекать по потоку 320 л
обтекающий 30 п
обучение в процессе полётов 358 л
обучение, лётное 183 п
обучение на рабочем месте 358 л
обшивка 100 п, 203 л
обшивка, несущая 101 л, 303 л
объединение 248 п
объём воздушных перевозок 63 л, 237 л
объём перевозки 369 п
обязанности членов экипажа 125 л
обязательства, эксплуатационные 366 л
огнеопасный 180 п
огнетушитель 137 л
огни ВПП, входные 197 п
огни, осевые 198 л
огни приближения, линейные боковые 284 л
огни светового горизонта 198 п
огонь, глиссадный 197 л
ограждение аэродрома 144 л
ограничение 277 л
ограничение по скорости полёта 201 л
ограничения 91 п
ограничения, атмосферные 200 п
ограничения, эксплуатационные 201 п
ограничитель 277 л, 277 п
ограничитель свеса лопасти 318 п
однодвигательный 302 п
однолонжеронный 226 п
одноразового пользования 223 л
окислитель 213 л
окно отбора воздуха 173 л

окно, смотровое 173 л
околозвуковой 359 п
опасность капотирования 280 п
опасность столкновения 169 п
оператор авиационной связи 84 п
оператор радиолокационной станции 262 л
оперение, вертикальное 368 п
оперение, вертикальное хвостовое 145 л
оперение, горизонтальное 242 п
оперение, горизонтальное хвостовое 145 л
оперение хвостовое 127 п, 341 л, 368 п
оперение, V-образное хвостовое 341 л
опознавание 270 л
опознавание воздушного судна 175 п
опора 50 л
опора, передняя 50 п
опора, хвостовая 59 л, 303 л
опора шасси 163 п, 193 п, 366 л
опора шасси, амортизационная 322 л
опора шасси, основная 366 л
опоясывать 51 л
определение 270 л
определение дальности радиолокационным методом 265 л
определение местонахождения 249 п
определение местоположения 147 п
определение нахождения 249 п
определять знак девиации 300 п
опробование двигателя 228 п
опробование двигателя, предполётное 285 л
опрыскивание сельскохозяйственных культур с воздуха 311 п
опыление с воздуха 125 л
опыт лётной работы 136 п, 256 п
организация полётов 272 л
органы управления 93 п
ориентация 146 л
ориентация в полёте, пространственная 230 л
ориентир 240 л
ориентир, астрономический 271 п
ориентир в полёте, визуальный 102 п
ориентир лётного поля 211 п

ориентир, наземный 102 п
ориентир, наземный аэродромный 191 л
ориентир на трассе полёта, наземный 211 п
ориентир, точечный 240 л
ориентир, цветовой сигнальный 211 п
ориентировка 146 л
ориентировка, визуальная 230 п, 271 п
ориентировка по радиомаяку 230 л
ортодромия 75 п
освещённость, фоновая 208 п
оседание подушки
ослабление сигналов в атмосфере 208 л
ослепление 107 л
ослеплять 107 л
осмотр, медицинский 135 п
осмотр, технический 182 п
основание, бетонное 244 л
останов 104 л, 299 п
останов, аварийный 104 л, 299 п
остановка по расписанию 319 л
остановка с некоммерческими целями 318 п
остов крыла 303 л
ось 161 л
ось, вертикальная 381 п
ось вращения тележки шасси 241 п
ось подъёмной силы 44 л
ось, поперечная 381 п
ось прецессии 44 л
ось, продольная 381 п
ось рыскания 44 л
ось тангажа 44 п
отбор воздуха 53 л
отверстие, дозирующее 231 л
отверстие, дренажное 226 п, 372 п
ответственность грузоотправителя 277 л
ответчик, самолётный 276 п, 311 п
ответчик системы УВД 359 п
отвёртка, крестообразная 288 п
отвес, нивелировочный 202 л
отвод тепла 358 л
отворот 365 л
отворот от линии курса, резкий 209 л
отворот с креном 365 п
отдача, механическая 126 п

отдача по полезной нагрузке, весовая 268 п
отдел перевозок 109 п
отделение пограничного слоя 293 п
отделка кабины, внутренняя 361 л
отказ в перевозке 54 л, 59 л, 109 п
отказ двигателя 139 п
отказ, конструктивный 143 л
отказ механизма уборки — выпуска шасси 209 л
отказ пассажиру в перевозке
отказ, прогнозируемый 139 п
отклонение, боковое 120 л, 122 п, 134 л
отклонение закрылков 219 п
отклонение от курса 287 п, 298 п
отклонение по дальности 113 л
отклонение, резкое 188 л
отклонение, самопроизвольное 285 л
отклонение сопла, угловое 371 п
отклонение, угловое 108 л, 220 л
отклонять от 120 л
отклоняться от 120 л
отклоняться от курса 112 п
отключение 104 л
отключение стартёра 117 л
открытый для полётов 221 л
отмена 269 п
отмена ограничений 274 л
отменять 62 л
отметка воздушного судна, классификационная 267 п
отметка, высотная 127 л
отметка высоты или уровня 211 п
отметка местоположения воздушного судна 53 л
отметка, нивелировочная 211 п
отметка уровня загрузки 246 п
отметка цели 244 л
отметка цели, радиолокационная 244 л, 244 п
отправитель 231 л
отправитель авиагруза 158 п
отправление в рейс 110 л
отправлять 359 л
отправляться в рейс 109 п
отражатель пламени 298 п
отражение 278 л
отрыв 369 л
отрыв двигателя 344 п
отрывать 282 л

537

отсек 48 л, 66 п
отсек, багажный 84 п, 172 п
отсек, бытовой 84 п
отсек, грузовой 305 п
отсек, двигательный 48 л
отсек двигателя 48 л
отсек крыла, топливный 342 п
отсек отрицательных перегрузок 271 п
отсек, технический 85 л
отсек топливного бака, расходный 276 п
отсечка 104 л
отсоединять 111 п
отстойник 145 л, 323 л, 360 л
отсутствие ветра, полное 89 л
отсчёт времени 187 п, 212 п
отсчёт, прямой 269 л
отчёт о полёте 172 п
отчёт, статистический 275 л
оформление 78 л
оформление билетов 350 п
охлаждение, воздушное 96 п
охрана аэропорта 291 п
охрана окружающей среды 94 п, 259 л
оценивать пригодность 323 л
оценка, высокая 267 л
оценка высоты препятствий 41 л, 135 п
оценка препятствий 41 л, 135 п
очаг, грозовой 66 п
очаг пожара на воздушном судне 245 л
очерёдность выработки топлива 294 л
очерёдность захода на посадку 294 л
очерёдность полётов 253 л
очистка от таможенных пошлин 78 л
очки, лётные защитные 165 п
ошибка пилота 135 л

павильон на перроне 346 п
падение давления 123 л
падение оборотов двигателя 208 л
падение, свободное 140 п
падение тяги 107 л
паз типа «ласточкин хвост» 166 п
пакет, дроссельный 13 л, 277 л
палец прицепного шатуна 239 п
панель контроля хода полёта 107 п
панель приборной доски 322 п

панель центроплана 232 п
панель штурмана 232 п
параметры, основные технические 106 л
парашют, тормозной 233 л
парашютист 233 л
парашютировать 232 п
парирование сноса 108 л
парировать 99 л
парировать снос 108 л
парить в воздухе 287 л
парк 149 л
парковка воздушного судна 233 п
пассажир 234 л
пассажир, имеющий бронирование, но не явившийся к вылету 223 п
пассажировместимость 63 п
патрон 65 л
патрубок газосборника 124 л
патрубок переброса пламени 362 л
патрубок подвода воздуха 143 п
патрулирование с воздуха, противопожарное 228 п
педаль управления рулём направления 236 п
пеленг 50 л
пеленг, компасный 50 п
пеленг, магнитный 50 п
пеленг маяка 50 л
пеленг, обратный 50 п
пеленг радиостанции, истинный 51 л
пеленгатор 145 п
пеленгование воздушного судна 297 л
перебазирование 25 л, 144 л
перебалансировка 278 л
перебои в зажигании 217 л
перебои в работе двигателя 230 л, 361 п
перевозка 354 п
перевозка, воздушная 64 п, 96 п, 220 л, 303 п, 354 п
перевозка грузов по воздуху 197 л
перевозка, коммерческая воздушная 360 л, 360 л
перевозка, чартерная 73 л
перевозки авиакомпании, регулярные 357 п
перевозки, авиационные 228 п
перевозки, воздушные 25 п, 227 п, 295 л

перевозки, грузовые 357 л
перевозки, коммерческие 357 п
перевозки, коммерческие воздушные 228 л, 357 л
перевозки, массовые воздушные 25 п
перевозки, международные 229 л
перевозки, пассажирские 357 л
перевозки типа «инклюзив тур», воздушные 357 л
перевозчик на договорных началах 65 л
перевозчик, регулярный 65 л
перегородка кабины 233 л
перегородка, противопожарная 59 л, 146 п, 289 л
перегрузка 231 п, 274 л
передавать 111 п, 359 л
передатчик, бортовой 359 л
передача пассажиров 358 п
передача радиотелефонных сообщений 359 л
передача сообщений 273 л
передача управления воздушным судном 358 п
передача, фрикционная 163 п
перекачка топлива 358 п
перекачка реверса на прямую тягу 319 л
перекладка стабилизатора 297 п
переключатель топливных баков 292 п
переключатель холодной прокрутки 326 п
перелёт 232 л
переменной стреловидности 371 п
пренаддув кабины 232 л
переосвидетельствование, медицинское 271 п
переоформление билетов 278 л
перепад давления 115 п, 268 п
переподготовка 358 л, 358 л
переподготовка пилота 278 л
перепуск 60 п
пересечение ВПП 185 п
пересылать 359 л
перехлёстывание 342 л
переход к этапу выполнения посадки 256 л
переходник 114 п
переходник для заправки топливом 12 п
перечень опасных грузов 204 л
перечень эксплуатационного снаряжения 186 л
период действия прогноза 237 п

период срабатывания антиюзовой автоматики 104 л
перрон 36 п
персонал 312 п
персонал, авиационный 237 п
пикирование 120 л, 223 п
пикировать 120 л
пилон двигателя 260 п
пилот, второй 97 л, 239 л
пилот коммерческой авиации 239 л
пилотаж, высший 150 л, 322 п
пилот-инспектор 182 п, 239 л
пилот-инструктор 239 л
пилотирование 239 л
пилотировать 44 л, 155 л, 317 п
пилотируемый 239 л
пилот-курсант 239 л
пилот-любитель 239 л
пилот-оператор 239 л
пилот, проверяющий 239 л
пилот-профессионал 239 л
пиратство, воздушное 240 п
пиропатрон 65 л, 113 п, 311 п
пистолет заправки топливом 367 п
питание, перекрёстное 102 л
плавсредство 114 л
пламя, запальное 147 п
план 244 л
план воздушной обстановки 244 л
план зональных прогнозов 242 л
план повторяющихся полётов 242 п
план подготовки 257 л
планёр 25 л, 165 л
планирование 165 л
планирование полётов, маршрутное 243 л
планирование, предполётное 243 л
планка глиссады 47 л
планка положения глиссады 47 л
планшет 244 л
планшет хода полёта 54 л
платформа, амортизационная 299 л
платформа, багажная самоходная 361 л
платформа, контейнерная 362 л
платформа, тарировочная 243 п
плафон 198 л
пломба, обжимная 289 л
плоскость глиссады 242 п

плот, надувной спасательный 197 л, 262 п
плот, спасательный 197 п
плотность воздушного движения 109 п
площадка 144 л
площадка, вертолётная 107 п, 172 л
площадка длительной стоянки 263 л
площадка для списания девиации компаса 47 п
площадка для стоянки 48 л
площадка ожидания 48 л
площадка, посадочная 144 л, 302 п
площадь аэропорта, привокзальная 300 п
плунжер 105 л
плунжер штока 362 п
пневматик 353 п
поверхность, аэродинамическая 16 л, 324 п
поверхность земли 346 п
поверхность, несущая 39 л, 242 п
поверхность ограничения высоты препятствий, условная 325 л
повреждение 101 п
повреждение посторонним предметом 105 п
повторитель 274 п
повторитель курса, компасный 177 п
повышение квалификации 357 п
повышение тарифа 369 п
поглощение скачка уплотнения 325 п
погода, нелётная 376 п
погода, неустойчивая 53 л
погрешность, курсовая 282 п
погрузчик багажа 206 л
подавление радиопомех 324 л
подача топлива в системе воздушного судна 323 п
подвеска, амортизационная 220 л
подвеска груза, внешняя 332 п
подвеска колеса, рычажная 325 п
подвеска, тросовая 325 п
подвеска, шарнирная 146 п
подготовка кадров 358 л
подготовка к осенне-зимней навигации 380 п

подготовка, лётная 183 п
подготовка, предполётная 11 п, 251 п
подготовка, теоретическая 358 л
подкос 56 п, 322 п
подкос шасси, боковой 300 л
подогреватель топлива 170 п
подразделение, авиационное 366 п
подсвет шкалы 176 л
подтверждение 11 п
подтверждение разрешения на взлёт 90 п
подушка, воздушная 103 п
подфюзеляжный 372 п
подъём 40 л
подъёмник крыла, винтовой 186 п
подъёмник, самолётный 172 п
поездка со скидкой тарифа, групповая 360 п
пожар внутри двигателя 146 л
позывной 62 л, 300 п
поиск с воздуха 289 п
поиск, секторный 288 л
показатель плотности грунта 268 л
покидание 9
покидание, безопасное 135 п
поколение воздушных судов 164 п
покрытие, аэродромное 236 л
покрытие ВПП, бетонное 324 п
пол кабины воздушного судна 107 п
поле зрения пилота 144 п
поле, лётное 25 л
полёт 149 п
полёт, бреющий 171 л, 288 п
полёт вне расписания 154 л
полёт в обратном направлении 278 л
полёт в режиме висения 152 л, 229 л
полёт, высотный 150 л
полёт, горизонтальный 152 л
полёт, деловой 150 п
полёт, короткий 173 п
полёт, крейсерский 151 л
полёт на автопилоте 150 п
полёт на ориентир 173 п
полёт, обратный 278 л
полёт, парящий 305 л
полёт по замкнутому маршруту 282 п
полёт по инерции 81 п

полёт по круговому маршруту 77 л
полёт по кругу в районе аэродрома 227 п
полёт по расписанию 153 п
полёт, прерванный 227 п
полёт с инструктором 228 п
полёт, тренировочный 154 л
полётный 149 п
полёты воздушных судов 156 л
полёты, всепогодные 227 п
политика, тарифная 248 л
полка 62 п
полка лонжерона 148 л
полка шпангоута 62 п
положение, горизонтальное 42 п
положение закрылков, посадочное 249 л
положение по тангажу 42 п
положение, пространственное 42 п
положение, флюгерное 143 л, 249 л
поломка 57 п
полоса 320 п
полоса безопасности, боковая 299 п
полоса, взлётно-посадочная 285 п
полоса воздушных подходов 161 л
полоса, лётная 320 п, 321 л
полоса, свободная от препятствий 79 п
полоса торможения, концевая 319 л
полоса тумана 64 п, 234 л
полоса частот 46 л
полуось 281 л
полюс, магнитный 248 л
поляра крыла 248 л
помехи 81 п
помехи, атмосферные 315 л
помехи видимости, атмосферные 277 п
помехи, магнитные 185 л
помехи, шумовые 120 л
помехоустойчивость 176 л
помехоустойчивый 186 п
помпаж 313 л, 325 п
поперечный 360 л
поправка на воздушную скорость 85 п
поправка на высоту 97 п
поправка на снос ветром 379 л

порог ВПП, смещённый 348 п
поршень, плавающий 340 п
порыв ветра 53 п
порыв воздушной массы 168 л
порыв воздушной массы, резкий 168 л
порыв, резкий 226 п
порядок введения тарифов 209 л
порядок выработки топлива 288 л
порядок набора высоты 344 п
порядок предъявления рекламаций 254 л
порядок приёмки 253 п
посадка 127 п, 189 п
посадка, автоматическая 43 п
посадка воздушного судна, промежуточная 318 л
посадка на борт 54 л
посадка пассажиров на борт 54 л
посадка по техническим причинам 319 л
посадка, предусмотренная соглашением, промежуточная 241 л
посадка, прерванная 189 п
посадка, промежуточная 241 п
послеполётный 250 л
пост аварийного оповещения 250 п
поставка воздушных судов 109 л
поставщик 256 п
построение тарифов 92 л
потеря высоты 208 л, 220 л
потеря ориентации 117 л
потеря тяги 236 п
потеря устойчивости 58 п
поток воздуха на маршруте полёта, восходящий 369 л
поток воздушного движения 154 п
поток, воздушный 25 п, 27 п, 102 п
поток, восходящий 103 л, 219 п
поток, восходящий воздушный 378 п
поток, охлаждающий 122 п
поток пассажиров 155 л
поток, реактивный 320 л
потолок 66 п
пошлина 343 п
пошлина, таможенная 125 л
почта, воздушная 209 л
пояс 51 л
пояс, часовой 382 п
права авиакомпании, коммерческие 279 п

541

правила визуального полёта 284 п
правила воздушного движения 253 л
правила полётов 284 п
правила построения тарифов 284 п
правила эксплуатации 272 п
право внеочередной посадки 253 л
право, воздушное 192 л
право входа, преимущественное 279 л
право на передачу билета 358 п
превышать загрузку 232 л
превышение ВПП 127 л
превышение по высоте 161 п
предел видимости 201 л
предел затухания 211 л
предел наработки, допустимый 200 п
предел ограничения массы 264 л
предел разрушения 348 п
предел сцепления 348 л
предел усталости 201 л
предел устойчивости 201 л
предел центровки 200 п
предкрылок 303 п
предкрылок, выдвижной 303 п
предоставление скидки 117 л
предотвращение авиационных происшествий 253 л
предотвращение столкновений 44 л
предохранитель 104 л
предполётный 251 п
предприятие, авиаремонтное 47 п
предприятие, авиатранспортное 131 л
предприятие, авиационное 131 л
предприятие, авиационное коммерческое 26 л
предприятие, ремонтное 16 п, 47 п
предприятие-поставщик воздушных судов 323 л
представитель перевозчика 275 п
представительство авиакомпании 16 п
предупреждение об опасности 375 л
предупреждение по аэродрому 374 п
предупреждение по аэродрому, метеорологическое 374 п

предупреждение столкновений в воздухе 95 л
предупреждение, штормовое 375 л
прекращать диспетчерский контроль за полётом воздушного судна 21 л
прекращать контроль за полётом воздушного судна 21 л
преобразователь, бортовой 358 л
преобразователь сигнала по тангажу 358 п
преодоление 57 л
преодолевать 57 п
препятствие в районе ВПП, скрытое 169 п
препятствие на пути полёта 225 п
прецессия гироскопа 251 л
прибор для замера силы сцепления 303 п
прибор, командный 116 п, 367 л
прибор, пилотажно-навигационный 183 п
прибывать 40 л
прибывающий 176 л
прибыльный 256 п
прибытие 40 л
привод 12 л
привод механизма отбора воздуха 12 л
привод механизма реверса тяги 12 п
привод постоянных оборотов 123 п
привод, ручной 114 л
привод стартёра 12 п
приводить в действие 12 л
пригодность 322 п
пригодность к полётам 146 п
приём 41 п, 269 п, 269 п, 270 л
«приём» 231 п
приёмистость 10 л
приёмистость, встречная 10 л
приёмник воздушного давления 55 л, 170 л
приёмник, глиссадный 269 п
приёмник, направленный 269 л
приёмник полного давления 253 п, 362 п
приёмник статического давления 170 л, 248 п, 342 п, 373 п
приземление 297 л
прилетать 40 л
прилёт 40 л

присадка, антидетонационная 12 п, 85 л
присадка, противообледенительная 12 п
приспособление, буксировочное 362 п
приток пассажиров 180 п
причина происшествия 66 л
пробег 229 л, 230 л
пробег, послепосадочный 281 п, 285 п
пробег при посадке 285 п
пробег при рулении 285 л
пробивать 57 п
пробивать облачность 47 п
пробка, воздушная 206 п
пробка, магнитная 244 п
проблесковый 149 п
пробоина 173 л
проверка, лётная 279 л
проверка на герметичность 347 п
проверка, наземная 74 п
проверка, предполётная 74 п
проверка уровня квалификации 74 л
проверка уровня лётной квалификации 74 л
проверка, эксплуатационная 74 п
проверяющий 239 л
провисание 303 п
провисание крыла 123 п
проводка системы управления 203 п
проволока, контровочная 207 п
прогар камеры сгорания 59 п
прогноз по аэродрому 157 п
прогнозирование, авиационное 158 л
программа 327 п
программа обеспечения лётной годности 257 л
программа организации авиационных путешествий 242 п
программа сертификации по шуму 288 п
прогрев 374 п
продажа билетов, оптовая 287 л
продолжительность 351 п
продолжительность полёта 124 п, 128 л
продолжительность стоянки 237 п
продолжительность эксплуатации 197 л
продувка 53 п, 137 л
продувка цилиндров 122 п

проектирование и строительство аэродромов 130 п
прожектор заливающего света 257 л
прожектор, посадочный 154 п
прожектор, сигнальный 189 л
прожигать 59 п
производительность, удельная 125 л
производить посадку 28 п
производить посадку в самолёт 127 п
производить сборку 40 л
производство воздушных судов 256 п
происшествие 10 п, 217 п, 226 л
происшествие, авиационное 10 п, 101 п
прокладка 162 л, 305 п
прокладка курса 244 л
прокладка курса методом счисления 355 л
прокладка маршрута полёта 284 л
прокладка маршрута по угловым координатам 356 л
прокладывать курс 244 л
прокрутка двигателя, холодная 314 п
пролетать беспрепятственно 78 л
пролетать над 231 п
пролёт 78 л, 156 п, 217 п, 234 л
пролёт без опознавания 304 л
промышленность, авиационная 180 л
проставка 280 п
проставка двигателя 12 п, 277 п
проставка реактивного двигателя 277 п
простой 109 л, 122 л
пространство, верхнее воздушное 19 л
пространство, воздушное 18 п, 26 п, 216 п
проектор покрышки 360 п
против ветра 369 п
противовес 99 л
противодавление 99 л
противообледенитель 108 п
профиль, аэродинамический 16 л
профиль волны 302 л
профиль крыла 298 л
профиль полёта 256 п
профиль, резиновый уплотнительный 321 л
профиль траектории полёта 256 п

процедура опознавания 255 л
прочность, усталостная 320 л
пружина клапана 311 л
прямая, конечная 193 п
прямая, посадочная 193 п
пул 248 п
пульсация 51 п, 280 п
пульсировать 280 п
пульт управления 91 п
пульт управления автопилотом 96 л
пульт, центральный 236 п
пункт, аэродромный диспетчерский 245 л, 355 л, 366 п
пункт аэропорта, командно-диспетчерский 355 л
пункт вылета 241 п
пункт, конечный 247 п
пункт наблюдения 316 л
пункт переключения частоты связи 245 л
пункт подхода, диспетчерский 93 п
пункт прибытия 241 п
пункт прилёта 245 л
пункт трассы полёта 147 л
пункт управления воздушным движением 366 п
путешествие, воздушное 360 л
путь 376 л
путь, тормозной 57 л, 119 л

работа, безотказная 229 п
работа на малом газе 285 п
работы, аварийно-спасательные 144 п
работы, поисково-спасательные 381 п
работы, регламентные 74 п, 343 п
работы, спасательные 144 п, 276 л
равносигнальный 134 л
радиатор, воздушный 96 п
радиатор, сотовый 96 п
радиатор, топливно-масляный 96 п
радиоволна 376 л
радиогоризонт 173 л
радиозонд 262 п
радиолокатор, вторичный 261 п
радиолокатор, обзорный аэродромный 261 л
радиолокатор предупреждения столкновений 261 л
радиолокация 262 п
радиомаркер 212 л
радиомачта 213 л

радиомаяк 48 л
радиомаяк, визуально-звуковой 265 л
радиомаяк, курсовой 48 п, 206 л
радионаведение 167 п
радионавигация 221 п
радиообмен 357 л
радиооборудование 133 п
радиоопознавание 175 п
радиоответчик системы опознавания 359 п
радиопеленгатор 145 п
радиопеленгация 173 п
радиопередача 359 л
радиопомехи 185 л
радиоприём 270 л
радиосвязь 84 п, 92 п
радиосигнал точного времени 301 п, 350 л
радиосистема ближней навигации 338 п
радиосопровождение 356 п
радиостанция 262 л, 316 л
радиостанция направленного действия 315 л
радиостанция, приводная 316 л
радиус действия 263 п
радиусомер 161 п
разбавлять 115 п
разбег 230 л
разбег при взлёте 281 п, 285 л
разбор полёта 107 л
разброс частоты 120 л
развёртка 325 п
развёртка по дальности 288 л
развивать 9 п
разворот воздушного судна 241 п
разворот на 360° 348 п
разворот с креном 364 л
разгерметизация 108 п, 110 п, 208 л
разгерметизировать 110 п
разгружать 369 л
разгрузка 369 л
разгрузка крыла 273 п
разделение зоны, угловое 293 п
разделение потока 293 п
разделитель пограничного слоя 310 л
разжижать 115 п
размах крыла 306 л
размах, поперечный 349 л
размер таможенной пошлины 265 п
размещение аэронавигационных средств 83 л

разница в тарифах по классам 115 п
разнос 285 п
разнос антенн 120 л
разрежение 265 л
разрешать воздушному судну выйти из зоны контроля 21 л
разрешение 78 л
разрешение, диспетчерское 78 л
разрешение на беспошлинный ввоз 13 п
разрешение на вылет 78 п
разрешение на выполнение воздушных перевозок 237 п
разрешение на передачу билета 358 п
разрушение 101 л
разрушение планёра 139 п
разряд аккумулятора 116 п
разряд, грозовой 321 п
разряд, статический 61 л
разрядник 117 л
разрядник, статический 117 л
разъём 57 п, 233 п
разъём аэродромного питания 91 л, 269 п
разъём аэродромного электропитания 91 л
разъём крыла 187 п
разъём, технологический 57 п
район воздушного движения, узловой 174 п
район поиска и спасания 38 п, 272 л
район полётной информации 272 л
район, узловой диспетчерский 39 л
ракета, сигнальная 250 л
ракета, сигнальная цветная 149 л
рама крепления двигателя 220 л
рама тележки 158 п
рамка гироскопа 158 п, 165 л
расконсервация 110 л
раскос 56 п
раскрутка 232 л
раскрутка двигателя 101 п
раскрутка колеса 310 п
раскрутка несущего винта 314 л
раскрутка, предварительная 251 п, 285 п
раскрутка ротора двигателя 101 п
раскрытие луча, азимутальное 311 л
распечатка сведений о полёте 97 л

расписание полёта 288 л
расписание полётов 353 л
распределение аэродинамической нагрузки 119 п
распределение воздушного пространства 306 л
распределение высот 41 л
распределение давления по крылу 244 л
распределение доходов, пропорциональное 259 л
распределитель подачи топлива 120 л
распределитель топлива 120 л
распространение звукового удара 360 л
распылитель 133 п, 187 л
рассеивание тумана 117 п, 118 л
расследование авиационного происшествия 186 л
расследование происшествия 186 л
рассогласование 223 л
раствор луча 378 л
растворять 115 п
растормаживание 273 п
растягивание глиссады 137 л
расфлюгирование воздушного винта 366 л
расход воздуха 25 п, 154 п
расход топлива 154 п
расход топлива, удельный 92 л
расход, часовой 92 л
расход элеронов 108 л
расходомер 155 л
расходомер воздуха 215 п
расходы на оперативное обслуживание 136 п
расходы на оперативное техническое обслуживание 136 п
расходы на техническое обслуживание 98 п
расходы, эксплуатационные 208 л
расчалка 168 л, 317 л
расчалка, несущая нагрузку 380 п
расчёт времени полёта 61 л
расчёт времени прилёта 135 л
расчёт загрузки 61 л
расчёт тарифа 61 л
расчёт центровки 61 л, 86 п
расшифровка сигнала 185 п
реакция по крену 277 л
реборда 148 л
ребро атаки 125 п
ребро жёсткости 318 п

ребро охлаждения 145 п
реверс 278 п
реверс тяги 278 п
реверсирование 278 п
реверсирование шага 279 л
реверсировать тягу 349 л
регистр, цифровой 144 п
регистратор, бортовой 270 п
регистратор параметров полёта 56 л
регистрация 74 л
регистрация воздушного судна 272 л
регистрация плана полёта 144 п
регламент технического обслуживания 257 п, 288 л
регулирование грузовых тарифов 267 л
регулирование качества смеси 13 л
регулирование наддува, автоматическое 94 л
регулирование подачи 216 л
регулирование подачи топлива
регулирование рабочей смеси 297 л
регулирование расхода топлива 94 п
регулирование тарифных ставок 343 л
регулирование тарифов 267 л
регулирование топливовоздушной смеси 93 п
регулирование оборотов малого газа 13 п
регулярность полётов 272 л
регулятор давления в кабине 272 п
регулятор зазора 13 л
регулятор постоянного числа оборотов 367 л
регулятор расхода 272 п
регулятор, центробежный 166 л
редуктор, воздушный 370 л
редуктор, планетарный 164 л
реестр, авиационный 272 л
режим 51 л
режим готовности 218 л
режим закрытых тарифов 303 л
режим, максимальный взлётный 349 л
режим малого газа 176 л
режим, нерасчётный ветровой 88 л
режим, паспортно-визовой 276 л
режим полёта 218 л, 285 л

режим работы 51 л
режим работы с полной нагрузкой 88 л
режим работы, форсированный 267 л
режим работы, чрезвычайный 267 п
режим равновесных оборотов 88 л
режим, форсированный 250 л
режим холостого хода 88 п
резерв, эксплуатационный 276 п
резервирование воздушного пространства 276 л
резервный 314 л
резьбомер 161 п
рейс, блок-чартерный 150 п
рейс, задержанный 151 п
рейс, коммерческий 150 п
рейс, обратный 44 п, 156 л
рейс с промежуточной посадкой, чартерный 73 п
рейс с пропорциональным распределением доходов, чартерный 73 п
рейс, стыковочный 150 п
рейс, чартерный 73 л, 150 п
реле времени 353 л
рельс, направляющий 262 п, 355 п
рельсы выпуска закрылков 355 п
ремень, плечевой 319 п
ремень, привязной 51 п, 290
ремни безопасности 169 л
ремни безопасности, привязные 169 л
ремонт воздушного судна 231 л
ремонт, капитальный 274 л
ремонтопригодность 231 п, 274 п
репер 247 л
рессора коробки приводов 298 л
ресурс 197 л
ресурс, межремонтный 237 п
ресурс, назначенный 197 л
решение выполнить посадку 107 п
решётка 144 л 371 п
решётка, аэродинамическая 144 л
решётка профилей лопаток 65 л
риск столкновения 280 п
рог волновода 174 л
роза ветров аэродрома 282 л
рольганг 356 л
ротор компрессора 282 л
рубеж возврата 246 л

руководитель буксировки 323 л
руководство по производству полётов в зоне аэродрома 284 п
руководство по технической эксплуатации воздушного судна 167 п
рукоятка замка 168 п
рукоятка штурвала 166 п
руление 230 л, 343 п
руление по аэродрому 229 л
руль высоты 127 л
руль направления 284 л
рульмашинка 296 п
ручка управления 195 п, 281 п, 317 п
рым-болт 137 п
рыскание 219 л, 381 л, 381 п
«рыскание» 305 л
рыскание по курсу 175 л
рычаг автомата перекоса 196 л
рычаг блокировки 196 л
ряд близкорасположенных световых огней 47 л
ряд сигнальных огней 46 п

салон 60 п
салон, пассажирский 60 п, 85 л
салон первого класса 85 л
сальник 116 п, 165 л, 277 п, 280 л, 289 л
самовозгорание 83 л, 292 п
самовоспламенение 43 п
самолёт 16 л, 26 л
самолёт вертикального взлёта 242 п
самолёт, гоночный 242 п
самолёт, двухмоторный 242 п
самолёт, пассажирский 60 л
самолёт, широкофюзеляжный пассажирский 60 л
самолётовождение 16 л, 239 л
самонаведение 292 п
самоориентирование 327 п
самоподготовка 358 л
самопрослушивание 300 л
саморазряд 292 п
самоходный 292 п
сбиваться с курса 51 л
сближение 81 л
сближение, опасное 217 п, 221 п, 259 п
сближение с землёй 259 п
сбор, аэронавигационный 71 л
сбор, дополнительный аэропортовый 324 л

сбор за багаж сверх нормы бесплатного провоза 71 п
сбор за обслуживание 71 л, 143 п
сбор за посадку 71 п
сбор за стоянку 143 п
сбор за стоянку воздушного судна 71 л
Сборник пассажирских тарифов на воздушную перевозку 343 п
сборник аэронавигационной информации 259 п
сборник для авиационных специалистов, информационный 210 л
сборник состояния воздушных перевозок, статистический 115 п
сбрасывание груза 123 п
сброс газа 107 л
сверхзвуковой 323 п
свес лопасти 123 п
свес руля высоты 231 п
светильник 146 л
светомасса 213 п
светомаяк 48 л
светомаяк, пограничный 48 п
светомаяк, проблесковый 49 л
светофильтр 145 л
«свеча» 382 п
свеча зажигания 244 п
свидетельство о допуске к полётам 68 л
свидетельство пилота коммерческой авиации 196 л
сводка по аэродрому 274 п
«свой — чужой» 160 л
свойство, распылительное 258 п
свойство, светозащитное 258 п
связь 84 л
связь, авиационная 345 л
связь, обратная 143 л
связь, симплексная 302 л
сглаживание сигнала 305 л
сгорание 83 л
сдвиг ветра 298 л, 379 л
сдвиг частоты, доплеровский 298 п
сдув пограничного слоя 53 п
сдувание пограничного слоя 53 п, 274 л
север, магнитный 223 л
сезон, промежуточный 289 п
секстант, авиационный 297 п
Сектор аудиовизуальных средств 366 л
сектор 260 п

сектор газа 96 л, 196 л
сектор газа двигателя 349 л
сектор подхода к аэродрому 291 п
сектор управления газом 188 п
Секция расследования и предотвращения авиационных происшествий 290 л
секция 66 л
селектор азимута 292 п
сепаратор 61 л
сервоклапан 371 л
сервокомпенсатор 340 л
сервомеханизм 296 л
серия воздушных судов 47 п
сертификат воздушного судна 68 л
сертификат лётной годности 68 л
серьга для швартовки 297 п
серьга штока 203 п
сетка, грузовая 221 п
сетка заливной горловины 288 л
сетка, картографическая 166 л
сетка поправок 166 п
сетка, тормозная 221 п
сетка, фильтрующая 162 п
сеть аварийного оповещения 222 л
сеть авиалиний 329 л
сеть авиационных линий 222 л
сеть, международная телексная 222 л
сеть радиолокационных станций 222 л
сечение заборного устройства, критическое 348 п
сигнал бедствия 61 п
сигнал бедствия в коде ответчика 213 п
сигнал, наземный аэродромный 301 л
сигнал, отражённый 125 п
сигнал пожарной тревоги 62 л
сигнал, приводной 301 л
сигнал тревоги 28 л, 301 л
сигналы готовности 311 п
сигнализатор, высотный 326 п
сигнализатор опасности обледенения 178 п
сигнализатор перепада давления 326 п
сигнализатор уровня 327 л
сигнализатор юза, механический 350 л
сигнализация, аварийная 177 л
сигнализация, звуковая 375 л

сигнализация, звуковая аварийная 113 л
сигнализация отказа 375 л
сигнализация, предупредительная 177 л
сигнальщик 209 л, 302 л
сигнальщик, аэродромный 212 п
сигналы, воздушные 106 л
сиденье бортпроводника 289 л
сиденье, откидное 289 п
сила, аэродинамическая 157 л
сила, подъёмная 59 л, 157 л, 157 п, 197 л, 250 п, 320 л
сила сцепления 356 л
сила тяжести 166 л
синоптик 158 л
синхронизатор, бортовой 80 п
синхронизация закрылков 60 п, 327 л
синхронизация закрылков, механическая 60 п
синхронизация работы закрылков 327 л
система 328 л
система аэронавигационных огней 200 л
система, бортовая 328 п
система досмотра багажа 330 л
система жизнеобеспечения экипажа 324 л
система зональных прогнозов, Всемирная 340 л
система, курсовая 331 л
система огней 200 л
система освещения препятствий 200 л
система, противопомпажная 329 п
система связи 84 л
система сигнализации опасной высоты 329 л
система сигнализации перегрузок 328 л
ситуация в полёте, аварийная 127 п
ситуация, опасная 169 л
ситуация, особая 65 п
скачок уплотнения, головной 299 п
скидка 117 л
скидка с тарифа 271 п, 343 п
склад 319 л
склад, таможенный 374 п
склад, топливный 110 л
склонение, магнитное 107 п, 176 п, 371 п

склонение, условное магнитное 166 п
скоба, предохранительная 167 л, 191 п
скольжение 304 л
скольжение на крыло 300 л, 304 л, 311 п
скользить 140 л
скороподъёмность 9 л, 63 л, 265 п
скорость 306 п, 372 л
скорость, воздушная 27 л
скорость воздушного судна 307 л
скорость истечения газов 372 п
скорость набора высоты 265 п
скорость набора высоты, вертикальная 265 п
скорость по тангажу 265 п
скорость по тангажу, угловая 265 п
скорость снижения 265 п
скорость сноса 266 л
скорость, угловая 372 л
скос потока, боковой 300 л
скос потока вниз 122 л
след, аэродинамический 357 п
след воздушного судна, спутный 357 п
след, инверсионный 235 п
след, конденсационный 357 п
след реактивной струи 235 п
след, спутный 235 п
след, турбулентный 374 п
следовать по заданному курсу 260 л
слив 369 л
слив, аварийный 124 п, 187 л
слив топлива 108 п, 122 л
сливать, аварийно 124 п
слоистый 319 п
слой ВПП, дренажный 100 п
слой, пограничный 192 л
слой сплошной облачности 52 п
слой, фрикционный 232 п
служба аварийного оповещения, аэродромная 294 п
служба, аэродромная аварийная 294 п
служба безопасности полётов 120 п
служба захода на посадку, диспетчерская 295 л
служба, информационно-справочная 368 л
служба подхода, диспетчерская 295 л

служба поиска и спасания 296 п
служба, таможенная 103 п
служба, эксплуатационная 16 п
слышимость 268 п
смазка, автоматическая 292 п
смазка, графитовая 166 п
смазка под давлением 208 п
смазка, принудительная 296 п
смазывать 208 п
смена в полёте 273 п
смеситель выходящих газов 217 п
смесь, авиационная топливная 160 п
смесь, воспламенительная 86 л
смесь, обеднённая рабочая 217 п
смещение, самопроизвольное угловое 360 л
смещение, угловое 117 п, 360 п
смещение центровки 117 п, 298 п
снабжение оперативной точки базирования 256 п
снаряжение лётного экипажа 133 л
снегопад 299 п
снижение 110 п, 194 л, 260 п
снижение, аварийное 228 п
снижение в режиме авторотации 110 п
снижение, неуправляемое 111 л, 230 п
снижение, резкое 140 п
снижение эффективности 220 п
снимать с замков 369 л
снос 101 л, 193 п
снос, боковой 123 л
снос ветром 108 л
снос потока вверх 369 п
снос потока воздуха вверх 369 п
снятие показаний приборов 216 л
совершать посадку 189 л
совершенство, аэродинамическое 78 л
Совет 98 п
советник по авиационным вопросам 13 п
совместимость 85 п
согласованность в действиях 82 п
согласовывать 303 п
соглашение о воздушном сообщении 17 л
соглашение о прямом транзите 39 п
соглашение по авиационным тарифам 17 п
соглашение по тарифам 17 п

соединение 187 п
соединение, бортовое 91 л
соединение, бортовое электрическое 91 л
соединение, дюритовое 99 п
соединение, шомпольное 172 п
создание отрицательной тяги 278 п
создание помех 165 л
сокращение расходов 104 л
сообщение, местное 295 п
сообщение, местное воздушное 295 п
сообщение о местоположении воздушного судна 274 п
сообщение о положении воздушного судна 274 п
сообщение с борта 26 п
сообщение, челночное воздушное 296 л
сопло, кольцевое 223 п
сопровождение, наземное 356 п
сопровождение по дальности, автоматическое 356 л
сопровождение полёта 156 п
сопровождение, таможенное 135 л
сопротивление 122 л
сопротивление воздуха 122 л
сопротивление движению воздушного судна 276 п
сопротивление, лобовое 122 л
сопротивление, полное 176 л
сопротивление, полное электрическое 176 л
сорт топлива 166 л
состав, лётный 237 п
состав, личный 312 л
состав, пенообразующий 86 л
составляющая ветра, боковая 86 л
составляющая ветра, поперечная 86 л
составляющая силы тяги 86 л
состояние, аварийное 315 л
состояние готовности 88 л, 314 л
состояние готовности воздушного судна к вылету 249 л
состояние готовности ВПП к полётам 316 п
состояние лётной годности 88 л
состояние экипажа, физическое 88 л
сотрудничество между авиакомпаниями 97 л
сотрудничество, пульное 248 п
спектр шума 306 п

с передней центровкой 56 л
специалист по радиолокационным установкам 262 л
специалист по сборке 279 п
списание воздушного судна 278 л, 323 л
списание девиации 98 л
списание девиации в полёте 27 п
списание девиации компаса 13 л, 61 п, 326 л
списание оборудования 118 л
списание радиодевиации 98 л
списание радиодевиации в полёте 213 п
списывать девиацию 61 л
способ захода на посадку 344 л
способ пробивания облачности 254 л
способность аэропорта, пропускная 63 л
способность ВПП, пропускная 63 п
способность, несущая 9 л, 63 л, 320 л
способность, пропускная 265 п
способность радиолокатора, разрешающая 276 л
спуск, планирующий 165 п
справочник по аэродромам 116 п
спрямлять 28 л
спутник связи 287 л
срабатывание 12 л
срабатывание, самопроизвольное 227 п
среда, акустическая 131 л
среда, рассеивающая 215 л
средства, автономные 18 л
средства, автономные аэронавигационные 18 л
средства, аэродромные визуальные 17 п
средства, аэродромные посадочные 17 л
средства, аэронавигационные 137 п
средства ближней навигации 18 л, 221 л
средства, визуальные 213 п
средства дальней навигации 221 л
средства захода на посадку, аэродромные 17 п
средства обеспечения захода на посадку, аэродромные 17 п
средства обеспечения захода на посадку, визуальные 18 л

средства опознавания 17 п, 213 п
средства определения траектории 18 л
средство пакетирования грузов 115 л
средство, резервное транспортное 360 л
средство, транспортное 372 л
срез законцовки крыла 263 л
срезка 104 л
срок, гарантийный 106 п, 237 п
срок действия лётного свидетельства 370 л
срок службы 124 п, 128 п, 197 л, 352 п
срок службы воздушного судна 16 л
срок службы в часах налёта 197 л
срок службы, календарный 351 л
срок службы, эксплуатационный 128 п
срыв воздушного потока 57 п
срыв пламени 53 п, 147 л
срыв потока 59 п, 313 л
срыв потока воздуха в воздухозаборнике 325 л
срыв потока на лопасти 238 п
стабилизатор 312 л, 341 л
стабилизатор пламени 173 л
стабилизатор, управляющий 341 л
стабилизация антенны 312 л
стабилизация пространственного положения 172 п
ставить по курсу 28 п
ставка, согласованная тарифная 343 л
ставка, средняя доходная 266 л
ставка, тарифная 267 л
стадия, аварийная 238 л
стадия бедствия 238 л, 303 л
стадия неопределённости 238 л
станция аэронавигационной информации 315 л
станция, зарядная 296 п
станция, кислородная зарядная 362 л
станция кислородная зарядная передвижная 362 л
станция, насосная 368 л
станция, передающая 128 л
станция предупреждения столкновений 315 п
станция, приводная 316 л

станция, радиолокационная 261 л
станция сопровождения 356 л
стапель воздушного судна, сборочный 187 п
стапель для сборки воздушного судна 147 п
старт, исполнительный 203 л, 314 л
старт, предварительный 249 л
стартёр, воздушный 314 л
стартёр-генератор 314 л
статика 315 л
статистика авиационных происшествий 316 л
статья об авиационных тарифах 78 л
статья соглашения об авиационных тарифах 78 л
створка грузового люка 263 л
створка, противопомпажная 121 л
створка решётки вентилятора 121 л
створка сопла 300 л
стекатель выходящих газов 140 л
стекатель газов 89 п, 341 л
стекатель задней кромки 320 л
стекатель закрылка 371 л
стекло, лобовое 379 л
стекло, противобликовое 165 п
стеклоочиститель 380 п
стеллаж 313 п
стенд для испытания двигателей 51 п
стенд, испытательный 348 л
стенд, контрольно-проверочный 313 п
стенд раздачи багажа 355 п
стенд, тарировочный 279 п
стенка шпангоута 376 п
степень двухконтурности 268 л
степень изменения расхода воздуха 265 л
степень надёжности 266 п
степень перепада давления на срезе сопла 268 л
степень повышения давления компрессором 268 л
степень свободы 108 п
степень «свободы воздуха» 159 л
степень сцепления 370 л
степень устойчивости 108 п
стоимость контейнерных перевозок 98 п
стойка 50 л
стойка авиакомпании 99 л

стойка кожуха камеры сгорания 324 л
стойка оформления багажа 99 л
стойка паспортного контроля 95 л
стойка регистрации 74 п
стойка регистрации пассажиров 111 п
столик, откидной 340 п
столкновение в воздухе 83 л
столкновение воздушного судна 176 л
столкновение птиц с воздушным судном 320 п
столкновение с птицами 83 л
стопор стояночного тормоза 207 л
сторона, подветренная 193 л
стоянка, промежуточная 319 л
стравливание давления 273 л
стравливание давления воздуха 53 п
страхование авиаперевозок 184 л
стрела, подъёмная 110 л
стреловидность передней кромки 326 л
стремянка 317 п
стремянка для технического обслуживания 313 п
стремянка, складывающаяся 188 п
стрингер 320 п
стропа наружной подвески груза 304 л
стропа, парашютная 202 п
стропа, предохранительная 97 п
струбцина 77 л
струбцина, предохранительная 191 п
струбцина руля поворота 207 л
стружкосигнализатор 111 п
стружкосигнализатор, магнитный 112 л
структура тарифов 321 п
струя, выходящая 187 л
струя выходящих газов 126 п
струя выходящих газов, реактивная 320 л
струя за воздушным судном, спутная 374 п
струя, спутная 45 л, 119 п, 304 л, 375 п
ступень перебора 174 п
ступень перебора редуктора 164 п, 357 п
ступень, подкачивающая 312 п
ступица барабана колеса 376 п

ступица диска турбины 175 л
ступица шестерни 187 п
стыковка авиалиний 185 п
стыковка крыла 60 п
судно 299 л
судно, воздушное 19 п, 299 л
судно, грузовое воздушное 159 л
судно на воздушной подушке 174 п
судно, реактивное воздушное 187 л
сужение крыла 343 л
сужение крыла, относительное 268 п
суфлёр, центробежный 58 л
схема 244 л
схема аварийной эвакуации 115 л
схема аэродрома 72 л, 192 п
схема воздушного поиска 235 л
схема воздушной обстановки 244 л
схема вылета 254 л
схема захода на посадку 72 л
схема курса 321 п
схема курсов 58 п
схема основных технологических разъёмов 115 л
схема полёта по кругу 235 п
схема полётов 58 п
схема распространения шумов 210 п
схема руления 73 л
схема руления по аэродрому 76 л
схема стоянок 72 п
схема технологических разъёмов 115 л
схема ускоренного набора высоты 253 п
сцепление 13 л
сцепление колёс с поверхностью ВПП 160 л
счётчик расхода топлива 99 л
счётчик суммарного расхода топлива 99 л
счисление пути 270 л
считывание показаний, обратное 268 п
считывание показаний приборов в полёте 269 л
считывать показания 268 п
съёмник колеса 259 п
съёмник подшипников 137 л

таблица инструментальных поправок высотомера 64 л

таблица крейсерских эшелонов 340 п
таблица поправок 340 п
таблица поправок воздушной скорости 64 л
таблица списания девиации компаса 64 л
табло 33 п
табло информации 369 л
табло информации о рейсах 118 л
табло, информационное 54 л
табло, световое 33 п
табло сигнализации автомата торможения 197 п
талон, отрывной 248 л
тандер 365 п
тарелка автомата перекоса 243 п
тарелка автомата перекоса, вращающаяся 325 п
тарировка 347 л
тарировка по числу «М» 61 п
тарировка указателя воздушной скорости 61 п
тариф 140 п, 265 л, 343 л
тариф, багажный 266 л
тариф, базисный 47 п
тариф, базовый 367 п
тариф, внесезонный 142 л
тариф, грузовой 265 л
тариф, групповой 141 п
тариф, льготный 141 п
тариф, местный 142 л
тариф, основной 47 п
тариф, пассажирский 140 п, 142 л
тариф, согласованный 265 п
тариф, специальный 353 п
тариф, чартерный 141 л
тариф, экскурсионный 142 п
тарификация 253 л
тахометр 180 л, 279 л
тележка 49 п, 54 п
тележка, багажная 65 л, 361 п
тележка, кабельная 65 л
тележка, контейнерная 121 л
тележка, монтажная 121 л
тележка, пусковая 361 п
тележка шасси 366 л
телетайп 345 л
телефон, головной 125 л
температура вспышки 149 п, 246 п
температура окружающего воздуха 345 п
тенденция к пикированию 171 п
тензометр 161 п

теория полёта 348 п
теплозащита 259 л
теплозвукоизоляция 257 л
теплообменник 135 п
термовыключатель 327 п
термоизвещатель 112 л
термоклапан 371 л
термопара замера температуры выходящих газов 348 п
терморегулятор 95 п, 272 п
термореле 273 л
термосвидетель 179 л
термосигнализатор 293 п, 327 п
термоэлемент 348 п
терпеть аварию 101 п
территория, приаэродромная 131 п
территория, пролетаемая 346 п
техника, авиационная 130 п
техника безопасности 130 п, 251 л
технологичность воздушного судна, эксплуатационная 237 л
технология 345 л
технология капитального ремонта 255 п
технология сборки 216 л, 254 л
течение, воздушное 102 п
течение, струйное 187 л
тип воздушного судна 365 п
толкатель клапана 240 л
толкатель, механический 350
толкатель штурвальной колонки 260 п
топливо 160 п
топливо, твёрдое 257 п
топливозаправщик 117 п, 161 л, 208 л, 272 л, 342 п
топливозаправщик с цистерной 357 п
топливомер 161 п, 215 п
топливомер суммарного запаса топлива 354 п
топливохранилище 142 л
торец порога ВПП, выступающий 203 п
торможение 11 п
торможение, аварийное 57 л
торможение, аэродинамическое 57 л
торможение реверсированием шага 57 л
торможение реверсом тяги 57 л
тормоз 56 п
тормоз, аэродинамический 19 л

точка аэродрома, контрольная 245 л
точка, верхняя мёртвая 67 п
точка, высшая 11 п
точка, мёртвая 107 л, 311 л
точка на маршруте, контрольная 147 л
точка отсчёта местоположения 271 п
точка отсчёта положения 271 п
точка пересечения 184 п
точка порога, средняя 216 п
точка росы 115 л
точка срабатывания 245 л
траверз 49 п
траверса 102 л, 215 л
траверса для подъёма двигателя 47 л
траверса подвески колеса 196 л
траектория 234 л
траектория захода на посадку 234 л
траектория захода на посадку по лучу курсового маяка 355 п
траектория планирования 165 п
траектория полёта 201 п, 234 л
траектория уборки 356 л
тракт, воздушный 124 л
тракт, выходной 124 л
тракт, газовоздушный 124 л
транзит, таможенный 358 п
трансмиссия 123 п
трансмиссия привода несущего винта 338 л
транспорт, воздушный 360 л
транспорт, наземный 360 л
транспортёр, багажный 376 л
транспортир, аэронавигационный 259 л
транспортировка 299 л
трап 27 п, 313 л, 317 п
трап, аварийный 304 л
трап, бортовой 263 л, 366 п
трап, входной 263 л
трап, несамоходный пассажирский 313 п
трап, откидной бортовой 366 п
трап, пассажирский 313 п, 317 л, 317 п
трап, спасательный 304 л
трап, телескопический 14 л, 58 л, 374 п
трап, телескопический пассажирский 234 л
трасса 100 л, 376 л

трасса, воздушная 26 л, 27 п, 191 л, 283 л, 355 п
трасса, магистральная воздушная 283 п
трасса, международная авиационная 283 п
трафарет ограничения воздушной скорости 241 п
требования по метеоусловиям 275 л
требования, таможенные 272 п
требования, технические 306 п
тренажёр воздушного судна 302 п
тренажёр, кабинный 218 л
тренажёр, комплексный пилотажный 357 п
трение, ламинарное 160 л
тренировать 123 л
тренировка 123 л
тренировка свечей 59 п
треугольник, навигационный 360 л
трещина 57 п, 101 л
триммер 361 л
триммер элерона 340 л
триммер-сервокомпенсатор 340 л
триммирование 361 п
тройник 345 л
трос, буксировочный 203 л
трос заземления 61 л
трос, предохранительный 202 п
трос следящей системы 61 л
трос, тормозной 61 л
трос управления 61 л
трос, швартовочный 61 л
труба, аэродинамическая 363 л
труба, выхлопная 341 л
труба, жаровая 62 л, 362 п
труба кольцевания 240 л
труба, межбаковая 240 п
труба, реактивная 240 л
труба, форсажная 362 л
трубка Вентури 362 п
трубка масла, заливная 362 п
трубка Пито 170 л, 362 п
трубопровод суфлёра 240 л
трубопровод, топливный 240 п
тряска двигателя 373 л
туман 156 п, 217 п
тумблер 327 л
турбина 363 л
турбокомпрессор 165 л, 256 п
турболёт 313 п
турбонагнетатель 363 п
турбостартёр 314 л

турбохолодильник 363 л
турбулентность потока 363 п
турбулентный 59 л, 363 п
тяга 46 п
тяга воздушного винта 259 л
тяга двигателей, асимметричная 250 л
тяга, отрицательная 122 л
тяга, пружинная 203 п
тяга путевого управления 281 л
тяга управления 281 л
тяга, форсированная 349 л
тяга-толкатель 281 л
тягач, буксировочный 356 п
тяговооружённость 268 п

убирать 278 л
уборка 278 л
убытки, возмещённые 105 п
увеличение оборотов, резкое 280 п
увеличение числа оборотов, резкое 280 п
увод 101 п
угол атаки 31 л, 176 п
угол, взлётный 33 л
угол, заданный путевой 100 л
угол заклинения 107 л
угол захвата глиссады 32 п
угол крена 32 п
угол, магнитный путевой 355 п
угол места 127 л
угол набора высоты 31 л
угол наклона глиссады 32 п
угол отклонения закрылков 32 п
угол отсечки 32 л
угол подъёма 127 л
угол, положительный 241 л
угол превышения 127 л
угол, путевой 32 л, 33 л
угол разворота 31 л
угол расплыва топлива 235 п
угол снижения 31 л
угол сноса 31 л, 32 л
угол стреловидности 33 л
угол схождения 32 л
угол установки лопасти воздушного винта 176 п
угон воздушного судна 172 л
угроза безопасности полётов 169 п
угроза применения взрывчатого устройства в полёте 348 п
удаление воздушного судна 274 л
удаление воздушной пробки 53 л
удар, гидравлический 299 л

удар, звуковой 46 п, 55 л, 176 л
удар молнии 320 п
удлинение ВПП 137 л
удлинение крыла, относительное 268 л
удлинение, относительное 268 л
удобство подхода 10 п
узел, буксировочный 208 п
узел дозирующей иглы 41 л
узел крепления груза 245 л
узел ограничения заброса оборотов 95 л
узел подвески 208 л
узел, такелажный 146 п, 246 л
указание, диспетчерское 215 п
указатель воздушной скорости 183 п
указатель воздушной трассы 111 л
указатель крена 177 п
указатель лётной полосы аэродрома 211 п
указатель местоположения 178 п
указатель местоположения в полёте 177 л
указатель минимума аэродрома 274 л
указатель отсчёта курса 202 л
указатель перегрузок 177 л
указатель положения 178 п
указатель положения воздушного судна 327 п
указатель расхода 155 л
указатель сноса 215 п
указатель угла сноса 215 п, 248 л
указатель углов крена 248 л
указатель уровня 161 п
указатель числа «М» 209 л
уклон ВПП 166 л
уклон, нулевой 116 л
уклонение 112 п
уменьшение ограничений 137 п
уменьшение скорости 123 п
уплотнение, воздушное 289 л
уплотнение каналов 70 л
уплотнение, контактное 289 л
уплотнение, лабиринтное 289 л
уплотнение, манжетное 62 п
упор малого шага 318 л
упор шага, гидравлический 207 л
управление 92 п
управление воздушным движением 93 п
управление, диспетчерское 117 л
управление, дистанционное 345 л

управление полётом 209 л
управление потоком 254 п
управление, путевое 94 п
управление, транспортное 110 л
управление шагом 95 п
управляемость 96 л, 168 п
управляемость воздушного судна 293 л
управляемость при боковом ветре 63 л
управляемый 317 л
управлять 92 п, 317 л
управлять полётом 221 л
упреждение разворота 192 п
упрощение формальностей 137 п
уравновешивать 99 л
уровень аварийности 265 п, 266 п
уровень безопасности 138 п
уровень ВПП 195 л
уровень девиации 139 л
уровень квалификации 108 п
уровень моря 195 л
уровень окружающего шума 194 п
уровень тарифов 194 п
уровень шума 154 п
усик шплинта 128 л
усилие 320 п
усилие на органах управления от автомата загрузки 144 л
усилие на педали 157 п
усилие перекладки рычага 157 л
усилие, пусковое 182 л
усилие, тяговое 205 п
усилитель 55 л
ускорение 9 п
ускорение, отрицательное 107 л
условия, аварийные 87 п
условия, атмосферные 88 п
условия в районе аэродрома 131 п
условия вылета 275 л
условия, граничные 88 л
условия контракта 88 л
условия обеспечения заданных оборотов 88 п
условия, окружающие 88 л
условия перевозки 87 п
условия, полётные 88 л
условия работы экипажа 131 п
условия, расчётные 88 л
условия, технические 306 п
условия эксплуатации 89 л, 131 п

условия эксплуатации, ожидаемые 88 л
устанавливать местоположение 244 л
устанавливать положение 244 л
установка, бытовая 362 л
установка, вспомогательная силовая 367 л
установка высотомера 297 л
установка, газотурбинная силовая 243 л
установка для воздушных судов, моечная 243 л
установка заданного курса 297 л
установка, радиолокационная 183 л
установка, силовая 250 п, 368 л
установка, силовая реактивная 368 л
установка требуемого угла атаки 93 п
установка угла атаки 93 п
установка, холодильная 367 л
установление тарифов 297 л
устойчивость, аэродинамическая 311 п
устойчивость, коррозионная 276 п
устойчивость на курсе 9 л
устойчивость при заходе на посадку 317 л
устойчивость, продольная 318 л
устойчивый 312 п
устранение девиации 85 п
устранение конфликтной ситуации 276 п
устранение препятствий 274 л
устранять обледенение 108 п
устройство, бортовое переговорное 133 л
устройство, буксировочное 114 п
устройство в топливной системе, противообледенительное 333 п
устройство, входное 182
устройство, заборное 184 л
устройство, запальное 176 л
устройство камеры сгорания, фронтовое 170 л
устройство обмена 114 л
устройство, переговорное 329 п
устройство, противоюзовое 113 л
устройство, самолётное переговорное 133 л, 185 л
устройство, считывающее 269 л
утечка 231 л, 310 л
утечка, внутренняя 193 л
утечка газа 291 п, 310 л

утомление пилота 143 л
уточнение задания на полёт 97 л
уточнение лётно-технических характеристик 98 л
уход гироскопа 123 л, 374 п
уход из зоны аэродрома 152 п
уход на второй круг 165 п, 210 л
уход, самопроизвольный 326 л
уход стабилизатора 285 л
уход стабилизатора, самопроизвольный 285 л
участок, воздушный 233 п
участок, восходящий 369 п
участок маршрута 292 л
участок маршрута полёта 193 п, 292 л
участок полёта без коммерческих прав 291 п
участок ухода на второй круг, начальный 312 п
училище, авиационное техническое 288 п
ущерб, доказанный 105 п

факел, выхлопной 147 п
фал, вытяжной 191 п, 202 п
фальшборт 105 л
фара, выдвижная 199 л
федерация ассоциаций авиадиспетчеров, Международная 143 п
фигуры высшего пилотажа 14 л
фиксатор, центробежный 207 л
фиксировать отклонение 293 л
фильтр 319 п
фильтр, воздушный 145 л
фильтр двигателя 288 п
фильтр, сетчатый 319 п
фильтр, топливный 145 л
фильтр-отстойник 145 л
финансирование, совместное 324 л
фитинг, стыковочный 146 п
флайт-план 242 л
фланец, тормозной 148 п
флаттер 155 л
флетнер 149 п
флот, воздушный 149 п
флюгер-насос 219 п
флюгирование, автоматическое 43 л, 143 л
фокус, аэродинамический 67 л
фон, акустический 231 п
фон, звуковой 231 п
фонарь 62 п

фонд, ремонтный 318 л
форкиль 145 п
форма облаков 158 л
форма пограничного слоя 90 л
форма технического обслуживания, оперативная 74 л
формальности, таможенные 158 п
формирование прогнозов 165 л
формуляр 54 п, 298 п
форсаж 42 л
форсировать 55 л
форсунка 42 л, 59 п
форсунка, вихревая 326 л
форсунка, двухканальная 223 п
форсунка, масляная 187 л
форсунка, пусковая 59 п
форсунка, топливная 224 л
форсунка, центробежная 326 л
форточка 379 л
фронт воздуха, холодный 18 п
фронт, грозовой 160 л
фюзеляж 161 л

характеристика, акустическая 258 п
характеристика, антидетонационная 267 п
характеристика, аэродинамическая 70 л, 258 п
характеристика, взлётная 9 п
характеристика воздушного судна, тормозная 237 л
характеристика, высотная 237 л
характеристика, дроссельная 103 п
характеристика путевой устойчивости 70 п
характеристика устойчивости 71 п
характеристики, лётно-технические 70 л, 82 л
характеристики, стендовые 143 л
ход амортизатора, прямой 360 п
ход, задний 219 п
ход, обратный 278 п, 321 п, 349 л
ход, рабочий 104 п, 235 п
ход, холостой 176 л
хомут, быстросъёмный 77 п
хомут, поворотный 82 п, 304 л
хорда крыла 75 п
хорда элерона 110 п
хранение, складское 319 л
храповик 378 л
храповик коленвала 187 л

цапфа 362 л
цапфа крепления 239 п
цапфа подвески двигателя 362 л
цапфа подвески шасси 239 п
цапфа шасси 239 п
цель, воздушная 343 л
ценность, объявленная 370 л
центр зональных прогнозов 67 л
центр низкого давления 66 п
центр по лётной подготовке 67 л
центр радиолокационного управления заходом на посадку 95 п
центр, районный диспетчерский 67 л
центр тяжести 67 л
центровка воздушного судна 68 л
центровка, передняя 171 л
центроплан 68 л, 379 п
центроплан, крыла
цепь оповещения 76 л
цепь фиксированной авиационной связи 76 л
цепь фиксированной авиационной электросвязи 76 л
цех, сборочный 299 л
цех технического обслуживания воздушных судов 120 п
цикл, рабочий 104 п
цикл, сборочный 104 л
цилиндр, загрузочный 105 л
цилиндр реверса тяги 105 л
цилиндр, тормозной 104 л
циркуляр аэронавигационной информации 77 л
циркуляция атмосферного воздуха 219 п

чартер 73 л, 150 п
час, лётный 174 п
частота 159 л
частота ответчика, несущая 65 л
частота прибытия 357 л
частотомер 215 п
часть ВПП, рабочая 119 л
часть, носовая 157 п
часть соединителя, гнездовая 270 л
часть фюзеляжа, герметичная 233 п
часть фюзеляжа, хвостовая 269 л
часть, хвостовая 128 л
чека, предохранительная 239 п
чертёж, сборочный 122 п
чехол герметизации 55 п

чехол штурвальной колонки 162 л
число, передаточное 268 п
число системы управления рулём, передаточное 268 л
чувствительность к угловому смещению 293 л
чувствительность органов управления 277 л

шаблон схемы зоны ожидания 346 л
шаг кресел 241 л
шаг лопаток 306 л
шаг, малый 240 л
шаг отрицательной тяги 240 л, 241 л
«шаг-газ» 241 л
шайба, наклонная 325 п
шайба ограничения расхода 230 л, 243 п
шайба, пружинная 243 п
шайба, хвостовая 312 п
шар-зонд 46 л
шарик указателя скольжения 46 л
шарнир, осевой 172 п
шарнир тележки 327 п
шасси 162 п
шатун, прицепной 280 п
швартование 238 п
швартовать 219 п, 350 п
швартовка 114 л, 191 п, 219 л
шестерня, ведущая 163 п
шина 60 л
шина, пневматическая 353 п
ширина полосы 46 п
широта 191 п
шифр изготовителя 82 л
шкала азимута 64 л
шкала азимутов 75 п
шкала высотомера, подвижная 322 п
шкала крена 287 п
шкала прибора 115 п
шкала тангажа, ленточная 343 л
шкала углов крена 287 п
шкала углов тангажа, ленточная 343 л
шквал, фронтальный 311 п
школа, лётная 288 п
школа, штурманская 288 п
шланг для слива топлива 174 л
шлемофон 170 п, 172 л
шлиц-шарнир 203 п
шов, сварной 289 л

шпангоут 58 п
шпангоут, силовой 159 л
шпилька, срезная 239 п
шплинтодёр 137 л
шприц для смазки 328 л
штанга, направляющая 203 п
штанга опрыскивателя 47 л
штанга с распыливающими насадками 55 л
штанга фиксации 322
штанга, хвостовая 324 л
штиль 62 л, 379 л
штифт, балансировочный 239 п
штифт, предохранительный 239 п
шток, исполнительный 280 л
шток концевого выключателя 239 п
штопор 310 л
шторка слепого полёта 53 л
штраф за аннулирование брони 236 п
штраф за превышение установленного уровня шума 71 п
штурвал 83 л, 378 л
штурвальчик управления
штурвальчик управления триммером 96 л, 361 л
штурман 221 п
штурман-пилот 239 п
штуцер дренажной системы 231 л
штуцер заправки топливом, аэродромный 370 л
штуцер заправки топливом под давлением 99 п
штуцер, заправочный 91 л, 99 п, 224 л
штуцер централизованной заправки топливом под давлением 99 п
штырь-сигнализатор износа 281 л
штырь-указатель регулятора зазоров 281 л
штырь фиксации на земле 239 п
штырь фиксации шасси на земле 239 п
шум, аэродинамический 222 п
шумоглушитель 220 п, 324 п
шумомер 216 л

щека замка 187 л
щека коленвала 101 п
щиток реверса 300 л
щиток, солнцезащитный 374 л
щиток, топливный 232 п
щиток, тормозной 148 л
щиток управления 327 п

щиток уровня, предохранительный 101 л
щуп, топливомерный 317 п

эвакуация воздушного судна с места аварии 287 л
эвакуация пассажиров 135 п
эвакуировать 135 л
эжектор 126 п
экватор, небесный 132 л
экипаж 101 п
экипаж, резервный 60 п
экран, аэродинамический 298 п
экран радиолокатора 288 п, 288 п
экспедитор, авиагрузовой 158 п
эксперт по лётной годности 136 п
экспертиза, техническая 136 п
эксплуатация, безаварийная 227 п
эксплуатация воздушного судна 127 п
эксплуатация, опытная 228 л
эксплуатировать 227 л
элевон 18 л, 127 л
электричество, статическое 127 л
электрод, центральный 127 л
электродвигатель продольной коррекции 219 п
электрожгут 169 л
электрокран 371 л
электропитание, перекрёстное 102 л
электропроводка 380 п
электросвязь, авиационная 345 л
электросистема воздушного судна 328 л
электростартёр 314 л
электротележка, пусковая 361 п
электрошина 60 л
элемент несущей конструкции 215 п
элемент, фильтрующий 65 л
элерон 18 л
эмалит 121 п
эмблема 243 п
эмиссия от двигателей 127 п
энергия возмущения воздушной массы 205 л
энергия пограничного слоя 128 п
энергия порыва воздушной массы 205 л
этап захода на посадку 238 л
этап маршрута 313 л
этап набора высоты 127 л

этап набора высоты, начальный 80 л
этап полёта 312 п
этап приёмки 238 п
этап сборки 317 л
эффект воздушной подушки 126 л
эффект, граничный 126 л
эффективность маршрута 256 п
эффективность рулей 126 л
эффективность, топливная 126 п
эффективность торможения колёс 63 п
эшелон входа 194 п
эшелонирование, вертикальное 293 п
эшелонирование по высоте 132 п
эшелонирование полётов воздушных судов 306 л
эшелонировать 293 п

юз 303 л
юз колеса 36 п

явления погоды на маршруте полёта, особые 238 п
язык ИКАО, рабочий 191 п
яма 173 п
яма, воздушная 59 л, 173 л, 244 п
яркость, фоновая 208 п
ярус облаков 298 п
«ящик, чёрный» 56 л

Марасанов Владимир Павлович

Англо-русский словарь по гражданской авиации.

Сдано в набор 02.11.95. Подписано к печати 18.03.96. Формат 60x84 1/16. Гарнитура "Таймс". Печать офсетная. Объём 35 печ. листов. Тираж 20 000 экз.

Издательство "Скорпион-Россия". Моск. обл., г. Одинцово, ул.Парковая д.26. Лицензия ЛР N 064485 от 11.03.96.

Отпечатано в Московской типографии N2 РАН.
Заказ N 4081   , 121099, Москва, Г-99, Шубинский пр., 6.